Enciclopédia de
FISICULTURISMO
e musculação

S411e   Schwarzenegger, Arnold
         Enciclopédia de fisiculturismo e musculação / Arnold Schwarzenegger ;
         tradução Márcia dos Santos Dornelles ; Jussara Burnier. – Porto Alegre :
         Artmed, 2001.

         ISBN 978-85-7307-868-8

         Com a colaboração Bill Dobbins

         1. Fisiculturismo – Musculação – Enciclopédia. I. Dobbins, Bill.
         II. Título

         CDU 613.71(03)

Catalogação na publicação: Mônica Ballejo Canto – CRB 10/1023

ARNOLD SCHWARZENEGGER

Enciclopédia de FISICULTURISMO E MUSCULAÇÃO

2ª Edição

Colaboração de BILL DOBBINS

Tradução:
Márcia dos Santos Dornelles
Jussara Burnier

Consultoria, supervisão e revisão técnica desta edição:
Ronei Silveira Pinto
Mestre em Ciências do Movimento Humano pela Universidade
Federal do Rio Grande do Sul (UFRGS).
Professor da disciplina de Musculação da Escola de Educação Física da UFRGS.

Reimpressão 2013

2001

Obra originalmente publicada sob o título
The new encyclopedia of modern bodybuilding
© *Simon & Schuster, Inc.,1998.* Publicado conforme acordo com a editora original.

ISBN 0-648-84374-9

Capa: *Joaquim da Fonseca*

Preparação do original: *Fabiana Schwarstzhavpt*

Leitura final: *Leda Kiperman, Andréia Quaresma de Oliveira, Lia Magalhães*

Supervisão editorial: *Letícia Bispo de Lima*

Editoração eletrônica: *Laser House - m.q.o.f.*

Reservados todos os direitos de publicação, em língua portuguesa, à
ARTMED® EDITORA S.A.
Av. Jerônimo de Ornelas, 670 - Santana
90040-340 Porto Alegre RS
Fone (51) 3027-7000 Fax (51) 3027-7070

É proibida a duplicação ou reprodução deste volume, no todo ou em parte,
sob quaisquer formas ou por quaisquer meios (eletrônico, mecânico, gravação,
fotocópia, distribuição na Web e outros), sem permissão expressa da Editora.

SÃO PAULO
Av. Embaixador Macedo Soares, 10.735 - Pavilhão 5 - Cond. Espace Center
Vila Anastácio 05095-035 São Paulo SP
Fone (11) 3665-1100 Fax (11) 3667-1333

SAC 0800 703-3444

IMPRESSO NO BRASIL
PRINTED IN BRAZIL

*Aos meus pais,
Aurelia e Gustav;
e a minha família,
Maria, Katherine, Christina,
Patrick e Christopher.*

NOTA

Esta obra é fruto da experiência de mais de 35 anos de Arnold Schwarzenegger como fisiculturista - sem dúvida, um dos principais responsáveis pelo crescimento do fisiculturismo como esporte e do treinamento de força, principalmente em nível internacional.

O livro apresenta uma variedade de exercícios para as principais regiões do corpo, métodos de treinamento e dicas sobre nutrição direcionada à competição, passando – como não poderia deixar de ser – pela história do fisiculturismo como esporte de competição. Os temas são abordados em uma linguagem simples, sendo acessíveis não só aos profissionais da área da saúde, mas também ao público leigo, que representa a maioria dos praticantes do esporte. Por esse motivo – e para que se mantenha a originalidade da obra – a tradução preservou a linguagem apresentada pelo autor, apesar da falta de rigor técnico principalmente na descrição cinesiológica dos movimentos nos diversos exercícios apresentados. Um exemplo disso é a descrição dos movimentos flexão de perna e extensão de braço utilizada pelo autor, cuja terminologia técnica correta seria flexão do joelho e extensão do cotovelo, respectivamente. Salienta-se, contudo, que Schwarzenegger atinge seu objetivo de difundir, com uma linguagem acessível, informações muito importantes e valiosas sobre o fisiculturismo e o treinamento de força. Aproveitem e bom treinamento.

Ronei Silveira Pinto

AGRADECIMENTOS

Gostaria de expressar meu imenso agradecimento a todos os fisiculturistas apresentados neste livro, os quais acredito que sejam os mais importantes da história, e cuja cooperação ajudou a tornar este livro uma realidade.

Agradeço também a todos os talentosos e dedicados fotógrafos cujas produções vocês encontrarão nestas páginas.

Um agradecimento especial à equipe da Simon & Schuster por todo o seu árduo trabalho na nova edição; a Albert Busek por seu incessante apoio e estímulo; a Joe Weider por disponibilizar-me seus arquivos e oferecer um valioso material de pesquisa; a Franco Columbu, um verdadeiro amigo e grande parceiro de treinamento; a Jim Lorimer por seus importantes e constantes conselhos; e a Jerzy W. Meduski, MD, PhD, por sua orientação nutricional.

Meus agradecimentos a Ronda Columb, Lynn Marks, David Beck e a minha assistente Beth Eckstein. E por último, mas não menos importante, agradeço a toda a equipe da Weider Publications – Jim Chada, Lisa Clark, Eric Donald, Jeff Feliciano, Bill Geiger e Peter McGough – por todo o intenso trabalho no livro.

PREFÁCIO

Quem imaginaria que seria possível compilar uma enciclopédia sobre fisiculturismo e treinamento de força, ainda mais uma com mais de 800 páginas? Afinal de contas, quantos existem para falar sobre suspender discos de metal pesados? O fisiculturismo não é, como dizem, uma ciência "foguete".

Bem, muitas pessoas adotam exatamente essa abordagem quando começam um programa de fisiculturismo; sei disso porque elas são fáceis de identificar na academia. Esses indivíduos em geral carregam pesos excessivamente pesados em uma barra, suspendem o ferro de qualquer forma para levantar o peso (com um impulso extra a partir da região lombar por garantia) e então deixam a barra cair, estraçalhando no chão. Isso não é fisiculturismo! Com grande força de vontade, mas pouca inteligência, essas pessoas são ou "postas fora do jogo" por uma lesão ou muitas vezes desistem rapidamente por não estarem vendo nenhum resultado significativo de todo o trabalho que estão realizando.

A verdade é que não é necessário doutorado para aprender as complexidades do fisiculturismo, mas também não acontece tão naturalmente como, por exemplo, andar de bicicleta. Pelo contrário, o vocabulário do fisiculturismo é como uma língua estrangeira: treinamento de pirâmide, gastrocnêmio, fase negativa, periodização, treinamento instintivo, localizado. Aprender os vários e distintos elementos do treinamento de força, desde as centenas de exercícios excepcionais e variações até a compreensão de como elaborar um treinamento que produza resultados, tudo requer tempo e prática. Para progredir no ritmo mais rápido possível, você precisa simplesmente saber o que está fazendo.

Se você for rico o bastante para pagar 50 dólares (ou mais) por hora para um *personal trainer*, poderá também comprar um haltere de fisiculturismo. Ou, por quase o mesmo preço de uma única sessão, você pode investir nesta enciclopédia e desfrutar uma vida inteira de ganhos que começará com a sua próxima sessão de treinamento.

Muitas pessoas se esquecem de que eu, como você, já fui um principiante, e comecei desenvolvendo meu corpo e minha carreira ocupando exatamente a mesma posição que você está agora. Se você acha difícil acreditar nisso, há uma seleção de fotografias da minha adolescência que mostrarão o quão longe eu tive de ir, o quanto tive de trabalhar. O que me fez distinguir-me dos meus colegas, no entanto, foi um desejo muito profundo de desenvolver os músculos e o intenso compromisso de não deixar ninguém me parar. Ao longo do caminho, cometi incontáveis erros, porque os únicos livros de referência que eu tinha eram duas revistas de musculação de Joe Weider na língua inglesa; e eu nem falava a língua! As revistas me inspiraram a aprender inglês, então eu poderia seguir a rotina do meu ídolo daquela época, Reg Park. Ainda assim, a revista poderia ensinar-me apenas alguns conceitos rudimentares; o resto era feito por tentativa e erro.

A experiência, contudo, é o melhor professor – contanto que você aprenda com seus erros. Quando comecei, treinei bíceps muito mais atentamente do que tríceps, um grupo muscular maior. Suprimi completamente o treinamento de abdominal porque a opinião ortodoxa daquela época ditava que os abdominais recebiam estímulo suficiente durante muitos movimentos compostos pesados. Empenhei-me tão pouco no treinamento de panturrilha naqueles anos iniciais que, quando finalmente vim para a América, fui forçado a redobrar meus esforços. Cheguei até a rasgar as pernas das calças com o suor do meu treinamento, de forma que minhas panturrilhas ficavam constantemente visíveis e sob olhares examinadores – um lembrete constante para mim de que as minhas fraquezas mereciam maior atenção. Apesar de termos muitos aparelhos disponíveis, nunca utilizei um flexor de perna ou um extensor de perna durante meus primeiros anos como fisiculturista. Meu maior obstáculo, entretanto, foi minha falta de conhecimento. Meu catálogo de exercícios para modelar o corpo inteiro consistia em apenas alguns poucos movimentos. Felizmente, com este livro, você não precisará cometer os mesmos erros que cometi.

Você descobrirá, como eu, que o desenvolvimento dos músculos o ajuda em todos os aspectos da sua vida. O que você aprender aqui afetará qualquer coisa que fizer na sua vida. À medida que você comprovar os frutos do seu trabalho, seu valor próprio e sua autoconfiança aumentam, e essas características influenciarão seu trabalho e suas relações interpessoais muito além de seus dias de competição. Reconheço o mérito do fisiculturismo em ter-me dado não somente atributos físicos, mas também em estabelecer a base para tudo mais que realizei – nos negócios, como ator e até mesmo na família. Sei que posso ter sucesso em qualquer coisa que escolher, e sei disso porque entendo o que é necessário para sacrificar, batalhar, persistir e finalmente superar um obstáculo.

Mesmo hoje, muitas das pessoas com quem trabalhei comentam sobre meu comprometimento. Quando estou fazendo um filme, estou pronto para repetir uma cena difícil várias vezes até que a façamos corretamente. Por quê? Tudo requer disciplina. Se você se comprometer a melhorar sua saúde física, encontrará a mesma autodisciplina e concentração; e a busca pelo sucesso continua nas demais atividades de sua vida. Embora você talvez não perceba isso agora, eventualmente o reconhecerá quando adotar a mesma abordagem disciplinada para enfrentar um determinado desafio. Essa é outra razão de eu ser tão entusiasmado pelo que o fisiculturismo pode fazer.

Este livro não é uma biografia, nem a história da minha vida como vencedor do Mister Olímpia por sete vezes, nem mesmo a história da minha vida como ator. (Se você estiver interessado, pode encontrar tudo isso em outras obras.) Embora eu seja conhecido principalmente como um fisiculturista que se tornou ator e empresário, em várias ocasiões tenho sido capaz de desempenhar outro papel, o qual me traz o maior orgulho pessoal, que é o papel de professor. Por isso, publiquei a enciclopédia original em 1985 e continuei minha forte ligação com o esporte. Nos anos que se seguiram a essa primeira publicação, vim reunindo, estudando e revisando informações para esta fonte de pesquisa ampliada e atualizada. O fato de eu poder dizer que consegui inspirar uma geração de homens e mulheres de todas as idades a se encarregarem da sua saúde e aptidão física é de fato gratificante. Desde as duas dúzias de estudantes de fisiculturismo que me ouviram ministrar um seminário na metade dos anos 70 na academia Santa Mônica; aos alunos de nível fundamental e médio que tentei incentivar aos exercícios quando viajei para todos os 50 Estados como presidente do President's Council on Physical Fitness and Sports; ao menos afortunado que compete no Inner City Games ao longo do ano e ao portador de deficiência que participa das Paraolimpíadas; aos leitores da minha coluna semanal de jornal sindicalizado e daquelas que escrevo nas revistas de musculação; para você, leitor desta enciclopédia... vocês são a razão maior de eu ter empreendido esse esforço gigantesco. Sou realmente grato por vocês terem me escolhido como professor.

O fato de eu poder dividir com vocês minha maior paixão no mundo, que é realmente o único segredo verdadeiro para a saúde, a longevidade e uma melhor qualidade de vida, fez deste livro um esforço de absoluta necessidade – e prazer! O fisiculturismo é a minha origem, e continuarei promovendo o esporte e fazendo correr a sua voz por meio do meu trabalho.

Acumulei mais de 35 anos de experiência em fisiculturismo, incluindo dezenas de milhares de horas treinando com os melhores fisiculturistas do mundo no passado, como Bill Pearl, Reg Park, Dave Draper, Frank Zane, Sergio Oliva e Franco Columbu; até os campeões de hoje, incluindo Flex Wheeler, Shawn Ray e, oito vezes Mister Olímpia, Lee Haney. Estudei os escritos dos predecessores do fisiculturismo dos tempos modernos, alguns dos quais datam de mais de um século, incluindo *System of physical training* (1894), de Eugen Sandow; o *Manual of physical training* (1914), do exército dos Estados Unidos; e *Muscle building* (1924), de Earle Liederman. Interroguei os proeminentes cientistas do exercício do mundo, pesquisei perguntas feitas por estudantes em seminários que ministrei em todos os principais continentes desde a África até a Ásia e a América do Sul, até nos mais recentes que profiro todo ano em Columbus, Ohio – e incluí cada pedacinho desse conhecimento nesta enciclopédia. Com esta obra de consulta, planejada para estudantes, passando por iniciantes na categoria, fisiculturistas em nível de competição, atletas que buscam melhorar seu desempenho, até aqueles que simplesmente querem melhorar a aparência e ficar mais saudáveis, os leitores são livres para selecionar o que quiserem nesse vasto conhecimento que me levou tantos anos para acumular.

De certo modo, sinto-me como um médico em plantão ao qual continuamente solicitam orientação especializada. Um esquiador em Sun Valley perguntou-me como desenvolver força e resistência muscular no quadríceps para melhorar seu desempenho; em uma convenção sobre saúde, várias pessoas perguntaram pelas últimas novidades a respeito das propriedades de desenvolvimento muscular da creatina; em Wimbledon, um campeão de tênis de elite solicitou orientação a respeito do desenvolvimento da força do antebraço; em férias no Havaí, uma mulher veio até mim e perguntou o que poderia fazer para perder 45 kg de gordura corporal e depois manter o peso; em seminários, fisiculturistas jovens querem saber como desenvolver ao máximo os seus bíceps e aumentar a curva da parte externa da coxa; quando falo para os militares, sou comumente questionado sobre como tirar mais proveito do treinamento com apenas alguns equipamentos básicos. Todos os dias me fazem perguntas sobre tópicos que variam desde as vitaminas A e o zinco, até a necessidade de repouso e recuperação e as falsas promessas de substâncias para melhora do desempenho. Por isso, decidi tempos atrás que, se eu fosse difundir a crença nos benefícios do fisiculturismo, eu teria de ficar totalmente atualizado em relação ao assunto.

Essa não tem sido uma tarefa fácil. A evolução no fisiculturismo tem ocorrido na velocidade da luz, tanto no nível competitivo como entre atletas que o praticam apenas por lazer. Aqueles que simplesmente ignoram isso devido ao uso maior de drogas anabólicas não conseguem ver o que está acontecendo na indústria. A prática do fisiculturismo, por muito tempo ridicularizada por treinadores que declaravam que as pessoas ficavam com os músculos intumescidos e sem flexibilidade, vem sendo cada vez mais investigada por pesquisadores. Na verdade, a ciência do treinamento de força está realmente se tornando uma ciência, à medida que os cientistas do exercício também têm estudado aquilo que nós, fisiculturistas, realizamos por tentativa e erro há anos. Isso não quer dizer que não sabíamos o que estávamos fazendo; ao contrário, os primeiros campeões de físico foram pioneiros na área da saúde e da aptidão física, plantando as sementes do desenvolvimento para cada geração que se seguiu. Inventamos frases como "Sem dor, sem ganho", palavras que todo fisiculturista hoje conhece e compreende.

Embora a ciência esteja nos mostrando como melhor manipular as variáveis que compõem o treinamento, você não pode reduzir a importância dos fatores ambientais. Cresci em uma família pobre na Áustria da pós Segunda Guerra Mundial e, apesar disso, aquelas condições deram-me um impulso maior para vencer. Desenvolver um senso instintivo sobre seu treinamento é outro fator intangível que muitos fisiculturistas de elite desenvolvem. Vontade, disciplina e garra têm todos uma função. A ciência teve um momento difícil quantificando esses fatores, mas sua importância é certamente profunda. Assim também é a sua genética: alguns indivíduos possuem a estrutura óssea e a constituição fibromuscular para serem bem-sucedidos no nível competitivo em esportes de potência ou fisiculturismo. O ponto principal é que, com o fisiculturismo, qualquer um pode aprimorar-se e alcançar 100% do seu potencial, mesmo sem ter o potencial para tornar-se um atleta de categoria mundial.

Cientistas do exercício e especialistas em medicina que estudam o corpo, bem como pesquisadores nas áreas de dieta e nutrição esportiva ainda estão aplicando as lições de antigamente para atualizar e aperfeiçoar técnicas de treinamento. Se não "gravadas na pedra", muitas das idéias podem ser melhor caracterizadas como princípios. No final das contas, entretanto, qualquer descoberta apresentada pela comunidade científica deve ser útil para os estudantes do esporte e para os próprios fisiculturistas, que são o teste final da validade dessas idéias. Aplicar essas verdades para alcançar resultados é o fundamento prático desta enciclopédia. As informações que apresento nestas páginas são de valor prático e também servirão para você!

Desde que publiquei a enciclopédia pela última vez, a natureza do fisiculturismo passou por uma evolução, se é que se pode chamar assim, em vários aspectos. Um supino ainda é um supino; e um agachamento, um agachamento. Na realidade, a execução de vários exercícios mudou muito pouco, mas fui testemunha de uma série de outros fatores muito importantes que mudaram.

Deixe-me rever brevemente não apenas essas evoluções, mas como elas podem ser aplicadas ao seu treinamento. Você aprenderá o seguinte:

- como estruturar seu treinamento, seja a sua meta tornar-se um campeão de físico ou simplesmente deixar seu corpo firme e rígido, e como você pode efetivamente atingir áreas menos desenvolvidas;
- como os atletas de potência podem ajustar a velocidade de repetição para desenvolver força explosiva;
- quais exercícios incluir para alcançar os maiores benefícios musculares e quais os menos utilizados por praticantes de nível avançado;
- como combinar um treinamento que enfatize o controle de gordura corporal com um que maximize força, e ainda como periodizá-los para obter o melhor dos dois aspectos;
- como não apenas reduzir seu risco de lesões, mas de fato levantar mais peso adicionando um aquecimento e um alongamento leve de 5 ou 10 minutos;
- como tirar o máximo proveito de cada repetição e cada série, levando seus músculos à fadiga total e obtendo os maiores benefícios na região dolorida;
- como combinar as variáveis de treinamento quando você atingir um platô de treinamento;
- quando o excesso de entusiasmo começará a reverter seus ganhos em músculo e força.

Como mencionei, poucos exercícios são realizados hoje com alguma diferença de como o eram 20 anos atrás. Exceções: a ciência emitiu uma opinião diferente sobre como você deve realizar movimentos abdominais. O movimento abdominal parcial, que se caracteriza por uma amplitude de movimento reduzida pela qual a pelve e a caixa torácica são aproximadas, é um exercício mais seguro do que um abdominal com amplitude de movimento completa. Os melhores fisiculturistas da época em que competi possuíam abdominais excelentes por realizarem exercícios abdominais, mas sua forte secção média provavelmente evitou que tivessem problemas na coluna. Devido ao fato de a dor na lombar afligir mais de 3/4 de todos os americanos em algum momento de suas vidas, o exercício abdominal é expressamente contra-indicado no mundo todo. Então, revisei completamente a sessão de treinamento abdominal para adequá-la à opinião científica. Também ampliei a lista de exercícios para incluir o grande número de variações de abdominais parciais.

As matérias-primas básicas do treinamento com pesos – barras com anilhas, halteres e exercícios de peso corporal – também não mudaram muito, mas não podemos dizer o mesmo com relação a aparelhos de treinamento de força, que têm sido tradicionalmente preferidos por alguns usuários devido ao fator segurança. Hoje, muitos fabricantes competem acirradamente entre si, fato que está mudando radicalmente a imagem da indústria e do esporte. A cada ano, novas versões de antigos favoritos estão-se tornando cada vez mais sofisticadas e fáceis de operar, imitando cada vez melhor os movimentos com peso livre. Algumas permitem que o usuário altere o ângulo de resistência de uma série para a outra; outras aumentam a resistência na fase negativa; e outras, ainda, utilizam um computador para variar a resistência. Espero que vejamos evoluções ainda mais significativas ao longo das próximas décadas.

As academias comerciais não são as únicas a se beneficiarem: o uso de academias residenciais disparou na mesma proporção, aparelhos grandes e barulhentos deram lugar a modelos menores e mais seguros, com preços mais acessíveis e que cabem direitinho em um quarto vago. Essa é uma opção ideal para indivíduos muito ocupados que não têm tempo para ir a uma academia.

Em termos de nutrição, o conceito rude de que "Você é o que come" ainda soa verdadeiro, mas também não despreza as mudanças drásticas que ocorreram na nutrição esportiva. Obviamente, a ciência desenvolveu alguns superalimentos, como tomates mais firmes; e agora estamos criando peixes em fazendas e consumindo carnes mais magras de avestruz e búfalo, por exemplo. Hoje, também sabemos mais sobre as necessidades alimentares do atleta que treina arduamente e acompanhamos a introdução de alguns suplementos importantes que auxiliam no desempenho esportivo.

Comecemos com a dieta básica do fisiculturista. Já vi mil e uma dietas da moda irem e virem, mas quase todos os fisiculturistas que conheço seguem as mesmas orientações básicas que apresento neste livro. Na maioria dos casos, a ausência de progresso em seus esforços para desenvolver músculo pode estar relacionada a deficiências nutricionais em sua dieta. Se eu pudesse roubar uma frase de técnicos de computador, seria esta: "Se você colocar lixo para dentro do computador, muito provavelmente irá retirar lixo". Apresento várias estratégias sensatas que podem funcionar com você. Entre os macronutrientes, freqüentemente me perguntam sobre a função da proteína e os principais aminoácidos que sustentam o crescimento dos tecidos; que quantidade deve ser consumida em um determinado dia; e como definir o tempo das suas refeições para uma absorção ótima. As gorduras, equivocadamente tidas como inimigas por fisiculturistas – que talvez as evitem a todo custo –, têm uma importante função na síntese de hormônios vitais para o desenvolvimento muscular e na manutenção da saúde.

Nenhuma discussão sobre nutrição estaria completa sem mencionar os suplementos mais importantes, alguns dos quais mudaram drasticamente a imagem da nutrição esportiva. A creatina é um comprovado ativador do desempenho, mas vários produtos, incluindo o aminoácido glutamina, os aminoácidos de cadeia ramificada e os antioxidantes, são igualmente importantes para os atletas.

Também sabemos mais a respeito das formas como os nutrientes são absorvidos para dentro da corrente sangüínea, e, uma vez que nem todos os alimentos são absorvidos no mesmo ritmo, o índice glicêmico foi criado para medir a resposta de insulina, um processo anabólico vital. Dado que um treinamento árduo esgota as reservas de glicogênio dos músculos (basicamente energia armazenada), a refeição pós-treinamento é especialmente crucial. Pesquisas agora nos dizem o que ela deve conter e com que rapidez você deve se reabastecer após a sessão de treinamento. E quem melhor do que os próprios fisiculturistas de alto nível, que agüentaram firme inúmeros períodos de preparação para competição, para explicar os truques que até mesmo o fisiculturista que não compete pode utilizar para reduzir sua gordura corporal, mesmo que seja apenas para exibir o corpo na praia.

A área de psicologia do esporte está prosperando juntamente com a folha de pagamento de atletas milionários. Novas teorias e técnicas demonstram a importância da mente no treinamento e na competição, como estimular a motivação e permanecer concentrado e como estabelecer metas alcançáveis em curto e longo prazo. Se sua meta é tornar-se Mister Olímpia, seria melhor começar tendo uma visão clara do físico ao qual quer chegar e depois persegui-la com um plano de como irá criá-lo. Nada acontece por acaso. Você não se tornará, por exemplo, um médico respeitado por casualidade; precisará passar por anos de estudos intensivos para alcançar sua meta. O mesmo acontece com seu treinamento.

Uma vez que tenha suas metas bem claras em mente, irei mostrar-lhe como criar sua própria rotina pessoal de treinamento; mas a função da mente não acaba aqui. Da mesma forma que ocorreu comigo, essa visão irá inspirá-lo em cada extenuante repetição de cada série e, sucessivamente, aproximá-lo um passo a mais de sua meta. Mas, para isso, existem outros fatores além do que acontece na academia: cuidados com a dieta e o estilo de vida também irão aproximá-lo ainda mais do seu destino desejado ou levá-lo mais longe. É por isso que a mente é tão crucial em todos os esportes, incluindo o fisiculturismo. Sua mente deve primeiro criar a imagem, e seu treinamento deve estar em sintonia com essa visualização. À medida que você começa a ver as mudanças, começa a sentir-se melhor em relação a si mesmo. O resultado é um processo de autoperpetuação: você concentra a mente para treinar o corpo, e as mudanças que começam a ocorrer também influenciam a mente. Sonhe, acredite e conseguirá!

O crescimento exponencial do fisiculturismo gerou uma indústria bilionária com oportunidades profissionais ilimitadas em clubes de saúde, nas áreas de roupas e acessórios, equipamentos, produtos nutricionais, publicações e mídia, fisioterapia, *personal training*, orientação técnica e outras. Você pode imaginar o que é poder sustentar-se todos os dias com uma atividade que você escolheu livremente para desempenhar como um *hobby*? Se é isso que você quer, aprender tudo o que puder sobre o corpo e como ele funciona é uma boa forma de começar.

Paralelas às mudanças ocorridas no estudo do fisiculturismo estão as mudanças na sociedade como um todo. Hoje, o treinamento com pesos é uma das atividades de aptidão física de lazer mais populares na América, mas certamente não era assim há uns 25 anos. Lembro-me de ouvir vários treinadores e atletas depreciando o treinamento de força, reclamando que ele prejudicaria o desempenho esportivo. (Gostaria de saber onde eles estão agora!) Atualmente, o treinamento de força pode ser utilizado por todas as pessoas.

Das escolas de ensino médio até faculdades e equipes esportivas profissionais, o treinamento de força está ajudando a gerar atletas melhores, mais fortes e até mais rápidos. Obviamente, é preciso uma habilidade natural incrível para chegar ao topo do seu esporte; mas, sem dúvida, o treinamento de força proporciona a vantagem decisiva. O "punhos-de-ferro" do beisebol, Mark McGwire, acerta a batida regularmente, mesmo durante a temporada, como fazem os jogadores de quase todas as posições na National Football League. Já vi até a equipe inteira do Chicago Bulls, campeão mundial da NBA, treinando no Gold's Gym enquanto estava em Los Angeles. Você pode apostar que eles não estavam lá tirando fotos como turistas!

Você pode fortalecer o seu revés para o tênis; desenvolver seu quadríceps para o esqui; adicionar uma altura considerável para seu salto vertical no voleibol; melhorar sua habilidade para marcar o adversário no futebol; potencializar sua braçada e pernada na natação; e melhorar sua força e passada na corrida de velocidade, tudo isso com treinamento de força. E mais, você ficará mais resistente a lesões no caso de ocorrer um acidente.

Naturalmente, você não vai esperar que um corredor de longa distância treine como um jogador de futebol americano. A escolha dos exercícios e a manipulação das variáveis de treinamento permitem que cada atleta adapte a atividade às necessidades e metas individuais. Para alguns, como pugilistas e lutadores que competem em categorias de peso, ou ginastas que não conseguem aumentar significativamente seu peso corporal, a força é um fator definitivo, mas é necessário um tipo de treinamento diferente do fisiculturismo tradicional. Um atacante de futebol americano, um lançador de peso ou um arremessador de disco, cada um tem suas próprias exigências específicas de treinamento para sua atividade. Se você pratica um esporte, aprenderá como adaptar seu treinamento para atender às exigências específicas do seu esporte (e até mesmo específicas da sua posição). E, por último, independentemente de o atleta pesar 70 ou 110 kg, o treinamento de força é o ponto comum.

Algumas ocupações exigem que seu pessoal passe por um árduo condicionamento físico que imite as condições reais de trabalho. Requisitos de admissão dentro das academias militares, de bombeiro e de polícia exigem altos níveis de aptidão física – em termos de força, resistência muscular e condicionamento aeróbico – para garantir a segurança de todos e a eficácia da missão. Isso exige bem mais das mulheres (mas de modo algum é impossível), que devem treinar talvez mais vigorosamente do que outros colegas homens. Uma vez selecionado para admissão, isso não quer dizer que você não tenha mais que ficar em forma; com esse objetivo, os departamentos de polícia e o corpo de bombeiros estão instalando salas de musculação em suas dependências e incentivando seus veteranos a manterem níveis máximos de condicionamento físico.

Há poucos anos, durante a Guerra do Golfo, o Washington Post relatou que a exigência número um para os soldados no Oriente Médio era sempre carregar peso excedente de forma que pudessem manter seu treinamento. Com essa finalidade, eles costumavam carregar baldes cheios de areia. Nessa época, estava a serviço como presidente do President's Council on Physical Fitness and Sports e contatei algumas companhias de equipamentos solicitando doações. Separadamente, reunimos 400 toneladas de equipamentos, as quais o General Colin Powell insistia que fossem *transportadas via aérea* até as tropas. Vejam como a aptidão física é importante para algumas pessoas!

O treinamento de força está sendo utilizado até mesmo pelos idosos. Após os 25 anos de idade aproximadamente, perdemos cerca de 250 g de músculo a cada ano de vida. Sem um estímulo de treinamento apropriado, os músculos eventualmente diminuem de tamanho e força. O exercício regular ajudará a deter esse processo de envelhecimento, que, na verdade, nada mais é do que um resultado do desuso. Para muitos veteranos, a força aumentada leva à independência e a uma melhor qualidade de vida.

Agora, antes de visualizar a vovó embaixo do *rack* de agachamento, saiba que mesmo apenas movimentos básicos podem fortalecer seus músculos e ossos e melhorar a flexibilidade, mas devem ser adaptados ao usuário. Hoje, exercitar-se contra a resistência da água em uma piscina é uma atividade popular entre muitos veteranos.

Novas pesquisas mostram que o exercício pode também auxiliar no processo de combate a doenças. Não pense que essas são apenas minhas palavras: esse é um fato confirmado. Recentemente, li uma reportagem no Journal of Strength and Conditioning Research que o treinamento de força está ajudando pacientes com câncer. Outros numerosos estudos relacionaram treinamento de força a melhoras em indivíduos com diabete, hipertensão, cardiopatia, artrite, asma e AIDS. O exercício pode estimular o sistema imunológico, permitindo que a pessoa combata indisposições menores, até mesmo depressões leves. Novamente, o programa de treinamento de força deve ser adaptado para satisfazer as necessidades particulares do indivíduo.

E as pessoas mais jovens? Sim, elas também podem desfrutar alguns dos benefícios de um programa de treinamento de força efetuando algumas modificações, tais como utilizar um protocolo de repetições altas e exercícios de peso corporal, fortalecendo e desenvolvendo ossos e músculo.

Uma das mais extraordinárias tendências da aptidão física moderna tem sido o redobramento na popularidade do treinamento de força entre mulheres, no período de 1987 a 1996. No nível competitivo, o esporte agora oferece competições para fisiculturistas e competidores de aptidão física. No nível não-competitivo, a maioria das mulheres prefere um treinamento que simplesmente fortaleça e remodele o corpo e trabalhe áreas problemáticas específicas como glúteo, quadril e tríceps. Na maioria das vezes, as mulheres têm metas diferentes das dos homens, em geral mais interessados em aumentar volume muscular e aumentar significativamente sua força. Embora os objetivos dos homens e das mulheres possam diferir, o que se reflete na estrutura do programa e na escolha dos exercícios, a execução dos movimentos é idêntica. O corpo da mulher também difere fisiologicamente do corpo do homem: estrutura esquelética menor; menos massa na parte superior do corpo em relação às pernas; mais gordura corporal e células de gordura nas áreas do quadril, da coxa e do glúteo comparadas à cintura. Mas, considerando esses fatos, fibra muscular é fibra muscular e, independentemente de ser em um homem ou em uma mulher, responde ao mesmo tipo de exercícios e técnicas de treinamento. Para muitas mulheres, portanto, a solução é seguir as orientações do treinamento de força efetuando algumas modificações.

Isso significa que você desenvolverá músculos maiores se treinar como um homem? Certamente não: as mulheres produzem tão pouca testosterona – o hormônio anabólico responsável em grande parte pelo crescimento muscular – que o efeito de treinamento é muito menos acentuado. O ponto principal aqui é que este livro trata de várias metas para quase todo tipo corporal, idade e gênero. Uma mulher pode efetuar uma transformação física igualmente impressionante mesmo que sua meta não seja o fisiculturismo tradicional por si.

Alguma vez você fraturou um osso e depois visitou um fisioterapeuta para começar uma reabilitação? O treinamento de força é útil aqui também. Ele não somente reduz seu risco de lesões no tecido mole e nas articulações como também é seu melhor recurso para a recuperação total e um rápido retorno à sua atividade. Seja uma sensibilidade muscular temporária, uma dor lombar, articulações rígidas ou retorno à atividade após você ter quebrado um osso, o treinamento de força permitirá que você recupere rapidamente seus níveis anteriores de força.

A partir do dia em que Charles Atlas ofereceu ajuda a uns magricelas que levaram chutes de areia no rosto, o fisiculturismo percorreu um longo caminho. O treinamento de força é agora praticado no mundo todo. Sem dúvida, ele é muito mais do que desenvolver grandes braços e exibir o corpo na praia (mas, veja, esses não são objetivos ruins): o treinamento de força pode dar nova forma e tonificar seu corpo, melhorar sua saúde e também sua disposição, mantê-lo livre de lesões e garantir um futuro longo e ativo. Seja você um iniciante em busca dos princípios básicos do treinamento, um intermediário procurando dividir seu treinamento e trabalhar uma região corporal menos desenvolvida, ou um treinador avançado procurando aperfeiçoar o físico e incorporar técnicas de treinamento avançadas, encontrará as respostas nestas páginas.

Naturalmente, então, a escala de mudanças que ocorreram no escopo do fisiculturismo e entre os participantes desde que publiquei pela primeira vez a enciclopédia é muito maior do que meramente evolutiva – ela parece ser revolucionária. Além desses recém-mencionados, temos um entendimento maior dos benefícios do treinamento de força, que são responsáveis, em parte, por sua tremenda popularidade.

Toda pessoa que entra em uma academia ou clube de saúde traz uma motivação pessoal que justifica por que escolheu o treinamento de força para alcançar determinadas metas. Obviamente, o objetivo do fisiculturismo é desenvolver um tamanho muscular maior e melhorar a aparência física, mas essas não são, de forma alguma, as únicas razões pelas quais os indivíduos treinam com pesos. Considere também os efeitos sobre a força: você tem a capacidade de realizar um trabalho melhor, tanto em termos de ser capaz de levantar um peso maior de uma só vez (força muscular) como de levantar um peso mais leve mais vezes (resistência muscular). Alguns tipos de fisiculturismo, como o treinamento de circuito, são uma boa opção para desenvolver a saúde do coração e melhorar o funcionamento dos pulmões e do sistema respiratório. O fisiculturismo tradicional combinado com algum tipo de treinamento aeróbio promoverá benefícios de saúde ainda maiores.

Em uma sociedade cada vez mais movida pela tecnologia, que senta por longos períodos em frente a computadores e televisões e ingere calorias de gordura em excesso, o resultado é a obesidade – e várias conseqüências de saúde importantes. O fisiculturismo tem uma função importante na formação de tecido muscular magro e na redução de gordura corporal. Diferentemente do tecido adiposo (de gordura), o tecido muscular é metabolicamente ativo e requer muita energia para manter-se e reconstruir-se. Um aumento em tecido muscular corresponde a um aumento no índice metabólico. O fisiculturismo permite que você literalmente redesenhe seu corpo e perca até 910 g por semana – sem arriscar sua saúde com pílulas dietéticas ou dietas da moda! Uma das curiosas ironias da vida é que os indivíduos que estão acima do peso também têm uma tendência a ficarem cansados, enquanto que aqueles que gastam bastante energia exercitando-se parecem ficar mais cansados ainda.

Outros efeitos saudáveis também podem ser medidos. Pesquisas mostram que o treinamento de força realizado corretamente torna a pessoa mais flexível, e não com os músculos intumescidos. Isso porque, quando um músculo flexiona durante um movimento, o músculo antagonista é alongado. Muitos atletas de elite que passaram anos em uma sala de musculação, como ginastas musculosos e velocistas de pista, devem ter uma flexibilidade enorme para se sobressaírem em seus respectivos esportes. Já vi fisiculturistas profissionais de elite como Flex Wheeler realizarem uma cena de espacato completo! O movimento mantém a flexibilidade, e eu o incentivo a trabalhar todas as regiões do corpo além das suas amplitudes de movimento normais.

À medida que você envelhece, especialmente se for mulher, seus ossos perdem força e tamanho. O treinamento de força pode evitar e até mesmo reverter a osteoporose. Isso também vale para tendões e ligamentos. Músculos, ossos e tecido conjuntivo mais fortes reduzem seu risco de lesões. O músculo esquelético funciona como um amortecedor que ajuda a dissipar a força de uma atividade repetitiva como correr para uma queda simples em um solo duro.

Como mencionei, a importância do componente psicológico no fisiculturismo não pode ser subestimada. Profissionais da saúde mental hoje concordam que não há nada melhor de que o exercício para acalmar a ansiedade. Em termos de respeito próprio, você pode obtê-lo a partir de um trabalho bem feito, e a aptidão física não é uma exceção. Você trabalha para alcançar suas metas, e é justo que sinta orgulho quando as alcança, conquistando o respeito dos outros no processo. Deixe-me, finalmente, acrescentar que treinar com freqüência pode impulsionar drasticamente sua vida sexual, dando-lhe mais energia, aumentando os níveis de testosterona, diminuindo a ansiedade e melhorando a auto-estima.

A soma de tudo isso constitui um caso excelente e convincente para o fisiculturismo. Não é de admirar que trabalhar com pesos tornou-se a atividade de aptidão física mais popular na América em 1995, conforme avaliação do Fitness Products Council, e permaneceu no topo desde então. Até mesmo o USA Today declarou que "melhoras significativas em força e tônus muscular devidas ao treinamento de força somente duas vezes durante 20 a 30 minutos" são possíveis, apesar do mito de que fisiculturistas despendem incontáveis horas por dia na academia. Então, você fará parte dessa revolução na aptidão física ou ficará entre os níveis cada vez maiores de obesidade do país?

Eis o que posso oferecer a você. Foi necessário um livro do tamanho desta enciclopédia para pôr em palavras minha vasta experiência, que vai do treinamento com campeões de antigamente a conversas com fisiculturistas de elite de hoje, até consultas com cientistas do exercício, nutricionistas e pesquisadores por todo o mundo para investigar dúvidas de leitores como você que me fizeram perguntas sobre treinamento. Como o conhecimento não é finito, tenho me esforçado para permanecer em dia com o esporte, mesmo como excompetidor, estudando as fórmulas da vitória do passado e as teorias mais correntes da atualidade. Na realidade, isso ainda me faz um estudante do esporte, mas, como ainda amo muito o fisiculturismo, é algo que planejo continuar por muito tempo. Ao mesmo tempo, dividindo a riqueza do conhecimento, posso também servir de professor. Se isso lhe agrada, pense em mim como seu *personal trainer*.

Eis o que você deve fazer por mim. É muito simples, na verdade, mas eu não diria que é fácil – afinal de contas, como eu disse, o lema "Sem dor, sem ganho" teve origem em rodas de fisiculturistas. Isso é o que separa aqueles que se dão bem daqueles que não se dão: você deve ter uma vontade sincera e ardente de alcançar o que sonha, dedicar-se a fazer progresso e assumir o controle da situação para mudar seu corpo. Você deve se dar conta de que esses "atalhos", tais como usar esteróides anabólicos/androgênicos, levam somente a um progresso de curta duração e a alguns problemas de saúde muito graves de longa duração. Entenda que o fisiculturismo não é um processo da noite para o dia, mas sim que dura a vida toda. Fatores pessoais como sua atitude, comprometimento e vontade de melhorar sua aparência têm uma função importante em seu sucesso final. Esforce-se para aprender tudo que puder, treine pesado, ouça seu corpo e combine tudo isso com uma boa dieta; mas não se concentre demais tentando compreender todas as idéias de treinamento e a infinidade de princípios de uma só vez. De qualquer forma, você, muito provavelmente, não possui a experiência para interpretar adequadamente todas as informações.

Se você está comigo até aqui, está milhas à frente dos outros e destinado à grandeza.

Tentei tornar este livro o mais honesto, preciso e prático possível. Estude-o, revendo o material repetidamente, consultando-o sempre que tiver dúvidas, necessitar de motivação para sua próxima sessão de treinamento ou estiver apenas buscando formas de efetuar mudanças em seu treinamento. Você tem as respostas bem aqui nas suas mãos.

Pronto para começar? Acredito que sim. Então vamos!

Arnold Schwarzenegger

SUMÁRIO

LIVRO UM	INTRODUÇÃO AO FISICULTURISMO

CAPÍTULO 1
EVOLUÇÃO E HISTÓRIA 3

A Transição para o Fisiculturismo   11
O Fisiculturismo nos Anos 40 e 50   13
O Fisiculturismo nos Anos 60   17
O Fisiculturismo nos Anos 70   21
Pumping Iron   32
O Fisiculturismo nos Anos 80 e 90   34
O Crescimento Explosivo do Fisiculturismo   35
O Fim de Semana Clássico de Arnold   38
A Profissão do Fisiculturismo   39
Joe Weider   39
A Evolução do Treinamento Moderno   40
O Futuro do Fisiculturismo   43
O Fisiculturismo para Mulheres   44

CAPÍTULO 2
O ABC DO FISICULTURISMO 47

Esporte *versus* Sistema de Exercícios   47
Treinamento de Força Progressivo   48
Levantamento de Peso, Treinamento de Força e Fisiculturismo   49
Atividade Aeróbia e Definição Muscular   55
Fisiculturismo para Atletas   56

CAPÍTULO 3
A EXPERIÊNCIA DE TREINAMENTO 66

O que Você Pensa É o que Você Consegue   66
Treinamento para Mulheres   82

Capítulo 4
A Academia   84

A Explosão de Academias   84
O que Procurar em uma Academia   85
Ambiente e Atmosfera   85
Quem Mais Está Treinando na Academia?   87
Você Não Precisa Treinar em Los Angeles   88
Academias para Não-Competidores   88
Treinando em Casa   89

Capítulo 5
Iniciando   92

Desenvolvimentos Lentos e Rápidos   94
Pesos Livres *versus* Aparelhos: Uma Questão de Gravidade   97
Calçados   99
Luvas   99
Tiras   99
Cintos   101
Faixas   101
Tiras de Cabeça   101
Botas de Gravidade   102
Roupas de Borracha   102
Diário de Treinamento   102
O Fisiculturismo e a Criança   104
Começando Tarde   104
O Fisiculturismo e os Idosos   105
Fazendo a Transição   106
Competição   106
As Estrelas do Fisiculturismo   108

LIVRO DOIS   PROGRAMAS DE TREINAMENTO

Capítulo 1
Princípios Básicos do Treinamento   135

Necessidades Individuais   136
Resistência Progressiva   136
Repetições   137
Treinar até a Falha   137
Séries   139
Amplitude de Movimento Completa   140
A Qualidade da Contração   140
Aquecimento   141
Treinamento de Potência   142
Dias Pesados   146
Supertreinamento e Recuperação   146
Descanso entre Séries   147

Respiração 148
Alongamento 148

EXERCÍCIOS DE ALONGAMENTO 151

Inclinação Lateral 151 Inclinação à Frente 152 Alongamento dos Isquiotibiais 153 Passada à Frente 154 Inclinação à Frente, Sentado, com os Pés Afastados 156 Alongamento da Parte Interna da Coxa 157 Alongamento do Quadríceps 158 Alongamento dos Corredores com Barreiras 159 Rotação da Coluna 160 Alongamento em Suspensão 161

Capítulo 2
Descubra seu Tipo Corporal 162

Compreenda seu Tipo Corporal 164
Metabolismo e Desenvolvimento Muscular 169
Treinamento Ectomorfo 169
Treinamento Mesomorfo 170
Treinamento Endomorfo 170
Teste de Composição Corporal 171

Capítulo 3
Programa de Treinamento Básico 173

Sistema de Treinamento Parcelado 174
Os Grupos Musculares Básicos 175
Organizando seu Treinamento 176
Descanso e Recuperação 176
Quando Treinar 179
Programa de Exercícios de Nível I 180
Programa de Exercícios de Nível II 182

Capítulo 4
Princípios do Treinamento Avançado 187

Aumentando a Intensidade de Treinamento 187
Técnicas de Intensidade 188
Princípio do Treinamento de Potência 191
Aprenda a Utilizar Princípios do Treinamento Avançado 199

Capítulo 5
Desenvolvendo um Físico de Qualidade: O Programa de Treinamento Avançado 200

Quando Progredir para o Treinamento Avançado 202
Treinamento de Séries Altas 202
Treinamento em Duas Partes 203
Programa de Treinamento Avançado 205
Programa Avançado de Dois Níveis 205
Programa de Exercícios de Nível I 206
Programa de Exercícios de Nível II 208

Indo até o Limite   209
Variando seu Programa   210
Treinamento de Pontos Fracos   212
Treinando Áreas Fracas   213

CAPÍTULO 6
PROGRAMA DE TREINAMENTO PARA COMPETIÇÃO   215

Desenvolvendo um Físico de Competição   215
O Medo da Pequenez   218
Elementos do Treinamento para Competição   219
Dependendo do seu Parceiro de Treinamento   219
Volume de Treinamento   220
Escolha de Exercícios   220
Treinamento Parcelado   221
Programa de Exercícios para Competição   222
Individualizando o Programa de Treinamento   224
Separação Muscular   224
Musculosidade e Definição: Analisando seu Progresso   225
Treinamento ao Ar Livre   227

CAPÍTULO 7
A MENTE SOBRE O CORPO: A MENTE, A FERRAMENTA MAIS PODEROSA   229

Grandes Metas e Pequenas Metas   233
Aprendendo com as Falhas   233
Inibição Muscular   240
Maximizando sua Motivação   241
Rompendo Barreiras   242
Como o Fisiculturismo Age na Mente   243

LIVRO TRÊS   EXERCÍCIOS PARA AS REGIÕES DO CORPO

OS OMBROS   250

Os Músculos dos Ombros   250
Analisando os Ombros   251
Treinando os Deltóides   259
Treinamento Básico   259
Treinamento Avançado   260
Programa para Competição   260
Treinando os Músculos do Trapézio   262
Treinamento de Pontos Fracos   265

EXERCÍCIOS PARA OS OMBROS   272
Desenvolvimento de Arnold 272 Desenvolvimento com Barra Por Trás do Pescoço 273 Desenvolvimento com Halteres 274 Desenvolvimento Militar 275 Levantamento da Barra 276 Desenvolvimento no Aparelho 278 Desenvolvimento com Barra 279 Elevação Lateral, de Pé 280 Elevação Lateral com Cabo Cruzado,

Unilateral 282 Elevação Lateral com Cabo Unilateral 285 Elevação Lateral e Posterior com Cabo, Sentado 286 Elevação Lateral Invertida com Halteres Acima da Cabeça 287 Elevação Lateral no Aparelho 287 Elevação Frontal com Halteres 288 Elevação Lateral com Halteres Acima da Cabeça, Sentado 290 Elevação Lateral com Halteres, de Pé e Inclinado 291 Elevação Lateral com Cabo Cruzado, Curvado 293 Elevação Lateral, Deitado de Lado 294

EXERCÍCIOS PARA O TRAPÉZIO   295

Remada Alta 295 Remada Alta Pesada 296 Elevação de Ombros com Halteres 297 Elevação de Ombros com Barra 298

O Peito   299

Os Músculos do Peito   299
Desenvolvimento Total do Peito   299
Treinando o Peito   307
Programas de Iniciação e Avançado   308
Programa para Competição   311
Treinamento de Pontos Fracos   312
Treinamento de Potência   318
Poses e Flexões   319
O Músculo Serrátil   322
Treinando o Serrátil   323

EXERCÍCIOS PARA O PEITO   324

Supino Reto com Barra 324 Supino Inclinado com Barra 326 Supino Reto com Halteres 328 Supino Inclinado com Halteres 329 Supino Declinado com Halteres 330 Mergulho nas Barras Paralelas 331 Supino no Aparelho 332 Crucifixo com Halteres 333 Crucifixo Inclinado com Halteres 334 Cruzamento de Cabos, de Pé 335 Cruzamento de Cabos, de Pé e Inclinado à Frente 336 Cruzamento de Cabos em Banco Horizontal 337 Voador no Aparelho 338 *Pullover* com Braços Estendidos 339 *Pullover* com Corda 340 *Pullover* com Cabo e Unilateral 341 *Pullover* no Aparelho 342 Flexão de Braços na Barra Fixa com Pegada Fechada 342 Abdominal Parcial em Suspensão para o Serrátil, 343 Remada em Suspensão com Halteres, 344

As Costas   345

Os Músculos das Costas   345
Treinando as Costas   346
A Região Dorsal   347
O Grande Dorsal   348
A Região do Grande Dorsal   350
Espessura da Região Central das Costas   351
Região Lombar   353
Funções dos Músculos das Costas   354
Planejando um Programa para as Costas   354
Treinamento de Pontos Fracos   355
Alongamento e Contração   360

EXERCÍCIOS PARA AS COSTAS 364

Flexão de Braços na Barra Fixa com Pegada Aberta 364 Flexão de Braços na Barra Fixa pela Frente, com Pegada Aberta (Opcional) 366 Flexão de Braços na Barra Fixa com Pegada Fechada 367 Puxada Por Trás no Aparelho 368 Puxada por Trás com Pegada Fechada ou Média 369 Remada Curvada com Barra 370 Remada Curvada com Halteres 372 Remada na Barra em "T" 373 Remada Unilateral com Haltere 374 Remada Unilateral com Cabo 375 Remada Sentada com Cabo 376 Remada Sentada com Cabo (Opcional) 377 Remada no Aparelho 377 *Pullover* com Barra com Braços Flexionados 378 *Pullover* no Aparelho 379 Levantamento Terra 380 Flexão/Extensão da Coluna com Barra 382 Hiperextensão Lombar 383

Os Braços 384

Os Músculos dos Braços 384
Treinando os Braços 386
Desenvolvendo Braços Perfeitos 392
TREINAMENTO DE BÍCEPS 396
Roscas Falsas 399
Programa de Iniciação 400
Programa Avançado 400
Programa para Competição 401
Treinamento de Pontos Fracos 402
TREINAMENTO DE TRÍCEPS 410
Programas de Iniciação e Avançado 410
Programa para Competição 414
Treinamento de Pontos Fracos 415
TREINAMENTO PARA OS ANTEBRAÇOS 418
Programa de Iniciação 419
Programa Avançado 420
Programa para Competição 421
Poses com os Antebraços 421
Treinamento de Pontos Fracos 424

EXERCÍCIOS PARA OS BRAÇOS 426

Rosca com Barra, de Pé 426 Rosca com Apoio dos Cotovelos (Opcional) 429 Rosca Roubada 430 Rosca Scott 431 Rosca em 3 Partes (21 s) 435 Rosca com Halteres em Banco Inclinado 437 Rosca com Halteres, Sentado 438 Rosca Martelo (Opcional) 439 Rosca Alternada com Halteres 440 Rosca Concentrada 442 Rosca com Halteres, Deitado 443 Rosca com Cabo com as Duas Mãos 444 Rosca com Cabo no Banco Scott (Opcional) 445 Rosca Invertida 446 Rosca Invertida no Banco Scott 447 Aparelhos para Bíceps 447 Rosca no Aparelho 448 Rosca Tríceps com Cabo 450 Rosca Tríceps Invertida Unilateral com Cabo 454 Rosca Tríceps, Sentado 455 Rosca Tríceps, de Pé 456 Rosca Tríceps, Deitado 457 Rosca Tríceps, com Halteres, Deitado 460 Rosca Tríceps com Halteres, Deitado, Virando o Rosto (Opcional) 461 Extensão do Cotovelo com Haltere, Curvado 462 Rosca Tríceps Unilateral 464 Mergulho nas Barras Paralelas 466 Mergulho Invertido em um Banco 467 Extensão de Cotovelo em uma Barra Fixa 468 Rosca de Punho com Barra 469 Rosca de Punho Unilateral com Haltere 470 Rosca de Punho Por Trás das Costas 471 Rosca de Punho Invertida com Barra 472 Rosca de Punho Invertida com Barra no Banco Scott 472 Rosca de Punho Invertida com Halteres 473 Rosca Invertida com Barra 474 Rosca Invertida com Barra no Banco Scott 475 Rosca Invertida em Aparelho 476 Rosca Invertida Unilateral com Cabo 477

As Coxas   478

Os Músculos da Parte Superior da Coxa   478
A Importância do Treinamento para as Coxas   478
Demandas do Treinamento para as Pernas   481
Desenvolvendo o Quadríceps   483
Os Isquiotibiais   487
Programas de Iniciação e Avançado   489
Programa para Competição   489
Contração e Alongamento   493
Treinamento de Pontos Fracos   493

EXERCÍCIOS PARA AS PERNAS   497

Agachamento 497 Agachamento Pesado 498 Meio Agachamento 498 Agachamento no Aparelho 499 Agachamento Frontal 502 Agachamento Sissy 504 Pressão de Pernas 505 Variações de Pressão de Pernas 505 Agachamento *Hack* 506 Passada à Frente 507 Extensão do Joelho (Pernas) 508 Flexão do Joelho 509 Flexão do Joelho, de Pé 510 Levantamento Terra com as Pernas Estendidas 511

As Panturrilhas   512

Os Músculos da Panturrilha   512
Treinando as Panturrilhas   513
Alongamento de Panturrilhas   515
Programa de Iniciação   516
Programas Avançado e para Competição   516
Treinamento de Pontos Fracos   519
Poses com as Panturrilhas   524

EXERCÍCIOS PARA AS PANTURRILHAS   526

Flexão Plantar, de Pé 526 Flexão Plantar no Aparelho de Pressão de Pernas 528 Flexão Plantar, Sentado 529 Flexão Plantar Donkey 530 Flexão Plantar Unilateral 531 Flexão Dorsal 532

O Abdome   533

Os Músculos do Abdome   533
Treinando os Abdominais   535
Redução Localizada   538
Exercícios Específicos para o Abdome   539
Todos os Tipos de Abdominais Parciais   539
Exercícios Oblíquos   540
Serrátil e Intercostal   540
Programa de Iniciação   540
Programa Avançado   541
Programa para Competição   541
Treinamento de Pontos Fracos   542

EXERCÍCIOS ABDOMINAIS   544

Cadeira Romana 544 Abdominal Parcial 545 Abdominal Parcial com Rotação 545 Abdominal Parcial Invertido 546 Abdominal Parcial Invertido, em Suspensão 547 Abdominal Parcial em um Banco Vertical

548 Abdominal Parcial com Cabo 549 Abdominal Parcial no Aparelho 550 Elevação das Coxas até o Peito, Sentado 551 Rotação, Sentado 552 Rotação, Curvado 553 Elevação das Pernas 554 Elevação das Pernas em um Banco Horizontal 554 Elevação das Pernas com os Joelhos Flexionados, em um Banco Horizontal 555 Elevação das Pernas com os Joelhos Flexionados, em uma Prancha Inclinada 555 Elevação das Pernas com os Joelhos Flexionados, em um Banco Vertical 556 Elevação das Pernas em Suspensão 556 Elevação das Pernas com Rotação, em Suspensão 557 Exercícios Adicionais de Elevação das Pernas 557 Elevação Lateral das Pernas 558 Elevação Lateral das Pernas com os Joelhos Flexionados 558 Chutes para Frente 559 Chutes para Trás sobre um Banco 559 Tesoura com as Pernas, em Decúbito Ventral 560 Contração do Abdome – *Vaccums* 561

LIVRO QUATRO COMPETIÇÃO

Capítulo 1
Fazendo Poses   565

A História das Poses   567
A Arte de Posar   568
Aprenda Observando   569
Como as Competições da IFBB São Conduzidas   572
Pontuação   582
Competições do NPC   582
Grande Vencedor   589
Resistência   589
Praticando Poses   589
Praticando para a Primeira Rodada   597
Praticando para a Segunda Rodada   598
Personalizando suas Poses   607
Praticando para a Terceira Rodada   607
A Forma Como Costumava Ser o Julgamento   633
Escolhendo a Música para as Poses (Para a Terceira Rodada)   633
O Fator Tédio   636
Praticando para a Quarta Rodada   636
Erros Comuns nas Poses   645
Controlando suas Emoções   647
Poses como Exercícios   647
Posando para Fotografias   651

Capítulo 2
Preparação Total   660

Sungas para Poses   661
Bronzeado   664
Salões de Bronzeamento e Lâmpadas Ultravioletas   665
Bronzeamento Artificial   667
Posando com Óleo   668
Estilo dos Cabelos   669
Pêlos do Corpo   671
Vestindo-se para o Sucesso   672
Toques Finais   672

CAPÍTULO 3
ESTRATÉGIA E TÁTICAS DE COMPETIÇÃO   674

A Função da Experiência 676
Com que Freqüência Competir 677
Preparando-se 677
Competição Avançada 678
Publicidade 680
Política e Relações Públicas 683
Aprendendo a Chegar ao Máximo para Competição 685
Água 688
O Dia da Competição 690
Luta Psicológica 694
Representando o Esporte 698

LIVRO CINCO — SAÚDE, NUTRIÇÃO E DIETA

CAPÍTULO 1
NUTRIÇÃO E DIETA   703

As Exigências Especiais do Fisiculturismo 705
Os Nutrientes Básicos 705
Proteína 706
Carboidratos 710
Gorduras Dietéticas 712
Água 714
Vitaminas 715
Minerais 719
O Conteúdo Energético dos Alimentos 722
Índice Metabólico 723
Exercício e Consumo de Energia 723
Energia "Falsa" 724
Quantidades Nutricionais Mínimas 725
Dieta Balanceada 727
A Importância do Glicogênio 728
Cetose 728
Alimentação e Treinamento 728
Com que Freqüência Comer 729

CAPÍTULO 2
CONTROLE DE PESO: GANHANDO MÚSCULO, PERDENDO GORDURA   731

Composição Corporal 731
Influências sobre a Composição Corporal 732
Dieta e Tipos Corporais 733
Idade e Gordura Corporal 733
Consumo Calórico 734
Qualidade da Dieta 734

Criando "Demanda" 735
Quanto de Aeróbio? 735
Alimentando-se para Ganhar Músculo 736
Cardápio para Ganhar Músculo 737
    Nível I 738
    Nível II 738
    Nível III 739
Bebidas Hiperprotéicas Hipercalóricas 740
    Nível I 741
    Nível II 741
    Nível III 742
Como Perder Gordura 742
Cetose 744
Fontes de Proteína Recomendadas 744
Fontes de Carboidrato Recomendadas 745
Um Resumo de Regras de Dieta para Perda de Gordura 745
Leitura de Rótulos 746

CAPÍTULO 3
ESTRATÉGIAS DE DIETA PARA COMPETIÇÃO   748

Entrando em Forma para Ficar em Forma 749
Registrando Tudo 750
Comendo, Comendo e Comendo 751
Privação 751
Diminuição do Ritmo Metabólico 752
Medindo Mudanças no Corpo 752
Iniciando: 12 Semanas Completas 753
Teste de Cetose 754
Evitando Muito Exercício Aeróbio 754
Drogas 755
Drogas e Esportes 756
Efeitos Colaterais do Uso de Esteróides 757
Diuréticos 759
Hormônio do Crescimento 760
Teste de Drogas e Fisiculturismo 760
Suplementação Excessiva 760
A Última Semana 766
"Depleção" 767
Aumento da Ingestão de Carboidratos 767
Perda de Água 768
Treinamento, Poses e Dieta 770
A Noite Anterior 771
A Manhã da Competição 771
Entre o Pré-Julgamento e a Apresentação da Noite 772
Após a Competição 772

Capítulo 4	
As Lesões e Como Tratá-las	774

INFORMAÇÕES TÉCNICAS 775

Músculos e Tendões 775

    Tratamento Inicial 776 Espasmos e Cãibras 776 Tendinite 776 Dor 776 Terapia 777 Prevenção de Lesões 778

Articulações e Ligamentos 778

    Lesões em Cápsulas e Ligamentos 779 Tratamento 780 Deslocamento da Articulação 781

INFORMAÇÕES PRÁTICAS 781

As Panturrilhas 781

Os Joelhos 782

A Parte Superior da Coxa 782

A Virilha 783

A Parte Inferior do Abdome 783

A Região Lombar 783

A Região Dorsal 784

Os Ombros 784

O Peitoral 785

Os Bíceps 785

Os Tríceps 786

Os Cotovelos 786

Os Antebraços 786

Treinando com uma Lesão 787

Treinamento no Clima Frio 788

BREVE RESUMO 788

Rigidez, Dor ou Lesão Muscular 788

Dor ou Problemas com as Articulações 789

Complementando sua Dieta 789

Tome Cuidado com a Desidratação 789

O que Está Acontecendo com meu Sistema Imunológico? 790

O Toque Final 790

Índice 791

LIVRO UM

Introdução ao Fisiculturismo

CAPÍTULO 1

Evolução e História

No final do século XIX, um novo interesse pelo fisiculturismo surgiu, não pelo músculo simplesmente como meio de sobrevivência ou autodefesa; houve um retorno do ideal grego –, o desenvolvimento muscular como celebração do corpo humano.

Essa foi a época em que a tradição antiga de levantar pedras evoluiu dentro do esporte moderno de levantamento de peso. À medida que o esporte desenvolveu-se, enfrentou diferentes aspectos em diferentes culturas. Na Europa, o levantamento de peso era uma forma de entretenimento da qual emergiram "homens fortes" profissionais – homens que ganharam a vida pela quantidade de peso que podiam levantar ou sustentar. Sua aparência física não importava para eles ou para seu público. O resultado era que eles tendiam a desenvolver corpos robustos e pesados. Os adeptos à cultura física enfatizavam a necessidade de se comer alimentos naturais e não-processados – uma idéia que se arraigou em resposta ao uso crescente de novas técnicas de processamento de alimentos. Os americanos estavam começando a mudar-se de fazendas e cidades pequenas para as cidades grandes; o automóvel propiciou uma nova mobilidade. Mas, ao mesmo tempo, a vida foi-se tornando cada vez mais sedentária; e os problemas de saúde que aparecem quando uma população come um alimento errado em excesso, não pratica exercícios suficientes e vive em condições de estresse constantes estavam recém tornando-se evidentes.

Os fisiculturistas estavam batalhando nessa direção com uma crença na saúde geral e no condicionamento físico, defendendo a moderação e o equilíbrio em todos os aspectos da vida. O europeu forçudo, beberrão e barrigudo certamente não era seu ideal. O que eles precisavam era de um modelo cujo físico incorporasse as idéias que estavam tentando disseminar, alguém que se parecesse muito mais com as estátuas idealizadas de atletas da Grécia antiga do que com os seguranças grandalhões das cervejarias bávaras da Europa. Eles

Eugen Sandow

encontraram esse homem na pessoa de Eugen Sandow, uma superestrela da cultura física da virada do século.

Sandow fez sua reputação na Europa como um homem forte profissional, desafiando com sucesso outros homens fortes e superando-os em suas próprias proezas. Ele veio para a América nos idos de 1890 e foi promovido por Florenz Ziegfeld, que o anunciou como "O Homem Mais Forte do Mundo" e o pôs a viajar. Mas o que realmente diferenciou Sandow foi a qualidade estética de seu físico.

Sandow era muito bonito, sem dúvida. Ele era um exibicionista e adorava que as pessoas olhassem para o seu corpo e admirassem suas proezas de homem forte. Ele costumava caminhar dentro de uma caixa de vidro e fazer poses, vestindo apenas uma folha de figo, enquanto a platéia olhava-o fixamente, e as mulheres exclamavam extasiadas diante da beleza e da simetria de seu desenvolvimento muscular. Essa celebração das qualidades estéticas do físico masculino era algo muito novo. Durante a era vitoriana, os homens cobriam-se com roupas muito fechadas, e muito poucos artistas usavam o nu masculino como motivo para suas pinturas. Isso foi o que fez a atração de Sandow tão impressionante.

Devido em grande parte à popularidade de Sandow, as vendas de barras e halteres dispararam. Sandow ganhou milhões de dólares por semana e criou uma indústria inteira à sua volta com a venda de livros e revistas. Eram feitas competições em que as medidas físicas dos competidores eram comparadas, e então Sandow premiava os vencedores com uma estátua dele mesmo banhada em ouro. Mas, no final das contas, ele foi vítima da sua própria fama de macho. Diz-se que um dia seu carro saiu da estrada, e ele se sentiu obrigado a demonstrar sua força puxando-o apenas com uma mão para fora de uma vala. Como conseqüência, o homem que o Rei George da Inglaterra apontou como "Professor de Cultura Física Científica para sua Majestade" sofreu uma hemorragia cerebral que acabou com a sua vida.

Eugen Sandow

AS SENHORAS IDOLATRAM SANDOW.
O HOMEM FORTE EXIBE SUA FORMA EM RECEPÇÕES SELETAS À BELA CRIATURA.

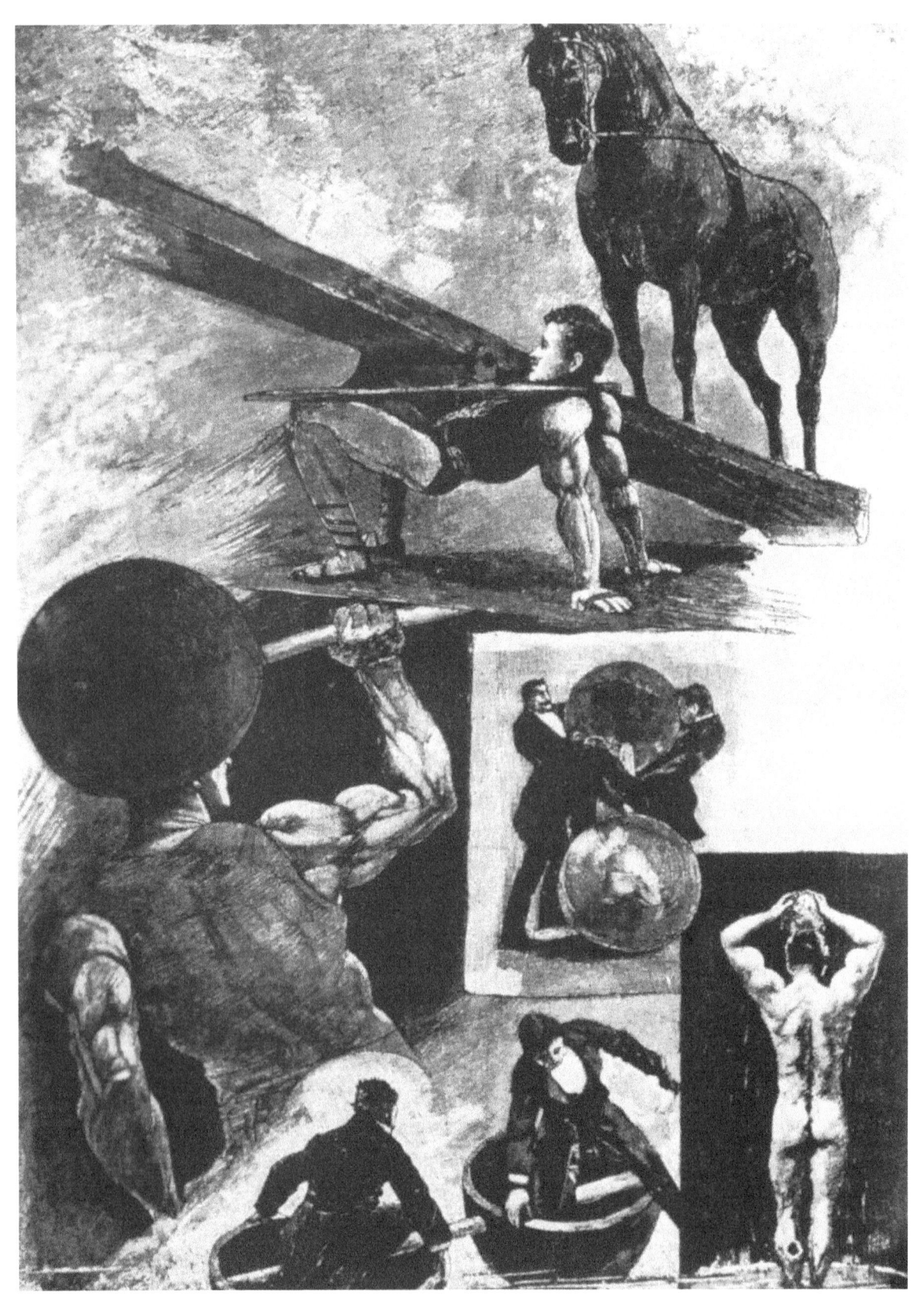

Façanhas de força popularizadas pelo Grande Sandow.

George Hackenschmidt

Por volta do mesmo período, George Hackenschmidt conquistou o título de "Leão Russo" por sua performance quando venceu o campeonato russo de levantamento de peso em 1898, bem como em vários campeonatos mundiais de luta. Após imigrar para a Grã-Bretanha, ele finalmente fez fortuna. Era também um orador fluente e um escritor prolífico que produziu livros filosóficos como *The Origins of Life*, debateu com intelectuais como George Bernard Shaw e desafiou até mesmo Albert Einstein a uma troca de idéias.

E houve muitos mais – Professor Louis Attila, Arthur Saxon, Hermann Goerner, Oscar Hilgenfeldt e W. A. Pullum. Eles criaram uma tradição ilustre de homens de força que continua de pé com Paul Anderson, Vasily Alexeev e outros levantadores de peso de nossos tempos.

Uma das pessoas para quem a atividade da cultura física tornou-se uma religião foi o editor Bernarr Macfadden, um homem que poderia servir como protótipo do fanático por saúde de todos os tempos. Para promover a idéia de que a fraqueza física era realmente imoral, ele fundou a revista *Physical Culture*. Depois, continuou publicando o *New York Evening Graphic*, um jornal voltado para um público inculto e simples.

Macfadden era um hábil promotor e, começando em 1903, apresentou uma série de competições no Madison Square Garden em Nova York para escolher o "Homem Mais Perfeitamente Desenvolvido do Mundo". Nessa primeira competição, ele ofereceu um prêmio de mil dólares – uma pequena

Arthur Saxon

Arthur SAXON levantou 203 kg acima da cabeça, na altura dos braços.

PRINCE LAURIE engoliu uma espada de 78 cm de comprimento.

TACOMA - Liga do noroeste de 1915. Acertou 92 batidas em 4 jogos consecutivos.

Hermann Goerner

fortuna naquela época – junto com o título. Tanto as competições como a revista foram bem-sucedidas durante décadas. E Macfadden praticava o que pregava, caminhando descalço todas as manhãs da sua casa na Riverside Drive em Nova York até seu escritório no centro da cidade e aparecendo com o peito desnudo em sua própria revista. Ele era um exemplo de saúde e aptidão física até bem perto dos seus setenta anos.

Macfadden provavelmente não teria aprovado o fisiculturismo moderno, com sua ênfase no desenvolvimento visual do corpo em detrimento da habilidade atlética. Contudo, ele e outros fisiculturistas desempenharam um importante papel na evolução do fisiculturismo. Suas competições ajudaram a promover o interesse em saber como era o corpo e não simplesmente o quão forte eram os músculos, e então emergiu dessas competições uma superestrela que estava para se tornar um dos homens mais famosos da América por décadas.

O vencedor do campeonato de Macfadden de 1921 foi Angelo Siciliano. Para tirar proveito de sua fama ascendente, esse homem magnificamente desenvolvido mudou seu nome para Charles Atlas e adquiriu os direitos de um curso de aptidão física por correspondência denominado tensão dinâmica. Por mais de 50 anos, rapazes cresceram vendo os anúncios desse curso em revistas e revistas em quadrinho, incluindo aquela em que o garotinho mirrado leva um chute de areia no rosto, despede-se para um curso de fisiculturismo e depois retorna para espancar o valentão e recuperar sua namorada. "Ei,

Charles Atlas

magricela, suas costelas estão aparecendo!" tornou-se a frase mais memorável daquela que o autor Charles Gaines chama de a campanha publicitária de maior sucesso na história.

A TRANSIÇÃO PARA O FISICULTURISMO

Por volta dos anos 20 e 30, tornou-se evidente que a saúde e o desenvolvimento do físico estavam estreitamente relacionados, e que o treinamento de peso era a melhor maneira de produzir o grau mais alto de desenvolvimento muscular no período de tempo mais curto possível. Apesar de seus anúncios, até mesmo Charles Atlas utilizou pesos em detrimento da tensão dinâmica de isometria para produzir seu extraordinário corpo. O conhecimento sobre treinamento era limitado, mas os fisiculturistas daquela época estavam aprendendo bastante, simplesmente comparando seus físicos com os das estrelas da geração anterior.

Por exemplo, um dos homens fortes mais famosos da virada do século foi Louis Cyr, 136 kg massudos, pesado, gorducho, imenso na área da cintura e em cada polegada do forçudo em forma de barril. Mas nos anos 20 surgiram homens como Sigmund Klein, que exibia um físico com bela forma muscular, equilíbrio e proporção, bem como pouca gordura corporal e extrema definição. Klein tornou-se muito influente como proprietário de academia e escritor sobre treinamento e nutrição. Seu físico, comparado ao de Cyr, era completamente diferente. Klein, junto com Sandow e fisiculturistas influentes como Macfadden, começaram gradualmente a convencer as pessoas de que a aparência física de um homem – e não apenas sua habilidade para fazer proezas de força – merecia atenção, porque o tipo de treinamento que produzia o corpo esteticamente muscular também contribuía para a saúde geral. Mas a época em que o físico masculino seria julgado puramente pelo princípio estético foi ainda alguns anos depois.

A força desenvolvida pelo treinamento de peso ainda era um tanto suspeita nos anos 30, como se levantadores de peso não merecessem verdadeiramente ser chamados de atletas. Era quase considerado trapaça desenvolver o corpo treinando em uma academia em vez de praticar uma variedade de esportes. Em sua obra mais antiga, o falecido John Grimek, um levantador de peso olímpico que serviu de modelo para tantos aspirantes a fisiculturistas, forneceu a informação de que seus magníficos músculos foram desenvolvidos pelo levantamento de peso, embora você possa pensar que qualquer pessoa que visse seu físico em uma praia teria percebido que nenhuma quantidade de parada de mãos ou pólo aquático poderia ter levado a um desenvolvimento como aquele.

Entretanto, a tradição da competição física continuou, e, no final dos anos 30, *shows* ocasionais reuniram pugilistas, ginastas, nadadores, levantadores de peso e outros atletas. Esses competidores tinham de desempenhar algum tipo de façanha atlética além de exibir seus físicos, então era comum para levantadores de peso da época serem capazes de realizar parada de mãos e outros movimentos de ginástica.

Em 1939, as coisas começaram a mudar. A Amateur Athletic Union – AAU (União de Atletas Amadores) entrou em cena e criou, por conta própria,

Louis Cyr

uma competição de Mister América em Chicago, no dia 4 de julho. O vencedor foi Ronald Essmaker. Os participantes ainda não eram fisiculturistas experientes, mas provinham de todos os tipos de formação atlética e posaram com várias roupas, desde calções de pugilista até sungas.

Mas, à medida que se dava mais e mais ênfase à aparência física, os levantadores de peso começaram a desfrutar uma vantagem distinta. O levantamento de peso mudava os contornos do corpo mais do que qualquer outro tipo de treinamento, então eles eram capazes de causar uma impressão forte e cada vez mais favorável nos juízes.

Em 1940, a AAU produziu o primeiro evento realmente moderno de fisiculturismo. O Mister América desse ano e do seguinte foi John Grimek, que treinou primordialmente levantando pesos em uma academia. Isso fez saber a todos que queriam competir contra ele que deveriam seguir um programa de

Sigmund Klein

John Grimek

treinamento similar. Grimek também acabou com a idéia mentirosa de que os homens que treinavam com pesos eram inflexíveis e incapazes de se desempenharem bem atleticamente. Durante exibições, ele era capaz de ficar no palco fazendo levantamentos e poses que envolviam um grau extraordinário de força, flexibilidade e coordenação.

O FISICULTURISMO NOS ANOS 40 E 50

O vencedor do título de Mister América em 1945 foi um homem que muitos acreditavam ser o primeiro fisiculturista verdadeiramente moderno. O físico de Clarence "Clancy" Ross não pareceria inadequado em qualquer palco de hoje – ombros largos, grande dorsal alargado, cintura fina, boas panturrilhas e abdominais. Nessa época, a distinção entre levantar pesos puramente pela força e treinar com pesos para dar forma e proporção ao corpo foi claramente feita. O físico dos fisiculturistas, ao contrário de outros tipos de desenvolvimento muscular, era agora reconhecido como algo único.

Contudo, o fisiculturismo ainda continuava sendo um esporte obscuro. Nenhum campeão era conhecido pelo público geral até Steve Reeves aparecer. Reeves foi o homem certo no lugar certo e na hora certa. Ele era bonito, atraente e tinha um físico magnífico. Veteranos da era Muscle Beach (Muscle Beach, hoje localizada em Venice, Califórnia, era aquela área da Praia de Santa Mônica onde fisiculturistas reuniam-se no final dos anos 40 e início dos 50) lembram como as multidões costumavam seguir Reeves quando ele caminhava pela praia, e como as pessoas que não sabiam nada sobre ele simplesmente paravam e o encaravam, apavoradas.

Após vencer o Mister América e o Mister Universo, Reeves fez filmes e tornou-se uma estrela internacional com atuação nos papéis-título em *Hércules* (o papel que Reg Park e eu desempenhamos mais tarde para o cinema); *Morgan, o Pirata*; e *O Ladrão de Bagdá*. Até onde o público geral tem conhecimento, nos anos 50 – com exceção do duradouro Charles Atlas – houve apenas um fisiculturista famoso: Steve Reeves.

Clarence (Clancy) Ross

Steve Reeves

Até este momento, é provável que nenhum ser humano na história do planeta tenha alguma vez atingido o nível de desenvolvimento de homens como Grimek, Ross e Reeves. Devido ao fato de estarem treinando mais duro e mais metodologicamente do que ninguém jamais o fez, os fisiculturistas começaram a aprender coisas sobre o potencial físico do corpo que mesmo cientistas médicos não poderiam ter predito. A notícia espalhou-se, e logo havia mais e mais grandes fisiculturistas surgindo todo ano – Bill Pearl, Chuck

Reg Park com seus vinte anos.

Reg Park aos quarenta anos.

Sipes, Jack Delinger, George Eiferman e um dos meus maiores ídolos, Reg Park.

Eu me lembro como foi incrível quando conheci Reg Park, em 1967. Fiquei quase sem fala de pavor. Uma razão por que sempre o admirei é que ele é um homem grande, muito forte, com um físico de aparência poderosa. Quando eu estava recém-começando, sabia que queria desenvolver o tipo de massa e densidade que havia visto nas suas fotos – grande, dura e forte. Reg foi o próximo grande campeão a emergir quando Reeves abandonou as competições para seguir sua carreira no cinema. Ele se tornou Mister Universo em 1951 e Mister Universo Profissional em 1958 e 1965. Nesse ponto, todos reconheciam que Reg estava muito acima de todos os outros fisiculturistas. Ele dominou o cenário do fisiculturismo por duas décadas.

O FISICULTURISMO NOS ANOS 60

Avancei pela primeira vez no cenário internacional do fisiculturismo em 1966. Nessa época, a maioria dos fisiculturistas de ponta sobre os quais eu lia em revistas morava e treinava na Califórnia.

Superar Dennis Tinerino em 1967 –Mister América daquele ano – na competição de Mister Universo da National Amateur Body Builder's Association – NABBA (Associação Nacional de Fisiculturistas Amadores) foi minha primeira grande vitória internacional, mas isso significava que agora eu teria de ir contra os outros campeões da época. Havia certamente alguns competidores ameaçadores por perto – Frank Zane, um homem que se prepara tão intensamente para uma competição como ninguém mais no fisiculturismo; meu bom amigo Franco Columbu, que passou de grande levantador de potência a Mister Olímpia praticamente por absoluta determinação de vontade; e, é claro, Sergio Oliva.

Sempre que as pessoas discutem quem seria o melhor fisiculturista de todos os tempos, o nome Sergio Oliva surge inevitavelmente. Ele e eu tivemos alguns confrontos inacreditáveis no palco. A única maneira de eu poder superá-lo era estar em absolutamente perfeita forma – massudo, denso e definido – e depois não cometer nenhum erro. Sergio era tão bom que poderia vencê-lo no vestiário se você não fosse cuidadoso. Sua camisa se abriria, e lá estaria aquela massa incrível. Ele o paralisaria com um olhar, respiraria com uma espécie de grunhido animal, e de repente seu grande dorsal começaria a alargar-se... e justo quando você pensasse que aquele fosse o grande dorsal mais inacreditável que já viu, BUM! – ele se revelaria, cada vez mais, até que você começasse a duvidar de que aquilo que estava vendo fosse um ser humano.

Embora eu estivesse lutando por títulos na Europa, estava bastante informado das competições nos Estados Unidos. Larry Scott havia vencido as duas primeiras competições do Mister Olímpia, e eu sabia que eventualmente teria de superar Larry e outras superestrelas como Chuck Sipes. Mas um fisiculturista que também me impressionava, não apenas por causa do seu excelente físico, mas também pela imagem que era capaz de criar, era Dave Draper.

Draper representava o fisiculturista californiano clássico – grande, louro e bronzeado, com um jeito atraente e um sorriso cativante. Rodeado como eu estava por 90 cm de neve no meio de um inverno austríaco, a imagem de Dave

Em 1967, Bill Pearl conquistou o título de Mr. Universo profissional; e eu, o de Mr. Universo amador.

Joe Weider e Sergio Oliva – Olímpia, 1967.

Draper em uma praia californiana era realmente muito atrativa. E os papéis de Dave nos filmes como *Don't make waves*, com Tony Curtis, e sua presença em programas de televisão fizeram-me perceber as possibilidades do fisiculturismo além do cenário de competições.

Nos anos 60, havia dois mundos distintos no fisiculturismo: Europa e América. Meus títulos de Mister Universo em 1967 e 1968 estabeleceram-me como o maior fisiculturista da Europa (Ricky Wayne escreveu isto em um artigo: "Se Hércules tivesse que nascer hoje, seu nome seria Arnold Schwarzenegger"), mas a questão que ainda permanecia era como eu me sairia contra os campeões americanos.

Eu olhava através do oceano e via Dave Draper, Sergio Oliva, Chet Yorton, Franz Zane, Bill Pearl, Freddy Ortiz, Harold Poole, Ricky Wayne e outros. Meu desafio era competir contra esses grandes fisiculturistas e vencê-los.

Minha percepção do mundo ampliou-se tremendamente em apenas poucos anos. Enquanto treinava na Áustria, considerava que vencer a competição de Mister Universo em Londres era a maior conquista que eu podia aspirar. Agora havia descoberto que vencer esse título era apenas o começo! Eu ainda tinha uma longa jornada pela frente e muitos fisiculturistas para derrotar antes que pudesse considerar-me o melhor. E isso significava confrontar os melhores fisiculturistas americanos. Então, depois de conquistar meu segundo título de Mister Universo da NABBA, em 1968, fui para os Estados Unidos.

Em 1969, tracei um plano que envolvia vencer três títulos principais em um ano, os campeonatos de todas as federações importantes. Competi no Mister Universo da International Federation of Bodybuilders – IFBB (Federação Internacional de Fisiculturistas) em Nova York e depois fui imediatamente a Londres para o Mister Universo da NABBA – que me deram dois títulos em uma semana! Mas mesmo com essas vitórias, eu não tinha superado todos, então planejei realizar ainda mais no ano seguinte.

Quando os anos 60 estavam para terminar, seis nomes emergiram como dominantes entre os níveis daqueles que vinham competindo nos campeonatos: Dave Draper, Sergio Oliva, Bill Pearl, Franco Columbu, Frank Zane e eu.

Larry Scott

Dave Draper

Freddy Ortiz

Harold Poole

Rick Wayne

Com Dennis Tinerino na competição de Mister Universo de 1968.

O FISICULTURISMO NOS ANOS 70

Em 1970, fui com tudo – conquistei os títulos de Mister Mundo da AAU Profissional, Mister Universo da NABBA e Mister Olímpia da IFBB. Final-

Com Roy Velasco no Mister Internacional de 1968 no México.

Mister Universo da NABBA de 1968.

mente, havia vencido todos e agora eu sentia que podia chamar a mim mesmo de campeão mundial, com justiça. O ano de 1971 marcou o ponto alto da extraordinária carreira de Bill Pearl. Pearl conquistou pela primeira vez o Mister América em 1953, depois seguiu vencendo o Mister Universo em 1953, 1961 e 1967. No Mister Universo de 1971, 18 anos após seu título de Mister América, ele voltou para derrotar o temível Sergio Oliva e provar, mais uma vez, que era um dos maiores fisiculturistas de todos os tempos. Infelizmente, ele não continuou e não concorreu ao Mister Olímpia naquele ano, então eu nunca tive a chance de competir contra ele, o que nos impediu de saber quem se revelaria como o supercampeão.

Mister Universo de 1969.

Conquistei seis títulos de Mister Olímpia entre 1970 e 1975, mas não sem considerável oposição. Em 1972, por exemplo, o formidável Sergio ofereceu-me um combate que até hoje é comentado. Serge Nubret emergiu como uma força poderosa durante esse período e, no Mister Olímpia de 1973, foi incrível em sua habilidade de criar um tamanho e uma definição grandes naquela que era essencialmente uma estrutura pequena.

Em 1973, um novo monstro entrou em cena. Lou Ferrigno conquistou o título de Mister Universo da IFFB e fez saber que uma nova força no fisiculturismo despontava no horizonte. Lou conquistou novamente o título de Mister Universo da IFFB no ano seguinte e depois concorreu ao Olímpia. Ele pode ter admitido que sempre me idolatrou, mas isso não o impediu de fazer seu melhor para tirar-me o título de Olímpia.

O Mister Olímpia de 1975 foi algo de alto nível na história desse grande evento. Ferrigno voltou determinado a conquistar a vitória; Serge Nubret também estava de volta e em ótima forma. Pela primeira vez, havia seis ou sete campeões de primeira classe lutando pelo título, e eu estava especialmente orgulhoso dessa vitória, após a qual me despedi das competições.

O ano seguinte foi palco de um evento que realmente causou comoção na história do fisiculturismo: Franco Columbu conquistou o título de Mister

Pose para o Mister Universo de 1970 com Dave Draper e Reg Park.

Olímpia de 1976, o primeiro homem pequeno a fazê-lo. Até esse momento, sempre vencia um homem grande; mas, de 1976 em diante, o homem pequeno recebeu o respeito merecido. Musculosidade e gordura corporal extremamente baixa tornaram-se os fatores decisivos, e isso requeria adotar uma abordagem quase científica de treinamento e dieta. O final dos anos 70 viu Frank Zane atingir o seu vigor, conquistando três títulos consecutivos de Mister Olímpia com seu físico atlético. Robby Robinson também alcançou o *status* de categoria mundial e exibiu altas qualidades estéticas e musculares. Ao contrário, quando Kal Szkalak venceu o Campeonato Mundial de Fisiculturismo Amador de 1977, foi mais em virtude de um incrível desenvolvimento de massa do que por uma simetria semelhante à de Zane.

Em 1980, voltei a competir e venci o Mister Olímpia em Sydney, Austrália. Quase não acreditei no quão competitivo o esporte havia-se tornado até então, ou que eu seria tão pressionado por um fisiculturista tão pequeno como Chris Dickerson. À minha volta, vi exemplos de desenvolvimentos antes inimagináveis, desde as pernas de Platz ao grande dorsal de Roy Callender, de espessura inacreditável e densidade incrível. Minha carreira durou mais do que a da maioria (devido, em parte, ao fato de que comecei a competir muito jovem); mas, nos anos 70, a crescente popularidade do esporte fez com que

Bill Pearl

Em 1970, Frank Zane venceu o Mister Universo amador; e eu, o Mister Universo Profissional. Christine Zane foi a Miss Biquíni.

Pose para o Mister Olímpia de 1970 com Sergio Oliva.

Mister Mundo de 1970.

Com Serge Nubret e Joe Weider no Olímpia de 1971.

Sergio Oliva

Pose no Olímpia de 1972 com Serge Nubret e Sergio Oliva.

Joe Weider entregando os troféus dos vencedores de 1973 – Ken Waller, Mister Mundo; Lou Ferrigno, Mister América; e eu, Mister Olímpia.

Pose para o Mister Olímpia de 1973 com Serge Nubret e Franco Columbu.

O Olímpia de 1974 com Lou Ferrigno e Joe Weider.

O Olímpia de 1975 com Serge Nubret, Ben Weider e Lou Ferrigno.

O Olímpia de 1975 com Franco Columbu.

Franco Columbu

muitos dos astros dos anos 60 pudessem permanecer ativos em competições para enfrentar os novos campeões dos anos 70.

Os anos 70 também testemunharam a elevação da Federação Internacional de Fisiculturistas como a organização dominante do fisiculturismo. Sob a orientação de seu presidente, Ben Weider, a IFBB consistia de mais de cem países membros e tornou-se a sexta maior federação esportiva do mundo. Além disso, o título de Mister Olímpia era agora reconhecido como o principal campeonato profissional de fisiculturismo, comparável ao de Wimbledon, de tênis; e ao Aberto dos Estados Unidos, de golfe.

PUMPING IRON

Uma das maiores influências sobre o fisiculturismo nos anos 70 foi o livro, e depois o filme, *Pumping Iron*. Charles Gaines e George Butler escolheram um assunto sobre o qual a maioria das pessoas não sabe absolutamente nada e fizeram dele um dos tópicos preferidos da década. Foi a primeira vez que alguém deu ao público geral uma visão a respeito do que se tratava o fisiculturismo e de como realmente eram os fisiculturistas. Gaines e Butler foram capazes de atrair o público para um esporte que por muito tempo havia sido menosprezado e mal-compreendido, e o sucesso de *Pumping Iron* criou o marco para duas décadas de crescimento explosivo na popularidade do fisiculturismo. O sucesso do livro não apenas deu um grande impulso à minha carreira e ajudou o fisiculturismo a encontrar seu caminho na rede de programas esportivos de rádio e nas superproduções de cinema, como também influenciou na retirada do fisiculturismo do ginásio das escolas de ensino médio para palácios culturais como o Sydney Opera House e o New York's Whitney Museum. Fisiculturistas têm posado em incontáveis capas de revistas, e o fisiculturismo é o assunto de muitos livros líderes de venda.

Frank Zane

Robby Robinson

O FISICULTURISMO NOS ANOS 80 E 90

Antigamente, eu podia ficar no palco do Olímpia e ser desafiado por um ou dois outros competidores. Em 1980, o palco do Olímpia incluía Frank Zane, Chris Dickerson, Boyer Coe, Ken Waller, Mike Mentzer, Roger Walker, Tom Platz, Samir Bannout e Roy Callender, entre outros. Esse alinhamento de talentos teria sido impensável em 1967, embora um Sergio Oliva, Larry Scott, Reg Park ou Harold Poole em excelente forma teriam causado uma impressão tão forte como sempre no Olímpia de 1980. Não é uma questão de que os melhores sejam melhores, mas o fato é que hoje há muito mais competidores de elite do que antes.

Quando os anos 80 puseram-se totalmente em marcha, estava claro que essa expansão da competição veio para ficar. Os vencedores do Olímpia de 1981 e 1982 foram competidores experientes –Franco Columbu e Chris Dickerson, respectivamente – mas dentro de poucos anos esses campeões aposentaram-se, e entramos em uma era em que físicos grandes e massudos dominariam o Mister Olímpia. Até esse momento, o homem de compleição menor nunca havia vencido o Mister Olímpia como o maior competidor. No início dos anos 80, houve mais Mister Olímpias vencidos por fisiculturistas com menos de 90 kg (Scott, Zane, Columbu, Dickerson) do que por fisiculturistas com mais de 90 kg (Oliva, Bannout e eu) – e Samir pesava apenas ligeiramente acima de 90 kg na época.

Então Lee Haney apareceu e soube tirar proveito desse físico compacto e proporcional para conquistar oito títulos de Mister Olímpia, quebrando meu recorde de sete vitórias. Depois de Lee, veio Dorian Yates, a resposta inglesa para Mount Rushmore, que era capaz de conquistar seus múltiplos títulos de Mister Olímpia dominando sua competição com um físico hercúleo de 120 kg ou mais de músculos rígidos e salientes. Qualquer fã do fisiculturismo que viajasse pela máquina do tempo da metade dos anos 60 à metade dos anos 90 e olhasse para o alinhamento do Mister Olímpia moderno poderia até pensar que tivéssemos sido invadidos por uma espécie de alienígena, de tão gigantescos que eram os competidores. Ao lado de Dorian, ele veria Nasser El Sonbaty, quase do mesmo tamanho, junto com Paul Dillett, Jean-Pierre Fux e Kevin Levrone – todos tão fortes que somente um desenvolvimento próximo da perfeição permitiu que fisiculturistas menores como Shawn Ray (um campeão do Arnold Classic) e Lee Priest garantissem seu próprio espaço. Um sinal dos tempos nos anos 90 foi que o esteticamente temível Flex Wheeler, pesando aproximadamente o que eu pesava nas minhas últimas vitórias do Mister Olímpia, nunca foi um dos maiores competidores no palco.

Obviamente, isso representou uma tendência que não poderia continuar indefinidamente. Um Mister Olímpia de 122 kg, sim, mas o físico competitivo está chegando ao ponto em que a necessidade de manter a simetria, a proporção e a definição não permitirá um aumento muito maior em tamanho. É simplesmente impossível fisicamente para um fisiculturista com 145 kg ter a mesma qualidade estética do que um que pesa 100 kg. Não apenas isso, mas à medida que os anos 90 avançaram, o próprio público do fisiculturismo demonstrou uma insatisfação crescente com a escolha dos juízes simplesmente por massa em vez de ideais tradicionais de estética e simetria. Mas o fisicultu-

Pose para o Olímpia de 1980 com Boyer Coe e Frank Zane.

Mister Olímpia de 1981 – Franco Columbu.

rismo anda em ciclos, como acontece com muitas outras coisas, então um pêndulo que oscila para um lado inevitavelmente oscilará de volta ao centro e depois ao outro extremo.

O CRESCIMENTO EXPLOSIVO DO FISICULTURISMO

Os anos 80 testemunharam um crescimento explosivo no fisiculturismo, não apenas como um esporte competitivo, mas em termos do seu efeito na nossa cultura e no público em geral. Quando a década começou, a IFBB já era uma organização bem-sucedida, ostentando mais de 100 países membros. Nos anos 90, ela incluía 160 países e, de acordo com seu presidente, Ben Weider, tornou-se a quarta maior federação esportiva do mundo.

A União Soviética tornou-se membro da IFFB na metade dos anos 80; e, após o desmembramento da União Soviética, os vários países que a constituíam também solicitaram sua associação na IFBB, o que também ajudou a engrossar as filas da organização. Em 1990, a China também uniu-se à IFBB e começou a sediar competições, não somente para homens, mas também para mulheres fisiculturistas.

A culminação desse sucesso veio quando o fisiculturismo recebeu o reconhecimento oficial do Comitê Olímpico Internacional – COI, em 1997, tornando o esporte da competição física um membro efetivo da comunidade internacional de esportes amadores.

Mister Olímpia de 1982 – Chris Dickerson.

    O impacto do fisiculturismo sobre a cultura moderna também ficou evidente, à medida que começamos a ver cada vez mais físicos musculosos representados nas propagandas de jornais, revistas e televisão. Um banco proclamou sua força como organização financeira incluindo um braço musculoso em uma demonstração de rosca bíceps. Os telespectadores eram estimulados a utilizar um serviço particular de ligação a cobrar em um anúncio que exibia uma pessoa parecida com Arnold Schwarzenegger, com a voz parecida com a do fisiculturista Roland Kickinger. O fisiculturismo certamente mudou os físicos dos heróis de filmes de ação. Uma vez que o público acostumou-se a ver os tipos de corpos exibidos em filmes como *Conan, Rambo* e nos filmes de artes marciais de Jean-Claude Van Damme, os novos atores de cinema e televisão, os modelos fotográficos e de passarela deram-se conta de que é melhor você estar em forma se quiser impressionar o público.

Os competidores nos anos 90 tornaram-se massudos.

Eles ainda devem manter simetria, proporção e definição, conforme demonstrado nessa pose para o Mister Olímpia.

Obviamente, todo esse crescimento apresentou problemas. Quanto maior você fica, mais atenção chama – tanto positiva como negativa. Enquanto o Presidente Bush promovia a idéia do treinamento de fisiculturismo utilizando o veículo do Conselho Federal de Aptidão Física, e publicações como o *USA Today* publicavam artigos exaltando os benefícios a serem obtidos do treinamento com pesos da forma como os fisiculturistas fazem, difamadores do fisiculturismo dedicaram energia aumentada para atacar o esporte.

A pior derrota que o fisiculturismo teve de enfrentar foi sobre a questão do uso de esteróides anabólicos e outras drogas que melhoram o desempenho. Certamente não há dúvida de que o abuso de drogas existe no esporte do fisiculturismo, mas muito freqüentemente deixou passar o fato de que os mesmos problemas também existem em uma enorme variedade de outros esportes. Certa vez, o *Sports Illustrated* publicou o que muitos classificaram como um artigo altamente irresponsável apoiando as más ações de um ex-fisiculturista, que não competia há cerca de 15 anos, como algo representativo do comportamento a ser esperado de competidores de físico com relação ao seu pendor pelo uso de drogas.

Entretanto, em resposta à pressão do público e às exigências feitas pelo COI, a IFBB anunciou que estaria instituindo um programa ambicioso de teste antidrogas, estendendo ao teste que já está sendo desenvolvido regularmente nos Campeonatos Mundiais de Fisiculturismo Amador (os ex-Mister Universo) da IFFB. Espero que esse programa não apenas ajude a instruir os jovens fisiculturistas sobre os perigos da utilização de substâncias proibidas e a dissuadi-los de experimentar essas drogas, mas ajude também a persuadir o público de que o fisiculturismo é de fato um esporte legítimo e excitante, e seus campeões são atletas legítimos e admiráveis.

O FIM DE SEMANA CLÁSSICO DE ARNOLD

Uma inovação no fisiculturismo competitivo, começando em 1994, tem sido a série de eventos que promovi com meu sócio de longo tempo Jim Lorimer, em Columbus, Ohio, chamado The Arnold Classic Weekend (O Fim de Semana Clássico de Arnold). Quando passei do mundo do fisiculturismo para a indústria cinematográfica, fiquei cada vez mais consciente de quão poucas vezes o fisiculturismo foi tratado como o espetáculo excitante que poderia ser. Então Jim e eu desenvolvemos um pacote completo de eventos que incluíam o Arnold Classic para homens, o Miss Internacional para mulheres fisiculturistas, uma competição de aptidão física para mulheres, uma grande exposição da indústria da aptidão física e uma excitante competição de artes marciais com exibições.

Esse fim de semana completo de excitação atraiu tantos fãs do físico à cidade, que Jim Lorimer informou-me que esse é o terceiro evento anual de maior público em Columbus, perdendo apenas para uma exposição nacional e uma internacional de cavalos. "Não admira que elas atraiam uma multidão maior", eu disse a Jim. "Eles têm competidores maiores do que os nossos."

A PROFISSÃO DO FISICULTURISMO

O sucesso do Arnold Classic é apenas uma indicação do grau em que o fisiculturismo chegou dentro de um esporte profissional importante. À medida que o fisiculturismo ganhou em popularidade, o dinheiro proveniente do esporte também aumentou. Alguns fisiculturistas sempre conseguiram fazer dinheiro de seus físicos – por exemplo, John Grimek, Bill Pearl e Reg Park eram solicitados para seminários e exibições nos anos 50 – mas muito poucos astros do físico conseguiam sustentar-se exclusivamente do esporte. Mesmo recentemente, na metade dos anos 70, acredito que os únicos dois fisiculturistas que viviam somente do esporte eram Franco e eu. É preciso lembrar que, em 1965, o prêmio ganho no primeiro Mister Olímpia foi apenas uma coroa. Em 1998, um vencedor profissional de elite poderia esperar levar cento e dez mil dólares, e o prêmio total em dinheiro disponível no Mister Olímpia ou no Arnold Classic subiu para um milhão de dólares.

Com certeza, sempre que há muito dinheiro envolvido repentinamente, tudo começa a mudar, e o sucesso gera ainda mais oportunidades. Muitos astros do físico abriram academias, começaram a fabricar equipamentos ou criaram linhas de roupas ou suplementos. A maioria multiplicou seus rendimentos por meio de vendas pelo correio de todos esses produtos e, naturalmente, seminários e exibições.

O crescimento do fisiculturismo foi paralelo à consciência da importância da aptidão física na cultura estabelecida. O interesse pela aptidão física aumentou explosivamente nos últimos anos, conforme indicado pelo tremendo aumento no número de academias e sócios de academia por todo o país e pelo aumento extraordinário constatado nas vendas de roupas e equipamentos para exercícios e suplementos dietéticos.

Ao longo dos anos 80, o fisiculturismo tornou-se cada vez mais visível na televisão, coberto pelas três principais redes de comunicações, bem como pela ESPN e outros canais esportivos a cabo. Infelizmente, o interesse por parte da mídia não continuou aumentando à medida que os anos 90 avançaram: o motivo foi a controvérsia das drogas. Embora muitos outros esportes também sejam atormentados por problemas com esteróides anabólicos e outras drogas que melhoram o desempenho, a atenção do público tendeu a concentrar-se desproporcionalmente no mundo da competição física. Obviamente, tanto o próprio problema como o entendimento público a respeito do fisiculturismo terão de ser tratados no futuro para que o fisiculturismo possa alcançar o sucesso de que é capaz.

JOE WEIDER

Qualquer discussão sobre fisiculturismo seria incompleta se não mencionasse a contribuição de Joe Weider e suas revistas *Muscle & Fitness* e *Flex*. Desde o início dos anos 40, Joe fazia mais do que simplesmente fornecer bons artigos e fotos detalhando as competições de fisiculturismo, artigos sobre como treinar e perfis de personalidade das maiores estrelas do físico. Ele também conseguiu reunir e preservar enormes quantidades de informações valiosas sobre treinamento, bem como utilizar suas revistas, livros e videoteipes para disponibilizar essas informações para cada nova geração de jovens fisiculturistas.

Joe gastou uma enorme quantidade de tempo ao longo dos anos visitando academias por todo o país e observando como as estrelas treinavam. Por exemplo, nos anos 60, ele observou que Larry Scott utilizava um banco de orador para fazer roscas, e o fortíssimo Chuck Sipes continuava realizando uma série atrás da outra com grande intensidade retirando rapidamente o peso da barra entre séries. Ele tomou nota desses métodos, descreveu-os e então deu-lhes nomes. Scott não chamou sua técnica de Roscas de Scott, e Sipes não percebeu que estava utilizando o Método de Carga Regressiva. Mas, graças a Joe, logo todos tiveram acesso a essas valiosas técnicas de treinamento.

Na Áustria, eu treinava pela manhã e novamente ao anoitecer porque era o que minha programação diária exigia. Agora, isso é conhecido como Sistema de Divisão Dupla de Weider, e está sendo utilizado por fisiculturistas no mundo todo. Os Princípios de Treinamento de Weider são uma coleção das melhores técnicas de fisiculturismo já criadas. Joe Weider reconheceu esses princípios, deu a eles seu próprio nome (Princípio Instintivo de Weider, Princípio de Prioridade de Weider, Princípio de Contração Máxima de Weider e assim por diante) e promoveu-os em sua revista. Seria impossível contar o número de fisiculturistas que se beneficiaram das idéias de Joe sobre treinamento, nutrição, dieta e tudo mais que é necessário para fazer de si próprio um sucesso no fisiculturismo.

A EVOLUÇÃO DO TREINAMENTO MODERNO

Uma razão pela qual os fisiculturistas continuaram a ficar maiores, mais duros e mais definidos ao longo das décadas é que eles compreenderam com o tempo, em grande parte por tentativa e erro, formas melhores de treinamento e métodos mais eficazes de dieta. *Todos* os esportes melhoraram durante as últimas cinco décadas, e o fisiculturismo não é exceção. Na realidade, algumas pessoas argumentariam que o nível de aptidão física em *todos* os esportes melhorou à medida que as técnicas de fisiculturismo tornaram-se mais amplamente conhecidas e adotadas.

Na época de John Grimek, os fisiculturistas ainda treinavam, em sua grande maioria, como levantadores de peso e tendiam a trabalhar todo o corpo três vezes por semana. Hoje, o treinamento de fisiculturismo é muito mais sofisticado do que naquela época. Os fisiculturistas treinam cada região corporal mais intensamente, trabalham todos os músculos de diferentes ângulos, utilizam uma variedade maior de exercícios e equipamentos e são muito mais conscientes da necessidade de treinar pesado em movimentos rápidos e relativamente curtos e depois permitir que o corpo repouse, recupere-se e desenvolva-se. Se antes a meta principal era apenas ficar "grande", agora os fisiculturistas tentam alcançar "qualidade" – criando um físico com forma e simetria espetaculares, com cada músculo definido e separado –, um nível de definição que faz com que os competidores de elite de hoje se pareçam com modelos anatômicos ambulantes.

Joe Weider com fisiculturistas.

À medida que os fisiculturistas desenvolveram técnicas novas, os recursos utilizados para dar forma a seus corpos também mudaram. As academias nos anos 30 e 40 eram locais primitivos para os padrões atuais. Os proprietários de academias como o falecido Vic Tanny, um dos criadores do clube de saúde moderno, experimentaram vários tipos de aparelhos com cabo e roldana para oferecer a seus clientes mais opções de exercícios, mas a barra e o haltere ainda dominavam a academia. No início dos anos 60, a introdução de aparelhos tornou possível uma grande variedade de exercícios. Hoje, Cybex, Hammer Strength, Body Masters, Paramount, Universal, Nautilus e muitos outros fabricantes produzem equipamentos essenciais para suplementar o treinamento de um fisiculturista. Na World Gym, Joe Gold (também fundador da Gold's Gym) projetou e construiu equipamentos de forma tão bem-sucedida, que seus projetos têm sido copiados e imitados por todo o mundo.

Os fisiculturistas também aprenderam a dominar os princípios da dieta e da nutrição. A musculatura magra nem sempre foi o fator importante na competição de fisiculturismo que é hoje; a massa muscular pura era considerada muito importante. Mas os fisiculturistas perceberam com o tempo que o volume produzido pela gordura corporal não tinha lugar num físico de qualidade, e que era necessário livrar-se da maior quantidade de gordura possível a fim de revelar totalmente seu desenvolvimento muscular.

Assim, os fisiculturistas pararam de avolumar-se. Aprenderam a seguir dietas rígidas enquanto continuavam treinando muito pesado, e a ingerir suplementos de vitaminas, minerais e proteínas para aumentar seu progresso. Eles investigaram o efeito de esteróides, tireóide e uma série inteira de agentes biomecânicos sobre o corpo. E começaram a utilizar técnicas motivacionais e até mesmo a hipnose para utilizar o poder da mente para forçar o desenvolvimento do corpo além dos limites anteriores. E, ao fazerem isso, os fisiculturistas começaram a atrair a atenção de médicos e cientistas, que chegaram à conclusão de que a capacidade desses atletas para desenvolver o corpo humano representava uma grande ruptura na nossa compreensão do exercício e de seu efeito sobre o corpo. Isso levou a uma revolução nas técnicas de exercício e aptidão física disponíveis para o público geral.

Um sinal claro do crescimento da popularidade do treinamento de peso nos Estados Unidos e ao redor do mundo é a proliferação de academias sérias. Na época em que eu era um jovem fisiculturista viajando pelo mundo, tudo que eu podia fazer era encontrar uma academia onde eu pudesse realizar um treinamento de verdade. Hoje, onde quer que eu vá, há uma World Gym, uma Powerhouse Gym, uma Gold's Gym, uma Family Fitness Center ou tantos outros locais de treinamento bem-equipados. Não há mais muita diferença entre os equipamentos disponíveis numa boa academia de fisiculturismo ou num chamado spa de saúde. As pessoas aprenderam que músculo é músculo, e que você precisa da mesma série de equipamentos de exercício independentemente de estar treinando para ficar fisicamente apto e saudável ou para vencer o campeonato de Mister Universo ou Mister Olímpia.

O FUTURO DO FISICULTURISMO

Quando viajo pelo país e pelo mundo e vejo, cada vez mais, bons fisiculturistas revelando-se nos Estados Unidos e um número crescente de competidores europeus vencendo campeonatos internacionais, tenho grande esperança no futuro do esporte. O fisiculturismo é tão especializado e tão difícil que somente uma pequena porcentagem de pessoas alguma vez irá querer fazer o que é necessário para tornar-se um campeão internacional, mas atletas que em outros tempos teriam sido atraídos por outros esportes agora estão começando a considerar a possibilidade de uma carreira no fisiculturismo. Essa é uma das coisas que garantirão que o esporte continuará a crescer, que o nível de competição permanecerá alto e que o interesse do público continuará aumentando.

Não há dúvida de que os competidores de elite tenderão a ser bem maiores no futuro do que eram no passado. Gosto de usar o boxe como analogia. Anos atrás, campeões de peso pesado freqüentemente pesavam menos de 90 kg – como, por exemplo, Joe Louis e Rocky Marciano. Hoje, os menores lutadores de peso-pesado pesam mais de 90 kg, e pesos-pesados com 104 kg como, por exemplo, Riddick Bowe, estão se tornando mais comuns. Mas, apesar do tamanho enorme que está sendo atingido por jogadores de futebol americano, levantadores de peso e outros atletas, não existem lutadores de peso-pesado com 118 kg – e talvez nunca existam. Até certo ponto, ganhar mais tamanho diminui ao invés de aumentar sua capacidade de desempenho em um determinado esporte. Isso vale para o boxe, o tênis e o futebol, para citar alguns exemplos, e provavelmente também para o fisiculturismo.

O fisiculturismo tem muito mais significado hoje do que quando me apaixonei por ele pela primeira vez. Depois, havia somente competição, mas hoje ele desenvolveu um lado de lazer –fisiculturismo para aptidão física, saúde e como meio de desenvolver a confiança e uma melhor auto-imagem. Ortopedistas estão começando a utilizá-lo como forma de reabilitação para pacientes com certos tipos de problemas físicos. Está sendo utilizado pelos idosos como meio de combater muitos dos efeitos debilitantes do envelhecimento. Também está tornando-se mais importante no treinamento esportivo, à medida que muitos atletas descobrem que o fisiculturismo pode melhorar bastante seu desempenho. Mulheres, crianças e mesmo famílias inteiras estão envolvendo-se em programas de fisiculturismo. Isso não é uma moda passageira; ele veio obviamente para ficar.

Mas à medida que as fileiras de fisiculturistas profissionais aumentam e prêmios em dinheiro mais altos são pagos, não se deve esquecer que a razão primeira do fisiculturismo é um amor fundamental pelo esporte. Sem esse amor, a camaradagem entre os fisiculturistas é perdida, e os atletas competem sem prazer ou satisfação. Se você considerar somente o lado financeiro, quando outro fisiculturista superá-lo, ele não apenas foi melhor do que você em uma competição, mas também tirou de você parte do seu sustento, e é difícil para qualquer um nessa posição nutrir outros sentimentos que não sejam negativos por outros competidores e, eventualmente, pelo próprio fisiculturismo.

Mas eu gostaria de ver o fisiculturismo sendo dirigido a muito mais pessoas do que apenas aquelas que estão considerando uma competição. O treinamento de fisiculturismo é um dos melhores métodos de alcançar aptidão física, e quanto mais pessoas compreenderem isso e se beneficiarem dele melhor. Organizações como a IFBB muitas vezes se esquecem de que há um mundo lá fora além do fisiculturismo organizado e impõe muitas restrições aos fisiculturistas, tais como onde, quando e para quem eles podem proferir seminários sobre fisiculturismo. Minha opinião é de que o fisiculturismo deve ser energicamente estimulado em qualquer ocasião e para qualquer público. Melhorar todos os aspectos da vida por meio de uma melhor aptidão física é uma necessidade que tem prioridade sobre quaisquer considerações jurisdicionais.

Um desenvolvimento relativamente novo no fisiculturismo é o do fisiculturista como *personal trainer*. Apesar de muitas pessoas olharem para um fisiculturista e dizerem "Eu não quero ficar desse jeito", elas também parecem entender que esses indivíduos não teriam essa aparência se não soubessem algo muito especial sobre como treinar o corpo. E, assim, os fisiculturistas estão sendo cada vez mais solicitados como *personal trainers*, uma tendência que começou na Califórnia e agora se espalhou pelo país e pelo mundo. As técnicas do fisiculturismo aplicam-se para todo tipo de corpo e podem ser adaptadas para qualquer objetivo. E quem poderia ser mais capaz de ensiná-lo a melhor e a mais eficiente forma de treinar do que um fisiculturista dedicado? Então, embora eu jamais espere que o fisiculturismo seja um esporte de massa (talvez no futuro, quem sabe?), estou confiante de que a verdadeira influência dos fisiculturistas sobre a cultura como um todo será na função de *personal trainers*.

O FISICULTURISMO PARA MULHERES

Uma das principais evoluções no fisiculturismo foi o advento da competição de fisiculturismo para mulheres, bem como o crescente número de mulheres que utilizam o treinamento de fisiculturismo para desenvolver aptidão física, saúde e força.

As competições de fisiculturismo moderno para mulheres tiveram um início experimental no final dos anos 70, sendo talvez as competições de "A Melhor do Mundo" de George Synder as de maior sucesso (apesar do fato de as mulheres ainda se apresentarem no palco com sandálias de salto alto). Em 1980, o National Physique Committee (Comitê Nacional de Físico) organizou seus primeiros Campeonatos Nacionais para mulheres, e a Federação Internacional de Fisiculturismo aprovou a primeira competição de Miss Olímpia. O fisiculturismo para mulheres como um esporte nacional e internacional reconhecido, tanto para amadores como para profissionais, estava oficialmente a caminho.

A primeira fisiculturista notória foi Lisa Lyon, que essencialmente inventou o tipo de combinação exibição de músculos e movimentos rítmicos que caracteriza a apresentação em competições para mulheres até hoje. Lisa também procurou fotógrafos renomados como Helmut Newton e Robert

Mapplethorpe, e as fotos dela eram apresentadas para muitas pessoas como modelo de corpo musculoso feminino esteticamente desenvolvido. O fisiculturismo foi extremamente afortunado quando Rachel McLish tornou-se a primeira Miss Olímpia. A combinação de Rachel de olhares insinuantes e sensuais, musculosidade e personalidade estabeleceu um padrão de excelência que as mulheres fisiculturistas utilizaram como referência desde então. Cory Everson e Lenda Murray dominaram os anos 80 e 90, conquistando seis títulos de Miss Olímpia cada uma. Elas foram seguidas por Kim Chizevsky, que conquistou por três vezes a coroa de Miss Olímpia. Os níveis inacreditáveis de dureza e musculosidade de Kim começaram imediatamente a gerar os mesmos tipos de controvérsia com relação a músculos *versus* estética que vimos durante o período em que Dorian Yates dominou o Mister Olímpia.

O fisiculturismo para mulheres é uma idéia tão nova que não é de admirar que haja controvérsia em torno dele. Nunca antes na história as mulheres desenvolveram seus músculos por razões estéticas. O autor de *Pumping Iron*, Charles Gaines, chama esse visual de "novo arquétipo". Muitos não aprovam essa atividade para mulheres e não gostam dessa aparência. Cada um tem direito a uma opinião, mas, no meu ponto de vista, as mulheres possuem os mesmos músculos que os homens e devem ser livres para desenvolvê-los como desejarem. O fisiculturismo é um esporte tanto para homens como para mulheres praticarem. É por essa razão que eu organizo o Arnold Classic e o Miss Internacional em Columbus todo ano. Vivemos em uma época em que as mulheres estão envolvendo-se em toda espécie de atividades e profissões que antigamente eram-lhe negadas. Como pai de duas filhas, eu não poderia ficar mais satisfeito por isso estar acontecendo. Estou feliz por ver as mulheres superando cada vez mais as barreiras artificiais que as limitavam no passado. O fisiculturismo para mulheres é apenas mais um exemplo dessa transformação cultural.

Mas, na minha opinião, o aspecto mais significativo do fisiculturismo para mulheres é a sua influência na saúde e na aptidão física. As mulheres na nossa sociedade sofrem muito freqüentemente de perda de força, massa corporal magra e capacidade física, especialmente quando ficam mais velhas, porque não exercitam os músculos adequadamente. Muitas mulheres concentram-se no exercício aeróbico ao invés de no treinamento de força porque foram convencidas de que trabalhar os músculos fará com que pareçam masculinizadas. Além disso, elas muitas vezes fazem dietas extremas e não-saudáveis que ocasionam uma perda nas massas óssea e muscular. Tenho grandes esperanças de que o exemplo de mulheres fisiculturistas ajudará a ensinar às mulheres os benefícios do treinamento de fisiculturismo e de programas de dieta de forma que o maior número possível delas possa usufruir os benefícios de um corpo fisicamente apto, forte e bonito para sua saúde e bem-estar.

Por que, então – você poderia perguntar – não há programas desenvolvidos especificamente para mulheres nesta enciclopédia? O motivo principal é que os fundamentos do treinamento muscular e dos programas de dieta são essencialmente os mesmos para ambos os sexos. Embora as mulheres possam ter metas diferentes das dos homens – tonificar em vez de desenvolver tamanho muscular máximo – isso não se reflete no modo como executam certos exercícios, mas em séries e repetições, combinações e escolhas de alguns exercícios que objetivam determinadas áreas problemáticas de uma mulher. A dieta é uma questão da ingestão apropriada dos vários nutrientes necessários e da quantidade certa de calorias. Na verdade, é fato que o corpo da mulher responde de forma um pouco diferente, mas *todo* indivíduo perceberá a necessidade de ajustar programas de treinamento e dieta para satisfazer suas necessidades pessoais. Então, meu conselho para as mulheres é que aprendam as técnicas do fisiculturismo neste livro e coloquem-nas em prática da melhor maneira possível e, uma vez que estejam nesses programas o tempo bastante para verem resultados, apenas coloquem-se em frente ao espelho e admirem o que conseguiram fazer!

CAPÍTULO 2

O ABC do Fisiculturismo

ESPORTE *VERSUS* SISTEMA DE EXERCÍCIOS

O fisiculturismo como um sistema de exercício é a forma mais efetiva e eficiente de fortalecer e desenvolver os músculos do corpo. Alguns pensam que o fisiculturismo é somente uma forma intensiva de competição, mas não um esporte. Contudo, penso que o fisiculturismo qualifica-se como um esporte por algumas razões. Uma delas é o incrível esforço atlético envolvido em treinar e desenvolver o físico para prepará-lo para uma competição. Outra é o alto nível de demanda atlética envolvida na parte de desempenho do fisiculturismo – isto é, fazer poses e flexões no palco. Como entraremos em mais detalhes adiante, ser capaz de posar durante uma competição, tensionar e flexionar seus músculos, ser capaz de manter poses por até uma hora ou mais de uma só vez – e fazer isso realmente bem, com níveis de energia altos e controle total do seu corpo inteiro – é uma façanha atlética comparável a de um pugilista enfrentando doze assaltos pelo campeonato mundial de peso-pesado.

Um motivo pelo qual as pessoas têm um entendimento confuso da natureza do fisiculturismo é que há dois tipos básicos de esportes – aqueles julgados por medidas (distância, rapidez, altura e assim por diante) e aqueles julgados pela forma (mergulho, ginástica, patinação no gelo). *O fisiculturismo é um esporte de forma*, mas, em vez de movimento, a forma envolvida é a do próprio corpo – tamanho, forma, proporção, definição e qualidade estética do físico conforme desenvolvidos na academia, preparados por dieta e exibidos fazendo-se poses de fisiculturismo.

Em qualquer evento, embora o fisiculturismo ainda não tenha se tornado um esporte olímpico, ele tem sido aceito pela comunidade internacional de esportes amadores e incluído em eventos como os Jogos Asiáticos e os Jogos Pan-Americanos. Portanto não é só minha a opinião de que o fisiculturismo é um esporte.

TREINAMENTO DE FORÇA PROGRESSIVO

Obviamente, a maioria das pessoas que treinam com pesos nunca competirá (da mesma forma que a maioria daqueles que jogam tênis ou golfe não espera participar de Wimbledon ou do Masters Invitational). Mas, esteja você praticando o fisiculturismo com o objetivo de esculpir um físico de competição ou treinando para melhorar seu desempenho esportivo, ficar saudável e fisicamente apto, para melhorar a aparência e sentir-se melhor ou ainda para reabilitar-se de uma lesão, todo desenvolvimento muscular feito corretamente depende, para seus resultados, do mesmo princípio de exercício básico: o do treinamento progressivo.

O treinamento de força progressivo funciona porque o corpo é planejado para adaptar-se e ficar mais forte em resposta a maiores quantidades de estresse do que está acostumado. Se estiver acostumado a correr 3 km por dia, então correr 8 km exigirá mais dos seus músculos e da capacidade do seu sistema cardiovascular para suprir oxigênio e nutrientes suficientes para manter os músculos funcionando sob o estresse dessa exigência maior. Você pode estar em forma para correr 3 km, mas precisa ficar em melhor forma para correr 8 km. Melhorar seu condicionamento nesse caso é uma questão de aumentar a distância que você corre e dar tempo ao corpo para mudar e adaptar-se a esse aumento.

Quando se refere ao desenvolvimento muscular, o mesmo princípio se aplica. Os músculos estão adaptados a lidar com um certo nível de demanda, especificamente com uma certa quantidade de peso, em seus exercícios, levantada com um certo grau de intensidade. Quando você aumenta a quantidade de peso e/ou intensidade, seus músculos precisam ficar maiores e mais fortes para lidar com ela. Uma vez adaptados ao novo nível de demanda, você aumenta a quantidade de peso e/ou intensidade em seu treinamento de forma que eles *continuarão* a ficar maiores e mais fortes. Em outras palavras, você aumenta progressivamente as demandas impostas aos músculos com o tempo.

O Dr. Lawrence Golding, da Universidade de Nevada, explica desta forma: "Se você tem um motor de 10 cavalos e sujeita-o a uma carga de 12 cavalos, ele queimará. Mas quando você tem um corpo humano que é equivalente a um motor de 10 cavalos, e você o sujeita a uma carga de 12 cavalos, ele eventualmente se transformará em um corpo com motor de 12 cavalos."

Mas nem todo tipo de treinamento que realizar com pesos acabará criando um físico de fisiculturismo. Você precisa realizar o tipo certo de exercícios, utilizar as técnicas corretas de forma a enviar uma *mensagem específica* ao sistema nervoso que diga ao corpo qual o tipo de adaptação que você deseja alcançar. Isso é chamado especificidade de treinamento, e é por isso que é tão importante aprender como treinar da forma certa. Gostaria de comparar isso com o trabalho em um computador. Qualquer pessoa que tenha utilizado um computador por qualquer período de tempo provavelmente teve a experiência de a máquina não fazer o que você queria ou esperava. Você tenta várias vezes, e acontece a mesma coisa. Você imagina que há algo errado com a máquina ou o *software*. Depois percebe que cometeu algum erro muito pequeno, talvez apenas ter colocado um ponto onde deveria ter colocado um ponto-e-vírgula. Mas o computador não pensa: apenas segue suas instruções. Então, se você não for muito específico no que disser para ele fazer, terá problemas. O computador não sabe o que você *pensa* que está dizendo para ele fazer: somente o que você realmente está dizendo para ele fazer.

O fisiculturismo baseia-se nesse mesmo princípio. O corpo não sabe o que você *pensa* que está dizendo para ele fazer: apenas registra e adapta-se às instruções específicas que você está lhe fornecendo pelo modo que está treinando. Você pode sentir que está desenvolvendo músculo, pode estar trabalhando duro, suando, ficando cansado e dolorido; mas, se não estiver enviando o código certo ao corpo, ficará desapontado com os resultados. E o código, nesse caso, é um correto entendimento dos princípios do treinamento de força progressivo do fisiculturismo.

LEVANTAMENTO DE PESO, TREINAMENTO DE FORÇA E FISICULTURISMO

As pessoas têm-me perguntado várias vezes se os fisiculturistas são realmente fortes ou se seus músculos são apenas para exibição. A resposta é que alguns fisiculturistas são de fato fortes, mas essa força para competidores de físico é um meio para alcançar um objetivo, e não o objetivo final. Os atletas que estão mais preocupados com a força final são os levantadores de peso.

O levantamento de peso é um esporte julgado pela quantidade de peso que um competidor pode manejar em qualquer tipo de levantamento. No decorrer da história, houve muitos tipos de testes de força e competições de levantamento. Hoje há dois tipos básicos de competições de levantamento de peso reconhecidos: o levantamento olímpico (envolvendo o arranco e o arremesso) e o levantamento de potência (com três provas: o levantamento terra, o supino e o agachamento).

Hoje em dia, levantadores de peso realizam bastante treinamento de fisiculturismo – isto é, trabalham o desenvolvimento equilibrado de todos os grupos musculares – mas sua meta principal é o *treinamento de força*. Isso vale ainda mais para os levantadores de potência do que para os levantadores olímpicos, porque seus levantamentos envolvem muito menos técnica, sincronização e coordenação, e são planejados para ser um teste mais específico de força e potência.

A principal diferença entre o programa de treinamento de força de um levantador de peso e um fisiculturista é que o levantador trabalha em uma escala de repetições muito inferior. Isto é, enquanto os fisiculturistas (como veremos nas seções desta enciclopédia sobre como treinar) utilizam menos peso e realizam séries de repetições mais altas, os levantadores de peso treinam para realizar *uma repetição máxima* em competições, então eles freqüentemente empilham os pesos em seus exercícios e realizam triplos (três repetições), duplos (duas repetições) ou únicos (uma repetição) para se prepararem para manejar enormes quantidades de peso em uma competição.

O Físico no Fisiculturismo

Há outros esportes em que os atletas desenvolvem músculos grandes, mas o fisiculturismo é o *desenvolvimento estético máximo do corpo inteiro*. O físico ideal no fisiculturismo seria mais ou menos assim: ombros e costas largas estreitando até uma cintura fina; pernas em proporção adequada ao torso; um grande, belo e proporcional desenvolvimento muscular, com músculos volumosos estreitando até articulações pequenas; todas as partes do corpo desenvolvidas, incluindo regiões como deltóides traseiros, lombar, abdominais, antebraços e panturrilhas; boa definição muscular e divisão dos músculos.

Obviamente, não existe um atleta perfeito em nenhum esporte. Os atletas sempre possuem pontos fortes e fracos. No fisiculturismo, todos nós que competimos no esporte tivemos pontos fracos que nos esforçamos para superar por meio de tipos específicos de treinamento e técnicas de pose. A natureza criou alguns físicos melhores do que outros, com proporções mais ideais, reagindo mais positivamente ao treinamento.

Em anos passados, houve campeões como Frank Zane, que possuía uma bela estética e era especialista em poses, mas que muitos achavam que não tinha a massa e a densidade que gostariam de ver em um campeão. Franco Columbu venceu dois Mister Olímpias apesar de ser muito menor do que você imaginaria que fosse possível em um campeão competindo naquele nível. Dorian Yates venceu vários Mister Olímpias, merecidamente, mas também foi criticado continuamente por algumas pessoas por ser muito corpulento e atarracado e precisar da estética geral e da aparência atlética que elas achavam que o fisiculturista deveria ter.

Pode parecer estranho que ter músculos em excesso possa ser um inconveniente; mas, embora o fisiculturismo seja praticamente músculos grandes, pode ser uma desvantagem ser muito mesomórfico, com músculos muito volumosos em vez de músculos esteticamente afilados. Muitos fisiculturistas aparentemente massudos possuem, na verdade, esqueletos e articulações bastante pequenos, o que ajuda a dar aos músculos essa forma mais estética. A maioria das pessoas fica surpresa com o fato de que, mesmo no meu maior peso de competição, o indivíduo comum ainda podia quase fechar seus dedos ao redor do meu pulso. Eu tinha músculos grandes, não ossos grandes, uma das razões por eu ter sido tão bem-sucedido em minha carreira de competições. Lee Haney, que dominou o Mister Olímpia nos anos 80, entrou no fisiculturismo depois de ter quebrado duas vezes uma perna jogando futebol americano. Novamente, ele tinha músculos enormes e fortes, mas uma estrutura esquelética mais leve e mais estética.

Em qualquer esporte – na realidade, em qualquer área da vida – é fato de que algumas pessoas possuem mais talento em áreas específicas do que em outras. Da mesma forma, os campeões de fisiculturismo são produzidos, mas também nascidos. Você tem que ter o tipo certo de genética. Você pode treinar para mudar o seu tipo esquelético ou suas proporções (embora você desenvolva força e tamanho ósseo quando realiza treinamento muscular). Tenha em mente, contudo, que o tipo de potencial genético que você possui nem sempre é óbvio. Às vezes, você precisa treinar por alguns anos para ver, no final das contas, qual tipo de potencial você deve ter.

E também é fato que "devagar se vai ao longe". Às vezes, você precisa superar obstáculos para desenvolver todo o seu potencial, e freqüentemente acontece que o atleta mais talentoso nem sempre aprende a trabalhar duro o suficiente para sair-se vitorioso em um esporte. O campeão olímpico de decatlo Bruce Jenner, contou-me que, quando cursava o ensino médio, ele não era o melhor em qualquer esporte que praticasse. Mas com muito trabalho ao longo dos anos e o aprendizado de todas as habilidades envolvidas nas dez provas do decatlo, ele foi finalmente capaz de vencer o cobiçado título de "Melhor Atleta do Mundo". Às vezes é bom recordar a história da tartaruga e da lebre.

Mas qualquer que seja a sua genética, o tipo de treinamento que você realiza é o que influencia o tipo de desenvolvimento muscular que você atinge. Para ser um fisiculturista realmente bom, você precisa criar forma muscular, e isso acontece quando você treina cada parte de um músculo ou grupo muscular, em cada ângulo possível, de forma que o músculo inteiro seja estimulado e cada possível pedacinho de fibra seja envolvido. Os músculos são realmente agregados de muitas unidades menores – feixes e feixes de fibra – e a todo momento você usa o músculo de uma maneira ligeiramente diferente para estimular combinações diferentes desses feixes e ativar fibras adicionais. O fisiculturista tenta atingir o desenvolvimento total de cada músculo do corpo, criar a melhor forma em cada músculo, ter os músculos proporcionais uns aos outros e alcançar uma simetria geral que seja a mais agradável possível.

Desenvolver o corpo desse modo requer um conhecimento completo da técnica. Você pode querer mudar a forma dos seus músculos peitorais, desenvolver ao máximo os bíceps ou alcançar um maior equilíbrio entre o desenvolvimento da parte superior do corpo e o da inferior, mas esses resultados não acontecem por acaso. Portanto, os melhores fisiculturistas são aqueles que compreendem como funciona o tecido muscular, como o treinamento realmente afeta o corpo e que tipo de técnicas levam a resultados específicos.

Como Funciona o Treinamento de Fisiculturismo

Imagine que você tem um haltere em suas mãos e eleva-o acima da cabeça. Várias coisas acontecem imediatamente: primeiro, os músculos dos ombros (os deltóides) erguem os braços; depois, os músculos posteriores dos braços (os tríceps) contraem-se e fazem com que os braços estendam. Qualquer movimento que você faça, seja elevar um peso acima da cabeça, caminhar ou simplesmente respirar, é o resultado de alguma quantidade de combinações complexas de contrações musculares.

A ação de fibras musculares individuais, por outro lado, é muito simples – uma fibra contrai-se quando é estimulada e relaxa quando a estimulação cessa. A contração de um músculo inteiro é o resultado da contração de várias fibras musculares individuais minúsculas. As fibras contraem-se na base do tudo ou nada, isto é, sempre contraem-se o máximo que podem ou não se contraem. Entretanto, após uma série de contrações, uma fibra começa a ficar cansada, e a quantidade de esforço que ela pode gerar diminui. Quando você levanta uma quantidade máxima de peso de uma só vez, utiliza somente uma fração do número total de fibras do músculo. A quantidade de peso que você pode levantar é determinada por três fatores: (1) a quantidade de fibras que é capaz de recrutar; (2) a força das fibras individuais; e (3) sua técnica de levantamento.

Quando você realiza uma ou duas repetições de um levantamento, seu corpo nunca tem uma chance de recrutar fibras novas para substituir as que estão enfraquecendo e cansando. Os levantadores de peso aprendem a recrutar uma quantidade grande e incomum de fibras em um levantamento máximo, mas submetem essas fibras a uma fadiga tão imensa que o corpo adapta-se e protege-se tornando essas fibras maiores e mais grossas. Isso se chama *hipertrofia* da fibra.

Independentemente da quantidade de fibras que o levantador de peso envolva em um levantamento máximo, ele ainda utiliza menos do que se usasse menos peso e realizasse mais repetições. Portanto, ele treina e fortalece apenas parte da estrutura muscular. Além disso, o levantador de peso realiza um número limitado de diferentes tipos de levantamentos, assim há vários ângulos em que o músculo nunca treina.

Os fisiculturistas aprenderam que pode-se criar uma mudança visual maior no corpo por meio de um tipo de treinamento diferente. Em vez de um levantamento máximo, um fisiculturista utiliza menos peso, realiza mais repetições e realiza cada série até a falha – até que os músculos não consigam realizar nem mais uma repetição. Então ele descansa um pouco e continua com mais séries, talvez até 15 a 20 séries de vários exercícios para qualquer região corporal determinada.

Como os fisiculturistas chegaram a esse conhecimento de quanto peso levantar e quantas séries e repetições realizar? Afinal de contas, o lendário Eugen Sandow, pioneiro no treinamento de peso no século XIX, costumava realizar centenas de repetições! A resposta básica é que os fisiculturistas descobriram esse sistema de treinamento por tentativa e erro. Nenhum especialista nos primeiros anos do fisiculturismo disse-lhes para fazer isso: eles inventaram por conta própria.

A prova de que estavam no caminho certo era o próprio físico do fisiculturista. Alguém poderia olhar para os físicos de Steve Reeves, Bill Pearl, Reg Park, Sergio Oliva, Lee Haney ou o meu e afirmar que não sabíamos algo muito especial sobre desenvolvimento muscular? Mais recentemente, a fisiologia do exercício confirmou o método do fisiculturismo. Como regra geral, a melhor forma de obter o desenvolvimento máximo de volume muscular é levantando aproximadamente 75% de sua capacidade de uma repetição – isto é, a quantidade máxima que você poderia levantar em uma repetição. Não deveria ser surpresa que, para a maioria das pessoas, utilizar um peso que equivalha a 75% de sua repetição máxima permite-lhe realizar cerca de 8 a 12 repetições para a parte superior do corpo e 12 a 15 repetições para as pernas.

Obviamente, estimular o crescimento não é suficiente. Para crescer, um músculo também necessita repousar e absorver nutrientes suficientes para recuperar-se e restabelecer-se. É por isso que aprender como realizar exercícios específicos e como reuni-los em séries é apenas parte das informações que você encontrará nesta enciclopédia. Falaremos também sobre seu programa de treinamento completo, o quanto trabalhar em uma sessão de treinamento, com que freqüência programar sessões de treinamento e que tipo de dieta fornece as matérias-primas que seu corpo necessita para crescer em resposta ao treinamento.

Fisiculturismo e Resistência Aeróbia

Há dois tipos fundamentalmente diferentes de resistência: muscular e cardiovascular.

- Resistência muscular é a capacidade do músculo para contrair-se repetidamente durante o exercício e recrutar o número máximo de fibras para realizar esse exercício. Por exemplo, durante a realização de agachamentos pesados, você fadiga fibras musculares da perna tão rapidamente que, se quiser completar uma série inteira, necessitará de fibras musculares que se recuperem rapidamente e precisará ativar fibras adicionais durante a realização da série.
- Resistência cardiovascular é a capacidade do coração, dos pulmões e do sistema circulatório para transportar oxigênio para os músculos para abastecer mais exercícios e eliminar resíduos (ácido lático).

Embora esses dois aspectos da resistência sejam distintos, também estão associados. De que adianta ter uma capacidade cardiovascular bem-desenvolvida se os músculos que você está usando em um esforço não puderem manter o ritmo e falharem? E como será seu desempenho se seus músculos tiverem uma capacidade de resistência enorme, mas seu sistema circulatório não conseguir transportar o oxigênio de que eles necessitam?

Quase todo mundo compreende que você aumenta a capacidade cardiovascular realizando volumes altos de exercício aeróbio – exercício que faz com que você respire bastante, seu coração acelere e você possa continuar por longos períodos de tempo. Ao fazer isso, você:

- aumenta a capacidade dos pulmões para absorver oxigênio do ar e transferi-lo para a corrente sangüínea;
- aumenta a capacidade do coração para bombear grandes volumes de sangue através do sistema circulatório e para os músculos;
- aumenta a quantidade e o tamanho dos capilares que conduzem sangue para músculos específicos;
- aumenta a capacidade do sistema cardiovascular para eliminar ácido lático (que causa a sensação de queimadura nos músculos durante um exercício intenso) dos músculos.

Aumenta-se a resistência muscular realizando um volume relativamente alto de contrações musculares. Ao fazer isso, você:

- aumenta o tamanho e a quantidade de capilares nos músculos específicos que estão sendo treinados;

Frank e Christine Zane

- aumenta a capacidade dos músculos para armazenar glicogênio (carboidrato), que é necessário para produzir energia para contrações musculares;
- aumenta a massa das mitocôndrias do músculo (produtores de energia), que criam substâncias como ATP sem glicogênio, o qual foi usado para abastecer as contrações musculares;
- aumenta o desenvolvimento do tipo de fibra muscular mais envolvido no exercício de resistência.

Como lembrete, há basicamente dois tipos de fibra muscular (bem como vários tipos de fibras intermediárias entre eles):

1. A fibra branca, de contração rápida, é uma fibra de potência anaeróbia que se contrai intensamente por períodos curtos, mas possui pouca resistência e um período de recuperação relativamente longo.
2. A fibra vermelha, de contração lenta, é 20% menor e não é tão potente quanto a fibra branca, mas é aeróbica e pode continuar contraindo-se por longos períodos enquanto houver oxigênio suficiente disponível.

Devido ao treinamento de fisiculturismo contar com um volume maior (séries e repetições) de esforço do que, digamos, o levantamento de peso, ele tem alguns benefícios cardiovasculares e também leva a um aumento em resistência muscular. Os fisiculturistas tendem a treinar em um ritmo que está ligeiramente abaixo do limiar de falha cardiovascular – isto é, treinam o mais rápido que podem sem sobrepujar a capacidade do corpo para fornecer oxigênio aos músculos. Isso não os torna automaticamente bons em atividades de resistência, tais como correr ou andar de bicicleta, mas os mantêm em muito boa forma cardiovascular. Quando se refere àqueles outros tipos de atividade, você está tratando de *especificidade de treinamento e especificidade de adaptação física*. Você tem de treinar em uma bicicleta para ser bom nisso. Precisa trabalhar com corrida para melhorar sua habilidade como corredor. Contudo, um fisiculturista bem-treinado geralmente estará em forma suficientemente boa para sair-se bem nesses tipos de exercícios e mostrar uma melhora considerável muito rapidamente, cuidando para que seu tamanho e peso corporal não sejam fatores tão negativos.

Sempre acreditei que a resistência cardiovascular é quase tão importante para um fisiculturista quanto a resistência muscular. O treinamento intenso resulta em melhor produção do ácido lático no músculo em uso – um subproduto do processo que produz a energia para contração muscular. Se o coração, os pulmões e o sistema circulatório forem capazes de fornecer oxigênio suficiente para a área, o ácido lático será reprocessado pelo corpo em uma fonte de energia; se não, ele poderá provocar falha na contração muscular.

Sempre gostei de correr vários quilômetros por dia para desenvolver minha capacidade aeróbia. Alguns fisiculturistas, no entanto, acham que correr não os satisfaz ou faz com que tenham problemas com as pernas e os tornozelos, então procuram outras maneiras de desenvolver condicionamento cardiovascular – utilizando bicicletas ergométricas, esteiras, *steppers* e outros tipos de equipamento aeróbio. O fato é que, quanto melhor condicionados estiverem o coração, os pulmões e o sistema circulatório, mais treinamento intenso você será capaz de realizar na academia e mais progresso fará como fisiculturista.

ATIVIDADE AERÓBIA E DEFINIÇÃO MUSCULAR

Além de ajudá-los a ficar em excelente forma aeróbia, os fisiculturistas utilizam o exercício aeróbico como forma de queimar calorias extras a fim de alcançar a definição máxima que desejam para competição, enquanto ainda são capazes de ingerir as calorias necessárias para sustentar suas necessidades nutricionais. Portanto, todo fisiculturista sério interessado em ser massudo e magro – isto é, em desenvolver musculosidade e tamanho – deve realizar uma quantidade suficiente de treinamento aeróbico para ajudar a queimar as calorias indesejadas. Lembro-me de que Tom Platz, cujo desenvolvimento das pernas era lendário, trabalhava as pernas até a exaustão na academia, depois subia em uma bicicleta e pedalava por 32 km. Apesar desse alto volume de treinamento, suas pernas continuavam enormes; e a definição muscular, especialmente do quadríceps, era espantosa.

Utilizar a atividade aeróbia para ajudá-lo a ficar definido é sensato. Se você metabolizar cem calorias extras realizando exercício cardiovascular, serão outras cem calorias contribuindo para reduzir os estoques de gordura corporal, ou outras cem calorias de, digamos, proteínas valiosas que você pode ingerir enquanto continua a perder peso em sua dieta de preparação para a competição.

Entretanto, a capacidade do corpo para tolerar o estresse do exercício aeróbio não é ilimitada. Como discutiremos mais adiante, o exercício cardiovascular em excesso pode acabar sendo prejudicial. O treinamento aeróbio *excessivo* (e há aqueles que tentaram realizar horas intermináveis antes de uma competição, para mais tarde se arrependerem!) pode reduzir a capacidade recuperativa dos músculos envolvidos e do sistema físico como um todo, levando a um desgaste do tecido muscular na produção de energia (usando as fibras brancas maiores como combustível para as fibras vermelhas menores) e resultando na indução de um estado de *supertreinamento*.

"Supertreinamento" não significa simplesmente ficar cansado por causa de treinamento em excesso. É uma condição ocasionada pelo excesso de exercício realizado durante um período de tempo também excessivo, em que certos mecanismos do corpo que suprem a pessoa de energia e permitem que o corpo recupere-se são enfraquecidos ou desativados. O supertreinamento é um estado crônico em que você simplesmente não consegue desempenhar-se, não importa o quanto tente. Se você estiver supertreinado, o único remédio eficaz é o repouso, às vezes por semanas. Mas você pode evitar a síndrome do supertreinamento programando apropriadamente seu treinamento, certificando-se de que descansou o suficiente e ingeriu nutrientes suficientes em sua alimentação. No Livro 5, serão fornecidas instruções sobre como fazer tudo isso.

Mas uma boa maneira de prevenir o supertreinamento é não exceder o limite de treinamento cardiovascular. Lembre-se: para se parecer com um fisiculturista, você precisa treinar como um fisiculturista. Para beneficiar-se do conceito de especificidade de adaptação, você precisa assegurar-se de que a principal influência para modelar e desenvolver seu corpo é o treinamento de força progressivo – treinamento com pesos, não aeróbio.

FISICULTURISMO PARA ATLETAS

Os atletas estão maiores, mais fortes e mais rápidos do que nunca, e recordes continuam sendo quebrados ou mesmo rompidos em pedacinhos. Na minha opinião, uma causa dessa melhora geral no desempenho atlético é que é difícil encontrar atletas sérios em qualquer esporte que não realizem pelo menos algum tipo de treinamento de força.

Mas não faz muito tempo que os treinadores não apenas desestimulavam como também *proibiam* terminantemente os atletas de realizarem qualquer tipo de treinamento com pesos. Acreditava-se que o treinamento com pesos tornava os atletas "musculosos demais", interferindo em sua agilidade e flexibilidade. Era considerado de certo modo "não-natural"; enquanto que desenvolver o corpo por meio de trabalho pesado direto – em uma fazenda ou rancho, cortando lenha, algo ao ar livre e "másculo" – era estimulado. Pense em Sylvester Stallone treinando para a luta com Dolph Lundgren em *Rocky IV*, arrastando-se pela neve puxando um tronco pesado, cortando lenha em uma temperatura abaixo de zero e terá a imagem.

"A crença de que o treinamento de peso tornaria a pessoa mais lenta", explica Frederick C. Hatfield, Ph.D. e membro da International Sports Sciences Association – ISSA (Associação Internacional de Ciências do Esporte), "e excessivamente musculosa e causaria a perda do tato e da coordenação foi a visão que prevaleceu por décadas. Isso se originou da associação entre treinamento de peso e levantamento de peso – ou seja, do aumento da sua força limite, sua capacidade para realizar um levantamento único com a máxima carga. Esse tipo de treinamento de levantamento de peso ou levantamento de potência é inadequado para a maioria dos atletas, que contam muito mais com a velocidade para melhorar o desempenho do que com a força absoluta".

A função do treinamento de peso nos esportes hoje, diz Dr. Hatfield, é desenvolver a força dos diversos músculos até um nível mínimo básico que permita ao atleta desempenhar-se em níveis ótimos. Mas esse treinamento de força "ótimo" não deveria concentrar-se em desenvolver massa muscular ou força-limite por razões particulares, a não ser que sejam requeridas para ter sucesso em uma atividade atlética específica. "Se você cultuar a força por motivos particulares", acrescenta, "então pode realmente ter problemas com velocidade, mobilidade, flexibilidade, agilidade, coordenação e assim por diante".

Alguns esportes foram mais rápidos em aceitar os benefícios do treinamento de peso "ótimo" do que outros. Fred Dryer, ator e ex-jogador da Liga Americana de Futebol (LFN), recorda que absolutamente ninguém treinava com pesos quando ele iniciou sua carreira no futebol americano profissional nos anos 60; mas, na época em que se aposentou, no final dos anos 70, *todos* no time despendiam pelo menos algum tempo na sala de musculação.

Bruce Jenner, campeão olímpico de decatlo, em 1976, percebeu, no início dos anos 70, que alcançar o desempenho ótimo em uma variedade tão grande de diferentes provas atléticas exigiria que ele utilizasse pesos para aumentar substancialmente sua força e sua massa muscular. "O decatlo é planejado para testar habilidade atlética geral", declara Jenner, "com uma variedade de provas de corrida, salto e arremesso. Quando comecei, eu era muito magro e forte para o meu tamanho, mas percebi que teria de ser maior e mais forte para conquistar a soma de pontos de que eu necessitaria – embora desenvolver tamanho e força após certo ponto seria prejudicial para o meu desempenho geral". Naquela época, os atletas de atletismo estavam apenas começando a contar com o treinamento de peso para desenvolver seus corpos, então Jenner tentou ser muito cuidadoso no tipo de programa que seguiu e na quantidade de esforço que investiu com os pesos. "Na realidade", lembra ele, "como se entendia muito menos sobre treinamento naquela época, eu realizava uma quantidade de exercícios que se assemelhavam muito mais com levantamento de peso do que com treinamento de peso, pois me pareciam muito mais 'atléticos'. Mas por mais ineficientes que alguns deles possam ter sido, minha força realmente melhorou, consegui ganhar massa muscular suficientemente sólida e fui então bem-sucedido nos Jogos Olímpicos de 1976, em Montreal."

Cada esporte tende a ter um tipo ideal de corpo (embora, como vimos, podemos às vezes nos surpreender com os tipos de corpos que se saem bem em vários esportes), e qualquer tipo de treinamento que você realize deve desenvolver o corpo em direção a esse ideal, e não se afastar dele. "A avaliação da composição corporal revelou que os atletas geralmente possuem características de físico exclusivas do seu esporte específico", relatam os especialistas em fisiologia William McArdle e Frank e Victor Katch em seu livro *Exercise Physiology: Energy, Nutrition and Human Performance* de 1994, 4ª ed. (Williams & Wilkins). "Por exemplo, os atletas de provas de campo possuem quantidades relativamente grandes de tecido magro e um alto percentual de gordura corporal, enquanto que os corredores de longa distância possuem a menor quantidade de peso corporal magro e peso de gordura... Características físicas combinadas com sistemas de apoio fisiológico altamente desenvolvidos fornecem ingredientes importantes para o desempenho de um campeão."

Embora ficar "grande demais" possa ser um problema em muitos esportes, em algumas ocasiões, os atletas precisam acumular uma quantidade substancial de massa muscular a fim de serem bem-sucedidos. Por exemplo, se você comparar o tamanho médio dos atacantes de futebol americano dos anos 60 com o dos jogadores de hoje, a diferença é incrível, não somente em tamanho, mas também em composição corporal. Trinta anos atrás, um jogador de futebol americano pesando 136 kg poderia muito bem ter tido uma composição corporal com 15 a 25% de gordura. Hoje, qualquer jogador potente pesando 136 kg possui menos de 12% de gordura corporal, e alguns são muito mais magros do que isso.

O boxe, da mesma forma que a luta livre, é um esporte que tradicionalmente se afastou do treinamento com pesos. Um dos motivos é que desenvolver massa muscular classifica o lutador em uma categoria de peso mais pesada, o que significa que ele pode vir a lutar contra oponentes naturalmente maiores e mais fortes. Outra razão é que muitos pugilistas jovens que trabalharam com pesos tendem a tentar "dar força" aos seus socos em vez de se utilizarem, como deveriam, da velocidade, da sincronização e da coordenação. Mas o mundo do boxe foi abalado quando Evander Holyfield, que originalmente lutava na categoria peso meio-pesado, ganhou algo como 136 kg de músculo sólido e tornou-se Campeão Mundial de Peso-Pesado – com a ajuda, em grande parte, de Lee Haney, Mister Olímpia.

"A maioria dos pugilistas adota quase que inteiramente abordagens tradicionais de treinamento e nutrição", afirma Haney. "Mas Evander era muito aberto para idéias novas. Para tornar-se um verdadeiro peso-pesado, ele não teve outra escolha senão ficar maior, e viu que os fisiculturistas são os melhores atletas quando se trata de acumular quantidades substanciais de massa corporal magra. Então ele adotou uma quantidade de técnicas de fisiculturismo, bem como uma variedade de abordagens científicas para essas coisas como dieta, capacidade cardiovascular e agilidade."

Holyfield foi bem-sucedido, em parte, porque nunca se esqueceu de que o boxe é um esporte de velocidade, assim como depende de muita resistência muscular e cardiovascular. Ele reconhece a importância do fisiculturismo: "Parte do meu sucesso deveu-se a eu manter um programa de peso consistente, que me dá confiança e me permite ficar mental e fisicamente apto". Então, para Holyfield, desenvolver o corpo com pesos e nutrição adequada foi simplesmente o primeiro passo necessário; depois, ele se concentrou em maximizar suas habilidades no boxe.

Magic Johnson foi para a NBA em uma época em que os jogadores de basquetebol jovens já estavam totalmente conscientes dos benefícios do treinamento de força para seu desempenho na quadra. Mas, de forma bastante interessante, Magic explicou em várias entrevistas que se exercitar e ficar em forma tornaram-se ainda mais importantes para ele desde que abandonou o esporte como forma de manter a saúde plena em sua luta para protelar os possíveis efeitos debilitantes de sua doença. Eu pensava que tinha uma vida ativa, mas Magic descreve um regime diário que deixa até a mim cansado – aulas de aeróbica, treinamento de peso, partidas de basquetebol aceleradas com uma intensidade que perde apenas para a NBA, da mesma forma que mantém um ritmo frenético em suas outras atividades de negócios e mídia.

Havia um treinador do L.A. Lakers que durante anos levava os jogadores para o World Gym para trabalharem desenvolvimento muscular e de força, entre eles Magic Johnson. Quanto trabalhei com Wilt Chamberlain na continuação de *Conan*, fiquei sabendo que ele começou a treinar com pesos muito antes de ser comumente aceito, quando os treinadores ainda estavam advertindo os jogadores para não entrarem na sala de musculação. Acredito que essa

Evander Holyfield defende seu título contra Michael Moorer.

é uma das razões de ele ter sido um jogador tão dominante durante a sua carreira.

Mesmo antes disso, o jogador de golfe Frank Stranahan era conhecido nos anos 50 por utilizar treinamento de peso para desenvolver o corpo e melhorar seu jogo. Hoje em dia, vários jogadores de golfe realizam treinamento de força como parte de seu programa geral de condicionamento, embora o treinamento de peso para o golfe ainda não seja aceito como o é em muitos outros esportes. Portanto, Stranahan estava a bons 30 anos ou mais à frente de seu tempo quando se começou a compreender os benefícios do treinamento com pesos para melhorar o desempenho atlético.

Outro esporte que tradicionalmente resistia ao treinamento de peso é o beisebol. Não faz muito tempo, a maioria dos jogadores de beisebol tendiam a ser pequenos e magros, rápidos e coordenados; e não havia muitos rapazes grandes acima de 90 kg para serem incluídos nas categorias superiores do esporte. Hoje, o beisebol está repleto de batedores de *home run** que também podem correr e manter suas posições. Veja Mark McGwire, um jogador tão forte que transforma o que teriam sido bolas altas em *home runs*. A diferença, naturalmente, é a prevalência do treinamento de peso, no qual os atletas agora são freqüentemente iniciados no ensino médio ou nos primeiros anos da faculdade, bem como do conhecimento avançado de como se alimentar para maximizar o desempenho – a ciência da dieta e da nutrição.

Tradicionalmente, as salas de musculação dos times de futebol americano têm estado cheias de atacantes e zagueiros que dependem dos músculos para adquirirem a grandeza necessária para jogar em suas posições. Mas o armador do Dallas Cowboys, Troy Aikman, também depende do treinamento de peso como parte de seu programa de condicionamento. Aikman realiza treinamento de peso para aumentar a força da parte superior do corpo, incluindo braços e ombros; mas, conforme explicou no *Men's Journal* (setembro de 1998), ele também trabalha as pernas e o quadril, uma vez que é daí que vem grande parte da potência requerida para arremessar a "grande bomba". Aikman sabiamente realiza uma ampla variedade de exercícios para todas as principais regiões do corpo, o que não apenas fortalece os músculos envolvidos no arremesso forte, mas também cria um físico melhor equilibrado em todos os sentidos, que não possui áreas de fraqueza que poderiam ser subjugadas e gerar lesões.

Outro que acredita nos benefícios do treinamento de peso é o lendário grande receptor do San Francisco 49rs, Jerry Rice. Após submeter-se a uma cirurgia de joelho, Rice dedicou-se a um programa de aptidão física planejado para permitir que voltasse ao futebol americano melhor do que nunca. Seu programa de seis dias por semana inclui duas horas de trabalho cardiovascular pela manhã e três *horas* de treinamento de peso à tarde.

O treinamento de peso para o esporte está em vias de se tornar universal. Michael Schumacher, fenômeno da corrida de Fórmula 1, segue um programa de condicionamento muito disciplinado que inclui treinamento com pesos. O grande jogador de futebol Diego Maradona descobriu as possibilidades

---

* N. de T. *Home run* é um golpe do beisebol que permite ao batedor completar o circuito das bases.

Mark McGwire atinge seu recorde – finalizando o 61º home run.

de aumento do desempenho atlético por meio do treinamento de peso, no final de sua carreira. Jogadores de tênis, nadadores, saltadores com vara e até mesmo jóqueis estão passando a treinar com pesos para melhorar suas chances de sucesso atlético.

O treinamento de peso e outros programas de condicionamento são valiosos particularmente para atletas de elite, porque em geral há pouco que podem fazer para aprimorar suas habilidades nos esportes escolhidos. Por exemplo, durante a parte final de sua carreira competitiva, Dwight Stones, um dos grandes saltadores em altura de todos os tempos, dedicou vários dias por semana a um programa de treinamento que incluía treinar com pesos e apenas curtos períodos para praticar seu esporte. Por quê? Porque, após todos os anos de esforço que concentrou em aperfeiçoar sua técnica de salto, ele atingiu um ponto de rendimentos decrescentes. Ele estava tão próximo do seu potencial absoluto em termos de técnica e coordenação neuromuscular, que não poderia esperar muita melhora, independentemente do quanto treinasse. Em vez disso, o que ele necessitava era de um "instrumento" melhor pelo qual pudesse expressar sua habilidade e técnica. E foi por isso que dedicou bastante tempo para treinar com pesos.

Além de fortalecer os músculos, o treinamento de peso é particularmente benéfico no desenvolvimento de áreas suficientemente fracas em que o desequilíbrio resultante possa ser prejudicial para a execução de vários movimentos esportivos. Conforme observado pelo Dr. Laurence Morehouse, em seu livro *Maximum Performance* (Simon & Schuster) de 1994, "O sistema nervoso utiliza a rota de menor resistência. Se você tentar executar um movimento com músculos fracos, seus nervos tenderão a recrutar músculos mais fortes para assumirem o comando, se possível... O resultado: desequilíbrio muscular, movimento menor do que o ideal – e possível deformidade".

Quando você aprende, exercita e pratica um esporte, os músculos envolvidos se desenvolvem até o nível requerido, mas não mais do que isso. Os músculos não-envolvidos, ou menos envolvidos, tendem a *deteriorar-se* com o tempo, levando a um desequilíbrio ainda maior. Como resultado, após anos praticando um determinado esporte, os atletas desenvolvem um nível de desequilíbrio que os torna extremamente suscetíveis a lesões. Além disso, desempenhar um esporte ao longo do tempo em um nível intenso tende a levar o corpo à exaustão; e, a menos que algum tipo de programa de exercícios seja utilizado para agir contra isso, você aumenta o risco de lesões, bem como piora seu desempenho atlético.

Por exemplo, os corredores freqüentemente rompem os tendões porque seus quadríceps ficam muito potentes comparados aos bíceps das pernas. O golfe pouco desenvolve a força muscular; e, devido ao potente movimento de rotação no manejo do taco, os golfistas freqüentemente têm problemas nas costas, especialmente quando envelhecem. Velocistas acreditam que seu desempenho é melhorado quando a parte superior do corpo é um pouco mais musculosa, mas a corrida de velocidade por si só não lhes dará esse tipo de desenvolvimento. O tênis tende a desenvolver um lado do corpo muito mais do que o outro – note como os tenistas têm um braço obviamente mais desenvolvido do que o outro – e esse tipo de desequilíbrio na força pode facilmente causar dificuldades físicas e problemas de desempenho com o tempo.

Realizar treinamento de peso generalizado – isto é, seguir um programa básico de exercícios, técnicas, séries, repetições e planos de treinamento traçados neste livro – desenvolve o corpo, dá ao atleta um *físico geral melhor* para trabalhar e, ao fazer isso, tende até mesmo a acabar com os desequilíbrios causados pelas demandas e estresses específicos de esportes individuais. Treinar com pesos permite que você crie, modele e esculpa o tipo de corpo *mais adequado para o seu esporte* – massa, força e peso corporal total – o que é possível sem nenhum outro programa de exercícios.

"Fortalecer o corpo", afirma Mark Verstegen, diretor do National Performance Institute (Instituto Nacional de Performance), localizado em Bradenton, Flórida, "não apenas aumenta o desempenho nos esportes – em termos de força, velocidade e resistência – como também diminui as chances de lesões. Permite ao atleta mudar sua composição corporal para melhor satisfazer as demandas do seu esporte – isto é, ficar maior e mais forte, se é isso que ele exige, ou manter ou reduzir peso corporal, mas criar a quantidade máxima de força para qualquer tamanho corporal". Verstegen cria programas individuais para os atletas profissionais que treina, programas que podem incluir tudo, desde calistenia até exercícios de agilidade, utilização da *medicine ball* ao treinamento de força com pesos livres e exercícios em aparelhos.

Alguns dos clientes de Verstegen são os principais cestinhas do basquetebol do NCAA, um novato do ano da NFL, jogadores de futebol americano da NFL e o fenômeno do Los Angeles Lakers, Kobe Bryant. "Uma vez que você tenha desenvolvido completamente suas habilidades", acrescenta Verstegen, "tudo que pode fazer é melhorar sua capacidade física. Você deseja potência de saída aumentada tanto para esportes explosivos como de resistência; força central para melhorar a postura e estabilidade articular para reduzir lesões".

Mas saber exatamente qual tipo de programa de treinamento de força seguir para um determinado esporte não é tão simples. De acordo com a explicação dos fisiologistas do exercício George Brooks e Thomas Fahey, "A intensidade e a duração da tensão são os fatores mais importantes que produzem aumentos de força. As demandas de força de cada esporte devem ser avaliadas a fim de desenvolver um programa específico apropriado. Em geral, os esportes que requerem resistência muscular empregam programas de treinamento de força envolvendo um grande número de repetições, enquanto que aqueles que requerem força utilizam menos repetições".* Portanto, os atletas sérios necessitam trabalhar sob a orientação de treinadores de força que possuam o conhecimento e a experiência para criar os tipos de programas apropriados para cada esporte. Contudo, qualquer que seja o esporte para o qual esteja treinando, há algumas idéias gerais que acredito que se aplicam:

1. O treinamento de peso generalizado do tipo fisiculturismo é o sistema ideal para controlar sua composição corporal – ficar maior e mais massudo, ficar mais forte sem ganhar massa ou perder gordura corporal excessiva para ficar magro e duro. Esse treinamento pode ser planejado para criar o tipo de corpo mais adequado ao seu esporte. Ser "muito grande" ou "muito massudo" para seu esporte pode ser tão ruim quanto não ser grande ou forte o bastante.
2. Dieta e nutrição são tão importantes para controlar sua composição corporal quanto o treinamento de peso. Você tem que se alimentar corretamente para ganhar, para perder e para ficar forte.
3. O objetivo básico do treinamento de peso para um atleta é criar um corpo melhor, um instrumento melhor, desenvolver força até níveis apropriados e fortalecer áreas fracas. O treinamento de peso para melhorar movimentos esportivos específicos deve ser realizado sob a orientação de um treinador qualificado.
4. Considerando que os benefícios do treinamento de peso do tipo fisiculturismo para atletas são devidos a sua natureza "não-específica", tenha em mente que o treinamento com pesos livres produz uma resposta adaptativa mais geral do que o treinamento com aparelhos.
5. Lembre-se de que o levantamento de peso é um esporte específico que envolve técnicas específicas e o desenvolvimento de força de uma repetição máxima. O objetivo do treinamento de peso para atletas, por outro lado, é desenvolver força ótima em vez de força máxima, fortalecer áreas fracas e alcançar um melhor equilíbrio de força entre os vários grupos musculares.

Treinamento de Peso e Aptidão Física

Você percebeu que, de acordo com a revista *Time*, treinar com pesos tornou-se a principal atividade atlética nos Estados Unidos? A forma de exercício mais popular no país inteiro?

---

* Brooks, G. A.; Fahey T. D., *Fundamentals of human performance*. New York: Macmillan, 1987.

Nos anos que se seguiram desde que esta enciclopédia foi publicada pela primeira vez, vi mais e mais pessoas que não são fisiculturistas competidores ou atletas profissionais fazendo uso do treinamento de peso, mas que simplesmente desejam ficar fisicamente aptas, ter uma boa aparência, sentir-se melhor e manter o corpo o mais jovem e forte possível quando envelhecerem.

Praticar fisiculturismo para ficar em ótima forma e manter o corpo bem-condicionado e forte é sensato. Afinal de contas, se esse método pode produzir vencedores do Mister Olímpia, pode certamente fazer maravilhas para a maioria das pessoas cujas metas são tão mais modestas. E se você vai fazer algo, por que não fazer da melhor forma possível? Para as pessoas que me dizem, "Quero ficar fisicamente apto e firme, mas não quero ficar grande demais", respondo, "Você chega para o seu professor de tênis e diz que você não quer jogar bem o bastante para qualificar-se para Wimbledon?" Você diria para um professor do golfe, "Ensine-me golfe, mas não me torne tão bom quanto Tiger Woods"?

O fato é que a maioria das pessoas não possui a genética, o tempo ou a energia para criar físicos realmente massudos do tipo do fisiculturismo. Portanto, se você é uma dessas pessoas, não seria importante utilizar os meios mais eficientes e eficazes possíveis de desenvolver o corpo? Afinal de contas, quem quer perder tempo e esforço exercitando-se sem resultados?

Por que o condicionamento muscular é tão importante? Bem, como já vimos, os músculos são capazes de adaptar-se: mudam de acordo com o que e quanto são solicitados a realizar. Ao longo da maior parte da história humana, o trabalho era realizado antes de tudo pelo corpo humano. As pessoas não precisavam exercitar-se: precisavam de um descanso! Cem anos atrás, o esforço físico mesmo de um indivíduo relativamente sedentário levaria à exaustão a maioria das pessoas da atualidade. Nos anos 50 e 60, quando eu era uma criança, costumávamos correr, subir morros e praticar todo tipo de esporte, e não ficar sentados e assistir televisão ou digitar em um computador.

Então o que acontece com os músculos no nosso mundo moderno, em que ficamos o dia inteiro atrás de uma mesa? Na nossa cultura em que nos perguntamos, "Por que caminhar 270 m se eu tenho um carro?". No nosso universo do "Alcance-me o controle remoto para eu não precisar levantar e mudar os canais". Simples: quando não usamos os músculos, eles atrofiam e diminuem. Se não o usamos, os perdemos. Isso acontece lentamente nos nossos 20 anos, mais rapidamente aos 30, e acelera depois disso. "O homem médio", explicou o falecido Dr. Ernst Jokl, "perde 50% de sua massa muscular entre 18 e 65 anos de idade". Mas o corpo não precisa deteriorar-se dessa maneira: podemos fazer algo a respeito. E o programa específico que melhor age contra essa deterioração da massa muscular vigorosa é o fisiculturismo.

Não se preocupe de "ficar grande". Em vez disso, preocupe-se com o que você já tem. Assim como Alice descobriu em *Alice no País das Maravilhas*, às vezes você tem que correr cada vez mais rápido para permanecer no mesmo lugar.

Ter músculos fortes e bem-condicionados faz com que você pareça e se sinta bem e aumenta suas habilidades para praticar esportes, mesmo que seja apenas um atleta de final de semana. O treinamento de fisiculturismo também tende a estabilizar ou diminuir a pressão arterial ao longo de um período de tempo (utilizando treinamento prolongado e de alto volume em vez de levantamento de peso árduo); fortalecer as costas e assim reduzir as chances de problemas nas mesmas; e aumentar o fluxo de sangue para a pele, mantendo-a com uma aparência mais jovem e mais flexível. O exercício é um redutor de estresse, e os benefícios do estresse reduzido podem variar do melhor funcionamento do sistema imunológico até a diminuição do risco de câncer ou cardiopatia.

É fato que o número de calorias que você queima durante o dia não é devido apenas à quantidade de exercício que você realiza, mas também ao volume de seus músculos. Músculos queimam calorias. É isso que significa "queimor" – o processo de oxidação nas células que gera energia para o exercício. Portanto, quanto maior o volume muscular, mais fácil é emagrecer e permanecer magro.

Obviamente, há perigos associados com o levantamento de pesos excessivamente pesados; e levantadores de peso sérios são mais suscetíveis a uma quantidade de problemas físicos mais ou menos graves devidos às demandas do seu esporte. Mas o fisiculturismo envolve o uso *controlado* de treinamento de peso, com níveis submáximos de resistência e um volume relativamente alto de treinamento. Portanto, se realizado adequadamente, com bastante atenção para a técnica, não há razão para que um fisiculturista venha a sofrer uma lesão relacionada com o treinamento, além da sensibilidade muscular comum ou da tensão ou da torção menor ocasional que qualquer atleta pode esperar.

Finalmente, gostaria de destacar que o treinamento de fisiculturismo é também uma forma muito boa de introduzir mais disciplina e controle no resto da sua vida. Quando você desenvolve o corpo com treinamento, tende a prestar muito mais atenção em sua dieta e em seus hábitos alimentares. Afinal de contas, por que encobrir todo esse músculo bonito com gordura feia? Você precisa controlar a sua agenda para garantir que consiga encaixar suas sessões de treinamento, e isso significa organizar melhor o seu tempo durante o resto do dia também. Maus hábitos? Fumar, beber demais, coisas como essas, também tendem a interferir na sua disciplina de treinamento e no seu progresso físico. Você tem um treinamento amanhã cedo? Não fique acordado até tarde da noite desperdiçando tanto tempo assistindo televisão. Se você usa o fisiculturismo como um princípio de organização em sua vida, ele pode mudar não somente o seu corpo e seus níveis de energia, mas também o que você faz e com quem você faz.

CAPÍTULO 3

A Experiência de Treinamento

Todo fisiculturista fica imensamente satisfeito de olhar-se no espelho, fazer algumas poses e ver seus músculos desenvolvidos salientando-se por todo o corpo. Ou utilizar uma fita métrica para calcular exatamente quantos milímetros ele ganhou em cada parte do corpo. Mas, para mim, a própria experiência de treinamento era sempre muito recompensadora e prazerosa. As horas que eu despendia na academia eram o ponto alto do meu dia. Gostava da sensação de estar treinando, de ficar bombeado durante o treinamento e da sensação relaxada de quase exaustão que vem depois. Eu não apenas adorava *ser* um fisiculturista: realmente me entusiasmava *praticando* fisiculturismo.

Treinar com esse tipo de entusiasmo é vital. Ir à academia todos os dias e sujeitar-se a sessões de treinamento que derrubariam um elefante é muito difícil a menos que você realmente ame isso. Fisiculturistas que precisam obrigar-se a ir à academia para treinar nunca alcançarão o tipo de sucesso possível para aqueles que mal podem esperar para chegar à academia e começar o treinamento com pesos. Alguns atletas precisam ser estimulados a treinar mais intensamente, e outros devem ser advertidos para não treinar demais. Na minha opinião, o atleta que precisa ser refreado chegará sempre no topo.

O QUE VOCÊ PENSA É O QUE VOCÊ CONSEGUE

Quando se refere ao fisiculturismo, a mente é sempre tão importante quanto o corpo. Os fisiculturistas campeões que conheci eram tão motivados que praticamente *determinavam* aos músculos que crescessem. Mas a mente é importante por outra razão. Para ser bem-sucedido no fisiculturismo ou em qualquer outro esporte, você precisa aprender a pensar; precisa entender o que está fazendo; precisa dominar as técnicas de treinamento. Necessita ir além dos princípios básicos do fisiculturismo e descobrir o que realmente funciona para *você*. Deve desenvolver seus próprios instintos da mesma forma que desenvolve os músculos e aprende a ouvi-los. Com certeza, você tem que treinar duro, mas isso não será tão bom se não treinar também de forma inteligente.

Obviamente, tudo isso vem com o tempo. No começo, todo fisiculturista deve aferrar-se muito mais aos fundamentos. Quando você está começando, não consegue treinar de acordo com "o que você sente" porque não tem idéia de como é o treinamento correto. É necessário experiência. O truque é dominar as técnicas de treinamento corretas, habituar-se a essa maneira de treinar e então você pode começar a confiar na "sensação" e no "instinto" para guiá-lo.

Como outros fisiculturistas, comecei realizando os exercícios básicos. Com o tempo, experimentando meus próprios exercícios, pensando sobre o que eu estava fazendo, descobri que poderia realizar várias séries para o peito e o grande dorsal, treinar esses músculos com a máxima intensidade possível, mas ainda não havia obtido um resultado tão bom como quando realizei uma supersérie nas costas e no peito – combinei um movimento de puxada com um movimento de pressão. Mas essa mesma técnica não se aplica necessariamente para todos os músculos, e nem todos os fisiculturistas obterão os mesmos bons resultados como esse que obtive. Você deve aprender todas as técnicas relevantes e depois estudar como cada técnica afeta-lhe como indivíduo. *Essa é a verdadeira arte do fisiculturismo.*

O primeiro passo nesse processo é entender exatamente o que você está fazendo na academia e aprender a interpretar as sensações que experimenta dia-a-dia por meio da sua rotina de treinamento. Lembre-se: se você tenciona em algum momento ser um fisiculturista competitivo, saiba que seus oponentes provavelmente conhecerão a técnica tanto quanto você. O que fará a diferença é o grau em que você foi capaz de utilizar seus próprios instintos e sensações.

Independentemente do quão avançado um fisiculturista esteja, ainda há questões que surgem, que são outra razão que você tem para usar sua mente – para analisar o que está fazendo e avaliar seu progresso. Mesmo um Mister Olímpia pode não ficar satisfeito com seu progresso na academia e começar a experimentar vários princípios de treinamento para encontrar algo que funcione melhor. Essa é a maior de todas as razões para aprender o máximo possível sobre diferentes princípios e formas de treinamento; assim, compreenderá quais alternativas estão disponíveis para você.

Por tudo isso é que criei uma *enciclopédia* de fisiculturismo em vez de apenas mais um livro sobre como se exercitar. Descrevo como realizar um supino ou uma rosca com halteres, como escolher quais exercícios realizar e como reuni-los em um programa. Falo sobre treinamento básico e depois continuo fornecendo as informações que você precisa para passar para um treinamento avançado e, se for este seu objetivo, para competição. Você também encontrará instruções sobre como se alimentar para ganhar músculo, como fazer dieta para perder gordura, como posar, ficar bronzeado e tudo o mais envolvido no esporte e nas atividades de exercício de fisiculturismo. Mas, como já disse, essa não é apenas uma questão de trabalho árduo, embora isso seja necessário. Isso envolve pensar e aprender – a treinar de forma inteligente, usar a cabeça e adquirir o conhecimento necessário para alcançar suas metas pessoais de fisiculturismo.

Mas antes de você continuar para começar a aprender os princípios básicos de exercício, penso ser importante que compreenda algumas das experiências *específicas* pelas quais passará em suas sessões de treinamento, coisas como "bombeamento", natureza da intensidade de treinamento, sensibilidade muscular e dor muscular (e como perceber a diferença) e os enormes benefícios que você pode ter contando com a ajuda de um bom parceiro de treinamento – tudo isso eu tratarei no restante deste capítulo.

O Bombeamento

Uma das primeiras coisas que você experimentará quando começar a treinar é o bombeamento. Os músculos incham além do tamanho normal, as veias se sobressaem, você se sente imenso, potente e cheio de energia. O bombeamento é geralmente sentido após cerca de 4 ou 5 séries. Muitas vezes, você pode manter essa sensação durante todo o treinamento, sentindo um bombeamento maior com o tempo, à medida que mais e mais sangue é forçado para dentro da região que está sendo exercitada, levando oxigênio novo e nutrientes para uma contração muscular intensa e continuada.

O que provoca o bombeamento é aquele sangue que é forçado *para dentro* da região pela ação dos músculos e pressão do sistema cardiovascular, mas não há nenhuma força comparável atraindo o sangue *para fora* do músculo. Portanto, esse sangue extra permanece no músculo por certo período de tempo, inchando-o até um tamanho muito maior. Pelo fato de os músculos ficarem maiores e mais impressivos quando se tem um bombeamento é que os fisiculturistas gostam de levantar pesos antes de posar. Quando você está em uma competição difícil, qualquer mínima vantagem ajuda.

Conseguir um grande bombeamento é uma das melhores sensações do mundo. É tão boa que foi comparada ao sexo – por mim, agora que me dei conta, no filme *Pumping Iron*. De acordo com o Dr. Fred Hatfield ("Dr. Agachamento", para os seus fãs), campeão de levantamento de peso e especialista em fisiologia do exercício, "Quantidades de sangue inundando um músculo estimulam uma quantidade de sensores proprioceptivos. O exercício e o bombeamento resultante criam toda uma torrente de respostas hormonais, incluindo a liberação de endorfinas e enquefalinas, que são analgésicos naturais". Essa é a versão do fisiculturista para a altura do corredor, que também ocorre devido à liberação de hormônios como as endorfinas. Além disso, desenvolve-se uma associação com o tempo, explica o Dr. Hatfield, entre o exercício e a sensação positiva que você obtém dele; assim, seus centros de prazer são estimulados ainda mais quando o corpo relaciona a sensação do exercício com o bom resultado.

Essa combinação do físico com o psicológico pode ter um efeito enorme sobre como se sente e a intensidade com que pode treinar. Quando você está bombeado, sente-se melhor e mais forte, e é mais fácil motivar-se para treinar pesado, atingir um nível alto de intensidade. Às vezes, você pensa que é o King Kong caminhando pela academia! Naturalmente, essa sensação pode diferir de um dia para o outro. De tempos em tempos você irá para a academia sentindo-se cansado e preguiçoso, mas quando consegue um bombeamento fantástico após poucos minutos de trabalho, de repente se sente grande, forte, cheio de energia e pronto para levantar qualquer peso que ver pela frente.

Entretanto, há dias em que você não se sente com muita energia, e o bombeamento simplesmente não acontece, não importa o que faça. Às vezes, há uma razão física para isso: você não dormiu o suficiente; realizou muitos exercícios seguidos; ou está fazendo dieta, e seu corpo sente falta dos nutrientes necessários para dar um bom bombeamento com facilidade. Mas, na maioria dos casos, descobri que a ausência de bombeamento indica a falta de uma concentração total. Obviamente, é melhor descansar o suficiente, não treinar em excesso e alimentar-se bem o bastante para agüentar as sessões de treinamento; mas, independentemente do quão mal você esteja se sentindo ou da quantidade de energia que lhe falte, descobri que ainda pode conseguir que o bombeamento aconteça se ficar bastante concentrado.

Intensidade de Treinamento

Considero-me um cara objetivo. O que me interessa quando assumo alguma coisa são os *resultados*. Nesse aspecto, compreendi muito cedo na minha carreira de fisiculturista que, como acontece com a maioria das coisas, o que você obtém do treinamento depende do que investiu nele. Quanto mais intensamente você trabalha, mais resultados verá, *assumindo que seus métodos de treinamento sejam os mais eficazes possíveis.*

Mas, em um determinado ponto, fica muito difícil tirar mais proveito das suas sessões de treinamento. Você está trabalhando o mais duro que pode, portanto, não pode adicionar mais peso. Você já está fazendo o máximo de séries possível e treinando com a maior freqüência possível cuidando para evitar o supertreinamento. Então o que você faz agora?

Obter melhores resultados nesse ponto é uma questão de aumentar a intensidade do seu treinamento. O que quero dizer com isso? Simples: *Intensidade é uma medida do que você tira do treinamento, e não do que você investe nele.* Que tipos de técnicas você pode utilizar para aumentar a intensidade? Por exemplo, você pode:

- adicionar peso aos exercícios;
- aumentar o número de repetições nas séries;
- diminuir seu período de descanso entre as séries;
- realizar um mesmo exercício duas ou mais vezes seguidas sem descansar (superséries).

Há também uma quantidade de técnicas de treinamento de intensidade especial, muitas das quais dependem da participação do seu parceiro de treinamento. Incluem repetições forçadas, movimentos excêntricos forçados, superséries, séries gigantes, repetições parciais e descanso/pausa. Todas serão descritas detalhadamente quando observarmos como realizar exercícios de fisiculturismo no Livro 2.

A resistência cardiovascular é um fator limitante para o aumento da intensidade. Se você ultrapassa sua capacidade para suprir oxigênio para os músculos, eles falharão prematuramente, e não os estimulará completamente. Entretanto, se reduzir seus períodos de descanso e intensificar o treinamento de forma gradual, seu corpo terá tempo para adaptar-se, e sua capacidade para treinar arduamente e por períodos mais longos aumentará.

Também é fato que, à medida que você aumenta a intensidade do treinamento, tende a cansar mais rapidamente. Isto é, quando você treina muito duro, é difícil treinar por muito tempo, mesmo quando está em ótima condição física. É por isso que os fisiculturistas modernos dividem seus exercícios de regiões corporais, atingindo apenas alguns músculos em cada sessão de treinamento, em vez de treinar o corpo inteiro em uma única sessão. Outro aumento em intensidade ocorre quando você realiza um treinamento em duas partes, ou seja, quando divide o treinamento do dia em duas sessões diferentes, o que lhe dá bastante tempo para descansar entre elas. Quando eu estava competindo e queria treinar com ainda *mais* intensidade, sempre gostava de programar meu treinamento mais pesado para a parte da manhã, quando me sentia mais forte, em vez de tentar manejar enormes quantidades de peso mais tarde do dia. (Todas as diferentes formas de organizar suas sessões de treinamento serão tratadas detalhadamente no Livro 2.)

Certamente há uma grande diferença no nível de intensidade que os fisiculturistas iniciantes, intermediários e competidores necessitam – ou, de fato, podem alcançar. Quando você está começando, apenas completar os exercícios pode ser um impacto tão grande para o corpo que não é necessário intensidade adicional. Os fisiculturistas intermediários, contudo, podem achar que devem pensar um pouco sobre como abalar o corpo no sentido de um crescimento maior. E os fisiculturistas competidores, que estão lutando pelo que há de mais avançado em desenvolvimento físico, devem gerar uma quantidade inacreditável de intensidade.

Quanto mais avançado você fica, mais difícil é continuar se desenvolvendo e mais arduamente tem de treinar. Isso é conhecido como *lei dos rendimentos decrescentes*. Em 1971, quando eu estava realizando 30 séries para os ombros e queria submetê-los a um desenvolvimento ainda maior, meu parceiro de treinamento, um lutador profissional, disse-me que eu não precisava aumentar o número de repetições, mas apenas acompanhá-lo. Começamos com pressões com haltere de 45 kg, depois baixamos para pesos de 40, 36 e 18 kg – e depois, sem descansar, começamos a realizar levantamentos laterais. Após um repouso de 1 minuto, voltamos e fizemos tudo novamente. Em uma hora eu realizei uma quantidade de repetições e séries tão maior do que a normal, que parecia que meus ombros haviam sido torturados! Mas o mais importante é que funcionou.

Dor *versus* Sensibilidade Muscular

Todo fisiculturista já ouviu a frase "Sem dor, sem ganho", mas é importante ser capaz de diferenciar a dor (quase) agradável de um treinamento intenso da dor resultante de uma lesão física.

A sensibilidade muscular resultante de um treinamento pesado é comum entre fisiculturistas. Essa sensibilidade é o resultado de microdanos aos músculos, ligamentos ou tendões – nada que realmente constitua uma lesão, mas, apesar disso, é geralmente doloroso. Uma certa quantidade de sensibilidade é inevitável, um sinal de que você realmente treinou intensamente.

Outra causa comum de sensibilidade é a formação de ácido lático no músculo, que tende a acumular-se na região que está sendo exercitada quando a atividade muscular o produz mais rapidamente do que o sistema circulatório pode removê-lo. A presença de uma quantidade excessiva de ácido lático é o que lhe dá o queimor quando você realiza muitas repetições duras, e também tende a produzir uma certa quantidade de sensibilidade pós-treinamento.

A sensibilidade muscular não é uma coisa ruim e, na realidade, pode ser tomada como um bom sinal, uma indicação de que você treinou intensamente o bastante para produzir resultados. No entanto, se ficar tão dolorido a ponto de interferir no seu treinamento ou em outras áreas da sua vida, você deve relaxar por um momento. Ficar um pouco dolorido indica que você teve um treinamento bom e pesado; ficar muito dolorido significa simplesmente que você abusou do corpo e deve levar as coisas com um pouco mais de calma.

É claro que eu nem sempre segui meu próprio conselho. Quando eu tinha 16 anos, era tão fanático pelo treinamento que nenhuma quantidade de dor teria sido capaz de dissuadir-me. Na realidade, após minha primeira sessão de exercícios em uma academia, depois de detonar meu corpo o máximo que pude, caí da bicicleta de tão adormecido que estava por causa da fadiga. No dia seguinte, estava tão dolorido que mal conseguia levantar a xícara de café ou pentear o cabelo. Mas essa sensação agradava-me porque significava que eu tinha obtido alguma coisa do treinamento. Muitas vezes, desde então, eu deliberadamente bombeei uma determinada parte do corpo – realizando flexões na barra o dia inteiro ou incontáveis séries de agachamentos – e acabei com a dor em uma semana! Nunca me importava com a inconveniência se ela significasse que eu havia feito meus músculos crescerem.

Surpreendentemente, a sensibilidade muscular parecia decorrer mais de repetições "negativas" – isto é, quando você está abaixando um peso – do que de positivas, levantando o peso. A razão disso é que a contração concêntrica do músculo – abaixar um peso – submete os tendões e os ligamentos de sustentação a uma quantidade desproporcional de estresse, e isso é o que parece causar o dano.

Em geral, você pode treinar apesar da sensibilidade. De fato, começará a sentir-se melhor quando iniciar o treino, porque você bombeia mais sangue para as áreas doloridas. Saunas, massagens e outros tratamentos também podem fazer com que se sinta melhor; mas, no final das contas, terá que esperar vários dias para que o tecido superestressado regenere-se antes de você se recuperar completamente.

Mas a dor pode também ser um sinal de lesão, o que é muito diferente de uma simples sensibilidade muscular. Ela pode ser um alerta de que você se machucou de forma bastante séria. A verdadeira dor de uma tensão, torção ou outra lesão relacionada com estresse está lhe dizendo para PARAR – imediatamente! Não há o que se possa fazer para acabar com esse tipo de dor. Qualquer coisa que faça que provoque novamente a dor só fará piorar a lesão. Seu único recurso é repousar a área em questão e procurar assistência médica se a lesão for grave ou persistir. (Para mais informações sobre lesões, como reconhecê-las e o que fazer em relação a elas, consulte As Lesões e Como Tratá-las, na página 774)

Eventualmente, você tem que aprender a perceber a diferença entre a dor "boa" e a dor decorrente de lesão se quiser ser bem-sucedido no fisiculturismo. Tentar treinar com uma lesão real pode colocá-lo fora de ação por um período de tempo considerável ou mesmo causar uma lesão aguda que venha a tornar-se crônica e contra a qual tenha de lutar durante anos.

Mas alguns tipos de dor não são apenas inevitáveis no fisiculturismo, são praticamente essenciais. Afinal de contas, são aquelas últimas poucas repetições que você realiza depois que seus músculos estão queimando e dizendo-lhe para parar que muitas vezes significam a diferença entre o progresso e a falta dele. A 10ª ou 11ª repetição de rosca bíceps, quando os bíceps estão gritando de agonia, pode ser a única forma de desenvolver os braços para um campeonato. Esse fenômeno de trabalhar até que os músculos estejam queimando de dor não é algo que acontece apenas no fisiculturismo. Quando perguntaram ao lendário Muhammad Ali quantos apoios ele realizava para preparar-se para uma luta em um campeonato, ele respondeu que não sabia. "Não começo a contar até que comece a doer", explicou.

Obstáculos e Contratempos

O progresso no fisiculturismo geralmente não ocorre em uma curva em ascensão estável. Mas quando acontece, os resultados podem ser muito gratificantes. Lembro-me de uma época em que eu podia contar com um aumento de 2,75 cm no tamanho dos meus braços a cada dois meses, como um relógio. Aqueles eram dias em que eu podia ganhar mais de 9 kg de músculo por ano de qualquer forma.

Mas acontecimentos podem conspirar para colocar obstáculos no caminho de seu progresso de treinamento. Ficar doente, por exemplo. Para a maioria das pessoas, pegar uma gripe é uma questão de inconveniência; mas, para um fisiculturista, oito semanas sem participar de uma competição pode ser um desastre. Você não pode simplesmente deitar na cama e jogar fora meses de esforço, mas não se sente bem o suficiente para treinar. A solução nesse caso, pelo menos em parte, é encontrar um médico especialista em medicina do esporte que entende sua situação e fará o que puder para ajudá-lo a ficar bem enquanto você continua tentando ficar na melhor forma que puder diante das circunstâncias. Pode haver obstáculos piores. Conheci fisiculturistas com diabete infantil grave que, apesar do esforço, não conseguiam treinar e fazer dieta rigidamente o bastante para conquistar os títulos do fisiculturismo amador. E há o caso de Dennis Newman, Campeão de Fisiculturismo dos Estados Unidos, que lutou com sucesso contra a leucemia e foi finalmente capaz de retomar sua carreira na categoria profissional da IFBB.

Superar obstáculos é muitas vezes uma questão de conseguir fazer ajustes. Lembro-me de estar em Nova York no final do inverno e não ser capaz de sair na rua e correr para realizar meu treinamento cardiovascular. O que eu fiz? Subi e desci correndo as escadas de incêndio do Park Lane Hotel, e a grande sensibilidade muscular que senti no dia seguinte mostrou-me o quanto esse tipo de exercício era terrível. Hoje em dia, a maioria dos bons hotéis tem pelo menos algum tipo de local de treinamento, e é muito mais fácil encontrar academias em cidades por todo o mundo do que costumava ser; portanto, realizar um treinamento quando você está viajando não é tão difícil quanto antes. Mas, da mesma forma que recomendo treinar em uma academia com bons equipamentos, se você estiver realmente sem tempo, ou em algum lugar não houver uma academia disponível, levar consigo algum tipo de aparelho de exercício com gomas elásticas ou molas, ou seja o que for, é bem melhor do que não fazer nada. Novamente, o ponto principal é que, se não realizar o trabalho, não obterá os resultados, não importa qual seja a sua desculpa.

Existem fatores ambientais que às vezes você terá de enfrentar também. Por exemplo, lembro-me de estar em Denver em uma viagem de divulgação de um livro e ter visitado uma academia com uma equipe de televisão. Com as luzes e a câmera ligadas, concentrei-me totalmente e realizei um grande número de supinos e outros exercícios, mas ao final de 20 minutos, estava tão sem fôlego que mal consegui levantar-me. O produtor de televisão disse-me "Está bem, já temos o bastante", e tudo que consegui pensar foi que já era o bastante para mim também! Percebi que minha dificuldade provinha do fato de eu estar a mais de 1.600 m acima do nível do mar e não conseguir inspirar oxigênio suficiente. Eu sabia que teria de controlar meu tempo cuidadosamente se alguma vez tentasse realmente treinar a essa altitude antes de adaptar-me totalmente ao ar mais escasso.

Umidade alta é outra condição ambiental difícil. Tente treinar na Flórida ou no Havaí, no verão, sem ar-condicionado e verá que atingirá uma intensidade de treinamento bem menor do que a normal. Certa vez fui à África do Sul para treinar com Reg Park – era metade do inverno na Áustria e metade de um verão muito quente e úmido abaixo do Equador – e me vi usando 13,6 kg a menos na maioria dos exercícios, 22,7 kg a menos em outros, até que fiquei lá por uma ou duas semanas e meu corpo aclimatou-se àquelas condições tão diferentes.

O frio faz a mesma coisa. Durante uma pausa na filmagem de *Conan*, voei da Espanha para a Áustria na época de Natal, acompanhado de Franco Columbu, e treinamos todos os dias em uma temperatura congelante em uma garagem sem aquecimento com uma porta aberta para o ambiente externo. Esse foi o maior frio em que já treinei, e aprendi que treinar quando está muito frio requer tipos de adaptação muito específicos – você tem que aquecer bem mais e continuar com roupas quentes mesmo depois de começar a suar. Você também tem que ter cuidado porque pode ficar tão frio que suas mãos literalmente grudarão nos halteres e nas barras de metal. Adaptei-me muito rapidamente a esse ambiente porque treinei em condições muito frias antes, mas ainda foi necessário um esforço para obter um bom treinamento sem o clima ensolarado da Califórnia ajudando-me a prosseguir.

Outro obstáculo que pode produzir contratempos sérios é uma lesão. Muitos fisiculturistas nunca experimentaram uma lesão grave, mas você tem que considerar a possibilidade. Minha pior lesão não aconteceu durante um treinamento, mas sim quando uma plataforma de pose deslizou embaixo de mim durante uma competição na África do Sul. Meus joelhos sofreram uma lesão tão grave que se temeu por um período que minha carreira de fisiculturista tivesse acabado. O primeiro médico que consultei aconselhou-me a parar de treinar, mas logo percebi que ele não entendia de atletas e lesões esportivas, então simplesmente procurei e encontrei outro médico.

Esse foi um período muito desencorajador. Eu havia trabalhado durante cinco anos para que minhas coxas aumentassem de 58 para 71 cm; mas, dois meses após o acidente, elas voltaram a medir 58 cm! Senti como se cinco anos de suor e sacrifício tivessem sido jogados pela janela.

Por sorte encontrei um especialista, Dr. Vincent Carter, que conseguiu ajudar-me. Ele me disse "Você não sabe que o corpo fica mais forte do que antes depois de uma lesão? Que um osso quebrado regenera-se com mais força do que antes de quebrado? Vamos colocá-lo em forma em um piscar de olhos!" Essa atitude positiva animou-me imediatamente. Sofri uma cirurgia; mas, quando o gesso foi retirado, eu ainda estava com 58 cm de coxa.

Agora eu tinha não apenas que reabilitar os joelhos lesionados como também tratar do contratempo psicológico. Descobri um fisioterapeuta, Dave Berg, que me colocou em um programa de exercícios sério e não deixou que eu me tratasse como criança. Em apenas três semanas ganhei 38 mm de coxa e logo estava recomeçando a realizar agachamentos. Quando voltei ao Dr. Carter, ele me perguntou com quantos quilos eu estava agachando, e eu lhe disse 61 kg. "Por quê?", ele perguntou. "O que há de errado com você? A lesão está curada; está tudo acabado. Você me disse que podia agachar com 181 kg, então é hora de voltar a fazer isso."

Minha lesão e minha operação ocorreram em novembro de 1971, e por volta de março de 1973 eu estava curado e pronto para treinar sério novamente. Foram sete meses até a competição de Mister Olímpia, então decidi esquecer a lesão e treinar para a competição, e isso levou a outro título de Olímpia. Entretanto, se eu não tivesse mantido uma atitude positiva, procurado a assistência médica de que necessitava para recuperar-me e lutado contra o desânimo que surge com qualquer contratempo sério, minha carreira teria realmente acabado naquele momento.

Seu Parceiro de Treinamento

Ao longo da minha carreira de fisiculturista, ter o parceiro de treinamento certo foi essencial para o meu sucesso. Franco Columbu é um dos melhores parceiros de treinamento que já tive. Nos anos em que Franco e eu treinamos juntos, sei que progredi muito mais do que seria capaz treinando sozinho.

Quais são as qualidades necessárias de um bom parceiro de treinamento? Em primeiro lugar, ele tem que ser atencioso: tem que se preocupar com o seu sucesso do mesmo modo que se preocupa com o dele. Ele não pode simplesmente completar a sua série de exercícios e ir embora enquanto você realiza a sua: tem que estar lá com você. "Está bem, ontem você fez oito repetições, amanhã vamos tentar nove!" Um bom parceiro de treinamento quer treinar no mesmo horário que você – não às seis se você quer treinar às cinco. Um bom parceiro de treinamento telefona para você e pergunta "Como está se sentindo hoje?" Ele não aparece somente na hora para o treinamento, mas também sugere, "Ei, vamos nos reunir e praticar algumas poses". O ideal é que ele tenha as mesmas metas que você. Se estiver treinando para uma competi-

Dave Draper era o legítimo "garoto de ouro" do esporte. Para os europeus, ele representava o clássico fisiculturista do tipo californiano.

Meu treinamento era sempre de primeira qualidade quando eu tinha parceiros de treinamento como Franco Columbu e Ken Waller para incentivar-me.

Casey Viator era um dos parceiros de treinamento mais potentes que já tive.

ção, tentando evoluir para um supino com 180 kg ou fazendo uma dieta rígida e tentando perder bastante gordura corporal, tudo isso fica muito mais fácil se seu parceiro de treinamento estiver concentrado em alcançar os mesmos tipos de objetivos.

Um parceiro de treinamento deve levar bastante energia para suas sessões de treinamento. Ninguém está 100% sempre que vai a uma academia; e se estiver em um dia de energia baixa, seu parceiro de treinamento deve estar lá para engrená-lo e estimulá-lo, e você deve fazer o mesmo quando estiver com a energia maior. É também uma grande vantagem ter alguém esperando que você apareça independentemente de como estiver o tempo, de quanto dormiu na noite anterior ou de como está se sentindo.

Franco e eu costumávamos competir constantemente, cada um tentando levantar mais peso do que o outro e realizar mais séries e repetições. Mas não competíamos para derrotar um ao outro; simplesmente usávamos a competição para criar uma atmosfera em que qualquer esforço inacreditável parecesse possível.

Eu contava com diferentes parceiros de treinamento para resultados diferentes, dependendo das suas características individuais. Treinava com Franco pela manhã, considerando que ele treinava somente uma vez por dia, e realizávamos principalmente treinamento de potência. Treinava o grande dorsal com Dave Draper porque eu queria séries extras para esse músculo. Dave simplesmente adorava trabalhar na academia e costumava treinar durante horas realizando séries infinitas. Frank Zane era um bom parceiro de treinamento para isolar grupos musculares específicos. Cada parceiro de treinamento tem seu

Treinar com Ed Corney colocou-me na minha melhor forma possível para o Mister Olímpia de 1975, na África do Sul.

Franco Columbu, Jusup Wilkosz e eu começamos como levantadores de peso, o que nos deu uma densidade muscular que fisiculturistas que não realizaram treinamento de potência não têm.

Uma das maiores emoções da minha vida foi quando eu realmente comecei a treinar e competir com meu herói do fisiculturismo, Reg Park.

próprio valor, então você pode querer treinar com mais de uma pessoa a fim de obter uma variedade maior de benefícios.

Escolher um parceiro de treinamento é muito semelhante a um casamento, e você quer casar-se com alguém que venha a somar na sua vida, que a torne melhor; não com alguém que faça com que diga, "Ah, esse casamento me encheu. Onde foi que me meti?" Esse não é um assunto apenas para fisiculturistas competidores. Um fisiculturista iniciante pode querer treinar com alguém mais avançado, mas esse fisiculturista avançado pode estar trabalhando no aperfeiçoamento do seu físico em vez de estar criando uma estrutura muscular potente básica, e o iniciante não tiraria muito proveito desse tipo de treinamento. Um homem de negócios que queira treinar para ficar em forma pode sentir-se exigido demais tentando treinar com um fisiculturista em tempo integral. É tudo muito simples: um parceiro de treinamento que o ajuda a fazer um progresso mais rápido e melhor é um bom parceiro; aquele que o retém em qualquer aspecto é um parceiro ruim.

Programando o Treinamento

Se você estiver motivado o bastante, encontrará uma forma de garantir que não faltará às sessões de treinamento, não importa o que aconteça.

Uma das queixas mais comuns que ouço é das pessoas que dizem que simplesmente não conseguem achar tempo para ir aos treinamentos. Algumas são jovens fisiculturistas que estão na escola ou têm empregos que dificultam a programação de treinamentos. "Eu invejo os fisiculturistas profissionais", eles dizem, "que não têm nada para fazer o dia inteiro exceto treinar, comer e dormir". Quando ouço isso, lembro-me de Sergio Oliva trabalhando toda a noite como açougueiro e depois indo para a academia para treinamentos exaustivos. Ou pelo que Franco e eu tivemos de passar quando éramos os primeiros neste país e tentávamos manter nossa programação de treinamento enquanto trabalhávamos durante o dia assentando tijolos.

Muitos dos meus primeiros melhores progressos eu fiz quando estava no Exército Austríaco e tinha muitas outras demandas fora do horário de serviço. Quando estava fora em manobras por seis semanas na fronteira da Tchecoslováquia e dirigindo tanques 15 horas por dia, tinha que abastecê-los de combustível com uma bomba manual, lutar com enormes galões de combustível, trocar rodas e fazer a manutenção. Dormíamos em trincheiras embaixo dos tanques até que fôssemos acordados todas as manhãs às 6 horas. Mas eu tive outra idéia: meu companheiro e eu levantávamos às 5 horas, abríamos o compartimento de ferramentas dos tanques onde tínhamos halteres guardados e

Bill Pearl nunca me disse para tornar-me vegetariano, mas me convenceu de que um vegetariano poderia vir a ser campeão de fisiculturismo.

nos exercitávamos por uma hora antes que todos os outros acordassem. Depois de terminarmos as manobras do dia, treinávamos por mais uma hora. Não consigo imaginar quaisquer circunstâncias mais difíceis para treinar, então acredito que encontrar tempo e energia para seus treinamentos é simplesmente uma questão de motivação e imaginação. Cada fisiculturista tem que encontrar um tempo para treinar que se ajuste a sua situação particular.

Mesmo hoje ainda tenho que lidar com os mesmos problemas de programação de horários. Por exemplo, quando eu estava filmando *Batman e Robin*, tinha que começar a maquilar-me às 5 horas da manhã, o que levava três horas, e não havia tempo para treinar pela manhã. Mas durante o dia, quando havia uma mudança de organização, perguntava quanto tempo isso levaria. "Uma hora e meia", diziam-me. Então eu aproveitava o tempo para tirar minha armadura de "Homem Gelo", ir até o *trailer* de exercícios e realizar exercícios leves, suficientes para bombear-me, mas nada que me fizesse suar muito e estragar toda a maquilagem. Filmando outros filmes, em que tínhamos uma hora de almoço, percebi que não levaria uma hora para comer. Então saía para treinar por meia hora, levava 15 minutos comendo e depois, nos últimos 15 minutos, retocava minha maquilagem para a próxima filmagem.

Todos os atores com quem trabalhei no cinema sabem que eu treino de manhã cedo ou no decorrer do dia e que sempre tentarei fazer com que me acompanhem e realizem alguns exercícios comigo. Nos programas de entrevistas, quando lhes perguntam sobre a dificuldade de filmar, eles sempre dizem coisas como, "Fazer o filme foi fácil. O difícil foi ter que treinar todos os dias com Arnold!"

Então estou totalmente consciente de que programar treinamentos pode também ser um problema para aqueles que não se dedicam a perseguir uma carreira competitiva de fisiculturismo. Ocupados com trabalho, carreira, família ou com a criação dos filhos, as pessoas pensam, "Não há uma única hora do dia que eu possa reservar para exercitar-me". Mas o ponto principal é este: se você não encontrar tempo, se não realizar o trabalho, não obterá os resultados. Você tem certeza de que não há tempo livre? Por exemplo, li relatórios que dizem que o tempo mais desperdiçado durante o dia é o período entre 10 horas da manhã e meia-noite. Seu programa noturno de televisão favorito é mais importante para você do que desenvolver um corpo incrível? Por que não ir para a cama e levantar uma hora mais cedo? Muito já treinei às 5 horas da manhã e, apesar de levar algum tempo para acostumar-me, realizei alguns dos meus melhores treinamentos nessa hora da manhã.

Quando minha esposa, Maria, e eu tivemos uma audiência com o Papa nos anos 80, *ele* me disse que se exercitava todas as manhãs às 5 horas. Ronald Reagan e George Bush conseguiam praticar uma hora de exercícios por dia quando estavam no governo. Muitos dos homens mais bem-sucedidos nos negócios e na indústria cinematográfica disseram-me que fizeram o seu melhor sem nunca ficarem sequer um dia sem se exercitarem. E esses são os homens mais atarefados do mundo! Como eles conseguem? Eles são bons em organizar seu tempo e reconhecem a importância de incluir o treinamento em suas vidas.

Às vezes, é difícil cumprir uma programação porque as pessoas à sua volta, às vezes com boas intenções e outras não, parecem fazer tudo que podem para dissuadi-lo de alcançar suas metas. Por exemplo, de que forma sua família, seus amigos e seu cônjuge apóiam suas ambições de treinamento? Vibrações negativas das pessoas da sua vida podem ser difíceis de lidar. É necessário esforço extra para reter sua confiança e prender-se a sua rotina quando aquelas pessoas próximas a você não aceitam a escolha de suas metas. "Por que você não pode sair para tomar uma cerveja e comer uma pizza?", eles podem perguntar. E responder que você está em dieta e tem que levantar cedo pode não ter uma recepção positiva. Você pode acabar sendo chamado de egoísta ou egocêntrico por aqueles que não percebem que *eles* é que estão sendo egocêntricos por não avaliarem como o treinamento é importante para você e o que custa perseverar nesse tipo de esforço. E tenho certeza de que não sou o único que ouviu a namorada reclamar de você levantar às 5 horas da manhã para ir à academia.

Seu regime alimentar pode criar problemas também. Comer com amigos é um rito social muito agradável, mas do qual você terá que abdicar na maioria das vezes. Quando alguém que deveria saber que você está em treinamento continua oferecendo-lhe alimentos que não estão na sua dieta, você sabe que essa pessoa não entende ou, o que é pior, no fundo não tem as melhores intenções.

Muitos fisiculturistas sérios, que trabalham, levam comida para o emprego ou mesmo mantêm uma pequeno fogão elétrico no local de trabalho para poderem fazer refeições durante o dia. Ter um chefe que o apóie e entenda o que você está tentando fazer pode ser muito útil. Se você não tem, então simplesmente terá de fazer os ajustes que forem necessários.

TREINAMENTO PARA MULHERES

O quanto o treinamento de fisiculturismo para mulheres é diferente do dos homens? Na minha opinião, não muito – daí porque não estou dedicando espaço neste livro para tratar de treinamento para mulheres separadamente.

Algumas pessoas têm problemas para compreender estes conceitos: as mulheres são menores; possuem hormônios diferentes; não são fortes. Certo, mas músculo é músculo, e um supino é um supino. As mulheres têm menos músculo na região superior do corpo do que os homens, então geralmente elas levam mais tempo para desenvolver essa área do que para desenvolver as pernas. Elas geralmente não conseguem manejar as mesmas quantidades de peso de que os homens (embora muitas mulheres no mundo possam levantar mais de 136 kg em um supino!). Mas o que diferencia o treinamento de uma mulher são seus objetivos: ela provavelmente estará mais interessada em modelar e firmar o corpo do que em desenvolver músculos grandes. Assim, embora ela geralmente realize os mesmos exercícios que um homem (com exercícios adicionais inseridos para atingir áreas problemáticas como quadril, coxa e tríceps), a estrutura do seu programa provavelmente será completamente diferente da de um homem. Provavelmente, a maior diferença será que seu treinamento consistirá de menos séries por grupo muscular, mas mais repetições por série. Isso desenvolve resistência muscular, embora sacrifique o tamanho muscular máximo. A *execução* desses exercícios, no entanto, continua sendo exatamente a mesma. Todos nós precisamos desenvolver programas que se ajustem às nossas necessidades individuais, aos nossos pontos fortes e fracos. A meta para homens e mulheres é a mesma: criar o máximo desenvolvimento *estético* do físico possível.

As mulheres podem beneficiar-se de parceiros de treinamento, precisam lidar com a sensibilidade muscular e os contratempos, devem evitar supertreinamento, podem sentir um grande bombeamento, têm que agüentar lesões – exatamente da mesma forma que os homens. Na realidade, eu treinava freqüentemente com parceiras de treinamento, o que eu achava motivador e desafiador. Então meu conselho para as mulheres interessadas em treinamento sério é simples: suas células musculares não sabem que vocês são mulheres. Elas responderão ao treinamento de peso de resistência progressiva da mesma forma que as dos homens. Se vocês admiram físicos como os de Rachel McLish, Cory Everson, Anja Langer ou Lenda Murray, não se esqueçam de que elas trabalharam arduamente e por muito tempo para desenvolver aqueles corpos. Elas suaram em academias lado a lado com os homens. O fisiculturismo é um esporte, e tanto homens como mulheres praticam-no, da mesma forma que homens e mulheres jogam tênis, basquetebol e voleibol. E, no que tange à experiência de treinamento, tudo que conta é passar para a repetição seguinte, a série seguinte, o exercício seguinte. A abordagem correta para treinar é a que produz melhores resultados.

CAPÍTULO 4

A Academia

Quando se é um fisiculturista, a academia é o seu escritório; é onde você toma conta dos negócios. Você pode facilmente acabar passando três ou quatro horas em uma academia, o que significa que ela deve ter o tipo de equipamento que você necessita, o tipo de pessoas treinando a sua volta que acrescentem energia ao seu treinamento e uma atmosfera geral que irá motivá-lo a alcançar suas metas pessoais.

A EXPLOSÃO DE ACADEMIAS

Quando comecei o treinamento de fisiculturismo sério era difícil encontrar locais de treinamento. Boas academias eram poucas e distantes uma da outra. Por exemplo, quando eu era jovem e treinava na Áustria, não tínhamos nenhum banco inclinado padrão, do tipo em que você se deita. Ao invés disso, havia um banco reto que era *colocado* na posição inclinada, que é um equipamento bem diferente. Para realizar levantamentos inclinados com barra, em vez de suspendermos a barra a partir do *rack*, tínhamos de pegá-la do chão, levantá-la até a altura do ombro e depois abaixá-la novamente contra o banco antes de conseguir realizar uma série. Isso, posso dizer-lhes, é fazer da forma difícil.

Quando mais tarde fui morar em Munique, tive a vantagem de poder treinar na academia do meu grande amigo Albert Busek, que era muito avançado para a época e forneceu todo o equipamento de que eu precisava para treinar para tornar-me Mister Universo e Mister Olímpia. Na Califórnia, treinei na academia de Joe Gold, que possuía equipamentos como nenhuma outra porque muitos deles foram projetados e fabricados pelo próprio Joe.

Hoje, é relativamente fácil encontrar uma academia bem-equipada. A World Gym, por exemplo, tem franquias espalhadas pelos Estados Unidos e o mundo. A Gold's Gym e a Powerhouse também possuem um grande número de franquias. Bally's, Family Fitness Centers e muitas outras academias excelentes estão localizadas em grandes e pequenas cidades. Naturalmente, a maioria dos clubes de saúde e *spas* não está direcionada ao fisiculturismo sério, mas geralmente proporciona pelo menos alguns aparelhos com pesos livres além do seu conjunto de máquinas, cabos e outros equipamentos de exercício. Há também instalações de treinamento em escolas e universidades, bases militares, ACMs, hotéis, edifícios comerciais e grandes complexos de apartamentos.

Os títulos de academia geralmente podem ser adquiridos por dia, semana, mês ou ano. Quando você se associa a uma academia que é parte de uma cadeia, freqüentemente você obtém as vantagens especiais de treinamento correspondentes, o que significa que você pode treinar em outras academias que integram a cadeia sem nenhum custo adicional ou mediante uma pequena taxa.

O QUE PROCURAR EM UMA ACADEMIA

A primeira coisa a ser considerada na escolha de uma academia é averiguar o tipo de equipamentos e instalações que ela oferece:

1. Uma academia não deve ser muito grande nem muito pequena. Se for muito pequena, constantemente você terá de esperar por um equipamento e não conseguirá manter o ritmo do treinamento. Mas se for enorme, você pode se sentir diminuído por tanto espaço, o que dificulta manter a concentração.
2. Se você deseja fazer o melhor progresso, a academia em que você treina precisa ter um complemento completo de pesos livres e bancos. Deve ter conjuntos de halteres pesados o suficiente para levantamentos mais intensos. Deve haver aparelhos de exercícios e estruturas de cabo que lhe permitam trabalhar todas as principais regiões corporais.
3. Deve haver equipamentos para realizar treinamento cardiovascular – esteiras, bicicletas ergométricas, *steppers*, aulas de aeróbica e tudo que precisar para suas sessões individuais de aeróbica.
4. Algumas academias e clubes de saúde possuem outras instalações como saunas, salas de vapor, equipe de massoterapeutas, piscinas e até mesmo pistas de corrida internas; portanto, se alguma dessas coisas é importante para você, verifique o que está disponível antes de adquirir um título.

AMBIENTE E ATMOSFERA

Junto com o *hardware* que uma academia tem que oferecer, você precisa considerar se ela proporciona o tipo de ambiente que ajudará a dar energia e motivação ao seu treinamento, se a atmosfera da academia deixa você à vontade ou constrangido.

A maior parte dos fisiculturistas não está interessada em treinar em uma academia muito "pomposa"; afinal de contas, treinar é algo duro e cansativo, e não refinado como um chá da tarde. Após conquistar meu segundo título de Mister Universo da NABBA, em 1968, treinei por um período em um *spa* de saúde em Londres – muito elegante e luxuoso – e descobri que não conseguia um bombeamento não importava quanto eu tentasse. Parecia uma sala de estar, com belos tapetes, equipamentos cromados, tão desinfetada como um consultório médico. Eu me concentrava no treinamento enquanto tentava não ouvir as conversas a minha volta sobre a bolsa de valores ou que tipo de carro alguém estava pensando em comprar. Posso aceitar que um *spa* com esse tipo de atmosfera seja provavelmente perfeito para a maioria das pessoas que se exercitam lá, que desejam apenas pôr seus corpos em forma e talvez perder alguns milímetros ao redor da cintura. Mas ele não é apropriado para aqueles com sérias ambições de fisiculturismo.

Obviamente, mesmo para o fisiculturista de competições duras, também não é nada divertido treinar em uma masmorra malcheirosa, então não tenha medo de chamar um depósito de lixo de depósito de lixo, embora eu tenha tido alguns treinamentos muito bons em uns verdadeiros depósitos de lixo! Novamente, o que conta não é a estética, mas como a academia faz você se sentir. Também há o problema da música. Gosto de treinar com um rock'n'roll bem alto, mas outros preferem músicas diferentes ou nenhuma. Verifique que tipo de música é tocado em qualquer academia em que você tencione treinar.

Pessoalmente, jamais consegui ficar à vontade em um porão, em qualquer lugar que tivesse que ir para o *andar de baixo* para chegar a ele. Também preferia academias no nível da rua ou em um andar superior. A atmosfera é importante. Você vai passar até 3 ou 4 horas em uma academia e não quer ficar olhando para os lados e perguntando-se, "O que eu estou fazendo neste lugar?". Sempre gostei de instalações com um aspecto sério, do tipo industrial, algo que me faça sentir que "estou aqui para trabalhar".

Estar no ambiente certo é muito importante em muitas áreas da vida. Por que as pessoas preferem ir a certos restaurantes ou bares a ir a outros? A comida não é tão diferente de um bom restaurante para outro, e as bebidas são as mesmas. É a atmosfera, como o ambiente geral faz você se sentir, em que tipo de humor ele o põe. Você mobília e decora sua casa para criar um determinado ambiente. Grandes museus, como o Getty Center em Los Angeles, criam uma atmosfera especial que faz com que a apreciação da arte que eles contêm seja muito mais gratificante. Restaurantes, lojas de roupas, sua casa, a academia – você sente certas vibrações que muitas vezes não consegue explicar, mas que podem fazer uma enorme diferença na experiência de estar ali.

No Seminário Arnold oferecido como parte do fim de semana de eventos em Columbus todo ano, incluindo o Arnold Classic, freqüentemente faço uma comparação entre como o ambiente afeta o desenvolvimento de uma criança e como o ambiente de uma academia pode afetar o desempenho de um fisiculturista. Se você cresce entre pessoas bem-sucedidas e motivadas, você também tenderá a ser bem-sucedida e altamente motivada; se crescer em um ambiente empobrecido, entre pessoas com pouca esperança e pouca motivação, terá de lutar contra essa influência toda a sua vida.

QUEM MAIS ESTÁ TREINANDO NA ACADEMIA?

Lembro-me de ir para a Califórnia em 1968 e treinar na academia de Joe Gold em Venice. Eu já era Mister Universo pela NABBA por duas vezes, mas treinar todos os dias entre fisiculturistas como Frank Zane e Dave Draper – Mr. Américas e Mr. Universos em todos os lugares – e fisiculturistas como Sergio Oliva aparecendo de tempos em tempos, eu praticamente não tinha outra escolha a não ser me aperfeiçoar.

Os tipos de pessoas que treinam ao seu lado em uma academia fazem uma diferença. Se estiver rodeado de pessoas sérias e que treinam com bastante intensidade, é mais fácil para você fazer a mesma coisa. Mas pode ser muito difícil realmente detonar os músculos enquanto as pessoas a sua volta estão apenas fazendo por fazer. É por isso que bons fisiculturistas tendem a reunir-se em certas academias. Tendo o exemplo de outros fisiculturistas sérios constantemente em sua frente, você treinará muito mais duro.

É isso que fez da academia original de Joe Gold, em Venice, Califórnia, um lugar tão incrível – uma pequena academia com apenas os equipamentos necessários, mas onde você estaria constantemente esfregando os ombros com os grandes campeões contra os quais tive o privilégio de competir – como Franco Columbu, Ed Corney, Dave Draper, Robby Robinson, Frank Zane, Sergio Oliva e Ken Waller. Hoje em dia, é raro encontrar tantos campeões no mesmo local, mas se não estiver compartilhando o recinto da academia com grandes fisiculturistas como Flex Wheeler, Shawn Ray, Nasser El Sonbaty ou Dorian Yates, pode ser muito motivador se houver fotografias ou pôsteres desses indivíduos na parede ou troféus de campeonatos em exposição.

Em 1980, treinando na World Gym para minha última competição de Mister Olímpia, apareci na academia às 7 horas da manhã para treinar e saí no terraço por um momento. De repente, o sol atravessou as nuvens. Foi tão bonito que perdi toda a minha motivação para treinar. Pensei em talvez ir à praia em vez disso. Ocorreram-me todas as desculpas que conhecia – a mais persuasiva foi a de que havia treinado duro no dia anterior com o potente fisiculturista alemão Jusup Wilkosz, então eu poderia descansar hoje – mas aí escutei o som metálico de pesos se chocando dentro da academia e vi Wilkosz trabalhando abdominais; Ken Waller trabalhando ombros, veias se sobressaindo por toda a parte superior do seu corpo; Franco Columbu detonando no supino com mais de 180 kg; Samir Bannout castigando seus bíceps com roscas pesadas.

Para todo lugar que eu olhava havia algum tipo de treinamento árduo e penoso acontecendo, e eu sabia que não poderia deixar de treinar se quisesse competir contra esses campeões. O exemplo deles me absorveu, e agora eu estava aguardando ansiosamente para trabalhar, antecipando o prazer de ver meus músculos enfrentando ferro pesado. No final dessa sessão, tive melhor bombeamento que poderia imaginar, e uma manhã quase desperdiçada transformou-se em um dos melhores treinamentos da minha vida. Se eu não estivesse lá na World Gym, com esses outros fisiculturistas para me inspirarem e motivarem, duvido que aquele dia tivesse sido tão produtivo.

Mesmo hoje, quando estou treinando por outros motivos, tais como ficar em excelente forma para um papel no cinema ou apenas tentar ficar em forma, absorvo energia das pessoas que estão exercitando-se ao meu redor. É por isso que ainda gosto de ir a academias onde os fisiculturistas estão treinando para uma competição. Até hoje, após todo esse tempo, isso ainda me inspira.

VOCÊ NÃO PRECISA TREINAR EM LOS ANGELES

Muitas vezes me perguntam se os fisiculturistas jovens precisam ir à Califórnia para se tornarem fisiculturistas campeões, ou se um jovem competidor de físico pode criar um grande físico exercitando-se em Des Moines, Pittsburgh, Seattle ou em outro lugar. Minha resposta é simples: se você estiver motivado, treinar duro, dispuser de instalações de treinamento adequadas e aprender os fundamentos do treinamento detalhados nesta enciclopédia, você pode desenvolver o corpo até seu potencial genético em quase qualquer lugar do mundo.

Nos primeiros dias da minha carreira, era um pouco diferente. Não havia tantos fisiculturistas, essa mídia de fisiculturismo ou bons lugares para treinar, então havia boas razões para muitos grandes campeões se concentrarem em Venice, Califórnia. Também havia tradição. A famosa Muscle Beach (Praia dos Músculos) do final dos anos 40 ficava bem perto de Venice, em Santa Mônica. As estrelas do físico daquela época criaram um estilo de vida totalmente novo baseado no fisiculturismo, no sol e na diversão. Lembro-me de ver, uns 15 anos depois, fotografias do "garoto de ouro" Dave Draper na praia, nas páginas das revistas de Joe Weider (muitas vezes com Betty, a amável esposa de Joe) e fiquei determinado a ir um dia para Los Angeles para morar e treinar.

Hoje em dia ainda há muitos campeões na região de Venice, mas a maioria deles desenvolveu o físico em outro lugar e foi para Califórnia para promover a carreira – para morar em um clima agradável e quente, é claro, mas também para ter acesso ao fisiculturismo e à poderosa mídia.

Muitos fisiculturistas jovens saem para treinar em lugares como a World Gym ou a Gold's Gym por períodos curtos e depois voltam para casa, inspirados por terem treinado ombro a ombro com um Mister Universo ou um campeão do Arnold Classic, e acho isso ótimo. Mas não recomendo que pessoas que aspiram a ser campeões vão para Los Angeles para morar nos primeiros momentos de suas carreiras. Embora treinar ao lado dos profissionais de elite seja excitante, pode também ser desestimulante, uma vez que a maioria deles provavelmente está anos à frente de um jovem fisiculturista em desenvolvimento. Para muitos jovens aspirantes, é mais sensato treinar na cidade onde moram, começar participando de competições locais e regionais e ir conquistando seu espaço e programando visitas ocasionais à Califórnia apenas para "molhar o pé na água", renovar sua dose de motivação e depois retornar para casa.

ACADEMIAS PARA NÃO-COMPETIDORES

Uma das principais diferenças entre o fisiculturismo de agora e de quando comecei a treinar é o número de pessoas que treinam como fisiculturistas sérios – isto é, que seguem um programa rígido de desenvolvimento muscular – e não têm nenhuma intenção de chegar a competir. Essa categoria inclui qualquer pessoa, desde médicos e advogados até contadores, professores, empresários, militares e muitos atores com quem trabalhei no mundo do cinema. A questão é se esses indivíduos, considerando que não têm nenhuma ambição de ser Mister ou Miss Olímpia, necessitam do mesmo tipo de instalações de treinamento sério do que os aspirantes a campeões de físico.

A resposta, portanto, não é definitiva, mas de fato ajuda. Afinal de contas, se você tiver um bom balanço, pode jogar uma partida decente de golfe com quase quaisquer clubes; mas se seu equipamento for o mais moderno que existe, você obterá melhores resultados, independentemente de qual seja o seu nível de perícia.

O propósito do treinamento de fisiculturismo é desenvolver cada região corporal de maneira proporcional e equilibrada. Para tanto, é necessária uma certa quantidade de tipos diferentes de equipamento, não importa quem você é ou quais as suas metas de treinamento. É claro que talvez não precise de uma academia que tenha conjuntos de halteres pesando até 68 kg ou mais, mas deve haver uma quantidade adequada de pesos livres e bancos para você realizar os exercícios básicos. Uma determinada academia pode não ter um grande número de opções de aparelhos para exercícios particulares, mas você tem que ter um certo mínimo ou não poderá fazer o que está tentando. Assim, se estiver freqüentando uma academia que não atenda a esses padrões, tente sem dúvida encontrar uma que os atenda.

Lembre-se de que músculo é músculo, e que os *seus* músculos respondem às mesmas técnicas de treinamento e requerem o mesmo equipamento e exercícios para realizar um treinamento completo como os de qualquer outra pessoa. Portanto, se estiver levando a sério os resultados que deseja obter, procure uma academia com o equipamento certo, uma atmosfera que lhe agrade e pessoas a sua volta que o inspirem e motivem a fazer o seu melhor.

TREINANDO EM CASA

Tenho um local básico de treinamento em casa. Joe Weider possui uma academia totalmente equipada em sua garagem. Lou Ferrigno também. Alguns anos atrás, Hugh Hefner construiu uma pequena e boa academia no porão da Mansão Playboy. Embora não haja realmente nada que substitua o treinamento em uma boa academia, um pouco de treinamento em casa pode ser útil. Você pode realizar abdominais extras, por exemplo, com apenas uma prancha de abdominais. Com um simples banco e um conjunto básico de pesos, você pode realizar repetições e séries sempre que tiver vontade. Isso pode ser muito valioso se ocasionalmente tiver problemas para ir à academia ou se acabou o tempo na academia e você não conseguiu realizar uma sessão de exercícios completa. E, é claro, o trabalho aeróbico em uma esteira, *stepper* ou bicicleta estacionária pode ser realizado em casa como em qualquer outro lugar.

Para aqueles que têm mais dinheiro para investir, há uma porção de equipamentos bons disponíveis para casa. Muitas lojas boas de artigos esportivos possuem bancos e conjuntos de pesos a partir de poucos dólares. Lojas como

Sears, Montgomery Ward e JC Penney vendem também equipamentos de treinamento de peso. Além disso, hoje em dia, as lojas especializadas na maioria das cidades vendem tudo de halteres e barras com anilhas a aparelhos complexos de multiestação que custam milhares de dólares; elas geralmente figuram nas páginas amarelas. Entre em uma loja como essa e você verá marcas como Para-Body, Pacific Fitness, Vectra, Hoist e Ivanko. Os equipamentos também estão à venda por encomenda postal nas várias revistas sobre físico.

Mas treinar em casa comparado a treinar em uma academia é como mexer em um carro no seu quintal em vez de em uma garagem totalmente equipada. Obviamente, você pode consertar problemas simples no carro embaixo da sombra de uma árvore, mas consertos mais trabalhosos e complexos são muito mais difíceis, se não impossíveis. No mesmo sentido, uma academia residencial não lhe proporcionará as mesmas condições de treinamento de que um local completamente equipado – a menos, naturalmente, que sua academia residencial *seja* tão bem-equipada quanto uma World Gym, algo que não é muito comum.

A maioria das pessoas que possui equipamentos em casa realiza *algum* treinamento, isto é, elas mais suplementam seu treinamento do que tentam duplicar uma sessão de treinamento completa orientada em academia. Se estiver planejando realizar algum treinamento em casa, as questões a serem consideradas são as seguintes: Que áreas do corpo você planeja treinar em casa: os músculos principais ou apenas aspectos do tipo abdominais? Você quer um conjunto de pesos livres ou está mais interessado em aparelhos? Aparelhos individuais ou um único aparelho que lhe permita realizar vários exercícios diferentes? Quanto você tem de espaço? Se você planeja realizar treinamento cardiovascular, que tipo: esteira, bicicleta ergométrica, *stepper*? E, é claro, quanto você pretende gastar? Lembre-se de que os equipamentos aos quais você está acostumado em uma academia geralmente custam milhares de dólares cada peça. Você pode não precisar de um equipamento de "nível industrial", mas um "trambolho" dos mais baratos não lhe dará uma "impressão" muito boa comparado ao equipamento de ponta que você encontra em boas academias. Procure experimentar o equipamento antes de comprá-lo para ter certeza de que ele é certo para você.

Além disso, os equipamentos menos caros, como as esteiras, por exemplo, tendem a estragar mais facilmente do que se gostaria. Se você comprar uma esteira excelente de uma companhia como a Trotter ou uma bicicleta estacionária da Lifecycle, pode ficar seguro de ter adquirido boa qualidade; mas se comprar uma marca inferior por um preço mais do que barato, lembre-se de informar-se aonde ir para consertá-lo, caso tenha problemas. Obviamente alguns equipamentos baratos funcionam bem. Eu utilizo em casa um aparelho simples de treinamento abdominal que levo comigo no meu avião e faço 200 repetições antes de jantar.

Muito poucos fisiculturistas têm-se gabado de fazer bastante progresso treinando em casa. E se grandes campeões, que possuem genética, energia e motivação melhores do que quase todo mundo, não se beneficiaram muito do treinamento em casa, esse fato deve dissuadir outras pessoas que pensam em seguir esse caminho. Há algumas exceções, é claro. Frank Zane, por exemplo, teve algum sucesso treinando em casa durante sua carreira. Franco Columbu e eu costumávamos utilizar essa academia residencial para treinar regiões corporais específicas. Mas sempre preferi o nível de energia da academia, a excitação e a interação com o resto dos fisiculturistas. Em qualquer situação, mesmo que você tenha feito um bom progresso treinando em casa, recomendo que se familiarize totalmente com uma academia e seja capaz de fazer total uso das facilidades que você encontra lá. Até onde eu sei, nunca houve um fisiculturista campeão que tenha desenvolvido seu físico em qualquer outro lugar que não uma boa academia; e recomendo que você procure uma para treinar caso tenha alguma aspiração séria.

CAPÍTULO 5

Iniciando

Para um fisiculturista dedicado, o tempo gasto treinando na academia é o ponto alto do seu dia. Ele está sempre pensando no seu próximo treinamento, planejando o que vai fazer. Assim que ele termina uma sessão, de imediato começa a aguardar ansiosamente pela próxima. Desse modo, embora eu defenda que se deva aprender o máximo possível sobre programas e técnicas de fisiculturismo, em um certo momento você só tem que entrar na academia e começar. Como diz o famoso *slogan* publicitário, "Apenas faça."

Se você está apenas começando no fisiculturismo, lembre-se do velho ditado: "A caminhada mais longa começa com um único passo." Quanto mais você souber, melhor; mas você não tem que dominar cada informação desta enciclopédia antes de começar seus próprios exercícios. O que mais importa quando se está começando é a energia e o entusiasmo. Não se espera que um estudante na faculdade de medicina realize uma cirurgia de coração no seu primeiro dia, e não se exige que um piloto voe em missões de combate em um F-14 *Tomcat* como um "ás". Quando você escala o Monte Everest, começa pela base, não pelo topo. A vida é um processo que envolve aprendizado constante, e o fisiculturismo não é exceção.

A maioria dos fisiculturistas jovens não tem problemas com relação à motivação para começar. Eles são como eu era – tão ansiosos para começar que ficam do lado de fora da porta antes de o sol aparecer, esperando a academia abrir. Mas ser entusiasmado não significa que você deva começar a treinar sem um plano. O que se deve fazer logo no começo é estabelecer uma meta clara. Por que você quer treinar com pesos? Quando eu era um principiante, a única razão pela qual todos treinavam na academia era para fisiculturismo, levantamento de potência ou levantamento olímpico. Essas ainda eram razões importantes para treinar com pesos, mas hoje em dia as pessoas treinam por várias outras razões, tais como:

- para melhorar sua habilidade em uma variedade de esportes;
- para ficar mais fortes para trabalhos fisicamente exigentes;
- para melhorar a saúde e a aptidão física gerais;
- para ajudar a ganhar ou perder peso;
- para criar um corpo mais firme e mais atraente;
- para seguir um programa de reabilitação física.

Estabelecer esses tipos de metas ajuda a determinar onde você deve treinar, com que freqüência e intensidade, que tipo de parceiro de treinamento ter e quais fisiculturistas famosos usar como modelos. Lembre-se: mais tarde você sempre pode alterar suas metas de treinamento. Muitos fisiculturistas campeões começaram a treinar com pesos sem qualquer intenção de se tornarem estrelas do físico – para adquirir tamanho e força para esportes como futebol, por exemplo, ou porque abandonaram a escola, não estavam mais praticando esportes e queriam apenas um jeito de ficar em forma.

Recomendo que, antes de começar, você tire fotografias que mostrem o seu físico dos quatro lados. Tome nota de todas as suas medidas importantes – pescoço, peito, bíceps, antebraços, punhos, cintura, coxas e panturrilhas – e também do seu peso. Dessa forma você pode sempre recorrer às medidas para verificar que tipo de progresso você fez. Se, por acaso, tiver vergonha de tirar fotos do corpo por não gostar muito dele, essa é mais uma indicação do quanto o fisiculturismo pode fazer por você. Todos nós queremos exibir o corpo na praia, ficar nus diante do espelho e ficar satisfeitos com o que vemos – e, é claro, que os outros gostem do que vêem quando nos olham! Por que não ficarmos bonitos sem roupa da mesma forma que com roupa?

Conforme discutimos, você precisa encontrar um local para treinar que se ajuste às suas metas. Além disso, você tem que dominar os exercícios básicos de fisiculturismo deste livro. Tenha em mente que sua primeira tarefa é criar uma estrutura muscular sólida e de qualidade. Os fisiculturistas avançados preocupam-se em melhorar a forma muscular, atingir a definição envolvendo vários grupos musculares – nada disso precisa preocupar o principiante.

Quando eu estava começando, achei muito importante procurar alguém que me servisse de modelo. Um homem de negócios que treina para aptidão física estaria perdendo tempo se tentasse criar um físico para competir com o de Shawn Ray; um fisiculturista sério com uma estrutura e as proporções como as de Dorian Yates não deveria perder tempo examinando fotos de físico de Flex Wheeler; e um fisiculturista com 1,83 m ou mais de altura provavelmente não deveria usar um competidor mais baixo, como Lee Priest, como um modelo a imitar. E se você está treinando para desenvolver um físico delgado e musculoso do tipo que você vê tantas vezes hoje em dia em jovens atores ou modelos masculinos de moda, não seria muito apropriado colar uma foto de um levantador de potência de peso superpesado do tipo "sem pescoço" na porta da sua geladeira, seria?

No meu caso, meu modelo era Reg Park, com seu tamanho e sua musculosidade enormes. Eu costumava colar fotos de Reg por todas as paredes, depois examiná-las incessantemente, imaginando como ficaria esse tipo de desenvolvimento na minha estrutura. A mente é tão importante no fisiculturismo, que você tem que ter uma idéia clara do que quer ser e para onde você está indo se quiser alcançar resultados extraordinários.

Muitos fisiculturistas jovens tentam correr antes de aprender a caminhar. Eles copiam minha rotina ou baseiam seus treinamentos no exemplo de outros campeões, e acabam realizando exercícios inapropriados para seus estágios de desenvolvimento. Contudo, se após cerca de seis meses de treinamento a idéia de competir começar a atrai-lo, comece a trabalhar seguindo esta meta: aprenda a conhecer seu corpo, o que o faz desenvolver-se, seus pontos fortes e fracos; crie uma imagem na sua mente de como você quer que seja a sua aparência final.

Quando falo sobre apegar-se aos fundamentos, não me refiro a realizar nada menos de que um verdadeiro programa de fisiculturismo – esteja você treinando para competição ou não. Lembre-se: os programas de exercícios deste livro são para *todos*. Só quero dizer que você deve limitar seu treinamento àqueles exercícios e métodos que desenvolvam a maior massa no menor tempo, e então continuar depois, após ter atingido um certo grau de desenvolvimento básico, para esculpir e modelar cuidadosamente a massa conferindo-lhe a qualidade de competição. E, repito, mesmo que você não tenha nenhuma intenção de tornar-se um fisiculturista competidor e esteja apenas treinando para saúde e aptidão física, não há qualquer razão para perder tempo treinando de qualquer outra forma que não seja a mais eficaz e eficiente possível.

Você cria uma estrutura básica, aprende a treinar corretamente, adquire um conhecimento sobre dieta e nutrição e depois apenas dá tempo ao corpo para desenvolver-se. Em um ano, talvez um pouco menos ou um pouco mais, você começará a ver mudanças radicais no seu físico e terá experiência suficiente para começar a desenvolver um programa de treinamento individualizado baseado em seus próprios instintos sobre o que está certo ou errado para o seu corpo.

E da mesma forma que você toma nota das suas medidas físicas e acompanha o seu desenvolvimento com fotos, recomendo que siga um *diário de treinamento*. Copie um programa de treinamento que seja adequado aos seus objetivos, registrando quantas séries de cada movimento você realiza e com que quantidade de peso, de forma que a qualquer momento no futuro possa recorrer a esses dados para saber quanto realmente realizou e comparar isso com o último progresso que fez.

Você também deve aprender a controlar seus hábitos alimentares, quantas bebidas protéicas você tomou durante uma determinada semana, até quando fez dieta e que tipo de dieta seguiu. Tudo isso permitirá que você, talvez passados cinco anos, quando já não se recorde mais desses fatos, tenha certeza absoluta do que fez ou não fez ao perseguir seu desenvolvimento no fisiculturismo.

DESENVOLVIMENTOS LENTOS E RÁPIDOS

Algumas pessoas acreditam que o desenvolvimento muscular ocorre lentamente, mas de forma segura com o tempo; assim, quanto mais tempo você treinar, maior ficará. É por isso que elas freqüentemente perguntam a um fisiculturista "Há quando tempo você treina?" ou "Quanto tempo levará para que eu fique desse tamanho?" Da forma como elas vêem, um fisiculturista é maior do que outro simplesmente porque treinou por mais tempo. Mas a realidade é que nem toda pessoa ganha músculo com a mesma rapidez ou tem o talento para criar o mesmo nível de desenvolvimento.

Sua genética individual tem muito a ver com como o seu corpo responderá ao treinamento. Por exemplo, eu comecei a treinar aos quinze anos, e fotos tiradas após apenas um ano revelam o princípio do físico que me fez conquistar sete títulos de Mister Olímpia. A cada mês ou dois, eu aumentava 1,3 cm nos braços, então as pessoas logo me diziam, "Você deveria ser um fisiculturista". Casey Viator saiu do levantamento de potência e foi para o fisiculturismo ainda muito jovem, e aos 19 tornou-se o primeiro e único Mister América adolescente. Veja as fotos do Mister América Lee Haney aos 19 ou 20 anos de

Eu aos 16 anos.

idade e observe que ele já tinha um físico maduro. O oficial de polícia do Texas e fisiculturista Ronnie Coleman conquistou o título do Campeonato Mundial de Fisiculturismo Amador apenas dois anos após começar o treinamento sério de físico.

Mas nem todos os fisiculturistas de sucesso tiveram seu apogeu logo cedo. Frank Zane foi bom o bastante para vencer sua porção de vitórias nos anos 60, mas não o foi até os anos 70, quando alcançou a perfeição de desenvolvimento que lhe permitiu ser vitorioso em três competições de Mister Olímpia. A fisiculturista Yolanda Hughes abriu caminho e venceu sua primeira apresentação profissional – a Miss Internacional que promovo todo ano em Columbus – após 12 anos de competições amadoras e profissionais. O problema para as pessoas que se desenvolvem lentamente como essa é que elas não obtêm o sucesso imediato, o *feedback* positivo, que tanto ajuda a mantê-las motivadas. Mas o fisiculturismo é como a corrida entre a lebre e a tartaruga: no final das contas, determinação e resistência durante um longo período de tempo podem ganhar de um início rápido e precipitadamente aumentar a velocidade para a linha final.

Você também deve ter cuidado para não se desestimular comparando-se com alguém que é conhecido como o sucesso do momento. Hoje em dia, quando você vê um grande fisiculturista jovem de, digamos, 24 ou 25 anos, é muito provável que ele venha treinando desde os 12 ou 13 anos de idade; e se ele começou participando de competições quando adolescente, pode ser um veterano com 8 ou 9 anos de competição. No golfe, quando Tiger Woods abriu caminho e venceu o torneio de *Masters* aos 20 anos, muitas pessoas comentaram sobre a rapidez com que se tornou campeão, esquecendo-se de que ele vinha praticando golfe desde que freqüentava o jardim de infância, e na época em que se tornou adolescente já tinha acertado centenas de milhares de jogadas características desse esporte.

Mas também me lembro de ver Tiger Woods *perder* uma final para um jogador que antes era um fracasso e nunca havia vencido um torneio profissional até os 30 anos de idade. Vencer essa prova era uma questão de quem obteria o escore mais baixo, não de qual jogador era o mais jovem ou teve sucesso mais cedo. A vitória era uma questão de quem colocasse a bola no buraco com o menor número de tacadas, não de quem era o mais famoso ou tinha a maior reputação.

Lembre-se: não é a rapidez com que você se desenvolve que fará a diferença no final, mas *até onde você é capaz de chegar*. Os juízes não olham para os competidores no palco e dizem "Esse concorrente treina há oito anos, mas o outro é melhor porque treina há apenas três!" Não, tudo que conta é o quão bem você se sai, e você não conseguirá fazer com que seu corpo desenvolva-se mais rápido do que sua própria constituição biológica permite.

Mas é possível desenvolver o físico *mais lentamente* do que sua biologia permitiria, simplesmente não acreditando que ganhos rápidos sejam possíveis e não treinando para desenvolver o corpo com a maior intensidade e rapidez que puder. Lembro-me de ver Franco Columbu treinar durante dois anos com apenas ganhos moderados. Então ele me viu vencer o Mister Universo da NABBA e de repente decidiu que queria muito conquistar esse título. Depois disso, passou a treinar realmente duro por 2 ou 3 horas por dia e começou a obter ganhos inacreditáveis em um período de tempo muito curto. Sua mente acreditava que ele poderia desenvolver um físico fantástico, criar músculos gigantes e subir ao palco segurando o troféu do campeonato nas mãos; então seu corpo reagiu.

PESOS LIVRES *VERSUS* APARELHOS: UMA QUESTÃO DE GRAVIDADE

Para um fisiculturista principiante, a maior parte do treinamento deve ser realizada com pesos livres. Vivemos em uma era tecnológica, e os aparelhos de exercício projetados e fabricados hoje estão melhores do que nunca. Mas seus músculos foram desenhados pela evolução para superar a força da gravidade mais do que para agir contra a resistência da máquina, dessa forma os maiores ganhos que você obterá no desenvolvimento de tamanho e força virão do treinamento com pesos – da utilização do haltere e da barra com anilhas – e não dos exercícios em aparelhos.

Além disso, a maioria dos fisiculturistas realmente bons que conheço também foram levantadores de potência – um assunto que explorarei com mais detalhes posteriormente. Forçar o corpo a levantar contra a gravidade, coordenar e equilibrar grandes quantidades de peso dá a ele uma estrutura e uma qualidade que um treinamento relativamente leve e de alta repetição sozinho não proporciona. Uma matéria no *Journal of Strength and Conditioning Research* indica que a produção de testosterona é aumentada quando você realiza exercícios com pesos livres para grupos musculares grandes em que utiliza e coordena vários grupos musculares ao mesmo tempo, como o agachamento, o levantamento terra e exercícios que hoje são menos realizados, como o *power clean*. A produção de testosterona não aumenta similarmente com exercícios de isolamento com pesos livres – ou treinando em aparelhos. A testosterona é anabólica; e, com mais testosterona em seu sistema, você fica mais forte e pode desenvolver músculos maiores mais facilmente.

Mas o fisiculturismo ocupa-se em esculpir os músculos bem como em torná-los grandes e fortes. Pesos livres dão ao fisiculturista experiente a liberdade de isolar certos músculos e trabalhar o corpo de várias formas criativas. Eles também permitem que pessoas de diferentes alturas, pesos e proporções físicas – com braços compridos ou curtos; pernas compridas ou curtas; etc. – tenham um treinamento completo, embora muitos aparelhos pareçam ter sido planejados somente para satisfazer aqueles que representam o cliente "médio" de um spa de saúde.

Mais uma vez, deixe-me enfatizar que não sou contra os aparelhos. Joe Gold, que é um especialista quando se refere a equipamentos de exercícios, encheu a World Gym com vários aparelhos úteis. Hoje em dia, quando vou a diferentes academias e utilizo uma variedade de aparelhos diferentes, considero-os maravilhas da tecnologia. Antigamente, utilizávamos aparelhos resistentes ao ar e à água; e atualmente voltamos a utilizar um modelo mais básico, mas cem vezes melhor do que os anteriores. O pessoal das companhias como a Cybex e a Hammerstrength, assim como os outros grandes fabricantes, trabalham arduamente para criar aparelhos que funcionem bem e sejam bons de utilizar. Foram-se os dias em que alguém simplesmente soldava algumas peças de metal para utilizar um aparelho que não operava com suavidade, que atingia as marcações finais antes de passar para uma amplitude de movimento completa, era complicado de usar e sempre tinha algo errado.

Eu utilizo muitos aparelhos nas minhas sessões de treinamento. É obviamente impossível conseguir o desenvolvimento completo das coxas, por exemplo, sem um aparelho de extensão de pernas ou flexão de pernas, ou isolar totalmente a região peitoral sem utilizar um voador direto ou cabos. E é possível estimular o corpo a um crescimento acelerado se ocasionalmente você utilizar um aparelho ou circuito de aparelhos a que não está acostumado em vez de um exercício normal com pesos livres para essa região corporal. Mas acredito que um bom programa de fisiculturismo deva incluir não mais do que 30 ou 40% de treinamento (no máximo!) com aparelhos. Certamente uma flexão tem melhores resultados se realizada com halteres ou uma barra com anilhas por causa da maneira que você pode isolar e estimular o bíceps; mas seria difícil trabalhar realmente o grande dorsal sem um aparelho de puxada por trás, ou fazer pressões para o tríceps sem cabos.

Além disso, se você parar para pensar, os aparelhos mantêm a resistência funcionando em um plano apenas, o que significa que o músculo tem que fazer as coisas do jeito do aparelho ou não fazer. Sem a necessidade de equilibrar e controlar a resistência, você acaba utilizando menos músculo. Mas a idéia do fisiculturismo e do treinamento de força é utilizar *a maior quantidade* possível de músculos, então isso não é de maneira alguma uma vantagem! É verdade que um músculo não "sabe" que tipo de resistência ele está trabalhando para superar. Nesse sentido, resistência é resistência. Mas o músculo de fato reage diferentemente se for constantemente sujeitado à resistência advinda de ângulos variados e diferentes direções, opondo-se à resistência que está sempre ao longo de uma linha previsível. E Franco disse-me que, nas suas sessões de quiropraxia, a maioria das tensões musculares e lesões articulares que costumava ver ocorrer eram o resultado da utilização de aparelhos que submetem o corpo a estresses que não são naturais, que colocam você em uma posição excessivamente rígida.

Os músculos foram desenvolvidos para trabalhar contra a força da gravidade. Se vivêssemos na Lua, precisaríamos de apenas 1/6 da quantidade de músculos de que precisamos na Terra, cuja gravidade é maior. Em Júpiter, teríamos que ser como elefantes para conseguir nos mover! Levantar algo nos dá a experiência do "pesado". Empurrar um peso ao longo de uma pista não é a mesma coisa; nem fazer pressão contra uma parede fixa – você está se deparando com uma grande resistência, mas ela não é "pesada". E isso significa que seus músculos não estão respondendo tão completamente quanto são capazes.

Se estiver treinando em algum lugar que não tenha os pesos livres de que você precisa para seus exercícios, e não há nada que possa fazer a respeito, utilize o que tiver para completar seu treinamento! O ponto fundamental é conseguir realizar seu treinamento, não importa como. O que quer que funcione serve e, como fisiculturista, isso é tudo com que você tem de se preocupar.

CALÇADOS

A importância dos calçados no treinamento é simplesmente estabilizar seus pés e melhorar seu equilíbrio. Nesse sentido, os calçados não são feitos todos iguais. Muitos calçados de corrida são fabricados tão macios e leves – ótimo se você planeja correr 16 km ou perto disso – que não lhe dão muito apoio. Mas apoio nem sempre é o que você quer. Os levantadores de potência competidores, quando realizam levantamentos terra, geralmente calçam chinelos bem finos, porque ficar mesmo uma fração de milímetro mais baixo pode fazer a diferença entre o sucesso e o fracasso ao levantar-se uma grande quantidade de peso do chão.

Você também pode encontrar tênis com solado grosso, sólido e com um bom apoio do arco do pé. Já vi fisiculturistas exercitando-se com botas de cano longo, coturnos e uma grande variedade de calçados. Lembre-se da quantidade de pressão que é sustentada pelos pés quando se está realizando exercícios como agachamentos pesados, e de como pode ser difícil para os arcos. Portanto, escolha o calçado apropriado para qualquer tipo de exercícios que tenha planejado.

LUVAS

Muitos bons fisiculturistas usam luvas quando treinam para proteger as mãos. Outros usam pedaços de borracha cortados de tubos para melhorar o agarre. Tudo bem, mas sempre treinei sem proteção nas mãos e utilizei giz sempre que o meu agarre estava escorregadio demais. Os levantadores de potência trabalham com enormes quantidades de peso e não utilizam nenhum desses auxílios. Se você tem uma pele particularmente sensível; ou se você é um quiroprático, um concertista de piano ou tem outra profissão que requer um cuidado especial com as mãos, use sempre luvas. Contudo, recomendo à maioria dos fisiculturistas que simplesmente agarrem os pesos sem proteção nas mãos e deixem-nas enrijecer e criar calos. Não se preocupe com esponjas, luvas e outros auxílios.

TIRAS

Tiras são atadas em volta do pulso e depois trançadas ao redor de uma barra para efetivamente fortalecer seu agarre, embora eu tenha a impressão de que utilizar auxílios como esses evitam que a força das mãos desenvolva-se completa e naturalmente. As tiras são utilizadas porque, com as mãos sem proteção, seu agarre realmente prejudicará suas costas em um treinamento pesado. Contudo, os levantadores de potência campeões não utilizam tiras e levantam enormes volumes de peso. Franco e eu sempre levantamos pesos pesados sem o uso de tiras. Se você levantar sem tiras, seu agarre gradualmente ficará mais forte; se usá-las continuamente, talvez nunca desenvolva esse tipo de força. Entretanto, usar ou não tiras em seus treinamentos é geralmente uma questão de preferência pessoal.

Botas de gravidade

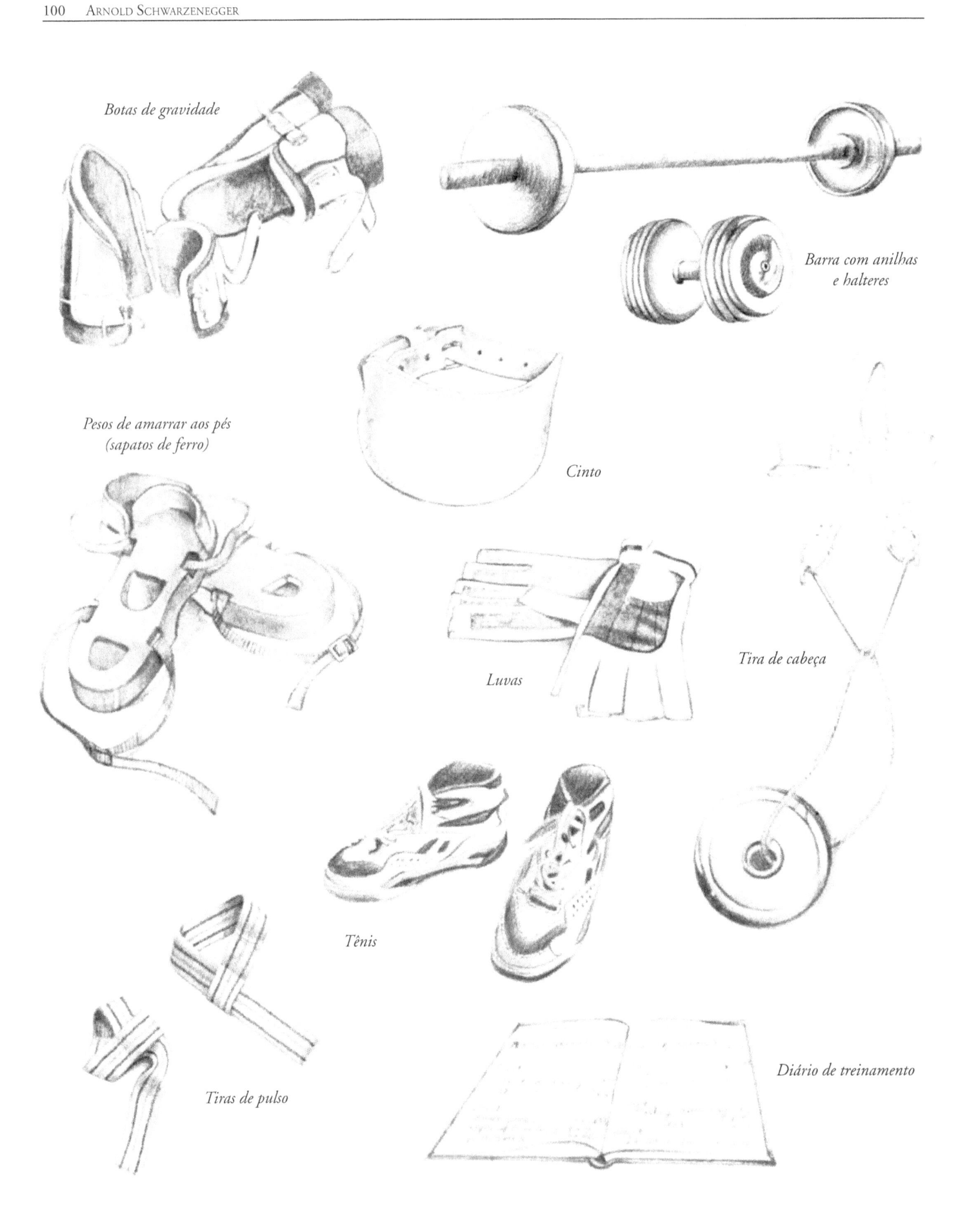

Barra com anilhas e halteres

Pesos de amarrar aos pés (sapatos de ferro)

Cinto

Luvas

Tira de cabeça

Tênis

Tiras de pulso

Diário de treinamento

CINTOS

Supõe-se que o propósito de usar um cinto pesado seja sustentar os músculos da lombar quando se está levantando pesos muito pesados. O cinto de colocar na cintura era originalmente usado por levantadores de peso ao realizarem pressões acima da cabeça com pesos pesados. Entretanto, os cintos são geralmente considerados necessários por aqueles realizando agachamentos pesados, pressionando um peso pesado ou realizando elevações pesadas da panturrilha, de pé.

As pesquisas dos últimos anos têm indicado que os cintos de peso talvez não protejam a coluna vertebral no grau em que se acreditava antes, apesar de provavelmente ajudarem a estabilizar a parte superior do corpo pelo aumento da pressão na cavidade abdominal. Todavia, na minha opinião, muitos fisiculturistas usam cintos por um tempo excessivo quando estão na academia, o que tem o efeito de comprimir os músculos da lombar e evitar que estes desenvolvam a força que deveriam ter. Esse é um preço alto a pagar por uma sensação ilusória de segurança. Então recomendo que você use um cinto somente quando sentir que ele é realmente necessário, para levantamentos muito pesados, e não como um tipo de acessório costumeiro do fisiculturismo.

FAIXAS

As faixas são usadas para apoiar as articulações e os músculos fracos ou lesionados. Você ocasionalmente verá um fisiculturista com um ou os dois cotovelos enfaixados devido a algum problema físico. Mais comumente, as faixas são usadas em volta dos joelhos quando se está realizando agachamentos pesados, ou em volta dos cotovelos quando são realizados supinos pesados. Mas as faixas não são algo que você necessite usar todos os dias. A menos que você esteja com uma lesão ou um problema articular (pelo qual você deve procurar atendimento médico), não necessitará enfaixar os joelhos até que tenha progredido ao ponto de estar utilizando pesos muito pesados. Bandagens são usadas com mais freqüência, atadas firmemente, mas não muito apertadas, ao redor da área. Lembre-se de que, sempre que enfaixar uma área apertando-a o bastante para dar-lhe um suporte adicional, estará também limitando sua flexibilidade de movimento.

TIRAS DE CABEÇA

Alguns anos atrás, era comum que fisiculturistas usassem uma espécie de arreio ajustável em volta da cabeça ao qual se pode prender um haltere ou uma anilha de forma que se possam realizar exercícios de resistência progressiva para o pescoço. Os "Gêmeos Bárbaros", David e Peter Paul, costumavam impressionar as pessoas na Gold's Gym com a enorme quantidade de peso com que podiam treinar seus pescoços – e, às vezes, até prendiam a tira de cabeça a um carro e puxavam-no pelo estacionamento.

Esse tipo de exercício parece ter saído de moda, mas talvez seja um erro. Se você sente que o seu pescoço é muito pequeno, com certeza procure uma forma de treiná-lo. De fato, algumas companhias hoje fabricam aparelhos com esse propósito. Contudo, uma rotina de treinamento completa tende a desenvolver os músculos do pescoço junto com todo o resto, portanto, não perca tempo com esses exercícios a menos que realmente veja necessidade deles. Em outras palavras, "se não estragou, não conserte".

BOTAS DE GRAVIDADE

Esse é outro equipamento que era comum, mas hoje em dia é visto com muito menos freqüência. As botas de gravidade possibilitam que você se pendure de cabeça para baixo e alongue a coluna. Aqueles que defendem o uso desse dispositivo apontam o fato de que o corpo é constantemente comprimido pela força da gravidade – a coluna vertebral é comprimida, os órgãos internos são puxados em direção à terra. Como resultado, durante uma vida inteira, a maioria de nós fica 2,5 ou 5 cm mais baixo aos 60 anos de idade do que éramos aos 25. Supõe-se que alongar a coluna pendurando-se de cabeça para baixo e tirando a tensão dos órgãos internos ajuda a contrapor esse processo, e posso dizer-lhes que é muito relaxante.

Entretanto, pendurar-se de ponta-cabeça não tem efeito direto no desenvolvimento corporal e tende a submeter a lombar a uma grande tensão, então isso continua sendo um auxiliar do treinamento, em vez de uma parte fundamental do fisiculturismo. Se você usa botas de gravidade, comece pendurando-se somente por períodos curtos – não mais do que 1 minuto aproximadamente – até acostumar-se à sensação pouco comum de ficar de cabeça para baixo. Depois aumente gradualmente seus períodos de suspensão conforme achar necessário. Melhor ainda, confira um dos equipamentos de gravidade do tipo banco que lhe permitem manter os joelhos flexionados e tirar um pouco da tensão da lombar.

ROUPAS DE BORRACHA

O uso principal que um fisiculturista competidor costumava fazer dessas roupas era para ajudar a perder peso de água pouco antes de uma competição. No entanto, vestir uma roupa como essa em um dia quente quando se está treinando duro poder provocar hipertermia, um perigoso aumento da temperatura corporal, e alguns fisiculturistas acabaram no hospital ou em pior situação devido à desidratação; então, eu realmente não recomendo esse tipo de artifício. Tenha em mente que qualquer perda de água devida a uma roupa de borracha é apenas temporária.

DIÁRIO DE TREINAMENTO

Os exploradores utilizam mapas, os comandantes de navios confiam em gráficos, os astronautas navegam pelas estrelas e os fisiculturistas tomam nota de onde estão e onde estão chegando em um diário de treinamento.

Quando comecei a treinar, registrava tudo – rotinas de treinamento, séries e repetições, dieta, tudo; e mantive esse hábito até depois da minha vitória do Mister Olímpia de 1980. Costumava chegar na academia e desenhar uma linha com giz na parede para cada série que tentava realizar. Costumava sempre realizar cinco séries de cada movimento; então, por exemplo, as marcas / / / / / / / / / / no dia do meu treinamento de peito representariam cinco séries de supinos e cinco séries de crucifixos com halteres. Eu alcançava e riscava cada linha quando completava a série; então, quando eu terminava os supinos, as marcas ficavam assim: X X X X X / / / / /. E nunca pensava em mim mesmo, questionando se deveria realizar três ou quatro séries no dia seguinte: eu sabia que eram sempre cinco e apenas seguia em frente e realizava as cinco. Olhar para aquelas marcas avançando pela parede enquanto realizava meu treinamento dava-me uma ótima sensação de satisfação e realização. Elas eram como um exército ultrapassando fronteiras e exterminando todos os obstáculos em seu caminho. Esse *feedback* visual ajudou-me a manter minhas metas de treinamento bem claras e reforçou minha determinação para esforçar-me ao máximo em cada exercício.

Por puro instinto, deparei-me com um conceito largamente aceito por educadores e psicólogos: os seres humanos trabalham melhor e aprendem melhor quando recebem o tipo certo de *feedback*. Saber que você realizou algo é uma coisa; ver o que você realizou é outra. Isso torna a sua realização muito mais real e excitante e, portanto, motiva-o a treinar ainda mais duro na próxima vez.

O *feedback* também permite que você saiba quando não está no caminho certo. A memória pode enganá-lo, mas as informações nas páginas de um diário de treinamento estão lá para que você as consulte. Se de repente você começa a obter bons resultados, pode consultar o diário para ver que tipo de programa de exercício e regime de dieta o ajudaram. Se começar a desenvolver problemas – seu progresso está lento ou sua força está diminuindo – você pode verificar seus registros para tentar determinar onde pode estar errando.

O fato de eu continuar utilizando um diário de treinamento durante longos períodos ajudou tremendamente no meu desenvolvimento. Costumava sentar no início do mês e traçar o meu programa para os próximos 30 dias – que dias me exercitaria, que regiões corporais treinaria e que exercícios realizaria. Após um período, se uma região corporal estivesse ficando um pouco para trás no desenvolvimento ou eu decidisse que certos músculos precisavam de mais treinamento do que eu estava dedicando a eles, efetuava um ajuste no meu plano de 30 dias e incluía os exercícios necessários.

Experimentei vários suplementos para ver qual parecia fazer diferença na minha aparência e em como me sentia, e tomava nota de tudo. Estava me sentindo cheio de energia ou cansado e fatigado? Anotava isso e depois voltava a consultar o diário para ver como eu poderia justificar a diferença entre como me sentia entre um dia e o seguinte. Eu registrava os dias em que cancelava uma sessão de treinamento, ou quando tinha uma sessão particularmente boa.

Também mantinha um registro cuidadoso do meu peso corporal e costumava verificar minhas medidas todo mês – pescoço, largura dos ombros, bíceps (relaxados e flexionados), antebraços, cintura (ficando relaxado ou contraído) e assim por diante – de forma que pudesse fazer comparações de quanto eu havia progredido de um período para outro.

Por tudo isso, esteja certo de utilizar um diário de treinamento. Descreva todo seu programa; tome nota de séries, repetições e pesos; e tire fotos periodicamente do seu físico para registrar seu desenvolvimento. Dessa forma, você sempre saberá como seu programa de treinamento deverá ser e sempre poderá consultar seu diário e verificar como você estava treinando no passado e que tipo de sucesso esse programa lhe trouxe.

O FISICULTURISMO E A CRIANÇA

Não gosto de ver crianças muito pequenas levantando pesos. Seus corpos ainda não se formaram e seus ossos são ainda muito frágeis para enfrentar os estresses do treinamento de força. Já vi meninos de 5 a 9 anos de idade estimulados a trabalhar com pesos por seus pais, expostos na televisão como supostos fisiculturistas. E uma menina muito jovem pesando aproximadamente 27 kg que "levantou" (quer dizer, moveu com dificuldade) cerca de 180 kg em um aparelho de agachamento simples. Espero que nenhuma dessas crianças tenha-se lesionado por essas atividades, porque não acredito que esse tipo de exercício ou estresse físico seja apropriado para os muito jovens com seus corpos imaturos e vulneráveis.

O treinamento para pré-adolescentes, na minha opinião, deve contar com várias atividades atléticas para desenvolver todos os potenciais físicos do corpo, com ênfase nos exercícios calistênicos ou de ginástica e não no treinamento de força – exercícios que utilizem a resistência do peso corporal, tais como apoios em vez de supinos, flexões do joelho em vez de agachamentos, e assim por diante.

Uma vez que o corpo começa a amadurecer, o treinamento de força pode começar. Eu comecei aos 15 anos, mas isso não significa que toda pessoa com 15 ou 16 anos tenha que decidir se quer seguir o fisiculturismo de competição desde o princípio. Demora alguns meses, talvez um ano, simplesmente para aprender os exercícios e começar a entender a experiência do treinamento. Além disso, é importante, durante essa fase, utilizar pesos leves e realizar repetições relativamente altas. Quanto mais cedo você se resolver a seguir um treinamento sério, maior será sua chance de ir até o fim.

COMEÇANDO TARDE

"Sou muito velho para começar o fisiculturismo?" Freqüentemente me perguntam isso. "Não, você não é muito velho para isso!" geralmente é a minha resposta. À medida que envelhecemos, a estrutura muscular tende a atrofiar-se em um ritmo cada vez mais rápido. O remédio ideal para isso é o fisiculturismo.

Mas quando o assunto é competição, existem, obviamente, desvantagens em se começar muito tarde. Certamente, já houve fisiculturistas que começaram muito tarde e continuaram para se tornarem grandes competidores – Ed Corney, por exemplo, o mestre em poses da minha época. Mas, geralmente, suas chances de tornar-se um Mister Universo ou um campeão profissional diminuem com um início tardio. Mas começar tarde no fisiculturismo não é o mesmo que em outros esportes. Muitos campeões só começaram a treinar depois dos vinte anos de idade e continuaram para se tornarem campeões amadores e profissionais dentro dos 10 anos seguintes. Contudo, esses iniciantes tardios bem-sucedidos geralmente já são atletas competitivos que estão simplesmente trocando esportes. Seus corpos foram pré-treinados durante anos e anos com outros tipos de treinamento esportivo. O Campeão Mundial Amador Ronnie Coleman é um exemplo disso. E Franco Columbu, que começou como pugilista e depois foi levantador de potência, só passou a treinar para o fisiculturismo quando tinha vinte e poucos anos de idade.

Não apenas pode-se começar relativamente tarde no fisiculturismo, como se pode continuar a competir muito depois do ponto em que a maioria dos atletas (sendo os jogadores de golfe a exceção mais óbvia) já abandonou seus esportes. Evidentemente, um fisiculturista aos 40 anos de idade não será capaz de conseguir o tipo de forma que poderia alcançar alguns anos mais cedo. Há desgaste nos músculos, uma mudança hormonal gradual, encurtando os músculos – e o fato de que um competidor mais velho geralmente tem mais coisas para tratar na vida, perturbações e responsabilidades (família, filhos, trabalho) do que uma pessoa mais jovem que está recém-começando, torna muito mais difícil para ele se dedicar 100% ao seu treinamento e aos programas de dieta.

Competições de fisiculturismo para *masters* hoje estão amplamente disponíveis para competidores com 40, 50 anos ou mais. Ex-profissionais de elite estão competindo até mesmo por títulos no Arnold Classic e no Masters Mister Olímpia. E é impressionante como muitos dos campeões do passado são capazes de ficar firmes, musculosos e em forma.

O FISICULTURISMO E OS IDOSOS

Como já disse anteriormente, uma das primeiras manifestações do envelhecimento é a deterioração gradual da massa muscular. Mas pesquisas recentes provaram que os músculos não têm que se atrofiar com a idade até o grau que sempre acreditamos. Na realidade, a massa muscular pode ser *aumentada* a um grau surpreendente com treinamento adequado mesmo naqueles com idade avançada. Em resumo, estudos científicos recentes indicam que o fisiculturismo pode ser uma fonte de juventude.

Obviamente, quando mais velho você for, mais cuidadoso terá de ser ao começar o fisiculturismo. "Consulte um médico" não é só uma precaução formal quando se trata de alguém com 60 ou 70 anos. Consulte um médico, procure um bom treinador, tome todas as precauções. Aprenda técnicas apropriadas e inicie o treinamento devagar. Quando se é mais velho, as lesões levam mais tempo para serem curadas, portanto, faça tudo que puder para evitar quaisquer problemas.

Mas os resultados podem ser espetaculares: um retorno a níveis mais vigorosos de força; um corpo mais vigoroso; energia; mobilidade; uma qualidade de vida aumentada; confiança e independência. Lembre-se: grande parte do que consideramos ser aspectos inevitáveis do envelhecimento são na realidade apenas sinais de desuso e negligência. Você não precisa perder massa muscular ou óssea à medida que envelhece: pode manter o que tem e até desenvolver mais.

FAZENDO A TRANSIÇÃO

Fazer a transição do treinamento visando à saúde e à aptidão física para o treinamento visando à competição é, em grande parte, uma evolução de consciência: você começa a apreciar certos potenciais do seu corpo que antes desconhecia; e, lentamente, sua atitude em relação ao treinamento começa a mudar; e você tem de tomar uma decisão – que caminho irá seguir? Vai fazer com que essa seja apenas uma pequena parte da sua vida ou, gradualmente, torne-se a peça central da sua existência?

Decidi quase que imediatamente que queria ser Mister Universo. Franco competiu por um período como levantador de potência antes de tomar essa decisão. Mike Katz foi jogador de futebol profissional; o falecido Carlos Rodriguez foi peão de rodeio. Você pode decidir cedo ou tarde, mas se se sentir "fisgado" pelo treinamento, esperando quase obsessivamente pelas suas sessões de treinamento na academia, saboreando cada novo plano ou ângulo revelado, à medida que seu físico cresce e se desenvolve, essa pode ser uma decisão que você também terá de tomar. Para avaliar seu desempenho, há várias competições amadoras locais em que você pode participar; assim poderá experimentar uma competição e decidir se os rigores envolvidos lhe agradam.

Devido ao fato de haver muito mais dinheiro no fisiculturismo profissional hoje do que quando comecei, muitos atletas que poderiam ter-se concentrado em esportes estão se decidindo por uma carreira no fisiculturismo. Mas, da mesma forma, há cada vez mais oportunidades no nível amador; e muitos fisiculturistas continuam a treinar e competir enquanto seguem carreiras como médicos, advogados, quiropráticos ou empresários.

A maioria dos fisiculturistas são indivíduos altamente competitivos, mas outros estão no esporte principalmente pelo significado que ele dá às suas vidas, independentemente de alguma vez alcançarem ou não uma vitória. O fisiculturismo é mais do que um esporte: é também uma forma de vida. É uma filosofia inteira de como viver, um sistema de valor que dá respostas específicas a perguntas que afligem muitos de nós nos dias de hoje – perguntas sobre o que vale a pena fazer e que valor dar à excelência e à realização. É uma forma de perseguir o valor próprio e a valorização pessoal, de encontrar satisfação em sua capacidade de estabelecer metas para si mesmo e esforçar-se para alcançá-las.

Evidentemente, nem todos que elevam o fisiculturismo a um nível competitivo têm a mesma experiência; mas ninguém vai muito longe nesse esporte se não perceber o significado mais profundo do físico.

COMPETIÇÃO

Sempre planejei fazer muitas coisas com a minha vida além de participar de competições de fisiculturismo, mas não há nenhum aspecto dela que não seja influenciado ou beneficiado por eu ter tido a experiência emocionante da competição. Acredito que o *treinamento* de fisiculturismo é para todos, mas poucos se adaptam às demandas da competição. Se a idéia desperta-lhe algum interesse, por menor que seja, o instigo a dar-lhe um pouco de atenção. Se puder compartilhar nem que seja uma pequena parte do que o fisiculturismo me deu, sei que nunca se arrependerá da sua decisão de experimentar a competição.

Apenas lembre-se de uma coisa: se você realmente levá-la a sério, a competição de fisiculturismo tomará conta da sua vida. Ela determinará onde e como viverá, o que comerá, quem serão seus amigos, o rumo do seu casamento. Obviamente, você pode competir em nível local sem entregar-se totalmente às demandas do estilo de vida de quem compete – e ainda viver uma vida quase "normal" –, mas quanto mais a fundo você for no fisiculturismo, mais ele irá consumi-lo.

Isso não é tão incomum. Pense no compromisso que é treinar para as Olimpíadas – a prática e a dedicação necessárias para tornar-se um campeão no tênis ou no golfe; as demandas do treinamento para correr uma maratona. O sucesso em qualquer desses esportes exige um grau de concentração que a maioria das pessoas dificilmente pode imaginar. É necessário sacrifício para chegar-se ao topo. E o fisiculturismo não é exceção.

As Estrelas do Fisiculturismo

John Grimek

Steve Reeves

Reg Park

Bill Pearl

Larry Scott

Dave Draper

Sergio Oliva

Arnold Schwarzenegger

Franco Columbu

Frank Zane

Robby Robinson

Albert Beckles

Lou Ferrigno

Tom Platz

Chris Dickerson

Samir Bannout

Lee Haney

Shawn Ray

Vince Taylor

Dorian Yates

Kevin Levrone

Flex Wheeler

Nasser El Sombaty

LIVRO DOIS

Programas de Treinamento

CAPÍTULO 1

Princípios Básicos do Treinamento

Para se parecer com um fisiculturista, você precisa treinar como um. Os atletas como jogadores de futebol americano, lutadores de luta livre e levantadores de peso possuem grande massa muscular; mas somente os fisiculturistas possuem os corpos musculosos bem torneados, proporcionais e completamente desenvolvidos que associamos com competições de físico. Se você quer se parecer com um fisiculturista – ou simplesmente quer ficar mais parecido com um fisiculturista do que atualmente é – precisa aprender e dominar as técnicas de treinamento que os fisiculturistas desenvolveram na base de tentativa e erro durante os últimos 50 anos aproximadamente. Da mesma forma que existem técnicas específicas envolvidas no golpe de uma bola de tênis ou no manejo de um taco de golfe, há também uma forma de realizar o treinamento de fisiculturismo que é a forma mais eficiente e eficaz possível de treinamento muscular.

É necessário um trabalho árduo e dedicado para desenvolver um grande físico; mas trabalho árduo sozinho não é suficiente. Além de treinar duro, você precisa treinar de forma inteligente, o que significa dominar os princípios fundamentais do fisiculturismo. Esses princípios devem ser aprendidos e praticados desde o início. É muito mais fácil aprender a maneira apropriada de fazer alguma coisa do que desaprender a forma errada e ter de começar novamente. Conforme você vai progredindo, irão sendo-lhe apresentadas abordagens cada vez mais complexas de treinamento, mas não há necessidade de se preocupar com isso no início. A enciclopédia está organizada para apresentar-lhe passo a passo essas idéias mais avançadas de treinamento, de forma que você terá a chance de dominar um nível de complexidade de cada vez.

NECESSIDADES INDIVIDUAIS

Naturalmente, pessoas diferentes possuem muitas razões diferentes para realizar treinamento de fisiculturismo. Algumas querem desenvolver seus corpos apenas para melhorar a aparência e se sentirem melhor; outras desejam melhorar seu desempenho em uma variedade de esportes; e muitas estão interessadas em desenvolver um físico espetacular, altamente musculoso e bem definido com o objetivo de participarem de competições de fisiculturismo.

Quando se trata de aprender a praticar o fisiculturismo de forma apropriada, algumas técnicas e princípios básicos aplicam-se a *todas* as pessoas; outros devem ser adaptados às necessidades do indivíduo, muitas vezes na base da tentativa e erro durante um período de tempo. Todas as pessoas, independentemente do motivo por que estão praticando fisiculturismo, precisam dominar os fundamentos e compreender o que está envolvido na formação de um programa de treinamento. E o mais importante, todas precisam aprender os exercícios básicos, porque eles continuam sendo importantes, não importa o quanto você progrida.

Mas reconheço que nem todas as pessoas são iguais. O tipo corporal, a rapidez ou lentidão com que uma pessoa ganha músculo, o índice metabólico, os pontos fracos e o tempo de recuperação são apenas alguns dos aspectos que podem variar de um indivíduo para outro. Tentei abranger todas as variáveis significativas nesta enciclopédia de forma que todos encontrem as informações de que necessitam para desenvolver o tipo de corpo que desejam.

No golfe, muitos campeões não têm o mesmo manejo do taco que Tiger Woods, mas todo golpe certeiro tem que fazer a face plana do taco tocar a bola no alinhamento certo. Nem todo esquiador adota exatamente o mesmo estilo que o medalha de ouro nas Olimpíadas, Hermann "O *Hermannador*" Maier, mas certos fundamentos devem ser executados, ou você nunca chegará ao fim da corrida. Quando você entra em uma academia cheia de fisiculturistas competidores, pode ver que muitos deles utilizam abordagens muito diferentes em seus treinamentos. Na academia, ouço o tempo todo a frase, "Cada corpo é diferente", e é verdade. Mas cada corpo é também muito semelhante, portanto, concentre-se em dominar as orientações básicas e *deixe seu corpo dizer-lhe* com o tempo quais variações e técnicas individuais são necessárias para que você perceba seu potencial.

RESISTÊNCIA PROGRESSIVA

Seus músculos somente se desenvolverão quando forem submetidos a uma *sobrecarga*. Eles não responderão a nada menor; não ficarão maiores nem mais fortes a menos que você os force a ficar. Fazer com que se contraiam contra um nível de resistência ao qual não estão acostumados, eventualmente, faz com que se adaptem e se fortaleçam. Mas, uma vez adaptados suficientemente, esse progresso cessará. Quando isso acontece, a única maneira de fazer com que continuem se desenvolvendo é aumentando ainda mais a quantidade de sobrecarga a qual você os sujeita; e a principal forma de fazer isso é adicionar peso aos seus exercícios.

Obviamente, esse aumento em resistência deve ser efetuado de forma gradual. Utilizar peso em excesso muito cedo geralmente impossibilita que você realize suas séries utilizando a técnica apropriada e também pode, muitas vezes, aumentar seu risco de lesões.

REPETIÇÕES

Uma repetição é um ciclo completo de um movimento de exercício – uma contração do músculo seguida por uma extensão – isto é, levantar um peso e baixá-lo novamente. Uma série é um grupo dessas repetições. A quantidade de repetições que você inclui em uma série depende, em grande parte, do tipo de série que você está realizando. Por exemplo, tanto a pesquisa como a experiência mostraram que os fisiculturistas obtêm os melhores resultados utilizando, em cada exercício, um peso que represente cerca de 70 a 75% de suas *repetições máximas* (1 RM) – isto é, a quantidade de peso que conseguem utilizar realizando uma repetição completa de um determinado exercício. Se você utilizar essa quantidade de peso, geralmente descobrirá que pode realizar as seguintes séries:

8 a 12 repetições para os músculos da parte superior do corpo;
12 a 16 repetições para os grandes músculos da perna.

Esses números são apenas aproximações, mas funcionam bem como orientações gerais.

Por que você consegue realizar mais repetições para as pernas do que para a parte superior do corpo? Simplesmente porque a diminuição em força durante a realização de uma série é mais lenta nas pernas do que na parte superior do corpo – os músculos da parte superior do corpo simplesmente não têm o mesmo tipo de resistência que os músculos da perna. Mas, em ambos os casos, a quantidade de peso utilizada representa os mesmos 70 a 75% da capacidade de uma repetição máxima dos músculos envolvidos.

Ocasionalmente, existem razões para utilizar menos peso do que isso (e assim realizar mais repetições) e alguns tipos de séries muito úteis que envolvem um peso maior (e menos repetições), tais como séries de baixas repetições para força e potência máximas. Mas essas orientações representam a maior parte do treinamento que os fisiculturistas realizam – e isso vale especialmente para os principiantes.

TREINAR ATÉ A FALHA

"Treinar até a falha" no fisiculturismo não significa treinar até um ponto de completa exaustão: significa simplesmente continuar uma série até você não conseguir realizar nem mais uma repetição com aquele peso sem parar para descansar. O que causa essa falha? Basicamente, ela resulta da fadiga gradual das fibras musculares envolvidas e da incapacidade do músculo de recrutar mais fibras para substituí-las. O processo de contração de um músculo envolve o processo de oxidação – de fato, uma forma de queima, motivo pelo qual dizemos que você queima calorias (produz calor pela liberação de energia) quando se exercita. A oxidação requer uma fonte de combustível (no músculo, é a ATP) e oxigênio. Sempre que o suprimento de combustível ou oxigênio estiver muito baixo, as fibras musculares não conseguirão contrair-se até que sejam reabastecidas quando você descansa e se recupera.

Outro fator limitante é a formação de resíduos que resultam da liberação de energia devida à contração muscular. Aquela sensação de queima que você sente em um músculo à medida que continua realizando repetições é devida ao acúmulo de ácido lático na área. Quando pára para descansar, o corpo remove o ácido lático da área, e você é capaz de realizar mais repetições.

O exercício aeróbico (que significa "com oxigênio") envolve um esforço de altas repetições em uma intensidade suficientemente baixa de forma que o corpo possa bombear sangue suficiente para a área para manter o músculo suprido – correr uma maratona, por exemplo, ou uma aula de aeróbica. O treinamento de peso é anaeróbico ("sem oxigênio"), e a contração muscular envolvida é simplesmente intensa demais para que o suprimento de oxigênio mantenha o ritmo. Assim, os músculos ficam sem oxigênio, você cansa e tem que descansar enquanto o corpo bombeia mais sangue e oxigênio para a área fatigada.

Por que é importante treinar até a falha? Quando você está realizando repetições com um peso abaixo da sua 1-RM, nem todas as fibras musculares disponíveis começam a agir de uma só vez. Você usa algumas, elas ficam fatigadas, e o corpo recruta outras para substituí-las. Continuar uma série até a falha é uma forma de exigir que *todas* as fibras disponíveis sejam recrutadas. O ponto em que a falha ocorre depende do peso que você utiliza em um determinado exercício. Se estiver realizando um exercício para a parte superior do corpo e quiser que os músculos falhem entre 8 e 12 repetições, você tem que escolher um peso que faça com que isso ocorra. Se você acha que é capaz de realizar 15 repetições nesse movimento, adicione peso à série seguinte para trazer o ponto de falha para dentro da faixa desejada. Se consegue realizar somente cinco repetições, sabe que precisa diminuir levemente o peso a fim de poder realizar mais algumas repetições antes que os músculos falhem. Mas nunca pare uma série simplesmente porque terminou de contar um certo número de repetições.

Uma das formas de medir seu progresso no fisiculturismo é a mudança no ponto em que ocorre a falha durante seu treinamento. À medida que as fibras musculares individuais se fortalecem, você é capaz de recrutar mais fibras, e o corpo aumenta sua capacidade de transportar oxigênio para os músculos durante o exercício (todos os componentes do efeito geral de treinamento). Como resultado, você descobrirá que pode realizar muito mais repetições com o mesmo peso antes de alcançar o ponto de falha. Esse é um sinal de que precisa utilizar mais peso.

Obviamente, você não é uma máquina, portanto, a forma que efetivamente realiza suas séries não é tão mecânica. Algumas séries precisam ser mais exigentes e mais intensas do que outras. Esta, por exemplo, é uma série para a parte superior do corpo típica para um fisiculturista experiente:

PRIMEIRA SÉRIE: Uma série de aquecimento com um peso mais leve; 15 repetições ou um pouco mais.

SEGUNDA SÉRIE: Adicione peso a fim de que os músculos falhem entre cerca de 10 e 12 repetições.

TERCEIRA SÉRIE: Adicione peso para baixar o ponto de falha para 8 a 10 repetições.

QUARTA SÉRIE: Para força máxima, adicione peso suficiente a fim de que os músculos falhem após apenas seis repetições (série de potência).

QUINTA SÉRIE OPCIONAL: Utilize o mesmo peso, tente conseguir outras seis repetições; se necessário, peça a ajuda de um parceiro de treinamento para completar a série (repetições forçadas).

Treinar dessa forma possibilita-lhe o melhor de todos os aspectos possíveis: você começa relativamente leve, o que dá aos músculos tempo para aquecerem-se completamente para esse exercício particular; continua realizando cada vez menos repetições com um peso maior, o que força um grande volume de sangue para dentro dos músculos e proporciona-lhe um grande bombeamento; adiciona mais peso de forma a treinar relativamente pesado para desenvolver potência e força.

SÉRIES

Geralmente, no Programa de Treinamento Básico, recomendo realizar quatro séries de cada exercício de fisiculturismo, exceto quando há outra quantidade especificada. Acredito que este seja o melhor sistema por várias razões:

1. Você precisa realizar pelo menos quatro séries a fim de ter o volume de treinamento necessário para estimular completamente todas as fibras musculares disponíveis. Se realizar mais séries por exercício, seu volume total de treinamento será tão grande que você corre o risco de supertreinamento.
2. Realizar quatro séries por exercício, para um total de 12 séries por região corporal (para os grupos musculares maiores) no Programa de Treinamento Básico e 20 séries no Treinamento Avançado, possibilita-lhe realizar uma variedade suficiente de exercícios para trabalhar todas as áreas de uma região corporal – dorsal e lombar, por exemplo, a curva externa do grande dorsal e a região interna das costas.
3. A experiência de cinco décadas de fisiculturistas provou que a quantidade máxima de peso que você pode manejar e que lhe permite completar apenas quatro séries de um exercício estimulará os músculos e fará com que se desenvolvam.

Há uma diferença na quantidade de treinamento que os músculos pequenos requerem comparada a de músculos ou grupos musculares grandes. Por exemplo, se eu estiver treinando as costas, isso não envolve apenas um músculo – há vários músculos diferentes nas costas – tais como o grande dorsal, o rombóide, o trapézio, os eretores da espinha da região dorsal – e cada uma dessas áreas tem de ser treinada especificamente. O mesmo vale para as coxas. As coxas consistem de quatro músculos potentes do quadríceps, bem como os adutores no interior da parte superior da perna. Para treinar completamente essa área, você precisa de movimentos de potência e isolamento; tem que alcançar as diferentes regiões em diferentes ângulos; e você não vai realizar isso com apenas poucas séries.

Por outro lado, no treinamento de músculos menores como o bíceps e o tríceps, é necessário um total menor de séries, porque aqueles músculos não são tão complexos. Você pode ter um treinamento completo de bíceps realizando um total aproximado de 9 a 12 séries, por exemplo, enquanto que a maioria dos fisiculturistas costuma realizar 16 a 20 séries totais para trabalhar as coxas. O deltóide posterior é um músculo ainda menor, e geralmente 4 a 5 séries para a região posterior do deltóide são suficientes. Contudo, a fisiologia muscular também entra em ação. O bíceps é o músculo que se recupera mais rápido; assim, se preferir treiná-lo utilizando séries mais altas (como sempre fiz), ele ainda é capaz de recuperar-se. E os músculos da panturrilha, que são relativamente pequenos, foram designados para realizar praticamente inúmeras repetições quando você caminha ou corre, assim você pode obter grandes resultados treinando-os com um número de séries relativamente alto.

Mas não se preocupe tentando lembrar-se exatamente de qual músculo deve ser treinado com qual quantidade de séries sem hesitar. Levei tudo isso em consideração nas recomendações do programa de exercícios que aparecem nos próximos capítulos.

AMPLITUDE DE MOVIMENTO COMPLETA

Para melhores resultados, os exercícios de fisiculturismo devem trabalhar qualquer músculo na sua amplitude de movimento mais extensa possível. (Há algumas exceções específicas sobre as quais falarei posteriormente). Você deve cuidar para alongar até a extensão completa e depois retornar até uma posição de contração completa. Essa é a única forma de estimular o músculo inteiro e cada fibra muscular possível. Portanto, quando sugiro que realize 8, 10 ou mais repetições, em cada caso estou assumindo que você realizará repetições com amplitude de movimento completa.

A QUALIDADE DA CONTRAÇÃO

O fisiculturismo ocupa-se do treinamento dos músculos, não do levantamento de pesos. Você utiliza os pesos e as técnicas apropriadas a fim de atingir certos músculos ou grupos musculares. Os pesos são apenas meios para um fim. Para fazer isso efetivamente, você tem de isolar os músculos que está objetivando. Lembra-se de quantas vezes disseram-lhe para levantar algo com as pernas e não com as costas? Essa técnica põe em movimento, deliberadamente, o maior número de músculos possível para protegê-lo contra lesões. Isso faz sentido se você for um carregador de mudanças ou um operário da construção. Mas o trabalho do fisiculturista é muito diferente. Você não quer tornar o levantamento mais fácil, e sim mais difícil! Você quer que os músculos que você objetivou realizem todo o trabalho com pouco ou nenhum auxílio de outros grupos musculares.

Uma boa técnica ajuda-o a fazer isso e a escolher a quantidade certa de peso. Uma vez que esteja utilizando um peso muito grande para os músculos almejados manejarem, seu corpo automaticamente colocará outros músculos em movimento. É assim que o sistema nervoso é designado. Assim, o fato de você conseguir levantar um peso não significa que está executando o exercício corretamente. Você precisa também escolher um peso que garanta que os músculos almejados sozinhos sejam responsáveis por levantá-lo.

Como fazer isso? Uma forma é começar levantando pesos leves e concentrar-se em como os músculos comportam-se durante o movimento. Aumente gradualmente o peso; mas, se chegar em um ponto em que não puder mais sentir os músculos trabalhando como estavam quando o peso era mais leve, há chances de estar trabalhando muito pesado, e, nesse caso, precisa diminuir alguns quilos até que aquela "sensação" seja restabelecida.

AQUECIMENTO

Geralmente quando as pessoas falam sobre aquecimento, elas não entendem o quão literalmente isso deve ser considerado. Lembre-se: a oxidação no músculo é, na realidade, uma forma de queima. Por causa disso, quando você usa um músculo, a temperatura na área eleva-se, e a capacidade do músculo de contrair-se vigorosamente aumenta.

O aquecimento também bombeia sangue novo e oxigenado para a área, eleva a pressão arterial e aumenta a freqüência cardíaca. Isso possibilita um suprimento máximo de oxigênio para o corpo e ajuda a eliminar os resíduos do exercício dos músculos em funcionamento.

Finalmente, aquecer-se adequadamente ajuda a proteger o corpo de um superestresse, prepara-o para as demandas do treinamento pesado e reduz as chances de lesões, tais como uma torção ou tensão.

Há várias formas de aquecimento. Alguns realizam uma sessão curta de treinamento cardiovascular antes dos exercícios (esteira, bicicleta ergométrica, corrida, etc.), o suficiente para estimular o coração, mas não o bastante para esgotar a energia corporal. A calistenia e outros exercícios leves também servem de aquecimento sem submeter o corpo a um grande estresse. Mas o método mais popular de aquecimento é com os próprios pesos. Primeiro, leve algum tempo alongando e depois realize alguns movimentos moderadamente leves com uma barra ou halteres, atingindo uma região corporal por vez até que o corpo esteja pronto para algo mais árduo.

Assim, para cada exercício diferente durante sua sessão, comece com uma série de aquecimento leve a fim de deixar aqueles músculos específicos prontos para realizar aquele movimento específico. Quando você realiza uma ou duas séries com repetições mais altas e peso abaixo do máximo, os músculos são então preparados para lidar com uma intensidade mais alta gerada por pesos maiores e séries de seis repetições.

O aquecimento é ainda mais importante antes de sessões de treinamento pesadas, porque você está prestes a submeter o corpo a um estresse ainda maior. A melhor idéia é não realizar movimentos muito pesados até que o corpo engrene, realizando primeiro as séries de fisiculturismo menos estressantes.

O período do dia é também um fator determinante da intensidade de aquecimento de que você necessita. Se estiver treinando às 8 horas da manhã, é provável que esteja mais tenso e precisando mais de alongamento e aquecimento do que às 8 horas da noite, portanto, ajuste seus preliminares adequadamente.

Procure sempre fazer um aquecimento completo. Se estiver prestes a realizar pressões de ombros pesadas, por exemplo, lembre-se de que envolverá não só os deltóides e o tríceps. Os músculos do pescoço e o trapézio também irão contrair-se intensamente durante o movimento, e, da mesma forma, deve-se dar tempo a eles para se prepararem.

As lesões na academia geralmente acontecem por duas razões principais: ou a pessoa utilizou uma técnica desleixada (utilizou peso em excesso ou não conseguiu manter o peso totalmente sob controle) ou não alongou e aqueceu-se corretamente.

Devo também salientar o efeito da idade sobre a capacidade física e atlética. É sabido por todos que, quanto mais velho você é, mais importante é proteger o corpo com aquecimentos e alongamentos. Atletas jovens podem fazer coisas que competidores mais velhos não conseguem. Não obstante, aprender técnicas apropriadas, alongar e aquecer-se faz bem para *todos* os fisiculturistas, independentemente da idade; e quanto mais cedo você fizer disso um hábito para toda a vida, em melhor situação estará na longa caminhada.

TREINAMENTO DE POTÊNCIA

Há várias maneiras de avaliar força. Se eu consigo levantar 136 kg e você somente 113 kg, sou mais forte do que você em força de uma repetição. Contudo, se você consegue levantar 113 kg 10 vezes e eu levanto esse peso apenas 8 vezes, esse é um tipo de força diferente: você estaria superando-me em resistência muscular – a capacidade de continuar sendo forte ao longo de uma série de movimentos.

Para modelar e desenvolver o corpo, é necessário realizar bastante treinamento de resistência – isto é, o número apropriado de séries e repetições. Mas também acredito que, a menos que você inclua treinamento de força de baixa repetição, nunca alcançará a rigidez e a densidade necessárias para criar um físico de primeira qualidade.

Na época de John Grimek, Clancy Ross e Reg Park, praticamente todos os fisiculturistas treinavam para desenvolver potência. Ser forte era considerado tão importante quanto ter um físico bonito. Mas tenha em mente que existiam naquela época e existem hoje diferentes tipos de força. O lendário Jack La Lanne nunca poderia competir com um Reg Park em uma competição de força de uma repetição, mas Jack poderia continuar realizando flexões de braço na barra fixa e apoios nas paralelas, para cima e para baixo sem parar, até muito além do ponto em que os maiores homens da *Muscle Beach* desmoronavam de fadiga.

Embora os fisiculturistas dos anos 40 e 50 geralmente não tivessem o refinamento total que os fisiculturistas de elite possuem hoje, eles eram indivíduos com físicos extremamente fortes, rígidos e impressionantes. Nos anos 80, tive a impressão de que as coisas passaram dos limites, e os fisiculturistas

Franco Columbu realizando um levantamento terra de 331 kg.

não estavam levando em conta os benefícios de incluir movimentos potentes tradicionais em seus programas gerais. Hoje em dia, com tantos competidores pesando sólidos 104, 109 kg ou mais, participando de *shows* profissionais, parece ter havido uma redescoberta do treinamento de potência pesado. Certamente você não conseguirá ficar tão denso e massudo como Dorian Yates sem trabalhar com muitos pesos alucinantemente pesados.

"Se você não realiza levantamentos pesados", explica meu amigo Dr. Franco Columbu, "isso aparece imediatamente no palco. Há uma aparência frágil que se mostra claramente." Existem provas científicas e fisiológicas suficientes que explicam por que isso é assim. O treinamento de potência submete relativamente poucas fibras por vez a uma tensão muito grande, fazendo com que aumentem e engrossem (hipertrofia), e elas também ficam mais compactadas. Isso contribui enormemente para aquela aparência rígida e densa dos primeiros campeões.

Incluir algumas séries de potência em seu programa também ajuda a deixá-lo mais forte pelo restante do seu treinamento. Você passará a utilizar pesos mais pesados mais rapidamente, e assim seus músculos irão desenvolver-se muito mais rápido. Isso também enrijece e fortalece os tendões e os músculos, e você estará bem menos suscetível a extenuá-los ao realizar treinamento de alta repetição com menos peso, mesmo se perder a concentração em algum momento e manejar os pesos com uma técnica inadequada.

O treinamento pesado fortalece a ligação do tendão ao osso. A separação entre o tendão e o osso é chamada de fratura de avulsão (consulte As Lesões e Como Tratá-las, página 774), e o tipo certo de treinamento de potência minimiza a possibilidade de isso ocorrer.

Tamanho e densidade muscular criados por um programa que inclua treinamento pesado são mais fáceis de manter por longos períodos de tempo, mesmo com um mínimo de treinamento de manutenção. Com apenas treinamento de alta repetição, boa parte do crescimento é resultado de fatores transitórios como retenção de líquidos e reserva de glicogênio; mas deixar o músculo tão duro como uma parede de granito por meio de treinamento de potência é resultado de um aumento real no tamanho das fibras musculares. Além disso, conforme Franco me disse, as próprias paredes da célula muscular ficam mais grossas e rígidas, assim elas tendem a resistir ao encolhimento.

Além de tudo isso, quando você realiza treinamento de potência, descobre o que o corpo pode realmente fazer, a quantidade de peso que pode realmente mover, e isso lhe dá uma vantagem mental sobre alguém que nunca realiza treinamento de potência.

Os fisiculturistas modernos necessitam dominar várias técnicas sofisticadas, mas você não pode se esquecer de que a base do fisiculturismo é desenvolver massa muscular levantando pesos pesados. Isso não significa que eu acredito que os fisiculturistas devem treinar como levantadores de peso. Recomendo um programa de desenvolvimento total que inclua um certo número de movimentos de potência para dar-lhe a vantagem de ambos os tipos de treinamento.

ENCICLOPÉDIA DE FISICULTURISMO E MUSCULAÇÃO 145

Os braços de Chris Cormier são tão potentes que ele é capaz de realizar extensões de tríceps como um exercício de potência.

Remadas pesadas com barra em T são os melhores exercícios de potência para as costas.

Com meus braços compridos, realizar supino oito vezes com 181 kg adicionais exige muito esforço e concentração.

DIAS PESADOS

Quando eu era um jovem fisiculturista recém-começando, costumava realizar bastante levantamento de potência (levantamento de potência é uma forma de levantamento de peso que envolve três levantamentos específicos: supino, agachamento e levantamento terra). Conforme eu progredia no esporte, vencendo competições em níveis cada vez mais altos, tinha de concentrar-me cada vez mais esculpindo um físico completo, equilibrado e de qualidade; pois quanto mais longe você chega no fisiculturismo, maior a qualidade das suas competições. Lembre-se de que nos níveis mais altos de *qualquer* esporte, todos têm muito talento: foi isso que os fez chegarem lá. Portanto, confiar no talento ou na genética pura não funcionará nos níveis de elite de competição. Por exemplo, quando você chega ao nível do Mister Universo ou Mister Olímpia, os juízes olham mais para o que você *não* tem do que para o que você tem, atendo-se aos seus pontos fracos; portanto, ter um físico o mais completo possível passa a ser essencial.

No meu caso, isso significou realizar uma proporção maior de treinamento de isolamento de repetições mais altas, certificando-me de esculpir cada músculo e atingir a maior quantidade de definição e separação possível. Mas eu nunca quis perder a espessura, a densidade e a rigidez básicas que meu treinamento de levantamento de potência anterior havia criado. É por isso que sempre programei "dias pesados" na minha rotina de treinamento. Uma vez por semana, mais ou menos, eu escolhia uma região do corpo e ia ao máximo com movimentos de força que trabalhassem aquela área. Quando treinava pernas, por exemplo, tentava conseguir um agachamento máximo; para o peito, um supino de força máxima; e assim por diante. Treinando dessa forma, eu não exigia tanto do meu corpo a ponto de não poder recuperar-se antes da próxima sessão de exercícios. Mas indo até o máximo regularmente, obtive uma percepção muito precisa do quanto de progresso eu estava fazendo no desenvolvimento da força; e forçando-me a ir ao limite de vez em quando, contrabalancei o treinamento de pesos mais leves e repetições mais altas que constituiu a maioria das minhas sessões.

Recomendo que você experimente a mesma coisa. Uma ou duas vezes por semana, escolha uma parte do corpo e teste sua força máxima. Peça ao seu parceiro de treinamento que fique ao seu lado observando-o para que você não fique ansioso com o fato de estar manejando um peso pesado. Alongue e aqueça primeiro para preparar o corpo para o esforço. Tome nota das suas quantidades de peso no seu diário de treinamento. Você sentirá uma grande satisfação vendo os números subirem à medida que fica mais forte. Sua capacidade de manejar pesos pesados também contribuirá enormemente para aumentar sua confiança e seu comprometimento mental com o treinamento.

SUPERTREINAMENTO E RECUPERAÇÃO

Quanto mais intensamente você trabalha o corpo, mais tempo ele leva para se recuperar desse treinamento. Descanso e recuperação são muito importantes; porque, embora você estimule o desenvolvimento pelo treinamento, é durante o período subseqüente que ocorre o verdadeiro desenvolvimento e a adaptação. É por isso que os fisiculturistas freqüentemente superam dificuldades descansando mais em vez de treinarem mais duro ou com mais freqüência.

O supertreinamento ocorre quando você trabalha um músculo com freqüência demais para permitir que ele se recupere totalmente. Você ouve fisiculturistas falando sobre destruir o músculo e depois deixá-lo reconstruir-se sozinho, mas isso, na verdade, não é fisiologicamente exato. Pode haver pequenos danos no tecido durante um exercício pesado, e são esses microdanos que estão associados com sensibilidade muscular residual. Mas a sensibilidade é um efeito colateral e não a razão principal de os músculos necessitarem de tempo para se recuperarem após exercícios pesados.

Alguns processos biomecânicos complexos acompanham a contração muscular vigorosa. O processo de abastecimento da contração muscular resulta na formação de resíduos tóxicos como o ácido lático; e, durante o exercício, a energia armazenada no músculo na forma de glicogênio é consumida.

O corpo requer tempo para restaurar o equilíbrio químico das células musculares, eliminar os resíduos e reabastecer os depósitos de glicogênio esvaziados. Mas outro fator é ainda mais importante: as células precisam de tempo para se adaptar ao estímulo do exercício e se desenvolverem; afinal, o fisiculturismo ocupa-se de fazer os músculos se desenvolverem. Assim, se você supertreinar um músculo, forçando-o a trabalhar duro e rápido demais após a sessão de exercícios precedente, não lhe dará uma chance de se desenvolver, e seu progresso será mais lento.

Músculos diferentes recuperam-se do exercício em ritmos diferentes. Conforme mencionei, o bíceps é o que se recupera mais rapidamente. Os músculos da região lombar são os que se recuperam mais lentamente, levando cerca de 100 horas para recuperarem-se completamente de uma sessão de exercícios pesada. Contudo, na maioria dos casos, dar a uma região corporal 48 horas de descanso é o suficiente, o que significa falhar um dia depois de treinar um músculo antes de treiná-lo novamente.

O treinamento básico envolve somente níveis médios de intensidade, portanto, o tempo necessário para recuperação é mais curto. Uma vez que você passe para um treinamento mais avançado, níveis de intensidade mais altos serão necessários para superar a maior resistência do corpo para mudar e desenvolver-se. Entretanto, há outro fator importante: os músculos treinados recuperam-se da fadiga mais rapidamente do que os músculos destreinados. Assim, quanto melhor você se sair no fisiculturismo, mais rápido será seu ritmo de recuperação e mais intenso pode ficar seu programa de treinamento.

DESCANSO ENTRE SÉRIES

É importante controlar adequadamente o seu ritmo durante uma sessão de exercícios. Se você tenta treinar rápido demais, corre o risco de uma falha cardiovascular antes de ter trabalhado suficientemente os músculos. Além disso, você pode ter uma tendência a ficar descuidado e começar a jogar os pesos em volta em vez de executar cada movimento corretamente.

Entretanto, treinar muito devagar também é ruim. Se você leva 5 minutos entre cada série, sua freqüência cardíaca diminui, você perde seu bombeamento, os músculos esfriam e o seu nível de intensidade cai a zero.

Tente controlar seus períodos de descanso entre séries em um minuto ou menos. No primeiro minuto após um exercício de treinamento de força, você recupera 72% da sua força e, em 3 minutos, recupera tudo que tem para recuperar sem descanso prolongado. Mas lembre-se de que o propósito desse treinamento é estimular e fatigar a quantidade máxima de fibras musculares possível, e isso acontece somente quando o corpo é forçado a recrutar fibras musculares adicionais para substituírem as que já estão fatigadas. Portanto, você não quer possibilitar que os músculos se restabeleçam demais entre séries – apenas o suficiente para serem capazes de continuar a sessão e continuar forçando o corpo para recrutar cada vez mais tecido muscular.

Há outro fato a considerar: os fisiologistas há muito tempo perceberam a ligação entre força muscular máxima e resistência muscular. Quanto mais forte você é, mais vezes pode levantar um volume submáximo de peso. Isso significa que, quanto mais você se estimula a desenvolver resistência muscular (em oposição à cardiovascular), mais forte você fica. Assim, manter um ritmo regular em seu treinamento realmente leva a um aumento em força geral.

RESPIRAÇÃO

Fico surpreso com a freqüência com que me perguntam como se deve respirar durante um exercício. Isso sempre me pareceu automático e muitas vezes fico tentado a dizer, "Apenas relaxe e deixe acontecer. Não pense sobre isso."

Mas hoje eu sei que, para algumas pessoas, isso não funciona muito bem e para elas tenho uma regra simples: expire com o esforço. Por exemplo, se estiver realizando um agachamento, inspire enquanto coloca o peso sobre os ombros e agacha, e expire enquanto se impulsiona de volta para cima.

Há uma boa razão para isso. Contrações muito duras dos músculos geralmente envolvem também uma contração do diafragma, especialmente quando você está executando qualquer tipo de movimento de pressão de pernas ou agachamento. Isso aumenta a pressão na cavidade torácica (o espaço em que os pulmões estão instalados). Se tentar prender a respiração, você pode lesionar-se. Por exemplo, pode ferir a epiglote, bloqueando a passagem de ar pela garganta. Expirar enquanto realiza um esforço máximo protege-o disso e, segundo a opinião de algumas pessoas, realmente deixa-lhe um pouco mais forte.

ALONGAMENTO

O alongamento é uma das áreas mais menosprezadas do treinamento. Se você observar um leão ao acordar de uma soneca e levantar-se, verá que ele imediatamente alonga todo o corpo em todo o seu comprimento, preparando cada músculo, tendão e ligamento para uma ação imediata e brutal. O leão sabe instintivamente que o alongamento prepara sua força.

As estruturas do músculo, do tendão, do ligamento e da articulação são flexíveis. Elas podem enrijecer-se, limitando a amplitude de movimento, ou podem alongar-se, possibilitando uma amplitude de movimento maior e a capacidade de contrair fibras musculares adicionais. É por isso que alongar antes de treinar permite que você treine mais duro.

O alongamento também torna seu treinamento mais seguro. Ao estender os músculos completamente sob a tração de um peso, eles podem ser facilmente estendidos além do limite se a amplitude de movimento for limitada. A extensão excessiva de um tendão ou ligamento pode resultar em uma distensão ou torção e interferir seriamente no seu plano de treinamento. Mas se você alongar primeiro as áreas envolvidas, o corpo irá ajustar-se à medida que a resistência pesada forçar as estruturas envolvidas.

A flexibilidade também aumentará se os vários exercícios forem executados adequadamente. Um músculo pode contrair-se, mas não pode alongar-se sozinho: ele tem que ser alongado pela tração de um músculo oposto. Quando você treina com uma amplitude de movimento completa, o músculo que está contraindo alonga automaticamente o seu oposto. Por exemplo, quando você realiza roscas, o bíceps contrai-se, e o tríceps alonga-se. Quando você realiza extensões de tríceps, ocorre o contrário. Utilizando técnicas que empregam a amplitude de movimento completa, você aumentará sua flexibilidade.

Mas isso não é suficiente. Os músculos contraídos contra-resistência pesada tendem a encurtar com o esforço. Portanto, recomendo o alongamento antes do treinamento – para permitir que você treine mais duro e com mais segurança – para estender aqueles músculos tensos e cansados.

Você pode preparar seu treinamento realizando qualquer quantidade dos exercícios de alongamento-padrão a seguir. Poderia considerar a possibilidade de fazer aulas de ioga ou alongamento. Muitos fisiculturistas sentem que esse esforço extra dedicado à flexibilidade não é necessário; mas outros, como Tom Platz, valem-se muito do alongamento para melhorar seu treinamento. Quando Tom está fazendo aquecimento para uma sessão de treinamento, com aquelas pernas colossais entrelaçadas como tranças debaixo dele, é quase inacreditável de se ver. Ele destina a primeira parte do seu treinamento para as panturrilhas alongando-as o máximo possível, muitas vezes utilizando pesos muito pesados, porque sabe que, quanto mais elas forem alongadas, mais fibras ficarão envolvidas na contração.

Mas tão importante quanto alongar antes e depois de uma sessão de exercícios, também é essencial realizar certos tipos de alongamento durante o treinamento. Assim como recomendo flexionar e fazer poses com os músculos entre séries, também aconselho a alongar certos músculos entre uma série e outra. O grande dorsal, por exemplo, beneficia-se do alongamento cuidadoso intercalado com várias flexões de braço na barra fixa e puxadas por trás. Você perceberá que incluí alongamentos em vários exercícios em que senti que alongar-se seria particularmente benéfico.

Afinal, são detalhes como esses que diferenciam os campeões, e a diferença será imediatamente visível quando você posar no palco durante uma competição. A diferença não estará somente na sua aparência – a capacidade máxima de separação e definição – mas também aparecerá na graça e na segurança da sua apresentação. Fisiculturistas como Ed Corney, conhecido como o que talvez faça as melhores poses no fisiculturismo moderno, jamais poderiam mover-se com tamanha beleza se seus músculos, tendões e ligamentos fossem rígidos e contraídos.

Não recomendo despender tempo e energia em excesso alongando, a menos que você tenha um problema grave de flexibilidade ou esteja tentando reabilitar uma área lesionada. Para bons resultados, penso que despender aproximadamente 10 minutos realizando 10 exercícios básicos de alongamento para os músculos maiores, antes e após o treinamento, seja o suficiente.

O alongamento requer movimentos lentos e brandos em vez de rápidos e vigorosos. Quando você submete um músculo ou tendão a um estresse repentino, ele se contrai para proteger-se, destruindo assim seu objetivo. Por outro lado, se você alongá-lo cuidadosamente e sustentar essa posição por 30 segundos ou mais, o tendão gradualmente relaxará e você ganhará flexibilidade.

Recomendo que você despenda 1 minuto em cada um dos exercícios a seguir. Contudo, isso deve ser considerado o mínimo. Quanto mais tempo você levar alongando, mais flexível ficará.

Exercícios de Alongamento

INCLINAÇÃO LATERAL

OBJETIVO DO EXERCÍCIO: Alongar os oblíquos e outros músculos laterais do tronco.

EXECUÇÃO: Na posição ereta, pés afastados um pouco mais do que a largura dos ombros, braços caídos de cada lado do corpo. Eleve o braço direito acima da cabeça e incline-se lentamente para a esquerda, deixando a mão esquerda deslizar pela coxa. Incline-se o máximo que puder e sustente essa posição por aproximadamente 30 segundos. Retorne à posição inicial e depois repita para o lado contrário.

Frank Sepe

INCLINAÇÃO À FRENTE

Objetivo do Exercício: Alongar os isquiotibiais e a região lombar.

Execução: Na posição ereta, pés juntos. Incline-se à frente e segure a parte posterior das pernas o mais abaixo possível – joelhos, panturrilhas ou tornozelos. Puxe suavemente com os braços, trazendo a cabeça o mais próximo possível das pernas a fim de alongar a região lombar e os isquiotibiais até o seu limite. Sustente essa posição por 30 a 60 segundos, depois relaxe.

ALONGAMENTO DOS ISQUIOTIBIAIS

Objetivo do Exercício: Alongar os isquiotibiais e a região lombar.

Execução: Coloque um pé ou tornozelo sobre um apoio. Mantendo a outra perna estendida, incline-se à frente sobre a perna levantada e segure-a o mais abaixo possível – joelho, panturrilha, tornozelo ou pé. Puxe suavemente por aproximadamente 30 segundos, depois repita o movimento usando a outra perna.

PASSADA À FRENTE

OBJETIVO DO EXERCÍCIO: Alongar a parte interna das coxas, os isquiotibiais e os glúteos.

EXECUÇÃO: (1) Na posição ereta, mova uma perna à frente, depois incline esse joelho, baixando de forma que o joelho da perna posterior toque o chão. Ponha as mãos em ambos os lados do pé dianteiro e incline-se à frente para obter o máximo alongamento possível na parte interna das coxas. (2) A partir dessa posição, estenda a perna dianteira e trave o joelho, alongando os isquiotibiais na parte posterior da perna. Incline o joelho dianteiro e abaixe-se até o chão novamente. Repita esse movimento, primeiro estendendo a perna, depois abaixando até o chão novamente. Levante-se e fique ereto mais uma vez, dê um passo à frente com o pé oposto e repita o procedimento de alongamento.

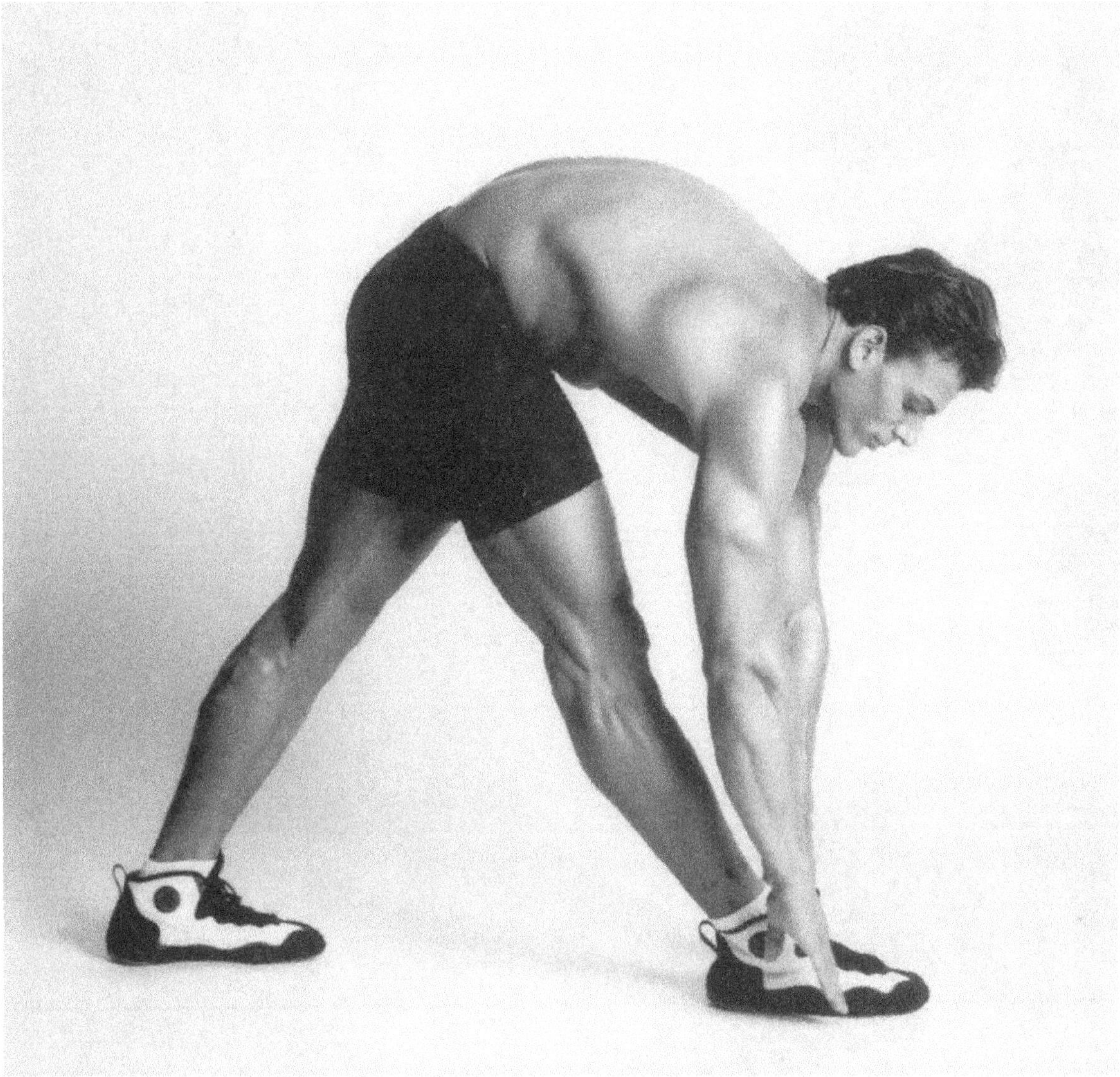

INCLINAÇÃO À FRENTE, SENTADO, COM OS PÉS AFASTADOS

Objetivo do Exercício: Alongar os isquiotibiais e a região lombar.

Execução: (1) Sente-se no chão, pernas estendidas e bem afastadas. Incline-se à frente e toque o chão com as mãos o mais à frente possível. (2) Sustente essa posição por alguns segundos, depois "caminhe" as mãos sobre uma perna e segure-a o mais abaixo possível – joelho, panturrilha, tornozelo ou pé. Puxe suavemente a perna para obter o máximo alongamento possível nos isquiotibiais e na lombar. Sustente essa posição por cerca de 30 segundos, depois caminhe as mãos sobre a outra perna e repita.

T. J. Hoban

ALONGAMENTO DA PARTE INTERNA DA COXA

OBJETIVO DO EXERCÍCIO: Alongar a parte interna das coxas.

EXECUÇÃO: Sente-se no chão e puxe os pés para cima em sua direção de forma que as solas se toquem. Segure os pés e puxe-os o mais perto possível da virilha. Relaxe as pernas e desça os joelhos em direção ao chão, alongando a parte interna das coxas. Pressione os joelhos para baixo com os cotovelos para obter um alongamento mais completo. Sustente por 30 a 60 segundos, depois relaxe.

ALONGAMENTO DO QUADRÍCEPS

OBJETIVO DO EXERCÍCIO: Alongar a parte anterior das coxas.

EXECUÇÃO: Ajoelhe-se no chão. Afaste os pés o suficiente para que possa sentar entre eles. Ponha as mãos no chão atrás de você e incline-se o máximo possível para trás, sentindo o alongamento nos quadríceps. (Aqueles que são menos flexíveis somente serão capazes de inclinar-se um pouco para trás; os que são muito flexíveis serão capazes de deitar no chão.) Sustente essa posição durante 30 a 60 segundos, depois relaxe.

ALONGAMENTO DOS CORREDORES COM BARREIRAS

OBJETIVO DO EXERCÍCIO: Alongar os isquiotibiais e a parte interna das coxas.

EXECUÇÃO: Sente-se no chão, estenda uma perna à frente e dobre a outra para trás, junto a você. Incline-se à frente sobre a perna estendida e segure-a o mais abaixo possível – joelho, panturrilha, tornozelo ou pé. Puxe suavemente para obter o máximo alongamento possível e sustente por 30 segundos. Reverta a posição das pernas e repita o movimento. Não superestresse o joelho flexionado.

ROTAÇÃO DA COLUNA

Objetivo do Exercício: Aumentar a amplitude de movimento de rotação do tronco e alongar a parte externa da coxa.

Execução: Sente-se no chão, pernas estendidas à frente. Eleve o joelho direito e gire em torno de forma que o cotovelo esquerdo repouse sobre o lado de fora do joelho elevado. Ponha a mão direita no chão atrás de você e continue girando para a direita o máximo possível. Gire ao extremo da sua amplitude de movimento e sustente por 30 segundos. Abaixe o joelho direito, eleve o esquerdo e repita o movimento para o outro lado.

ALONGAMENTO EM SUSPENSÃO

Objetivo do Exercício: Alongar a coluna e a parte superior do corpo.

Execução: Segure-se em uma barra fixa e deixe o corpo suspenso debaixo dela. Sustente por pelo menos 30 segundos de forma que a coluna e a parte superior do corpo tenham a chance de se soltar e alongar. Se você tiver botas de gravidade ou outro equipamento apropriado disponível, tente pendurar-se de cabeça para baixo para aumentar a intensidade de alongamento da coluna.

CAPÍTULO 2

Descubra seu Tipo Corporal

Qualquer pessoa que tenha despendido tempo na praia, na piscina ou no vestiário da academia pode confirmar o fato de que os seres humanos nascem com uma variedade de características físicas diferentes. Alguns são mais altos ou mais baixos, mais claros ou mais escuros, com os ombros mais largos ou mais estreitos, as pernas mais compridas ou mais curtas; possuem níveis naturais de resistência mais elevados ou mais baixos, diferentes tipos de células musculares, mais ou menos massa muscular e células de gordura.

Um método popular de categorizar os vários tipos corporais reconhece três tipos físicos fundamentalmente diferentes, chamados somatotipos:

- O *ectomorfo*: caracterizado por um tronco curto, braços e pernas compridos, pés e mãos compridos e estreitos e muito pouca reserva de gordura; estreiteza no peito e nos ombros, com músculos geralmente longos e finos.
- O *mesomorfo*: peito largo, tronco longo, estrutura muscular sólida e grande força.
- O *endomorfo*: musculatura frágil, rosto redondo, pescoço curto, quadril largo e grande reserva de gordura.

Naturalmente, nenhuma pessoa é inteiramente um tipo, mas sim uma combinação dos três tipos. Esse sistema de classificação reconhece um total de 88 subcategorias, chegando-se a elas pelo exame do nível de dominância de cada categoria básica em uma escala de 1 a 7. Por exemplo, alguém cujas características corporais forem classificadas como ectomórficas (2), mesomórficas (6) e endomórficas (5) seria um endomesomorfo, basicamente um tipo esportista bastante musculoso, mas que tende a carregar muita gordura.

Ectomorfo

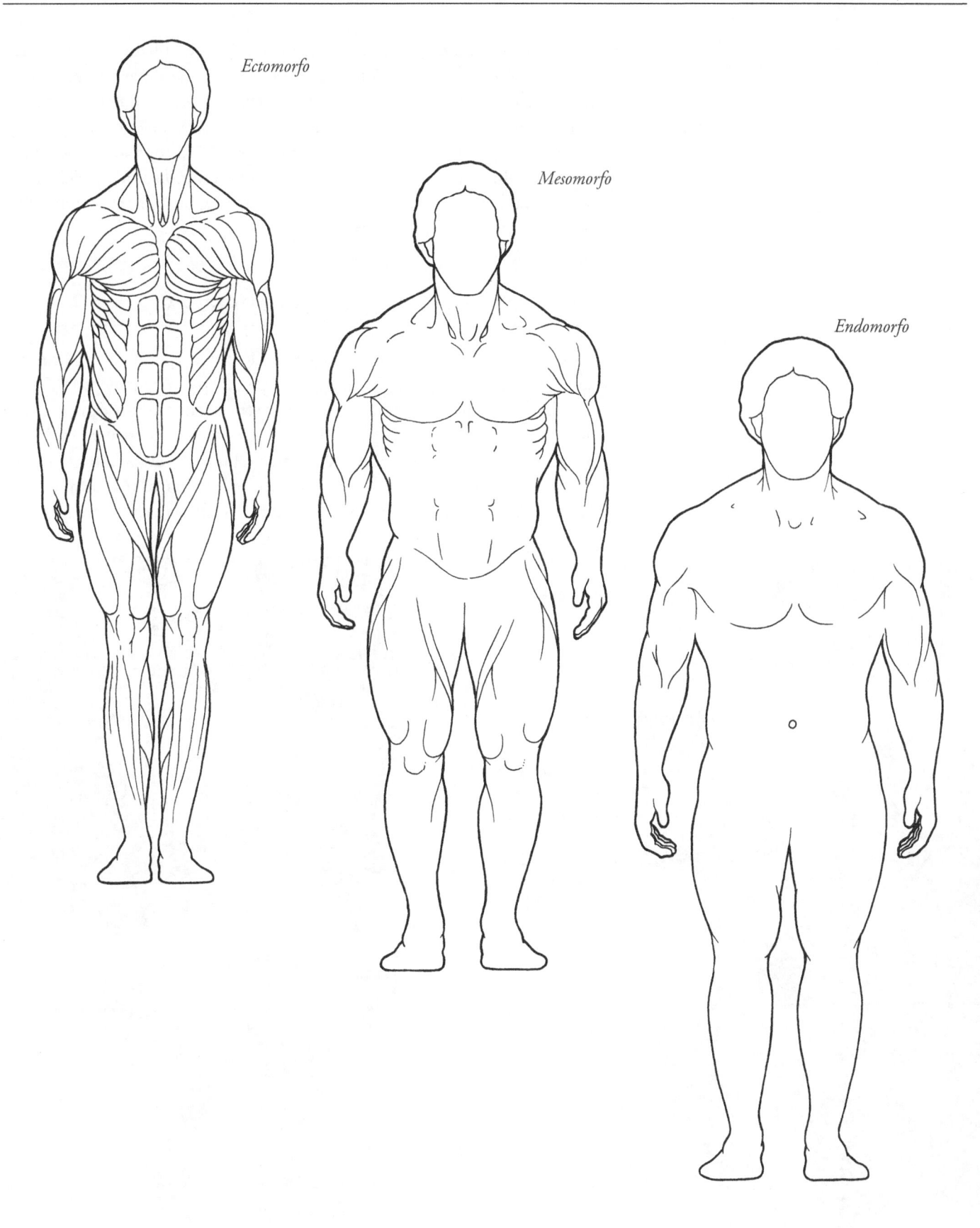

Mesomorfo

Endomorfo

Embora os fundamentos do treinamento de fisiculturismo se apliquem a todos os somatotipos, indivíduos com tipos corporais diferentes muitas vezes respondem de forma muito diferente ao treinamento, e o que funciona para um tipo não necessariamente funciona para outro. Qualquer tipo corporal pode ser desenvolvido com treinamento e nutrição apropriados, mas indivíduos com diferentes tipos corporais acharão necessário abordar inicialmente seus treinamentos com objetivos diferentes, mesmo que possam compartilhar as mesmas metas de longo prazo.

COMPREENDA SEU TIPO CORPORAL

Sempre houve campeões com todo gênero de tipo corporal. Steve Davis, um competidor famoso nos anos 70, certa vez pesou aproximadamente 122 kg, o que significava que ele tendia fortemente a ser um endomorfo. Foi necessário que Steve perdesse bastante gordura sem perder massa muscular a fim de conquistar títulos de fisiculturismo. O Mister Olímpia Dorian Yates é um dos maiores campeões de todos os tempos; em forma para competição, ele pesa perto de 122 kg. Entretanto, fora de temporada, Dorian chega até bem mais

Eis um bom exemplo de como o fisiculturismo pode mudar o corpo. Steve Davis antes, parecendo bastante endomorfo...

... e depois, com uma aparência bastante mesomorfa.

Nasser El Sonbaty, um endomesomorfo.

Frank Zane, um ectomesomorfo.

Dave Draper, um clássico endomesomorfo.

Chris Dickerson, endomesomorfo.

Flex Wheeler, ectomesomorfo.

Ken Waller, endomesomorfo.

Lee Priest, endomesomorfo.

Dorian Yates, mesomorfo.

Tom Platz, outro clássico mesomorfo.

de 136 kg, o que indica que seu tipo corporal tende ao endomesomorfo. O lendário Dave Draper era outro endomesomorfo (apesar de que, tendo menos músculo, poderia ser classificado como mais endomorfo que Dorian), tendendo a ficar pesado e flácido facilmente, mas capaz de ficar magro e duro para uma competição com treinamento pesado e dieta rígida.

Frank Zane, por outro lado, é muito mais ectomorfo. Frank sempre levou muito tempo para alcançar ganhos em massa muscular, mas isso não evitou que fosse Mister Olímpia três vezes. Fisiculturistas como Frank e Shawn Ray, que com 90 kg conseguiram vencer muitos dos competidores mais massudos, não são indivíduos naturalmente potentes e musculosos. Seu desenvolvimento muscular e excelência no fisiculturismo deram-se por meio de um trabalho árduo e dedicado. "Os músculos não vieram naturalmente para mim", diz Larry Scott, o primeiro Mister Olímpia e outro fisiculturista que tende ao ectomorfismo. "Eu fui um daqueles homens fracos com 44 kg que foram motivados a adotar o treinamento de fisiculturismo para ficarem maiores."

No meu caso em particular, sou mesomorfo o bastante para ser capaz de desenvolver massa muscular com relativa facilidade, e houve um momento em que aumentei para sólidos 109 kg, mas meu físico natural sempre tendeu a ser magro, o que me torna mais um ectomesomorfo do que um mesomorfo ou endomesomorfo puro.

Flex Wheeler, reconhecido por sua forma e proporção, é ainda outro ectomesomorfo. Olhe para Flex e verá como seus ossos e suas articulações são relativamente pequenos, apesar do seu tamanho muscular, especialmente comparados a um competidor intensamente desenvolvido como Dorian. Nos termos do fisiculturismo, os físicos de Flex, Frank Zane e o meu seriam caracterizados como apolíneos (musculosos, mas que tendem ao ectomorfo, mais estéticos do que com potência bruta); enquanto os de fisiculturistas mais compactos como Dorian, Nasser El Sonbaty, Tom Platz, Casey Viator e Mike Mentzer seriam classificados como hercúleos (bastante mesomorfos ou endomesomorfos). Tanto o físico apolíneo como o hercúleo podem ter uma excelente estética, mas a aparência é muito diferente. Hoje em dia, o físico apolíneo é geralmente considerado mais artístico ou bonito por causa das suas linhas e proporção; mas se você recordar a arte clássica, verá que, freqüentemente, o físico hercúleo era mais admirado.

Obviamente, os fisiculturistas profissionais de elite atualmente são tão massudos e bem desenvolvidos que às vezes é difícil separá-los em diferentes categorias de tipo corporal. Mas vá a quase qualquer competição amadora, e a diferença entre os vários tipos corporais será muito mais visível.

Apesar disso, na verdade nenhum fisiculturista de elite pode ser *muito* ectomorfo ou endomorfo. Seu corpo carece de proporção, simetria, massa muscular e definição exatas. Lembre-se de que o fisiculturismo não trata apenas de desenvolver músculos: envolve o desenvolvimento *estético* máximo dos músculos. Os físicos do tipo salva-vidas (magro e definido) podem ser muito agradáveis de se olhar, mas carecem da massa necessária para competir nos níveis mais altos do fisiculturismo. Corpos compactos, massudos e supermesomorfos são ótimos para levantadores de peso, lançadores de peso e atacantes de futebol, mas a estética desse tipo de físico não o coloca no estágio do fisiculturismo.

Compreender o seu tipo corporal pode poupar-lhe muito tempo e frustração. Um ectomorfo que treina como um endomorfo é passível de supertreinamento e não de desenvolvimento. O endomorfo que pensa que é mais mesomorfo conseguirá desenvolver-se, mas sempre terá problemas em manter a gordura corporal baixa. Certos princípios de treinamento são os mesmos para todos, mas a forma como você organiza seu treinamento e complementa-o com dieta e nutrição pode ser profundamente diferente dependendo do tipo de corpo que a natureza lhe deu.

METABOLISMO E DESENVOLVIMENTO MUSCULAR

Um dos fatores que ajuda a criar tipos corporais diferentes é o metabolismo. Algumas pessoas queimam naturalmente mais calorias do que outras. Alguns corpos parecem ter sido feitos naturalmente para transformar a energia do alimento em músculo ou gordura, enquanto outros transformam essa energia em combustível para o exercício. Entretanto, conforme seu corpo muda, muda também seu metabolismo. O músculo queima calorias, assim um endomorfo naturalmente pesado encontrará mais facilidade em ficar magro à medida que desenvolve mais e mais massa muscular. Além disso, o corpo é muito adaptável, e literalmente os milhares de vários processos metabólicos que estão ocorrendo todo o tempo tendem a alterar-se em resposta às demandas que você lhes impõe –transformar proteína consumida em músculo, por exemplo, ou aumentar sua capacidade de metabolizar gordura corporal para energia.

Se você é extremamente magro ou extremamente pesado, deve tomar a precaução de consultar um médico para verificar sua função tireóidea. A glândula tireóide tem uma função importante na regulação do metabolismo. Quando ela está com atividade abaixo do normal (hipotireoidismo), é muito difícil eliminar o excesso de gordura corporal; e, quando está hiperativa (hipertireoidismo), aumentar qualquer quantidade de peso corporal torna-se quase impossível. Todavia, sou fortemente *contra* o uso da tireóide como meio de aumentar o metabolismo e ficar "sarado" (alcançar um estado de alta definição) quando os próprios níveis de tireóide estão dentro dos limites normais. Isso é perigoso por vários motivos, incluindo o risco de danificar permanentemente a função tireóidea normal.

TREINAMENTO ECTOMORFO

O primeiro objetivo do ectomorfo extremo é ganhar peso, preferencialmente na forma de massa muscular de qualidade. Ele não terá a força e a resistência para sessões de treinamento de maratona, perceberá que a massa muscular se desenvolve muito lentamente e muitas vezes terá de forçar-se a comer o suficiente para garantir o desenvolvimento contínuo. Então, para o ectomorfo, faço as seguintes recomendações:

1. Inclua bastante movimentos de potência para um programa que desenvolva massa muscular máxima. Seu programa deve estar voltado para o

peso pesado e repetições baixas (na faixa de 6 a 8 repetições após aquecimento adequado).
2. Aprenda a treinar intensamente e realize cada contagem de série. Desse modo, você pode manter suas sessões relativamente curtas e ainda obter ganhos substanciais (talvez 14 a 16 séries para cada uma das partes principais do corpo, em vez de 16 a 20). Procure descansar o bastante entre séries e dar tempo suficiente para recuperar-se entre as sessões de treinamento.
3. Dê muita atenção à nutrição: ingira mais calorias do que está acostumado e, se necessário, consuma bebidas protéicas e para ganho de peso para suplementar sua ingestão alimentar.
4. Lembre-se: você está tentando transformar a energia do alimento em massa, portanto, tenha o cuidado de não queimar muita energia com quantidades *excessivas* de outras atividades, tais como aeróbica, corrida, natação e outros esportes. Um pouco de exercícios cardiovasculares é agradável e necessário para uma boa saúde, mas qualquer pessoa que despenda horas por dia gastando grandes quantidades de energia fora da academia terá muito mais trabalho para desenvolver músculo quando estiver na academia.

TREINAMENTO MESOMORFO

O mesomorfo encontrará relativa facilidade para desenvolver massa muscular, mas terá de incluir uma variedade suficiente de exercícios em seu programa, de modo que os músculos desenvolvam-se proporcionalmente e em boa forma em vez de apenas compactos e volumosos. Assim, para o mesomorfo, faço as seguintes recomendações:

1. Uma ênfase na qualidade, na definição e no treinamento de isolamento junto com os exercícios básicos para massa e potência. Você desenvolve músculo facilmente, então pode começar trabalhando forma e separação desde o começo.
2. Os mesomorfos ganham massa muscular tão facilmente que não precisam preocupar-se muito com a conservação de energia e o supertreinamento. Uma sessão-padrão de 16 a 20 séries por região corporal é adequada, e você pode treinar com a quantidade de descanso entre as séries que o satisfizer.
3. Uma dieta equilibrada com bastante proteína que sustente um nível calórico que mantenha o físico dentro de 4,5 a 6,8 kg do peso de competição durante todo o ano, e não aumentar 13 a 18 kg e depois ter que baixar todo esse peso inútil para competição.

TREINAMENTO ENDOMORFO

Geralmente, o endomorfo não terá muita dificuldade para desenvolver músculo, mas deverá preocupar-se em perder peso de gordura e também ter muito cuidado com a dieta para não recuperar esse peso. Portanto, para o endomorfo faço as seguintes recomendações:

1. Uma proporção maior de treinamento de séries e repetições altas (não inferiores à faixa de 10 a 12 repetições), com períodos de descanso muito curtos, de forma a eliminar o máximo de gordura possível. É uma boa idéia realizar algumas séries extras de alguns exercícios adicionais enquanto estiver tentando emagrecer.
2. Exercícios aeróbicos adicionais tais como andar de bicicleta, correr ou outras atividades que consumam energia. Treinar na academia queima calorias, mas não tanto quanto exercícios cardiovasculares realizados continuamente por 30 a 45 minutos ou mais por vez.
3. Uma dieta baixa em calorias que contenha o equilíbrio nutricional necessário (consulte a página 703). Não zere nada, mas ingira a quantidade mínima de proteína, carboidratos e gorduras com suplementos vitamínicos e minerais para garantir que o corpo não esteja sendo privado de qualquer nutriente essencial.

TESTE DE COMPOSIÇÃO CORPORAL

Embora a natureza tenha lhe dado um tipo corporal particular, quando você acrescenta massa corporal magra e reduz peso de gordura, está realmente mudando a composição do seu corpo. Muitas vezes é difícil acompanhar esses desenvolvimentos porque o seu treinamento está criando mais massa muscular, então sua composição corporal pode mudar bastante sem que você perceba. O espelho, a balança e a fita métrica são sempre úteis, mas às vezes não dizem o suficiente.

Além de você simplesmente se examinar no espelho, a melhor maneira de acompanhar essas mudanças físicas é por alguma forma de teste de composição corporal. Esse teste fornece-lhe uma indicação da porcentagem de músculo que o seu corpo tem comparada à quantidade de gordura. Então o teste ajudará a acompanhar seu progresso conforme você ganha músculo e perde gordura. Os tipos mais comuns de teste de composição corporal são os seguintes:

- **Teste de dobras cutâneas.** Os compassos de dobras são utilizados para "beliscar" as dobras cutâneas e indicar a quantidade de gordura que existe embaixo da pele, e esse dado é utilizado para calcular a composição corporal.
- **Teste de imersão na água.** O sujeito é pesado fora d'água, depois dentro d'água; e certas medições como a capacidade residual dos pulmões são efetuadas. Os números são aplicados a uma fórmula para determinar a relação entre gordura e massa corporal magra – que é composta de músculos, ossos e órgãos internos.
- **Teste de impedância elétrica.** Uma corrente de baixa voltagem é atravessada pelo corpo. Considerando que gordura, músculo e água criam quantidades diferentes de resistência à corrente elétrica, a quantidade de resistência encontrada permite o cálculo da composição corporal.

Contudo, embora medir a composição corporal seja útil para verificar os resultados de uma dieta ou as mudanças que o treinamento está criando no seu físico, esteja ciente de que a *direção da mudança* de um teste para outro é mais significativa do que os resultados específicos que você obtém em qualquer teste. A razão é que todos os números de testes são rapidamente submetidos a fórmulas que fazem certas suposições sobre o corpo, as quais não necessariamente se aplicam muito bem ao desenvolvimento extremo de fisiculturistas sérios. Assim, se foi avaliado que você possuía 12% de gordura corporal em uma sessão e 9% duas semanas depois, pode ter certeza absoluta de que está na direção certa –assumindo que você está adotando o mesmo tipo de teste, administrado da mesma maneira, de forma que a precisão do reteste é alta.

Já ouvi algumas declarações ridículas sobre testes de gordura corporal, tais como de atletas afirmando possuírem apenas 3% de gordura corporal. Qualquer médico lhe dirá que 3% poderiam equivaler ao nível de gordura de um *cadáver*, mas não de um atleta forte e saudável. Em testes conduzidos em competições da IFBB e NPC, utilizando-se uma variedade de métodos, foi demonstrado que, quanto maior o fisiculturista, mais alta a porcentagem de gordura quando o competidor está realmente definido. Assim, um fisiculturista massudo poderia estar definido com uma medida de 12% de gordura corporal; enquanto que um amador de peso leve poderia ficar com uma ótima aparência com 7 ou 8%.

Por que isso? Porque o que tradicionalmente lembramos como gordura não é a única gordura existente no nosso corpo. Também há gordura intramuscular, que é a gordura dentro do próprio músculo. Portanto, se um fisiculturista realmente grande continua fazendo dieta após certo ponto, provavelmente ele apenas *mingüe* em vez de ficar mais definido. Assim, embora o teste de composição corporal seja útil, não se esqueça de utilizar o espelho ou fotografias para verificar a sua aparência. Lembre-se de que os juízes não levam testes de gordura em consideração durante uma competição: eles se guiam somente pelo que vêem. E você precisa fazer a mesma coisa.

CAPÍTULO 3

Programa de Treinamento Básico

A primeira tarefa do fisiculturista iniciante é desenvolver uma base sólida de massa muscular – peso muscular puro, não gordura volumosa. Mais tarde você tentará transformar essa musculatura em um físico equilibrado e de qualidade.

Você realiza esse treinamento básico e árduo utilizando pesos pesados – ralando semana após semana até que o corpo comece a responder. E o que entendo por treinamento básico não se resume apenas a alguns exercícios como supinos, remadas curvadas e agachamentos, mas 30 ou 40 exercícios todos planejados para estimular e desenvolver os principais grupos musculares do corpo.

No final desse período, o que você quer é tamanho, a matéria prima de um grande físico. No meu próprio caso, ou no caso de outros fisiculturistas como Dave Draper ou Lee Haney, alcançamos totalmente isso por volta dos vinte anos de idade. Eu era enorme, 109 kg, mas inacabado – como um filhote enorme e desengonçado que ainda não cresceu para corresponder ao tamanho dos seus pés. Apesar de ter vencido campeonatos importantes, era como um diamante bruto; mas eu tinha muita massa e nesse ponto comecei a criar o tipo de aparência acabada e polida que precisava para tornar-me o melhor que eu podia ser.

O período inicial pode ter durado dois, três ou mesmo cinco anos. A extensão do processo depende de alguns fatores como genética, tipo corporal e a quantidade de energia e motivação que você é capaz de incluir no seu treinamento. O fato de um fisiculturista desenvolver-se mais rápido ou mais devagar não é uma garantia particular de qualidade final: o que conta é até onde você é capaz de ir, não com que rapidez. Dorian Yates, por exemplo, que é incrivelmente massudo, sequer começou o fisiculturismo sério antes do final da adolescência. Portanto, independentemente de quando você inicie, da idade que tenha ou do tipo corporal que possua, o processo é o mesmo – treinamento pesado, consistente e dedicado durante um extenso período de tempo.

SISTEMA DE TREINAMENTO PARCELADO

O sistema de treinamento parcelado consiste em dividir o treinamento de forma que você trabalhe somente alguns músculos em cada sessão, e não o corpo inteiro de uma só vez.

Eu aos 19 anos de idade com 4 anos de treinamento.

No princípio, quando campeões como John Grimek e Clancy Ross reinavam, os fisiculturistas costumavam empenhar-se para treinar o corpo inteiro três vezes por semana. Eles podiam treinar o corpo inteiro em uma sessão de exercícios porque geralmente realizavam 3 ou 4 séries por região corporal. Mas conforme o fisiculturismo foi evoluindo, tornou-se evidente que era necessário um treinamento mais preciso para modelar e desenvolver totalmente o corpo. Diferentes tipos de exercícios eram necessários de forma que os músculos pudessem ser trabalhados a partir de uma variedade de ângulos, e mais séries de cada exercício eram necessárias para estimular a quantidade máxima de fibras musculares. Mas isso significava que não era mais possível treinar o corpo inteiro em uma sessão de exercícios. Esforço demais era envolvido, então o Sistema de Divisão de treinamento foi desenvolvido.

O tipo mais simples de sistema de treinamento parcelado consiste em apenas dividir o corpo em duas partes: músculos da parte superior do corpo e músculos da parte inferior do corpo. Para atingir cada um dos músculos com intensidade ainda maior, você pode dividir ainda mais os músculos de forma a usar três sessões de treinamento para trabalhar o corpo inteiro – um exemplo disso é treinar todos os músculos "que empurram" em uma sessão (peito, ombros, tríceps), os músculos "que puxam" na próxima (costas, bíceps) e as pernas na terceira. E vários fisiculturistas ao longo dos anos desenvolveram variações do sistema de divisão que eles achavam que melhor satisfaziam suas necessidades individuais.

Nos programas de exercícios a seguir, farei a você recomendações de como melhor realizar o Sistema de Treinamento Parcelado.

OS GRUPOS MUSCULARES BÁSICOS

O corpo humano tem mais de 600 músculos separados; mas, no aprendizado dos fundamentos do fisiculturismo, precisamos nos preocupar somente com alguns deles.

Geralmente os fisiculturistas dividem o corpo nas seguintes categorias ou grupos musculares básicos:

- costas
- ombros
- peito
- braços
- antebraços
- coxas e glúteos
- cintura
- panturrilhas

Dave Draper aos 19 anos.

Mas para realmente esculpir e desenvolver cada área importante do corpo, você precisa subdividir os grupos musculares ainda mais:

- *costas* – largura e comprimento do grande dorsal, espessura das costas, musculosidade da parte central das costas, desenvolvimento dos eretores da espinha da região lombar.
- *ombros* – tamanho e plenitude, desenvolvimento de cada uma das três porções do deltóide (anterior, posterior e média), o trapézio

- *peito* – porções superior e inferior do peitoral, espessura da parte central do peito, amplitude da caixa torácica, músculos laterais do tronco, o serrátil e o intercostal
- *bíceps* – porções curta e longa do bíceps braquial, comprimento total, espessura
- *tríceps* – desenvolvimento das três porções do tríceps, definição e separação, massa e espessura
- *antebraços* – desenvolvimento dos extensores e flexores, braquiorradial ligado ao cotovelo
- *quadríceps e glúteo* – desenvolvimento das quatro porções do quadríceps, separação dos músculos do quadríceps, curva da parte externa da coxa, adutores da parte interna da coxa
- *isquiotibiais* – amplitude e curva do bíceps femoral, separação entre os isquiotibiais e o quadríceps
- *abdominais* – abdominais superior e inferior, oblíquo externo ao lado da cintura
- *panturrilhas* – o músculo da parte superior da panturrilha (gastrocnêmio) e o músculo da base da panturrilha (sóleo)

Há vários exercícios para cada músculo individual. Quando você passar do treinamento básico para o avançado, perceberá que os programas que recomendo começam a incluir movimentos cada vez mais específicos para cada uma das subdivisões importantes dos músculos.

ORGANIZANDO SEU TREINAMENTO

Para o Programa de Treinamento Básico, recomendo a seguinte divisão:

Nível I: *cada região corporal 2 vezes por semana* – utilizando uma divisão de 3 dias (levando 3 dias para treinar o corpo inteiro)
Nível II: *cada região corporal 3 vezes por semana* – utilizando uma divisão de 2 dias (levando 2 dias para treinar o corpo inteiro)
Abdominais: em todas as sessões de exercícios, ambos os níveis

Sempre gostei de treinar 6 dias por semana, tirando o domingo para descansar. Isso me facilitou acompanhar minhas sessões de treinamento – sábado, um determinado grupo de partes do corpo; terça-feira, um grupo diferente; etc. Se você tem uma programação diferente, pode realizar cada uma das suas sessões em quaisquer dias que caírem – apenas pense nelas como Sessão nº 1 em vez de sábado, e assim por diante ao longo de todo o seu programa de treinamento.

DESCANSO E RECUPERAÇÃO

Quando você planeja um programa de treinamento, deve assegurar a inclusão de dias de descanso. Lembre-se: quando você treina intensamente, tem de descansar o suficiente para permitir que o corpo recupere-se e desenvolva for-

Vista Anterior

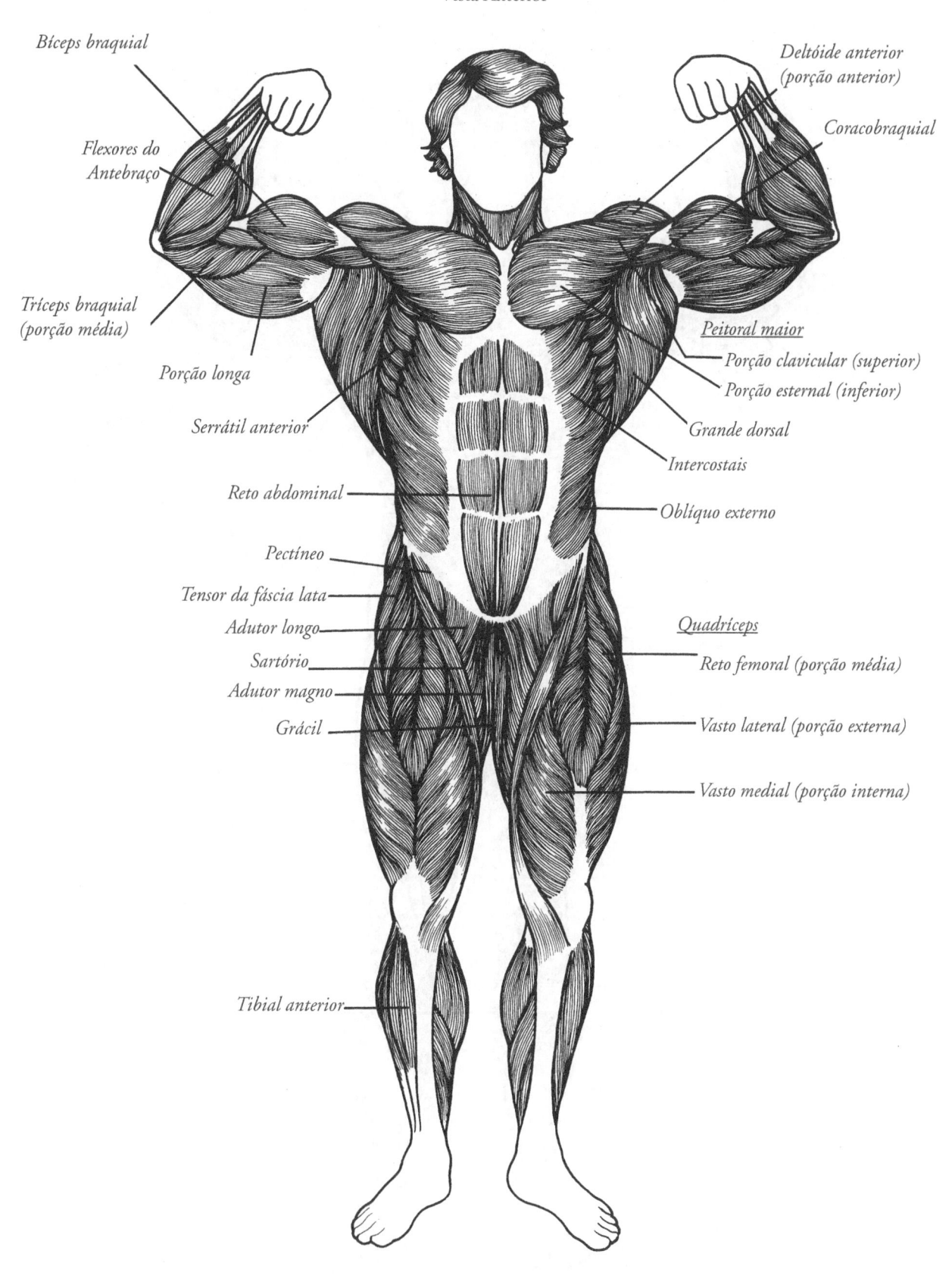

- Bíceps braquial
- Flexores do Antebraço
- Tríceps braquial (porção média)
- Porção longa
- Serrátil anterior
- Reto abdominal
- Pectíneo
- Tensor da fáscia lata
- Adutor longo
- Sartório
- Adutor magno
- Grácil
- Tibial anterior

- Deltóide anterior (porção anterior)
- Coracobraquial
- *Peitoral maior*
  - Porção clavicular (superior)
  - Porção esternal (inferior)
- Grande dorsal
- Intercostais
- Oblíquo externo
- *Quadríceps*
  - Reto femoral (porção média)
  - Vasto lateral (porção externa)
  - Vasto medial (porção interna)

Vista Posterior

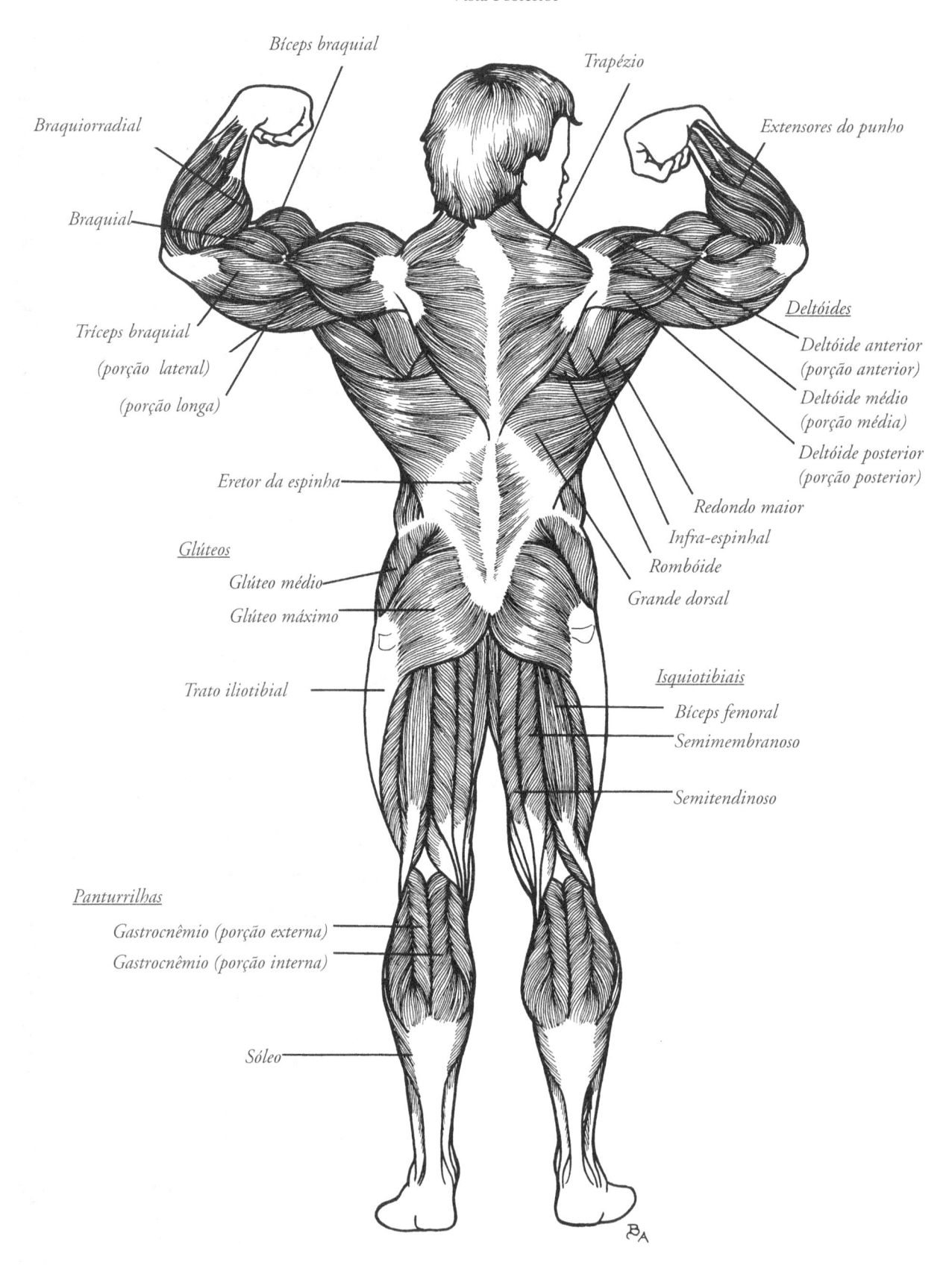

- Bíceps braquial
- Trapézio
- Braquiorradial
- Extensores do punho
- Braquial
- Deltóides
  - Deltóide anterior (porção anterior)
  - Deltóide médio (porção média)
  - Deltóide posterior (porção posterior)
- Tríceps braquial
  - (porção lateral)
  - (porção longa)
- Eretor da espinha
- Redondo maior
- Infra-espinhal
- Rombóide
- Grande dorsal
- Glúteos
  - Glúteo médio
  - Glúteo máximo
- Isquiotibiais
  - Bíceps femoral
  - Semimembranoso
  - Semitendinoso
- Trato iliotibial
- Panturrilhas
  - Gastrocnêmio (porção externa)
  - Gastrocnêmio (porção interna)
- Sóleo

ça e massa. Isso implica dormir bastante (8 horas é o ideal) e prestar atenção nas prioridades – ou seja, se sua meta for desenvolver ao máximo os músculos, precisará ter o cuidado de não se exaurir realizando muitos outros esportes ou atividades físicas (da mesma forma que teria de ser cauteloso em economizar regularmente se quisesse guardar dinheiro para comprar uma casa ou um carro).

QUANDO TREINAR

Minhas melhores sessões de treinamento foram sempre pela manhã, quando estava descansado e "renovado". Alguns fisiculturistas preferem treinar mais tarde, mas a maioria dos competidores com quem convivi também gostava de treinar antes de qualquer coisa no dia. Até hoje, Bill Pearl começa a treinar às 5 horas da manhã e depois tem o resto do dia para tratar dos seus outros interesses. Se você trabalha horas regulares em um emprego, isso significa levantar muito cedo para poder treinar. Quando Franco e eu íamos à academia às 7 horas da manhã, costumávamos ver freqüentemente advogados, contadores, professores e outros com uma agenda de trabalho cheia terminando naquele horário seus treinamentos e encaminhando-se para os chuveiros antes de irem para os seus empregos. Isso demonstrava muita dedicação da parte deles: o tipo de dedicação que produz os melhores resultados.

Se você só pode treinar à noite ou se essa é a sua preferência, obviamente também pode obter resultados com essa programação. Apenas pergunte a si mesmo se você pensa que está alcançando o *máximo* possível de seus treinamentos dessa forma e se está treinando tarde porque é melhor para você ou porque não tem a motivação para levantar tão cedo quanto necessário para treinamentos diurnos regulares.

Programa de Exercícios de Nível I

TREINAMENTO BÁSICO DE NÍVEL I

SESSÃO Nº 1 SEG	SESSÃO Nº 2 TER	SESSÃO Nº 3 QUA	SESSÃO Nº 1 QUI	SESSÃO Nº 2 SEX	SESSÃO Nº 3 SÁB
Peito	Ombros	Coxas	Peito	Ombros	Coxas
Costas	Braços	Panturrilhas	Costas	Braços	Panturrilhas
	Antebraços	Lombar		Antebraços	Lombar
Abdominais todos os dias					

SESSÃO DE TREINAMENTO Nº 1

Segundas e Quintas-Feiras

PEITO

Supino
Supino inclinado
Pullovers

COSTAS

Flexão de braços na barra fixa (realize quantas puder de uma só vez até atingir um total de 50 repetições)
Remada curvada

Treinamento de Potência

Levantamento terra, 3 séries de 10, 6, 4 repetições até a falha

ABDOMINAIS

Abdominais parciais, 5 séries de 25 repetições

SESSÃO DE TREINAMENTO Nº 2

Terças e Sextas-Feiras

OMBROS

Levantamento da barra
Elevação lateral com halteres

Treinamento de Potência

Remada alta, 3 séries de 10, 6, 4 repetições até a falha
Desenvolvimento com barras, 3 séries de 6, 4, 2 repetições até a falha

BRAÇOS

Rosca com barra, de pé
Rosca com halteres, sentado
Rosca com pegada fechada
Rosca tríceps com barra, de pé

ANTEBRAÇOS

Rosca de punho
Rosca de punho invertidas

ABDOMINAIS

Abdominais invertidos, 5 séries de 25 repetições

SESSÃO DE TREINAMENTO Nº 3

Quartas-Feiras e Sábados

COXAS

Agachamento
Passada à frente
Flexão do joelho

PANTURRILHAS

Flexão plantar, de pé, 5 séries de 15 repetições cada

LOMBAR

Treinamento de Potência

Levantamento terra com a perna estendida, 3 séries de 10, 6, 4 repetições até a falha
Flexão/extensão da coluna com barra (*good mornings*), 3 séries de 10, 6, 4 repetições até a falha

Nota: Embora esses movimentos de potência trabalhem a região lombar diretamente, eles também envolvem o trapézio e o bíceps femoral e ajudam a desenvolver força geral.

ABDOMINAIS

Abdominais parciais, 5 séries de 25 repetições

Programa de Exercícios de Nível II

TREINAMENTO BÁSICO DE NÍVEL II

SESSÃO Nº 1 SEG	SESSÃO Nº 2 TER	SESSÃO Nº 1 QUA	SESSÃO Nº 2 QUI	SESSÃO Nº 1 SEX	SESSÃO Nº 2 SÁB
Peito	Ombros	Peito	Ombros	Peito	Ombros
Costas	Lombar	Costas	Lombar	Costas	Lombar
Coxas	Braços	Coxas	Braços	Coxas	Braços
Panturrilhas	Antebraços	Panturrilhas	Antebraços	Panturrilhas	Antebraços

Abdominais todos os dias

SESSÃO DE TREINAMENTO Nº 1

Segundas/Quartas/Sextas-Feiras

PEITO

Supino
Supino inclinado
Pullovers

COSTAS

Flexão de braços na barra fixa (realize quantas puder de uma só vez até atingir um total de 50 repetições)
Remada curvada

Treinamento de Potência

Levantamento terra, 3 séries de 10, 6, 4 repetições até a falha

COXAS

Agachamento
Passada à frente
Flexão do joelho

PANTURRILHAS

Elevação plantar, de pé, 5 séries de 15 repetições cada

ABDOMINAIS

Abdominais parciais, 5 séries de 25 repetições

SESSÃO DE TREINAMENTO Nº 2

Terças/Quintas/Sábados

OMBROS

Levantamento da barra
Elevação lateral com halteres

Treinamento de Potência

Remada alta, 3 séries de 10, 6, 4 repetições até a falha
Desenvolvimento com barra, 3 séries de 6, 4, 2 repetições até a falha

LOMBAR

Treinamento de Potência

Levantamento terra com a perna estendida, 3 séries de 10, 6, 4 repetições até a falha
Flexão/extensão da coluna com barra (*good mornings*), 3 séries de 10, 6, 4 repetições até a falha

---

Nota: Embora esses movimentos de potência trabalhem a região lombar diretamente, eles também envolvem o trapézio e o bíceps femoral e ajudam a desenvolver força geral.

BRAÇOS

Rosca com barra, de pé
Rosca com halteres, sentado
Rosca com pegada fechada
Rosca tríceps com barra, de pé

ANTEBRAÇOS

Rosca de punho
Rosca de punho invertida

ABDOMINAIS

Abdominais invertidos, 5 séries de 25 repetições

*Até o surgimento dos fisiculturistas modernos, esse tipo de definição muscular nunca havia sido visto fora de um atlas de anatomia: antebraços potentes; tríceps salientes; altura incrível dos bíceps; as três porções do deltóide; os músculos do trapézio abaixo do pescoço; os músculos enormes e potentes do grande dorsal nas laterais das costas; os eretores da espinha.
(Ronnie Coleman)*

A forma e a proporção geral de um físico de fisiculturismo é extremamente importante, mas o todo é também a soma dessas partes. Desenvolver um físico completo significa desenvolver todo e cada detalhe de cada uma das regiões principais do corpo.

*Seis gomos extraordinários. Abdominais como uma estátua de bronze e músculos intercostais bem desenvolvidos e claramente definidos.
(Shawn Ray)*

*A qualidade de um físico de fisiculturismo está nos detalhes: os deltóides, o tríceps, as duas porções do bíceps, peitorais maior e menor, abdominais e todos os músculos menores nas laterais do tronco são totalmente desenvolvidos.
(Ronnie Coleman)*

Um competidor de físico de elite precisa de "ligações" definidas entre os músculos e grupos musculares. Os músculos não apenas aproximam-se uns dos outros, mas são ligados e interconectados. Note a divisão bem-definida entre as porções clavicular e esternal do peitoral maior. (Ronnie Coleman)

As partes superior e inferior da perna precisam estar equilibradas. Nesse caso, o desenvolvimento e a curva potentes do quadríceps e adutores não causarão uma impressão forte se os músculos da panturrilha abaixo deles não forem igualmente enormes e definidos. (Nasser El Sonbaty)

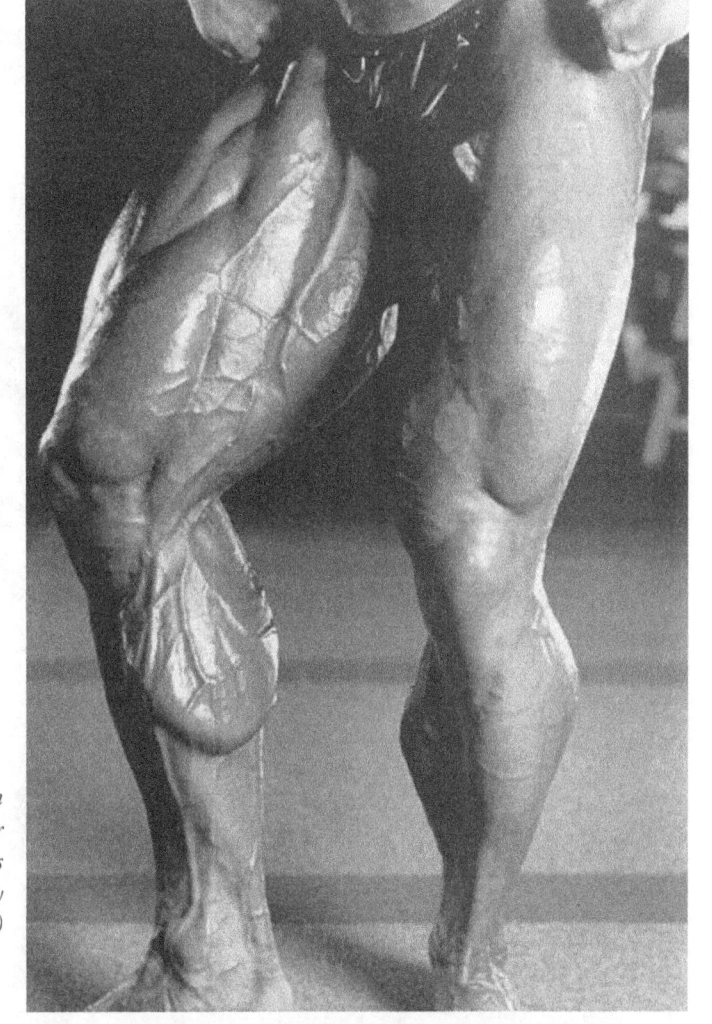

Nos princípios do fisiculturismo, os competidores preocupavam-se em desenvolver tamanho e forma muscular. Hoje, além de possuir massa, os campeões necessitam da definição que fazem com que seus músculos se pareçam com um mapa rodoviário de Rand McNally (Dorian Yates)

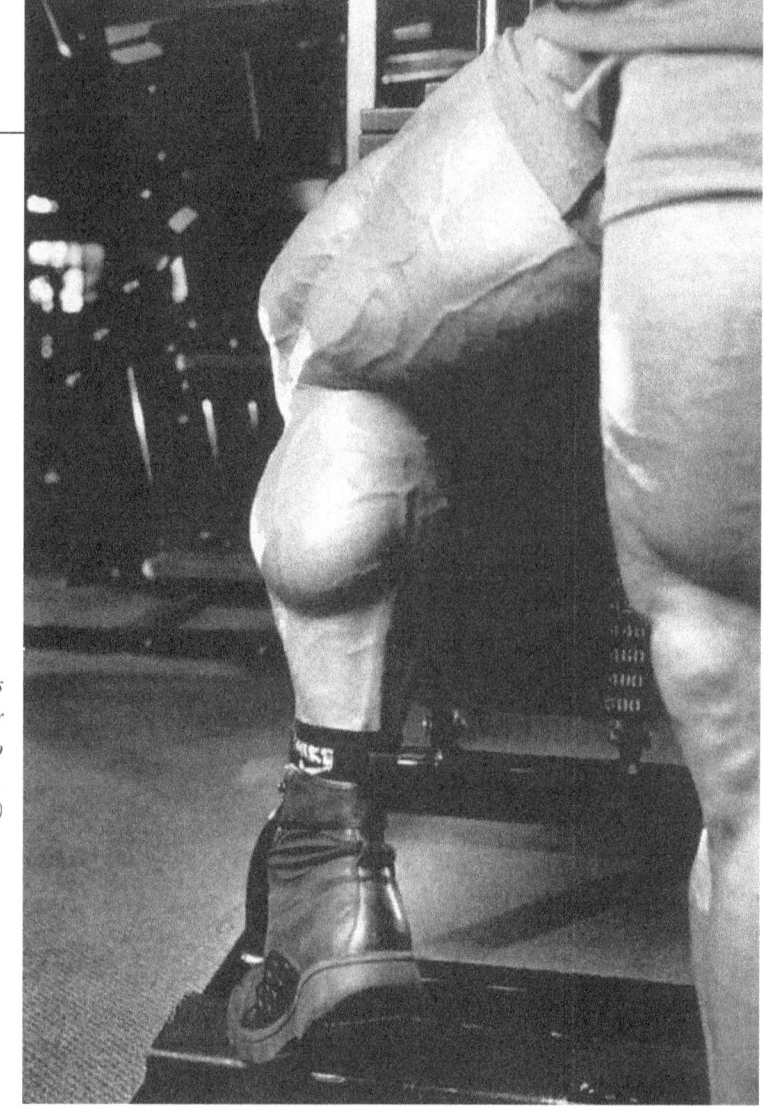

O tamanho ideal das panturrilhas deve ser aproximadamente o mesmo dos braços.
(Dorian Yates)

Um exemplo de uma incrível altura de bíceps. Note como o desenvolvimento do braço torna-se muito mais impressionante pela musculosidade geral do restante da parte superior do corpo.
(Ernie Taylor)

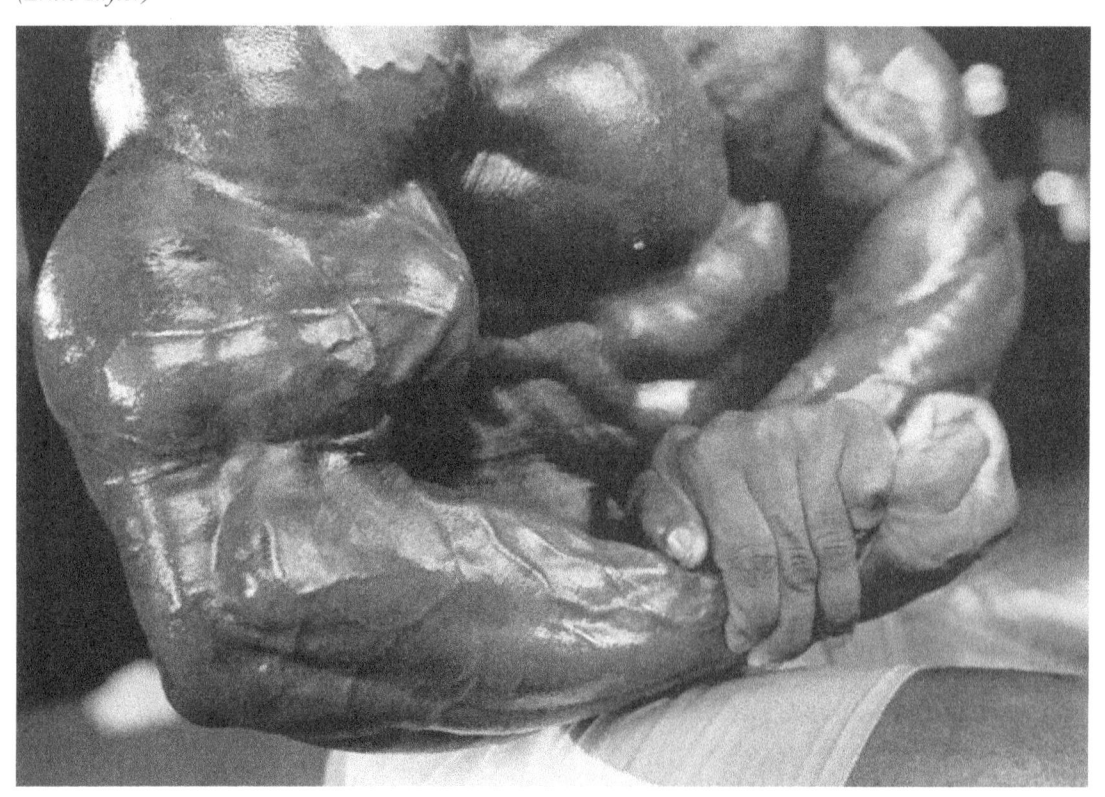

CAPÍTULO 4

Princípios do Treinamento Avançado

A intensidade é fundamental para fazer com que o treinamento de resistência progressiva funcione para você. O que é intensidade? Um tipo diz respeito ao quão arduamente você acha que está tentando. Essa é a intensidade de esforço. Outro é a quantidade de estímulo que você é capaz de provocar nos músculos, fazendo com que respondam e se desenvolvam. Isso é intensidade de efeito. É importante compreender a diferença entre esses dois tipos de intensidade, do contrário é provável que você apenas continue tentando muito (muitas vezes a ponto de lesionar-se) em vez de dominar os tipos de técnicas de intensidade descritas neste capítulo que produzem o progresso de treinamento máximo.

AUMENTANDO A INTENSIDADE DE TREINAMENTO

Aumentar a intensidade no início não é tão difícil. Você aprende a realizar mais exercícios e a como executá-los corretamente; fica mais forte e em melhor condição, e assim pode trabalhar mais arduamente e por mais tempo e submeter os músculos a um estresse maior. Contudo, uma vez que o corpo acostume-se a esse esforço, fica mais difícil continuar a escalar a intensidade no mesmo ritmo.

Obviamente, se você descansa por longos períodos e treina muito devagar, então levará metade do dia para completar seu treinamento, e a intensidade real dos seus esforços será mínima. O tempo, portanto, é um fator importante no aumento da intensidade de treinamento. Pela manipulação do tempo, você pode aumentar a intensidade de duas formas básicas: (1) realizando o mesmo volume de trabalho em menos tempo; e (2) realizando uma quantidade maior de trabalho no mesmo tempo.

Mas a maneira mais óbvia de aumentar a carga de trabalho é simplesmente treinar com mais peso. Outro método valioso é diminuir os períodos de descanso entre séries e tentar realizar dois ou três exercícios seguidos sem parar. Isso impõe uma demanda maior na sua capacidade de resistência. A resistência, como a força, é algo que pode ser desenvolvido de modo progressivo, um pouco de cada vez. Você também deve trabalhar no ritmo mais rápido que puder sem descuidar da técnica. Isso o ajudará a realizar o volume máximo de trabalho na menor quantidade de tempo.

Além de aumentar a intensidade manipulando o tempo e aumentando o peso, há algumas técnicas de treinamento especiais que podem ajudar a garantir seu progresso nos Programas de Treinamento Avançado e Treinamento para Competição. Todos eles envolvem métodos de submeter os músculos a um estresse extra, incomum ou inesperado, forçando-os assim a se adaptarem ao aumento da demanda.

TÉCNICAS DE INTENSIDADE

O Princípio do Choque

O Princípio do Choque consiste em literalmente chocar o corpo, pegando-o de surpresa pela mudança de vários aspectos do seu treinamento. O corpo é incrivelmente adaptável e pode acostumar-se a cargas de trabalho que derrubariam um cavalo. Contudo, se você sempre submeter o corpo ao mesmo tipo de estresse, ele se acostumará a isso, e mesmo um treinamento muito intenso produzirá menos resposta do que você esperava. Você pode chocar o corpo treinado com mais peso do que o usual; realizando mais repetições e/ou séries; acelerando seu treinamento; reduzindo seu tempo de descanso entre as séries; realizando exercícios com os quais não está familiarizado; realizando seus exercícios em uma ordem não-familiar; ou utilizando qualquer uma ou todas as técnicas de intensidade aqui listadas.

A mudança por si só tende a chocar o corpo, mesmo que o treinamento não-familiar não seja mais exigente do que aquele com que está acostumado. Mas você chegará a um ponto em que achará difícil fazer progresso adicional sem chocar os músculos para que fiquem maiores e mais fortes, mais cheios, mais rijos e mais definidos. Uma forma pela qual introduzi uma mudança radical no meu treinamento foi treinando superpesado um dia por semana, tipicamente às sextas-feiras. Costumávamos sobrecarregar os pesos em duas séries de cada exercício para realmente treinar potência, depois tirar o sábado para nos recuperar da dor. Veja as fotos do treinamento de potência de pressões por trás do pescoço (p. 273), pressões com haltere (p. 274) e pressões inclinadas com haltere (p. 329) para alguns bons exemplos.

Repetições Forçadas

Um método de forçar repetições extras é contar com o parceiro de treinamento fornecendo um pequeno levantamento extra para ajudá-lo a continuar. Entretanto, nunca gostei desse método, porque não há como seu parceiro realmente saber quanto de levantamento fornecer, o que você realmente é capaz de fazer sozinho e do quanto de ajuda você realmente precisa. Prefiro um tipo de repetições forçadas que às vezes é chamado de Treinamento Descanso/Pausa. Você utiliza um peso bastante pesado e vai até a falha na série. Então você pára, deixa o peso suspenso por apenas alguns segundos e depois força uma repetição extra. Mais uma vez, descansa apenas alguns segundos antes de forçar outra repetição. Esse método depende da recuperação inicial rápida dos músculos após o exercício, e você pode usar essa recuperação para forçar várias repetições extras. Contudo, se você descansar por muito tempo, muitas das fibras cansadas irão recuperar-se, e você acabará usando-as novamente em vez de estimular novas fibras. Para as últimas repetições forçadas de repouso/pausa, você pode largar os pesos por um instante, pegá-los novamente e forçar repetições adicionais. Para exercícios como flexão de braços na barra fixa, você pode realizar suas repetições, soltar-se da barra, descansar por um momento e depois forçar mais algumas.

Repetições Parciais

Continuar a realizar repetições parciais quando você está muito cansado para completar repetições com amplitude de movimento máxima é um método de choque que sempre utilizei para quase qualquer músculo do corpo, e é o método particularmente favorito de Dorian Yates. Dorian realizou muitos treinamentos em que forçou os músculos além do ponto de falha momentânea até quase exaustão total, utilizando técnicas como repetições forçadas e repetições parciais. As repetições parciais são mais eficazes no final de uma série, quando você está quase exaurido. Por exemplo, se você estava realizando roscas Scott, seu parceiro de treinamento terá que ajudá-lo a levantar o peso, e então você o baixará alguns graus e depois o levantará o máximo possível, mesmo que sejam somente alguns milímetros; depois abaixe-o um pouco mais e realize algumas repetições parciais a partir dessa posição, repetindo da forma abaixada até que os músculos estejam queimando e exaustos.

Treinamento de Isolamento

O treinamento de isolamento consiste em concentrar seus esforços em um músculo ou grupo muscular específico, ou mesmo em parte de um músculo isoladamente de outros músculos. Eis um exemplo de como o treinamento de isolamento específico pode ser realizado: quando você executa exercícios compostos como o supino, os músculos envolvidos são os peitorais, o tríceps e o deltóide anterior. Um exercício como o crucifixo com halter, por outro lado, trabalha os peitorais em isolamento e permite que você os atinja com intensidade máxima. Como próximo passo, você pode realizar crucifixos com halter na posição inclinada como forma de isolar apenas a porção clavicular (superior) do peitoral maior. Levando isso a um extremo ainda mais avançado, você pode realizar cruzamentos com cabos na posição inclinada, fazendo um esforço especial para cruzar as mãos e obter a contração máxima mais alta do teste.

Isso isolaria e desenvolveria a área interna da porção clavicular do peitoral maior.

O treinamento de isolamento pode permitir que você desenvolva cada parte do seu físico completamente, indicando as áreas fracas e ajudando a alcançar o grau de separação e definição muscular necessário para aquela aparência esculpida de campeão.

Repetições Negativas

Sempre que você levanta um peso usando a força contrátil dos músculos, está realizando o que é definido como um movimento positivo; quando você abaixa o peso, estendendo o músculo que está trabalhando, está realizando um movimento negativo. Repetições negativas realmente impõem um estresse maior nos tendões e nas estruturas de sustentação do que nos próprios músculos. Isso é benéfico porque você quer que a força dos tendões aumente junto com a força muscular. Para obter o benefício total das negativas nas suas sessões de treinamento normais, sempre abaixe os pesos devagar e com controle, em vez de deixá-los cair. Para trabalhar mais duro com negativas, primeiro tente levantar de maneira "roubada" um peso que, de outra forma, seria muito pesado para levantar estritamente e depois abaixe-o lentamente e deliberadamente (consulte o Método "Roubado", a seguir). Os músculos podem abaixar com controle um peso que não poderiam realmente levantar de forma apropriada. Ao final de uma série, quando os músculos estão muito cansados, você pode pedir ao seu parceiro de treinamento que lhe dê um pequeno auxílio para levantar o peso, e depois realize negativas completas sozinho.

Negativas Forçadas

Para desenvolver ainda mais intensidade em repetições negativas, peça ao seu parceiro de treinamento para fazer pressão sobre o peso enquanto você o abaixa, forçando-o a lidar com uma resistência maior. Isso deve sempre ser feito com cuidado e tranquilidade de forma que os músculos e tendões não sejam submetidos a solavancos repentinos. Negativas forçadas são mais facilmente realizadas com aparelhos ou cabos do que com pesos livres.

Método "Roubado"

O método "roubado" é uma exceção à regra geral de que a técnica estrita é necessária no fisiculturismo. Esse tipo de fraude não envolve o uso de uma técnica de treinamento descuidada: trata-se de um método em que você usa deliberadamente outros músculos ou grupos musculares para trabalharem em cooperação com os músculos objetivados. Isso não é algo que você deva fazer o tempo todo, mas é muito útil para alcançar certos objetivos específicos.

Digamos que esteja realizando uma rosca de bíceps pesada. Você traz o peso para cima 5 ou 6 vezes e então sente que está muito cansado para continuar realizando repetições completas. Nesse ponto você começa a utilizar os ombros e as costas para auxiliar no levantamento de modo suave, de forma que consegue realizar mais 4 ou 5 repetições. Mas você frauda a regra *apenas o suficiente* para que consiga continuar a série e o bíceps continue trabalhando o mais arduamente possível. Com esse método, força o bíceps a realizar mais repetições do que poderia se não tivesse o auxílio dos outros músculos; assim você o submete a um estresse maior, e não menor.

O método "roubado" é utilizado para tornar o exercício mais difícil, e não mais fácil. É também uma forma de realizar repetições forçadas sem o auxílio de um parceiro de treinamento. Mas para fazer com que as repetições roubadas funcionem, você tem que se concentrar em garantir que o esforço extra que está sendo aplicado pelos outros músculos seja *apenas o suficiente* e não demasiado, de forma que os músculos objetivados sejam ainda forçados a se contraírem ao máximo.

Método de Treinamento Pesado

O método de treinamento pesado é um nome aplicado a diferentes abordagens de treinamento. Para algumas, ele envolve várias séries estendidas – isto é, seguir suas repetições regulares com repetições forçadas, negativas, negativas forçadas e repetições forçadas até a exaustão. Sempre utilizei o termo para significar que a pessoa vai direto ao peso mais pesado que pode manejar (após aquecimento) em vez de adotar o método de pirâmide – isto é, aumentar gradualmente o peso e diminuir as repetições. Assim, se eu podia realizar roscas com haltere completas com, digamos, 29 kg em vez de trabalhar lentamente até esse peso, eu fazia duas séries de aquecimento leve e depois pegava *imediatamente* os halteres de 29 kg e realizava minha quantidade normal de repetições e séries com esse grande volume de peso, forçando os bíceps a trabalharem até o seu máximo do começo ao fim. A chave para esse tipo de treinamento é não usar um peso muito pesado para que consiga realizar sua quantidade normal de séries e repetições – digamos 5 séries de 8 a 12 repetições. Se puder realizar somente 6 ou 7 repetições, o peso é *muito* pesado.

PRINCÍPIO DO TREINAMENTO DE POTÊNCIA

Séries de potência são o tipo que um levantador de peso competitivo costuma realizar, treinando para desenvolver força e potência máximas. Você realiza duas séries de aquecimento e depois escolhe um peso pesado que lhe permita realizar cerca de 8 repetições. Continue adicionando peso de forma que suas séries baixem para 6, 4 e 3 repetições, e realize duas séries de apenas uma repetição. Esse tipo de treinamento ensina os músculos a manejarem quantidades máximas de peso em comparação a pesos mais leves para mais repetições. O treinamento de potência funciona melhor para os exercícios que usam vários músculos ao mesmo tempo, tais como o supino, o agachamento e o levantamento terra (consulte a página 142 para mais informações sobre o treinamento de potência).

Séries Alternadas

Séries alternadas consiste em realizar uma quantidade de séries de uma parte do corpo que você quer treinar com maior intensidade no meio de outros exercícios ao longo da sua sessão de treinamento. Por exemplo, quando eu decidia que necessitava de esforço extra no meu treinamento das panturrilhas, ia à academia, realizava algumas séries para as panturrilhas, em seguida passava para o supino, depois mais algumas séries para as panturrilhas, depois realizava pressões inclinadas com haltere, voltava paras as panturrilhas para algumas séries, e no final da sessão eu havia realizado 25 séries ou mais de panturrilhas – realmente dando-lhes um treinamento. Nos dias posteriores, realizava meu exercício normal para as panturrilhas e depois treinava com séries alternadas para realmente bombeá-las e detoná-las.

Princípio de Prioridade

O princípio de prioridade consiste em dar prioridade especial na sua programação de treinamento a uma área do seu físico que esteja fraca ou fique para trás em relação às outras. Isso é necessário porque todo fisiculturista possui pontos fracos. Nenhum campeão, não importa quantos títulos tenha conquistado, possui um físico perfeito. Algumas regiões corporais sempre se desenvolvem melhor ou mais rápido do que outras, independentemente de quem você seja ou de quão boa possa ser sua genética. Há algumas maneiras de fazer isso:

- Você pode programar uma região corporal específica de maneira que possa treiná-la imediatamente após um dia de descanso, quando estiver renovado, recuperado e forte.
- Pode escolher um exercício especificamente designado para atingir o tipo de desenvolvimento que está procurando (tamanho, forma, definição, separação, etc.).
- Pode trabalhar no aperfeiçoamento da sua técnica de treinamento básica para aumentar a eficiência e a eficácia das suas sessões de treinamento.
- Pode mudar seu programa de treinamento de forma a incluir treinamento de intensidade extra para qualquer região corporal que esteja necessitada, tal como fazer uso de uma variedade de técnicas de intensidade.

Você pode adotar o treinamento de prioridade para aumentar o tamanho e a curva do quadríceps, aumentar o tamanho dos braços, aumentar a altura máxima do bíceps, deixar os deltóides mais pronunciados e separados ou melhorar qualquer área fraca do seu físico. Quando eu era um fisiculturista jovem, sabia que necessitaria de panturrilhas melhores para tornar-me o tipo de campeão que eu desejava ser; então costumava sempre treinar as panturrilhas primeiro, antes de qualquer outra parte do corpo, submetia-as a inúmeras técnicas de intensidade para forçá-las a se desenvolverem – muitas vezes realizando séries alternadas durante toda a minha sessão de treinamento. Já que meus tríceps nunca foram tão impressionantes quanto os bíceps, e eu estava subindo contra a vontade de Sergio Oliva, que tinha braços absolutamente fenomenais, costumava dar tratamento prioritário aos tríceps em sessões de treinamento pré-competição para dar-me os braços de que necessitava para vencer Sergio, "O Mito". Mais recentemente, quando eu estava preparando-me para filmar o segundo filme do *Conan*, embora estivesse em boa forma, não estava contente com a largura da minha cintura; então comecei a dar prioridade ao treinamento abdominal nas minhas sessões diárias, emendando uma série na outra até finalmente diminuir a medida da cintura em 5 cm antes do início da filmagem.

Shawn Ray é outro exemplo de o que o treinamento de prioridade pode fazer por você. Ele era capaz de manter-se competitivo contra os "grandes" homens trabalhando as costas de forma prioritária durante anos, participando do Mister Olímpica com as costas cada vez mais largas e mais grossas. Nasser El Sonbaty também melhorou a musculosidade das costas em um esforço para vencer Dorian Yates, mas além disso ele diminuiu a cintura, o que lhe conferiu um afilamento em "V" muito melhor. Eu poderia continuar com exemplos intermináveis, mas o que interessa lembrar é que ninguém possui um físico perfeito; e, se uma parte do corpo não está respondendo, não aceite apenas isso como um fato, mas faça algo a respeito – e a principal solução para um problema como esse é o emprego do princípio de prioridade.

Superséries

Superséries são dois exercícios realizados seguidos sem parar. Para intensidade extra, você pode até mesmo realizar três séries seguidas sem parar (trisséries). Leva-se algum tempo para desenvolver a resistência necessária para realizar várias superséries, mas esse tipo de condicionamento desenvolve-se no tempo apropriado se você se mantiver trabalhando nisso.

Na verdade, há duas maneiras de você utilizar superséries: (1) você pode realizar dois exercícios seguidos para a mesma região corporal (tais como a remada com cabo e a puxada com cabo); ou (2) pode treinar duas regiões corporais diferentes (supino seguido por flexão de braços na barra fixa, por exemplo). Realizar superséries dentro do mesmo grupo muscular permite que você trabalhe duro aquela área e lhe dê um treinamento máximo. Você ficará surpreso ao ver como um músculo que parece estar totalmente fatigado ainda possui muita força sobrando se você exigir que ele execute um movimento levemente diferente. Entretanto, para fazer isso, você precisa começar com o movimento mais difícil e depois passar para um que seja menos exigente – remada curvada seguida por remada com cabo na posição sentado, por exemplo.

Superseriar duas regiões corporais diferentes, tais como peito e costas (uma das minhas favoritas) ou bíceps e tríceps, permite que um grupo muscular descanse enquanto você trabalha o outro, possibilitando que você se exercite continuamente, o que é ótimo para o condicionamento cardiovascular. Pessoalmente, sempre gostei de utilizar superséries para treinar grupos musculares opostos por causa da tremenda bomba que se consegue, o que faz você sentir que tem o corpo de King Kong.

O Método de Carga Regressiva

O Método de Carga Regressiva significa você reduzir o peso que está utilizando quando começa a falhar no final de uma série, de forma que consiga continuar e realizar mais repetições. Quando eu estava aprendendo pela primeira vez sobre o treinamento de fisiculturismo, era óbvio para mim que, quando você chega ao final de uma série e aparentemente não consegue realizar outra repetição, isso não significa que todos os músculos estão totalmente fatigados: significa apenas que eles estão muito cansados para levantar aquela quantidade de peso. Se uma anilha ou duas forem retiradas, você conseguirá realizar mais repetições. Retire outra anilha e conseguirá continuar por ainda mais tempo. Cada vez que fizer isso, estará forçando os músculos a recrutarem mais fibra muscular. (Na verdade, o que eu não sabia é que a mesma descoberta foi feita em 1947 por Henry Atkins, editor das revistas *Vigor* e *Body Culture*. Ele chamou isso de sistema de multicargas.) Você nunca deve utilizar o Método de Carga Regressiva no início de um exercício, quando você está renovado e forte, mas somente na sua última série.

Considerando que as alterações no peso devem ser efetuadas rapidamente de maneira que os músculos não tenham tempo para se recuperarem, é útil ter um parceiro de treinamento pronto para retirar as anilhas da barra ou mover o pino na pilha de pesos de um aparelho. Por exemplo, você pode realizar supinos com o peso mais pesado na barra que consiga manejar por 6 repetições. Digamos que esse peso fosse de 136 kg. Após ter falhado, seu parceiro rapidamente retiraria peso de forma que você conseguisse realizar mais repetições com 113 kg. Todavia, não recomendo que diminua demais o peso, a menos que esteja treinando para obter definição máxima; porque você não se desenvolverá manejando pesos leves demais. Muitos fisiculturistas utilizam esse princípio de forma diferente, trabalhando a seu modo debaixo de uma prateleira de halteres, à medida que realizam mais séries e ficam mais e mais cansados.

Uma variação desse método chama-se "esvaziar a prateleira", em que você realiza sua série com um só peso, vai até a falha, retira o peso e pega o próximo mais leve na fileira, vai até a falha, e continua esse processo até a exaustão.

Princípio de Isotensão

Durante seu período de descanso de 1 minuto entre séries, não se sente simplesmente perto do seu parceiro de treinamento para observá-lo fazer sua série. Continue flexionando e contraindo os músculos que está treinando. Isso não somente os mantém bombeados e prontos para mais ação, como também é por si só um tipo de exercício muito benéfico. A flexão é uma forma de exercício isométrico, e os exercícios isométricos (embora geralmente não se apliquem ao fisiculturismo por não trabalharem os músculos na sua amplitude de movimento completa) envolvem contrações musculares bastante intensas. Um fisiculturista que faz poses e flexiona na academia, olhando-se no espelho, está empenhado em uma parte muito importante da sua sessão de treinamento.

Na verdade, não acredito que você possa vencer um grande campeonato sem praticar isotensão entre suas séries. Não basta ter músculos grandes; você também tem que ser capaz de controlá-los, e isso é algo que precisa aprender. Você também obtém o mesmo tipo de benefícios de sessões realmente duras de prática de poses, conforme discutiremos mais adiante (consulte Poses, p. 565).

Princípio Instintivo

Quando você inicia o treinamento de fisiculturismo e está esforçando-se para dominar os exercícios fundamentais e criar uma estrutura muscular basicamente sólida, convém seguir um programa prescrito. Mas depois de estar treinando por um período mais longo, perceberá que o seu progresso aumentará se aprender a observar e compreender as respostas individuais do seu corpo ao treinamento e variar suas sessões de treinamento de acordo com elas. Nos meus primeiros anos, eu tendia a realizar minhas sessões em um padrão fixo e rígido, da mesma maneira todas as vezes. Depois comecei a treinar com Dave Draper, e ele me ensinou outra abordagem. Dave ia à academia sabendo quais regiões corporais iria treinar e quais exercícios realizaria, mas costumava mudar a ordem desses exercícios dependendo de como se sentia naquele dia em particular. Se geralmente iniciasse com flexões de braço na barra fixa com pegada aberta, poderia decidir, em vez disso, iniciar com remadas curvadas e terminar com flexões de braço na barra fixa. Ele havia aprendido a confiar nos seus instintos para ajudarem a guiá-lo em suas sessões de treinamento. Ocasionalmente, abandonava sua sessão normal e fazia algo totalmente diferente: 15 séries de supino, por exemplo; séries menores e muito pesadas ou várias séries realizadas rapidamente. Aprendi com Dave que o corpo possui seus próprios ritmos, os quais são diferentes de um dia para outro; e que, quanto mais avançado você fica, mais precisa estar atento a essas variações e ciclos. Deixe-me preveni-lo, entretanto, de que essa percepção não ocorre da noite para o dia: geralmente é necessário um ano ou mais de treinamento antes que você possa começar a beneficiar-se de fazer esses ajustes instintivos ocasionais em seu programa.

Princípio da Pré-Exaustão

O efeito total do fisiculturismo ocorre quando você estimula e inerva completamente o máximo possível de fibras no músculo. Mas alguns músculos são maiores do que outros e, quando usados em combinação com outros menores, terão fibras novas disponíveis quando os músculos menores estiverem totalmente exaustos. Mas você pode planejar seu treinamento de forma a isolar e fatigar primeiro o músculo grande, antes de treiná-lo em combinação com outros menores. Quando você realiza supinos, por exemplo, está utilizando os peitorais, o deltóide anterior e o tríceps em combinação. Os peitorais são de longe os mais fortes desses músculos, e normalmente, quando você pressiona o peso para cima, o deltóide menor e o tríceps falham muito antes do que os peitorais. Para compensar isso, você pode realizar primeiro crucifixos com halteres que isolam e levam à pré-exaustão os peitorais. Assim, se você continuar realizando supino, os peitorais, que já estão cansados, irão à fadiga total quase ao mesmo tempo de que os outros músculos. Outras rotinas pré-fadiga poderiam envolver extensões de pernas antes de agachamentos (pré-fatigando o quadríceps); elevações laterais com haltere antes de pressões de ombro (pré-fatigando os deltóides); ou fatigar o grande dorsal isoladamente em um aparelho Nautilus de puxada para as costas antes de realizar remadas na posição sentado, remadas na barra em "T" ou outros exercícios de remada que envolvam os bíceps.

Eu Vou / Você Vai

Nesse método para aumentar a intensidade de treinamento e chocar os músculos, você e seu parceiro de treinamento, um após o outro, terminam uma série e imediatamente entregam o peso um para o outro, sucessivamente, nunca o colocando no chão. Lembro-me de realizar roscas com haltere, entregando a barra para Franco e indo para frente e para trás, não contando realmente as repetições, apenas indo até a falha. Após um momento, eu estava gritando e esperando que fosse a vez de Franco, porque o meu bíceps estava queimando muito. Você fica sentindo dor, seu parceiro devolve-lhe o peso novamente, e o número de repetições que você consegue realizar fica cada vez menor. Mas o propósito dessa técnica é que você execute o exercício quando for a sua vez, pronto ou não, não importa o quão cansado esteja ficando. O grau de intensidade que você consegue desenvolver utilizando esse método é fantástico. Converse sobre chocar os músculos! O único problema é a dor que você sente no dia seguinte.

O método "eu vou / você vai" é mais útil para treinar músculos menores, como os bíceps ou as panturrilhas, do que para músculos grandes, como os da coxa e das costas. Exercícios como agachamento e remada curvada demandam tanta energia que você fica rapidamente sem força, mesmo sem esse tipo intensivo de treinamento.

Método de Inundação

O método de inundação consiste em segurar um peso (relativamente leve) fixo em vários pontos ao longo da trajetória do exercício, forçando o músculo para manter uma contração constante por períodos mais longos. Por exemplo, após realizar o máximo possível de elevações laterais com halteres, eu prendo os braços lateralmente ao corpo e então elevo os halteres afastando-os cerca de 12 cm das coxas, sentindo os deltóides tensos e flexionados. Mantenho essa posição por aproximadamente 10 segundos, quando o queimor que acompanha o acúmulo de ácido lático fica cada vez mais forte. Essa tensão aplicada no final de um exercício provoca um aumento enorme na divisão muscular e pode ser realizada para vários músculos do corpo: para o grande dorsal, pendurando-se na barra fixa e elevando o corpo somente alguns centímetros; executando cruzamentos com cabo, firmando as mãos cruzadas junto ao peito totalmente contraído, inundando sangue para dentro dos peitorais; sustentando uma rosca de forma fixa, em vários ângulos do arco total; ou mantendo as pernas estendidas em uma extensão de pernas e sustentando o máximo que puder.

Séries de Multiexercícios

Para chocar o corpo, em vez de realizar 5 ou 6 séries de um exercício específico para uma parte do corpo, você realiza suas séries utilizando cada vez um exercício diferente para essa parte do corpo. Séries de multiexercícios não são realizadas como superséries: você as realiza uma por vez e descansa entre uma e outra, mas executa somente uma série de cada exercício e depois passa para outro. Por exemplo, você pode executar uma série de roscas com barra, descansar por um minuto, depois realizar uma série de roscas com haltere, roscas com cabo, roscas na posição inclinada e assim por diante até exaurir completamente os bíceps. A idéia aqui é tornar o estresse de cada série levemente diferente, atacando a região corporal a partir de cada ângulo possível para assegurar que o músculo inteiro seja treinado e possibilitando um choque que forçará a quantidade máxima de resposta do corpo.

Método "Uma e Meia"

Outra forma de variar o estresse a que os músculos são submetidos em qualquer série é realizar uma repetição completa de um movimento seguida por uma meia repetição e alternando assim completas e meias repetições até terminar a série. Quando fizer isso, certifique-se de que a meia repetição seja bem lenta e estrita. Segure o peso por um momento no ponto extremo do movimento, depois abaixe-o lentamente, com total controle.

Sistema de Pelotão (21 s)

O sistema é mais elaborado do que os de uma e meia, porque você realiza uma série de meias repetições na amplitude de movimento inferior, uma série de meias repetições na amplitude de movimento superior e depois uma série de repetições completas. Você pode utilizar qualquer quantidade de repetições – eu sempre fiz 10-10-10 – contanto que execute o mesmo para cada uma das meias repetições e repetições completas. Tradicionalmente, muitos fisiculturistas utilizam 7 repetições – daí o nome 21 s: 3 x 7. O estresse extra gerado pelo tipo de treinamento ocorre porque você tem que interromper o movimento bem no meio, e isso força os músculos a se exercitarem de formas com as quais não estão acostumados.

Carga de Trabalho Progressiva

Ninguém consegue ir ao máximo em toda sessão de treinamento. Utilizando esse sistema de treinamento, você planeja suas sessões de três vezes por semana por região corporal com repetições e séries relativamente altas, mas não utiliza os pesos mais pesados possíveis. Você aumenta o peso para a segunda sessão, mas ainda fica abaixo da carga máxima. Para sua terceira sessão, contudo, você vai muito pesado, mantendo suas repetições até 4 a 6 no máximo por série. Aumentando gradualmente a carga de cada sessão de treinamento durante a semana, você prepara o corpo para suportar o choque de um peso muito pesado.

Treinamento Balístico

O treinamento balístico consiste em uma técnica em que você impulsiona um peso para cima ou explode-o (mas de maneira suave e controlada) em vez de levantá-lo em uma velocidade constante. Isso é realizado com quantidades de peso relativamente grandes, então o peso realmente não se move com tanta rapidez. Mas a tentativa de forçar o peso a ir mais rápido implica uma série de coisas:

1. Cria resistência variável. Por quê? Porque você é mais forte numa parte de um levantamento do que em outra, devido à vantagem mecânica músculo-articular. Quando você é mais forte, o peso acelera um pouco mais; e um peso acelerado é mais pesado do que outro que não é acelerado ou não é tão acelerado. Portanto, o peso é mais pesado quando você é mais forte, e não tão pesado quando você é mais fraco – isso se chama resistência variável.

2. Recruta uma quantidade máxima de fibras brancas de potência de contração rápida, que são maiores (por volta de 22%) e mais fortes do que as fibras vermelhas de resistência e de contração lenta.

3. Cria falha constante. Os músculos se desenvolvem quando são submetidos a uma tarefa que está bem além das suas capacidades. Quando você tenta acelerar um peso, há sempre um limite para a quantidade de aceleração que pode atingir. Os músculos não conseguem movê-lo mais rápido. Portanto, em vez de falhar somente no final da sua série, você na realidade manifesta um grau de falha durante cada repetição da série.

O treinamento balístico deve ser realizado primordialmente com exercícios que usem muitos músculos grandes – por exemplo, supino, pressão de ombro e agachamento. Você deve utilizar um peso com que possa realizar normalmente cerca de 10 repetições. Considerando que um peso acelerado é mais pesado, você perceberá que consegue realizar apenas cerca de 7 repetições com o mesmo peso quando utiliza o método balístico. Além disso, as repetições balísticas requerem um tipo de técnica ligeiramente diferente daquele das repetições normais de velocidade constante:

1. Abaixe o peso normalmente, utilizando velocidade constante. Faça uma pausa no chão, depois impulsione o peso para cima, acelerando-o serenamente ao longo de toda a amplitude de movimento.

2. Continue a série não até o ponto de falha absoluta, mas até a falha de potência. Ou seja, quando você não consegue mais acelerar o peso e só pode

levantá-lo lentamente, terminou a série. Ao executar repetições balísticas, não há nexo em ultrapassar esse ponto.

3. Descanse bastante entre as séries, de 1 a 2 minutos. As fibras brancas de contração rápida demoram mais para se recuperarem do que as fibras vermelhas, e esse é o tipo de músculo que você está objetivando com séries balísticas.

APRENDA A UTILIZAR PRINCÍPIOS DO TREINAMENTO AVANÇADO

Roma não foi construída em um dia, e nem o é um excelente físico de fisiculturismo. Criar um corpo musculoso altamente desenvolvido significa começar utilizando os fundamentos, aprendendo as habilidades necessárias, desenvolvendo força e condicionamento com o tempo e então elevando gradualmente o nível de intensidade do treinamento, aprendendo em parte a utilizar os Princípios do Treinamento Avançado.

Para ser eficaz, seu treinamento deve ser orientado a um objetivo, e seus objetivos podem mudar com o passar do tempo. No início, sua meta é simplesmente começar, aprender técnicas básicas e condicionar o corpo até o ponto em que tiver a força e o condicionamento necessários para tirar o máximo proveito das suas sessões de treinamento. Para algumas pessoas, que estão interessadas principalmente em treinar visando à saúde e à aptidão geral e que não são capazes ou não desejam dedicar mais do que duas horas para se exercitarem, isso é o máximo que elas irão querer alcançar.

Mas para aqueles que almejam um objetivo mais alto, o desenvolvimento de um corpo musculoso superior ou que estão treinando com o objetivo de participar de uma competição, o próximo passo é aumentar a intensidade, tanto para levantar pesos mais altos como para empregar as técnicas de intensidade apropriadas.

Minha melhor recomendação é que você domine as técnicas de intensidade listadas acima, uma de cada vez. Experimente uma técnica particular, familiarize-se com ela e observe como você se sente e como ela afeta o seu corpo. Quando se sentir totalmente confortável utilizando essa técnica de intensidade, siga em frente e faça a mesma coisa com outra. Nem todo fisiculturista utiliza ou quer utilizar todas as técnicas de intensidade; mas familiarizar-se com elas, aprender como elas funcionam e como você se sente ao utilizá-las permitirá que incorpore aquelas que mais o satisfaçam em seus futuros programas de treinamento.

CAPÍTULO 5

Desenvolvendo um Físico de Qualidade: O Programa de Treinamento Avançado

O Programa de Treinamento Avançado é para pessoas que querem desafiar-se mais, que não se contentam simplesmente em ficar fisicamente aptas, mas querem desenvolver um físico potente e imponente. Para esses indivíduos, não basta apenas ganhar alguns quilos de músculo. Em vez disso, querem não somente ganhos em força e massa muscular, mas também esculpir o corpo – para atingir forma e divisão muscular, equilibrar as proporções dos vários grupos musculares e criar uma excelente definição muscular.

Mas querer atingir tudo isso não é o suficiente; você também tem que aprender como fazer. Ninguém esperaria tornar-se um cirurgião sem aprender tudo sobre o corpo – como é constituído, como está conectado, quais são as suas partes. Para tornar-se um grande fisiculturista, você deve aprender tudo sobre o corpo – quais suas partes e músculos, as diferentes áreas do corpo, como estão conectadas, e como o corpo responde a vários programas de exercícios. Se não souber essas coisas, não será capaz de desenvolver o corpo no seu potencial máximo, independentemente da intensidade da sua motivação. E esses são os assuntos de que tratarei neste e em subseqüentes capítulos desta enciclopédia.

O físico do fisiculturismo é uma combinação cuidadosamente equilibrada de muitos fatores, incluindo forma, proporção e simetria. O fisiculturismo foi comparado à escultura, com o fisiculturista criando e modelando um físico da forma que o artista esculpe uma estátua de mármore ou granito. Para o fisiculturista, o único material com o qual tem que trabalhar é o músculo.

Os exercícios e os princípios de treinamento que você aprendeu no programa de treinamento básico não são suficientes para dar-lhe o controle total sobre o seu corpo que é necessário para desenvolver um físico esculpido de competição. Você precisa de mais e diferentes tipos de exercícios, um conhecimento de como planejar suas sessões de treinamento para obter resultados muito específicos, e uma habilidade para gerar intensidade suficiente para que seu corpo continue desenvolvendo-se e crescendo. Você não pode deixar nenhum grupo muscular de fora. Deve incluir tudo – os antebraços, os dois músculos principais da panturrilha, a lombar, o deltóide posterior, o serrátil e os intercostais. E não basta ter músculos grandes. Por exemplo, você precisa de plenitude e desenvolvimento interno e externo das porções superior, inferior e média do peitoral. Há três porções do deltóide a serem desenvolvidas e divididas. Você precisa do trapézio, parte central das costas, grande dorsal e lombar em ordem para ficar completo. Além de desenvolver os quadríceps e os isquiotibiais, tem que criar uma linha distinta entre eles. Os bíceps requerem comprimento, espessura e altura – não apenas tamanho.

O desenvolvimento nesse nível é absolutamente crucial quando você finalmente participa de uma competição, mas esperar até que esteja treinando para competição para começar o treinamento de definição e de pontos fracos é muito tarde. A hora de começar é quando você começa o treinamento avançado sério, e depois pode aperfeiçoar *ainda mais* seu programa de treinamento ao seguir adiante para o treinamento de competição.

Obviamente, estabelecer para você essas metas mais altas no treinamento avançado demandará mais tempo, energia, dedicação e, portanto, comprometimento. E exigirá muito mais da mente, requerendo uma firme determinação. A determinação não surge de um simples ato de vontade; ela tem que envolver um grau de motivação real e prazeroso; você tem que ter *fome* por alcançar seus objetivos; o esforço necessário não deve ser visto como um fardo, mas como uma oportunidade. Não, "Droga, tenho que treinar hoje", mas, "Ah, mal posso esperar para chegar na academia e treinar". A carga de trabalho adicional não é nada se você for aficionado o bastante.

Uma forma de alcançar esse estado de espírito é ter uma *visão* – uma idéia clara na cabeça de para onde você está indo e do que quer ser. Tratarei desse assunto em detalhes no Capítulo 7. Lembro-me de quando eu era um jovem fisiculturista e olhava muitas fotos de Reg Park fazendo grandes poses. Quando vi seu físico hercúleo, mas altamente definido – seu desenvolvimento abdominal, lombar e panturrilhas em particular. É que tive a visão do que eu precisava para tornar-me um Mister Universo. Eu poderia fechar os olhos e *ver* claramente na mente como um físico de competição deveria ser, e essa visão guiou-me no meu treinamento, na minha dieta, nas poses e em tudo mais que fiz no fisiculturismo.

Resumindo, os objetivos específicos em cuja direção você estará trabalhando nas sessões de treinamento avançado são os seguintes:

1. desenvolver massa extra e, eventualmente, forma muscular;
2. concentrar-se não apenas na massa muscular, mas também nos detalhes de cada grupo muscular;
3. criar um físico com as qualidades estéticas de equilíbrio, proporção e simetria;
4. trabalhar na separação entre os músculos e os principais grupos musculares;
5. aprender a controlar totalmente o desenvolvimento do seu físico de forma a ser capaz de corrigir os desequilíbrios, os pontos fracos e as áreas problemáticas.

QUANDO PROGREDIR PARA O TREINAMENTO AVANÇADO

Uma vez que tenha ganho 7 kg ou mais de massa muscular, aumentado 8 cm nos braços, 13 cm no peito e nos ombros, 10 cm nas coxas e 8 cm nas panturrilhas, então está pronto para começar a adicionar uma variedade maior de exercícios à sua rotina e a treinar para desenvolver forma e tamanho, equilíbrio e massa.

Mas não se consegue isso em um salto repentino: você precisa de tempo para aprender exercícios novos, começar a entender como determinados exercícios afetam o corpo de formas diferentes e aprender a usar esses exercícios e uma grande variedade de novos princípios de treinamento para acelerar a resposta do corpo às sessões de exercícios.

Considerando que você aumenta sua carga de trabalho gradualmente, sua transição do treinamento básico para o avançado não acontece de repente. A questão é que, se você quer um corpo de competição, precisa treinar com intensidade, técnica e conhecimento de competição. É uma tarefa difícil, mas pode ser um dos desafios mais recompensadores da sua vida.

TREINAMENTO DE SÉRIES ALTAS

Alguns sistemas de treinamento afirmam que você pode fazer grande progresso treinando com apenas algumas séries por região corporal. Na realidade, essa idéia não é nova: essa era a forma que os fisiculturistas treinavam nos primórdios do esporte.

Quando Reg Park iniciou o treinamento sério, muitos fisiculturistas ainda utilizavam a abordagem conservadora de séries baixas para treinar. "Treinar estritamente para potência como um levantador de peso", diz Reg, "deu-nos certas vantagens naquela época, uma base realmente sólida de músculo. Mas foi só depois que aprendi a realizar 15 ou 16 séries por região corporal que senti que estava obtendo forma e definição suficientes no meu físico. Tenho certeza de que muitos dos primeiros fisiculturistas teriam melhorado muito se tivessem compreendido a necessidade de treinamentos de séries altas da forma como realizamos hoje".

É verdade, mas também é verdade que, quanto mais avançado você fica como fisiculturista, mais o corpo tende a resistir a desenvolvimentos adicionais. Isso significa que você tem que trabalhar mais duro para criar a intensidade necessária nas suas sessões de treinamento e ter certeza de que está treinando da maneira mais eficiente possível. Para assegurar que esse desenvolvimento contínuo ocorra, o programa de treinamento avançado requer a execução de um número relativamente alto de séries. Isso não é arbitrário ou simplesmente uma questão de preferência pessoal; é planejado com propósitos fisiológicos em mente: (1) recrutar e inervar todas as fibras disponíveis para cada músculo, depois trabalhar o músculo até a exaustão em qualquer exercício; e (2) realizar bastante exercícios diferentes para cada uma das partes do corpo, de forma que cada músculo seja trabalhado individualmente de todos os ângulos para criar a forma e o desenvolvimento mais completos possíveis – e para garantir que nenhum dos músculos principais do corpo escape dessa estimulação completa.

Alguns sistemas de treinamento defendem até 75 séries por sessão de treinamento, mas não é isso que entendo por séries altas. No meu entendimento, o programa de treinamento ideal envolve a realização de *4 séries por exercício*. O fato de você conseguir realizar 4 séries, descansando muito pouco entre elas, prova que ainda há fibras novas e não-recrutadas disponíveis após as primeiras poucas séries. A segunda tarefa é absolutamente necessária, uma vez que nenhum exercício é suficiente para desenvolver completamente mesmo o músculo mais simples. Pegue, por exemplo, um músculo relativamente pequeno como o bíceps: você pode treinar para desenvolver a região superior (ponto de origem), a inferior (ponto de inserção), a espessura do músculo, as regiões interna e externa, ou para criar um pico realmente alto. Uma vez que comece a lidar com os grupos musculares maiores e mais complexos, o número de maneiras diferentes que você pode treiná-los e modelá-los passa a ser realmente imenso.

Você não precisa ser um matemático para perceber que um trabalho dessa magnitude não pode ser realizado com 3 ou 5 séries totais por região corporal. Os físicos daqueles fisiculturistas modernos que são seduzidos a seguir uma teoria de treinamento ultrapassada, disfarçada sob o pretexto de uma nova abordagem científica para o fisiculturismo, certamente ficarão insuficientemente desenvolvidos. São necessários no mínimo 4 ou 5 exercícios para treinar cada grande região corporal, pelos menos 3 para as menores; e isso pode chegar a um total de 20 séries.

Com a combinação certa de exercícios, você não só desenvolve cada músculo individual completamente, como também desenvolve definição, estriamentos e uma separação total entre um grupo muscular e outro.

TREINAMENTO EM DUAS PARTES

Uma forma de enfrentar as demandas do treinamento avançado é seguir um programa de treinamento em duas partes, que significa simplesmente dividir os exercícios de cada dia em duas sessões de treinamento diferentes.

Eu descobri sozinho o treinamento em duas partes, estritamente por uma questão de necessidade. Após um ano de treinamento, comecei realmente a treinar para forçar o corpo até seus últimos limites. Eu queria treinar cada parte do corpo o mais arduamente possível e depois voltar na próxima vez e treiná-las ainda mais duro. Certa vez, fui à academia e realizei uma sessão de treinamento realmente explosiva para o peito e as costas. Senti-me ótimo. Depois passei para as pernas, mas percebi que não estava treinando com a mesma intensidade e entusiasmo que senti durante meu treinamento para a parte superior do corpo. Olhando no espelho para o meu físico adolescente em desenvolvimento, tive que admitir que minhas pernas não estavam progredindo tão rapidamente quanto a parte superior do corpo. No dia seguinte, após treinar ombros, bíceps, tríceps, antebraços e panturrilhas, fiz novamente uma avaliação e percebi que aqueles três grupos musculares também estavam um pouco fracos. Obviamente eles estavam ficando para trás.

Quando eu pensava nisso, não me parecia que carecia de potencial real para desenvolver aquelas áreas mais fracas, portanto, *teria de ser alguma falha na minha abordagem de treinamento*. Experimentei com a nutrição, tendo muito mais cuidado com o que comia, tentando manter alto meu nível de açúcar no sangue; mas, embora tenha ajudado, não foi o suficiente.

Conforme eu analisava meu treinamento mais a fundo, ficava óbvio que cada uma dessas regiões corporais vinha no final das minhas sessões de treinamento, quando eu estava cansado de realizar séries numerosas. Treinar peito, costas e pernas em um só dia era muito exigente, e ocorreu-me que poderia treinar cada parte do corpo com mais intensidade se treinasse peito e costas pela manhã e depois voltasse à tardinha, renovado e descansado, para dar às pernas um treinamento realmente duro. Sem saber de nenhum outro fisiculturista que treinasse dessa forma, nem nunca ter ouvido falar a respeito, encontrei-me realizando treinamento em duas partes como o único meio possível de treinar o corpo inteiro com o tipo de intensidade que eu sabia que tinha de ser gerada para que viesse a ser Mister Universo.

O treinamento avançado pode muitas vezes envolver 75 séries totais – 15 a 20 séries para cada uma das quatro regiões do corpo, ou três regiões corporais mais treinamento para panturrilhas e abdominal. Tentar realizar todo esse trabalho em uma sessão de treinamento seria suicídio, especialmente considerando que alguns dos mesmos músculos estão envolvidos no treinamento de regiões corporais diferentes; e, se esses músculos ficam muito cansados e não têm uma chance de se recuperarem, o seu treinamento pode ficar seriamente prejudicado.

Uma sessão de 75 séries leva aproximadamente 3 horas para ser concluída, e ninguém consegue treinar direto por tanto tempo sem ficar sem energia. Muitos fisiculturistas tentam suportar essa carga de trabalho controlando seu ritmo, não treinando o mais duro possível nas duas primeiras horas, sabendo que nunca conseguiriam fazê-lo se tentassem. Mas essa carência de intensidade significa que o corpo não será forçado a responder e desenvolver-se. Você tem que ir até o seu limite se quiser resultados máximos.

Com o sistema de parcelamento em duas sessões, você treina a manhã toda, recupera-se durante o dia e retorna à academia restabelecido e pronto para ir novamente até o limite. Sempre preferi umas boas 8 a 10 horas entre sessões de treinamento para garantir uma recuperação completa, e isso implica assegurar que você realmente descanse. Se você esteve muito ativo durante o dia, esse período de descanso de 10 horas não será suficiente.

Obviamente, programar uma segunda sessão de treinamento à tardinha ou ao anoitecer cria ainda outra demanda no seu tempo, e você terá que fazer outros ajustes na sua agenda. Uma vantagem a mais desse sistema é que você queima muitas calorias adicionais durante as suas duas sessões, o que significa que não precisa sujeitar-se a uma dieta tão exigente quanto teria se treinasse somente uma vez por dia.

Programa de Treinamento Avançado

PROGRAMA AVANÇADO DE DOIS NÍVEIS

Da mesma forma que no programa de treinamento básico, criei dois níveis de treinamento avançado para prover um meio disponível de aumentar a carga de trabalho e gerar maior intensidade de forma progressiva.

Tanto o nível I como o nível II nesse programa requerem que você treine cada região corporal três vezes por semana. O nível II, contudo, é um programa mais exigente, incluindo várias superséries e uma quantidade de exercícios extras.

Comece seu treinamento com o nível I e aproveite o tempo para aprender bem cada novo exercício (ou duas vezes se precisar de tempo de recuperação extra). Uma vez que esteja trabalhando nesse nível por 6 semanas ou mais e sentir que as suas capacidades de condicionamento e recuperação permitirão que você trabalhe ainda mais duro, vá em frente e comece a adicionar exercícios novos à sua rotina até que tenha feito a transição total para o nível II. Um último lembrete: se estiver dolorido de uma sessão de exercícios anterior, tire mais um dia de descanso. Trabalhe até a carga de trabalho sugerida.

DIVISÃO DO TREINAMENTO AVANÇADO

SESSÃO Nº 1 SEG	SESSÃO Nº 2 TER	SESSÃO Nº 1 QUA	SESSÃO Nº 2 QUI	SESSÃO Nº 1 SEX	SESSÃO Nº 2 SÁB
MANHÃ					
Peito	Ombros	Peito	Ombros	Peito	Ombros
Costas	Braços	Costas	Braços	Costas	Braços
	Antebraços		Antebraços		Antebraços
	Panturrilhas		Panturrilhas		Panturrilhas
TARDINHA					
Coxas		Coxas		Coxas	
Panturrilhas		Panturrilhas		Panturrilhas	

Abdominais todos os dias

Programa de Exercícios de Nível I

SESSÃO DE TREINAMENTO Nº 1

Segundas/Quartas/Sextas-Feiras

PEITO

Supino com barra	4 séries: 1 série de 15 reps. de aquecimento; séries de 10, 8, 6, 4 reps. – carga regressiva nas duas últimas séries
Supino inclinado com barra	4 séries: mesma fórmula do supino A cada três sessões de exercícios, substitua pressões com haltere e pressões inclinadas com haltere por exercícios com barras.
Crucifixo com halteres	3 séries de 10, 8, 6 reps.
Mergulho nas barras paralelas	3 séries de 15, 10, 8 reps.
Pullovers	3 séries de 15 reps. cada

COSTAS

Flexão de braços na barra fixa	4 séries: 10 reps. no mínimo em cada série Use um haltere amarrado à cintura para maior resistência; faça flexões de costas em uma sessão, e de frente na próxima.
Flexões de braços na barra fixa com pegada fechada	4 séries de 10 reps. cada
Remada na barra em "T"	4 séries de 15, 12, 8, 6 reps.
Remada curvada com barra	4 séries de 8 a 12 reps.

COXAS

Agachamento	5 séries de 20 reps. de aquecimento; 10, 8, 6, 4 reps.
Agachamento frontal (com a barra na frente do pescoço)	4 séries de 10, 8, 8, 6 reps.
Agachamento no aparelho	3 séries de 10 reps. cada
Flexão de joelho	4 séries de 20, 10, 8, 6 reps.
Flexão de joelho, de pé	4 séries de 10 reps. cada
Levantamento terra com as pernas estendidas	3 séries de 10 reps. cada

PANTURRILHAS

Flexão plantar Donkey o colega nas costas	4 séries de 10 reps. cada
Flexão plantar, de pé	4 séries de 15, 10, 8, 8 reps.

ABDOMINAIS

Abdominal parcial	3 séries de 25 reps.
Rotação, curvado	100 reps. de cada lado
Abdominal parcial no aparelho	3 séries de 25 reps.
Abdominal parcial	50 reps.

SESSÃO DE TREINAMENTO Nº 2

Terças/Quintas/Sábados

OMBROS

Desenvolvimento com barra por trás do pescoço	5 séries de 15 reps. de aquecimento; 10, 8, 8, 6 reps.
Elevação lateral	4 séries de 8 reps. cada
Elevação lateral com halteres, inclinado	4 séries de 8 reps. cada
Elevação lateral com halteres	3 séries de 10 reps. cada

BRAÇOS

Rosca com barra, de pé	5 séries de 15, 10, 8, 6, 4 reps.
Rosca com halteres, em banco inclinado	4 séries de 8 reps. cada
Roscas concentrada	3 séries de 8 reps. cada
Rosca tríceps, deitado	4 séries de 15, 10, 8, 6 reps.
Rosca tríceps com cabo	3 séries de 8 reps. cada
Rosca tríceps unilateral	3 séries de 10 reps. cada

ANTEBRAÇOS

Rosca de punho com barra	4 séries de 10 reps. cada
Rosca de punho invertida	3 séries de 10 reps. cada

PANTURRILHAS

Flexão plantar, sentado	4 séries de 10 reps. cada

ABDOMINAIS

Abdominal parcial invertido	4 séries de 25 reps.
Rotação, sentado	100 reps. de cada lado
Abdominal em um banco vertical	4 séries de 25 reps.

Programa de Exercícios de Nível II

SESSÃO DE TREINAMENTO Nº 1

Segundas/Quartas/Sextas-Feiras

ABDOMINAIS   Comece a sessão com 5 minutos de Cadeiras Romanas

PEITO E COSTAS

Supersérie:	Supino	1 séries de 15 reps. de aquecimento; 5 séries de 10, 8, 8, 6, 4 reps.
	Flexão de braços na barra com pegada aberta (para as costas)	5 séries de 10 reps.
Supersérie:	Supino inclinado com halteres	4 séries de 10, 8, 8, 6 reps.
	Flexão de braços na barra com pegada fechada	4 séries de 10 reps.
Crucifixo com halteres		4 séries de 10, 8, 8, 6 reps.
Mergulho nas barras paralelas		4 séries de 15, 10, 8, 8 reps.
Remada na barra em "T"		4 séries de 15, 10, 8, 8 reps.
Remada curvada		4 séries de 10 reps.
Supersérie:	Remada com cabo, sentado	4 séries de 10 reps.
	Pullover com braços estendidos	4 séries de 15 reps.

COXAS

Agachamento		6 séries de 15, 10, 8, 8, 6, 4 reps.
Agachamento frontal (com a barra na frente do pescoço)		4 séries de 10, 8, 8, 6 reps.
Supersérie:	Agachamento no aparelho	1 série de 15 reps. de aquecimento; 4 séries de 10, 8, 8, 8 reps.
	Flexão do joelho, deitado	1 série de 15 reps. de aquecimento; 4 séries de 10, 8, 8, 8 reps.
Supersérie:	Flexão do joelho, de pé	4 séries de 10 reps.
	Levantamento terra com as pernas estendidas	4 séries de 10 reps.

PANTURRILHAS

Flexão plantar Donkey	4 séries de 10 reps.
Flexão plantar, de pé	4 séries de 10 reps.
Flexão plantar, sentado	4 séries de 10 reps.

ABDOMINAIS

Abdominal parcial invertido, em suspensão	4 séries de 25 reps.
Elevação das coxas até o peito, sentado	4 séries de 25 reps.
Rotação, curvado	100 reps. de cada lado

SESSÃO DE TREINAMENTO Nº 2

Terças/Quintas/Sábados

ABDOMINAIS   Comece a sessão com 5 minutos de Cadeiras Romanas

OMBROS

Supersérie:	Desenvolvimento com barra por trás do pescoço	1 séries de 15 reps. de aquecimento;
	Desenvolvimento com barra	4 séries de 10, 8, 8, 6 reps.
	Elevação lateral com halteres	4 séries de 8 reps.
Supersérie:	Desenvolvimento no aparelho	4 séries de 8 reps.
	Elevação lateral, curvado	4 séries de 8 reps.
Supersérie:	Remada alta	4 séries de 10 reps.
	Elevação lateral com cabo, unilateral, sentado	4 séries de 10 reps. cada

BRAÇOS

Supersérie:	Rosca com barra, de pé	4 séries de 15, 10, 6, 4 reps.
	Rosca tríceps, deitado	4 séries de 15, 10, 6, 4 reps.
Supersérie:	Rosca alternada com halteres	4 séries de 8 reps.
	Rosca tríceps com cabo	4 séries de 8 reps.
Supersérie:	Rosca concentrada	4 séries de 8 reps.
	Rosca tríceps unilateral	4 séries de 12 reps.
	Mergulho	4 séries de 15 reps.

ANTEBRAÇOS

Trissérie: Rosca de punho	4 séries de 10 reps.
Rosca invertida	4 séries de 10 reps.
Rosca de punho unilateral	4 séries de 10 reps.

PANTURRILHAS

Flexão plantar, de pé	4 séries de 15, 10, 8, 8 reps.
Flexão plantar no aparelho de pressão de pernas	4 séries de 10 reps.

ABDOMINAIS

Abdominal em um banco vertical	4 séries de 25 reps.
Rotação, sentado	100 reps. de cada lado
Abdominal parcial com cabo	4 séries de 25 reps.
Hiperextensão (lombar)	3 séries de 10 reps.

INDO ATÉ O LIMITE

No treinamento básico, falamos da necessidade de ocasionalmente termos "dias pesados" – tentando ir ao nosso máximo em certos levantamentos. Os dias pesados são ainda mais importantes quando você chega ao treinamento avançado.

    Recomendo que, de vez em quando, você esqueça seu programa regular e realize uma sessão inteira consistindo somente de exercícios de potência ou apenas de treinamento balístico pesado. Lembre-se de que nenhuma quantidade de refinamento, equilíbrio e proporção parece exatamente certa se não coexistir com o tipo de estrutura muscular dura e densa resultante de desafiar ocasionalmente o corpo até o máximo com pesos pesados.

VARIANDO SEU PROGRAMA

O treinamento avançado requer que você mude seu programa de exercícios a cada 3 a 6 meses, abandonando certos exercícios em favor de outros. Isso é necessário para (1) possibilitar a variedade de movimentos para desenvolver cada área de cada músculo e grupo muscular; (2) forçar o corpo a movimentos novos e inesperados para ajudar a estimulá-lo a um crescimento adicional; e (3) ajudar a evitar que você fique entediado.

Exercícios que parecem muito semelhantes podem ter efeitos muito diferentes. Por exemplo, se você está acostumado a pressionar uma barra acima da cabeça, a sensação de realizar o exercício com halteres será totalmente diferente, embora ambos sejam para o deltóide anterior. Ter que equilibrar e coordenar dois pesos em vez de um submete os músculos a demandas muito diferentes. Portanto, após dois meses de um exercício como pressão da barra por trás do pescoço, é muito sensato trocar um pouco para pressão de halteres.

Alguns exercícios básicos são tão fundamentais que têm que ser incluídos em qualquer programa de exercícios completo. Contudo, explorar uma variedade completa de diferentes exercícios como essa dá-lhe uma idéia muito melhor de, por exemplo, quais exercícios funcionam melhor para você e quais realmente não lhe satisfazem. Isso levará, eventualmente, a uma compreensão muito melhor do seu próprio corpo e de como obter os melhores resultados.

Um exemplo de sessão de exercícios alternada

ABDOMINAIS   Comece a sessão com 5 minutos de Cadeiras Romanas

PEITO E COSTAS

Supersérie:	Supino no aparelho	5 séries de 12, 10, 8, 8, 8 reps.
	Puxada por trás com pegada aberta	5 séries de 12, 10, 8, 8, 8 reps.
Supersérie:	Supino inclinado no aparelho	4 séries de 12, 10, 8, 8 reps.
	Puxada por trás com pegada fechada	4 séries de 12, 10, 8, 8 reps.
Crucifixo com halteres		4 séries de 8 reps.
Supino declinado com halteres		4 séries de 12, 10, 8, 8 reps.
Remada curvada		4 séries de 8 reps.
Remada unilateral com halteres		4 séries de 10 reps. cada braço
Supersérie:	Remada com cabo, sentado	4 séries de 10 reps.
	Pullovers no aparelho	4 séries de 10 reps.

COXAS

Agachamento	6 séries de 15, 10, 8, 8, 6, 4 reps.
Agachamento frontal no aparelho	4 séries de 8 reps.

Supersérie:	Pressão de pernas na vertical	4 séries de 8 reps.
	Flexão de joelho, deitado	4 séries de 10 reps.
Supersérie:	Flexão de joelho, de pé	4 séries de 10 reps.
	Flexão e extensão da coluna com barra	4 séries de 10 reps.

Panturrilhas

Flexão plantar Donkey; flexão plantar, de pé; flexão plantar, sentado – como na sessão de exercícios regular.

Abdominais

Abdominal parcial	30 reps.
Elevação das coxas até o peito, sentado	30 reps.
Abdominal invertido, em suspensão	30 reps.
Rotação, sentado	50 reps. de cada lado
Contração do abdome	5 minutos

Ombros

Supersérie:	Desenvolvimento com halteres	5 séries de 10, 8, 8, 8, 6 reps.
	Elevação lateral com cabo cruzado, unilateral	5 séries de 10 reps. cada braço
Supersérie:	Elevação frontal com halteres	4 séries de 8 reps.
	Elevação lateral com cabo, curvado	4 séries de 8 reps.
Supersérie:	Remada alta com pegada aberta	4 séries de 8 reps. (cada lado)
	Elevação lateral, deitado de lado	4 séries de 10 reps. (cada lado)

Braços

Supersérie:	Rosca com halteres, de pé	5 séries de 8 reps.
	Rosca com halteres, deitado	5 séries de 10 reps.
Supersérie:	Rosca com halteres em banco inclinado	4 séries de 8 reps.
	Rosca tríceps com barra, de pé	4 séries de 10 reps.
Trissérie:	Rosca Scott	4 séries de 8 reps.
	Mergulho	4 séries de 10 reps.
	Rosca invertida unilateral com cabo	5 séries de 10 reps. cada braço
Extensão do cotovelo com halteres, inclinado		5 séries de 12 reps.

Antebraços

Trissérie:	Rosca invertida no banco Scott	4 séries de 8 reps.
	Rosca de punho por trás das costas	4 séries de 10 reps.
	Rosca de punho unilateral	4 séries de 10 reps.

TREINAMENTO DE PONTOS FRACOS

Uma vez que você tenha desenvolvido a massa necessária, deve então começar a concentrar-se na qualidade. Para tanto, precisa estudar seu corpo no espelho ou em fotografias e tentar descobrir seus pontos fracos (embora seus amigos da academia provavelmente fiquem felizes em lhe dizer exatamente quais são). Para mim, meus pontos fracos iniciais eram as coxas e as panturrilhas, então ajustei meu treinamento para enfatizar mais as pernas, para desenvolvê-las e melhorar a parte inferior do corpo em proporção à superior.

Um ano depois, quando eu estava pronto para competir no Mister Europa e no Mister Universo da NABBA, minhas coxas e panturrilhas haviam melhorado – não estavam perfeitas, mas certamente estavam muito melhores. Então, a crítica foi de que minha divisão e definição muscular não eram tão boas quanto poderiam. Tive, portanto, que adicionar mais exercícios à minha rotina. Por exemplo, comecei a realizar bastante elevação lateral de frente para separar os músculos peitorais dos deltóides, e bastante *pullover* para separar o serrátil do grande dorsal.

Mas mesmo assim não era o suficiente. As pessoas diziam-me, "O meio das suas costas não é talhado o bastante", então comecei a realizar mais remada curvada e com cabo. "Seus bíceps não são tão bons quanto os quadríceps", "Você poderia desenvolver mais o deltóide posterior", e assim por diante – e cada vez, quando percebia onde eu necessitava melhorar, mudava meu programa para tentar superar a deficiência.

Muitos fisiculturistas treinam para melhorar seus pontos fortes em detrimento dos pontos fracos. Um fisiculturista que é famoso por seu tremendo desenvolvimento dos braços e igualmente conhecido pela carência de desenvolvimento das pernas vai à academia dia após dia e treina – braços! Repetições intermináveis de trabalho de bíceps e tríceps, série após série; mesmo assim, qualquer um que o olhe pode dizer que ele não deveria realizar nada além de treinamento básico de manutenção nos braços para no ano seguinte, enquanto bombeia e detona as coxas e as panturrilhas para desenvolvê-las ao nível de competição. Mas ele parece não ter aquele "senso de perfeição", e é duvidoso que algum dia aprenda a equilibrar seu físico.

Muitos fisiculturistas não começam com um senso de perfeição, mas o adquirem mais tarde. Na verdade, é possível chegar muito longe na competição – vencer o Mister Universo, por exemplo – com uma fraqueza evidente no físico. Mas muito freqüentemente um vencedor do Mister Universo passará diretamente do campeonato amador para uma competição profissional e acabará ficando muito doente ou até morrendo no final!

Subindo de um nível de competição para outro – de campeonatos estaduais ao Campeonato Nacional, dos Nacionais para o Universo, do fisiculturismo amador para os profissionais até o Mister Olímpia – você perceberá que os pontos fracos no seu físico tornam-se cada vez mais prejudiciais. Os fisiculturistas muitas vezes sentem-se incapazes de fazer o esforço necessário para se corrigirem porque isso significa, de certa forma, começar de novo. Após anos de competições bem-sucedidas, você tem que admitir que possui uma fraqueza que pode levar um ou dois anos para ser totalmente corrigida. Tomar a decisão de superar um ponto fraco, uma vez que você esteja avançado na carreira de fisiculturismo, pode exigir muita coragem moral.

Quando vim para os Estados Unidos, fui criticado por meu fraco desenvolvimento das panturrilhas, então cortei minhas calças na altura dos joelhos para garantir que as panturrilhas ficassem visíveis o tempo todo. Isso não só fazia-me lembrar de treiná-las mais arduamente como também permitia que todos vissem como elas estavam – o que me motivou duplamente a treiná-las ainda mais duro.

Para citar outro exemplo, meu braço esquerdo costumava ser ligeiramente menor do que o direito. Percebi que sempre que me pediam para mostrar o bíceps, eu automaticamente flexionava o braço direito. Então fiz um esforço consciente para flexionar o braço esquerdo tanto ou mais do que o direito para trabalhar nesse pronto fraco em vez de simplesmente ignorá-lo, e eventualmente fui capaz de deixar o bíceps esquerdo igual ao direito.

Na realidade, esse progresso de treinamento, essa busca da perfeição, nunca acaba, porque não existe um corpo perfeito, e você sempre pode melhorar seu físico. Todo ano, enquanto você treina e compete, aprende mais sobre o seu corpo e os tipos de programas de dieta e exercícios que lhe beneficiam mais. Você nunca pára realmente de realizar os fundamentos, apenas adiciona novas formas de fazer as coisas.

TREINANDO ÁREAS FRACAS

O fisiculturismo é tanto uma arte como uma ciência, então você não pode ser sempre governado por um programa rígido e imutável. A partir do primeiro dia que você entra em uma academia, pode ficar evidente que uma parte ou outra do seu corpo é muito mais fraca do que todo o resto. Um método básico de corrigir esses desequilíbrios é utilizar o princípio de prioridade – trabalhe primeiro suas áreas fracas, quando você está renovado e capaz de gerar a maior quantidade de intensidade. Ou organize sua programação parcelada em duas partes de forma que, em uma das sessões, você treine somente a região corporal fraca.

Outra solução é aumentar o número de séries que você realiza para as áreas mais fracas de 5 para 7 séries. Continue fazendo isso pelo tempo que for necessário até que veja uma melhora, e depois volte para uma rotina mais equilibrada. Esse é um bom momento para utilizar o sistema alternado. A cada três ou quatro séries, acrescente uma série de um exercício para a área fraca além das séries normais que você realiza para essa região corporal.

Haverá momentos, também, em que uma região corporal ficará para trás porque você a está *supertreinando*, trabalhando-a demais, tantas vezes e tão intensamente que ela nunca tem uma chance de descansar, recuperar-se e desenvolver-se. A resposta para esse problema é simplesmente dar aos músculos envolvidos uma chance de descansarem e se recuperarem, e então ajustar sua programação de treinamento de modo a não supertreinar novamente a mesma região corporal. Lembre-se: esforço demais pode ser tão ruim quanto esforço de menos quando o assunto é treinamento de fisiculturismo.

Mas como diferenciar o *desenvolvimento lento* resultante da insuficiência de treinamento da *falta de desenvolvimento*? De certo modo, isso é algo que você necessita aprender a diferenciar instintivamente, à medida que adquire mais experiência, mas há uma boa regra básica:

1. A solução para o estímulo baixo é, com muito mais freqüência, aprender a treinar mais duro, mais intensamente, utilizando técnicas de intensidade adicionais, do que aumentar séries até um alto grau.
2. Supertreinamento é quase sempre o resultado de treinar com séries em excesso, muito freqüentemente, com muito pouco tempo de descanso para uma região corporal entre as sessões de treinamento. (Um sinal de possível supertreinamento é a falta de bombeamento durante suas sessões.) Lembre-se: uma das razões por haver tantos fisiculturistas bons hoje em dia é que eles aprenderam a *treinar intensamente em explosões curtas* e depois dar bastante tempo aos músculos para descansarem e se recuperarem entre as sessões. Tenha sempre em mente que o treinamento estimula o desenvolvimento, mas o desenvolvimento verdadeiro ocorre enquanto você está descansando.

Obviamente, às vezes sua fraqueza está apenas em uma parte de uma região corporal – seus bíceps podem ter um pico elevado, mas uma largura insuficiente; o grande dorsal pode ser bastante amplo e saliente, mas você pode carecer de densidade e massa na parte central das costas. A resposta é escolher os exercícios particulares que trabalham essa área específica e ajustar seu programa de treinamento para dar prioridade especial a esses exercícios.

Na seção de exercícios (começando na p. 247), você encontrará uma análise completa de cada região corporal feita para ajudá-lo a identificar seus pontos fracos, bem como instruções como quais exercícios ou técnicas de treinamento específicas você pode utilizar para corrigir quaisquer fraquezas.

CAPÍTULO 6

Programa de Treinamento para Competição

Atualmente, um enorme número de fisiculturistas treina duas ou três horas por dia e dedica-se a desenvolver um físico maior e melhor. Embora apenas uma pequena porcentagem desses fisiculturistas obviamente motivados prossiga e dê o próximo passo – o treinamento para competição.

A barreira que tem de ser superada para que se trabalhe em direção à competição é mais mental do que física: você tem que colocar na cabeça que o que você realmente quer é unir-se ao nível dos fisiculturistas competidores, competindo com fisiculturistas que você provavelmente admirou no passado e cujas imagens ajudaram a inspirá-lo e motivá-lo a continuar treinando.

DESENVOLVENDO UM FÍSICO DE COMPETIÇÃO

Competição é um negócio completamente diferente. Você de repente fica preocupado com coisas como tom da pele, apresentação, rotinas de pose e, acima de tudo, aprender a lidar com um tipo de pressão que simplesmente não existe na academia e contra a qual você talvez não tenha desenvolvido nenhuma defesa.

Fisicamente, você não está apenas tentando desenvolver um físico massudo, equilibrado e definido. Agora deve tentar alcançar a perfeição total, cada músculo e grupo muscular esculpido e talhado até sua forma final, e uma porcentagem de gordura tão baixa que cada estriamento e separação muscular mostram-se claramente. No treinamento avançado, falamos sobre desenvolver cada parte de cada região corporal. Quando se chega ao treinamento para competição, isso se torna ainda mais complexo, e você necessita considerar detalhes como estes:

Peito – peitorais superior, inferior e médio; a separação entre os peitorais superior e inferior; o peitoral interno ao longo do esterno; o peitoral externo onde se insere sob o deltóide; estriamentos do peito; separação entre os peitorais e o deltóide anterior; definição do serrátil.

Costas – largura e espessura do grande dorsal; comprimento do grande dorsal onde se insere acima da cintura; definição e musculosidade do rombóide e da parte central das costas; eretores da espinha da lombar; definição do intercostal.

Ombros – desenvolvimento e separação das três porções do deltóide: anterior, lateral e posterior; massa e espessura dos músculos do trapézio; separação do trapézio das costas e do deltóide posterior.

Bíceps – bíceps superior e inferior, largura, comprimento e altura.

Tríceps – desenvolvimento das três porções dos tríceps, espessura e largura.

Antebraços – desenvolvimento dos extensores e contráteis; desenvolvimento do braquial no cotovelo.

Cintura – desenvolvimento e definição dos abdominais superiores e inferiores; desenvolvimento do oblíquo externo e separação entre abdominais e oblíquos.

Quadríceps – massa e separação das quatro porções do quadríceps; curva externa; inserção inferior nos joelhos; desenvolvimento dos adutores no lado interno da coxa.

Isquiotibiais – desenvolvimento das duas porções do bíceps da perna; separação entre os isquiotibiais e o quadríceps; desenvolvimento e estriamentos dos glúteos e separação entre isquiotibiais e glúteos.

Panturrilhas – desenvolvimento do músculo sóleo de sustentação e do músculo gastrocnêmio situado em cima; tamanho, largura e altura das panturrilhas.

Pense no que precisa de modo que você *seja* a pessoa com todo esse desenvolvimento e que seus competidores tentem acompanhar *você*. Isso envolve aprender quais exercícios trabalham cada uma dessas áreas e incorporá-los às suas sessões de treinamento, calculando quais ângulos você precisa para treinar cada músculo e quais técnicas de intensidade são necessárias para obter o desenvolvimento seguinte. Obviamente, à medida que você continua e progride, inclui mais exercícios e, conseqüentemente, mais séries totais; e isso requer altos níveis de condicionamento e resistência.

Você pode estar bem avançado no seu treinamento e não ter uma compreensão total do que necessita para criar um físico completo. Eu estava conquistando o título de Mister Universo da NABBA, na Europa, e não me dava conta de que precisava desenvolvimento adicional das panturrilhas; não sabia que elas deveriam ter o mesmo tamanho dos braços. Quando vim para a América, pessoas como Joe Weider disseram-me, "Sua cintura deveria ser menor. Você precisa de mais serrátil. Suas panturrilhas devem ser maiores. Você precisa trabalhar no desenvolvimento de mais musculosidade e definição". Isso foi quando comecei o treinamento sério de definição e pontos fracos, mas se tivesse compreendido isso mais cedo, não teria desperdiçado todo esse tempo nem perdido para Chet Yorton e Frank Zane e, quem sabe, poderia não ter perdido para Sergio Oliva.

O treinamento para competição envolve mais séries, mais repetições, um aumento geral em volume de treinamento – tanto em termos de o que você faz dentro da academia com pesos como do treinamento aeróbico adicional fora da academia, que ajuda a complementar seu programa geral. Isso tudo é realizado enquanto você está reduzindo seu consumo de alimentos ao mínimo a fim de eliminar o máximo possível de gordura corporal. Conseqüentemente, é quase impossível obter muitos ganhos em massa e força nesse tipo de programa, que é planejado para o *aperfeiçoamento* do físico, não para desenvolver tamanho e força fundamentais.

O treinamento para competição, juntamente com dieta rígida, pode muitas vezes resultar na perda de massa ganha com esforço se você não for cuidadoso. É muito provável que muitos dos campeões de elite tenham na realidade diminuído o ritmo do seu progresso nos últimos anos simplesmente por causa das oportunidades que o aumento na popularidade do fisiculturismo deu-lhes. Eles participam de tantas competições, exibições e seminários que despendem a maior parte do seu tempo em, ou próximo à forma de competição. Mas, em condições ideais, o treinamento para competição deve ser um programa concentrado que você use por um período curto a fim de preparar-se para uma competição específica, e não um programa em que permaneça por grandes períodos ou tente realizar com muita freqüência. Na época em que os fisiculturistas participavam de apenas poucas competições por ano – que tendiam a ser agrupadas em um certo período do ano – havia tempo de sobra para treinamento fora de estação para adquirir mais massa e desenvolvimento. Então um fisiculturista despendia a maior parte do ano realizando bastante treinamento de potência e comendo somente o necessário, depois engrenava para um modo de treinamento para competição a fim de atingir a qualidade e o aperfeiçoamento necessários para ficar competitivo no palco.

Mas os fisiculturistas amadores e os profissionais de ponta da atualidade tiveram de alterar drasticamente seus métodos de treinamento, escolhendo cuidadosamente suas competições e tentando nunca ficar muito fora de forma entre os eventos. Eu, naturalmente, sempre acreditei em escolher determinadas competições em vez de participar de tudo que aparecesse, mas muitos fisiculturistas profissionais ficam exaustos participando de um grande prêmio atrás do outro. Essa estratégia tem seu preço, já que permanecer em forma por muito tempo resulta em você não ser capaz de ficar em superforma de jeito algum e no seu efeito debilitante geral sobre sua massa muscular e força. Ao contrário dessa abordagem, recomendo competir somente em eventos que sejam realmente importantes para sua carreira individual de competição. É melhor competir apenas uma vez por ano e vencer do que competir com muita freqüência e não se sair tão bem. Além disso, com um número tão grande de competições sendo promovidas, decidir onde e quando competir é mais difícil do que costumava ser.

Mas se você é um principiante ou intermediário adiantado em competições de fisiculturismo, provavelmente não enfrentará esse tipo de problema até mais tarde em sua carreira. Por agora, é importante simplesmente perceber o que o treinamento de competição faz e não faz: ele não desenvolve massa, não foi planejado para torná-lo maior ou mais forte e, na realidade, pode às vezes fazer o contrário; mas o que ele realmente faz é salientar a qualidade no desenvolvimento que você criou, eliminar o que não é essencial e revelar o esplendor de diamante de cada faceta da sua musculatura.

O MEDO DA PEQUENEZ

Um bloqueio psicológico que muitos fisiculturistas enfrentam quando empreendem o treinamento para competição tem a ver com sua percepção do seu tamanho físico. Sejam quais forem os outros motivos que eles possam ter para chegar ao treinamento em primeiro lugar, parte dele é sempre o desejo de ficar grande e forte. Assim, qualquer coisa que os faça sentir menores torna-se uma ameaça. É por isso que muitos fisiculturistas ficam bastante ansiosos pelos efeitos do treinamento para competição.

O físico de competição deve ter o máximo possível de massa magra pura, com qualquer excesso de gordura corporal eliminado. Como diz o ditado, "Não se pode flexionar gordura". Mas a gordura no seu corpo faz você se sentir maior do que realmente é, e essa sensação de ser maior é psicologicamente prazerosa para a maioria dos fisiculturistas.

Uma pessoa que pesa 109 kg com 16% de gordura corporal seria magra para um homem médio, mas não para um fisiculturista competidor. Quando ele começa a treinar e fazer dieta para a competição, altera sua composição corporal de modo que, no final das contas, baixa para 9% de gordura corporal. O que essa mudança significa em termos práticos?

Com 109 kg, ele possuía quase 17 kg de gordura. Sua massa corporal magra era, portanto, em torno de 92 kg. Com 9% de gordura corporal, estará pesando aproximadamente 101 kg, assumindo que não tenha perdido nada de massa muscular. Assim, em termos de músculo, ele terá o mesmo tamanho, mas se sentirá muito menor. E essa sensação de pequenez afeta alguns indivíduos a ponto de considerarem-se psicologicamente incapazes de continuar seu programa.

Eu mesmo já passei por essa experiência. Quando vim para a América, em 1968, para a competição do Mister Universo da IFBB, pesava 111 kg. Pensei que já estava ganho. Joe Weider olhou para mim e disse-me que eu era o maior fisiculturista que existia. Aqui estava eu na América para mostrar a todos como eu era grande – e perdi! Frank Zane conquistou o título com seu físico menor, mas de alta qualidade. E isso me ensinou uma valiosa lição.

Um ano depois, com 104 kg, dominei completamente meus competidores, vencendo as competições de Mister Universo da NABBA e da IFBB. Percebi que a grandeza absoluta sozinha não era o negócio dos grandes campeões. Não eliminei o peso de gordura extra em dois meses: levou um ano inteiro. Por ter levado todo esse tempo, consegui acostumar-me com minhas novas proporções, a dar-me conta de que o peso mais leve não me tornava realmente menor – meus braços ainda eram enormes, assim como as pernas. Mas todas as minhas roupas estavam folgadas na cintura, indicando uma perda real de volume indesejado. O resultado? Mudando minha composição corporal, venci todos os campeonatos de que participei.

A massa é vital para o físico de um fisiculturista; mas é a forma e a qualidade dessa massa que vencem os campeonatos. Ver grandes números em uma fita métrica ou balança, ou ansiar pela sensação das roupas apertando o corpo todo e não dar atenção suficiente para a eliminação de gordura, o alcance de definição máxima e qualidade de competição, trará um resultado inevitável – você perderá. E isso eu posso dizer por experiência própria.

ELEMENTOS DO TREINAMENTO PARA COMPETIÇÃO

Há uma quantidade de metas especiais que você necessita estabelecer para si ao treinar para competição:

1. Você precisa concentrar-se ainda mais em isolar cada área de cada um dos músculos.
2. Precisa utilizar-se de uma quantidade adicional de princípios de treinamento de intensidade e uma variedade maior de exercícios.
3. Precisa aumentar o número total de séries e pesos em suas sessões de treinamento.
4. Precisa variar seu ritmo de trabalho, realizando um número de superséries e trisséries que reduzam drasticamente seu período de descanso entre as séries.
5. Precisa efetuar mudanças significativas na dieta. (Consulte Estratégias de Dieta para Competição, p. 748.)
6. Precisa flexionar e fazer poses *constantemente* na academia, entre as séries.
7. Precisa considerar os benefícios de ter um parceiro de treinamento para ajudar a concentrar suas energias no planejamento de sessões de treinamento superintensas. (Consulte a seguir.)

Analisar e corrigir seus pontos fracos torna-se ainda mais importante quando você está treinando para competição. Ainda que antes possa ter dado prioridade às áreas mais fracas, agora você deve tornar-se um fanático para corrigir esses desequilíbrios. Obviamente, tem que se dar conta de que somente isso pode ser feito em algumas semanas ou meses de treinamento – corrigir totalmente cada área fraca pode levar um ano ou dois – mas há mudanças que podem ser efetuadas (desenvolver o deltóide posterior, por exemplo, desenvolvendo também a separação nos bíceps da perna), mesmo em um período tão curto, que aumentarão suas chances de sair-se bem em uma competição.

DEPENDENDO DO SEU PARCEIRO DE TREINAMENTO

Você nunca dependerá tanto de um parceiro de treinamento como quando estiver preparando-se para competir. À medida que a competição aproxima-se, cada sessão de treinamento conta muito, e não há tempo para qualquer diminuição em intensidade de treinamento. Seu parceiro de treinamento ajuda a fornecer a motivação extra que você necessita para fazer dieta e treinar duro ao mesmo tempo. Naturalmente, essa relação é uma rua de mão dupla: você terá a mesma responsabilidade quando for a sua vez de ajudá-lo.

Se você é um principiante em competições, seria bom treinar com alguém mais experiente. Um parceiro de treinamento entendido no assunto, que já tenha passado por isso antes, pode mostrar-lhe o modo mais sucinto de realizar as tarefas e tornar a sua preparação para competição muito mais fácil e eficaz.

Quando eu estava treinando na World Gym para o Olímpia de 1980, treinei alguns dias com dois jovens fisiculturistas que estavam preparando-se para sua primeira competição. Eles eram jovens e extremamente fortes, e eram capazes de exigir o máximo de mim nas sessões de treinamento. Por outro lado, devido à minha maior experiência, fui capaz de mostrar-lhes técnicas de treinamento que eles nunca haviam visto antes e ajudá-los com suas dietas e poses. Fizemos um negócio realmente justo: a energia deles e o meu conhecimento. E todos nós ficamos melhores por causa disso.

VOLUME DE TREINAMENTO

Treinando para competição, você precisa realizar mais séries e utilizar mais exercícios diferentes. Mas, conforme discutimos, o supertreinamento pode ser tão prejudicial quanto não treinar árduo o bastante. Então eis um volume de treinamento que recomendo:

Peito, costas, coxas, ombros	volume baixo – 16 a 20 séries
	volume alto – 20 a 26 séries
Bíceps, tríceps, isquiotibiais	volume baixo – 12 a 16 séries
	volume alto – 16 a 20 séries
Panturrilhas	volume baixo – 10 séries
	volume alto – 15 séries
Abdominais	volume baixo – 3 exercícios
	volume alto – 4 a 6 exercícios

ESCOLHA DE EXERCÍCIOS

No programa de treinamento para competição, recomendo exercícios específicos, como fiz no programa de treinamento anterior. Como você verá, o número de exercícios listados no programa de competição excede em muito o que você pode ou deve realizar em qualquer sessão de treinamento. No momento em que você chegar ao nível de competição, *deverá ter a experiência suficiente para tomar algumas decisões para si mesmo.* Mas estes são alguns dos critérios que deve adotar ao planejar uma sessão de treinamento individual:

1. Certifique-se de incluir desenvolvimento de massa muscular, exercícios de potência ou balísticos, além de exercícios de isolamento para dar qualidade a cada região corporal.
2. Concentre-se em utilizar pesos livres para massa e força, e utilize cabos e aparelhos mais para exercícios de isolamento.
3. Inclua exercícios para atingir cada parte de cada músculo. Por exemplo:

TREINAMENTO PARCELADO

Há duas maneiras comuns de dividir seu treinamento para competição:

parcelamento em 2 dias

o corpo inteiro em 2 dias, cada região corporal 3 vezes por semana

parcelamento em 3 dias

o corpo inteiro em 3 dias, cada região corporal 2 vezes por semana

Repito que sempre treinei 6 dias por semana, de segunda a sábado, como a maior parte dos meus contemporâneos. Se as demandas da sua vida ou trabalho requerem que treine com uma programação diferente, você pode registrar suas sessões de treinamento como Sessão nº 1, Sessão nº 2, e assim por diante, em vez de dias da semana.

Um *treinamento parcelado em dois dias* seria como este:

SESSÃO Nº 1 SEG	SESSÃO Nº 2 TER	SESSÃO Nº 1 QUA	SESSÃO Nº 2 QUI	SESSÃO Nº 1 SEX	SESSÃO Nº 2 SÁB
MANHÃ					
Peito Costas	Ombros Braços Antebraços	Peito Costas	Ombros Braços Antebraços	Peito Costas	Ombros Braços Antebraços
TARDINHA					
Pernas		Pernas		Pernas	

Panturrilhas e abdominais em todas as sessões à tardinha.

Um *treinamento parcelado em três dias* seria como este:

SESSÃO Nº 1 SEG	SESSÃO Nº 2 TER	SESSÃO Nº 3 QUA	SESSÃO Nº 1 QUI	SESSÃO Nº 2 SEX	SESSÃO Nº 3 SÁB
MANHÃ					
Peito Costas	Ombros Trapézio	Coxas	Peito Costas	Ombros Trapézio	Coxas
TARDINHA					
Antebraços	Braços	Isquiotibiais	Antebraços	Braços	Isquiotibiais

Panturrilhas e abdominais em todas as sessões matinais.

Programa de Exercícios para Competição

Escolha a quantidade desejada dos exercícios apropriados para cada região corporal.

ABDOMINAIS Comece a sessão de treinamento com 10 minutos de Cadeira Romana

Peito e Costas

Levantamento terra		3 séries de 10, 8, 6 reps.
Supersérie:	Flexão de braços na barra fixa por trás do pescoço, com peso	4 séries de 10 reps.
	Supino inclinado com barra	4 séries de 15, 12, 8, 6 reps.
Supersérie:	Supino	4 séries de 15, 12, 8, 6 reps.
	Flexão de braço na barra fixa, pela frente	4 séries de 15 reps.
Supersérie:	Crucifixo com halteres	4 séries de 10 reps.
	Remada curvada com haltere, com pegada aberta	4 séries de 12 reps., usando o método de carga regressiva
Trissérie:	*Pullover* no aparelho	4 séries de 15 reps., usando o método de carga regressiva
	Mergulho nas barras paralelas	4 séries, cada uma até a falha
Voador com cabo	Voador com cabo	4 séries de 12 a 15 reps.
Trissérie:	Remada com cabo, sentado	4 séries de reps., usando o método de carga regressiva
	Remada com cabo, unilateral	4 séries de 12 a 15 reps.
	Pullover com halteres	4 séries de 15 reps.

Ombros

Trissérie:	Supino no aparelho	4 séries de 10 reps.
	Elevação lateral com halteres	4 séries de 10 reps.
	Elevação lateral inclinado	4 séries de 10 reps.
Trissérie:	Supino com barra, alternando frente e costas	4 séries de 12 reps.
	Elevação lateral com cabo	4 séries de 10 reps.
	Elevação lateral, deitado e inclinado	4 séries de 10 reps.
Trissérie:	Elevação frontal com barra	4 séries de 10 reps.
	Elevação lateral e posterior com cabo, sentado	4 séries de 10 reps.
	Elevação de ombros	4 séries de 10 reps.

Coxas

Supersérie:	Extensão do joelho	5 séries de 12 reps.
	Agachamento	5 séries de 15 a 20 reps.
Supersérie:	Agachamento frontal	5 séries de 12 a 15 reps.
	Flexão do joelho	5 séries de 12 reps.
Supersérie:	Agachamento no aparelho	5 séries de 15 rep, usando o Método de carga regressiva
	Flexão do joelho	
	Levantamento terra com as pernas estendidas	3 séries de 6 reps., de pé em um bloco ou banco

BRAÇOS

Supersérie:	Rosca com barra	4 séries, usando o método de carga regressiva
	Rosca tríceps com barra, de pé, com pegada fechada	4 séries de 10 reps.
Trissérie:	Rosca Scott com barra	4 séries de 10 reps.
	Rosca tríceps com barra, deitado	4 séries de 10 reps.
	Rosca Scott invertida com barra	4 séries de 10 reps.
Trissérie:	Rosca tríceps com halteres, deitado	4 séries de 10 reps.
	Rosca inclinada (aumentar a inclinação em cada série)	4 séries de 10 reps.
	Rosca tríceps com barra, com pegada invertida, deitado	4 séries de 10 reps.
Supersérie:	Rosca concentrada	4 séries de 15 reps., usando o método "uma e meia"
	Rosca tríceps unilateral, de pé	4 séries de 12 reps.
Supersérie:	Rosca tríceps com cabo, ajoelhado	4 séries de 12 reps.
	Rosca tríceps com cabo e corda, ajoelhado	4 séries de 12 reps.

ANTEBRAÇOS

Trissérie:	Rosca de punho invertida com barra	4 séries de 10 reps.
	Rosca de punho com barra	4 séries de 10 reps.
	Rosca de punho com halteres, unilateral	4 séries de 10 reps.

PANTURRILHAS

(Alterne a posição dos pés: pontas viradas para dentro, para trás e para fora)

Flexão plantar Donkey	5 séries de 15 reps.
Flexão plantar, de pé	5 séries de 10 reps., o mais pesado possível
Flexão plantar, sentado	5 séries de 15 reps.
Flexão plantar, de frente	5 séries de 15 reps.
Flexão plantar, no aparelho de pressão de perna	4 séries de 12 reps.
Flexão plantar, unilateral, de pé	4 séries de 12 reps.
Flexão plantar Donkey	4 séries de 12 reps.

ABDOMINAIS

(Um ciclo equivale a 4 a 6 exercícios, sem descanso entre eles)

Abdominal parcial	30 reps.
Abdominal parcial invertido	30 reps.
Rotação	50 reps. de cada lado
Elevação das coxas até o peito, sentado	30 reps.
Abdominal parcial em um banco vertical	30 reps.
Hiperextensão (lombar)	15 reps.
Abdominal parcial com rotação	30 reps.
Abdominal parcial invertido, em suspensão	15 reps.
Rotação, inclinado	50 reps. de cada lado
Abdominal parcial no aparelho	15 reps.

INDIVIDUALIZANDO O PROGRAMA DE TREINAMENTO

Uma vez chegando ao nível de competição, você tem que planejar um programa de treinamento que o satisfaça como indivíduo. Considerando que cada indivíduo possui pontos fortes e fracos diferentes, não há como eu possa fornecer uma rotina que seja perfeita para todos. Posso descrever abordagens gerais, mostrar-lhe como mudar seu programa, de forma a queimar mais calorias, criar mais musculosidade e definição – mas é você que deve olhar-se no espelho e determinar onde se localizam suas fraquezas, se estão no desenvolvimento do peitoral superior, inferior ou médio, no bíceps, no tríceps ou na largura do grande dorsal.

Suponha que a parte inferior do seu grande dorsal não esteja desenvolvendo-se bem do jeito que você gostaria. Seria sensato que você adicionasse cerca de 4 séries para essa região. Mas 4 séries acrescidas a tudo o mais que você já está realizando provavelmente seria demais, então pode eliminar uma série de cada exercício como flexão de braços na barra fixa com pegada fechada e pegada aberta, remada sentada e remada na barra em "T". Você ainda faria esses exercícios, mas com menos séries de cada; portanto, a demanda geral do seu treinamento total permaneceria quase a mesma.

O programa esboçado aqui lista exercícios específicos, mas se você for mais experiente e tiver uma percepção clara das suas áreas fracas, poderá consultar as seções de exercícios para verificar quais movimentos são melhores para corrigir os problemas e fazer quaisquer alterações que achar necessárias na sua rotina de treinamento.

Todos os fisiculturistas de elite passam por esse processo. Lembro que, quando Franco e eu costumávamos treinar juntos, eu realizava séries extras para certas áreas, e Franco para outras. Por exemplo, Franco tinha problemas em deixar suas coxas realmente definidas, então realizava séries extras de um exercício como agachamento frontal em um aparelho de Smith para ajudar a definir seu quadríceps. Eu não tinha esse problema, então trabalhava mais duro nos ombros, tríceps, abdominais ou qualquer outra região que eu sentia que necessitava mais. Você pode ter certeza de que os fisiculturistas que nos seguiram em competições, tais como Lee Haney, Dorian Yates, Shawn Ray e Flex Wheeler passaram pelo mesmo processo.

Ao fazer ajustes no seu treinamento, tenha certeza de que você não gera novas fraquezas tentando corrigir as antigas. Você deve continuar dando atenção suficiente ao resto do seu corpo mesmo enquanto trabalha para corrigir áreas problemáticas.

SEPARAÇÃO MUSCULAR

Falei anteriormente sobre a necessidade de qualidade, e um aspecto do desenvolvimento físico que é muito importante para alcançar a qualidade é a separação muscular. Separação muscular é um nível de musculosidade que vai muito além da simples definição. Treinamento e dieta podem dar-lhe uma boa definição, mas é preciso algo mais para transformar-se no atlas de anatomia ambulante que vencerá competições.

O físico de qualidade deve mostrar separação clara entre cada grupo muscular. Por exemplo, quando você faz uma parada de costas com os dois bíceps, as bordas entre o bíceps e o tríceps, o ombro, o trapézio e o dorsal e o lombar devem saltar para fora para os juízes. Cada grupo muscular deveria mostrar distinções internas claras: as duas porções do bíceps, as três porções do tríceps. E cada porção também deve ser modelada com estriamentos visíveis de feixes de fibra muscular.

A separação muscular total é o resultado de treinar cada músculo tão a fundo que cada plano, contorno e aspecto é salientado e totalmente revelado uma vez que você tenha diminuído a gordura corporal suficientemente. Alcançar isso requer muitos exercícios diferentes para cada músculo e muitas séries e repetições. Mas também é necessária uma técnica específica:

1. É necessário isolar totalmente cada músculo e depois cada área específica de cada músculo a fim de engajar todas as fibras possíveis, criando assim uma separação clara entre cada músculo e as grandes regiões corporais. Isso é feito conhecendo-se exatamente como cada exercício afeta os músculos e planejando um programa que modele o corpo exatamente como você pretende.

2. A separação muscular não pode ser alcançada sem o rigor de movimentos envolvendo esforço concentrado por meio da amplitude de movimento completa do exercício, de modo que toda fibra engajada seja submetida à quantidade máxima de estresse. Qualquer negligência na execução anulará seu propósito.

Se você não executar um exercício de isolamento de maneira totalmente rigorosa, não estará trabalhando a área reduzida e específica para a qual o exercício foi designado. Ao realizar uma elevação frontal de haltere para obter separação deltóide-peitoral, por exemplo, se virar o peso para cima em vez de fazer o músculo realizar todo o trabalho, não desenvolverá a forma total dos músculos, nem obterá o tipo de separação que está buscando. Se você deseja trabalhar uma determinada área, tem de realizar o movimento de forma rigorosa o suficiente a fim de que sinta o esforço exatamente onde você quer.

3. Obviamente, qualquer separação que você atinja não ficará visível se o músculo estiver coberto com gordura corporal. Portanto, uma dieta apropriada que resulte em baixa gordura corporal é também um fator importante para atingir uma separação muscular espetacular.

MUSCULOSIDADE E DEFINIÇÃO: ANALISANDO SEU PROGRESSO

Essencialmente, você é julgado na competição de fisiculturismo com base na sua aparência – uma combinação da aparência do seu físico e de como você o apresenta. Conforme discutimos, há outras maneiras de acompanhar seu progresso, mas isso pode ser problemático. Por exemplo, na competição de Mister América, de 1980 (AAU), Ray Mentzer apareceu para concorrer a uma vaga na equipe americana que iria para os Campeonatos Mundiais de Fisiculturismo Amador. Por vários meses antes da competição, ele vinha realizando testes de composição corporal a cada três semanas. Ele foi para a competição aparentemente confiante da vitória porque seu último teste havia indicado que sua gordura corporal estava abaixo de 4%.

Apesar dos resultados do procedimento de teste, ele não conseguiu satisfazer o seu desejo de conquistar uma vaga na equipe do Universo porque – na minha opinião – ele parecia "reto" no palco: faltava-lhe definição e musculosidade. Ele não se deu conta de que o quanto pesava, quais eram suas medidas físicas ou o que seu teste de composição corporal revelara não tinha nada diretamente a ver com o que a competição de fisiculturismo trata.

A única maneira de realmente saber se você está ou não em forma é pela sua aparência. Afinal de contas, os juízes não vão utilizar pesagem hidrostática, uma fita métrica ou qualquer outro dispositivo para tomar sua decisão: eles se guiarão pelo que vêem. E você tem que fazer a mesma coisa.

Obviamente, ter alguma base para comparação ajuda. É mais fácil medir a diferença entre duas coisas do que analisar uma coisa por si só. Uma boa maneira de fazer isso é tirar fotografias periodicamente e comparar a sua aparência atual com a anterior. Outro modo é ficar de pé ao lado de outro fisiculturista na academia, fazer algumas poses e ver exatamente como você avança.

Mas o teste final é quando você está realmente no palco e vence ou perde. É por isso que às vezes é necessário participar de diversas competições antes de você poder realmente julgar seu progresso. O seu desempenho de uma competição para outra pode dizer-lhe muito claramente se seus métodos de treinamento estão ou não funcionando.

Em curto prazo, no entanto, é o seu espelho que será seu crítico mais sincero – se permitir que ele seja. O teste de composição corporal não lhe diz nada sobre sua separação muscular; a fita métrica não pode analisar sua musculosidade e definição; e você não pode julgar a proporção e o equilíbrio do seu físico subindo numa balança. Mas olhar-se no espelho e enxergar somente o que você quer não é a maneira de tornar-se um campeão: você tem que ver as coisas como elas são, nem melhores nem piores.

Lembre-se também de manter seu diário de treinamento, assim você terá um registro preciso do seu progresso. Quando eu estava treinando para o Olímpia de 1980, Franco fotografava-me toda semana, e eu estudava as fotos muito cuidadosamente para ver o quão duro, definido e musculoso estava ficando. Entre as fotos, minha própria capacidade de olhar-me no espelho e os comentários criteriosos de Franco, eu sabia o tempo todo exatamente com que rapidez eu progredia e era capaz de chegar na Austrália em forma para conquistar meu sétimo título de Olímpia.

Franco e eu na Venice Beach.

TREINAMENTO AO AR LIVRE

Sempre adorei treinar ao ar livre com bom tempo. Treinar ao sol ajuda a dar-lhe uma aparência saudável, uma pele mais firme e um bom bronzeado. Desde a época da Muscle Beach, os fisiculturistas aproveitam os dias ensolarados e treinam ao ar livre.

Você certamente pode começar a exercitar-se ao ar livre logo no primeiro dia que começar o treinamento básico, mas o treinamento ao ar livre tem mais valor precedendo uma competição devido à aparência definida que ajuda a dar ao físico. Quando Franco e eu treinávamos na Venice Beach, treinávamos, descansávamos um pouco na praia e depois retornávamos para a área dos pesos para mais levantamentos. Meu bronzeado ficou bem mais forte dessa maneira, e eu me beneficiei de treinar na presença de expectadores, porque isso me ajudou a preparar-me para as pressões de aparecer no palco em um auditório lotado de pessoas.

Quando você treina ao ar livre, defendo uma sessão de treinamento mais lenta, mas com pesos muito pesados. Isso pode permitir uma quebra agradável no seu treinamento para competição normal e é outra forma de surpreender e chocar o corpo.

Nem todos têm uma praia da Califórnia logo descendo a rua, mas quando eu morava na Áustria e mais tarde em Munique, meus amigos e eu costumávamos ir freqüentemente até um lago da região e passar o dia inteiro treinando ao ar livre. Você pode ir a um parque, a uma área de recreação ou mesmo a um quintal de alguém e realizar um agradável treinamento ao ar livre.

CAPÍTULO 7

A Mente sobre o Corpo: A Mente, a Ferramenta Mais Poderosa

O corpo nunca responderá completamente aos seus treinamentos até que você entenda como treinar a mente também. A mente é um dínamo, uma fonte de energia vital. Essa energia pode ser negativa e trabalhar contra você, ou pode ser utilizada para dar-lhe treinamentos inacreditáveis e desenvolver um físico que se mantenha até suas mais entusiásticas expectativas. Sempre que ouvir falar sobre alguém que realize façanhas físicas inacreditáveis – Tiger Woods no golfe, Michael Jordan no basquetebol, Michael Johnson no atletismo, Hermann Maier no esqui e tantos outros atletas – é por causa do poder das suas mentes, não apenas devido à habilidade técnica ou mecânica. E você pode ter certeza de que nunca terá um desempenho naquele nível se não puder combinar sua determinação interna com suas habilidades físicas.

As pessoas podem caminhar sobre a brasa quando estão suficientemente motivadas; podem resistir aos rigores do treinamento dos oficiais da Marinha. Eles conseguem cruzar vastos desertos, atravessar ermos árticos conduzidos por cães, escalar o Monte Everest, nadar no Canal da Mancha, dar a volta ao mundo de bicicleta, levantar quantidades inacreditáveis de peso. Eles realizam as tarefas apesar da dor terrível, apesar de estarem doentes, não importando as probabilidades ou os obstáculos.

Há várias maneiras específicas em que o poder da mente pode ser utilizado para ajudá-lo a alcançar suas metas:

1. *Visão*. Conforme aludi no Capítulo 5, o primeiro passo é ter uma visão clara de para onde quer ir e o que quer alcançar. "Aonde a mente vai, o

corpo vai atrás" é um ditado em que sempre acreditei. Se você deseja ser Mister América ou Mister Universo, precisa ter uma visão clara de si mesmo alcançando esses objetivos. Quando sua visão é poderosa o bastante, todo o resto se ajeita: o modo como vive sua vida, seus treinamentos, os amigos que escolhe como companhia, como você se alimenta, o que você faz para divertir-se. Visão é objetivo e, quando seu objetivo é claro, também o são suas escolhas de vida. A visão desenvolve a fé, e a fé desenvolve a força de vontade. Com fé, não há ansiedade nem dúvida – apenas absoluta confiança.

2. *Visualização.* Não basta apenas querer "ficar grande". Fisiculturismo é mais do que isso. Ele trata de massa, forma, simetria e definição. É um tipo de escultura; é quase como um meio de expressão artística. Você tem que visualizar na mente o tipo de físico que necessita desenvolver a fim de alcançar seus objetivos. Quando você se olha no espelho, tem que se ver como realmente é – e também como quer ser. Você tem que ver com os olhos da mente as massas de músculo que estará desenvolvendo, o físico potente que terá no futuro. Concentrar-se nessas imagens dá à sua mente e ao seu corpo uma tarefa clara, uma meta bem-definida pela qual lutar.

3. *Modelo exemplar.* Falei no Capítulo 5 sobre como costumava estudar fotografias de Reg Park por ele ter o tipo de físico hercúleo que eu desejava imitar algum dia. Lembro-me de que, quando viajava nos anos 70 com Franco Columbu, muitos fisiculturistas de estatura menor vinham até ele e o agradeciam por tê-los inspirado a treinar para competição. Um tipo estético de tamanho médio poderia escolher Frank Zane ou Shawn Ray; competidores com músculos realmente grandes e compactos podem voltar-se para Dorian Yates ou Nasser El Sonbaty para inspiração. Quando encontrar alguém que represente seu físico ideal, estude o máximo possível de fotografias dele, recorte suas fotos de revistas e afixe-as na parede, no refrigerador – o que for necessário para ajudar a manter sua mente concentrada na tarefa que tem pela frente.

4. *Motivação.* Motivação é a força que o impulsiona e permite que desenvolva uma determinação de objetivo que de fato lhe dê a disposição de passar duas a quatro horas por dia na academia e lhe submeta aos treinamentos mais castigados possíveis. Isso faz a diferença entre apenas realizar cinco séries disso e quatro séries daquilo e realmente levar o seu corpo ao limite. A motivação desenvolve a disciplina. A disciplina provém do prazer de aguardar ansiosamente para alcançar o objetivo que você aprendeu a visualizar de forma tão clara na mente e a trabalhar duro e consistentemente, repetição por repetição, série por série, sessão por sessão.

5. *Estratégia de treinamento.* Além do ato de visualizar o produto final do seu treinamento, você deve decidir exatamente que tipo de desenvolvimento necessita em cada um dos principais grupos musculares e quais exercícios específicos e técnicas de exercícios atingirão esse desenvolvimento. Você decidiu aonde quer chegar, agora precisa mapear *como* chegar lá. Esse é o ponto em que você aprende a realmente individualizar suas sessões de treinamento, descobre como seu corpo responde a movimentos específicos e técnicas de intensidade e decide exatamente que estratégia irá empregar para desenvolver o tipo de corpo que deseja ter.

Uma ajudinha do meu amigo – Franco Columbu sempre foi meu melhor parceiro de treinamento.

Você e seu parceiro de treinamento podem consumir a energia um do outro, criando o tipo de intensidade que os impulsionará além dos seus limites.

6. *A mente no músculo.* A chave para o sucesso nas suas sessões de treinamento é transpor a mente para dentro do músculo, em vez de pensar no peso em si. Quando você pensa no peso em vez de no músculo, não consegue sentir o que o músculo está fazendo. Você perde o controle. Em vez de alongar e contrair o músculo com concentração profunda, você está simplesmente exercendo força bruta; então acaba não trabalhando nos limites da sua amplitude de movimento, não contraindo e estendendo o músculo de uma maneira suave, intensa e controlada. Por exemplo, quando estou realizando roscas com a barra, visualizo os bíceps como montanhas – não apenas grandes, mas enormes. E por estar pensando no músculo, posso sentir tudo que está acontecendo com ele: sei se o alonguei completamente ou não na fase inferior do movimento e se estou conseguindo uma contração total, completa na fase superior.

GRANDES METAS E PEQUENAS METAS

Junto com as grandes metas que você estabelece para si – o tipo de físico que espera desenvolver, as competições que quer vencer – tem que aprender também a estabelecer metas menores – desafios do dia-a-dia, realizações a curto prazo. Antes de poder desenvolver braços com 48 cm, primeiro você tem que desenvolvê-los até 40 cm, 43 cm e 46 cm. Antes de que possa realizar um supino com 181 kg, tem que ser capaz de pressionar 113 kg, 136 kg e 159 kg.

Às vezes, concentrar-se somente em metas de longo prazo pode ser desestimulante. Mas como diz o velho ditado, "uma jornada de mil milhas começa com um só passo". Sempre tive planos que cobriam diferentes períodos de tempo. Meu plano para todo o ano ditava o que eu desejava alcançar a fim de conquistar outro título de Mister Olímpia. Mas eu costumava fazer planos que perduravam apenas um mês de cada vez e, no final desse período, eu olhava para trás, avaliava meu progresso e fazia as mudanças que sentia que eram necessárias para o próximo período de 30 dias. Talvez eu quisesse desenvolver os tríceps cerca de 2,5 cm ou estreitar um pouco a cintura.

Faço a mesma coisa hoje quando tenho um filme agendado. "Oh, faltam dois meses para iniciar as filmagens: é melhor dedicar-me um pouco mais na academia, aumentar minha capacidade cardiovascular." Então recomendo que, em vez de sempre se concentrar no horizonte distante das suas ambições, tente dividir suas metas de longa duração em segmentos menores, incrementais e mais manejáveis.

APRENDENDO COM AS FALHAS

Sempre que assumir uma tarefa muito difícil, você tem que encarar a possibilidade de falhas de curta duração, obstáculos que bloqueiam seu caminho e têm de ser superados. Uma falha não deve desestimulá-lo: ela pode ser uma ótima ferramenta de treinamento. Ela define limites para você, o instrui sobre quais partes do seu programa estão funcionando e quais não; diz-lhe em qual degrau da escada você se encontra e ajuda a motivá-lo a subir mais alto. A falha não é o que prejudica a pessoa consciente: é o *medo da falha* que atrapalha o caminho. Ele o impede de realmente tentar com afinco, de liberar todas as suas energias, de reunir a motivação total. Na verdade, muitas vezes é útil buscar a falha! Treine o mais árduo possível; descubra quais são realmente suas limitações de força e resistência; se esforce até chegar a uma parede e não puder ir adiante. "Você não sabe qual é o suficiente até saber o quanto é demais" é uma frase que tenho escutado com freqüência. Uma vez que experimente a falha – a falha em levantar um peso, em completar uma sessão de exercícios, em ter uma boa colocação em uma competição – saberá muito mais sobre si mesmo e poderá planejar a próxima etapa do seu treinamento de

Jeff Bridges e eu em Stay Hungry.

Carl Weathers e eu lutando contra um alienígena em Predador

Conan, o Bárbaro.

O Exterminador do Futuro.

Comando.

ENCICLOPÉDIA DE FISICULTURISMO E MUSCULAÇÃO 237

James Belushi olhando-me levantar peso em Red Heat.

O Exterminador do Futuro 2.

Danny Devito e eu no papel de gêmeos nada idênticos em Irmãos Gêmeos.

Sempre tive orgulho de estar envolvido com as Paraolimpíadas. Elas trazem em sua essência o real significado do esporte: não competir contra o colega do lado, mas competir contra você mesmo, concentrando suas energias em alcançar o padrão mais alto de excelência que você é capaz.

O Presidente Reagan acreditava no levantamento de peso. Ele dizia: "Isso sim é potência".

Mesmo antes de estar envolvido com o Conselho Federal de Aptidão Física, passei algum tempo trabalhando com as forças armadas. Aqui, eu estava trabalhando com o pessoal de um porta-aviões da Marinha.

Governador Pete Wilson e eu realizando apoios durante o Great California Workout.

Presidente George Bush e eu no Great American Workout, um evento organizado pela Casa Branca para ajudar a promover a saúde e a aptidão física de todos os americanos.

forma mais inteligente. Aprenda com ela, tire proveito dela, mas não se intimide a ponto de não a enfrentar. Você pode tentar um levantamento que está certo que não conseguirá, mas faça-o mesmo assim! A satisfação e a confiança resultantes de ultrapassar seu suposto limite são enormes, mas nunca acontecem para aqueles que têm medo de testar seus limites.

INIBIÇÃO MUSCULAR

Quando você contrai um músculo, o cérebro não apenas emite sinais que estimulam a contração de fibras, mas também sinais inibitórios que a inibem. Isso protege você contra a supercontração, que poderia causar lesão; mas limita a quantidade de músculo a ser estimulada. Sempre que você sofre um espasmo muscular ou cãibra, está tendo uma prova do que poderia acontecer se esses sinais inibitórios não existissem.

O progresso no treinamento ocorre em parte porque você está aumentando e fortalecendo as fibras musculares, e em parte porque está gradualmente reeducando o sistema nervoso para que ele diminua os sinais inibitórios envolvidos e permita uma contração mais forte. É preciso energia para superar essa inibição, para sobrepujar os mecanismos de proteção. Quanto mais intensas as imagens que usar, quanto mais concentrar a mente no músculo, mais você ultrapassa essas limitações inibitórias que o cérebro está criando e mais rápido você progride.

MAXIMIZANDO SUA MOTIVAÇÃO

Todos nós possuímos certas partes do corpo que são boas de treinar e respondem facilmente, e outras que temos que nos forçar a treinar e que respondem relutantemente. No meu caso, treinar bíceps sempre foi muito fácil, ao passo que nunca tive a mesma sensação prazerosa realizando movimentos de tríceps. Mas um fisiculturista com ambições de competição não pode deixar essa situação perdurar. Ele tem que se concentrar em transpor a mente para dentro do músculo e estabelecer o controle preciso de cada músculo de cada região corporal.

Joe Weider e eu apresentamos Flex Wheeler com um troféu no Arnold Classic.

Mas só existe a quantidade de energia mental que podemos reunir por conta própria. Bons fisiculturistas têm que ser inteligentes, mas o treinamento não é um exercício intelectual. Os movimentos de treinamento são sensuais, e a motivação profunda que excita você e faz com que continue é *emocional*. Você não pode apenas sentar e sentir essas coisas mais do que pode sentir deliberadamente que está apaixonado. Em ambos os casos, alguma coisa fora de você tem que inspirá-lo.

Lembro-me de quando treinei com Ed Corney antes do Mister Olímpia de 1975 e em um determinado dia eu simplesmente não conseguia concentrar-me no treinamento das costas. Ed percebeu isso e me disse: "Lembre-se, você vai competir contra Lou Ferrigno na África do Sul, e o grande dorsal dele é tão enorme que, se você ficar de pé atrás dele no palco, a platéia sequer conseguirá vê-lo!"

Não é preciso dizer que, quando comecei a pensar em competir contra Lou e em quão espetaculares eram suas costas, mal podia esperar para realizar flexão de braços na barra fixa, remada curvada e os demais exercícios para as costas. O alerta de Corney inspirou-me, deu-me uma energia que eu não poderia gerar totalmente sozinho.

ROMPENDO BARREIRAS

Quando as coisas ficam difíceis, é sempre a mente que falha primeiro, não o corpo. O melhor exemplo disso que posso lembrar ocorreu um dia quando Franco e eu estávamos realizando agachamentos na antiga Gold's Gym. Franco ficou embaixo de 227 kg, agachou e não conseguiu subir de volta. Agarramos a barra e o ajudamos a colocá-la de volta no *rack*. Duzentos e vinte e sete quilogramas mesmo com uma só repetição, eram aparentemente demasiados para ele naquele dia.

Justamente nesse momento, quatro ou cinco crianças ítalo-americanas de Nova York apareceram. "Puxa!", disseram, "lá está Franco! Ei, Franco!" Eram grandes fãs e estavam aguardando ansiosamente para vê-lo treinar – justamente no momento em que Franco havia falhado em um levantamento e parecia provável que erraria novamente na próxima tentativa.

Chamei Franco de lado e disse-lhe: "Franco, esses caras pensam que você é o rei. Você não pode ficar embaixo de 227 kg novamente e falhar." De repente seu rosto mudou. Olhou para mim com grandes olhos, percebendo que estava sendo observado. Depois saiu até a rua e ficou por um instante mentalizando-se, respirando profundamente e concentrando-se no levantamento.

Ele entrou de volta na academia com altivez, agarrou a barra e, em vez das seis repetições que teria de realizar com 227 kg, fez oito! Depois se afastou friamente, como se aquilo não fosse nada.

Obviamente os músculos de Franco não ficaram nem um pouquinho mais fortes nesses poucos minutos entre séries, seus tendões não aumentaram; o que realmente mudou foi sua mente, sua determinação e motivação, seu desejo de alcançar o objetivo. Era impossível não perceber como a mente foi importante em fazer com que o corpo realizasse o que ele queria.

COMO O FISICULTURISMO AGE NA MENTE

Já falamos sobre o efeito da mente sobre o corpo. Mas o efeito que o fisiculturismo tem sobre a mente também é significativo. O treinamento árduo faz com que o corpo libere endorfinas (substâncias semelhantes à morfina que aparecem naturalmente), as quais levam a uma elevação do humor. Há muitos efeitos benéficos do sangue altamente oxigenado que é bombeado para o sistema. Mas o fisiculturismo pode ter também um efeito profundo sobre a personalidade, o estilo de vida e o sucesso em lidar com as demandas do ambiente moderno.

A disciplina é de suma importância para o sucesso no fisiculturismo. Da mesma forma o é a capacidade de concentrar-se, de estabelecer uma meta e não permitir que nada se coloque no seu caminho. Mas quanto mais o fisiculturismo exige, maior ainda é o retorno que ele traz.

Já trabalhei com milhares de jovens que queriam tornar-se fisiculturistas. Ensinei treinamento de peso para crianças das Paraolimpíadas e para presidiários, e discuti a função do treinamento de peso com fisioterapeutas, cientistas médicos e especialistas da NASA. E, em toda minha experiência, nunca vi um caso em que um indivíduo tenha feito progresso no fisiculturismo sem experimentar um aumento associado em auto-estima, autoconfiança e prazer de viver.

Eu tinha a mesma coisa em mente quando ajudei a criar a Inner-City Games Foundation em Los Angeles, em 1995. A missão dos Inner-City Games é dar oportunidades aos jovens das zonas urbanas menos favorecidas de participarem de programas de enriquecimento esportivo, educacional, cultural e comunitário; desenvolver a confiança e auto-estima; encorajar os jovens a dizer não às gangues, às drogas e à violência; e sim à esperança, ao estudo e à vida.

Programas como as Paraolimpíadas e os Inner-City Games funcionam tão bem porque um senso de valor próprio deve basear-se o máximo possível na *realidade*: você não pode apenas "acreditar" em si mesmo, mas ser capaz de visar a um feito real. Para esses jovens, e para todos os outros em geral, educar sua mente, aguçar seus talentos e desenvolver um corpo fisicamente superior são todas formas realistas de elevar sua auto-estima. Quando você tem um corpo superior, não é egotismo orgulhar-se dele: egoísmo é quando você tenta atribuir-se qualidades que na verdade não possui.

O fisiculturismo muda você; ele lhe faz sentir melhor em relação a si mesmo e muda a forma como as pessoas lhe tratam. Ele é uma avenida aberta para qualquer pessoa: homem, mulher ou criança, você pode melhorar seu corpo por meio de treinamento adequado e também sua autoconfiança. Bob Wieland, por exemplo, é um veterano do Vietnã que perdeu as duas pernas em combate. Ao invés de tratar-se como um inválido, começou a treinar seriamente em uma academia e desde então passou a participar de várias competições de fisiculturismo, quebrando o recorde mundial de supino em sua categoria de peso. Bob não tem que pensar em si mesmo como um incapacitado, graças aos benefícios do treinamento, ele pode, legitimamente, reivindicar o louvor de campeão.

Sempre me pareceu que o fisiculturismo é uma boa maneira de entrar em contato com a realidade. Quando você está treinando, há a realidade daquele ferro frio nas suas mãos... você pode levantá-lo ou não: isso é realidade. E depois há o progresso que você pode fazer: se treinar corretamente, obterá resultados; treine incorretamente ou não coloque muita intensidade em seus esforços, e obterá pouco ou nada. Você não tem como fingir, tem que encarar os fatos.

O corpo humano não foi criado para um estilo de vida sedentário, e sim para caçar maquerodontes e caminhar 64 km por dia. Quando não temos nenhum escape físico, tensões são produzidas dentro de nós. O corpo reage a frustrações menores, tais como alguém cortar a nossa frente no trânsito, como se fossem situações de vida ou morte. O mecanismo "lute ou fuja" é disparado, a adrenalina flui em nosso sistema, a pressão arterial aumenta vertiginosamente. O exercício em geral e o fisiculturismo em particular dão-nos uma válvula de escape para essas tensões e satisfazem as necessidades do corpo pela atividade vigorosa.

Se isso é verdade para a maioria de nós, é particularmente evidente quando você está lidando com pessoas em circunstâncias extremas – por exemplo, prisioneiros cumprindo pena em penitenciárias, os atletas das Paraolimpíadas, ou crianças forçadas a vagar pelas ruas de zonas urbanas menos favorecidas governadas por gangues e drogas.

No meu trabalho de ensinar fisiculturismo para prisioneiros em todo o país, tenho ficado surpreso pelo que um sistema eficaz de treinamento de reabilitação com pesos pode fazer. Muitos homens na prisão sofrem por uma auto-imagem negativa, consideram-se ignorados e negligenciados na vida e sentiam-se presos atrás das barras da exclusão econômica e social muito tempo antes de se encontrarem atrás de barras reais.

Muitos desses homens passaram suas vidas culpando outras pessoas por seus próprios erros, procurando desculpas para o comportamento que continuamente lhe trouxeram problemas, não se responsabilizando por seus próprios atos. Tudo isso pode mudar quando começam a treinar seriamente com pesos. A façanha eventual de completar uma série, desenvolver a força dos músculos e aprender a disciplina necessária para continuar a fazer progresso tem seu efeito sobre a mente e o espírito do indivíduo. Embora muitos desses homens tenham procurado chamar a atenção por meios anti-sociais, agora eles atraem a atenção admirada de pessoas que respeitam seus feitos. Com essa atenção, ficam orgulhosos e autoconfiantes, e essa é uma razão por que o treinamento de peso tornou-se tão popular em prisões em todo o país. Com as Paraolimpíadas, os benefícios são ainda mais óbvios. Lembro-me de quando trabalhava com algumas crianças em Washington, D. C. Um jovem estava deitado em um banco pronto para realizar supino, enquanto uma fila de outros esperavam sua vez. Eu lhe entreguei apenas a barra sem nenhuma anilha, e ele ficou muito desconcertado – esse tipo de esforço era maior do que estava acostumado ou mentalmente preparado. Não o pressionei, mas deixei-o ir embora enquanto eu trabalhava com os outros meninos. Após alguns poucos minutos, eu o vi aproximar-se lentamente, olhar os outros com atenção. Finalmente, ele indicou que queria tentar, e eu o ajudei a pressionar a barra três ou quatro vezes, mas ele ainda estava receoso e rapidamente desceu do banco.

Mas não demorou muito ele voltou, dessa vez com mais confiança, e então conseguiu realizar 10 repetições com muito pouca ajuda.

A partir desse momento, ele foi fisgado, não apenas juntou-se à fila daqueles que esperavam experimentar o exercício como também tentou empurrar outras crianças para fora de forma que sua vez chegasse antes. Em um mundo que continha tantas frustrações e decepções para ele, esse garoto encontrou algo para testar sua força novamente, uma barreira física que poderia ser transposta e superada, dando-lhe uma autoconfiança geralmente negada a ele.

Somos todos um pouquinho como esse jovem, possuímos apenas capacidade e competência suficientes; assim, nossas necessidades nem sempre são tão óbvias. Mas elas estão lá. Todos nós nos deparamos com limitações, temos de lidar com frustrações e decepções; e a maioria de nós percebe que poucos indivíduos realmente vivem alguma vez até o potencial físico que a evolução desenvolveu dentro do corpo humano. Mas corpo e mente estão interconectados: duas facetas da mesma coisa. À medida que a saúde do corpo melhora, também melhoram a saúde e a força da mente; e o fisiculturismo é o veículo ideal para atingir esse equilíbrio necessário.

LIVRO TRÊS

Exercícios para as Regiões do Corpo

Embora eu tenha sido extremamente bem-sucedido vencendo competições de fisiculturismo, sou o primeiro a admitir que ninguém tem um físico completamente perfeito. Certamente, quando falamos de partes do corpo como o peito e os bíceps, poderia comparar-me diretamente com qualquer um. Mas qual fisiculturista pode afirmar com confiança que ele aceita comparar seus grandes dorsais com Franco Columbu ou suas pernas com Tom Platz. É preciso um enorme conjunto de tríceps para comparar-se favoravelmente com os braços enormes de Jusup Wilkosz e um torso fantástico para suportar uma comparação com o abdômen em tábua de Dennis Tinerino.

Por esse motivo, e para garantir que este livro representa o que há de melhor em fisiculturismo, selecionei alguns dos principais campeões, conhecidos pelo desenvolvimento considerável de partes de seus corpos, para me ajudar a ilustrar os muitos diferentes exercícios nesta seção do livro. Preste atenção especial a todos os detalhes nas fotos, incluindo a posição da cabeça, do torso, da mão e do pé para garantir o efeito e a segurança máximos. Quando você começar a entender o efeito de cada movimento, volte e observe as fotos novamente para garantir que não ocorreu nenhum desvio, por menor que seja. Com o uso de técnicas de exercício rígidas, você irá acelerar o ganho muscular.

As minhas próprias fotos usadas como ilustração foram selecionadas de meus arquivos e da biblioteca de fotos de Joe Weider, desde as minhas primeiras competições até o presente momento. Esta gama de fotografias mostra o meu físico a cada estágio do seu desenvolvimento maduro, criando um álbum fotográfico da minha história pessoal bem como ilustrações tecnicamente corretas de fisiculturismo.

Os Ombros

OS MÚSCULOS DOS OMBROS

O **deltóide** é um grande músculo de três pontas, grosso e triangular, que se origina da clavícula e da escápula na parte posterior do ombro e se estende até a sua inserção no braço.

FUNÇÃO BÁSICA: Realizar a rotação e a elevação do braço. O deltóide anterior eleva o braço para a frente; o deltóide médio eleva o braço para o lado; o deltóide posterior eleva o braço para trás.

O **trapézio** é o músculo triangular, plano, que se estende para fora e para baixo do pescoço e entre as escápulas.

FUNÇÃO BÁSICA: Elevar toda a cintura escapular, levar a escápula para cima, para baixo e para os lados e ajudar a girar a cabeça.

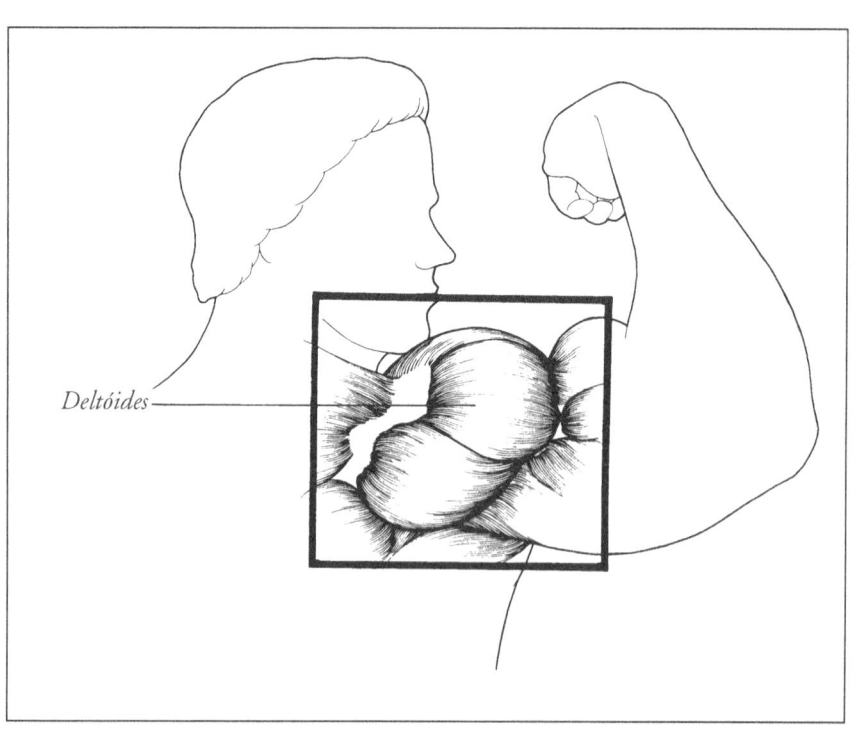

Deltóides

ANALISANDO OS OMBROS

Nos anos 40, os homens usavam casacos com enormes ombreiras acolchoadas e cinturas apertadas dando-lhes uma forma em V exagerada (um estilo que parece ter retornado recentemente). Por coincidência, esta é a forma que os fisiculturistas trabalham exaustivamente para desenvolver, e uma parte significativa deste aspecto é de ombros largos, amplamente desenvolvidos.

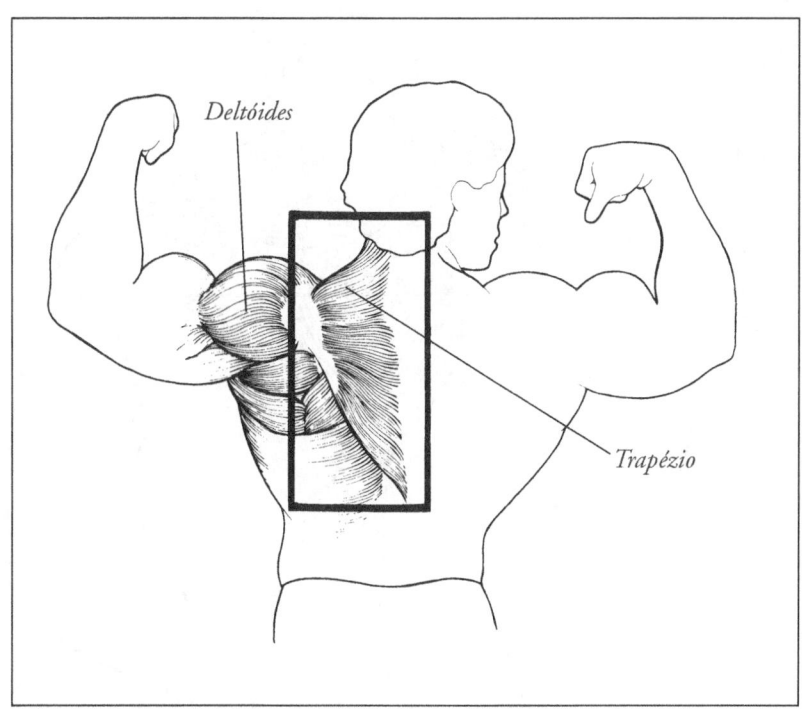

Flex Wheeler

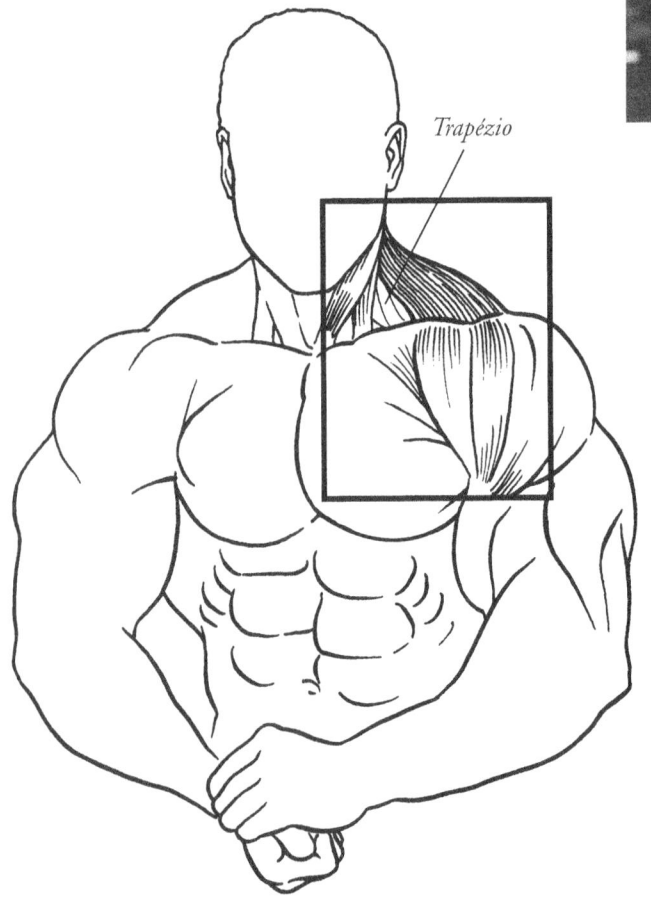

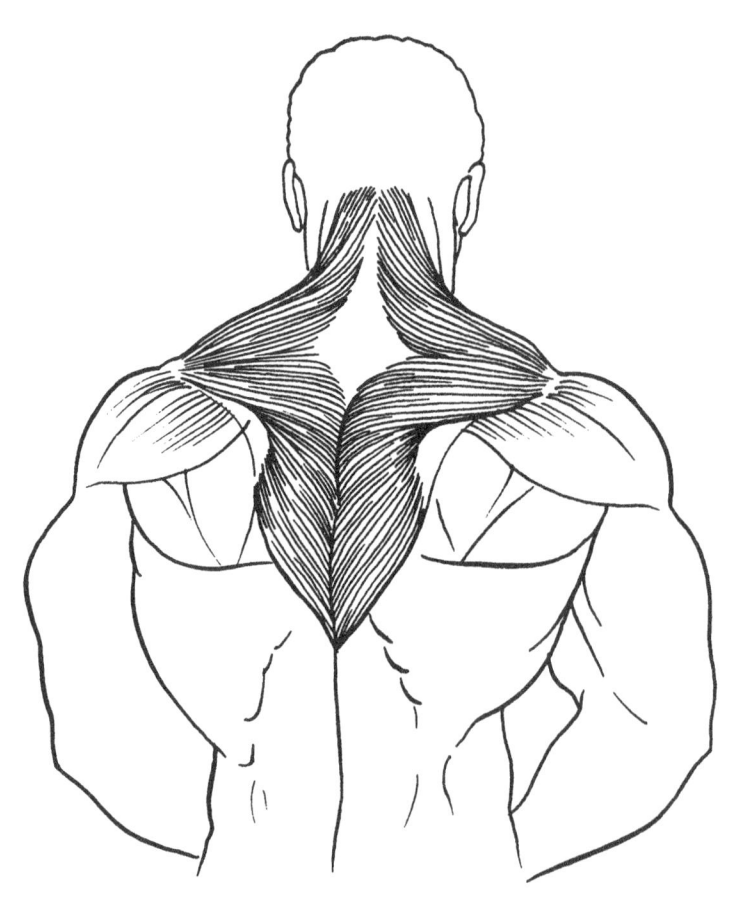

Trapézio

Steve Reeves foi um dos primeiros fisiculturistas a desenvolver a forma em V clássica. Ele foi capaz de adquirir este aspecto porque tinha ombros naturalmente largos e uma cintura pequena. Estas proporções ajudam a criar os físicos mais estéticos do fisiculturismo.

A largura dos ombros é, em maior escala, determinada pela estrutura do esqueleto. Isto é nato. Um fisiculturista como Reeves, com seus ombros estruturalmente largos, tinha uma enorme vantagem, especialmente quando estava relaxado. Don Howarth, Dave Draper e Frank Zane, todos campeões que começaram a treinar na minha época, são outros exemplos deste aspecto de ombros largos e quadrados. Kevin Levrone e Nasser El Sonbaty também têm ombros largos.

Há um outro tipo de físico que se caracteriza não por ombros estreitos mas por um aspecto "caído". Reg Park não era estreito, mas seus trapézios e ombros se curvavam para baixo. Os meus ombros têm este mesmo aspecto caído, de modo que eles parecem mais estreitos quando eu estou relaxado do que quando estou executando uma pose como uma abertura lateral, onde a largura real se torna aparente. Observe Paul Dillett em ação e você verá essa mesma estrutura.

O outro fator envolvido em um aspecto de ombros largos é o desenvolvimento dos deltóides laterais. Quando estes músculos estão totalmente desenvolvidos, tem-se uma aparência bastante impressionante quando eles estão contraídos. Sergio Oliva e Tom Platz, por exemplo, têm um desenvolvimento enorme dos ombros e ainda assim não parecem excepcionalmente largos e quadrados quando estão relaxados no palco. A aparência ideal para o fisiculturista de competição é ter uma estrutura óssea quadrada e um grande desenvolvimento do deltóide lateral. Observe o desenvolvimento dos ombros de Dorian Yates e você irá entender o valor de uma estrutura como esta.

Casualmente, os fisiculturistas conhecidos por um fantástico desenvolvimento dos deltóides também são conhecidos por uma enorme força dos ombros – desenvolvimento com barra por trás do pescoço 102 kg ou mais; desenvolvimento frontal com 143 kg ou mais, como Sergio e Franco costumavam fazer; Ken Waller, com seus potentes deltóides frontais, fazia desenvolvimento com halteres de 62 kg.

Porém, a largura – e o desenvolvimento da porção lateral do deltóide – é apenas um aspecto do desenvolvimento total dos músculos deltóides. Os ombros também precisam ser fortes, mostrar desenvolvimento na parte frontal e posterior, combinar-se adequadamente com os peitorais e os bíceps bem como com os trapézios e o resto das costas.

Os deltóides são extremamente versáteis. Para mover o braço para frente, de um lado ao outro, para cima e ao redor, os deltóides têm três lobos musculares distintos chamados porções: a porção anterior (frontal), a porção medial (lateral) e a porção posterior (traseira).

Os deltóides tem um papel importante em virtualmente todas as poses do fisiculturismo. Eles adicionam largura e tamanho em uma pose frontal de duplo bíceps; e muscularidade em uma pose com mais músculos. A espessura e o desenvolvimento de todas as três porções têm um papel importante nas poses vistas de lado, tal como o aspecto lateral do peito ou uma pose de trí-

Steve Reeves

ceps. Por trás, o efeito de uma pose como o bíceps duplo posterior é altamente dependente de quanta forma, separação e definição você obteve nos deltóides posteriores.

O desenvolvimento do seu deltóide deve mostrar definição e estriações independente de qual movimento você executa enquanto faz as poses citadas, bem como quando você faz a transição entre uma e outra. Deve haver uma interconexão de modo que as três porções atuem juntas com todos os músculos adjacentes, desse modo lhe dando um aspecto muscular rígido.

Mas ter um desenvolvimento completo do deltóide também é importante enquanto estiver relaxado. Visto pela frente e por trás, um bom desenvolvimento dos deltóides laterais faz com que você pareça mais largo. De frente, você deve ter uma separação completa entre os deltóides e os peitorais. Para algumas pessoas, esta separação é natural; para outras, ela requer bastante treinamento especializado dos pontos fracos. Visto de lado, o desenvolvimento do deltóide posterior lhe proporciona aquela "elevação" no dorso dos ombros que você vê tão claramente nos grandes campeões como Flex Wheeler ou Dorian Yates, e tanto os deltóides posteriores quanto o trapézio são extremamente importantes quando vistos pelas costas.

Dave Draper

Aqui, Lee Haney apresenta uma pose de abertura lateral. Seus ombros quadrados, combinados com um grande desenvolvimento dos deltóides, tornam uma simples pose em um aspecto impressionante.

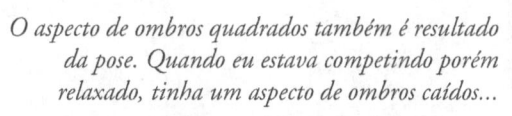

O aspecto de ombros quadrados também é resultado da pose. Quando eu estava competindo porém relaxado, tinha um aspecto de ombros caídos...

mas quando eu executava uma abertura frontal dos grandes dorsais você pode ver como meus ombros pareciam mais largos.

Samir Bannout

Shawn Ray

Eu executando uma pose de bíceps.

Uma pose mais muscular de Franco Columbu.

E uma fantástica pose posterior de bíceps dupla por Ronnie Coleman.

Evidentemente, a largura dos ombros e o desenvolvimento dos deltóides são, na verdade, duas coisas diferentes. Steve Reeves, por exemplo, não tinha deltóides particularmente espessos e maciços, a despeito de sua grande largura. Por outro lado, Larry Scott, que ganhou a primeira competição de Mister Olímpia nos anos 60, exibiu deltóides grossos, musculosos, cujo desenvolvimento maciço equilibrou suas proporções naturalmente estreitas. A largura dos ombros de Shawn Ray não é excepcional, mas você não nota porque seus deltóides são bem grandes e totalmente desenvolvidos.

Muitos fisiculturistas com proporções comparativamente estreitas foram favorecidos por um grande desenvolvimento dos deltóides. Meu exemplo fa-

Franco Columbu

vorito disto é Reg Park. Reg exercitou-se muito para compensar suas proporções esqueléticas relativamente estreitas e obteve um enorme desenvolvimento dos ombros. Ele foi o primeiro fisiculturista a realizar o supino reto com 227 kg e isto só foi possível devido ao tamanho e à força de seus deltóides frontais, que juntamente com o peito e o tríceps realizam um trabalho muito forte nesta elevação.

Um ponto adicional digno de nota é que todos esses campeões treinaram de modos muito diferentes. Franco desenvolveu deltóides frontais enormes a partir da realização de muitas flexões, de modo que ele teve que adicionar bastante treinamento dos deltóides posteriores ao seu programa de exercício para adquirir o equilíbrio correto. Larry Scott obteve seus melhores resultados nos ombros usando o método decrescente, começando com pesos mais pesados e diminuindo progressivamente para realmente queimar os deltóides – de halteres de 40 kg até 15 kg. Dorian Yates passou vários anos realizando um tipo de treinamento de alta intensidade que forçava relativamente poucas séries, mas todos os tipos de técnicas de intensidade, como negativos, repetições forçadas, negativos forçados e repetições parciais.

Minha opinião neste aspecto é que dois indivíduos nunca têm corpos que são exatamente iguais e nunca treinarão qualquer parte do corpo do mesmo modo. Não há nenhum fisiculturista vivo que nunca tenha tido que ajustar o seu treinamento para superar pontos fracos de modo a criar um físico bem equilibrado e proporcional.

TREINANDO OS DELTÓIDES

Há dois tipos básicos de exercício para os ombros – elevação lateral de braço e desenvolvimento.

A elevação lateral de braço envolve levantar o braço estendido em um arco amplo, o que dá um melhor isolamento das diferentes porções. Você precisa realizar elevações frontais, laterais e posteriores. Quando faz elevações, você não trabalha os tríceps, mas isola quase completamente as várias porções do deltóide. Contudo, como você está isolando os deltóides, não consegue elevar tanto peso quanto com os movimentos do desenvolvimento, porque você mantém os braços virtualmente retos durante todo o movimento.

No desenvolvimento de ombros, você começa com os braços dobrados, os pesos na altura dos ombros, e eleva a barra ou os halteres acima da cabeça. Como você está retificando os braços bem como elevando-os, o movimento envolve o deltóide e o tríceps. Você pode variar o esforço sobre os ombros para direcioná-lo para as diferentes porções do deltóide realizando tipos diferentes de desenvolvimento – frontal ou posterior, usando barra, halteres ou outros aparelhos.

TREINAMENTO BÁSICO

Sou a favor da realização de muito treinamento de força para desenvolver os ombros independente do seu nível. Mas o treinamento de força é, talvez, mais valioso quando você é um principiante. O deltóide responde bem ao trabalho

Larry Scott

com cargas pesadas. Isto ajuda o seu desenvolvimento global porque vários outros exercícios de força – desde o supino reto, levantamento terra até a remada curvada requerem muita força nos ombros.

Portanto, desde o começo recomendo que você faça movimentos como o levantamento da barra, remada alta e desenvolvimento, além de elevação lateral com halteres. Este tipo de programa irá construir a massa e a força muscular que você precisa para lhe capacitar a prosseguir para o treinamento avançado. O motivo pelo qual prefiro treinar os iniciantes com o exercício de levantamento da barra em vez de apenas a pressão é que o movimento extra – elevar a barra do solo, trazê-la até os ombros e colocar os braços por baixo para apoiá-la – trabalha vários outros músculos além dos deltóides, especificamente costas, trapézio e tríceps.

TREINAMENTO AVANÇADO

Quando você atinge o nível de treinamento avançado, precisa mais do que apenas massa e força. Neste ponto, você precisa trabalhar para um desenvolvimento global dos ombros – todas as três porções do deltóide bem como o trapézio. Portanto, além de exercícios como elevação lateral de halteres, projetados especificamente para o deltóide lateral, incluí desenvolvimento com barra por trás do pescoço para o deltóide frontal e lateral, elevação lateral inclinada para o deltóide posterior e elevação de ombros para o trapézio. Incidentalmente, para aqueles que acreditam que o trapézio está mais associado com as costas do que os ombros, lembre-se de que quando você eleva o braço acima do nível da cabeça em qualquer movimento lateral ou desenvolvimento, o trapézio passa a trabalhar arduamente, puxando o ombro para cima e para dentro, permitindo que você complete todo o movimento.

Você também irá encontrar inúmeras superséries nesta parte do programa para reforçar o trabalho de ombros, incluindo exercícios como remada alta ereta (para o deltóide frontal e trapézio), desenvolvimento no aparelho (para trabalhar o deltóide frontal e permitir que você abaixe o peso mais longe do que com a barra), elevações laterais unilaterais com cabo (que isola o deltóide lateral) e elevações laterais com cabo inclinado (para o deltóide posterior).

PROGRAMA PARA COMPETIÇÃO

A função dos deltóides é muito complexa, capacitando o seu braço a mover-se em um círculo de 360° – e isto quer dizer que há muitos ângulos nos quais você pode treinar seus ombros para levá-los a um desenvolvimento completo.

Nesta pose você pode ver como os deltóides frontais estão claramente separados dos peitorais, uma qualidade que você pode desenvolver com exercícios específicos como elevação frontal de halteres e remada alta com barra, na posição ereta.

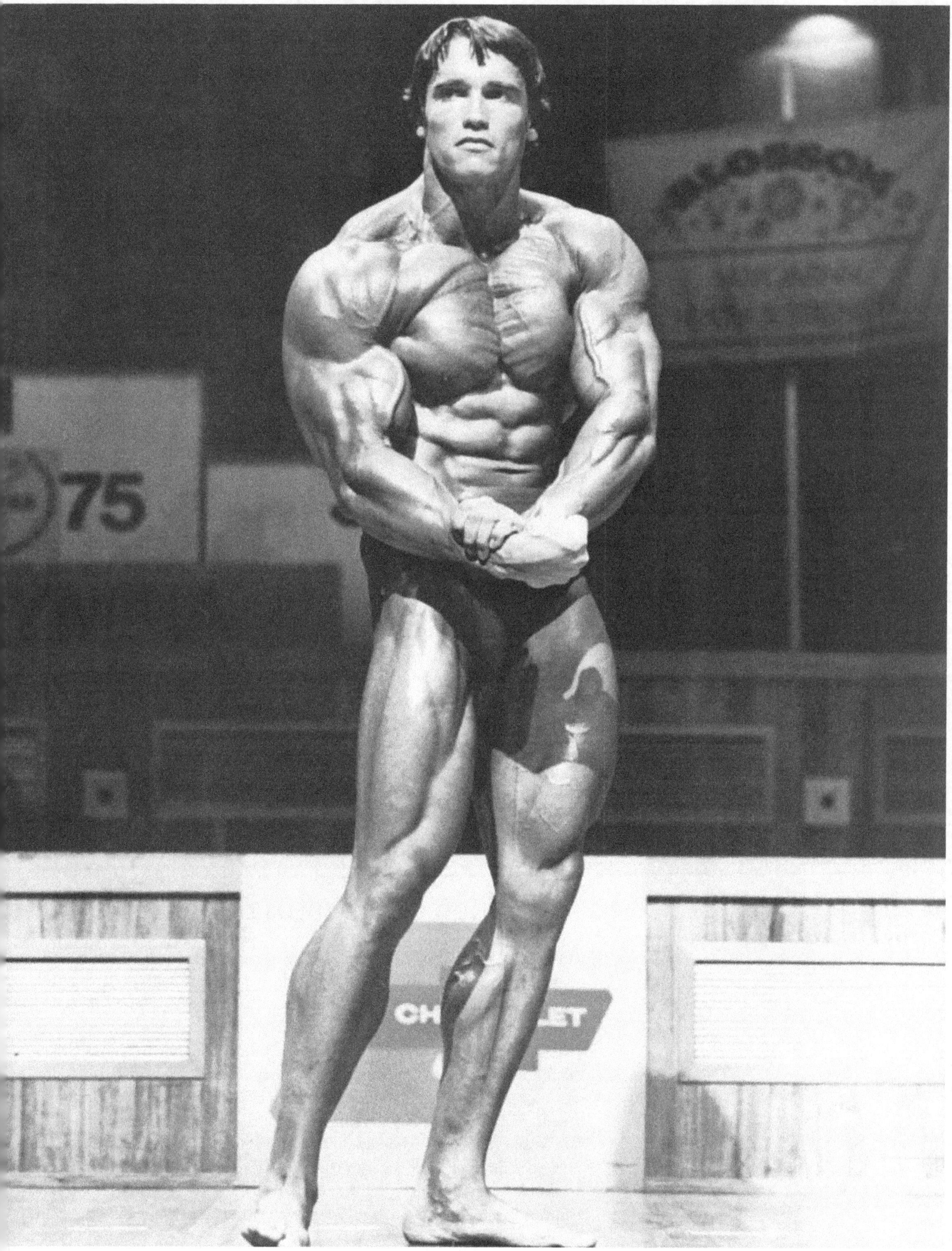
75

O programa para competição, portanto, introduz alguns movimentos extras como elevações laterais inclinadas, deitado e elevações laterais posteriores, sentado, com cabos. Também há um grande aumento na intensidade de tempo, com cada exercício sendo feito como parte de um superconjunto ou grupo de três séries. Este trabalho intenso é muito eficaz para esculpir e definir os músculos deltóides, trazendo todos os vínculos e criando estriações musculares inacreditáveis.

Quando realizar treinamento para competições, você deve prestar bastante atenção aos detalhes. Não apenas cada porção precisa ser desenvolvida proporcionalmente, mas cada uma precisa ficar totalmente separada da outra, com todas três claramente definidas e visíveis. Adicionalmente, a estrutura do deltóide precisa ser totalmente separada dos músculos dos braços, bem como do trapézio e dos músculos superiores das costas. Os deltóides frontais também precisam ser claros e distintos da varredura dos músculos peitorais.

Além de tudo isso, você precisa das estrias e das estrias cruzadas que lhe dão o tipo de qualidade que o tornam competitivo no mais alto nível. Certamente, nada disso acontece com facilidade. Você não pode simplesmente adotar uma rotina para os ombros e desenvolver deltóides vencedores. Isto precisa de um aumento progressivo e contínuo, usando técnicas como superconjuntos, séries tríplices, o método decrescente e tantos princípios de choque quanto possível. Se você acha que apesar dos seus esforços você ainda tem pontos fracos no desenvolvimento dos seus deltóides, o treinamento intensivo é a única solução; você precisa estudar cuidadosamente as opções para os pontos fracos (consulte a página 265) e decidir como reorganizar seus programas para lidar com este problema.

Em 1971, quando treinei com Franco, fizemos desenvolvimento com halteres começando com 45 kg, depois imediatamente forçamos os nossos deltóides com elevações laterais até que estávamos incapazes de elevar nossos braços. Ou as vezes fazíamos uma séria tríplice: primeiro um exercício de deltóide frontal, depois um lateral e finalmente um posterior. Acreditem, após alguns destes exercício nossos ombros pareciam estar em fogo, com cada fibra pedindo piedade.

TREINANDO OS MÚSCULOS DO TRAPÉZIO

Os músculos trapézios são o centro visual da parte superior das costas, a estrutura trapezoidal que une os músculos do pescoço, os deltóides e o grande dorsal. O trapézio tem um papel importante nas poses de frente e de costas. Em poses como o bíceps duplo de costas, o trapézio ajuda a produzir o fantástico efeito onde os seus músculos se ondulam de um cotovelo ao outro, bem definidos no topo da região dorsal. Em uma pose posterior dos grandes dorsais, à medida que os músculos grandes dorsais vão para a frente e se movimentam para fora, os trapézios formam um triângulo muscular claro no meio das costas. O desenvolvimento do trapézio também ajuda a separar os deltóides posteriores da parte superior das costas. E na maioria das poses frontais, a linha dos trapézios, do pescoço aos deltóides, é extremamente importante, especialmente se você quer ser capaz de fazer uma pose muscular impressionante.

Os trapézios são importantes para as poses de frente e de costas, por exemplo, veja como eles ajudam a unir as costas em uma pose de bíceps duplo posterior.

Flex Wheeler

    Mas os trapézios devem ser desenvolvidos proporcionalmente ao resto do corpo. Se eles se fixam muito alto e descendem muito abruptamente, os seus deltóides parecerão muito pequenos.

    Os trapézios trabalham em oposição à função de tracionamento para baixo dos grandes dorsais – eles elevam toda a cintura escapular. No programa de treinamento básico, incluí remadas eretas pesadas como parte do treinamento de potência, de modo que os seus trapézios irão construir massa e força desde o início. Mas os trapézios também se beneficiam de um levantamento da barra e de um levantamento terra pesado, que também estão incluídos no programa básico.

    Casualmente, você irá obter algum desenvolvimento do trapézio a partir de elevações laterais com halteres, desde que os faça do modo que eu descrevi na seção de exercício, começando com os halteres em frente às coxas em vez de lateralmente.

    No programa avançado, incluí elevações do ombro com halteres como parte do seu treinamento do trapézio. Tais exercícios trabalham diretamente os trapézios e você pode evoluir para uma carga bastante pesada. Você também irá encontrar nos programas avançado e de competição inúmeros exercícios que treinam os trapézios, embora eles não sejam planejados especificamente para isso: quase todos os exercícios de remada (remada inclinada com halteres, por exemplo) ou desenvolvimento (com barra ou halteres) envolvem um movimento de elevação dos trapézios, bem como outras funções musculares. E trapézios fortes o ajudam a usar uma carga pesada em todos estes outros movimentos.

TREINAMENTO DE PONTOS FRACOS

Se os ombros são um ponto fraco no seu físico, ajuste o seu treinamento de modo que você faça mais séries e mais exercícios para os ombros e use o mais possível os princípios de choque para trabalhar aquela área com intensidade máxima.

Gosto de usar o método decrescente para os ombros. Com halteres, você começa com uma carga pesada e diminui progressivamente; com o desenvolvimento no aparelho ou cabos laterais, você vai reduzindo a carga a cada série.

Outro modo de acelerar o desenvolvimento dos deltóides é alternar o desenvolvimento e as elevações em várias séries – por exemplo, um desenvolvimento com barra seguida de elevação frontal de halteres (ou remada alta em pé) de modo a atacar completamente os deltóides frontais. Para um trabalho realmente intenso dos deltóides, experimente fazer um conjunto de três bombeamentos: desenvolvimento, elevação frontal de halteres e remada alta, de pé. Mas esteja preparado para suportar a dor.

Para conseguir o melhor resultado das elevações, lembre-se de duas coisas:

1. Mantenha as palmas viradas para baixo durante o movimento; ou, ainda melhor, vire a mão um pouco mais longe de modo que o dedo mínimo esteja mais alto do que o polegar (como quando está despejando água de uma jarra). Isso ajuda a isolar os deltóides e faz com que se contraiam totalmente durante o movimento.

2. Seja o mais estrito possível. Levante os pesos sem trapacear e os abaixe de modo totalmente controlado. Quanto mais disciplinado você for, mais intenso o efeito sobre os deltóides.

Outro modo de aumentar a intensidade do seu treinamento de deltóides é, após cada série de elevação de halteres, ir até a prateleira, pegar um conjunto de halteres mais pesado e os elevar lateralmente o mais alto possível e segurá-los pelo maior tempo que conseguir. Este exercício "lateral isométrico" irá ajudar a exaurir completamente os deltóides e levá-los à estriação máxima.

Como meio de obter um desenvolvimento extra nos deltóides posteriores, costumava deixar um haltere leve – geralmente 9 kg – sob a minha cama e, logo que acordava, fazia 5 séries de elevações laterais deitado de lado com cada braço sem parar. Contudo, nunca considerei isso como parte do meu trabalho regular de ombros. Também fazia uma série de dois bombeamentos, começando com elevação lateral inclinada de bruços e, quando estava muito cansado para continuar a série, mudava para um movimento do tipo remada com halteres para exaurir completamente os deltóides posteriores.

A seguir, apresento alguns exercícios e técnicas adicionais que você pode usar para desenvolver uma área específica que tenha identificado como um ponto fraco.

Deltóides Frontais

O exercício ideal é o desenvolvimento no aparelho porque você pode abaixar o peso mais longe com o aparelho do que com a barra ou os halteres, dessa forma estirando os deltóides frontais ao máximo e obtendo uma maior amplitude de movimento.

Não trave no topo em nenhum movimento de pressão.

Use halteres sempre que possível para forçar mais as porções do deltóide.

Desenvolvimento de Arnold – meu exercício favorito para os deltóides frontais – especialmente usando técnicas como correr a prateleira ou o método decrescente (página 193).

Elevações frontais com halteres para uma separação máxima dos deltóides e peitorais.

Desenvolvimento frontal com barra

Remada alta

Supino inclinado com barra e halteres

Crucifixo inclinado com halteres (consulte os exercícios para o peito)

Muitos fisiculturistas esquecem que os deltóides frontais também são importantes para poses posteriores. Franco Columbu demonstra como os deltóides frontais são visíveis em uma pose posterior de bíceps duplo.

Você pode ver nesta pose semi-relaxada como os deltóides frontais além de terem massa e separação também podem ser definidos e estriados.

Em todos os desenvolvimentos, os antebraços devem ser mantidos retos, não inclinados para o centro, o que envolve excessivamente o tríceps.

Deltóides Laterais

Elevação lateral com halteres, começando com os halteres mantidos ao lado da coxa em vez de na frente, estando de pé ou sentado em um banco com as costas eretas.

Elevações laterais com cabos, elevando os braços a partir do lado do corpo e não pela frente.

Faça laterais estritos (não deixando o peso passar da linha da cabeça, para garantir que os deltóides façam o trabalho e não o trapézio).

Hiperexercite após a elevação lateral (com halteres muito pesados, mantendo-os elevados com braços totalmente retos cerca de 25 cm acima das coxas pelo maior tempo possível – mas pelo menos 30 segundos).

Os deltóides laterais ajudam a criar um aspecto muito largo, mesmo nesta pose de Serge Nubret, que é basicamente uma pose abdominal.

Visto de lado, o desenvolvimento dos deltóides laterais cria uma separação do trapézio acima e do tríceps e bíceps abaixo.

A largura dos ombros devido a um bom desenvolvimento dos deltóides laterais aumenta a eficácia de uma abertura lateral frontal.

Deltóides Posteriores

- Use o princípio da prioridade (página 192), começando o seu treinamento de deltóide com movimento dos deltóides posteriores.
- Adicione séries extras para os deltóides posteriores: elevação lateral, inclinado; elevação lateral com cabos, inclinado; remada inclinada com barra; elevação lateral e posterior com cabo, sentado; elevação lateral inclinada no banco (de bruços); ou elevação lateral, deitado de lado – tente 10 séries para cada braço feitas continuadamente sem parar (costumava fazer isso todo dia, quer fosse dia de trabalho de ombros ou não).
- Tome bastante cuidado para trabalhar os deltóides posteriores com a técnica estritamente correta, uma vez que se você fizer errado irá permitir que outros grupos façam grande parte do trabalho.
- Em todas as elevações laterais posteriores, gire o punho como se estivesse despejando água de uma jarra de modo a aumentar o desenvolvimento do deltóide posterior.

Esta pose posterior oblíqua de Franco Columbu demonstra a necessidade de ter um bom desenvolvimento dos deltóides posteriores.

O desenvolvimento total dos ombros – os trapézios, os deltóides frontais, laterais e posteriores e a separação e a definição de todos os músculos envolvidos – são extremamente importantes em uma pose muscular.

Trapézios

    Elevação de ombros
    Remada alta
    Levantamento terra
    Levantamento da barra
    Elevação lateral invertida (muito popular com os fisiculturistas britânicos, estes exercícios trabalham os trapézios de um ângulo incomum bem como atingem os deltóides frontais)
    Exercícios de remada, como remada na barra em "T" e remada com cabos
    Elevação lateral com cabo e halteres

Esta pose de costas com torção é uma que não funciona a não ser que você tenha deltóides posteriores bem desenvolvidos juntamente com todos os outros músculos importantes das costas.

Exercícios para os Ombros

DESENVOLVIMENTO DE ARNOLD

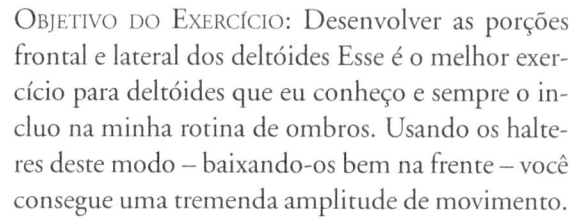

Objetivo do Exercício: Desenvolver as porções frontal e lateral dos deltóides Esse é o melhor exercício para deltóides que eu conheço e sempre o incluo na minha rotina de ombros. Usando os halteres deste modo – baixando-os bem na frente – você consegue uma tremenda amplitude de movimento.

Execução: (1) Sentado, cotovelos ao lado, segure um haltere em cada mão e eleve os pesos até os ombros, com as palmas viradas para você. (2) Em um movimento suave, eleve os pesos para cima sobre a cabeça – não ao ponto em que eles se encontram – ao mesmo tempo faça uma rotação das mãos, com os polegares virados para dentro de modo que as palmas estejam para cima ao final do movimento. (3) Mantenha esta posição por um momento e depois reverta o movimento, baixando os pesos e girando as mãos para a posição inicial. Não fique tão preocupado com a elevação acima da cabeça de maneira que você comece a oscilar e erre; este movimento deve ser feito de modo correto, mantendo os halteres totalmente sob controle. Se não encaixar os braços quando elevar acima da cabeça, manterá o esforço nos deltóides o tempo todo. Este exercício é metade de uma elevação lateral e metade de um desenvolvimento com halteres e trabalha completamente as porções anterior e medial dos deltóides.

Nasser El Sonbaty

DESENVOLVIMENTO COM BARRA POR TRÁS DO PESCOÇO

OBJETIVO DO EXERCÍCIO: Treinar os deltóides frontais e laterais. Qualquer movimento de desenvolvimento envolve também o tríceps.

EXECUÇÃO: Você pode fazer esse exercício de pé, mas prefiro fazê-lo sentado, pois isso torna o movimento mais correto. (1) Eleve a barra acima da cabeça e a apóie sobre os ombros por trás da cabeça ou eleve a partir de um apoio de um banco de desenvolvimento sentado (pessoalmente, prefiro segurar a barra com uma pegada sem o polegar). (2) Eleve a barra ereta e depois abaixe-a novamente, mantendo o movimento sob controle e seus cotovelos o mais para trás possível durante o movimento.

Flex Wheeler

DESENVOLVIMENTO COM HALTERES

Objetivo do Exercício: Treinar os deltóides frontais e laterais. Este exercício pode parecer semelhante ao desenvolvimento com barra de vários tipos, mas há diferenças importantes, sendo a mais significativa a maior amplitude de movimento que você consegue quando usa os halteres.

Execução: (1) Segure um haltere em cada mão na altura do ombro, com os cotovelos abertos e as palmas para frente. (2) Eleve os halteres sobre a cabeça até que eles se toquem no topo, depois abaixe-os o máximo possível. Você irá notar que pode elevar e abaixar os halteres mais longe do que com a barra, embora a necessidade de controlar dois pesos independentemente signifique que você está trabalhando com uma carga ligeiramente mais leve.

Flex Wheeler

Kevin Levrone

DESENVOLVIMENTO MILITAR

Objetivo do Exercício: Treinar os deltóides frontais e laterais. Esse é o avô dos exercícios para os ombros. Quando feito sentado ele é mais estrito do que feito de pé.

Execução: (1) A partir de uma posição sentada ou de pé, segure uma barra com uma pegada completa e ao nível dos ombros, palmas por baixo para apoio, mãos afastadas, por fora dos ombros, cotovelos para dentro e para baixo. (2) De uma posição ao nível da clavícula, eleve a barra acima da cabeça até que seu braços travem, com cuidado para manter o peso equilibrado e controlado. Abaixe o peso à posição inicial.

LEVANTAMENTO DA BARRA

Objetivo do Exercício: Treinar os deltóides frontais e laterais e desenvolver a densidade e a potência corporal total.

Arrancar uma carga é um método de elevar uma barra do chão até a posição inicial do desenvolvimento militar. Este é um exercício importante que começa com um movimento intenso de pernas para colocar a carga em movimento, envolve os trapézios, os braços e as costas, bem como os ombros, para ajudar a desenvolver um aspecto hercúleo.

Execução: (1) Agache-se, incline-se para frente e segure a barra com uma pegada por cima, mãos na largura dos ombros. (2) Impulsionando com as pernas, eleve a barra até os ombros, posicione os cotovelos por baixo e para dentro para apoiar o peso na posição inicial do desenvolvimento militar. (3) Então, usando os ombros e os braços, jogue o peso para cima sobre a cabeça, traga-o para baixo até os ombros e depois reverta o movimento completamente, flexionando os joelhos e colocando o peso no chão.

Lee Haney

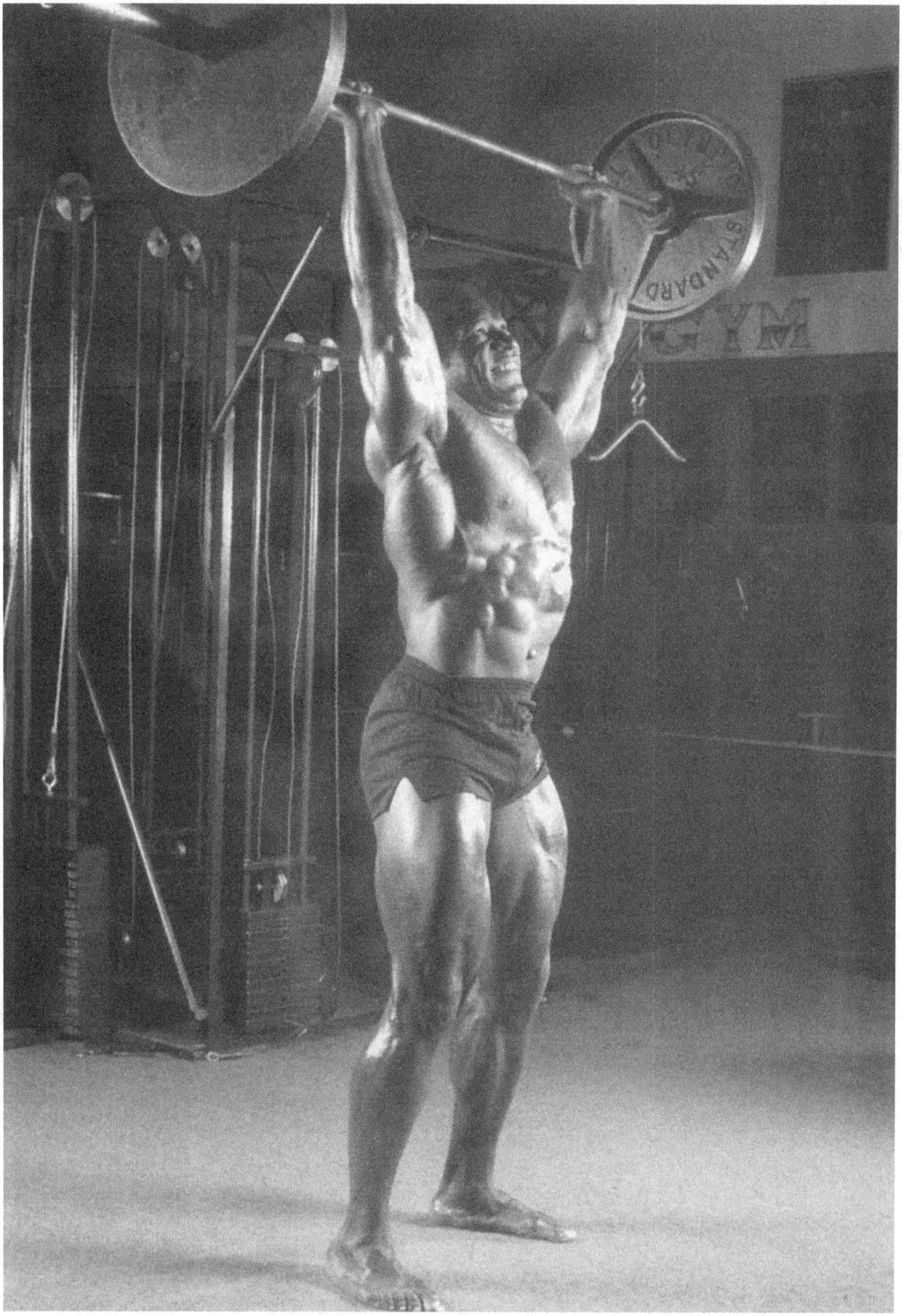
STANDARD
GYM

DESENVOLVIMENTO NO APARELHO

OBJETIVO DO EXERCÍCIO: Treinar os deltóides frontais e laterais. A execução do desenvolvimento no aparelho lhe ajuda a fazer os movimentos bem localizados e permite evitar arrancar a carga se você tiver algum tipo de problema físico. Você também pode deixar a carga abaixar mais, o que lhe dá um estiramento adicional nos deltóides frontais. Há inúmeros aparelhos nos quais você pode realizar um movimento de desenvolvimento de ombros – Cybex, Nautilus, Hammer Strengh ou Universal, para citar alguns – mas o princípio é o mesmo.

EXECUÇÃO: (1) Segure a barra ou os cabos na altura dos ombros e (2) empurre para cima até que seus braços estejam travados, depois desça lentamente à posição inicial, usando a maior amplitude de movimento possível. Você também pode usar aparelhos para fazer o desenvolvimento frontal ou desenvolvimento por trás; ambos trabalham os deltóides frontais e laterais.

DESENVOLVIMENTO COM BARRAS

Objetivo do Exercício: Usar uma carga mais pesada do que o normal ou continuar a realizar repetições de desenvolvimento de ombros após atingir um ponto de falha; para desenvolver força adicional nos deltóides.

Esse é um exercício que usa o princípio "do roubo". Você pode usá-lo em treinamento de potência para levantar uma barra que você normalmente acharia muito pesada para realizar outro exercício de desenvolvimento de ombros em amplitude total. Você também pode usar este exercício para fazer repetições forçadas ao final de uma série, quando estiver muito cansado para continuar realizando repetições controladas e lentas em exercícios de desenvolvimento de ombros.

Execução: (1) Segure uma barra com uma pegada por cima, as mãos levemente mais abertas que a largura dos ombros, levante o peso até os ombros. (2) Dobre levemente os joelhos e impulsione com as pernas para colocar a barra em movimento. Use o impulso adicional para empurrar a barra sobre a cabeça. Pare o movimento travado e depois abaixe a barra lentamente até os ombros.

David Dearth

Eddie Robinson

ELEVAÇÃO LATERAL, DE PÉ

OBJETIVO DO EXERCÍCIO: Desenvolver a porção lateral do deltóide, com um benefício secundário nas porções frontais e posteriores.

EXECUÇÃO: (1) Segure um haltere em cada mão, incline-se levemente para frente e coloque os pesos juntos na frente do corpo no comprimento dos braços. Comece cada repetição a partir de uma parada para evitar que o peso seja jogado para cima. (2) Eleve os pesos para cima e para fora de cada lado, girando levemente os punhos (como quando se despeja água de uma jarra), de modo que a parte de trás do haltere esteja um pouco mais alta do que a frente. (3) Eleve os pesos até um ponto levemente acima dos ombros, depois abaixe-os lentamente, mantendo a resistência até chegar em baixo. (Um erro comum deste exercício é balançar para frente e para trás e jogar os pesos para cima em vez de elevá-los com os deltóides, o que reduz a eficácia do movimento e deve ser evitado.)

VARIAÇÃO: Você pode ter uma tendência a errar quando executa a elevação lateral de pé – isto pode ser evitado se você fizer o mesmo exercício sentado.

Elevação lateral sentado.

ELEVAÇÃO LATERAL COM CABO CRUZADO, UNILATERAL

OBJETIVO DO EXERCÍCIO: Trabalhar a porção lateral do deltóide e, em menor grau, beneficiar as porções frontais e posteriores. A execução de elevação unilateral com cabo cruzado lhe dá duas vantagens: permite que você isole um lado do corpo e depois o outro; e o cabo fornece uma tensão constante não afetada pelo seu movimento em relação à gravidade.

Dorian Yates

Execução: (1) Segure o cabo e fique de pé com o braço para baixo e cruzado sobre o corpo, com a mão livre apoiada no quadril. (2) Com um movimento contínuo, puxe para fora e para cima, mantendo o ângulo do cotovelo constante em todo o movimento, até que a sua mão esteja ligeiramente mais alta do que o seu ombro. Gire o punho à medida que você eleva o braço. Faça as repetições com um braço e depois o mesmo número com o outro. Não eleve o peso usando o corpo – use os deltóides.

Variação: Tente fazer o movimento com o cabo por trás do seu corpo em vez de pela frente.

Porter Cottrell

Se você tem um ponto fraco nos deltóides posteriores, uma leve inclinação do corpo para frente, enquanto realiza a elevação lateral com cabos, trabalha também esta área além dos deltóides laterais.

ELEVAÇÃO LATERAL COM CABO UNILATERAL

OBJETIVO DO EXERCÍCIO: Concentrar o trabalho na porção lateral dos deltóides. Este movimento, que era o favorito de Sergio Oliva, ajuda a definir os ombros e também trabalha as porções posteriores e frontais.

EXECUÇÃO: (1) Fique de pé, com o braço paralelo ao corpo, segurando um cabo conectado a uma roldana baixa. Coloque a outra mão no quadril. (2) Mantendo o braço reto, eleve-o em arco com um movimento suave até que ele esteja acima da sua cabeça. Abaixe-o novamente à posição inicial. Termine as repetições e faça com o outro lado.

ELEVAÇÃO LATERAL E POSTERIOR COM CABO, SENTADO

Objetivo do Exercício: Desenvolver os deltóides, principalmente a porção posterior, tensionando-a isoladamente quando atingir o topo da posição do movimento lateral com cabo.

Execução: (1) Sentado em uma banqueta ou banco baixo, segure o manete do cabo de uma roldana baixa, de modo que o seu braço esteja totalmente estendido à frente do corpo. (2) Mantendo o corpo o mais firme possível, puxe o punho cruzando para cima até que o seu braço esteja totalmente estendido lateralmente e da altura dos ombros. (3) No topo do movimento tensione o deltóide posterior para obter uma contração completa. Abaixe o peso à posição inicial. Termine as repetições e faça com o outro lado.

Isolar e contrair o deltóide posterior no final do movimento.

Aaron Maddron

ELEVAÇÃO LATERAL INVERTIDA COM HALTERES ACIMA DA CABEÇA

Objetivo do Exercício: Desenvolver os deltóides laterais e posteriores. Este exercício, um favorito dos fisiculturistas britânicos, também ajuda a desenvolver os trapézios.

Execução: (1) Segure um haltere em cada mão e eleve os braços para fora com as palmas para cima. (2) Lentamente eleve os braços e junte-os sobre a cabeça. Não é preciso travar os braços no topo. Mantenha o corpo firme durante todo o movimento. Baixe os halteres lentamente até a posição inicial.

ELEVAÇÃO LATERAL NO APARELHO

Várias máquinas foram desenvolvidas em uma tentativa de reproduzir os movimentos laterais dos deltóides sem colocar nenhum esforço considerável nos punhos, nos cotovelos ou nos braços. Quando usar estas máquinas, com um braço de cada vez ou com os dois ao mesmo tempo, concentre-se em sentir os deltóides elevarem o braço de uma posição ao seu lado até o final de uma amplitude de movimento da máquina e depois reverter o movimento sob controle, resistindo à força da gravidade da pilha de pesos em todos os momentos.

ELEVAÇÃO FRONTAL COM HALTERES

Objetivo do Exercício: Desenvolver a porção frontal dos deltóides.

Este exercício não apenas trabalha a porção frontal dos deltóides durante toda a amplitude de movimento, mas também envolve os trapézios no ápice do movimento. Ele pode ser feito de pé ou sentado.

Execução: Fique de pé com um haltere em cada mão. (1) Eleve um peso para frente e para o alto em um arco amplo até que fique sobre a sua cabeça. (2) Abaixe o peso sob controle, enquanto eleva simultaneamente o outro, de modo que ambos os braços estejam em movimento ao mesmo tempo e os halteres passem um pelo outro em um ponto em frente a sua face. Para trabalhar as porções frontais dos deltóides diretamente, faça com que os halteres passem em frente ao seu rosto e não ao lado. Para fazer este mesmo movimento com uma barra, segure-a com uma pegada por cima, deixe-a em frente a você e com os braços fixos eleve a barra acima da sua cabeça, com o movimento mais estrito possível e depois abaixe sob controle.

Variações: Faça elevações frontais sentado para um movimento mais concentrado, uma vez que você pode usar o corpo para impulsionar os pesos.

Elevação frontal de halteres, sentado.

ELEVAÇÃO LATERAL COM HALTERES ACIMA DA CABEÇA, SENTADO

Objetivo do Exercício: Isolar e trabalhar a porção posterior dos deltóides.

Ao curvar-se, enquanto executa uma elevação lateral, você força a porção posterior dos deltóides a trabalhar mais diretamente. Realizando-o sentado permite um movimento mais localizado do que de pé.

Execução: (1) Sente-se na beira de um banco, joelhos juntos, e segure um haltere em cada mão. Curve-se para frente a partir da cintura e junte os halteres por trás das pernas. Vire as mãos de modo que as palmas estejam viradas uma para a outra. (2) Mantendo o corpo firme, eleve os pesos de cada lado, virando os punhos de modo que os polegares fiquem mais baixo do que os dedos mínimos. Cuidado para não elevar o corpo quando eleva os halteres. Com os braços levemente dobrados, eleve os halteres a um ponto logo acima da cabeça, e então, mantendo os joelhos juntos, abaixe-os lentamente para trás das pernas, mantendo a resistência em todo o movimento. Tente não "trapacear" neste exercício. Observe que você esteja elevando-os retos para fora de cada lado; a tendência ao fazer este exercício é deixar que os pesos sejam deslocados para trás dos ombros.

ELEVAÇÃO LATERAL COM HALTERES, DE PÉ E INCLINADO

OBJETIVO DO EXERCÍCIO: Desenvolver os deltóides posteriores.

EXECUÇÃO: (1) De pé, com um haltere em cada mão. Incline-se 45º para frente, deixando os halteres suspensos e com as palmas das mãos viradas uma para a outra. (2) Sem elevar o corpo, levante os pesos de cada lado virando os punhos de modo que os polegares fiquem abaixo dos dedos mínimos. (Não permita que seus braços posicionem-se atrás dos ombros.) Abaixe os pesos sob controle, mantendo a resistência em todo o movimento.

Lee Priest

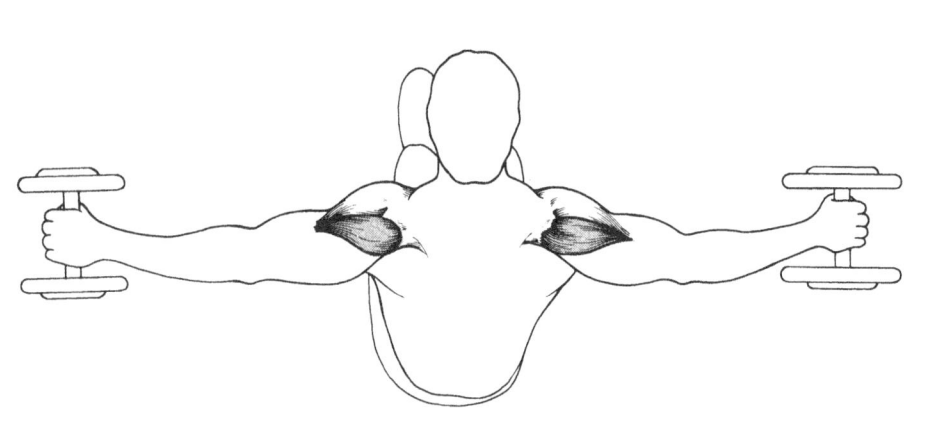

O ângulo correto para trabalhar os deltóides posteriores – os halteres e os ombros ficam em linha reta. Observe também que os halteres são mantidos na horizontal, com as palmas viradas para baixo.

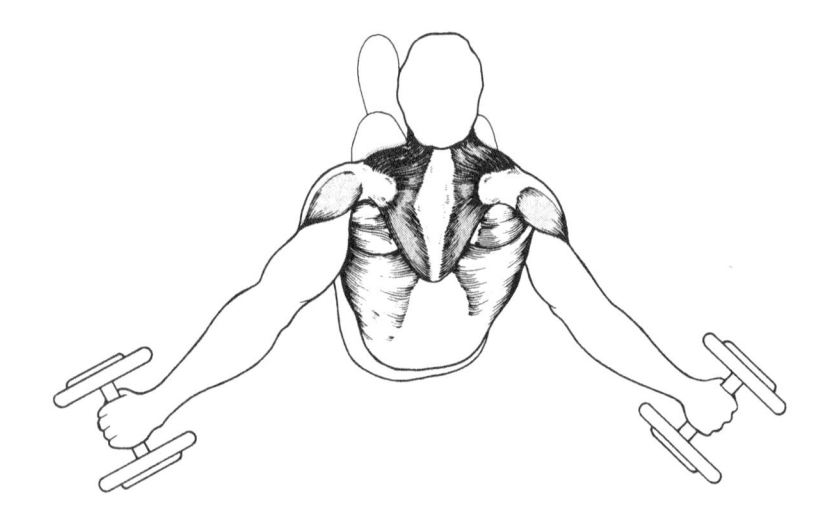

A elevação dos halteres muito para trás envolve os trapézios e os grandes dorsais, diminuindo o efeito do exercício sobre os deltóides posteriores.

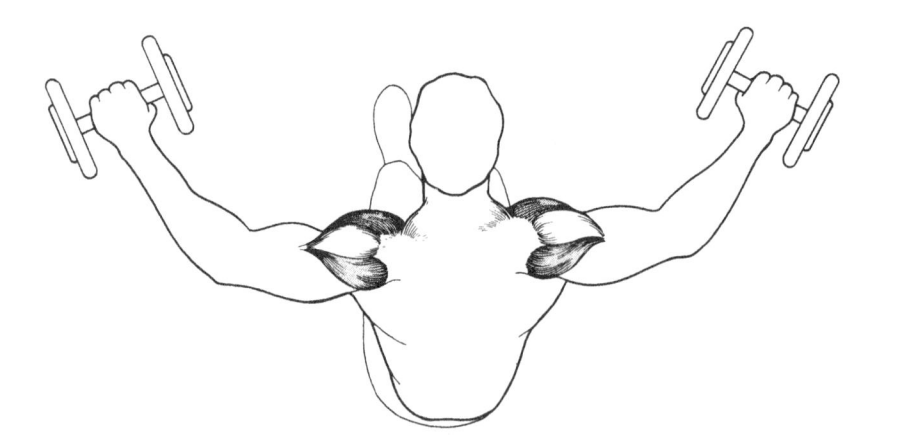

A elevação dos halteres muito para a frente trabalha a porção anterior dos deltóides em vez da posterior.

ELEVAÇÃO LATERAL COM CABO CRUZADO, CURVADO

OBJETIVO DO EXERCÍCIO: Trabalhar os deltóides posteriores.

O uso dos cabos permite uma amplitude de movimento ligeiramente maior com uma resistência contínua ao longo do movimento. Este é o exercício preferido de Franco Columbu para os deltóides posteriores, e seus deltóides posteriores são fantásticos.

EXECUÇÃO: (1) Usando roldanas baixas, segure um cabo em cada mão com os braços cruzados em frente ao seu corpo (a mão esquerda no cabo direito, a mão direita no cabo esquerdo). Mantendo as costas retas, incline-se até que seu tronco esteja quase paralelo ao solo. (3) Com uma tração suave e os braços quase retos, puxe os cabos e eleve os braços retos lateralmente, virando levemente os punhos e os polegares para baixo. Erga o mais longe possível e depois relaxe deixando os braços voltarem lentamente para a frente do corpo, o mais longe possível.

Rich Gaspari

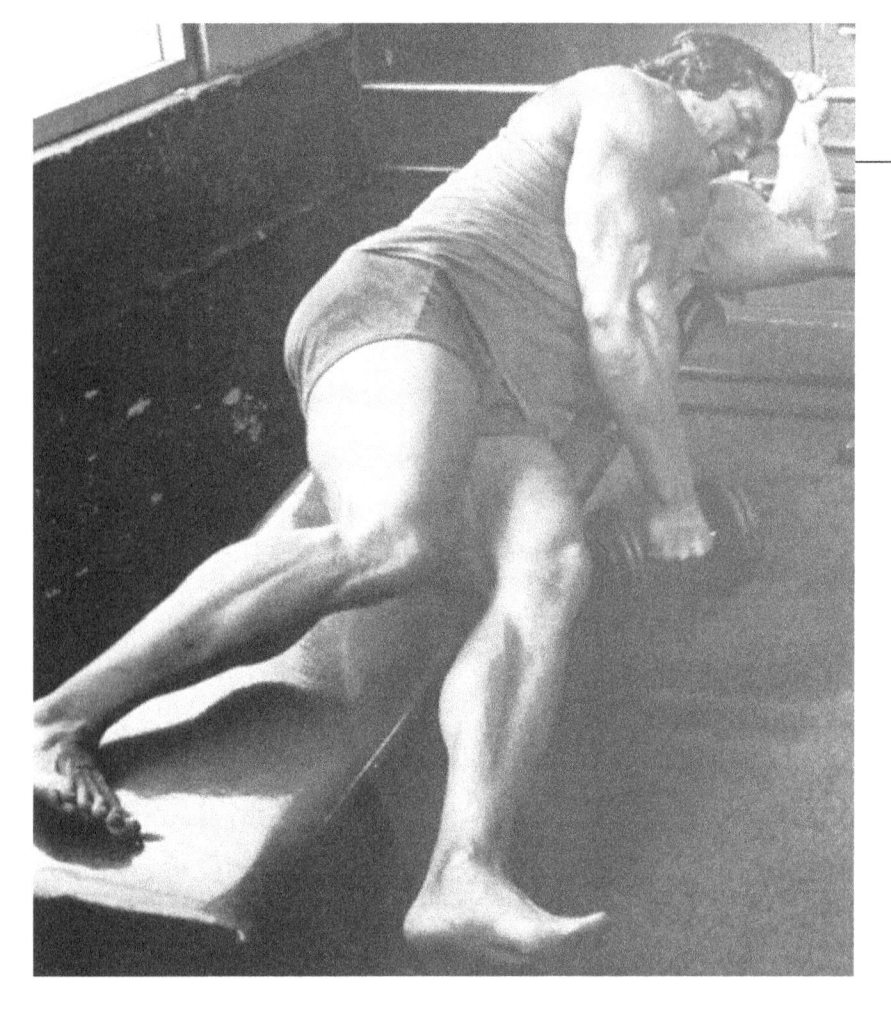

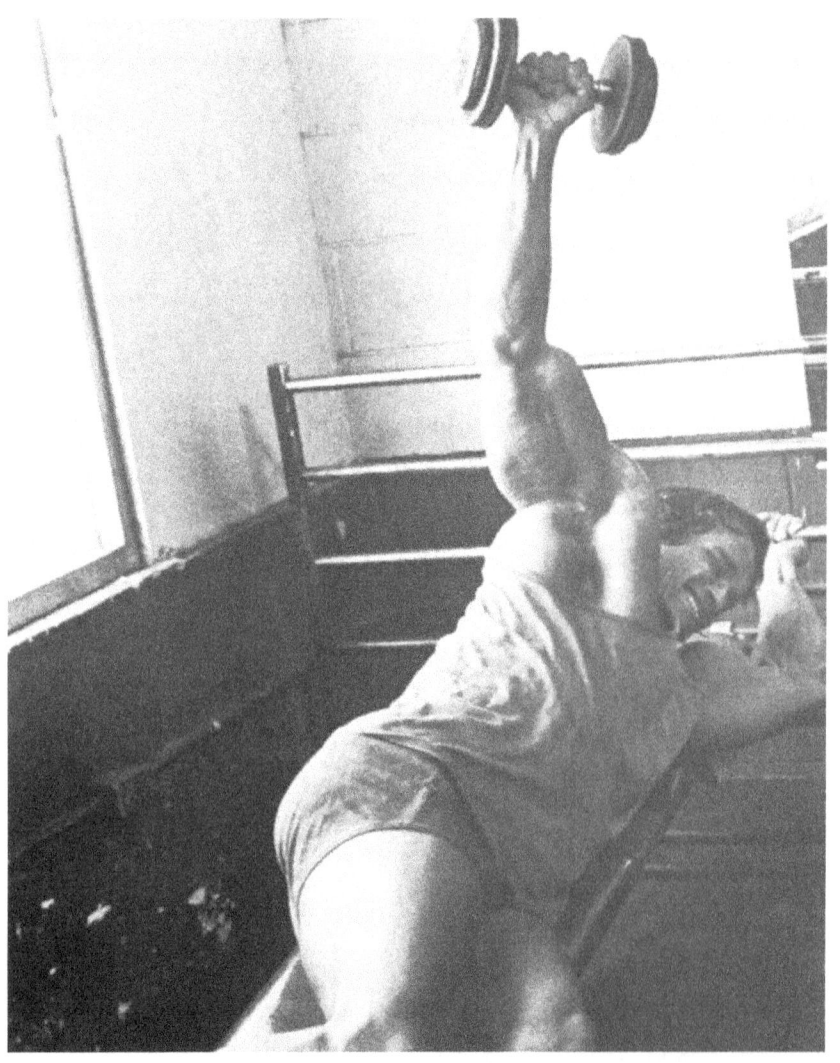

ELEVAÇÃO LATERAL, DEITADO DE LADO

Objetivo do Exercício: Trabalhar os deltóides posteriores e laterais.

Este exercício era recomendado pelo francês Serge Nubret e faz maravilhas para os seus deltóides posteriores e laterais. Ele deve ser feito com carga moderada e realizado de modo estrito.

Execução: Preferivelmente, você deve usar uma prancha abdominal com angulação. Você pode fazer o movimento sem a prancha, mas isto encurta a amplitude de movimento. (1) Deite-se de lado, com a sua cabeça elevada. Segure um haltere em cada mão, abaixe-o quase até o chão. (2) Depois eleve-o totalmente acima da cabeça, mantendo o seu braço reto. Lembre-se de virar a sua mão ligeiramente enquanto eleva, virando o polegar para baixo, para contrair mais o deltóide posterior. Quando você terminar as repetições com um braço, vire-se e faça a mesma coisa do outro lado.

Exercícios para o Trapézio

REMADA ALTA

OBJETIVO DO EXERCÍCIO: Desenvolver o trapézio e os deltóides frontais e criar uma separação entre os deltóides e os peitorais.

EXECUÇÃO: (1) Fique de pé segurando uma barra com uma pegada pronada, com as mãos 20 a 25 cm distantes uma da outra. Deixe a barra firme em frente ao seu corpo. (2) Eleve a barra mantendo-a junto ao corpo até que ela chegue ao seu queixo. Mantenha as costas retas e sinta a contração dos trapézios à medida que você faz o movimento. Toda a sua cintura escapular deve se elevar quando você eleva o peso. Partindo de cima, abaixe lentamente até a posição inicial.

Este é um exercício que você deve fazer cuidadosamente para não errar o movimento, nem jogar o peso para cima, mantendo o corpo firme e sentindo o trapézio trabalhar assim também como os bíceps e os deltóides frontais. (Você pode substituir a barra por uma barra curta ou cabos e usar a remada alta com cabos como uma variação. A resistência constante dos cabos ajuda a fazer o movimento corretamente.)

Shawn Ray

REMADA ALTA PESADA

Objetivo do Exercício: Um movimento com carga elevada, com auxílio corporal para fisiculturistas avançados, para fortalecer toda a cintura escapular e a parte superior das costas.

Execução: (1) Escolha uma barra pesada e segure-a com uma pegada pronada, mãos afastadas cerca de 30 cm. Deixe a barra abaixada na frente do seu corpo. (2) Eleve a barra até um ponto abaixo do queixo, permitindo a impulsão com o corpo e as pernas e até mesmo ajudando com as panturrilhas. À medida que você eleva a barra, mantenha os cotovelos para fora e para cima, mais altos do que a barra. Depois, abaixe a barra para a posição inicial. Lembre-se, este é um movimento de potência, no qual o auxílio corporal tem um papel importante. Isto torna a remada alta "pesada" um exercício bastante diferente da remada alta padrão, que deve ser feita bem localizada, sem auxílio.

Rich Gaspari

ELEVAÇÃO DE OMBROS COM HALTERES

Objetivo do Exercício: Desenvolver os músculos trapézios.

Este exercício deve ser feito com carga extremamente pesada para engrossar o trapézio, o que realmente lhe ajuda nas poses de costas.

Execução: Fique de pé, braços posicionados ao longo do corpo, com um haltere pesado em cada mão. Eleve os ombros o máximo possível, como se tentasse tocar as suas orelhas. Segure o movimento no topo por alguns segundos, depois relaxe e volte à posição inicial. Tente mover unicamente os ombros.

ELEVAÇÃO DE OMBROS COM BARRA

Objetivo do Exercício: Desenvolver o trapézio.

Execução: Fique de pé, segure uma barra na frente do corpo usando uma pegada pronada. Eleve os ombros o mais alto possível, como se quisesse tocar as orelhas. Segure nesta posição por alguns segundos, abaixe a barra sob controle até a posição inicial.

Ocasionalmente, você pode encontrar aparelhos para contração de ombros nas academias ou também usar uma variedade de aparelhos de supino para fazer contrações de ombro. Para usar uma carga pesada, você pode colocar a barra em um suporte baixo, o que lhe permite manusear uma carga alta sem precisar gastar energia elevando-a do chão.

O Peito

OS MÚSCULOS DO PEITO

Os **peitorais** consistem de duas partes, a porção clavicular (superior) e a porção esternal (inferior). A porção superior está ligada à clavícula. Ao longo da linha média, ela se liga ao esterno (osso do peito) e à cartilagem de várias costelas. A massa maior dos peitorais se inicia no osso do braço (úmero), conectado a um ponto anterior e inferior de onde os deltóides se conectam ao úmero. Os peitorais se espalham como um leque e cobrem a caixa torácica como uma armadura. Conectado à caixa torácica no centro e no ombro ao lado, este músculo permite que você realize vários movimentos como arremessar uma bola com a mão abaixo do nível dos ombros, realizar um supino aberto, abrir a tampa de uma garrafa, nadar em estilo livre e fazer exercícios nas barras paralelas. Além disso, devido à sua conexão com o úmero, ele tem uma grande participação em movimentos como flexões na barra fixa. Há, de fato, uma interdependência importante entre os músculos do peito e das costas. O peito não irá atingir o seu tamanho potencial completo a não ser que o músculo grande dorsal das costas esteja totalmente desenvolvido.

FUNÇÃO BÁSICA: Puxar o braço e o ombro através da frente do corpo.

O **subclávio**, um pequeno músculo cilíndrico entre a clavícula e a primeira costela.

FUNÇÃO BÁSICA: Puxar o ombro para a frente.

O **serrátil anterior**, uma fina camada muscular entre as costelas e a escápula.

FUNÇÕES BÁSICAS: Girar a escápula, elevando a articulação do ombro e mover a escápula para frente e para baixo.

DESENVOLVIMENTO TOTAL DO PEITO

Um peito denso, bem-definido, é uma das qualidades mais importantes do físico de um fisiculturista. Atingir tal nível requer treinamento com inúmeros tipos de exercícios – para desenvolver os peitorais superiores e inferiores, as partes internas e externas e as ligações com os deltóides e para expandir toda a caixa torácica para mostrar os peitorais em sua melhor forma.

Peitorais

Serrátil anterior

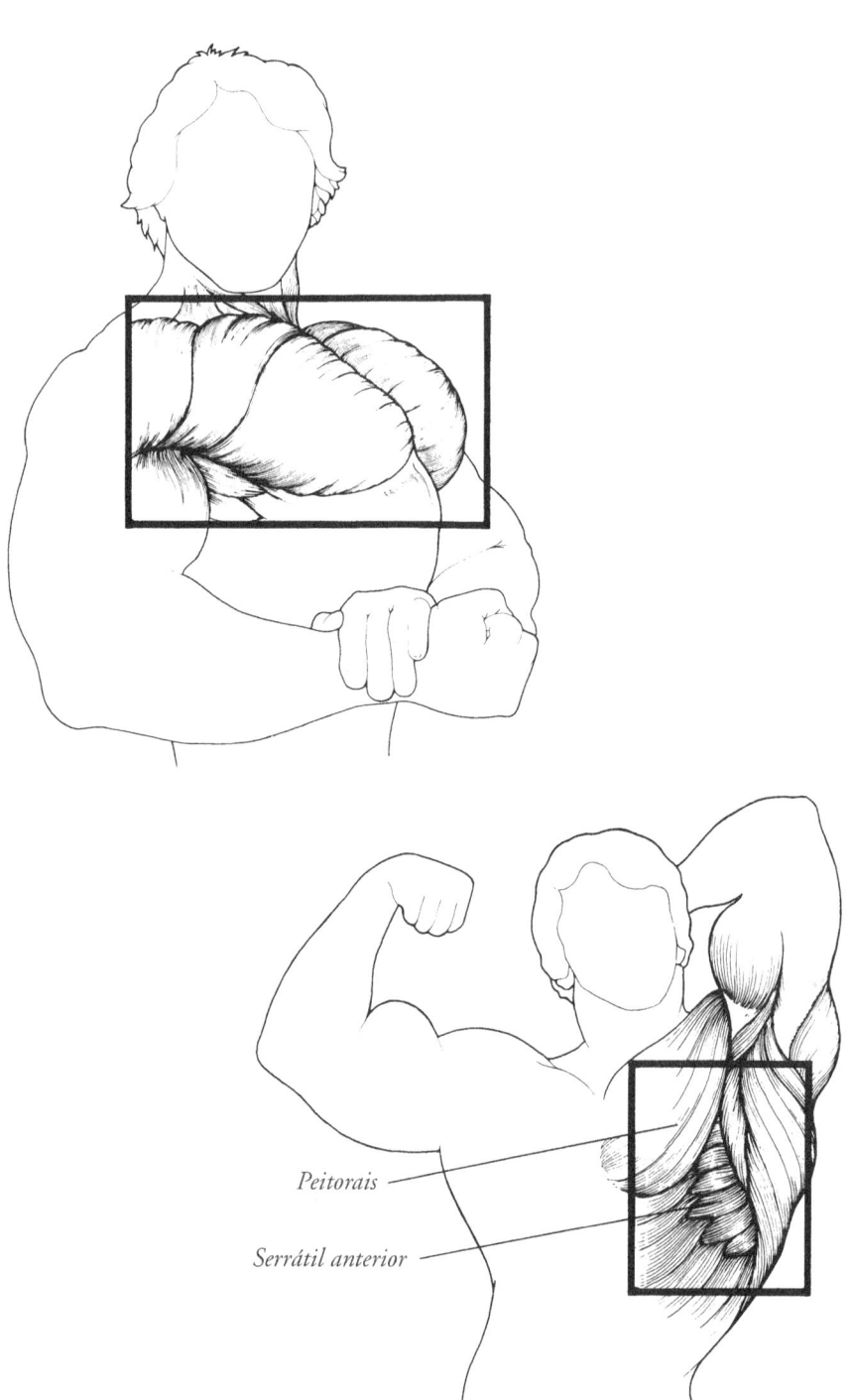

Mas aperfeiçoar o peito é mais difícil do que muitos fisiculturistas pensam. Você pode ter uma caixa torácica enorme e músculos peitorais grandes e musculosos, mas isso não garante um peito perfeito. A perfeição torácica, especialmente se você está interessado em competição, envolve:

1. Uma caixa torácica grande.
2. Peitorais musculosos.
3. Desenvolvimento das áreas internas, externas, superior e inferior dos peitorais.

Isto é o que você precisa para fazer uma pose de peito lateral realmente eficaz: uma grande caixa torácica coberta por peitorais totalmente desenvolvidos.

4. Estriações visíveis quando os peitorais estiverem contraídos, como em uma pose mais muscular, com as estriações aparecendo a partir do meio da caixa torácica e através do peito, de cima para baixo.
5. Uma separação clara dos peitorais superior e inferior.
6. Uma forma que dá um bom aspecto quadrado, obtido por um grande desenvolvimento dos peitorais superiores, em vez de uma onde o músculo parece estar simplesmente pendurado.
7. Um desenvolvimento suficiente de modo que os peitorais não desapareçam totalmente quando você eleva os braços acima da cabeça ou executa uma pose frontal de bíceps duplo.

O programa de peito incluído aqui está planejado especificamente para ajudá-lo a obter um desenvolvimento peitoral completo como delineado acima. Obviamente, alguns fisiculturistas são extremamente sortudos no seu potencial genético para desenvolvimento torácico. Sergio Oliva costumava executar apenas um tipo de exercício para o peito – supino – e seus músculos torácicos cresciam como massa de pão. Reg Park foi presenteado com uma enorme caixa torácica, o que tornava o seu desenvolvimento peitoral mais impressionante. John Grimek também tinha uma caixa torácica maravilhosa, o que tornava as suas poses de peito exuberantes.

Músculos peitorais espessos complementam a muscularidade dos deltóides e dos braços em uma pose de braço lateral.

Quando Franco Columbu executava uma pose de peito, você podia ver cada área claramente delineada – o peito superior e inferior, a separação do peito superior dos deltóides, os peitorais internos e a conexão do peito com o serrátil.

O peito é a peça central das poses com muitos músculos. Observe como as estriações dos peitorais mantêm unidos outros elementos: os trapézios, os deltóides frontais, os braços e os abdominais.

Franco Columbu tem, provavelmente, a maior separação entre o peito superior e inferior de todos os fisiculturistas.

O desenvolvimento do peito de Serge Nubret é completo, incluindo os peitorais superior, inferior, interno e externo. Isso é o que lhe dá aquela desejada forma quadrada desta foto.

Como um ex-levantador de pesos, Franco Columbu desenvolveu tanto seu peito que a divisão entre os peitorais inferior e superior é impressionante. Às vezes, costumávamos nos referir ao seu amplo sulco como o "Grande Canyon".

Mas bem dotado geneticamente ou não, se você quer ser um fisiculturista completo precisa desenvolver adequadamente o seu peito, e isso quer dizer trabalhar com esforço, habilidade e técnica aquilo que a natureza não lhe deu em uma bandeja de prata.

Como Steve Reeves demonstra, com um desenvolvimento adequado de peito, os seus peitorais não desaparecem quando você eleva os braços acima da cabeça.

Peitorais bastante musculosos permitem que o fisiculturista execute muitas poses poderosas, e quando falamos de um desenvolvimento hercúleo do peito, Casey Viator e Dorian Yates sempre estiveram entre os mais impressionantes.

TREINANDO O PEITO

Há dois tipos básicos de exercícios para o peito – *crucifixos*, onde os braços estendidos são aproximados na frente do peito em um movimento de abraço; e *supino*, onde o peso é pressionado para cima do peito com o envolvimento dos deltóides frontais e dos tríceps, além de um esforço primário dos peitorais. O supino básico é feito com uma barra em um banco reto e é o exercício favorito dos fisiculturistas, bem como um dos três movimentos usados em competições de levantamento de pesos. Se você faz supinos corretamente – usando a pegada apropriada e obtendo a amplitude de movimento mais completa possível – será capaz de desenvolver a massa global do peito.

Contudo, alterando o ângulo do supino – por exemplo, usando inclinação – você transfere mais do esforço dos peitorais inferiores para os peitorais superiores e deltóides frontais. Acredito que o supino inclinado deve ser incluído no seu programa desde o começo, de modo que você não ache que os seus peitorais superiores estejam subdesenvolvidos em relação às porções média e inferior do seu peito. Igualmente, realizar bastante exercícios de supino inclinado o ajudará a criar aquela divisão entre o peito superior e inferior que é tão impressionante nas poses com muitos músculos.

Assim como no treinamento de outros músculos, quanto maior a amplitude de movimento que você obtiver nos exercícios para o peito, mais intensa a contração muscular que você obtém – o que ao final leva à máxima quantidade de crescimento muscular. Portanto, especialmente quando você estiver fazendo o crucifixo, é muito importante estirar os peitorais o máximo possível. Isso ajuda a desenvolver a flexibilidade máxima e uma flexibilidade aumentada resulta em maior desenvolvimento. É por isso que tantos dos melhores fisiculturistas, tão maciços quanto você possa imaginar, também são flexíveis o suficiente para se contorcerem como um *pretzel*.

Mas simplesmente ter grandes músculos peitorais não é o suficiente se eles estiverem conectados a uma caixa torácica pequena e insignificante. Embora isto esteja sujeito a controvérsias, estou convencido de que posso expandir eficazmente a caixa torácica realizando *pullovers* com halteres. Esteja ciente, contudo, que os *pullovers* realizados em aparelhos não têm o mesmo efeito. Quando você está trabalhando com o aparelho, os músculos grandes dorsais suportam a maior parte do esforço, de modo que você não tem tanta expansão da caixa torácica.

À medida que você progride no treinamento, precisa trabalhar nos movimentos básicos e prestar mais atenção a detalhes. Para que cada área seja atingida no desenvolvimento peitoral completo, recomendo a inclusão no seu programa de muitos exercícios de crucifixo com halteres, cruzamento com cabos, mergulho e outros exercícios dos peitorais.

Igualmente, à medida que você se torna mais avançado, o programa é planejado de modo a adicionar movimentos de costas ao treinamento de peito. Acredito que os peitorais, assim como os grandes dorsais, precisam ser estirados o máximo possível, bem como desenvolvidos por exercícios de resistência. Portanto, após realizar um exercício como um supino, você deve imediatamente fazer algo como flexão na barra fixa, que estira os peitorais ao máximo. Este também é um modo altamente eficiente em matéria de tempo de treinamento, uma vez que você pode trabalhar um grupo diferente de músculos enquanto o primeiro grupo está se recuperando, tornando o seu trabalho mais rápido e eliminando as calorias extras.

No programa avançado, você também precisa se preocupar com o músculo serrátil, que está logo abaixo e lateralmente no peito. O serrátil será abordado em uma seção especial, juntamente com os intercostais. O desenvolvimento deste músculo mostra aos juízes que você atingiu um grau elevado de qualidade, bem como de massa.

PROGRAMAS DE INICIAÇÃO E AVANÇADO

No meu treinamento inicial, pratiquei o que prego agora: comecei com o básico – supino plano e inclinado, crucifixo com halteres, mergulho e *pullovers*. Após três anos, ainda estava fazendo apenas estes cinco exercícios básicos de peito.

Quando me mudei para Munique, após terem sidos treinados por cerca de 4 anos, meus peitorais eram enormes e eu tinha certas fraquezas – os peitorais superiores, por exemplo. Lá, comecei a treinar com meu amigo Reinhard Smolana, que me mostrou um tipo muito diferente de treinamento dos peitorais. Começávamos fazendo o supino inclinado de pé e apoiados em um banco – o que significava que tínhamos que levantar o peso do chão, deitar no banco, fazer a série, depois ficar de pé novamente e colocar o peso no chão. Apenas quando acabávamos as séries de supino inclinado passávamos para o supino e o crucifixo.

Esta ênfase no supino inclinado teve seus efeitos – após algum tempo, meus peitorais superiores cresceram muito até que pude literalmente apoiar um copo d'água sobre a porção superior do meu peito quando executava uma pose lateral de peito. Verificando como uma mudança no programa de treinamento podia superar um ponto fraco foi uma lição importante para mim.

Incidentalmente, este modo particular de fazer supino inclinado, tendo que arremessá-lo e segurar a barra enquanto me deitava no banco, proporcionou-me um benefício secundário – isto me capacitou a desenvolver uma força enorme e com aquela força veio a espessura e a densidade adicionais que resultam do treinamento de potência com carga pesada.

Dorian Yates tem um grande desenvolvimento do peito superior.

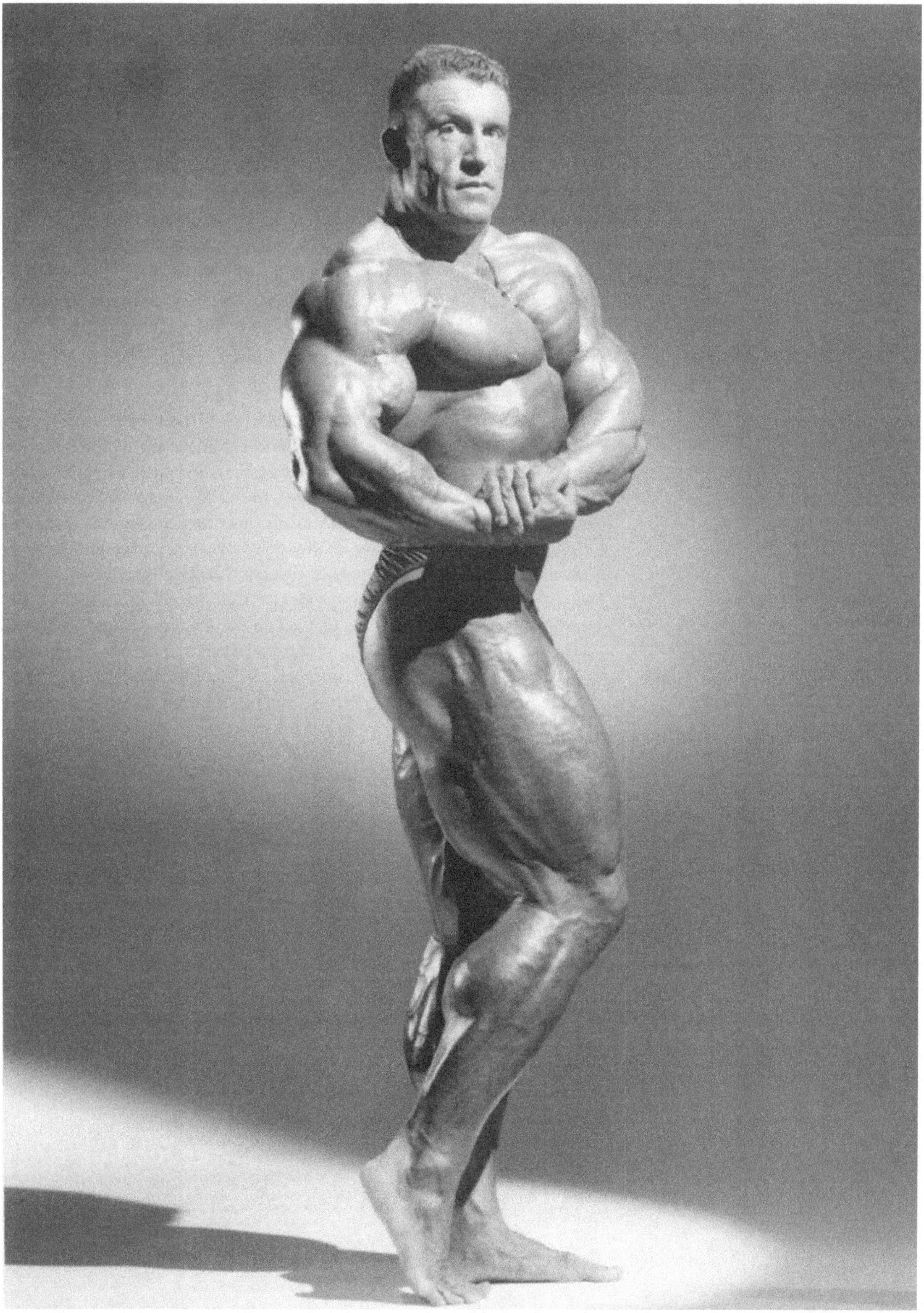

Através do desenvolvimento dos meus peitorais superiores, estava aprendendo duas lições importantes sobre como esculpir o corpo e treinar para a perfeição física: (1) É recompensador colocar uma ênfase especial nas áreas fracas, especialmente treiná-las primeiro quando você está forte e descansado (princípio da prioridade); e (2) alterar a rotina de treinamento, de maneira que o corpo tenha que trabalhar de modo inesperado, acelera o desenvolvimento (princípio de choque).

Também descobri quanto as idéias de treinamento de uma academia podem afetar as pessoas que treinam ali: na Áustria, onde o primeiro exercício que os fisiculturistas querem fazer é a rosca, todos tinham bíceps enormes; em Munique, onde todos nós usávamos a mesma rotina de peito, todos tinham ótimos peitorais superiores; na academia de Reg Park, todos tinham panturrilhas e deltóides fantásticos, como Reg, mas peitorais relativamente menos desenvolvidos porque Reg acreditava que o desenvolvimento excessivo dos peitorais interferia com a expressividade da largura de ombros.

Também foi no início que descobri as vantagens de estirar os peitorais enquanto os trabalhamos. Ao fazer crucifixo com halteres ou exercícios com cabos, sempre estirava os músculos do peito ao limite e então, freqüentemente, incluía alguns exercícios de costas para estirar ainda mais os peitorais.

A anatomia individual pode tornar alguns exercícios mais ou menos eficazes. Fisiculturistas como Nasser El Sonbaty, com um peito enorme em barril e braços curtos, obtêm muito pouco do supino regular a não ser que usem uma quantidade extraordinária de carga. Quando Nasser abaixa a barra até seu enorme peito e depois a eleva, devido aos seus braços curtos ele tem uma amplitude de movimento mais limitada do que alguém com uma estrutura diferente, portanto, os peitorais nunca recebem o tipo de trabalho que eles precisam. Pessoas com esse tipo de corpo precisam incluir mais supino inclinado em suas rotinas ou fazer supino com halteres em vez da barra, para que possam abaixar os pesos além da linha do peito. Isto não quer dizer que não devam fazer o supino com barra, apenas que precisam incluir também exercícios com uma maior amplitude de movimento. (Já vi um tipo de barra que tem uma curva no meio, permitindo que você abaixe muito mais as mãos quando está realizando o supino e assim aumente a amplitude de movimento consideravelmente.)

Ken Waller (que trabalhou em *Pumping Iron* e *Stay Hungry*) tinha deltóides frontais muito fortes. Quando ele fazia supinos, seus deltóides recebiam um tremendo reforço e seus peitorais não pareciam trabalhar. Então, Ken sempre trabalhava com supino inclinado com halteres.

Em todos os aspectos que envolvem a sua carga genética e as suas vantagens e desvantagens naturais combinadas, você tem que aprender a ajustar o seu treinamento de acordo.

PROGRAMA PARA COMPETIÇÃO

Quando vim para os Estados Unidos pela primeira vez, já tinha um tamanho suficiente, então comecei a me concentrar nos detalhes. Desenvolvi um programa mais sofisticado com exercícios adicionais que incluíam muitos movimentos de isolamento para cada área importante dos peitorais. Especialistas, como o falecido Vince Gironda, deram-me muitas idéias, então eu passei de ter simplesmente um peitoral enorme para ter um desenvolvimento de peito de primeira classe.

Cada vez que competia, aprendia algo mais. Gradualmente, dominei todos os princípios de treinamento citados neste livro, desde o método decrescente até as repetições forçadas e daí por diante. Aprendi com competidores como Serge Nubret, Frank Zane e Franco Columbu que é preciso muita dieta e, especialmente, horas infinitas de poses para dar ao peito o aspecto definido e musculoso total.

Sempre consegui bons resultados terminando o meu trabalho de peito com uma série tríplice – por exemplo, uma série de crucifixo com halteres, depois mergulho seguido por cruzamentos com cabos. Isso bombeia uma grande quantidade de sangue nesta área e faz você ir até o final, em vez de diminuir o ritmo e tornar mais fácil – deixando o peito firme, definido e pronto para competir.

Quando você se prepara para uma competição, precisa se preocupar com detalhes ainda mais específicos – coisas que você quase não nota em outras situações, subitamente se tornam pontos fracos importantes. Por exemplo, já vi fisiculturistas executando poses laterais de peito e apresentando estriações nos peitorais internos, mas não até em cima do peito. Este tipo de detalhe pode fazer uma grande diferença em um embate direto. Portanto, aconselharia esses fisiculturistas a fazerem uma supersérie de supino inclinado (com barra ou halteres) com cruzamentos com cabos para corrigir essa fraqueza. Sergio Oliva costumava forçar seus músculos a trabalharem de modo árduo e inesperado, realizando apenas movimentos de 3/4, elevando a barra a partir do peito no supino, por exemplo, mas não indo até o final, de modo que os tríceps nunca entravam em ação e o peito nunca repousava. Após usar este método de treinamento por alguns meses, observei que meu peito se tornou mais firme e definido – o que lhe mostra como alterações relativamente pequenas na sua técnica de treinamento podem fazer uma diferença substancial no seu físico.

O programa para competição para o peito é planejado com base em empurre-puxe, combinando movimentos para o peito e as costas feitos em superséries e séries tríplices. A combinação destes exercícios lhe dá um tremendo impulso e irá realmente impulsionar os seus músculos torácicos e lhes dar tamanho, forma, definição e conexões que você precisa para ser bem-sucedido em uma competição.

Superséries como a flexão na barra fixa com pesos mais o supino inclinado, supino plano com flexão na barra fixa de pegada aberta e crucifixo com halteres mais remada inclinada com halteres mantêm as costas e o peito trabalhando ao mesmo tempo e permitem treinar os peitorais e os grandes dorsais separadamente – músculos que trabalham em oposição um ao outro – de modo que um repousa enquanto o outro trabalha. E já que você está lidando com músculos opostos, cada série de costas ajuda a estirar os peitorais enquanto eles estão se recuperando para a próxima série de peito.

TREINAMENTO DE PONTOS FRACOS

Assim como com qualquer outra parte do corpo, quando você já estiver treinando por algum tempo, provavelmente irá notar algumas áreas do peito que estão se desenvolvendo melhor e mais rapidamente do que outras. Para corrigir este desequilíbrio, você terá que alterar o seu programa e incluir mais exercícios para estimular as áreas que estão ficando para trás. A seguir, apresentamos uma lista de exercícios para melhorar cada área do peito, embora nenhum exercício trabalhe em isolamento completo.

Serge Nubret desenvolveu um dos peitos mais equilibrados do mundo, com cada uma das áreas peitorais em proporção completa com o resto.

PEITORAIS SUPERIORES

Supino inclinado com barra, halteres ou aparelho Smith
Crucifixo inclinado

PEITORAIS INFERIORES

Supino declinado com barra, halteres ou aparelho
Mergulho
Crucifixo declinado
Crucifixo com cabos

PEITO INTERNO

Cruzamentos com cabos
Supino ou crucifixo mantendo a contração no topo por alguns segundos
Supino com pegada fechada

PEITO EXTERNO

Crucifixo com halteres concentrando em estiramento completo e menor amplitude de movimento
Mergulho
Supino inclinado e supino com pegada aberta e movimento 3/4 inferior
Crucifixo com halteres
Supino com halteres estirando em baixo, elevando apenas 3/4 e não permitindo que os halteres se toquem
Supino inclinado com barra

CAIXA TORÁCICA

Pullover com halteres e barra

Quando você tem um ponto fraco no desenvolvimento de peito, treine os seus peitorais de acordo com o princípio das prioridades, fazendo exercícios para aquela área em primeiro lugar, quando você está descansado e mais forte. Nos estágios iniciais da minha carreira, sempre sofri de uma falta comparativa de desenvolvimento dos peitorais superiores. Então, sempre começava o meu treinamento de peito com supino inclinado com barra, seguido por supino inclinado com halteres, para realmente atingir esta área. Só então prosseguia para o supino regular e o resto da minha rotina torácica.

Mas há momentos quando este tipo de treinamento dos pontos fracos não se justifica. Por exemplo, se você tem problemas com o peito interno, não recomendo começar a sua rotina com um exercício como cruzamentos com cabos. Ao contrário, tente trabalhar nesta área enquanto você estiver fazendo o resto do seu trabalho de peito – talvez encaixando todos os seus movimentos de pressão e realmente tensionando e contraindo os peitorais internos. Então, ao final do seu trabalho, você pode adicionar alguns *cruzamentos* com cabos extras ou outros exercícios programados especialmente para o peito interno.

Este é o modo correto de fazer um supino com pegada fechada: manter os cotovelos abertos e longe do corpo na base do movimento...

... permite uma contração completa dos peitorais no topo, o que ajuda a desenvolver a porção interna do peito.

Esta foto de Hamdullah Aykutlu mostra claramente o desenvolvimento definido do peito interno.

A pegada aberta na barra...

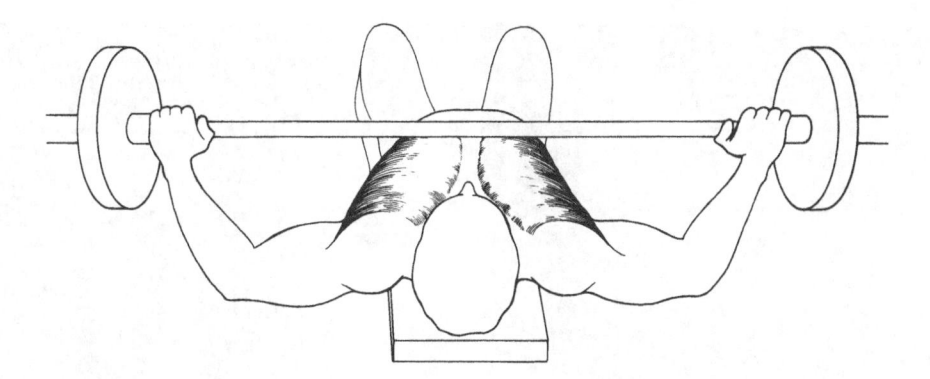

... permite que você obtenha um tremendo estiramento nos peitorais, à medida que você abaixa o peso. Isto é muito eficaz no desenvolvimento dos peitorais externos.

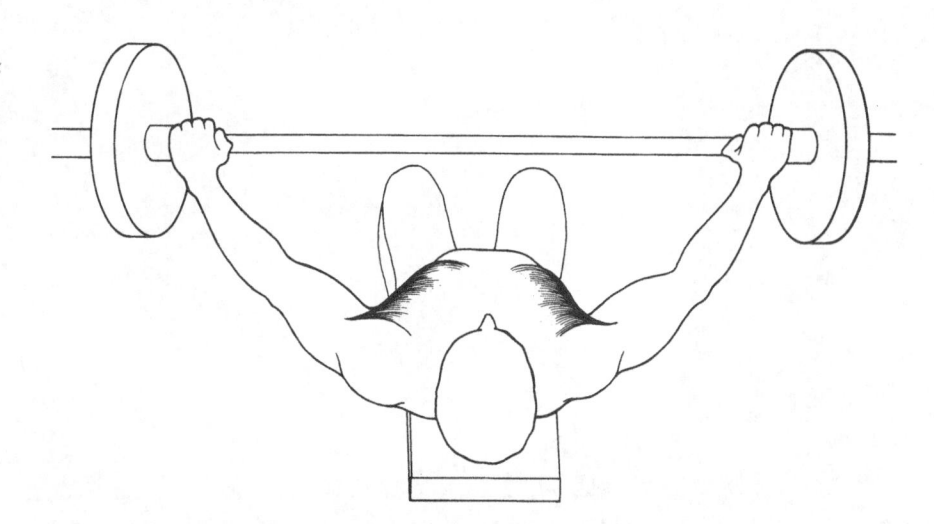

O desenvolvimento do peito externo é o que dá aos peitorais um aspecto realmente completo quando visto de frente. Nesta foto, estou relaxado, mas os meus peitorais externos e bíceps estão quase se tocando.

Esta foto de Dorian Yates mostra a importância de uma boa caixa torácica para a execução de uma pose lateral de peito.

A mesma coisa pode ser feita para o desenvolvimento do peito externo. Você pode enfatizar esta área durante a sua rotina, abaixando os pesos alguns centímetros mais longe quando você faz crucifixos com halteres e obtendo o estiramento máximo possível com outros exercícios para peitorais. Você não tem que agendar movimentos específicos para os peitorais externos no ápice da sua rotina, de modo a lidar com este ponto fraco, como você faria se o seu problema fosse o peito superior, inferior ou médio. O maior ajuste que recomendo para pontos fracos no peitoral seria abrir a pegada no supino de modo a atingir os peitorais externos ou usar uma pegada fechada para os peitorais internos.

Quando você faz supinos, a área dos peitorais que você trabalha mais é determinada pelo ângulo no qual o exercício é feito. Por exemplo, para treinar o peito superior, costumava começar com três séries de supino inclinado com halteres a um ângulo de apenas 15º. Então passava para 25, 35 e 50 graus, fazendo três séries em cada ângulo. Ao final de um trabalho como este, podia sentir que tinha realmente forçado todo o peito superior e que nenhuma porção daquela área havia ficado sem atenção.

Exercícios com barras geralmente permitem que você use mais peso, de modo a desenvolver força e massa máximas. Exercícios com halteres lhe dão uma maior amplitude de movimento, de modo que você consegue mais extensão e contração. Os cabos permitem o trabalho com vários ângulos, de modo que você obtém mais forma para um aspecto mais definido. A desvantagem do treino com aparelho para o peito é que ele permite apenas que você trabalhe com ângulos muito específicos, mas isso pode tornar-se uma vantagem se você quer trabalhar o músculo naquele ângulo para desenvolver uma área fraca.

O crucifixo com halteres é ideal para o desenvolvimento dos peitorais externos, mas você precisa usar uma técnica particular para obter o máximo deste movimento. Deite-se no banco e deixe os halteres para baixo o máximo possível. Então, quando você subir, páre em _ da distância. Esta técnica coloca todo o esforço nos peitorais externos e nunca permite que eles fiquem alheios ao exercício.

Mas você pode usar o crucifixo com halteres para trabalhar os peitorais internos também, levando os pesos totalmente para cima, apertando os músculos juntos no topo e até mesmo cruzando os halteres ligeiramente para obter uma contração total dos peitorais internos.

O desenvolvimento dos peitorais internos, de um modo geral, ocorre trabalhando a faixa superior dos movimentos peitorais – um supino com uma pegada fechada, por exemplo, com a barra elevada totalmente; ou *cruzamentos* com cabos, deixando os braços se cruzarem um sobre o outro, o que realmente contrai os peitorais internos.

Exercícios declinados trabalham a porção inferior dos peitorais mais intensamente. Estes incluem supino declinado, crucifixo declinado, cabos declinados e mergulhos. Gosto de mergulhos porque, curvando-se mais para a frente ou mantendo-se ereto, você pode modificar o modo com que o esforço atinge o músculo, mesmo no meio de uma série.

Se os seus peitorais parecem desaparecer quando você eleva os braços acima da cabeça, recomendo a realização de uma série de supino inclinado com halteres com vários ângulos, começando no mais reto e subindo até que você esteja quase fazendo um desenvolvimento de ombros. Isto irá produzir o tipo de desenvolvimento total que lhe dá aqueles peitorais impressionantes, mesmo quando os seus braços estão elevados ou quando você faz uma pose frontal de bíceps duplo.

Há exercícios que você pode fazer para o treinamento de pontos fracos que nunca seriam feitos em um trabalho normal se você não estivesse tentando superar este problema. É por isso que aconselho os fisiculturistas mais jovens a não copiarem simplesmente o que eles vêem um campeão fazer na academia. Ele pode estar fazendo algum tipo de movimento de elevação lateral com cabo, unilateral, em um ângulo específico para contornar um ponto fraco. Se você assume que aquele exercício é o padrão e o inclui na sua rotina regular, pode acabar perdendo muito tempo e energia e atrasando o seu progresso global.

Lembre-se, mesmo quando você estiver fazendo um treinamento para um ponto fraco, não negligencie totalmente qualquer área do grupo muscular. Contudo, você pode reduzir o número de exercícios que trabalham uma área forte enquanto acrescenta movimentos adicionais para trabalhar um ponto fraco.

Alguns especialistas dizem que você não pode desenvolver o tamanho da sua caixa torácica quando atinge uma certa idade – no início da 3ª década. É verdade que a ligação cartilaginosa que conecta a caixa torácica se alonga em uma idade mais jovem, mas eu já vi muitos fisiculturistas melhorarem o tamanho de sua caixa torácica por acreditar que isso pode ser feito. É apenas uma questão de tempo, esforço e paciência – como tudo o mais na disciplina do fisiculturismo.

Finalmente, lembre-se de que o melhor meio de trabalhar um ponto fraco é usando uma variedade dos princípios de choque para aumentar a intensidade do treinamento. Chuck Sipes sempre gostou de fazer o supino usando o método decrescente. Ele começava levantando 180 kg, fazia tantas repetições quanto possível, e depois seu parceiro de treinos ia retirando as anilhas da barra de modo que ele continuava e realmente forçava seus peitorais. Você também pode usar técnicas como repetições forçadas, repouso/pausa, movimento de 3/4, séries escalonadas, ou qualquer outra coisa que force o tipo de movimento que você precisa.

Gosto especialmente da idéia de dias pesados para o desenvolvimento torácico máximo. Uma vez por semana, geralmente, treinava meu peito com carga muito pesada: no mínimo 5 a 6 repetições, crucifixos com 45 kg, supino inclinado com 165 kg com 6 a 8 repetições, supino muito pesado (205 kg) para produzir peitorais com massa e espessura máximas.

TREINAMENTO DE POTÊNCIA

Para desenvolver potência, força e massa máximas no peito, recomendo um programa no qual você:

1. Comece com supinos. Faça 20 repetições na primeira série, depois 10 repetições. Neste ponto, eleve a carga e vá imediatamente para 5, 3 e 1 repetições.
2. Continue fazendo tantas séries quanto possível (pelo menos 5) com um peso que permita apenas 1 ou 2 repetições.
3. Execute a última série com um peso mais leve que lhe permita retornar a um maior número de repetições.
4. Vá para supino inclinado e faça a mesma coisa. Posteriormente, faça o programa com crucifixo com halteres.

POSES E FLEXÕES

Especialmente nos dias de carga, sempre incluía uma grande quantidade de poses e contrações juntamente com o treinamento pesado. A execução de várias poses laterais de peito e poses muito musculares juntamente com o treinamento intenso é o melhor meio que conheço de definir as estriações dos peitorais. Já vi muitos fisiculturistas tentarem criar estas estriações por meios artificiais – desidratando-se com diuréticos, por exemplo – mas isto nunca fica tão bom quanto o resultado que você consegue com o treinamento pesado, as poses e as contrações.

Aprender a posar o peito adequadamente requer muita prática. Quando você executa uma pose lateral de peito, um bíceps duplo frontal, uma muscular ou uma abertura frontal, em cada pose o peito é mostrado diferentemente, e você precisa praticar cada uma destas poses separadamente para conseguir o efeito que deseja. Para um bíceps duplo frontal, você precisa posar com seus ombros para a frente para criar aquela linha do peito que vai do esterno ao deltóide; no peito lateral, você precisa manter os ombros para baixo e elevar o peito para fazê-lo parecer alto e cheio. A contração do peito, à medida que você treina, é o único meio de criar definição peitoral máxima – e horas contínuas da prática de poses é único método que lhe dá controle total do seu físico para apresentação.

Você não precisa apenas posar e contrair os seus músculos peitorais constantemente, também precisa praticar várias maneiras de mostrar o seu peito. Aqui, estou fazendo uma pose lateral de peito.

Franco Columbu examina o desenvolvimento dos peitorais internos.

A pose de bíceps duplo frontal é uma das mais difíceis no fisiculturismo. Qualquer falha que você tenha se torna imediatamente visível, especialmente se o seu peito tende a desaparecer quando você eleva os braços.

Ocasionalmente, você não precisa posar – apenas contraia seus peitorais o mais forte possível, segure e veja o que acontece.

Quando você executa uma pose mais musculosa, o peito parece um atlas de anatomia – cada área desenvolvida, definida, separada e estriada.

O desenvolvimento dos peitorais superior e interior é particularmente importante quando você executa uma abertura frontal.

Steve Reeves aos 15 anos.

Steve Reeves aos 24 anos, como Mister Universo.

O MÚSCULO SERRÁTIL

Os feixes musculares do serrátil ficam paralelos às costelas, saindo de baixo dos grandes dorsais e indo para frente para se conectar aos peitorais e intercostais e para baixo aos oblíquos externos. Quando eles são adequadamente desenvolvidos, estes músculos parecem dedos, com cada digitação claramente definida e separada dos outros. Os feixes musculares do serrátil não são como outros músculos pelo fato de que você não mede o seu desenvolvimento com uma fita métrica; é o seu impacto visual que faz a diferença.

O desenvolvimento completo do serrátil é importante por inúmeras razões: em primeiro, ele anuncia claramente que o fisiculturista atingiu um treinamento de detalhes de qualidade real; por outro lado, o serrátil ajuda a separar os grandes dorsais do peito e dos oblíquos, e ajuda a fazê-los parecer muito mais largos quando vistos de frente. Um bom desenvolvimento do serrátil também ajuda a deixá-lo mais simétrico e atlético.

Algumas pessoas são naturalmente beneficiadas com um grande desenvolvimento do serrátil. Há uma foto de Steve Reeves fazendo uma abertura frontal quando ele tinha 15 anos de idade e estava treinando há apenas um ano – e com certeza, você já pode ver o serrátil bastante espesso. Mais tarde, quando ele ganhou o concurso de Mister Universo NABBA, o desenvolvimento do seu serrátil era realmente espetacular.

Bill Pearl foi capaz de combinar um tamanho impressionante com qualidades estéticas como um serrátil altamente definido, provando que você pode conseguir massa e qualidade sem comprometer nenhuma delas. Pearl foi capaz de executar uma variedade de poses frontais e supracefálicas devido ao desenvolvimento estupendo do seu serrátil, e isto o tornou um oponente muito mais formidável no palco de competição.

Contudo, se você não nasceu com um grande desenvolvimento de serrátil, pode treiná-lo fazendo um esforço consciente de mostrar estes músculos. Frank Zane trabalhou muito o desenvolvimento do serrátil e isto ajudou a estabelecê-lo como modelo para o fisiculturista completo e ganhar três títulos de Mister Olímpia. Como Bill Pearl, Zane descobriu que o desenvolvimento do seu serrátil superior permitia-lhe que executasse um maior número de poses eficazes, especialmente a pose estética com as mãos sobre a cabeça. (Lembro-me de estar no palco ao lado de Zane em 1968, com 22 kg a mais do que ele, e descobrindo que sua abertura era mais eficaz do que a minha devido à tremenda separação dos grandes dorsais que o desenvolvimento do serrátil lhe deu. Você pode apostar que comecei a treinar mais forte o serrátil após este episódio!)

Reeves, Zane e Pearl foram minha inspiração para o desenvolvimento do serrátil. Quando eles executavam poses, especialmente aquelas com braços elevados, eles demonstravam para mim exatamente como deve ser o serrátil.

TREINANDO O SERRÁTIL

Como a função básica do serrátil é puxar os ombros para frente e para baixo, você treina estes músculos sempre que executa movimentos como flexão na barra fixa, puxada com pegada fechada, vários tipos de *pullover* com halteres e barra, e quando usa o aparelho de *pullover* Nautilus. (Quando faço *pullover* com halteres, a estrutura do meu corpo é do tipo que este exercício se torna um expansor da caixa torácica. Para outros com proporções diferentes – como Frank Zane e Bill Pearl – o *pullover* com halteres tende a atingi-los mais no serrátil.) Há, contudo, dois exercícios que trabalham estes músculos mais especificamente e que você pode usar se tem um ponto fraco nesta área: puxada com cordas e puxada unilateral com cabos. Em ambos os casos, você tem que fazer o movimento o mais estrito possível para obter o efeito máximo.

Ao trabalhar o peito e as costas com flexão na barra fixa e *pullover*, você já fez algum trabalho com o serrátil. Este é o momento de isolar conscientemente o serrátil, concentrar-se em queimar estes músculos. Não é suficiente apenas fazer algumas séries do serrátil, assim como abdominais, panturrilhas e intercostais. Você precisa treinar cada músculo com intensidade máxima se deseja um físico completo e de qualidade.

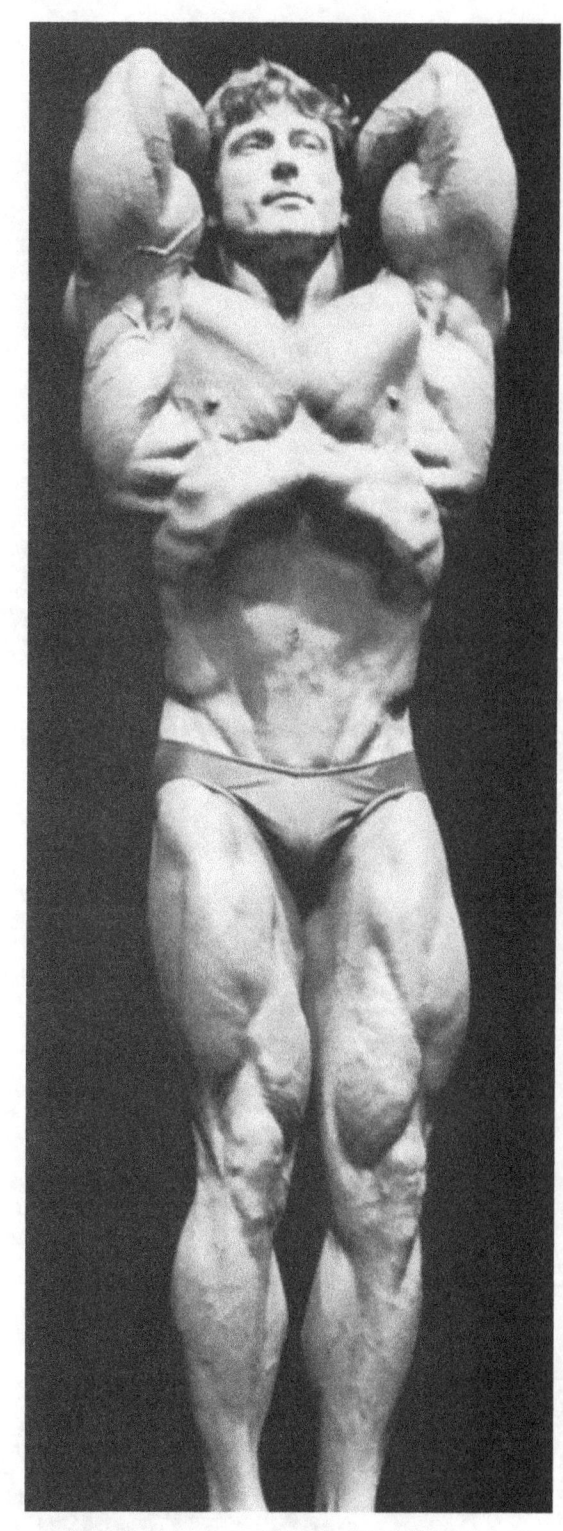

A combinação de um desenvolvimento exuberante do serrátil e uma aspiração impressionante tornam esta pose de mãos elevadas sobre a cabeça de Frank Zane a melhor.

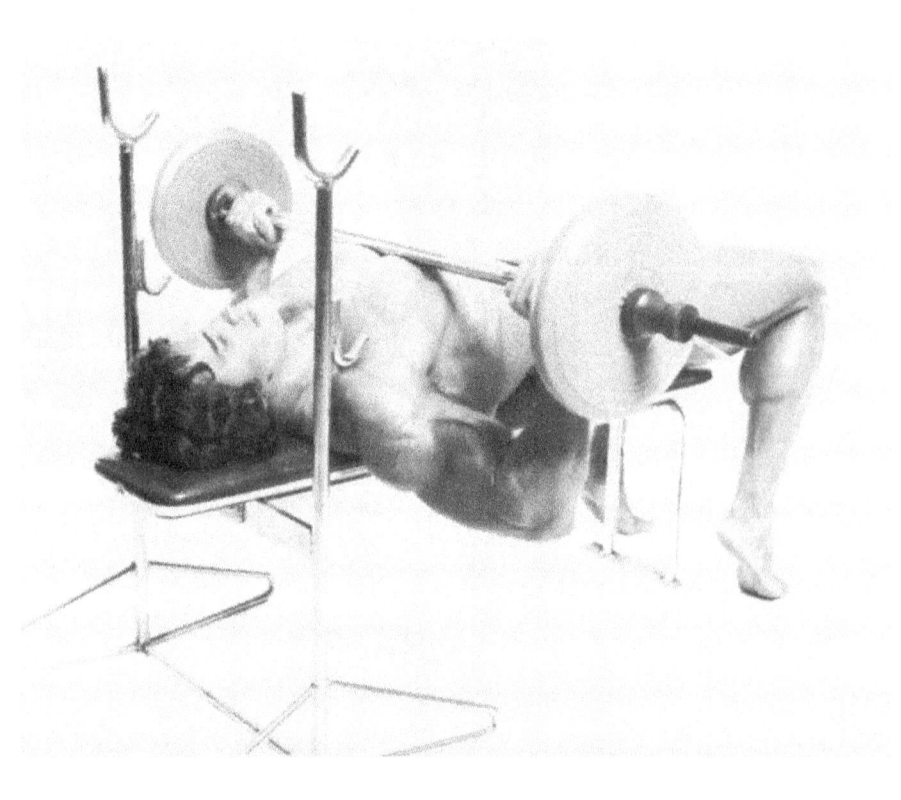

Exercícios para o Peito

SUPINO RETO COM BARRA

OBJETIVO DO EXERCÍCIO: Produzir massa e força nos peitorais, nos deltóides frontais e no tríceps.

O supino é um exercício combinado fundamental para a porção superior do peito. Ele produz crescimento, força e densidade muscular, não apenas dos músculos torácicos, mas também dos deltóides e tríceps.

EXECUÇÃO: (1) Deite-se em um banco horizontal, com os pés no chão para melhor equilíbrio. A pegada deve ser de abertura média (o que quer dizer que quando você baixa a barra até o peito, suas mãos devem estar separadas de modo que os seus antebraços apontem para cima, perpendicular ao chão). Eleve a barra do suporte e segure-a acima de você. (2) Abaixe a barra lentamente e sob controle até que ela toque logo acima dos músculos peitorais. Mantenha os cotovelos apontados para fora para envolver completamente o peito. A barra deve parar completamente neste momento. Eleve a barra novamente até que os braços estejam travados. Sempre realize uma amplitude de movimento completa a não ser que seja orientado a fazer diferente.

O supino clássico em posição inicial: as mãos são posicionadas na barra separadas um pouco mais que a largura dos ombros. Isto distribui o esforço de modo que o peitoral faz a maior parte do trabalho, com envolvimento mínimo dos deltóides frontais e tríceps.

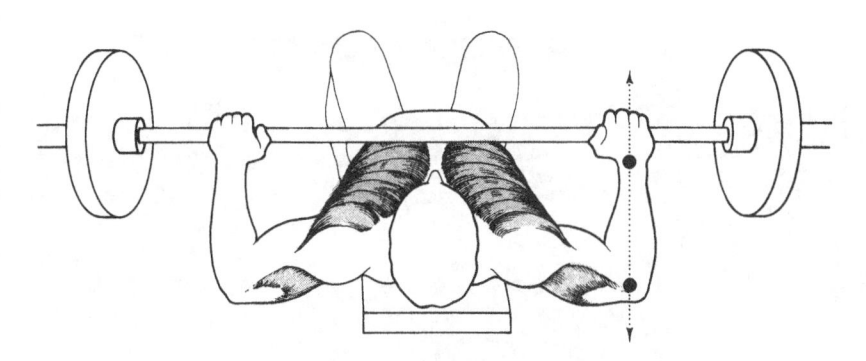

Observe que à medida que o peso é abaixado até o peito, a posição das mãos coloca os antebraços perpendiculares ao chão. Esta posição de mãos dá o melhor resultado global, desenvolvendo completamente os músculos peitorais – interno, externo e no meio.

Realizava freqüentemente meu treinamento para o peito aos domingos, em Venice Beach. Tinha uma motivação adicional para fazer repetições com 205 kg porque havia muitas pessoas me olhando.

SUPINO INCLINADO COM BARRA

Objetivo do Exercício: Desenvolver a massa e a força dos peitorais (região média e superior) e os deltóides frontais.

A mudança do ângulo do movimento para inclinado tende a colocar mais esforço nos músculos do peito superior e faz os deltóides trabalharem mais. Mas você vai observar que pode levantar tanto peso quanto quando faz o supino horizontal.

Execução: (1) Deite-se em um banco inclinado. Segure a barra com uma pegada média. Eleve a barra e segure-a sobre a cabeça, braços travados. (2) Abaixe o peso sobre o peito superior, pare um momento e depois eleve-o novamente até a posição inicial. Quando se trabalha com inclinação, é extremamente importante achar o "canal" correto ou você pode sentir a barra indo muito para a frente. É útil ter alguém para observar enquanto você faz o exercício até você se acostumar com ele.

SUPINO RETO COM HALTERES

OBJETIVO DO EXERCÍCIO: Desenvolver a massa e a força dos peitorais médio e externo. Ao usar os halteres em vez das barras, você pode trabalhar os músculos do peito com uma maior amplitude de movimento, e a necessidade de equilibrar e coordenar duas cargas separadas leva-o também a estabilizar a força muscular.

EXECUÇÃO: (1) Deite-se no banco horizontal. Joelhos dobrados, pés apoiados no banco. Pegue um haltere em cada mão e segure-os sobre a cabeça, mãos viradas para frente. (2) Abaixe os pesos em direção à região externa do peito, concentrando-se em mantê-los equilibrados e sob controle. Abaixe o máximo possível, sentindo um estiramento completo nos peitorais. Leve os pesos para cima e trave os braços.

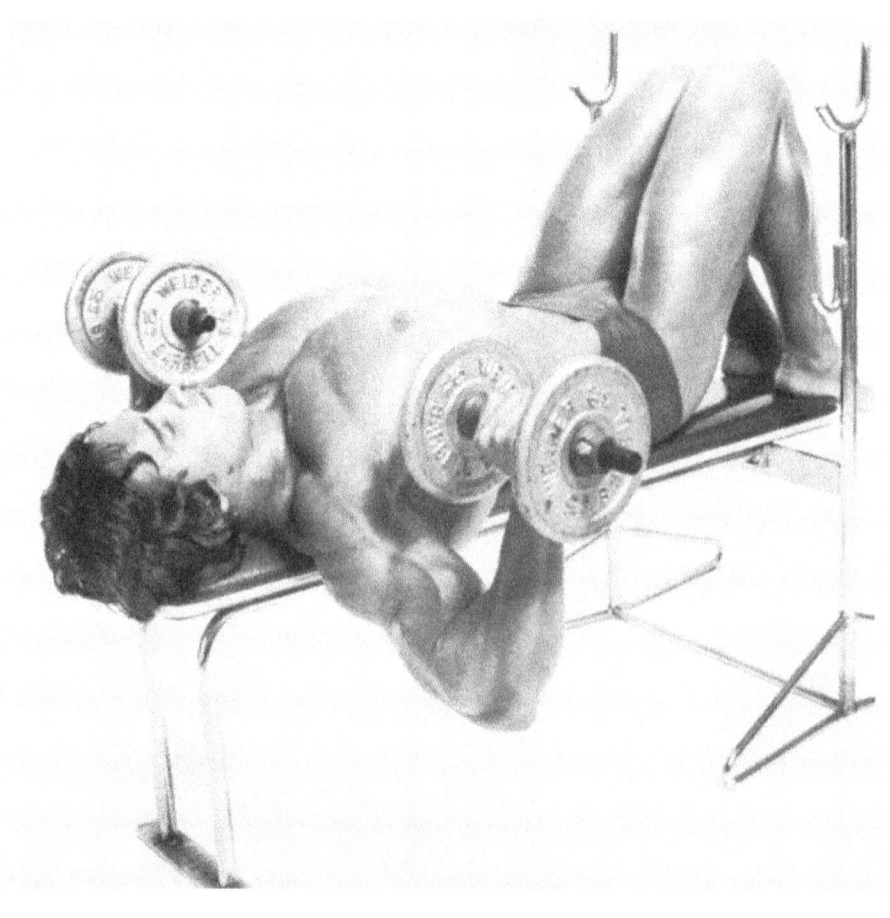

Lee Priest

SUPINO INCLINADO COM HALTERES

OBJETIVO DO EXERCÍCIO: Desenvolver os músculos peitorais médio e superior. Você pode variar o ângulo de inclinação desde horizontal até quase sentado; quanto mais sentado, mais você trabalha os deltóides.

EXECUÇÃO: (1) Segure um haltere em cada mão e deite-se no banco inclinado. Levante os halteres e segure-os na altura dos ombros, palmas para frente. (2) Eleve-os simultaneamente por sobre a cabeça, depois abaixe-os para a posição inicial. Como variação, você pode começar com as palmas de frente uma para a outra e girar os punhos à medida que você os eleva com as palmas de frente uma para outra no topo, depois girá-las de volta à posição inicial quando abaixa os halteres. Você pode variar o ângulo no qual você executa o exercício a cada sessão ou a cada série. Se você fizer a cada série, comece com o aparelho inclinado e vá baixando até a horizontal ou aumente o ângulo a cada série.

SUPINO DECLINADO COM HALTERES

OBJETIVO DO EXERCÍCIO: Desenvolver os músculos peitorais médio e inferior.

EXECUÇÃO: (1) Segure um haltere em cada mão e deite-se em um banco declinado. Mantenha os pesos na altura dos ombros, palmas para frente. (2) Eleve os halteres simultaneamente por sobre a cabeça, depois abaixe-os lentamente à posição inicial.

Kevin Levrone

MERGULHO NAS BARRAS PARALELAS

Objetivo do Exercício: Desenvolver os músculos peitorais e secundariamente os tríceps.

O mergulho é um exercício de peito e tríceps que tem um efeito similar sobre o corpo ao do supino declinado. Contudo, com o mergulho você começa treinando com o peso do seu próprio corpo, mas pode continuar a aumentar progressivamente a resistência segurando um haltere entre as pernas ou prendendo um peso a um cinto apropriado. Você pode obter uma grande amplitude de movimento com este exercício.

Execução: (1) Apóie-se acima das barras com os braços estirados, (2) depois abaixe o corpo lentamente o mais longe possível. A partir da posição inferior, empurre de volta à posição inicial, tensionando os peitorais no topo. Neste movimento, quanto mais você se inclinar para a frente, maior envolvimento torácico, então você deve tentar cruzar os pés atrás dos glúteos, o que fará o seu centro de gravidade se desviar para a frente e forçar mais os peitorais.

Porter Cottrell

SUPINO NO APARELHO

OBJETIVO DO EXERCÍCIO: Trabalhar os peitorais. Uma das vantagens de realizar o supino em um aparelho é que ele está colocado em um certo trilho, evitando a necessidade de gastar energia em equilíbrio e coordenação. Isto é especialmente benéfico para as pessoas que estão se reabilitando de uma lesão de ombro. Do mesmo modo, o uso do aparelho possibilita que o seu parceiro empurre para baixo o mecanismo, permitindo que você realize repetições negativas forçadas. Contudo, às vezes, o fato de estar forçado a permanecer naquele trilho limita o estímulo aos músculos.

Supino horizontal com o aparelho. A estação peitoral da maioria dos aparelhos é construída para lhe proporcionar um movimento de supino horizontal.

Supino inclinado com aparelho. Usando um banco inclinado e um aparelho Smith, você pode imitar certos ângulos do movimento de peso livre de modo bastante estrito.

Supino declinado com aparelho. Um banco declinado em um aparelho Smith permite que você se movimente eficazmente em um ângulo declinado.

CRUCIFIXO COM HALTERES

Objetivo do Exercício: Desenvolver a massa dos peitorais.

A função dos peitorais é basicamente puxar os braços e os ombros para dentro transversalmente ao corpo, e isso é exatamente o que você faz usando o movimento de crucifixo com halteres.

Execução: (1) Deite-se em um banco segurando os halteres com os braços estirados acima do seu peito, com as palmas de frente uma para a outra. (2) Abaixe os pesos para fora e para baixo de cada lado em um arco amplo o mais longe possível, sentindo os músculos peitorais estirarem-se ao máximo. As palmas devem permanecer de frente uma para a outra durante todo o movimento. Dobre os braços levemente à medida que você executa o movimento para reduzir o esforço sobre os cotovelos. Faça uma parada completa com os pesos em um ponto alinhado com o banco, com seus peitorais o mais estirados possível, depois eleve-os de volta com o mesmo arco amplo, como se estivesse dando um grande abraço em alguém, em vez de juntá-los diretamente acima. Traga os pesos de volta à posição inicial e depois contraia os peitorais ainda mais, realizando uma contração adicional para fazer os músculos trabalharem ainda mais.

CRUCIFIXO INCLINADO COM HALTERES

OBJETIVO DO EXERCÍCIO: Construir a massa dos peitorais superiores.

EXECUÇÃO: Estes crucifixos são feitos como os crucifixos normais com barra, exceto pelo fato de você se deitar em um banco inclinado, com a sua cabeça mais alta que os seus quadris. (1) Deite-se no banco com os halteres mantidos acima da cabeça, as palmas viradas uma para a outra. (2) Abaixe-as para fora a cada lado em um arco amplo, envolvente, mantendo as palmas na mesma posição e flexionando levemente os cotovelos. Abaixe os pesos até que os seus peitorais estejam totalmente estirados. Volte para cima com o mesmo arco amplo, como em um grande abraço. Evite trazer os pesos para dentro e para cima direto. No topo, contraia os peitorais para garantir uma contração completa.

Shawn Ray

CRUZAMENTO DE CABOS, DE PÉ

Objetivo do Exercício: Desenvolver a parte interna dos músculos peitorais.

A realização de um movimento cruzado usando cabos para fornecer resistência é um exercício especializado que trabalha a parte central dos peitorais e salienta aquelas impressionantes estriações cruzadas, bem como desenvolve a região média e inferior dos peitorais.

Execução: (1) Para realizar este movimento de pé, segure os puxadores conectados aos cabos superiores, dê um passo levemente à frente da linha entre os puxadores e estenda os braços quase retos para cada lado. (2) Dobre-se levemente para a frente a partir da cintura, depois traga suas mãos para baixo e para frente em um movimento de abraço, cotovelos levemente flexionados, sentindo os músculos peitorais se contraírem. Quando as suas mãos se juntarem no centro, não pare – cruze uma mão sobre a outra e contraia os seus músculos torácicos o máximo possível. A cada repetição deste movimento, alterne qual mão cruza sobre a outra.

Paul Dillet

CRUZAMENTO DE CABOS, DE PÉ E INCLINADO À FRENTE

Objetivo do Exercício: Trabalhar a parte interna dos músculos médio e inferior.

Execução: (1) Usando dois puxadores inferiores (a partir do solo), segure um em cada mão e se incline para frente, estirando os braços de cada lado. (2) Aproxime as mãos uma da outra, permita que elas se cruzem e continue puxando até que você sinta os seus peitorais se contraírem ao máximo. Segure um momento e tensione para uma contração adicional, depois relaxe e deixe os seus braços serem puxados de volta à posição inicial.

Porter Cottrell

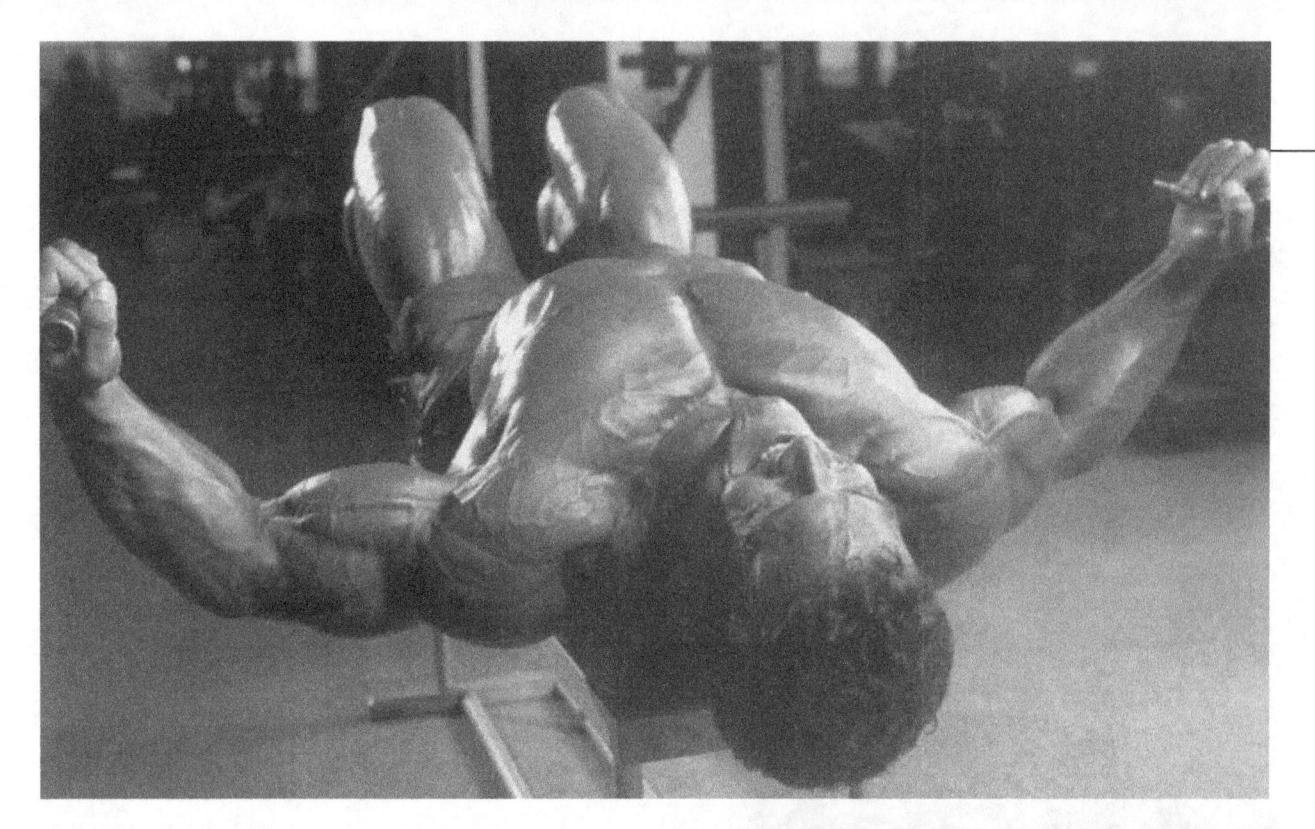

CRUZAMENTO DE CABOS EM BANCO HORIZONTAL

Objetivo do Exercício: Desenvolver e definir os músculos peitorais médio e interno.

Execução: (1) Deite-se horizontalmente em um banco entre duas polias no nível do chão. Segure um puxador em cada mão e junte as mãos com os braços acima de você, com as palmas de frente uma para a outra. (2) Com os cotovelos levemente flexionados, abaixe as mãos para fora de cada lado em um arco amplo até que os seu peitorais estejam totalmente estirados. Traga os seus braços de volta à posição inicial, passando através do mesmo arco como em um grande abraço. Você pode parar no topo ou continuar e cruzar ligeiramente os braços para criar a contração mais completa possível dos peitorais.

Lee Labrada

VOADOR NO APARELHO

OBJETIVO DO EXERCÍCIO: Desenvolver o tamanho e a definição do peito médio e as estriações nos músculos peitorais.

Os aparelhos voadores não são a sua melhor escolha para produzir massa, mas são muito úteis para criar definição.

EXECUÇÃO: Muitas academias são equipadas com uma variedade de aparelhos de peitorais que se aproximam do movimento de vôo. Quando usá-los no seu treinamento, trabalhe para obter a maior amplitude de movimento possível, estirando os peitorais ao máximo, em extensão completa, depois realize uma contração isométrica adicional quando você tiver trazido os braços o mais próximo possível.

Sonny Schmidt

PULLOVER COM BRAÇOS ESTENDIDOS

Objetivo do Exercício: Desenvolver os peitorais e expandir a caixa torácica.

Este é o melhor movimento para expandir a caixa torácica, bem como trabalhar os peitorais e desenvolver o serrátil anterior.

Execução: (1) Coloque um haltere em um banco, depois vire-se e deite-se perpendicularmente ao banco, com apenas os ombros apoiados na superfície, com os pés apoiados no chão. Segure o haltere com ambas as mãos e posicione-as acima do peito, com ambas as palmas pressionando na parte interna da placa superior. (2) Mantendo os braços retos, abaixe o peso lentamente em um arco atrás da cabeça, sentindo o peito e a caixa torácica se estirarem. Abaixe os quadris em direção ao chão simultaneamente para aumentar este alongamento. Quando você tiver abaixado o haltere ao máximo, eleve-o de volta à posição inicial através do mesmo arco. Não deixe os quadris voltarem para cima quando você elevar o peso. Mantenha-os baixos durante todo o movimento para garantir o estiramento máximo possível, e portanto, a maior expansão da caixa torácica.

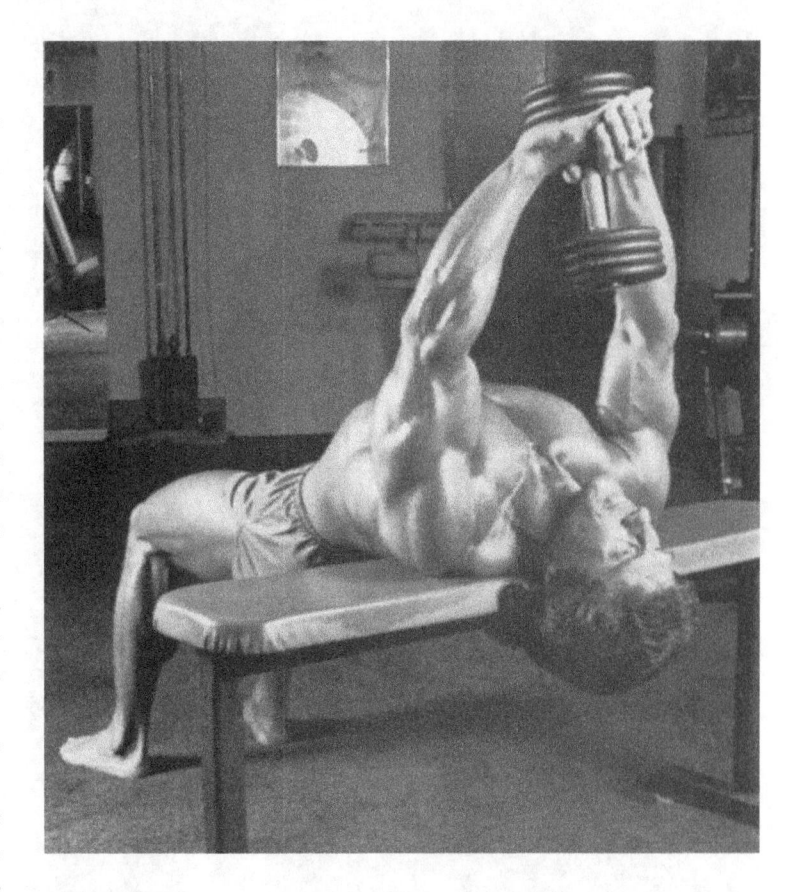

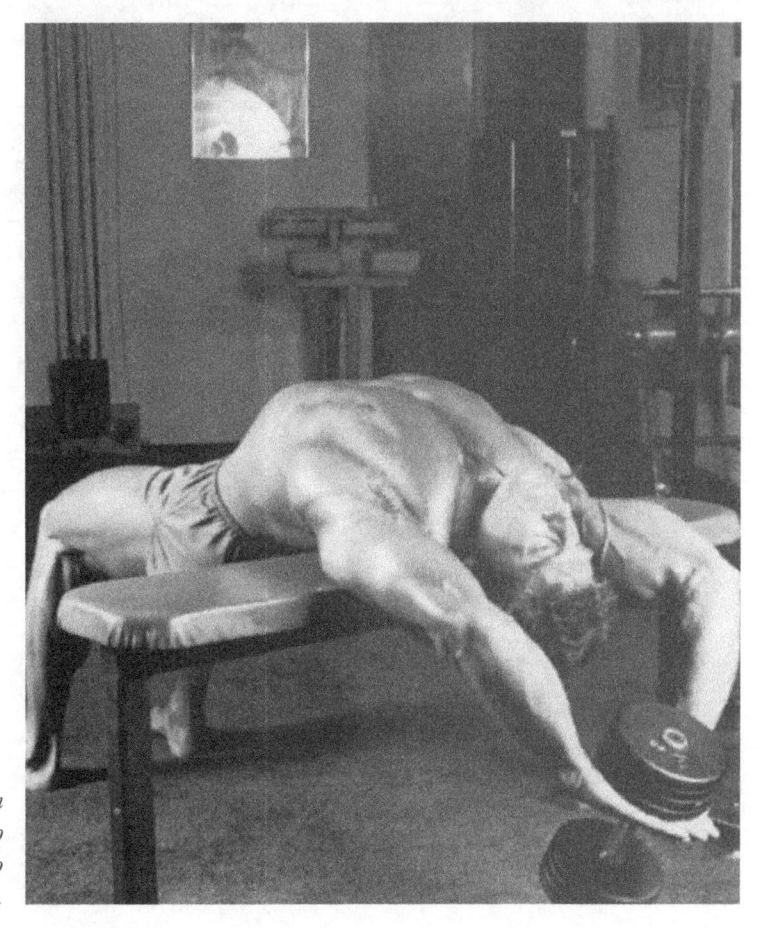

Os pullovers podem ser usados para desenvolver o serrátil, bem como os peitorais. Para o serrátil, faça o movimento regular do pullover, mas concentre-se em fazer os feixes musculares do serrátil realizarem o máximo da força de tração.

PULLOVER COM CORDA

Objetivo do Exercício: Desenvolver o músculo serrátil.

Execução: (1) Ajoelhe-se no chão segurando as cordas conectadas a um cabo e a uma polia superior. (2) Mantendo seus braços estendidos acima da cabeça, curve o corpo para a frente e para baixo, puxando com os grandes dorsais. Continue este movimento até que a sua cabeça esteja quase tocando suas coxas. Traga os cotovelos para baixo até o chão, puxando com os cotovelos. Relaxe, desenrole-se e volte à posição inicial, estirando os braços e sentindo o estiramento nos grandes dorsais. Você precisa ser bem estrito neste exercício e não tentar o peso máximo. Tente fazer o serrátil realmente queimar ao final da série – e você também estará sentindo os seus abdominais.

PULLOVER COM CABO UNILATERAL

Objetivo do Exercício: Trabalhar o serrátil.

Execução: (1) Ajoelhe-se no chão, segure um puxador conectado a um cabo e a uma polia alta com uma pegada por trás. (2) Puxando com os grandes dorsais, traga o cotovelo até o joelho. Conscientemente, comprima o serrátil e os grandes dorsais com uma contração completa. Relaxe e volte lentamente à posição inicial. O segredo deste exercício é a rigidez absoluta. Faça o movimento lentamente e sob controle, concentrando-se em sentir a contração nos grandes dorsais e no serrátil. Repita usando o outro braço.

Lee Apperson

PULLOVER NO APARELHO

(Consulte a página 379)
O *pullover* com máquina pode ser usado para desenvolver o serrátil, bem como os grandes dorsais. Aprenda a sentir quando os feixes musculares do serrátil estiverem trabalhando ao máximo, e ajuste a posição do seu corpo e o movimento dos seus cotovelos até que você os sinta em contração máxima.

FLEXÃO DE BRAÇOS NA BARRA FIXA COM PEGADA FECHADA

(Consulte a página 367)
Concentrando-se na contração do serrátil durante este movimento, você pode alterá-lo de um exercício com os grandes dorsais para um que também envolve o serrátil em grau elevado.

ABDOMINAL PARCIAL EM SUSPENSÃO PARA O SERRÁTIL

Objetivo do Exercício: Isolar e desenvolver o serrátil.

Execução: (1) Segure em uma barra de flexões com uma pegada com as palmas para a frente. (O uso de faixas de elevação irá retirar um pouco do esforço sobre as mãos e os punhos.) (2) Lentamente balance as suas pernas para cima e para os lados, sentindo os músculos do serrátil estirarem-se completamente de um lado e contraírem-se ao máximo do outro lado. Volte lentamente ao centro, depois repita o movimento para o outro lado. Concentre-se em tentar obter o máximo estiramento possível e em executar o movimento apenas com o serrátil, isolando estes músculos o máximo possível. Este exercício pede um controle completo e uma técnica rígida. Traga as pernas deliberadamente para cada lado; não as balance para frente e para trás como um pêndulo.

REMADA EM SUSPENSÃO COM HALTERES

Objetivo do Exercício: Um exercício avançado para desenvolver o serrátil.

Execução: (1) Usando um par de botas de gravidade, pendure-se de cabeça para baixo em uma barra de flexões. Segure um haltere em cada mão e deixe os pesos pendurados abaixo de você, sentindo os músculos do serrátil alongarem-se ao máximo. (2) Concentrando-se em usar o serrátil em isolamento o máximo possível, eleve os halteres em frente a você. À medida que você eleva, os seus cotovelos vêm para a frente, não para o lado. Segure no ponto de contração máxima do serrátil, depois abaixe os halteres lentamente à posição inicial, sentindo o serrátil se estirar mais uma vez. Durante o movimento, mantenha os seus cotovelos e os halteres o mais próximo possível do seu corpo.

As Costas

OS MÚSCULOS DAS COSTAS

O **grande dorsal**, o grande músculo triangular que se estende de baixo dos ombros para baixo até a parte mais estreita das costas em ambos os lados. Estes são os maiores músculos da parte superior do corpo.

FUNÇÃO BÁSICA: Puxar os ombros para baixo e para trás.

O **eretor da espinha ou sacroespinhal** constitui-se de vários músculos na parte dorsal inferior que protegem os canais nervosos e ajudam a manter a espinha ereta. Eles também são os músculos do corpo que têm a recuperação mais lenta após o exercício pesado.

FUNÇÃO BÁSICA: Manter a espinha ereta.

Nota: O **trapézio**, o músculo achatado, triangular, que se estende para fora e para baixo a partir do pescoço e entre as omoplatas, está incluído no capítulo sobre os ombros.

Grande dorsal

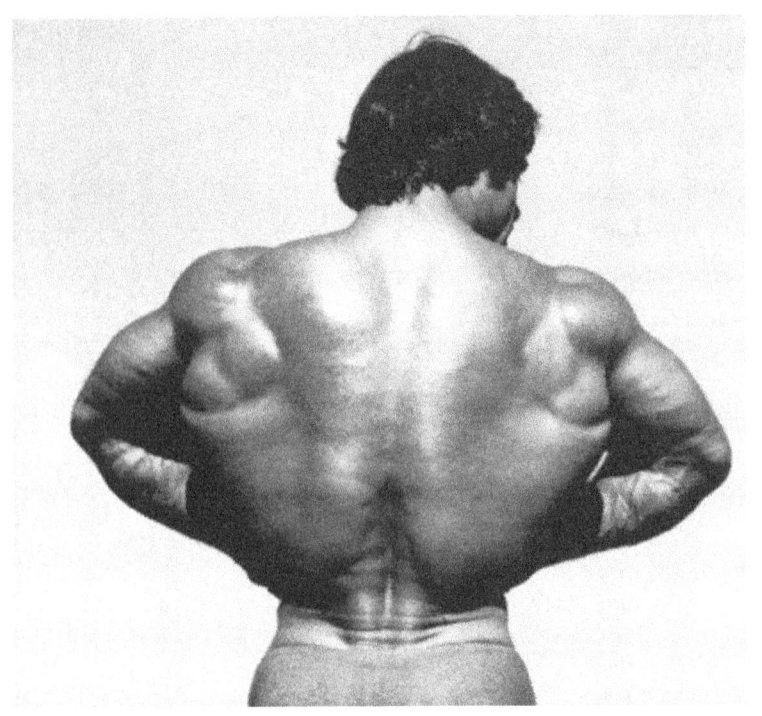

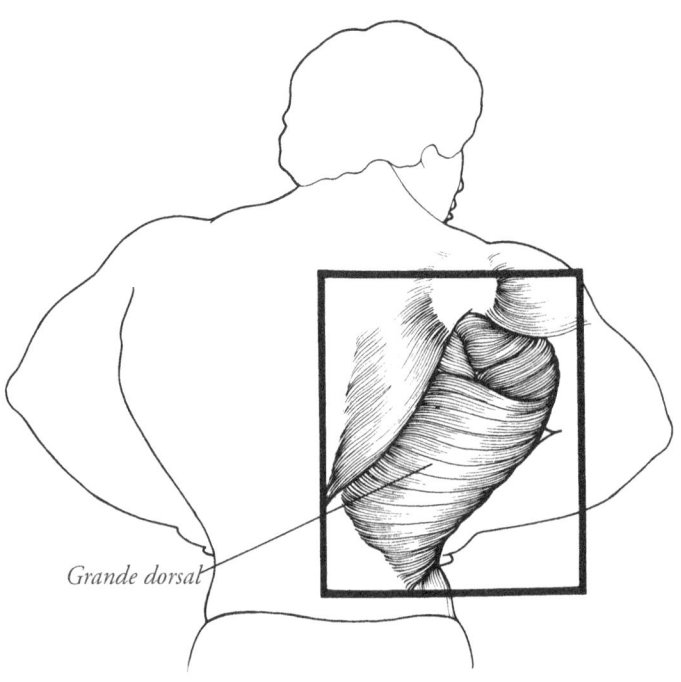

TREINANDO AS COSTAS

O desenvolvimento de costas largas, espessas e maciças é absolutamente necessário na criação de um físico de qualidade em um fisiculturista. Músculos fortes nas costas são essenciais para a elevação e o transporte de carga pesada e um dorso altamente musculoso sempre foi considerado a medida da força de um homem.

"Minhas costas são uma arma que uso para destruir meus oponentes", disse o vencedor de dois títulos de Mr. Olímpia, Franco Columbu. "Coloco meus polegares na região inferior das minhas costas e começo a expandir meu grande dorsal. Isso não ocorre de uma só vez. Primeiro, o contraio algumas vezes e depois começo a expandi-lo ao seu máximo. Cada vez que a audiência e os juízes pensam que acabou, contraio um pouco mais e ele se torna maior. E quando todos estão engasgados de surpresa que um homem possa atingir tal desenvolvimento, levanto meus braços em uma pose potente de bíceps duplo, mostrando uma enorme musculosidade, espessura e separação. Apenas os melhores fisiculturistas podem ficar ao meu lado quando faço isso sem serem jogados para fora do palco pela onda de choque."

Quando um juiz de fisiculturismo olha as costas de um competidor, há três coisas nas quais ele está especialmente interessado: (1) a densidade e a musculosidade da região dorsal; (2) a varredura e a amplitude do grande dorsal; e (3) a definição e o desenvolvimento da região inferior do grande dorsal.

A REGIÃO DORSAL

O desenvolvimento da região dorsal envolve mais do que simplesmente os músculos das costas propriamente ditos. Quando você executa uma pose de bíceps duplo de costas, os trapézios e os músculos da região dorsal e central são dominantes, mas todos os músculos, de um cotovelo ao outro, têm o seu papel, inclusive os bíceps e os deltóides posteriores.

O músculo central da região lombar é o trapézio, um músculo angular que se estende para baixo para os ombros de cada lado do pescoço e depois se junta sobre a espinha na região central das costas. Em um dorso altamente desenvolvido, os trapézios serão grossos e maciços, contrabalançando o grande dorsal em cada lado e claramente separados dele nas poses posteriores. Exercícios que trabalham especificamente os trapézios incluem qualquer coisa que envolva a elevação dos ombros – elevação de ombros e remada alta, primariamente, mas também remadas em certas posições e alguns tipos de desenvolvimento de ombros – e são vistos no programa de treinamento para o trapézio (página 295).

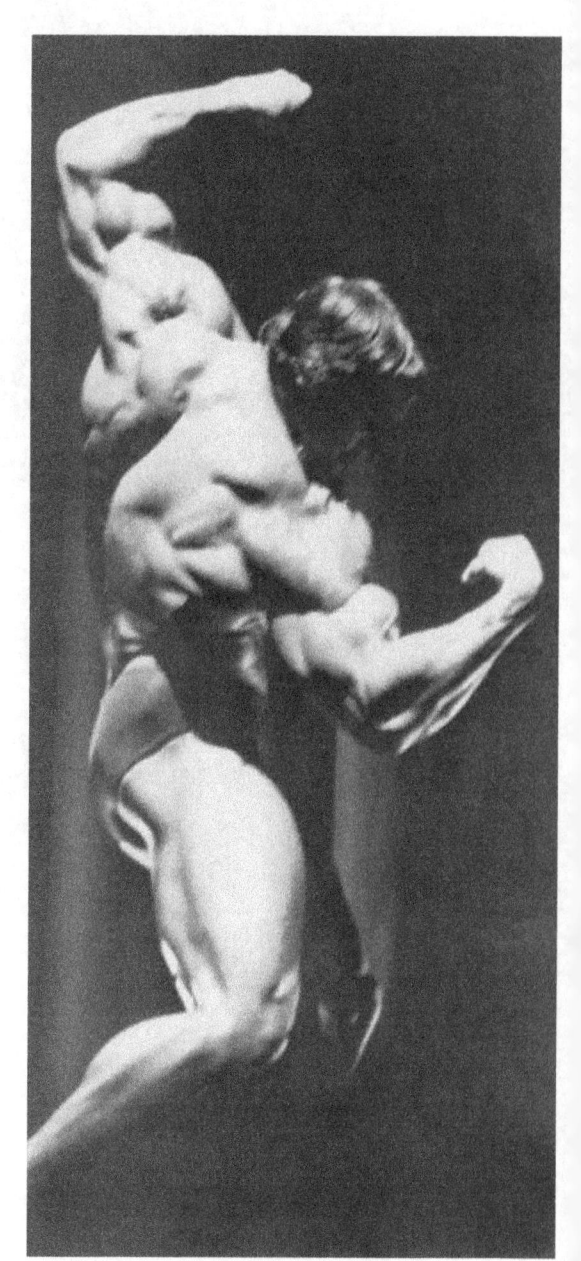

Em uma pose dorsal contorcida, você precisa de uma região dorsal densa e musculosa para equilibrar o desenvolvimento dos ombros, dos bíceps, dos tríceps e do antebraço.

Sergio Oliva é um exemplo perfeito de como um dorso maciço pode ser impressionante.

Lee Haney

O GRANDE DORSAL

A área mais impressionante de um dorso completamente desenvolvido é a varredura do grande dorsal. É essa largura muscular que declara ao mundo que você é realmente um fisiculturista. E é o grande dorsal que provavelmente irá chamar a atenção dos juízes, mesmo quando estiver relaxado. A forma em V tradicional dos fisiculturistas – ombros largos descendo sobre uma cintura firme e contraída – depende de um desenvolvimento correto do grande dorsal. Um amigo disse-me que quando realizava uma pose de grande dorsal no palco, imaginava que seu grande dorsal era tão largo que a audiência iria pensar que as cortinas estavam fechando!

A largura do grande dorsal é desenvolvida por qualquer tipo de movimento de puxada para baixo, como a puxada com cabos ou flexão em barra fixa. O modo preciso pelo qual o movimento da puxada afeta o grande dorsal é determinado pelo ângulo no qual você está trabalhando, o grau de separação dos seus braços e se você estiver puxando pela frente ou por trás. Desse modo, incluí uma variedade de movimentos de pegada fechada ou pegada aberta, bem como puxadas e flexão com barra fixa frontais e posteriores, no programa de costas para encorajar um desenvolvimento total do grande dorsal.

O grande dorsal também é evidente na vista frontal, complementando o peito pelo alargamento do torso, com a linha dos músculos das costas agindo como uma moldura para os peitorais. O grande dorsal contribui para qualquer número de poses, inclusive bíceps duplos frontais e posteriores e uma variedade de poses em torção.

Lee Haney, Ronnie Coleman e Robby Robinson são três grandes fisiculturistas conhecidos pela forma em V de seus torsos – por trás e pela frente – que é resultado de um desenvolvimento impressionante do seu grande dorsal.

Ronnie Coleman

Robby Robinson

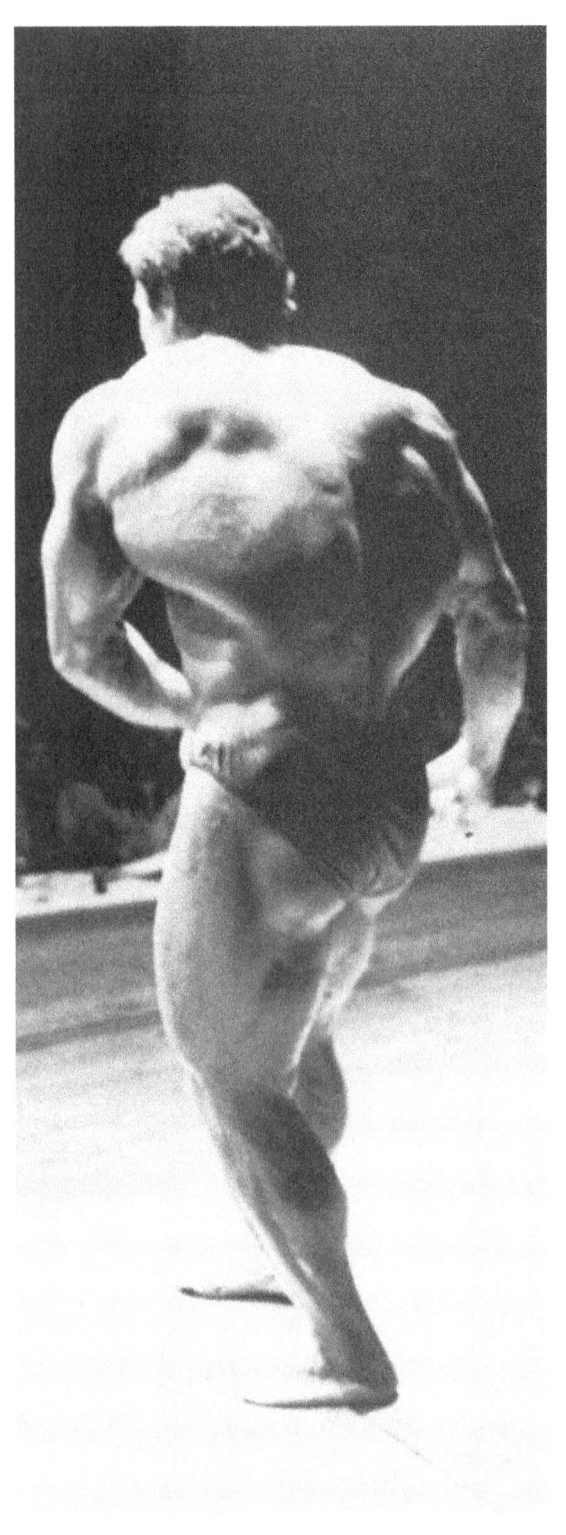

A REGIÃO DO GRANDE DORSAL

Quando você vê Franco Columbu ou Frank Zane executando uma pose dorsal contorcida, não pode deixar de ficar impressionado pelo modo como suas regiões inferiores do grande dorsal se espalham para baixo e inserem-se na linha da cintura. Isso dá ao grande dorsal um aspecto tremendamente estético.

Para desenvolver a região inferior do grande dorsal, você precisa fazer seus exercícios de costas com uma pegada bem fechada – flexão em barra fixa com pegada fechada e puxada com pegada fechada, por exemplo – bem como remada unilateral com cabo e remada unilateral com halteres. Também é importante realizar alongamentos entre as séries, segurando alguma coisa com uma das mãos de cada vez e realmente puxando até que você possa sentir a região inferior do grande dorsal quase no quadril.

Uma região inferior do grande dorsal bem-desenvolvida também irá ajudá-lo nas poses dorsais posteriores, porque ela vem para baixo em um ângulo e forma um tipo de moldura que mostra um dorso inferior bem-estriado.

Franco Columbu

Frank Zane

ESPESSURA DA REGIÃO CENTRAL DAS COSTAS

O grande dorsal não deve ser apenas largo e espalhado, mas também deve parecer denso e potente onde se une na região central das costas. Muitos fisiculturistas têm costas largas com um grande dorsal abrangente, mas não apresentam boas poses dorsais porque o centro das costas não apresenta aquele aspecto forte e espesso que os grandes fisiculturistas devem ter. Quando você olha para Dorian Yates, por exemplo, fica imediatamente impressionado pela espessura sólida de seus músculos dorsais. As costas de Dorian mostram densidade mesmo quando ele está relaxado.

Chris Cormier

Flex Wheeler tem uma excelente dotação genética, mas a espessura e musculosidade de suas costas indica exatamente a quantidade de treinamento para desenvolver seu potencial.

A espessura das costas é atingida primariamente pela execução de exercícios de remada – remada com barra, remada com cabos, remada com barra em "T", etc. Contudo, se você quer atingir a região central das costas, faça remadas que lhe proporcionem uma maior amplitude de movimento, de modo que você possa contrair totalmente aquela área, como remada com cabos separados ou uma pegada aberta, remada unilateral ou remada com barra com uma pegada mais aberta.

As costas podem ser apresentadas em inúmeras poses, mas, como você pode ver, o desenvolvimento total das costas é necessário para tornar cada uma eficaz. Serge Nubret, Franco e eu mostramos um bom desenvolvimento dorsal inferior e superior, muita largura do grande dorsal e uma boa musculosidade.

REGIÃO LOMBAR

Muitos fisiculturistas têm uma região dorsal excepcional, mas nunca desenvolveram a região lombar no mesmo nível. Uma região lombar bem desenvolvida tem duas colunas de músculos que se destacam de cada lado da espinha, uma indicação de anos de levantamento terra com muita carga, remada inclinada e outros exercícios de potência. Quando você vê Boyer Coe no palco, observa a tremenda amplitude de seu grande dorsal, mas quando ele fica perto de alguém como Danny Padilla, com sua região lombar forte e potente, você pode ver que ele é fraco nessa área, em particular.

Um físico verdadeiramente hercúleo precisa desse desenvolvimento e dessa potência da região lombar. Olhe para Sergio Oliva, Franco Columbu, Dorian Yates ou Nasser El Sonbaty e você verá um desenvolvimento magnífico da região lombar. Frank Zane era muito fraco nessa região. Eu lhe recomendei que começasse a fazer remadas inclinadas, começando com uma carga relativamente baixa e aumentando gradualmente à medida que suas costas se desenvolvessem. Zane é um fisiculturista tão dedicado que dentro de relativamente pouco tempo seu desenvolvimento dessa região aumentou significativamente e, dentro de um ano, você podia ver estriações nessa área.

Shawn Ray, embora tenha ganho títulos profissionais, eventualmente se sentiu ameaçado pelo desenvolvimento dorsal extremo de inúmeros fisiculturistas maiores contra quem ele competiu. Em vez de desistir, ou simplesmente tentar adquirir uma massa global maior, Shawn concentrou-se no desenvolvimento dorsal, particularmente na largura das costas, ao ponto em que competidores que eram geralmente 30 kg mais pesados do que ele não conseguiam eliminá-lo do palco nas comparações posteriores de abertura do grande dorsal.

Como tendemos a armazenar uma quantidade desproporcional de gordura em torno da cintura, a magreza e musculosidade na região lombar são uma prova visível de que o fisiculturista trabalhou duro para chegar nessa forma. Quando se executa uma pose de bíceps duplo posterior e o juiz vê uma região lombar esculpida, claramente definida, eles sabem instantaneamente que o atleta fez uma quantidade enorme de exercícios, não apenas para o grande dorsal, mas para toda a região dorsal.

Incluí exercícios para a região lombar desde o começo do livro, de modo que os fisiculturistas que seguem o meu programa de treinamento não irão achar-se com costas fracas após um ano de treinamento. Exercícios de potência com carga pesada, como levantamento terra, são ideais porque não apenas desenvolvem a região lombar como também a fortalecem; você pode fazer inúmeros outros exercícios, como remada inclinada, sem que a sua região lombar desista antes do seu dorso superior.

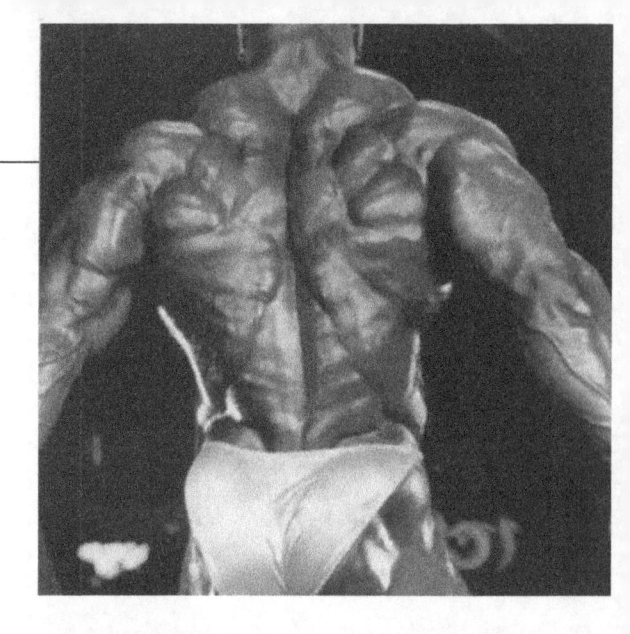

Três dos principais fisiculturistas, Chris Cormier, Dorian Yates e Flex Wheeler, demonstram três modos diferentes de apresentar a musculosidade das costas. Observe a "árvore de natal" que pode ser criada pelas estriações e musculosidade no centro das costas.

FUNÇÕES DOS MÚSCULOS DAS COSTAS

O grande dorsal tem basicamente duas funções no que diz respeito ao fisiculturismo: puxa o ombro para trás (um movimento de remada) e puxa os ombros para baixo (um movimento de puxada ou flexão em barra fixa). Um erro comum quando se executa esses movimentos é usar muito esforço de bíceps e insuficiente nas costas, ou envolver os músculos da região lombar em um movimento oscilante, em vez de fazer com que o grande dorsal faça a maior parte do trabalho. Você tem que fazer um esforço quando treina o grande dorsal para isolá-lo de modo que apenas esse músculo esteja envolvido no movimento.

Os músculos da região lombar funcionam diferentemente da maioria dos outros músculos do corpo. São estabilizadores, mantendo o corpo firme, em vez de constantemente se contraírem e relaxarem em uma amplitude completa de movimento como, por exemplo, os bíceps. Portanto, quando você executa movimentos de amplitude total como a hiperextensão ou levantamento terra com pernas retas, você coloca tanto esforço na região lombar que ela pode levar até uma semana para recuperar-se totalmente. Isto quer dizer que um treinamento para as costas com esforço total, usando exercícios de força e carga máxima, é necessário apenas uma vez por semana. Nos outros dias, faça suas séries com exercício sem força e com carga mais baixa.

PLANEJANDO UM PROGRAMA PARA AS COSTAS

Para planejar um programa abrangente de treinamento para as costas, você precisa considerar como cada um dos músculos importantes das costas funciona, de modo que você inclua exercícios para cada área vital. Se você não apreciar adequadamente a complexidade das costas e quantos diferentes exercícios são necessários para obter seu desenvolvimento completo, acabará com vários pontos fracos nessa área de seu físico.

Por exemplo, não adianta fazer 5 séries de flexões frontais na barra fixa, 5 séries de flexões pelas costas, 5 séries de puxada com pegada aberta e 5 séries de puxada de pegada fechada e depois achar que você trabalhou suas costas adequadamente. Cada um desses exercícios trabalha a função de puxada para baixo das costas, que desenvolve a largura do grande dorsal, mas um programa completo para as costas também deve desenvolver a espessura das costas, a região inferior do grande dorsal e a potência e definição da região lombar.

O programa de treinamento básico começa com exercícios simples como levantamento terra ou flexões na barra fixa. Posteriormente, acrescente ao levantamento terra outros exercícios, como hiperextensões e flexão/extensão do tronco com barra. Do mesmo modo, os movimentos de flexão na barra fixa podem ser suplementados por vários tipos de exercícios de puxada, remada com as duas mãos pode ser substituído de vez em quando por remada com uma só mão, etc. Nos programas avançado e de competição, incluí uma variedade ainda maior de exercícios de costas, de modo que, quando você estiver pronto para competir, estará fazendo vários movimentos para cada uma das áreas importantes das costas.

TREINAMENTO DE PONTOS FRACOS

O problema mais comum dos fisiculturistas de competição da atualidade é um desenvolvimento incompleto das costas. Uma das causas disso pode ser simplesmente que eles não conseguem estudar suas costas tão claramente quanto podem fazer uma pose frontal e, então, não ficam motivados a exercitarem as costas tão diligentemente quanto seus peitos ou braços. Um outro motivo, contudo, é uma má técnica de treinamento para as costas. O treinamento para as costas é mais sutil e mais difícil do que a maioria das pessoas acha. Em primeiro lugar, a função básica do grande dorsal e dos outros músculos das costas é puxar a cintura escapular para baixo e para trás. Muitos fisiculturistas não compreendem isso e ficam confusos em relação a quais músculos deveriam estar trabalhando. Se eles se inclinam para trás durante os exercícios e usam a região lombar ou os ombros, então os músculos das costas nunca trabalham em uma completa amplitude de movimento.

Desde cedo você aprende a coordenar seus esforços musculares para tornar o ato de levantar algo mais fácil. Você aprende a dobrar os joelhos quando levanta alguma coisa, para tirar o máximo de trabalho dos músculos das costas e distribuir o peso melhor, de modo a permitir que os músculos adjacentes ajudem. Isso é o oposto do que você tenta fazer como fisiculturista. O caminho para um treinamento eficaz para as costas é aprender a isolar as várias áreas das costas e depois tornar as coisas mais difíceis para cada uma destas, e não mais fáceis.

Tenho observado fisiculturistas executarem remada inclinada com uma quantidade impossível de peso, de modo que têm que arremessar a barra no ar usando cada músculo do corpo. Esse tipo de atitude nunca irá lhes dar um dorso de boa qualidade. Quando fazem a remada sentados, muitos deles adicionam peso à pilha, como se levantar peso fosse a única coisa importante, e depois se inclinam para trás, usando muito a região lombar, em um esforço para terminar o movimento.

Do mesmo modo, muitos fisiculturistas permitem que os bíceps façam muito do trabalho quando eles estão fazendo exercícios de puxada ou de remada, o que resulta em um desenvolvimento potente do braço, mas não ajuda muito as costas. Eles precisam concentrar-se em usar os braços simplesmente como um elo entre as costas e a barra ou os puxadores da roldana, e não como um meio primário de elevar peso.

Mas, mesmo se você aprender a técnica de treinamento de costas absolutamente correta, as costas consistem de inúmeros músculos complexos e inter-relacionados e não se desenvolvem necessariamente na mesma velocidade em todos os indivíduos. À medida que você se torna mais e mais experiente e avançado no fisiculturismo e começa a ver quais áreas das suas costas responderam mais rapidamente do que as outras, desejará alterar o seu programa para incluir mais trabalho para os músculos que não estão sendo trabalhados.

Desenvolvimento da Região Dorsal Externa

A região dorsal externa responde à remada feita com pegada fechada, porque com essa pegada no puxador da roldana ou na barra você não consegue ir mais para trás do que o seu torso e, assim, reduz a amplitude de movimento. Um dos meus exercícios favoritos para a região dorsal externa é a remada com barra em "T", feita o mais corretamente possível.

Desenvolvimento da Região Dorsal Interna

O exercício básico que recomendo para desenvolver a região dorsal é a remada inclinada com barra e carga pesada. Adicionalmente, você pode fazer remada sentada com pegada aberta, usando uma barra longa em vez de puxadores. Se um lado dessa região estiver mais desenvolvido do que o outro, experimente fazer remada unilateral com halteres para trabalhar cada lado isoladamente.

Quanta diferença 3 anos podem fazer! Aos dezoito anos, observei que precisava de mais espessura na região dorsal.

Aos 21 anos, após treinamento concentrado dos pontos fracos, tal área tornou-se meu ponto forte.

Largura do Grande Dorsal

O grande dorsal é extremamente importante tanto nas poses frontais quanto nas posteriores. Dorian Yates e Kevin Levrone têm um grande dorsal verdadeiramente olímpico e ficam bem, não importando qual pose executam ou de qual ângulo sejam observados. A amplitude e a largura do grande dorsal são acentuadas por meio de exercícios que puxam o grande dorsal para fora o máximo possível. Flexões na barra fixa com pegada aberta e puxada com pegada aberta são os principais exercícios para obter esse efeito.

Dorian Yates

Kevin Levrone

Desenvolvimento Lateral Inferior

A amplitude do grande dorsal é menos eficaz se o grande dorsal não se estende até a linha da cintura. Os exercícios que o ajudam a treinar o grande dorsal inferior incluem remada unilateral com cabos e movimentos de pegada fechada, como flexão na barra fixa com pegada fechada e puxada com pegada fechada.

Espessura da Região Central das Costas

A região central das costas recebe a maior quantidade de trabalho quando você aumenta a amplitude de movimento o máximo possível. Portanto, a remada sentada com puxadores separados permite que você traga os cotovelos mais para trás e coloque mais esforço na região central das costas. As remadas feitas com pegada bem aberta ou remadas com barra em "T", realizadas em um aparelho que permita uma pegada mais aberta, proporcionam o mesmo efeito.

Desenvolvimento da Região Lombar

Muitos fisiculturistas esquecem que a região lombar é um elemento essencial para tornar as poses de costas realmente eficazes. O levantamento terra com muita carga força a região lombar ao máximo. Mas você também pode usar exercícios como a flexão/extensão do tronco com barra e hiperextensão para isolar e desenvolver essa área.

Desenvolvimento Dorsal Global

Lembre-se de que outros grupos musculares contribuem para suas poses dorsais, especialmente poses de costas eretas como o bíceps duplo de costas e a abertura lateral de costas. Portanto, você precisa preocupar-se com músculos como o deltóide posterior, o trapézio e até mesmo bíceps e tríceps. Tudo está interligado, e os juízes podem olhar sua pose e lhe dar notas menores para as costas quando, na verdade, a falha estava em outro aspecto de seu desenvolvimento.

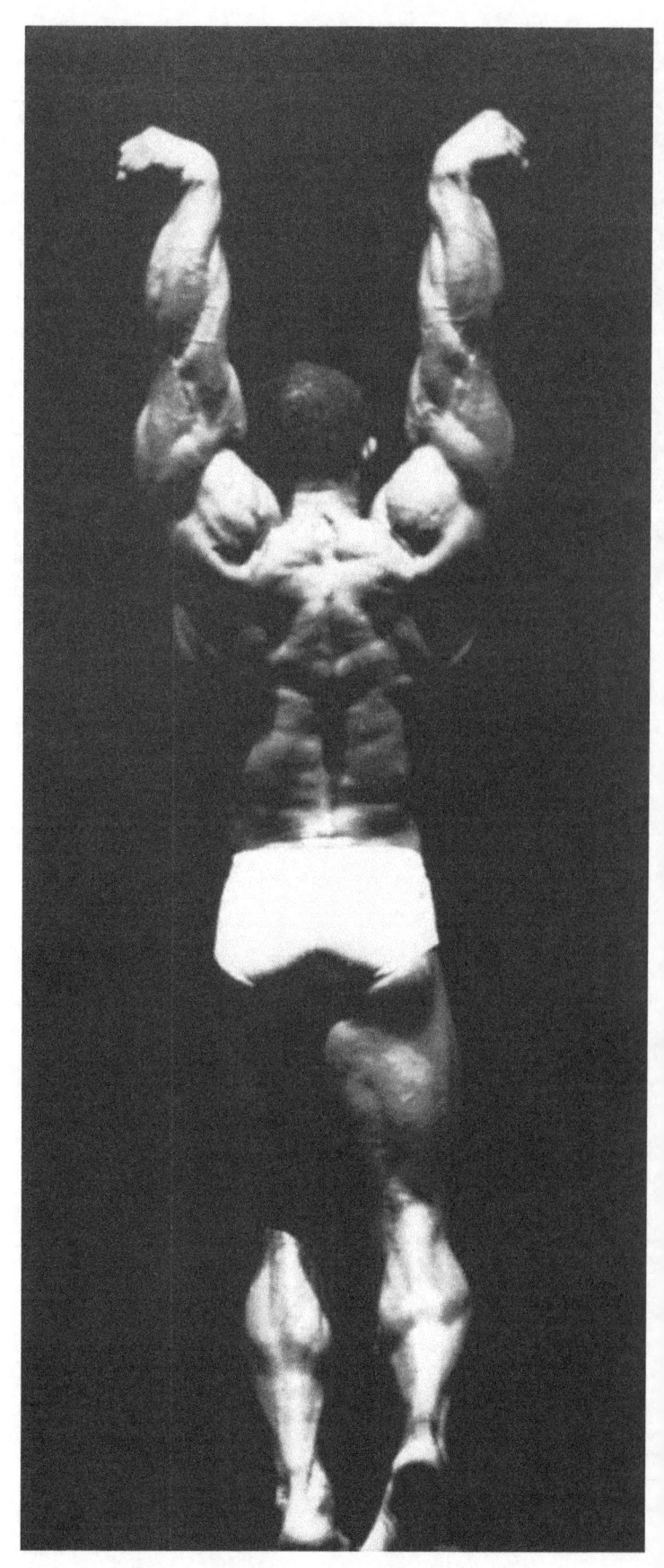

Sergio Oliva apresenta uma espessura perfeita da região lombar e central das costas.

ALONGAMENTO E CONTRAÇÃO

Acredito firmemente na execução de flexões e poses entre cada série. Isso é especialmente verdadeiro para as costas. Você tem que continuar flexionando e posando para obter controle completo sobre os músculos necessários para uma exibição eficaz em uma competição. O alongamento constante do grande dorsal também ajuda a obter aquela grande amplitude e a conexão baixa na cintura que faz os campeões parecerem tão impressionantes.

Contraia as costas ou execute poses como bíceps duplo de costas entre as séries de remadas ou *pullovers*. Se você posar enquanto seu parceiro de treino estiver fazendo suas séries, você irá manter os músculos ativos, aquecidos e prontos para a realização da próxima série.

Quando você estiver treinando o grande dorsal com flexões na barra fixa puxadas, e segure-se, entre as séries, em alguma coisa fixa e alongue-o bastante, um lado de cada vez, como demonstrado aqui, ou ambos ao mesmo tempo. Do mesmo modo, todos os exercícios para o serrátil podem ser usados para alongar o grande dorsal. Isso alonga os músculos, ajudando a obter uma maior amplitude de movimento e uma contração mais profunda, e desenvolve a região inferior do grande dorsal à medida que ele se estende até a cintura.

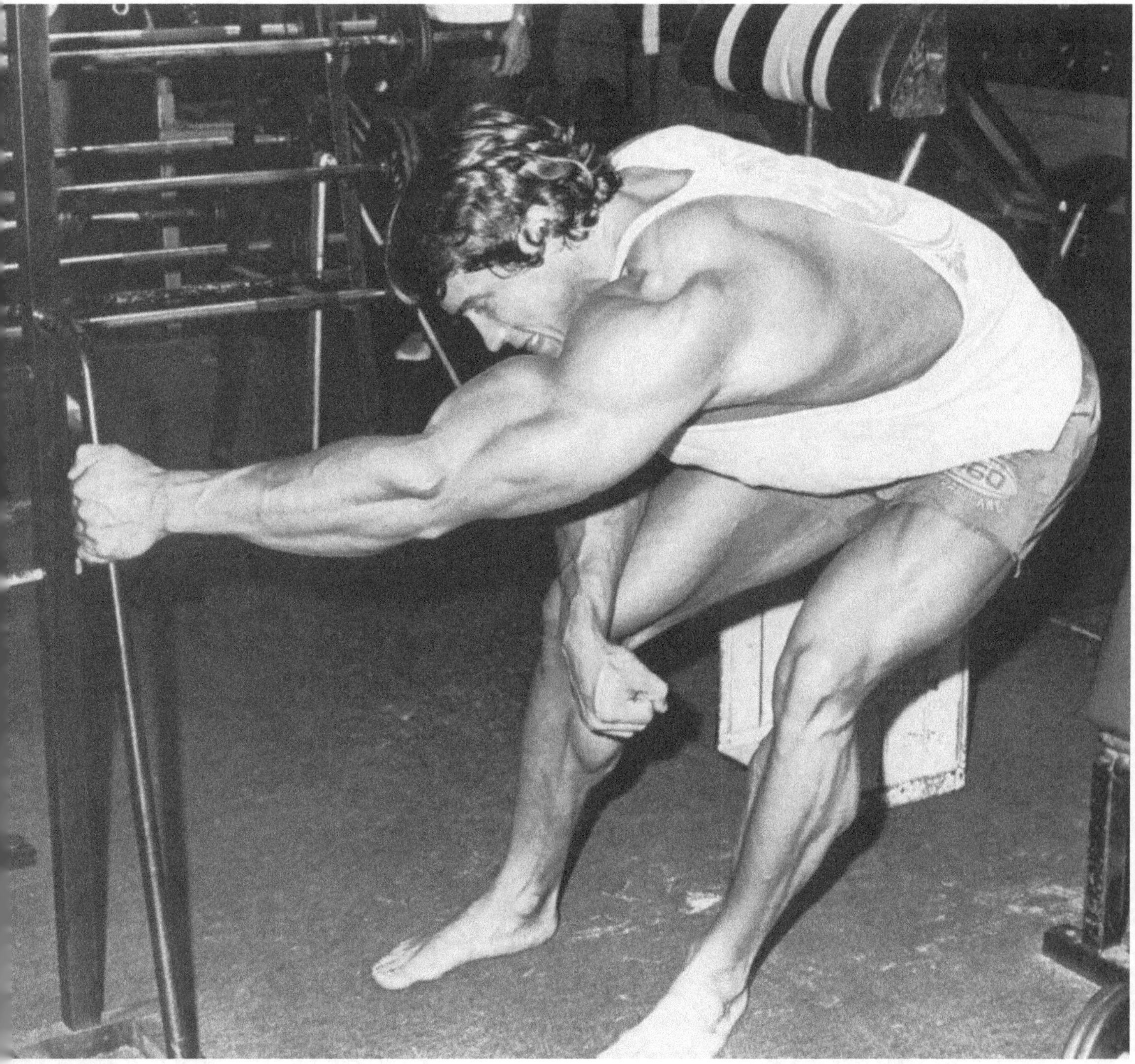

Ken Waller

Shawn Ray

Dorian Yates

Esta série de poses demonstra as inúmeras maneiras diferentes nas quais o complexo sistema de músculos das costas pode ser apresentado e por que é necessário ao fisiculturista atingir o total desenvolvimento a fim de garantir seu sucesso.

Franco Columbu

Exercícios para as Costas

FLEXÃO DE BRAÇOS NA BARRA FIXA COM PEGADA ABERTA

Objetivo do Exercício: Alargar a região dorsal e criar uma ampla abertura do grande dorsal.

A flexão na barra fixa com pegada aberta alarga o grande dorsal e desenvolve toda a cintura escapular. Esse exercício afeta primariamente as regiões superior e externa do grande dorsal e também afasta as escápulas, tornando mais fácil alargar o grande dorsal.

Execução: (1) Segure-se na barra fixa com uma pegada pronada, com as mãos o mais afastadas possível. (2) Pendure-se na barra, depois erga-se até que a porção posterior do pescoço toque a barra. Esse é um exercício específico, então tente não ajudar as costas impulsionando com as pernas. No topo do movimento segure por alguns instantes, depois abaixe-se lentamente de volta à posição inicial. A flexão na barra fixa envolve todo o peso corporal, de modo que alguns principiantes podem não ser capazes de executar o número de repetições indicadas de cada série. Recomendo que façam o que eu costumava fazer: em vez de tentar fazer 5 séries de 10 repetições, faça tantas repetições quanto possível de uma vez – talvez apenas 3 ou 4 até que um total de 50 seja atingido. Quanto mais forte você vai ficando, menos séries serão necessárias para chegar a 50 repetições e menos tempo será necessário para fazê-las.

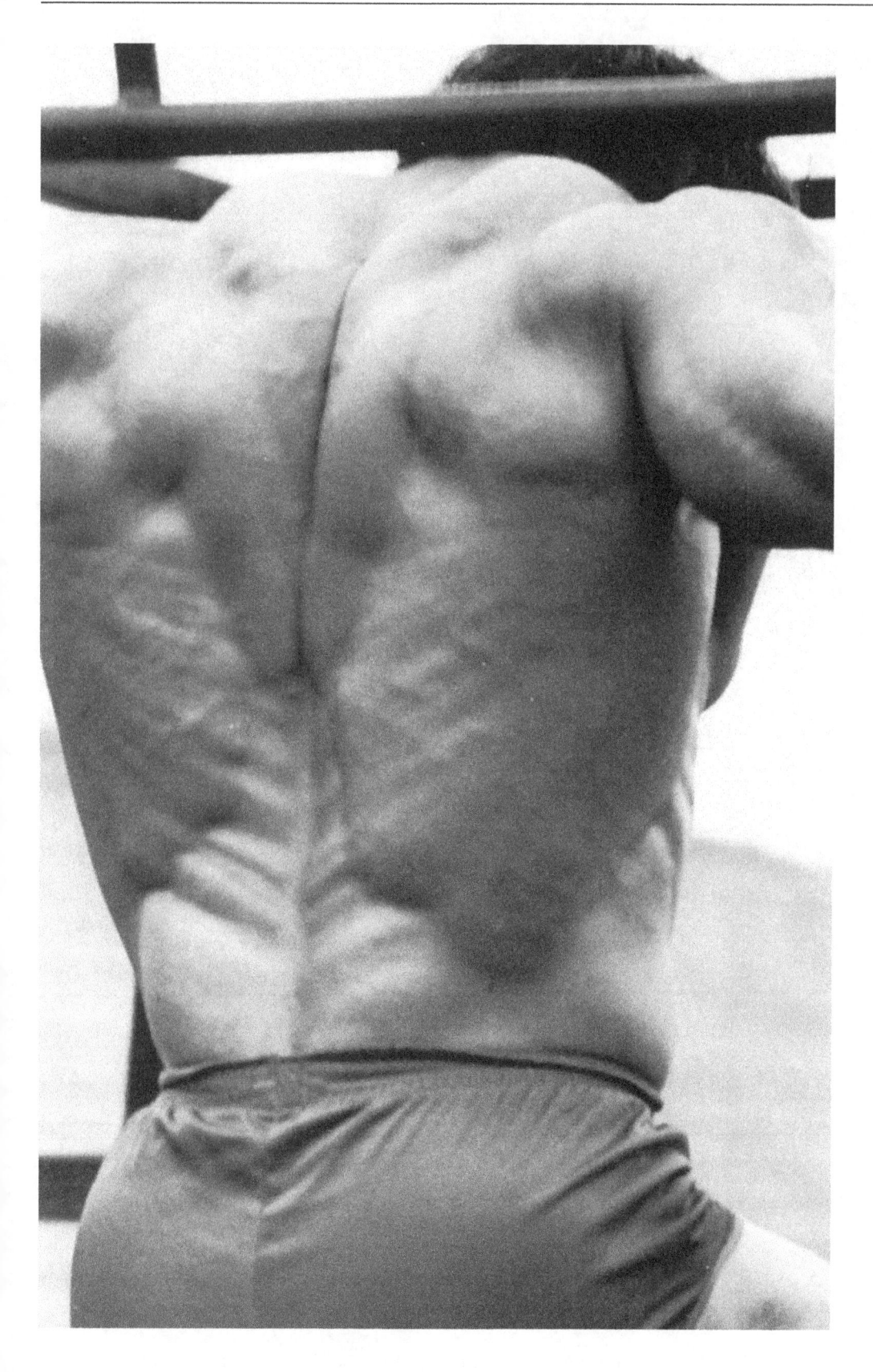

Enciclopédia de Fisiculturismo e Musculação 365

FLEXÃO DE BRAÇOS NA BARRA FIXA PELA FRENTE, COM PEGADA ABERTA (OPCIONAL)

Objetivo do Exercício: Alargar a região dorsal e criar uma completa abertura do grande dorsal.

A flexão na barra fixa de modo que você toque a barra com o peito e não com as costas lhe permite uma amplitude de movimento levemente maior e é menos específica, permitindo que você "roube" um pouco, de modo que possa continuar as suas repetições mesmo após ficar cansado.

Execução: (1) Segure-se na barra fixa com uma pegada pronada, as mãos o mais afastadas possível. (2) Pendure-se na barra, depois erga-se tentando tocar o topo do seu peito na barra. No topo do movimento, segure por alguns instantes e depois abaixe o corpo até a posição inicial.

FLEXÃO DE BRAÇOS NA BARRA FIXA COM PEGADA FECHADA

Objetivo do Exercício: Trabalhar os músculos das costas, alargar a região inferior do grande dorsal e desenvolver o serrátil.

Este exercício é excelente para alargar e alongar o aspecto do grande dorsal. Ele também desenvolve o serrátil anterior – aqueles pequenos dedos musculares que se localizam por baixo da porção externa dos peitorais e que afetam tanto as poses frontais como o bíceps duplo ou qualquer outra pose supracefálica.

Execução: (1) Segure na barra fixa (ou triângulo de pegada fechada, encontrado em muitas academias) com as mãos juntas, uma mão de cada lado da barra. Pendure-se por baixo da barra. (2) Depois, erga-se enquanto inclina levemente a cabeça para trás, de modo que o peito toque (ou quase toque) suas mãos; abaixe o corpo lentamente para um alongamento completo do grande dorsal. Trabalhe para obter uma completa amplitude de movimento.

Você também pode fazer flexão na barra fixa com pegada fechada usando uma barra reta em vez de puxadores duplos.

PUXADA POR TRÁS NO APARELHO

Objetivo do Exercício: Alargar a região superior do grande dorsal.

Este exercício permite que você faça flexão na barra fixa com um peso menor do que o seu peso corporal total, de modo que você pode fazer muitas repetições adicionais para a região dorsal se você achar que precisa trabalhar mais essa área (mas isso não deve substituir a flexão na barra fixa como exercício padrão para alargar a região superior do grande dorsal).

Execução: (1) Usando uma barra longa, segure-a com uma pegada superior aberta e sente-se com os joelhos apoiados sob o suporte. (2) Puxe a barra suavemente para baixo até que ela toque o topo do seu peito, fazendo com que a região dorsal execute o trabalho e não oscile para trás para envolver a região lombar. Relaxe, estenda novamente os braços e sinta o grande dorsal alongar-se totalmente.

Variação: Tente fazer a puxada por trás em vez de pela frente.

PUXADA POR TRÁS COM PEGADA FECHADA OU MÉDIA

Objetivo do Exercício: Trabalhar o grande dorsal, especialmente a região dorsal inferior.

Novamente, trabalhar com um cabo superior e pesos permite que você faça o movimento de flexão na barra fixa com um peso menor que o de seu corpo.

Execução: (1) Segure os puxadores ou uma barra usando pegada fechada ou intermediária e puxe para baixo em direção ao peito superior. Não se incline para trás, mas tente concentrar-se em usar o grande dorsal para fazer esse movimento. (2) Traga os ombros para baixo e para trás e impulsione o peito para frente. Deixe os puxadores subirem novamente até que o grande dorsal esteja totalmente alongado.

REMADA CURVADA COM BARRA

Objetivo do Exercício: Fortalecer a região dorsal.

Este exercício também ajuda a alargar a região dorsal e, em menor grau, adiciona densidade à região lombar.

Execução: (1) De pé, com os pés levemente separados, segure a barra com pegada aberta e pronada. Com os joelhos levemente flexionados, incline-se para frente até que seu tronco superior esteja quase paralelo ao solo. Mantenha as costas retas e a cabeça para cima e deixe a barra pendurada no comprimento dos braços, abaixo de você e quase tocando as pernas. (2) Usando primariamente os músculos das costas, eleve a barra até que ela toque os abdominais superiores; depois, abaixe-a de novo, sob controle, até a posição inicial; comece a próxima repetição imediatamente. É importante fazer as costas trabalharem para não tornar este um exercício de bíceps. Pense nos braços e nas mãos como ganchos, um modo de transmitir a contração do grande dorsal à barra. Não traga a barra ao peito; trazê-la aos abdominais reduz a participação dos braços no trabalho. Observe que a primeira série de qualquer exercício de remada seja relativamente leve para aquecer as costas. Quando você chegar à última série, pode "roubar" um pouco para chegar até o final, mas mantenha isso com uma freqüência mínima.

Na remada inclinada com barra, você puxa com o grande dorsal, mas não eleva com a região lombar. Mantenha o seu tronco paralelo ao solo durante todo o exercício. Observe como a barra é puxada em direção ao abdome, e não para cima, em direção ao peito.

Este desenho ilustra dois principais erros: se você não mantiver o seu corpo firme enquanto faz a remada inclinada com barra, você envolve os músculos lombares em vez de isolar o grande dorsal. E se você elevar a barra em direção ao peito em vez de ao abdome, envolve os braços, de modo que os bíceps fazem grande parte do trabalho que você está tentando fazer com o grande dorsal.

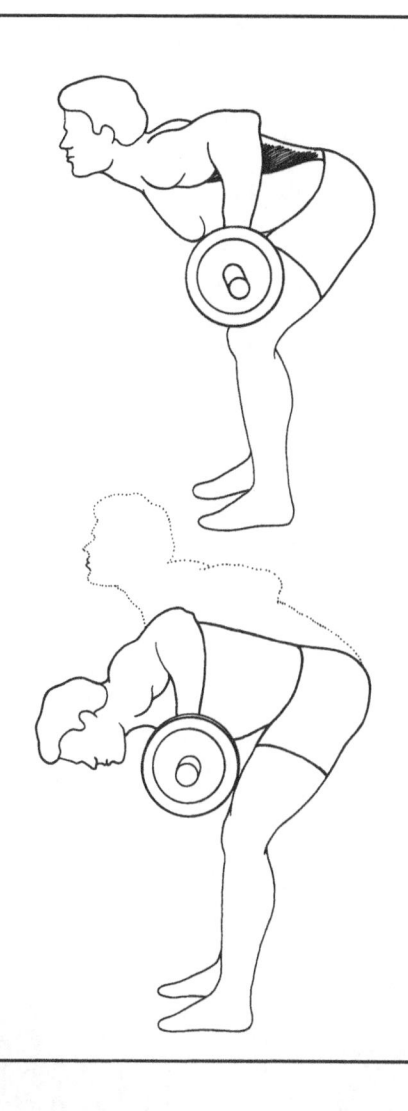

Quando você faz remadas com um conjunto de barras olímpicas com suas anilhas maiores, precisa ficar sobre uma superfície elevada (bloco ou banco) de modo que possa abaixar a barra completamente sem que as anilhas toquem o chão. Com a cabeça para cima, as costas retas e os joelhos flexionados, você está em uma posição semelhante a um levantador de pesos olímpico pronto a arremessar uma barra pesada.

REMADA CURVADA COM HALTERES

OBJETIVO DO EXERCÍCIO: Trabalhar cada lado da região dorsal independentemente.

Você ainda pode trabalhar pesado e fazer um bom exercício de costas com halteres, mas, quando usa halteres, force cada lado do corpo a trabalhar até sua própria capacidade, em vez de correr o risco de que o lado mais forte ajude o lado mais fraco. Este é um bom exercício para os pontos fracos de qualquer um que não tenha simetria na região dorsal.

EXECUÇÃO: (1) Segure um haltere em cada mão, flexionando levemente seus joelhos; depois, incline-se para frente a partir da cintura, mantendo a cabeça elevada e as costas retas. Deixe os pesos pendurados no comprimento dos braços, abaixo dos ombros. (2) Simultaneamente, eleve ambos os pesos o mais alto possível para cada lado do corpo, mantendo a parte superior do tronco firme para evitar o envolvimento da região lombar (os pesos devem ser elevados até os lados do corpo, e não ao peito, de modo a manter mínimo o envolvimento do bíceps). Depois, abaixe os pesos novamente, de forma lenta.

REMADA NA BARRA EM "T"

OBJETIVO DO EXERCÍCIO: Espessar a região central e externa das costas.

EXECUÇÃO: (1) De pé sobre uma elevação, com os pés juntos e os joelhos levemente flexionados, abaixe-se e segure os puxadores do aparelho na barra em "T" com pegada pronada. Retifique levemente as pernas e eleve até que o corpo esteja em um ângulo de 45 graus. Sem alterar esse ângulo, eleve o peso até que ele toque o seu peito. (2) Depois, abaixe o peso novamente, mantendo-o fora do chão.

Lembre-se de que esse exercício é para a região dorsal – você não deve fazer muita elevação com a região lombar ou com as pernas. Se achar que não é capaz de fazer isso sem oscilar e levantar as costas em grau excessivo, simplesmente está usando muita carga e deve reduzir 1 ou 2 anilhas. Contudo, um pouco de movimento é inevitável. Mas esteja certo de manter as costas retas ou mesmo levemente arqueadas e nunca inclinar-se com uma corcunda, que pode resultar em lesão. Usando uma pegada fechada, esse exercício irá trabalhar principalmente o grande dorsal externo, porque você não pode obter a amplitude de movimento para envolver completamente os músculos dorsais internos. Contudo, essa limitada amplitude de movimento significa que você eventualmente será capaz de levantar mais peso do que fazendo remada na barra, o que torna este um bom movimento de potência.

REMADA UNILATERAL COM HALTERE

Objetivo do Exercício: Trabalhar independentemente cada lado das costas.

A remada unilateral com halteres tem duas vantagens únicas sobre a remada na barra: ela isola os músculos grandes dorsais de cada lado e permite que você eleve o peso mais alto e, portanto, obtenha uma contração mais completa. Usar uma carga pesada nesse exercício é menos importante do que obter a total amplitude de movimento, o que irá ajudar-lhe a desenvolver e definir a região central das costas.

Execução: (1) Segure um haltere em uma das mãos e incline-se para a frente a partir da cintura até que seu tronco esteja quase paralelo ao solo. Coloque sua mão livre sobre um banco para apoiar-se. Comece com o peso pendurado, sentindo o total alongamento. Gire sua mão, de modo que a palma esteja de frente ao seu corpo. (2) Mantendo o corpo firme, eleve o peso até a lateral este, concentrando em fazer o trabalho com as costas em vez de com o braço. Abaixe o peso, mantendo-o sob controle. Conclua suas repetições com esse braço e repita o procedimento com o outro.

Lee Priest

REMADA UNILATERAL COM CABO

Objetivo do Exercício: Desenvolver a região inferior do grande dorsal.

Este é um movimento excepcional para conectar a região inferior do grande dorsal à cintura.

Execução: (1) Usando uma polia de solo, segure o puxador com uma das mãos. Se estiver de pé, assuma uma postura equilibrada: a perna oposta ao braço que você está trabalhando deve ficar à frente, e a outra perna atrás. (Isso também pode ser feito sentado.) Comece com o braço totalmente estendido em frente a você; você pode, inclusive, girar a mão para dentro de modo que o polegar esteja mais baixo do que o dedo mínimo, para criar o maior alongamento possível. (2) Puxe o cabo para trás pelo lado o mais longe possível, girando sua mão de modo que o polegar termine do lado externo, sentindo os músculos das costas se contraírem. Relaxe e estenda o braço, girando o punho de volta à posição inicial. Complete as repetições, fazendo tudo, posteriormente, com o outro braço.

O segredo do sucesso com a remada unilateral com cabo é a amplitude de movimento. Quando puxar o cabo, traga o cotovelo o mais para trás possível – que é bem mais longe do que você consegue quando executa uma remada com cabo regular. Do mesmo modo, à medida que você relaxa e abaixa o peso novamente, alongue o braço e o grande dorsal o máximo possível.

REMADA SENTADA COM CABO

Objetivo do Exercício: Desenvolver a espessura das costas e da região inferior do grande dorsal. Esse movimento também trabalha as seções inferiores do grande dorsal.

Execução: (1) Segure os puxadores e sente-se com os pés apoiados contra uma barra ou um bloco de madeira, joelhos levemente dobrados. Estenda os braços e incline-se levemente para a frente, sentindo o grande dorsal alongar-se. Você deve estar posicionado a uma distância da coluna de pesos que permita um bom alongamento sem que os pesos toquem o fundo. (2) A partir dessa posição inicial, puxe os cabos para trás em direção ao corpo e toque o abdome com eles, sentindo os músculos das costas realizarem a maior parte do trabalho. Suas costas devem arquear-se, seu peito ficar projetado para frente, bem como você deve tentar juntar as escápulas à medida que aproxima o peso de si. Não envolva os músculos inferiores, oscilando para frente e para trás. Quando os puxadores tocarem o abdome, você deve estar sentado ereto, e não inclinado para trás. Mantenha o peso sob controle, relaxe e deixe os puxadores irem para frente novamente, alongando mais uma vez o grande dorsal.

REMADA COM CABO, SENTADO (OPCIONAL)

Usando puxadores separados, como nessa figura, você pode levar as mãos e os cotovelos mais para trás, colocando mais esforço na região central das costas.

REMADA NO APARELHO

Muitas academias são equipadas com uma variedade de aparelhos de remada. Alguns duplicam o efeito da remada sentada, enquanto outros permitem que você faça um movimento de remada empurrando para trás com os cotovelos e não envolvendo a contração dos bíceps. Cada um desses exercícios atinge as costas diferentemente, e todos são exercícios úteis para serem incluídos ocasionalmente no seu trabalho, de modo a adicionar variedade e surpreender os músculos.

PULLOVER COM BARRA COM BRAÇOS FLEXIONADOS

Objetivo do Exercício: Trabalhar a região inferior do grande dorsal e o serrátil. Também alonga os peitorais e ajuda a alargar a caixa torácica.

Execução: (1) Deite-se de costas em um banco horizontal. Coloque uma barra (ou uma barra curva E-Z) no chão, atrás da sua cabeça. Alcance a barra e segure-a. (2) Mantendo os braços flexionados, eleve a barra e traga-a por cima da cabeça até o peito. Abaixe-a lentamente até a posição inicial sem tocar o chão, sentindo um alongamento completo do grande dorsal. Quando usar uma carga pesada nesse movimento, você pode pedir que alguém sente em seus joelhos, para estabilizar-lhe e permitir que todo o esforço seja colocado na elevação da barra.

Mark Erpelding

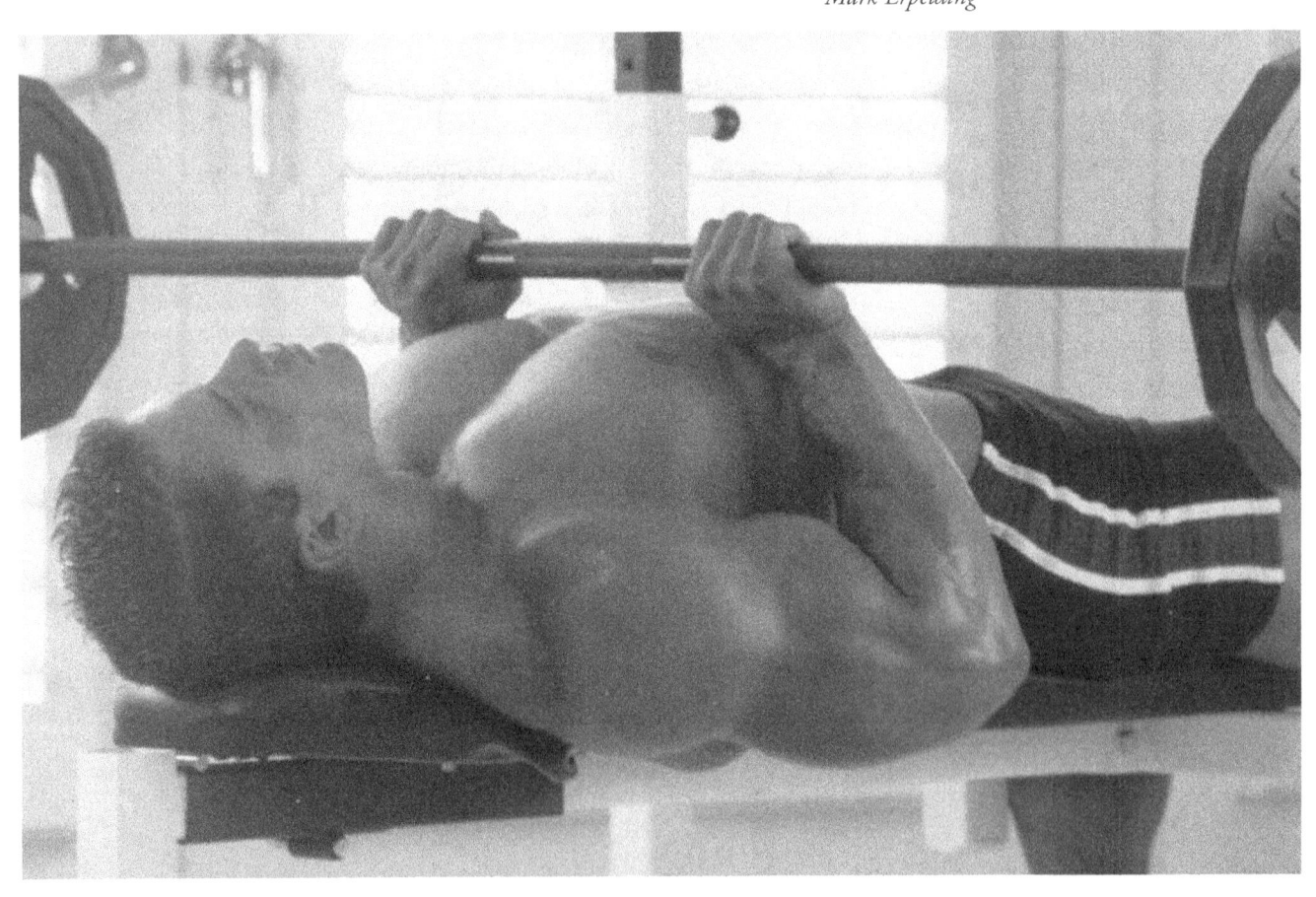

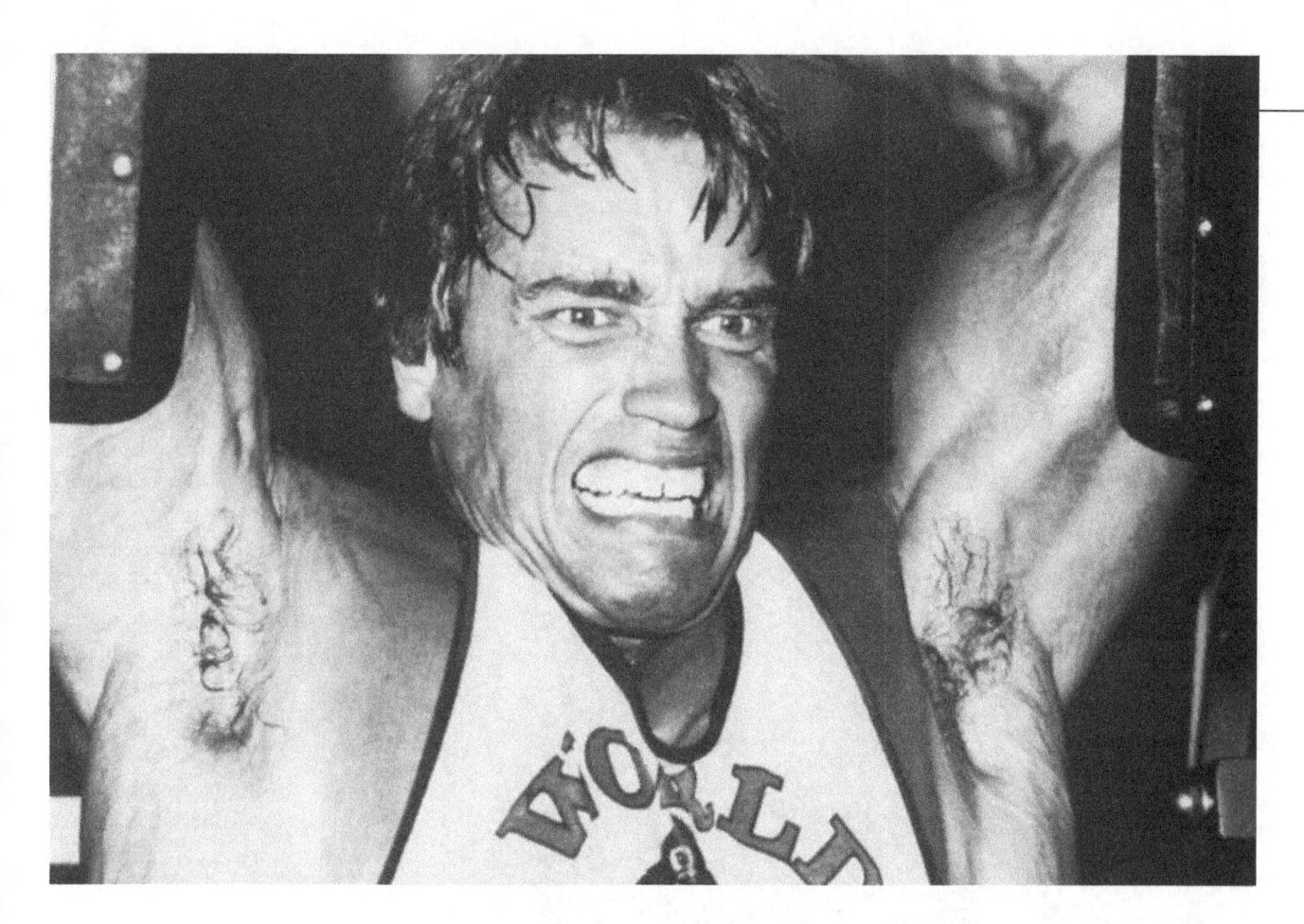

PULLOVER NO APARELHO

O *pullover* é, na verdade, um movimento circular e, freqüentemente, é difícil trabalhar os músculos em uma completa amplitude de movimento usando pesos (embora os fisiculturistas avançados aprendam a fazer isso puramente por experiência). Alguns aparelhos de *pullover* são valiosos por permitir que você trabalhe com uma resistência variável, e alguns também permitem o trabalho de um braço de cada vez, dando-lhe a oportunidade de um isolamento adicional. De fato, na minha opinião, os aparelhos de *pullover* estão entre os aparelhos mais valiosos que você encontra numa academia.

Execução: (1) Segure a barra sobre sua cabeça e (2) dirija-a para baixo, sentindo o grande dorsal trabalhar. Ao final do movimento, a barra deve ser pressionada contra o seu abdome.

LEVANTAMENTO TERRA

Objetivo do Exercício: Trabalhar a região lombar. O levantamento terra é um exercício global de potência que envolve mais músculos do que outro exercício da sua rotina, incluindo os músculos dorsais inferiores, dorsais superiores e trapézio, os glúteos e as pernas. Uma região lombar forte é especialmente importante quando se faz movimentos como remada inclinada e remada na barra em "T", que coloca muito esforço nessa área.

Execução: (1) Coloque uma barra no chão, em frente a você. Flexione os joelhos, incline-se para a frente e segure a barra com uma pegada meio aberta, uma mão com pegada pronada e a outra com pegada supinada. Mantenha as costas relativamente retas para protegê-las de um estiramento. Se você curvar as costas, corre o risco de sofrer uma lesão. (2) Comece o levantamento impulsionando com as pernas. Eleve as costas até ficar ereto, depois jogue o peito para frente e os ombros para trás. Para abaixar os pesos, flexione os joelhos e incline-se para frente a partir da cintura, colocando o peso no chão antes de começar a próxima repetição.

Disco intervertebral

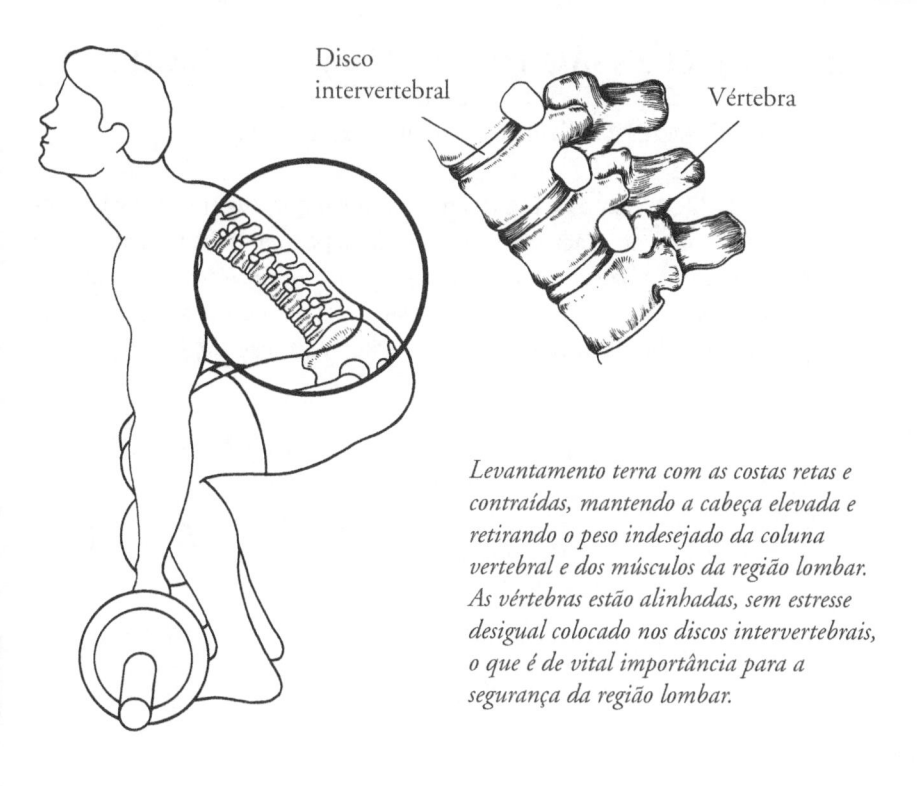

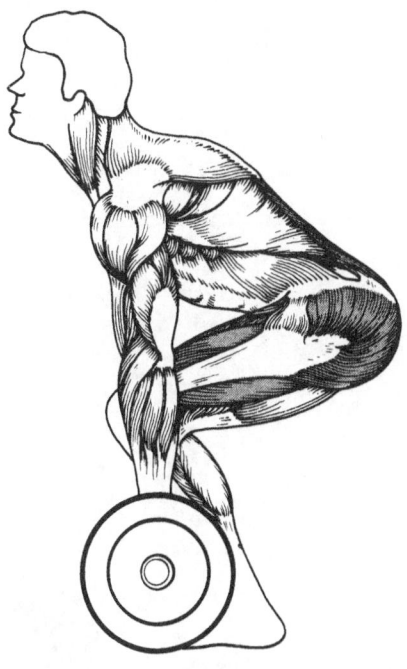

Vértebra

Levantamento terra com as costas retas e contraídas, mantendo a cabeça elevada e retirando o peso indesejado da coluna vertebral e dos músculos da região lombar. As vértebras estão alinhadas, sem estresse desigual colocado nos discos intervertebrais, o que é de vital importância para a segurança da região lombar.

Quando você começa o levantamento de peso com a cabeça elevada e as costas retas, permite que os glúteos, os músculos das pernas e a região dorsal inferior impulsionem a barra para cima com força máxima.

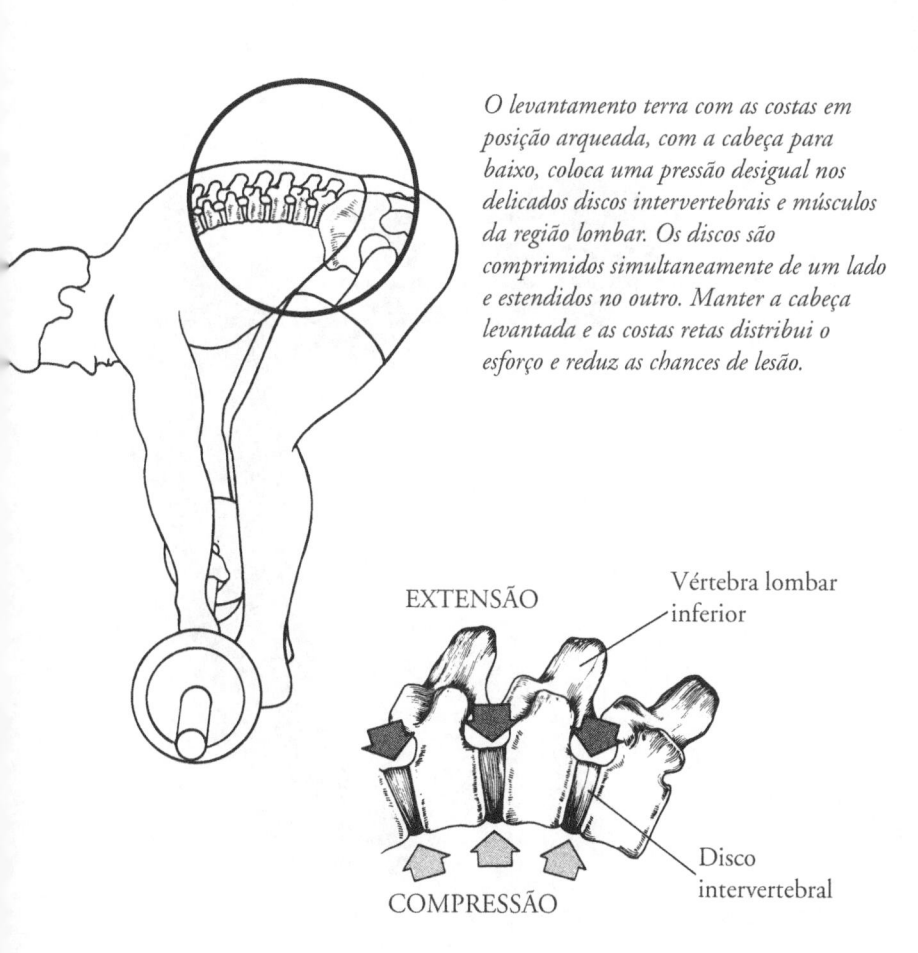

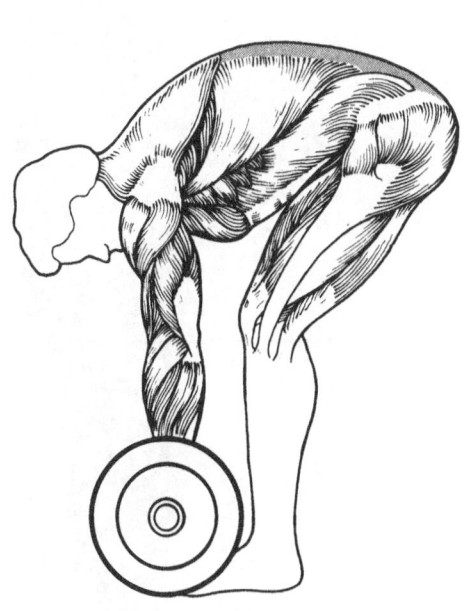

O levantamento terra com as costas em posição arqueada, com a cabeça para baixo, coloca uma pressão desigual nos delicados discos intervertebrais e músculos da região lombar. Os discos são comprimidos simultaneamente de um lado e estendidos no outro. Manter a cabeça levantada e as costas retas distribui o esforço e reduz as chances de lesão.

EXTENSÃO

Vértebra lombar inferior

Disco intervertebral

COMPRESSÃO

Iniciar o levantamento terra com as costas para frente significa que a região dorsal terá que executar a maior parte do trabalho inicial para colocar a barra em movimento. Isso é perigoso.

FLEXÃO/EXTENSÃO DA COLUNA COM BARRA

Objetivo do Exercício: Trabalhar isoladamente a região lombar.

Execução: (1) De pé, com os pés levemente separados, segure uma barra sobre os ombros como no agachamento (consulte a página 497). (2) Mantendo as pernas travadas e as costas retas, incline-se para a frente a partir da cintura, com a cabeça elevada, até que o tronco esteja paralelo ao chão. Permaneça nessa posição por alguns instantes e depois volte à posição inicial.

HIPEREXTENSÃO LOMBAR

Objetivo do Exercício: Desenvolver os eretores da coluna lombar.

Execução: (1) Posicione-se em um banco de hiperextensão, com a face para baixo e os calcanhares apoiados sob o suporte. Cruze as mãos sobre o peito ou por trás da cabeça e incline-se para frente e para baixo o máximo possível, sentindo os músculos das costas se estirarem. (2) A partir dessa posição, volte para cima até que seu tronco esteja um pouco acima de uma linha paralela ao chão. Para evitar a hiperextensão da sua coluna, não eleve acima desse ponto.

Flex Wheeler

Os Braços

OS MÚSCULOS DOS BRAÇOS

Existem três grupos principais de músculos nos braços:

O **bíceps braquial**, um músculo de duas cabeças com um ponto de origem sob o deltóide e um ponto de inserção abaixo do cotovelo.

FUNÇÃO BÁSICA: Elevar e flexionar o braço, pronar (girar para baixo) o punho.

O **tríceps braquial**, um músculo de três cabeças que trabalha em oposição ao bíceps, também conectando-se sob o deltóide e abaixo do cotovelo.

FUNÇÃO BÁSICA: Estender o braço e supinar (girar para cima) o punho

O **antebraço**, envolvendo uma variedade de músculos na face externa e interna da porção inferior do braço que controlam as ações da mão e do punho.

FUNÇÃO BÁSICA: Os músculos flexores do antebraço fletem a palma para baixo e para frente; os músculos extensores do antebraço estendem a articulação para trás e para cima.

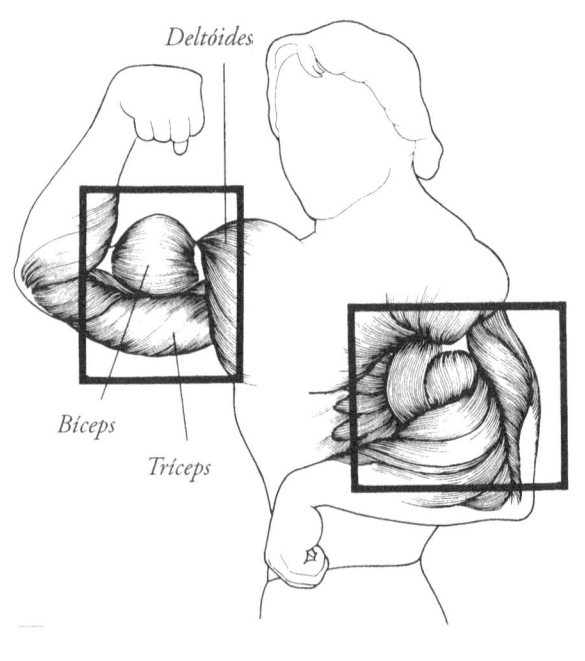

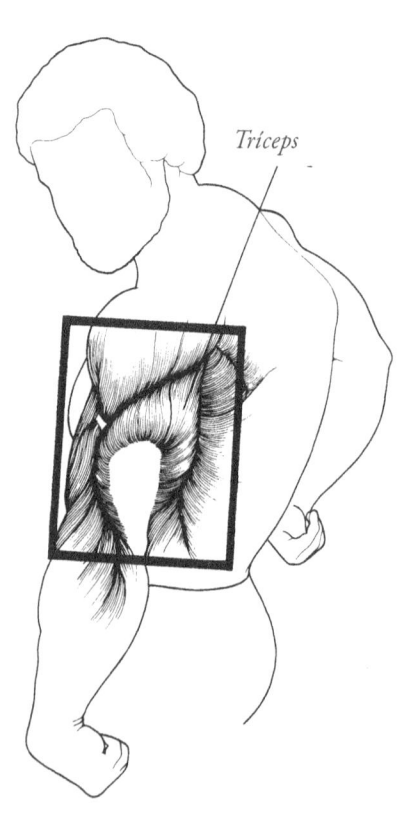

Flexores

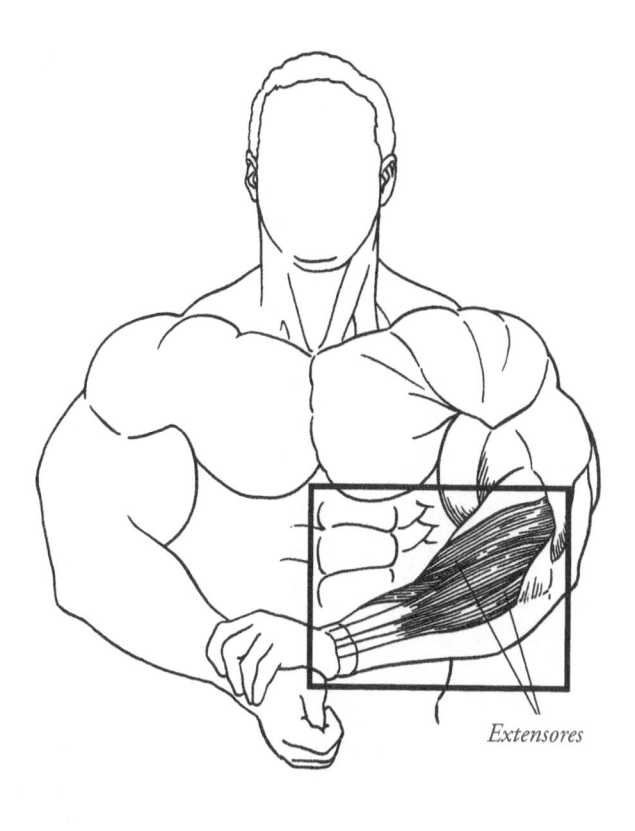

Lee Priest

Extensores

Kevin Levrone

Leroy Colbert

TREINANDO OS BRAÇOS

Juntamente com o peito e as costas, os fisiculturistas sempre consideraram braços maciços como a parte de maior destaque do corpo, um indicador real de tamanho e força impressionantes. Quando comecei a treinar, estudava fotografias de fisiculturistas, e o que mais chamava a minha atenção eram os enormes bíceps. Leroy Colbert, por exemplo, podia executar fantásticas poses de bíceps. Reg Park, Bill Pearl e Serge Nubret eram todos conhecidos por seu tremendo desenvolvimento de braço. Eu olhava as revistas, página por página, procurando exemplos de bíceps impressionantes e jurava que um dia os meus iriam parecer com aqueles.

Eventualmente, tornei-me conhecido por meus enormes bíceps apiculados. Meus braços mediam mais de 50 cm quando eu tinha apenas 19 anos de idade e continuaram a desenvolver-se até 56,5 cm quando contraídos, medidos na sua porção mais larga. Há poucas coisas tão assustadoras em um palco de fisiculturismo quanto um braço de 50 cm.

Há uma enorme vantagem quando se fala em treinar os braços. Como os músculos e grandes braços estão intimamente associados, não é difícil concentrar-se em treinar os braços. Se você entrar em qualquer academia séria, provavelmente irá ver fisiculturistas jovens, que estão apenas começando a mostrar sinais globais de potencial para competição, mas que já deram grandes passos no desenvolvimento dos braços.

Um dos motivos pelos quais isso acontece é que os fisiculturistas, especialmente quando iniciantes, treinam os braços de acordo com os Princípios da Prioridade, quer eles saibam disso ou não. Treinam os braços primeiro, com grande concentração e energia. Contraem e posam os braços o tempo todo, medindo-os constantemente para ver se tiveram algum progresso, pelo seu crescimento tão natural. Se pensassem do mesmo modo sobre as outras partes do corpo, sem dúvida veríamos muitos deles por aí com panturrilhas de 50 cm, bem como com braços enormes.

Mas o desenvolvimento de braços de alta qualidade para competição é mais do que apenas tamanho. Eles precisam parecer bem em várias poses e diferentes ângulos. Isso quer dizer que cada parte dos músculos dos braços, cada contorno e ângulo, deve ser explorada, o que requer bastante pensamento e planejamento. Você não desenvolve braços de competição simplesmente trabalhando com halteres pesados e fazendo flexões e exercícios para os tríceps.

Eu, aos dezenove anos

Pose frontal de bíceps duplo

Pose de bíceps duplo de costas

Dois aspectos do bíceps. No braço direito, um ápice elevado, grande forma e boa definição e separação; no esquerdo, o bíceps fornece a massa e separação que ajudam o braço a parecer enorme.

Para uma pose frontal de bíceps duplo, por exemplo, você precisa de bíceps de ápice elevado, tríceps que aparecem por baixo do braço e uma separação bem-definida entre o bíceps e o tríceps. Na mesma pose vista de costas, você precisa de um desenvolvimento do antebraço no cotovelo, bom desenvolvimento da porção externa do bíceps e uma ligação visível e clara entre o deltóide e os músculos do braço.

Juntamente com o desenvolvimento do bíceps e tríceps, você precisa construir e moldar seus antebraços de modo que eles sejam proporcionais aos músculos do braço. Quando você olha os braços de Flex Wheeler ou Kevin Levrone – ou, no passado, Frank Zane, Dave Drapper, Bill Pearl, Larry Scott ou Sergio Oliva – você vê bíceps, tríceps e antebraços desenvolvidos em proporção um com o outro.

Esses vários aspectos do desenvolvimento não ocorrem por acidente. Você precisa trabalhar para isso, o que significa desmembrar os músculos dos braços em diferentes categorias e cuidar para que cada um receba a sua cota de treinamento forçado.

Sergio Oliva em uma pose de braços abertos retos

Pose lateral de peito.

Outra pose de braços retos.

Um tremendo desenvolvimento de braço de Mike Matarazzo – bíceps apiculados e cheios, equilíbrio entre o desenvolvimento de bíceps e tríceps, e braços densos e fortes.

Nasser El Sonbaty

Ter braços grandes não é o bastante. A forma dos bíceps e tríceps também é importante, assim como as proporções de todo o braço.

Larry Scott, o primeiro Mr. Olímpia, foi um dos primeiros fisiculturistas modernos a ter o que chamo de braços perfeitos.

Quando se fala de desenvolvimento total de braços, Mike Matarazzo é capaz de ganhar de qualquer um.

DESENVOLVENDO BRAÇOS PERFEITOS

A pose frontal de bíceps duplo é uma das mais difíceis de serem bem-feitas. Flex Wheeler consegue porque ele tem tudo: proporção adequada, bons bíceps, tríceps, deltóides e peitorais, uma ampla caixa torácica, grande dorsal amplo e uma cintura pequena.

Embora nós tenhamos a tendência a pensar em bíceps gigantescos e protuberantes quando pensamos em braços bem desenvolvidos, o tríceps é, de fato, o grupo muscular maior e mais complexo. O bíceps tem duas cabeças, o tríceps, três. O braço bem-proporcional tem, geralmente, 1/3 de bíceps e 2/3 de tríceps.

Ronnie Coleman

Lee Priest prova que uma muscularidade impressionante – e um tremendo desenvolvimento de braço – é possível em competidores de todos os tamanhos.

Nasser El Sonbaty e Jean-Pierre Fux não confiam unicamente em uma incrível massa quando sobem no palco de competição. Eles têm físicos completos, incluindo proporção adequada dos antebraços, desenvolvimento considerável de bíceps, tríceps, deltóide e peitorais.

Albert Beckles apresenta um dos melhores ápices de bíceps da história do fisiculturismo.

Paul Dillet mostra a importância da proporção para criar um físico de campeonato. Não é suficiente para um fisiculturista deste tamanho ter braços enormes. Eles têm que ser grandes em proporção com o resto do corpo, como se vê aqui.

Atingir essa perfeição significa saber quais músculos treinar, com quais exercícios e que quantidade de trabalho em cada um. Há diferentes meios de abordar-se o treinamento de braços. Você pode treinar todo o braço em uma sessão, quer seja terminando cada grupo muscular antes de ir para o próximo, quer alternando séries de bíceps e tríceps, trabalhando todo o braço de uma só vez. Você pode, ainda, dividir o seu treinamento de modo que treine o bíceps em um dia, o tríceps no outro e os antebraços quando achar melhor.

Assim como outras partes de seu corpo, o desenvolvimento total acontece apenas quando você é capaz de fazer os braços responderem, independente do tamanho que eles atingem. O uso de variações e alterações no programa, além do máximo de princípio de choque irão ajudar-lhe a obter a qualidade de braços que está almejando.

Lee Priest é um "matador gigante" na tradição de Danny Padilla e Franco Columbu, e esta visão do impressionante desenvolvimento de seus braços e antebraços é a prova disso.

Treinamento de Bíceps

Os bíceps sempre foram uma das melhores partes do meu corpo. Quando eu era jovem, desenvolver meus bíceps era muito importante para mim, de modo que trabalhei duro e logo eles cresceram como balões.

Contudo, independentemente do meu trabalho árduo, reconheço que o impressionante desenvolvimento dos meus bíceps é, principalmente, hereditário. Meus bíceps são como as coxas de Tom Platz – uma vez submetidos a um trabalho árduo para *fazê-los* crescer, possuem enorme potencial genético para tornarem-se um dos melhores do mundo.

Trabalho árduo e uma técnica adequada irão desenvolver o potencial completo de qualquer músculo, mas nem todo mundo tem o mesmo grau de potencial. Alguns fisiculturistas têm bíceps mais longos, outros mais curtos; alguns com o ápice mais alto, outros mais baixo; alguns desenvolvem uma enorme espessura e outros não. Você pode trabalhar cada um desses aspectos do seu desenvolvimento e consertar os pontos fracos com um planejamento inteligente, mas certamente obterá melhores resultados se já tem predisposição a boa forma e proporção.

Na verdade, há muitas formas diferentes de bíceps que ainda podem ser consideradas de primeira linha. Entre os fisiculturistas contra quem competi, Larry Scott era conhecido por ter bíceps longos, densos e fortes ao mesmo tempo. Os meus eram conhecidos por terem um ápice muito elevado. Os bíceps de Franco Columbu eram elevados, porém curtos. Sergio Oliva tinha bíceps longos, mas não particularmente elevados. Boyer Coe tinha bíceps longos e altos, porém estreitos. A despeito dessas diferentes estruturas de braços, cada um desses fisiculturistas ganhou títulos importantes. O mesmo ocorre hoje em dia – você vai ver fisiculturistas com proporções e carga genética diferentes, mas cada um pode ser um campeão se possuir um certo "pacote", um conjunto equilibrado dessas características.

A estrutura óssea subjacente e as proporções físicas têm muito a ver com o aspecto final do braço. Como Franco tinha braços curtos, não era difícil para ele desenvolver bíceps que pareciam proporcionalmente maciços. Mas Lou Ferrigno, com seus braços muito longos, precisava de bíceps de 55 cm apenas para fazê-los parecer proporcionais a seu corpo de 118 kg. Se tivesse braços de 50 cm, mesmo que fossem os maiores no palco, ele pareceria desproporcionalmente desenvolvido.

A proporção e a força relativa de vários outros músculos também podem fazer diferença no modo como os bíceps são treinados e desenvolvidos. Por exemplo, quando eu olhava Franco Columbu e Ken Waller fazendo roscas com a barra, parecia que, como os deltóides frontais eram tão potentes, esses músculos estavam assumindo muito do esforço de flexão dos bíceps. Portanto, eles tinham que fazer um esforço especial para isolar os bíceps ou então nunca conseguiriam fazer o treinamento de que eles precisavam. Uma maneira de fazer isso era usando o "detonador de braço" para travar os cotovelos no lugar enquanto faziam as roscas. (Você pode ver-me usando esse aparelho na página 429.) Outro modo era fazer bastante treinamento de bíceps usando um banco de apoio Scott para isolar ainda mais os músculos dos braços.

Se você tem um problema similar mas não possui este tipo de equipamento especializado, pode simplesmente fazer as roscas de pé, apoiando as costas na parede a fim de minimizar o erro.

Como meus deltóides frontais não eram tão fortes proporcionalmente, eu não tinha esse problema. Portanto, achava bastante benéfico fazer as roscas regulares com barra. Eu não tinha que fazer um esforço especial para isolar os bíceps, o que era ótimo, uma vez que não sabia muito sobre a fisiologia do treinamento no começo de minha carreira.

Apesar de tudo, você não pode usar outros músculos para ajudar a flexão e esperar um excepcional desenvolvimento de bíceps. Também é preciso encontrar o trilho correto – fazer qualquer movimento de rosca com a maior amplitude de movimento. Quando você faz uma rosca, precisa trazer sua mão diretamente até o ombro. Se você trocar essa linha um pouco para dentro ou para fora, está tirando o esforço do bíceps e não terá o mesmo resultado.

Outro erro que vejo o tempo todo – Sergio Oliva costumava fazer isso – é começar um movimento de rosca com rosca de punho – dobrando o punho para trás para depois enroscá-lo para cima logo antes de trabalhar o bíceps. Tudo que isso faz é tirar o esforço do bíceps usando a força do antebraço, em vez da força do bíceps, e o resultado será antebraços enormes e bíceps medíocres.

Porém, um movimento de rosca não é suficiente para trabalhar todo o bíceps. O bíceps não apenas eleva e flete o braço como também gira o punho (supinação). A flexão com a barra produz massa no bíceps, mas trava os punhos e evita que se movam. Então, sempre incluo inúmeros exercícios com halteres, que me permitem girar o punho para fora à medida que levanto o peso, permitindo uma contração mais completa do bíceps. Ao trabalhar com halteres, sou capaz de conseguir um melhor desenvolvimento braquial no cotovelo, e isso cria uma separação mais definida entre o bíceps e o tríceps em uma pose de bíceps duplo de costas.

O comprimento do bíceps também é importante. Muitas pessoas fazem a rosca invertida como um exercício de antebraço, mas observei que esse exercício também aumenta o comprimento aparente do bíceps. O músculo deve estender-se até embaixo, quase no cotovelo, e depois descer em curva completa e de aspecto potente.

Também gosto de mudar a posição das minhas mãos sempre que possível quando faço a rosca, de modo a estimular completamente todas as diferentes áreas do bíceps. A rosca com barra trava a mão, a com halteres permite a rotação da mão, a invertida traz a mão para cima com as palmas viradas para baixo, e elevação dos halteres com o polegar para cima, um tipo de rosca de beija-flor, atinge os braquiais diretamente, além de ser necessária para um desenvolvimento completo do bíceps. Além disso, adiciono variedade ao meu trabalho de bíceps usando tipos diferentes de equipamentos – o detonador de braço, barra reta, barra W, banco de apoio Scott, banco de pronação, barras, halteres, cabos e aparelhos. Mais uma vez, o principal erro que vejo no treinamento de bíceps é a falta de um movimento completo. Provavelmente, não há nenhuma parte do corpo na qual o treinamento com amplitude completa de movimento seja tão importante. Você irá restringir a amplitude de movimento se fizer coisas como elevar os cotovelos ou mantê-los muito para trás e, portanto, não fazendo um arco bastante amplo no exercício.

Esta é uma posição inicial incorreta para a rosca com barra. Os braços estão fletidos e os cotovelos para trás, o que evita que os bíceps sejam estendidos completamente e encurta drasticamente a amplitude de movimento. Como os braços nunca se alongam usando essa técnica, você nunca força completamente a parte inferior dos bíceps.

Começar a elevação a partir de uma posição inclinada é um dos erros mais comuns quando se executa a rosca com a barra. Se você começa a elevação e desfaz a inclinação ao mesmo tempo, a região lombar é envolvida. Isso produz um momento extra durante o movimento, que lhe faz impulsionar o peso para cima em vez de elevá-lo com uma contração intensa do bíceps, de modo que a porção inferior do bíceps nunca é estimulada corretamente. Para abordagem correta desse exercício, consulte a página 428.

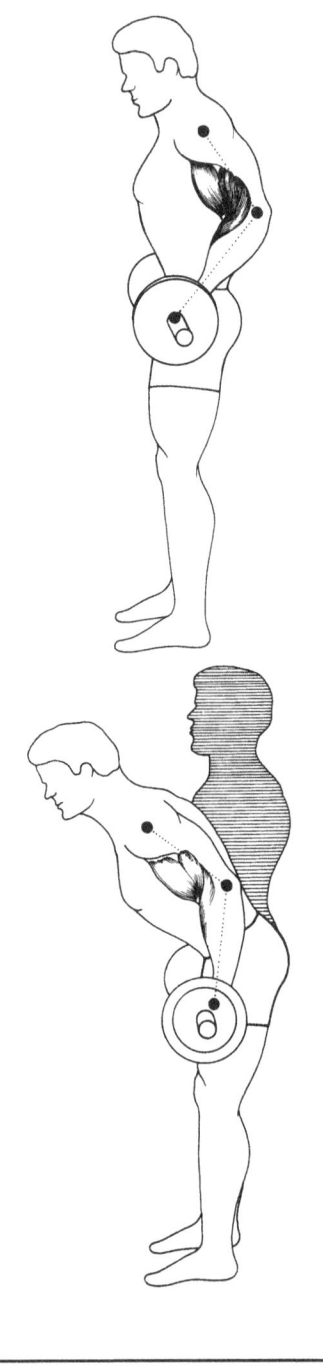

Alguns fisiculturistas não querem abaixar o peso até uma extensão completarem com os braços travados, por não poderem levantar tanto peso desse modo. Mas esquecem que é essa área inferior da amplitude de movimento que cria a espessura real no bíceps inferior e faz o músculo parecer saltar diretamente do antebraço – um aspecto importante durante poses com os braços estendidos. Essa parte do músculo também sobe e ajuda a criar altura quando o músculo é contraído.

Você vê fisiculturistas travando os braços na rosca: no entanto, eles estragam o movimento por não realizarem um movimento estrito de rosca desde o começo. Em vez disso, levantam o peso usando um pouco de ombros e de costas, de modo que os primeiros centímetros do movimento são desperdiçados, pois o bíceps simplesmente não trabalha.

Outro erro é trazer o peso até em cima e depois diminuir a contração do músculo. Quando o peso está na altura do queixo, os ossos e as articulações estão suportando a maior parte do esforço. Para manter os músculos trabalhando, você realmente tem que contrair forte, ou ele permanece macio e você não está mantendo-o sob esforço. Você nunca vai ter bíceps completos, rígidos e espessos para impressionar os juízes se relaxar no topo do movimento de rosca.

ROSCAS FALSAS

A rosca é um exercício em que a facilitação pode ser usada de modo eficaz. A rosca é essencialmente um movimento de rotação, embora a resistência do peso trabalhe verticalmente. Em outras palavras, você está elevando com um movimento circular, mas a gravidade continua a puxar o peso para baixo. Algumas vezes, durante o movimento, você está elevando para fora, outras para cima, mas a resistência é sempre para baixo. Então, você não está sempre trabalhando em oposição direta ao peso, o que torna o exercício menos eficaz em certas partes do movimento.

Os projetistas dos aparelhos de rosca afirmam que o equipamento, que atua com um movimento rotativo e não-linear, é melhor para executar roscas do que as barras e os halteres. Contudo, você não precisa de um aparelho complicado para superar essa dificuldade. Em vez disso, pode fazer algumas roscas usando um peso que seja muito pesado para um movimento correto. Então, mesmo que você esteja usando as costas e os ombros para ajudar a "forçar" o peso para cima, também está forçando o bíceps a trabalhar o máximo em cada ponto ao longo do movimento.

A barra ou o haltere são mais difíceis de elevar no ponto em que o seu antebraço esteja paralelo ao solo do que no começo da rosca, quando os seus braços estão direcionados ao chão. Fazendo rosca falsa, você pode usar um peso que parece muito pesado na parte "fácil" do movimento e depois roubar um pouco para passar a parte "difícil", onde a resistência é muito grande para ser superada fazendo a técnica correta.

Fazendo exibições para Reg Park, na África do Sul, eu fazia 5 repetições de rosca falsa com barra com 125 kg. Manusear essa quantidade de peso não ajuda a criar um bíceps de grande forma nem dá ao músculo um ápice elevado, mas certamente é eficaz para construir massa. Contudo, a rosca falsa não deve ser mais do que 10% do seu programa de bíceps. Você também precisa de uma variedade de movimentos específicos para desenvolver a qualidade total do seu músculo.

PROGRAMA DE INICIAÇÃO

A rosca com barra, feita especialmente para principiantes, é o exercício fundamental para produzir massa no bíceps. Permanece no programa até o fim, desde o programa de iniciação até o de competição. Esse é o único modo de continuar a produzir e manter o máximo de massa e espessura muscular. Mas também recomendo incluir rosca com halteres desde o princípio, porque esse exercício permite que você supine o punho, o que lhe dá uma contração mais completa e ajuda a desenvolver a forma completa do músculo.

Também recomendo a rosca com um só braço quase desde o começo. Quando faço isso, seguro em alguma coisa com uma mão para manter-me firme, inclino-me um pouco para o lado para ter uma amplitude de movimento livre e concentro-me totalmente em cada bíceps isoladamente – uma coisa que você não consegue fazer quando trabalha ambos os braços ao mesmo tempo.

PROGRAMA AVANÇADO

Quando você atinge o estágio avançado do treinamento, continua tentando criar mais massa, mas também precisa estar preocupado em criar separação e moldar toda a estrutura do bíceps. Se o seu bíceps não tiver um bom pico, trabalhe na altura. Se não for grosso o bastante, torne-o espesso.

A rosca com halteres em banco inclinado é o melhor exercício para desenvolver a forma e a qualidade do bíceps e obter um maior alongamento do músculo. Junto com esse exercício, a rosca concentrada pode ajudar a aumentar a altura do bíceps.

À medida que você progride, começará a forçar o exercício com superséries, criando mais intensidade por meio da redução do tempo de intervalo. Gosto da idéia de superséries de bíceps e tríceps, que dão um enorme reforço aos braços e fazem o fisioculturista parecer enorme. Do mesmo modo, você pode suportar cargas mais pesadas para o tríceps quando seu bíceps está aumentado como um travesseiro, dando-lhe um tipo de recheio que você pode forçar com cada repetição de tríceps.

Realizar superséries com os diferentes músculos também é um meio valioso de preparar-se para uma competição, quando você precisa bombear todo o corpo ao mesmo tempo. Se você não está acostumado com isso, não será capaz de apresentar o seu melhor aspecto quando subir no palco.

Quanto mais próximo à competição, mais você deve estar certo de fazer bastante exercícios adicionais para desenvolver completamente cada aspecto do bíceps. Além dos exercícios de produção de massa, como rosca com barra, você precisa fazer mais rosca em banco inclinado, que ajuda a desenvolver a parte inferior do músculo. Freqüentemente, eu ia mais além e deitava no banco horizontal para fazer rosca com halteres, alongando o bíceps ainda mais.

Você também precisa de um trabalho adicional com cabos e halteres que lhe permita girar o punho e moldar mais completamente o músculo.

PROGRAMA PARA COMPETIÇÃO

Em cada nível, você é solicitado a fazer algo a mais para continuar a sobrecarregar e exigir mais dos músculos. Esse princípio é ainda mais importante quando você está treinando seus braços para competição. Um bom meio de aumentar a intensidade do treinamento é fazer rosca alternada com halteres em vez de rosca com barra. Desse modo, você é capaz de isolar cada bíceps e concentrar toda a sua energia em um braço de cada vez. Devido ao modo como o exercício é feito – com um braço subindo enquanto o outro desce – você é capaz de obter um movimento mais estrito com pouca facilitação. Você pode aumentar a intensidade indo mais longe e travando os cotovelos, bem como fazendo a rosca Scott, que lhe força para trabalhar de modo mais estrito, atingindo a porção mais inferior do bíceps em maior grau.

O grau de treinamento de tempo intensivo que você precisa para se preparar para competição é ainda maior do que antes, envolvendo séries tríplices – três exercícios seguidos sem nenhuma pausa de descanso entre eles. Isso será difícil no começo, mas, à medida que seu condicionamento aumenta, você observará que esse programa acelerado lhe dá um tremendo impulso e permite que você faça uma enorme quantidade de trabalho em menos tempo.

Acima de tudo, você precisa empregar tantas técnicas quanto possível para forçar o bíceps a um desenvolvimento adicional. Sempre gostei, por exemplo, de fazer rosca com barra com um parceiro: fazia uma série, passava a barra imediatamente para ele fazer sua série, recebia de volta para a minha e assim por diante, até a exaustão.

Para um total desenvolvimento para competição, fazia bastante séries simples, superséries e séries tríplices com grande variedade de exercícios – uma série de bíceps uma vez por hora, a cada hora no dia anterior à competição; repetições facilitadas; repetições parciais; repetições negativas; rosca para dentro; rosca para fora – sem omitir nada, sem deixar nada ao acaso.

Atacava meus bíceps para competição com o método decrescente, mas também com 21s, combinando muitas repetições parciais com completas e superséries de um exercício de bíceps com outro, bem como superséries de bíceps com tríceps ou bíceps com outro qualquer.

Também usava muita visualização no treinamento de bíceps. Em minha mente, via meus bíceps como montanhas enormes e via-me elevando uma tremenda quantidade de carga com essa massa muscular sobre-humana.

Esse tipo de treinamento intensivo vai garantir que você produza muita massa muscular nos bíceps; que ganhe comprimento, espessura e altura no bíceps; que desenvolva a parte interna e externa do bíceps e a separação entre este e o deltóide e entre bíceps e tríceps – tudo que você tem que ter se quer ter um físico de campeão.

TREINAMENTO DE PONTOS FRACOS

Mas mesmo se você fizer tudo que eu acabei de descrever e mais, você ainda pode achar que algumas áreas de seu bíceps estão relativamente menos desenvolvidas do que outras. De um modo geral, quando você está tentando trabalhar uma área fraca do bíceps, a melhor técnica que pode usar são os exercícios com halteres com um só braço. Fazer toda a série com um braço de cada vez permite concentração e intensidade máximas, além de garantir que cada braço trabalhe o seu máximo. Isso evita que o bíceps mais forte ofusque o mais fraco, que pode resultar em um desenvolvimento assimétrico do braço. Do mesmo modo, não esqueça de girar o punho durante o movimento, a fim de obter uma contração total do bíceps.

Contudo, acredito que a principal causa de fisiculturistas apresentarem pontos fracos no bíceps é que eles fazem os exercícios incorretamente. Você precisa dominar a técnica correta – manter os cotovelos firmes, baixando o peso sem deixá-lo cair, usar o máximo do princípio de choque quanto possível – e, então, você provavelmente terá menos problemas nessa área.

Por exemplo, vejo muitos fisiculturistas usando seus antebraços quando fazem roscas, começando o movimento com um tipo de rosca de punho que diminui a eficácia do exercício. Ou fazem uma rosca e, no topo, em vez de contrair o bíceps – para manter a tensão máxima –, simplesmente jogam o peso para trás em direção aos ombros, deixando o bíceps frouxo e sem esforço. Recomendo que seja usado o princípio da contração máxima: contrair o bíceps ao máximo quando chegar ao topo do movimento.

Rosca com halteres e um só braço (Jay Cutler)

Esta foto mostra meus braços em seu aspecto mais maciço, quando eu pesava 110 kg e usava bastante rosca falsa e rosca com barra com carga bastante pesada. Observe a espessura e o tamanho do braço não contraído.

Mas, às vezes, o desenvolvimento do bíceps fica para trás simplesmente porque eles não estão sendo treinados de modo bastante árduo, com o fisiculturista achando que 5 séries de bíceps é suficiente e terminando com massas musculares grandes mas relativamente sem forma, onde deveria ter bíceps esculpidos da melhor forma possível.

Para corrigir pontos fracos específicos no bíceps, recomendo os seguintes exercícios:

Para Massa Muscular

Rosca pesada com barra e rosca falsa. O tamanho do músculo aumenta a partir de exercícios com muita carga. Se você pode elevar 50 kg e você treina até o ponto em que você consegue elevar 59 kg, seu bíceps vai ficar maior. Tente usar a minha técnica de visualização e imaginar o seu bíceps crescendo a um tamanho sobre-humano.

Para Comprimento E Espessura Musculares

Roscas que se concentram no terço inferior da amplitude de movimento.
Rosca em banco pronado ou inclinado para estirar o bíceps ao máximo.
Movimentos estritos, como a rosca de Scott ou rosca com detonador de braço, para travar os cotovelos e permitir que você consiga a extensão completa do bíceps.
Após o término de cada série de meu exercício de rosca com haltere, gire os punhos 180 graus 5 ou 6 vezes.

Quanto mais longos e espessos os seus bíceps, melhor irão parecer quando você mantém o braço ereto, e maior e mais alto serão quando você flexionar e contrair o braço em uma pose de bíceps.

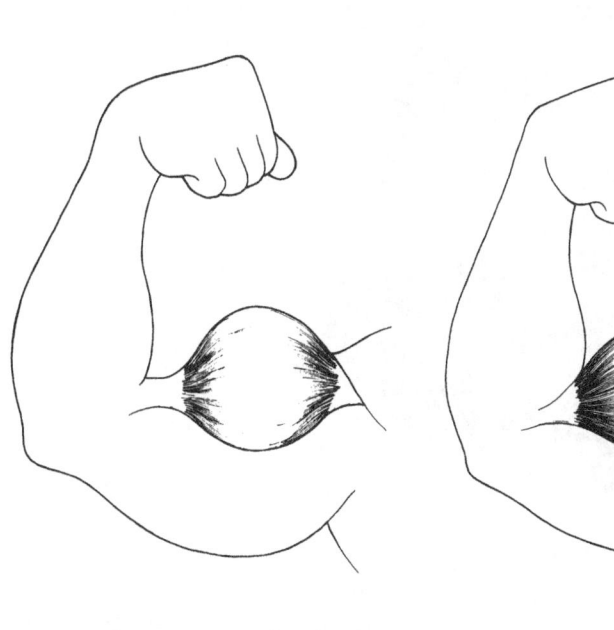

Isto é um bíceps com pico elevado, mas cabeça curta. O ventre do músculo não se estende completamente até o cotovelo, o que deixa um espaço.

O bíceps tem cabeça longa, mas lhe falta altura

Muitos fisiculturistas não sabem que a função do bíceps é girar o punho, bem como elevar e flexionar o braço. É por isso que sempre começo o movimento de rosca como mostram as Figuras 1 e 2.

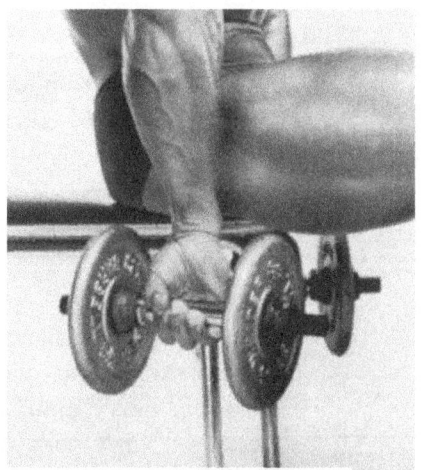

As posições das mãos nas Figuras 3 e 4 são boas se você quer eliminar a rotação do punho enquanto faz rosca com halteres.

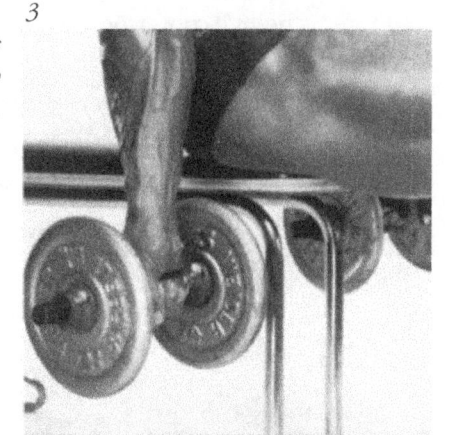

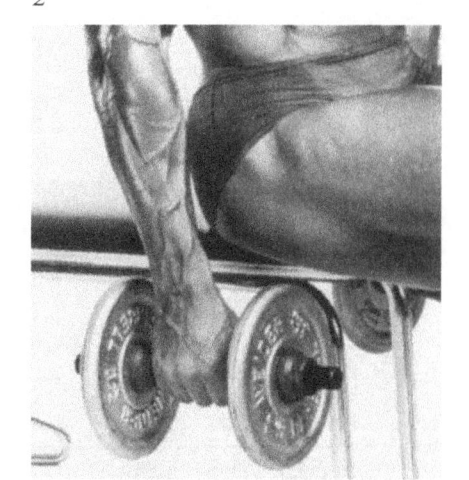

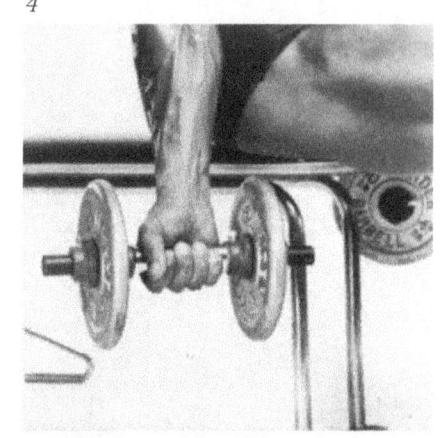

A espessura do bíceps é importante, mas a altura é uma qualidade que freqüentemente é desprezada. Sempre trabalhei duro para desenvolver os picos, e acho que ganhei muitas competições devido a meus bíceps elevados.

PARA ALTURA

Rosca concentrada com haltere ou cabo.

Movimentos com halteres enfatizando o giro do punho (virando o polegar para fora) enquanto o peso é elevado, com concentração no terço superior da amplitude do movimento.

Use o princípio da contração de pico – contraindo os bíceps ao máximo no topo do movimento – e faça uma série de contrações e relaxamentos.

Mantenha o exercício até que obtenha um grande aumento.

Inclua esforço máximo (queimação) no seu trabalho – termine trazendo o peso para cima e contraindo totalmente o bíceps, e depois trazendo o peso até 1/3 da descida, depois para cima para outra contração completa. Faça 3 ou 4 repetições desse movimento e depois solte o peso e faça poses e contrações com os bíceps.

PARA MASSA E ESPESSURA EXTERNA DOS BÍCEPS

Rosca feita para dentro, em direção ao corpo, como a rosca com barra com pegada fechada ou rosca de Scott com pegada fechada

Rosca concentrada que traz o peso até o peito

ENCICLOPÉDIA DE FISICULTURISMO E MUSCULAÇÃO 407

Bíceps externos bem desenvolvidos lhe permitem executar inúmeras poses eficazmente. Por exemplo, uma das minhas poses favoritas de bíceps é onde eu simplesmente contraio meu braço em flexão e mostro aos juízes o bíceps externo. Mas para obter esse tipo de desenvolvimento você precisa trabalhar o bíceps de todos os ângulos.

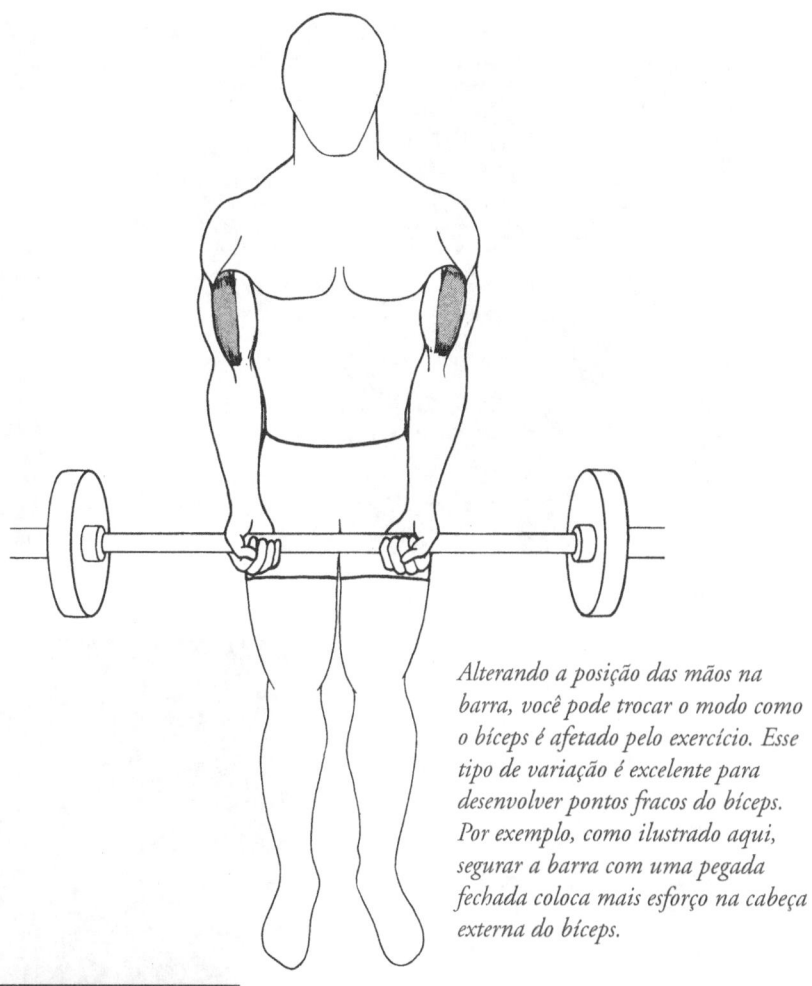

Alterando a posição das mãos na barra, você pode trocar o modo como o bíceps é afetado pelo exercício. Esse tipo de variação é excelente para desenvolver pontos fracos do bíceps. Por exemplo, como ilustrado aqui, segurar a barra com uma pegada fechada coloca mais esforço na cabeça externa do bíceps.

Para fazer poses de costas como essa, com um giro de 3/4 e de boa qualidade, você tem que ter um bom desenvolvimento do bíceps externo e do braquial (no cotovelo), de modo a separar o bíceps e o tríceps.

Vince Taylor

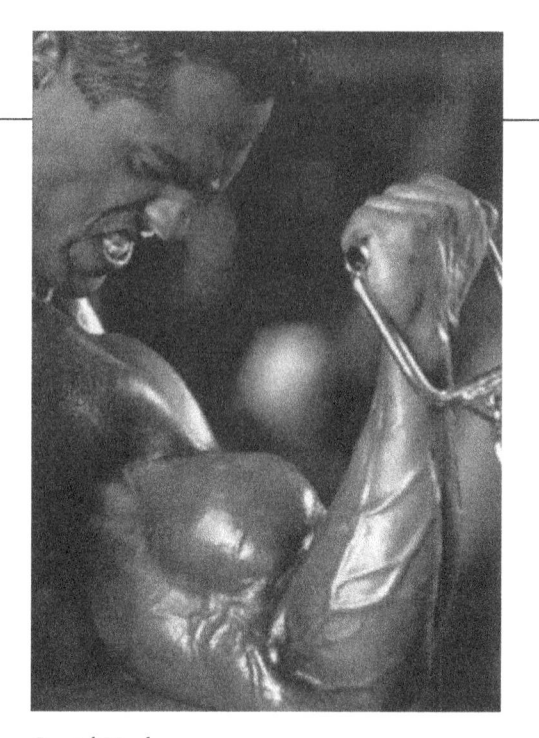

David Hughes

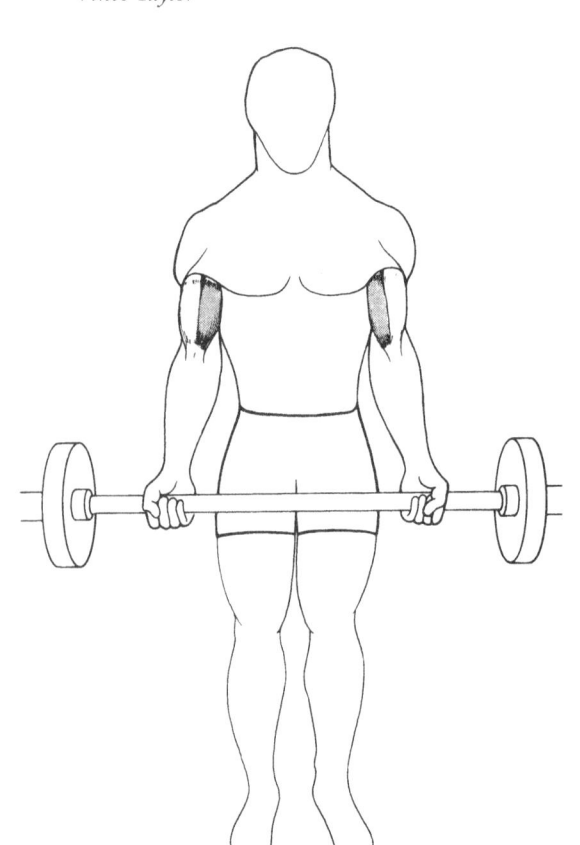

Lee Priest

Se o seu ponto fraco é a região interna do bíceps, você pode colocar mais esforço nessa área, fazendo a rosca com barra com uma pegada aberta.

Flex Wheeler

Os braços de Robby Robinson são um dos melhores exemplos de definição e separação de bíceps. Olhar para Robby nessa foto é como examinar um atlas de anatomia.

Para Massa e Espessura Interna do Bíceps

Segure halteres em uma posição de "martelo": palmas viradas para dentro em vez de viradas para cima. Você pode sentir como isso muda o esforço sobre o bíceps.

Rosca com halteres, de pé

Rosca Scott com barra feita com pegada aberta

Rosca com halteres, sentado ou de pé

Rosca com halteres em banco inclinado

Rosca alternada, sentado, com halteres onde seus braços são mantidos afastados, angulando para fora do corpo. Se você coloca os braços para fora e para baixo e vira os punhos levemente para fora, deixando os polegares caírem ligeiramente, você pode sentir o exercício muito mais especificamente nos bíceps internos.

Para Separação e Definição

Séries, superséries e séries tríplices intensas. Tente usar tantos exercícios diferentes de bíceps quanto possível, especialmente movimentos com halteres que lhe permitam treinar a maior variedade de ângulos e muitos movimentos unilaterais, para criar o máximo de isolamento.

Rosca invertida, para desenvolver o braquiorradial e bíceps que ficam tão bem quando você executa uma pose de bíceps duplo de costas. Lembre-se de manter os cotovelos firmes como um ponto de pivô, bem como os seus punhos firmes durante todo o movimento.

Treinamento de Tríceps

O tríceps tem massa muscular maior que a do bíceps e precisa treinar em maior número de ângulos. Assim como o bíceps, o tríceps tem que parecer bem de qualquer ângulo, mas, ao contrário do bíceps, precisa fazer seu braço parecer grande, maciço e impressionante, mesmo quando os braços estiverem relaxados. Quando alguém diz: "Nossa, olhe o tamanho dos braços daquele cara!", você pode ter certeza de que é o tríceps que está criando esse efeito. Eles são visíveis 90% do tempo em que você está no palco, quer você esteja relaxado, quer executando poses.

Bill Pearl, Serge Nubret, Sergio Oliva, Albert Beckles, Freddy Ortiz, Casey Viator, Jusup Wilkosz e Frank Zane são bons exemplos de fisiculturistas que têm tríceps fantásticos. O tríceps precisa ser desenvolvido de modo que tenham um bom aspecto quando você executa uma pose lateral de tríceps, uma pose de bíceps frontal ou de costas ou pose com seus braços elevados acima da cabeça ou estendidos para fora (uma pose pela qual Larry Scott, Dave Drapper e eu éramos conhecidos, e que requer tríceps notáveis). Imagine a execução de uma pose posterior de grande dorsal, e como um bom aspecto de tríceps pode ser eficaz nesse ângulo. Ou uma pose mais muscular, com o tríceps sobressaindo-se sobre o cotovelo e continuando para trás do deltóide. Ou uma pose abdominal frontal, onde suas mãos estão atrás da cabeça.

Enquanto é possível, de certo modo, esconder bíceps fracos, tríceps fracos são óbvios em quase todas as poses. Quando os juízes lhe vêem de pé, relaxado, no início da competição, eles sabem imediatamente se você tem um bom tríceps ou não. Sergio Oliva, por exemplo, podia ficar ali, seus tríceps aparecendo enormes e potentes, e impressionar os juízes, mesmo que seus bíceps não se destacassem.

Contudo, assim como com outras partes do corpo, há uma diferença entre um tríceps grande e um tríceps de boa qualidade. Cada parte desse músculo relativamente complexo precisa estar completamente desenvolvida. Quando seus braços estão pendurados, o tríceps precisa estar evidente desde o cotovelo até o deltóide posterior. Quando estão contraídos, cada porção deve estar totalmente moldada, separada e distinta.

PROGRAMAS DE INICIAÇÃO E AVANÇADO

O primeiro passo no treinamento do tríceps é produzir massa e força muscular. Isso significa fazer os movimentos básicos de extensão de tríceps, adicionando gradualmente mais e mais carga até que a área comece a responder. Diferentes tipos de extensões são designadas a desenvolver áreas específicas do tríceps. Mas também há técnicas que você pode usar para maximizar o seu treinamento do tríceps. Lembre-se de que toda vez que você estende o seu braço contra uma resistência – quer você esteja fazendo exercícios de tríceps ou não – você está envolvendo os tríceps.

Serge Nubret tem tríceps cheios e fortes, de modo que seu braços parecem maciços mesmo quando está relaxado.

Um tríceps bem desenvolvido parece uma ferradura na parte posterior do braço.

Kevin Levrone

Lee Priest

A massa do tríceps contraído e sua grande forma com o braço reto combinam-se perfeitamente com a excelente muscularidade das costas de Albert Beckles.

O tríceps é tão importante em qualquer pose de bíceps duplo de costas quanto nas poses específicas de tríceps. Aqui você pode ver como o tríceps aparece abaixo do braço e a separação entre tríceps, deltóide, bíceps e antebraços.

Na maioria dos casos, a força e a massa muscular são aumentadas empregando-se a técnica de facilitação, mas você não precisa fazer isso para colocar mais estresse sobre o tríceps. Com todo o esforço que você gasta fazendo treinamento de força com supino, supino com halteres e desenvolvimento de ombros, já está colocando um enorme esforço na área do tríceps.

Embora o tríceps esteja envolvido em uma ampla faixa de diferentes exercícios, também é necessário, especialmente quando você atinge um nível mais avançado, isolar as diferentes porções e colocar o esforço diretamente em cada parte, a fim de garantir que você obtenha um desenvolvimento completo da estrutura muscular. Para isso, recomendo inúmeros movimentos diferentes de extensão de tríceps, usando barras, halteres e cabos, com cada um desses atingindo uma área diferente do tríceps.

As proporções e a estrutura óssea de diferentes fisiculturistas irão tornar mais fácil para alguns o desenvolvimento de um bom tríceps. Ao executar rosca tríceps, por exemplo, é fácil para alguns isolar o tríceps, enquanto outros com diferentes proporções e conexões musculares irão envolver os peitorais e até mesmo o grande dorsal em vez de apenas o tríceps. Você vê muito isso quando alguns fisiculturistas tentam fazer rosca tríceps e acabam com um bom trabalho de peito. Em um caso como esse, aprender a isolar totalmente o tríceps torna-se extremamente importante, e pode ser conseguido por meio de extensões de tríceps com um só braço ou extensões de tríceps com barra.

Extensões de tríceps deitado trabalham o músculo desde o cotovelo até o deltóide posterior, e também são excelentes para desenvolver o tríceps para as poses com braço reto. Extensões de tríceps com um só braço ajudam a desenvolver o tríceps de modo que ele fique bem nas poses de bíceps, com a densidade do tríceps contrabalançando a altura do bíceps. Extensões deitado com halteres trabalham a porção externa do tríceps em maior grau, dando-lhe a forma e espessura que você precisa para um desenvolvimento total do tríceps.

A posição das mãos faz a diferença em como o exercício afeta o tríceps. Se você segura o aparelho com o polegar para cima e as palmas para dentro, você trabalha a parte externa do tríceps em maior grau, como quando está fazendo rosca tríceps segurando em uma corda em vez de empurrar a barra para baixo ou fazendo extensão do cotovelo com halteres, curvado. Se você vira a mão de modo que a palma esteja virada para baixo, como na rosca tríceps, você coloca mais esforço na parte interna do tríceps. Se você gira o punho com polegares para dentro e para baixo, o que é mais fácil quando está fazendo rosca tríceps com cabos e um só braço, você atinge o músculo um pouco diferentemente.

O treinamento avançado também envolve fazer superséries, forçando o músculo com um exercício seguido do outro para desenvolver tamanho, força, forma e resistência. Você precisa trabalhar as porções superior e inferior, lateral e medial. Adicionar exercícios é importante apenas quando você está procurando o tipo de intensidade que força o músculo a continuar crescendo, não importando o grau de adiantamento.

Bill Pearl é o rei desta pose de tríceps, que é uma excelente maneira de mostrar o desenvolvimento do tríceps superior.

PROGRAMA PARA COMPETIÇÃO

Até que você tenha visto um fisiculturista de primeira classe em forma para competição executando uma pose de tríceps, você provavelmente não terá idéia de como a estrutura muscular deve ser. Ela é, de fato, quase como uma ferradura que se curva para cima a partir do cotovelo, separada claramente dos deltóides acima e do bíceps no outro lado do braço. Em um fisiculturista, esse músculo pode ser terrível.

O Programa para Competição, que irá lhe ajudar a atingir esse aspecto em seu físico, usa exercícios adicionais além daqueles que você já aprendeu, e muitas superséries intensivas para criar a máxima intensidade de treinamento.

Exercícios como rosca tríceps com cabos, extensão do cotovelo curvado, supino de pegada fechada e mergulho tendem a trabalhar completamente o tríceps. Quase todos os exercícios de tríceps irão ajudar no desenvolvimento da porção inferior do músculo quando você trabalha apenas a amplitude de movimento inferior. Segure o peso e flexione os cotovelos, alongando o tríceps o máximo possível. Depois, comece estendendo os cotovelos, mas pare após percorrer apenas 1/3 da amplitude de movimento. Repita apenas essa amplitude parcial e trabalhará eficazmente a área inferior.

Para o tríceps superior, trave completamente os braços em qualquer exercício de tríceps e sustente essa contração por 3 ou 4 segundos, tensionando os músculos isometricamente. Após sua série, execute poses e tensione o músculo enquanto seu parceiro de treinamento faz a série dele, e você obterá ainda mais resposta do tríceps superior.

Lembre-se também de que o tríceps gira o punho em oposição ao bíceps. Assim como você girou o punho para fora nos exercícios de bíceps, você deve fazer alguns exercícios de tríceps nos quais você gira o punho na direção oposta. Isso lhe dará uma contração completa do tríceps. Extensões com halteres atrás do pescoço e rosca tríceps invertida unilateral com cabo são exercícios para essa finalidade.

Lee Haney mostra a última palavra em massa de tríceps. Ele não tem que apertar o braço contra seu grande dorsal para fazer seu tríceps parecer enorme; tudo que ele tem que fazer é estender o braço para baixo e contrair.

TREINAMENTO DE PONTOS FRACOS

Se você tem um problema real com tríceps, recomendo treiná-los de acordo com o princípio de prioridade, trabalhando-os em primeiro lugar, enquanto você está descansado. Fiz isso alguns anos atrás, quando observei que meus bíceps haviam desenvolvido-se desproporcionalmente a meus tríceps. Comecei a concentrar-me nessa área, usando o princípio da prioridade, e logo eles começaram a responder, de modo que passei a ter um braço de qualidade olímpica em vez de apenas um bíceps de qualidade olímpica.

Também descobri que fazer superséries de exercícios de tríceps, indo diretamente de um para outro exercício, era outro meio de conseguir um desenvolvimento adicional de tríceps. Primeiro, fazia algumas séries para aquecer o bíceps, o que cria um efeito de "amortecimento", e depois realmente forçava o tríceps. Após a supersérie continuava a contrair e posar o tríceps, nunca lhe dando alívio.

Se o tríceps é um ponto especialmente fraco para você, recomendo mudar o seu programa de modo que você treine-os isoladamente de tempos em tempos, permitindo que se concentre apenas na parte posterior dos braços e estimule totalmente o tríceps. Para superar pontos fracos específicos, recomendo os seguintes exercícios:

Para Massa

Use carga pesada em cada exercício:

Supino com barra com pegada fechada
Mergulho com pesos
Mergulho por trás

Dorian Yates

Para Massa e Tríceps Superior

Rosca tríceps com cabos e rosca tríceps unilateral com cabos (pegada regular e invertida)
Extensão do cotovelo curvado
Mergulho

Faça todos os exercícios de tríceps de modo estrito, para que os sinta contraírem-se totalmente, concentrando-se em travar cada movimento. Use o princípio da contração máxima, sustentando a contração completa por alguns momentos no topo de cada repetição.

Nasser El Sonbaty

Chris Dickerson não é conhecido por ter braços enormes, mas seus tríceps – particularmente o tríceps superior – são tão bem desenvolvidos que seus braços parecem maciços nessa pose. Observe também a excelente separação entre o tríceps e o deltóide que ajudou Chris a ganhar o título de Mr. Olímpia em 1982.

Para Massa a Tríceps Inferior

Mergulho com carga.

Mergulho por trás – fazendo repetições parciais nas quais você vai até o final embaixo, mas sobe apenas 3/4 da distância na volta (sem travar) para manter a área inferior do tríceps sob estresse o tempo todo (quanto mais o seu braço está fletido, mais seus tríceps inferiores recebem esforço).

Aqui Shawn Ray demonstra dois modos diferentes e eficazes de mostrar um notável desenvolvimento de tríceps.

Treinamento para os Antebraços

Os antebraços devem ser levados a sério como qualquer outra parte do corpo se você quer desenvolver um físico de qualidade. Estão envolvidos em quase todos os exercícios para a parte superior do corpo, quer seja ajudando a segurar o equipamento, quer como parte dos movimentos de puxar e empurrar, de modo que recebem muito treinamento acidental mesmo quando você não está fazendo exercícios específicos para eles. De fato, sempre que você flexiona os cotovelos e punhos, coloca esforço nos músculos do antebraço.

Um bom desenvolvimento dos antebraços é necessário para criar um físico de campeão, mas a força do antebraço também é muito importante. Antebraços fortes permitem que você treine com carga mais pesada, e exercícios como flexão na barra fixa e remada com cabos, onde as mãos e os punhos são geralmente o "ponto fraco", lhe dão a capacidade de treinar mais forte e colocar mais esforço em outros músculos.

Assim como em outros músculos, a estrutura genética é um fator determinante do tamanho e da força potenciais do antebraço. O motivo pelo qual alguns músculos do antebraço parecem estender-se até a mão, quase sem ne-

O desenvolvimento dos braços de Ronnie Coleman é um exemplo perfeito de como o desenvolvimento dos bíceps internos ajuda a criar a separação necessária entre o bíceps e tríceps, bem como entre o bíceps e o antebraço.

nhum tendão, é que aquela pessoa tem um "ventre muscular" extremamente longo – a parte contrátil real da estrutura músculo-tendão. O tamanho do músculo é afetado pelo comprimento do "ventre muscular" porque a massa é um produto do *volume* – que tem três dimensões e não apenas uma. Então, ter 5 cm a mais de comprimento no antebraço realmente se traduz em muito potencial adicional quando você considera qual será o aumento em medida cúbica. Muitos fisiculturistas com essa estrutura afirmam que não precisam fazer muito exercício de antebraço, mas conseguem resultados adequados com exercícios como rosca de punho com barra com carga pesada. Contudo, quando treinei com Casey Viator, que tinha um incrível desenvolvimento de antebraços, eu o vi fazer rosca de punho com barra com 70 kg e rosca invertida com 61 kg. Sergio Oliva fazia séries intermináveis de rosca de punho invertida para conseguir aquele enorme desenvolvimento de antebraço. Então, mesmo se você foi geneticamente agraciado com bons antebraços, isso não quer dizer que não precise exercitá-los.

Também é possível ter antebraços altos, isto é, ter um "ventre muscular" relativamente curto e um tendão longo, limitando o volume cúbico da massa muscular. A maioria dos fisiculturistas, incluindo a mim, está, de certo modo, no meio, sem a estrutura completa de antebraço de Sergio Oliva, nem antebraços excessivamente altos. Com esse tipo de antebraço, é possível aumentar os músculos até onde sejam proporcionais ao braço, mas você tem que treiná-los arduamente para conseguir isso.

PROGRAMA DE INICIAÇÃO

O treinamento do antebraço deve ser incluído como parte do trabalho regular desde o começo, mas esses exercícios são um pouco diferentes daqueles para

Casey Viator demonstra uma pose básica de antebraço.

Estas poses de Lee Labrada requerem um grande desenvolvimento de antebraço para equilibrar a massa e separação do braço.

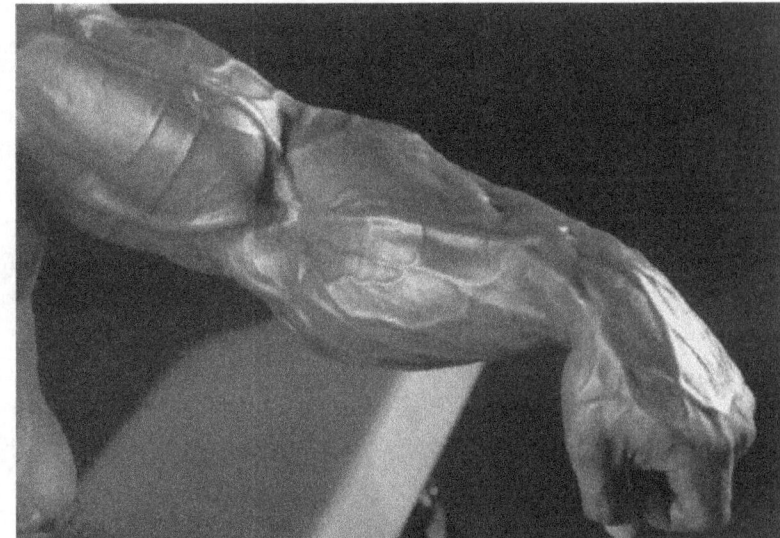

outras partes do corpo. Como os antebraços estão envolvidos em tantos outros exercícios, em princípio você não irá necessitar de muitos exercícios para os antebraços – rosca de punho com barra e rosca de punho invertida serão suficientes. Não recomendo fazer tantas séries para os antebraços quanto para as pernas, costas ou outras partes do corpo, mas descobri que fazendo séries com relativamente muitas repetições obtém-se o melhor resultado.

Um erro de muitos fisiculturistas no treinamento dos antebraços é que eles não usam carga suficiente. Os antebraços são, de certo modo, como as panturrilhas, no sentido de estarem acostumados com o uso contínuo e com muito esforço, de modo que é preciso usar uma carga bastante pesada para realmente estimular os músculos.

A técnica restrita também é necessária para isolar totalmente os antebraços e não deixar que os bíceps façam o trabalho. Isso é feito apoiando-se os antebraços firmemente em um banco, os cotovelos juntos e os joelhos travados.

Pode parecer que se concentrar nos antebraços desde o começo não é tão importante, mas discordo: a força do antebraço e da empunhadura são tão importantes para que você possa treinar duro que você precisa desenvolver os antebraços desde o primeiro dia. E já que o crescimento do antebraço é lento para alguns fisiculturistas, quanto mais cedo você começar a trabalhar neles, melhor.

PROGRAMA AVANÇADO

No programa de treinamento avançado adicionei a rosca de punho com um só braço para isolar e aumentar a intensidade de cada antebraço e montei o programa de modo que você faça superséries de roscas de punho e de punho invertida, dando-lhe um impulso total no antebraço.

Evidentemente, apenas o fato de você estar treinando o resto do corpo tão mais intensamente nesse momento forçará os braços a trabalharem mais forte. A série completa de exercícios irá exaurir os antebraços de modo que, quando chegar o momento de treiná-los especificamente, você precisará de muita dedicação e concentração para trabalhar esses músculos cansados e desgastados.

Lembre-se de que o tamanho do antebraço, mais do que de qualquer outra parte, depende de genética. Se você tem um ventre muscular curto e, portanto, enfrenta dificuldade em obter o tamanho que você gostaria de ter, comece a pensar em trabalhar os antebraços desde cedo. Como os antebraços ganham tamanho lentamente, você precisa de tempo para fazer as alterações que precisa.

Mas você pode se surpreender com a velocidade com que você desenvolve os antebraços quando trabalha arduamente. Freqüentemente, a causa dos problemas dos fisiculturistas em desenvolver os antebraços é simplesmente o fato de não treinarem forte o bastante. Eles colocam o treinamento dos antebraços no final do exercício e fazem algumas séries sem muita vontade. Acredite, se você quer que qualquer parte do corpo desenvolva-se ao máximo, tem que levar cada exercício a sério. O treinamento dos antebraços não é menos importante do que o treinamento dos bíceps ou do peito – se você realmente quiser tornar-se um campeão.

PROGRAMA PARA COMPETIÇÃO

Quando você começar o treinamento para competição, recomendo que observe se está trabalhando cada um dos catorze músculos adicionando a rosca de punho invertida no banco Scott e a rosca de punho por trás ao seu programa.

Quando você fizer a rosca invertida para a parte superior do antebraço, use uma barra reta em vez de uma W. À medida que você eleva a barra em um arco para cima a partir das suas coxas, curva os punhos para trás e envolve completamente os antebraços anteriores. Incidentalmente, muitos fisiculturistas inclinam-se para trás quando fazem a rosca invertida, mas, na verdade, você deveria se inclinar levemente para a frente. Isso isola ainda mais os braços, coloca um esforço contínuo nos antebraços e lhe dá um movimento mais estrito.

A rosca invertida também trabalha bem em certos tipos de aparelhos de rosca de punho e um banco Scott. Mas independente de como você faça este exercício, sempre se lembre de obter uma completa amplitude de movimento – até embaixo, todo acima, e mantenha-o lento e sob controle. Lembre-se também de que seus punhos e antebraços também serão afetados pela rosca com barra e rosca "roubada", ambas com carga pesada, rosca tríceps e inúmeros outros exercícios em todos os níveis de treinamento.

Recomendo fazer o treinamento dos antebraços ao final do exercício. Se você tentar fazer outros exercícios para a parte superior do peito quando seus punhos e antebraços já estiverem fatigados, a sua capacidade de treinar será intensamente limitada.

Um bom método para estimular totalmente seus antebraços é, após fazer a rosca de punho (quando você está muito cansado para fazer mais repetições), simplesmente deixar a barra apoiada em seus dedos e depois contrair seus dedos, abrindo e fechando as mãos, a fim de atingir as últimas poucas fibras musculares disponíveis.

POSES COM OS ANTEBRAÇOS

Há dois tipos diferentes de poses para os antebraços: direta, na qual você está deliberadamente chamando a atenção para esses músculos; e indireta, na qual você está primariamente posando outras partes do seu corpo, mas os antebraços também têm um papel. Geralmente, quando você executa uma pose, as pessoas que assistem não observam especificamente o desenvolvimento dos antebraços, mas certamente notariam se não estivessem lá.

Já que os antebraços representam 1/3 de todo o membro superior, sem um desenvolvimento adequado do antebraço o braço pareceria fora de proporção. Em uma pose frontal dupla de bíceps, os antebraços precisam parecer maciços para equilibrar o desenvolvimento do bíceps. Por trás, em uma pose posterior de bíceps duplo, a muscularidade do antebraço é parte do efeito total.

Antebraços impressionantes lhe ajudam em cada pose, desde a lateral de peito até uma pose mais muscular, e são extremamente importantes quando você está com os braços estendidos, na clássica pose de arremesso de dardo, na qual um braço está estendido e o outro flexionado.

Dave Draper mostrando uma pose direta de antebraço.

Certas poses são virtualmente impossíveis de serem executadas sem um desenvolvimento excepcional dos antebraços. Uma de que me recordo é a famosa pose de Sergio Oliva, onde ele eleva ambas as mãos acima da cabeça, contrai os antebraços e abre seus fantásticos grandes dorsais. A despeito das costas enormes de Sergio, se ele não tivesse antebraços tão grandes e potentes essa pose seria muito menos impressionante.

Alguns fisiculturistas têm antebraços tão bem desenvolvidos que podem tornar poses que não são de antebraços em uma exibição dos mesmos. Casey Viator é um destes. Quando ele sobe ao palco e simplesmente levanta seus braços de cada lado, é impossível não observar seus antebraços enormes aparecendo abaixo de braços maciços.

Outra pose na qual bons antebraços são absolutamente essenciais é uma muito apreciada por Dave Draper e por mim, na qual os braços são mantidos retos, elevados lateralmente e paralelos ao solo. É preciso apresentar bíceps e antebraços completamente desenvolvidos para fazer essa pose de modo eficaz.

Larry Scott foi outro grande fisiculturista que era capaz de posar seus antebraços com grande vantagem. Quando ganhou o primeiro concurso de Mr. Olímpia, em 1965, tinha uma espessura e muscularidade que poucos fisiculturistas conseguiram. Mas ele também gastou muito tempo com o desenvolvimento de detalhes, de modo que o desenvolvimento de seus antebraços combinava-se com o resto do seu físico, tornando grande parte de suas poses muito mais eficazes.

Flex Wheeler

Aqui, demonstro uma pose na qual as costas e o bíceps são exibidos mas é necessário possuir antebraços bem-desenvolvidos para que essa pose seja completa.

Sergio Oliva

Larry Scott

TREINAMENTO DE PONTOS FRACOS

Muitos fisiculturistas têm uma fraqueza no desenvolvimento do antebraço simplesmente porque não os exercitam desde o começo. Outro motivo para os antebraços ficarem para trás, além da estrutura óssea, é a falha em executar corretamente os exercícios, de modo suficientemente estrito. Quanto mais você isola os antebraços e os força a fazer os movimentos sem o auxílio dos braços, mais eles irão responder. Isso quer dizer ser realmente muito específico na execução dos exercícios.

Também é importante trabalhar os antebraços em uma grande amplitude de movimento. Você precisa abaixar o peso o mais longe possível, obtendo o alongamento máximo, e depois voltar totalmente até em cima para obter a contração total do músculo. Trabalhar apenas 3/4 da amplitude de movimento não é tão benéfico, porque você já usa essa parte do músculo em inúmeros outros exercícios.

Se você quer aumentar drasticamente o desenvolvimento dos seus antebraços, pode usar o princípio da prioridade de um modo especial: treine os antebraços sozinhos quando estiver descansado e bem-disposto, ou treine-os no dia das pernas, quando seus braços estiverem descansados. Você também pode manter uma barra ou um haltere em casa e fazer algumas séries de roscas de punho e de punho invertida sempre que quiser, mesmo uma vez a cada hora.

Muitos fisiculturistas esquecem que você pode usar o princípio do choque para ajudar a desenvolver seus antebraços, assim como você pode fazer com outras partes do corpo. Cada método de choque que funciona com a rosca também funciona com a rosca de punho: repetições forçadas, superséries, método decrescente, repetições parciais e assim por diante.

Uma técnica importante para recuperar antebraços fracos é o treinamento com um só braço. Antebraços que estão acostumados a trabalhar juntos para elevar uma barra geralmente serão estimulados a um crescimento acelerado quando você os força a trabalhar sozinhos. A rosca de punho com haltere e a de punho invertida com haltere são dois exercícios primários para essa finalidade. Adicionalmente, fazer um trabalho com cabos com um braço de cada vez não apenas força cada antebraço a trabalhar independentemente como também a trabalhar contra um tipo diferente de resistência. Para esse tipo de movimento, recomendo rosca invertida com um só braço e cabos.

Também é necessário posar e contrair seus antebraços tão freqüentemente quanto possível – não apenas quando você os está treinando, mas entre séries de braços, peito, costas e também de ombros. Seus antebraços devem ser contraídos cada vez que você executa qualquer tipo de pose de competição, de modo que você deve acostumá-los a isso. E o esforço de contraí-los desse modo irá acelerar seu desenvolvimento.

Em resumo, os exercícios que recomendo para o treinamento dos pontos fracos de antebraço são:

Aqui está uma pose de Dave Draper, na qual o desenvolvimento da porção interna dos antebraços é extremamente importante.

PARA A REGIÃO SUPERIOR DOS ANTEBRAÇOS/MÚSCULOS EXTENSORES DO PUNHO

Rosca invertida com barra, halteres e no banco Scott
Rosca invertida com um só braço
Rosca martelo
Rosca de punho invertida

PARA A REGIÃO INTERNA AOS ANTEBRAÇOS/MÚSCULOS FLEXORES DO PUNHO

Rosca de punho com um só braço
Rosca de punho com barra
Rosca de punho por trás

Nesta pose lateral de peito, Shawn Ray mostra a importância de um bom desenvolvimento do antebraço superior, bem como um músculo do antebraço longo que se insere no punho.

Exercícios para os Braços – Bíceps

ROSCA COM BARRA, DE PÉ

OBJETIVO DO EXERCÍCIO: Desenvolver o tamanho global do bíceps.

Esse é o mais básico e popular dos exercícios de bíceps.

EXECUÇÃO: (1) De pé, com os pés afastados na largura dos ombros, segure os halteres com uma pegada supinada, mãos na largura dos ombros. Deixe o haltere pendurado no comprimento dos braços em frente a você. (2) Puxe-o para fora e para cima em um amplo arco até o mais alto possível, com os cotovelos juntos ao corpo e parados. Mantenha o arco amplo e longo, ao invés de trazer o haltere direto para cima, com um movimento muito fácil. Contraia totalmente no topo. Abaixe o peso novamente, seguindo o mesmo arco e resistindo a carga todo o tempo até a extensão total dos cotovelos. Uma pequena quantidade de movimento corporal nesse exercício é aceitável porque é um movimento de produção de massa muscular, mas isto deve ser mantido a um mínimo a não ser que você esteja fazendo deliberadamente a rosca falsa. Curvar-se para frente e inclinar-se para trás reduz a sua amplitude de movimento.

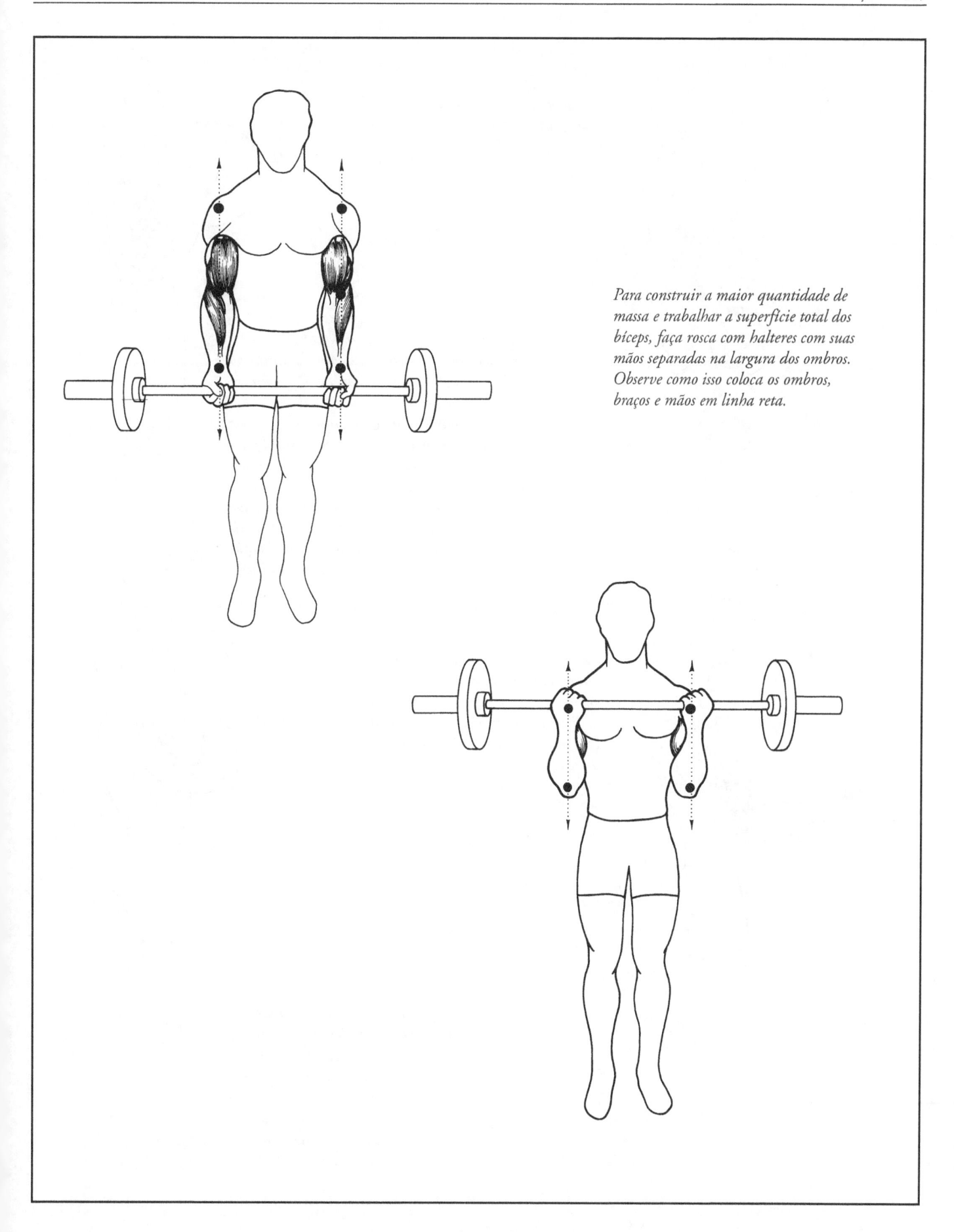

Para construir a maior quantidade de massa e trabalhar a superfície total dos bíceps, faça rosca com halteres com suas mãos separadas na largura dos ombros. Observe como isso coloca os ombros, braços e mãos em linha reta.

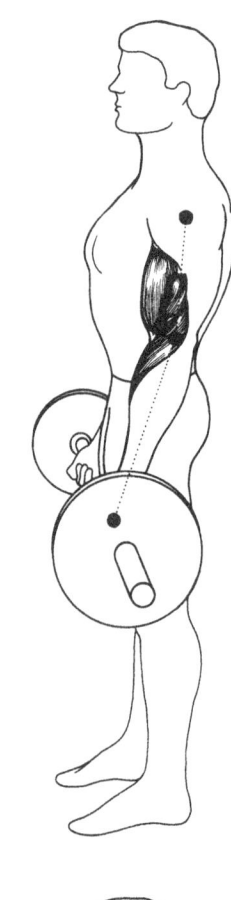

A posição inicial correta para a rosca com halteres: de pé, costas retas, cotovelos ao lado, cotovelos totalmente estendidos para alongar os bíceps.

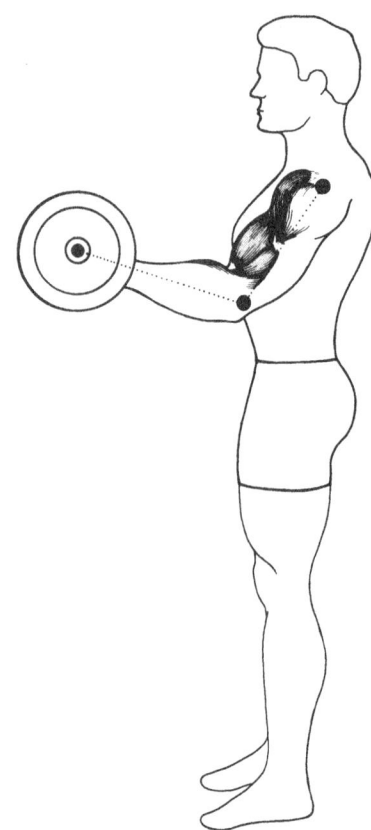

A posição final correta da rosca com halteres: o corpo ereto, sem inclinação, cotovelos firmes ao lado. Essa forma estrita força o bíceps a fazer todo o trabalho, sem qualquer ajuda das costas ou dos ombros. Observe também que quando você mantém os cotovelos firmes, seus braços ainda estão em um ângulo no topo do movimento em vez de retos de cima para baixo. Isso significa que o bíceps ainda está executando o trabalho de segurar o peso, em vez de descansar enquanto os ossos e as articulações fazem o trabalho.

Observe o que acontece quando você eleva os cotovelos durante a rosca com halteres. Em vez de isolar e trabalhar o bíceps, você está envolvendo os deltóides frontais, o que prejudica o objetivo do exercício.

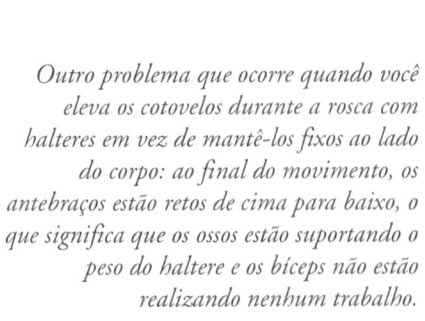

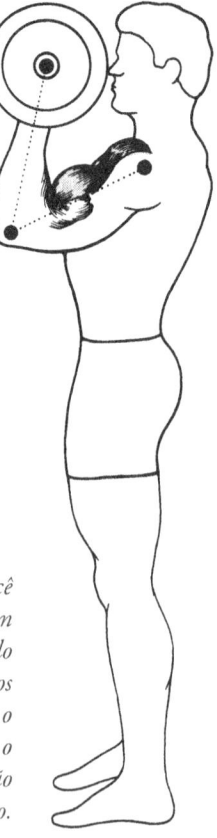

Outro problema que ocorre quando você eleva os cotovelos durante a rosca com halteres em vez de mantê-los fixos ao lado do corpo: ao final do movimento, os antebraços estão retos de cima para baixo, o que significa que os ossos estão suportando o peso do haltere e os bíceps não estão realizando nenhum trabalho.

ROSCA COM APOIO DOS COTOVELOS (OPCIONAL)

Realizar exercícios de rosca com o "roubo" – um equipamento que, infelizmente, você não acha muito facilmente hoje em dia – é um modo muito estrito de trabalhar o bíceps minimizando o "roubo". Ao usar o detonador de braços, você obtém o mesmo efeito da rosca Scott (nenhum movimento de cotovelos e um isolamento estrito do bíceps).

ROSCA ROUBADA

Objetivo do Exercício: Desenvolver massa e potência adicionais no bíceps.

Execução: De pé, segure a barra como na rosca com halteres, mas use peso suficiente de modo que fique difícil fazer mais do que apenas algumas repetições estritas. Neste ponto, você começa a jogar o peso para cima, usando as costas e ombros para ajudar os braços. O truque é manter os seus bíceps trabalhando o mais duro possível, facilitando o suficiente apenas para manter a série. Mantenha os cotovelos parados juntos à cintura. Eu gosto de combinar a rosca com halteres e a rosca "roubada", fazendo uma série de rosca e quando meus braços estão muito cansados para fazer mais repetições estritas, colocar mais carga e fazer algumas roscas "roubadas" para realmente esgotar os bíceps.

ROSCA SCOTT

OBJETIVO DO EXERCÍCIO: Desenvolver o bíceps, especialmente da porção inferior.

Isso é especialmente bom para qualquer um que tenha espaço entre o bíceps inferior e a articulação do cotovelo, para ajudar a preencher e moldar esta área.

EXECUÇÃO: A rosca Scott é um movimento ainda mais estrito do que a rosca regular com barra. (1) Coloque o peito contra o banco, os cotovelos estendidos sobre ele. Isso coloca os braços em um ângulo que transfere esforço adicional para a área inferior do músculo. Segure uma barra com uma pegada supinada. (2) Mantendo o corpo firme, traga a barra até em cima e depois abaixe-a novamente até a extensão total do cotovelo, resistindo até embaixo. Você pode usar uma barra W para este movimento ou mesmo usar o banco para a rosca unilateral com halteres. Não se incline para trás quando você elevar a barra e, deliberadamente, contraia o músculo bem forte no topo do movimento, onde há pouco estresse real sobre os bíceps.

A rosca Scott também pode ser feita com uma barra W.

Fazer a rosca Scott com halteres força cada braço a trabalhar independentemente.

Robby Robinson

Fazer este exercício com os halteres juntos trabalha o bíceps externo um pouco mais forte...

... e com os halteres separados trabalha mais forte o bíceps interno.

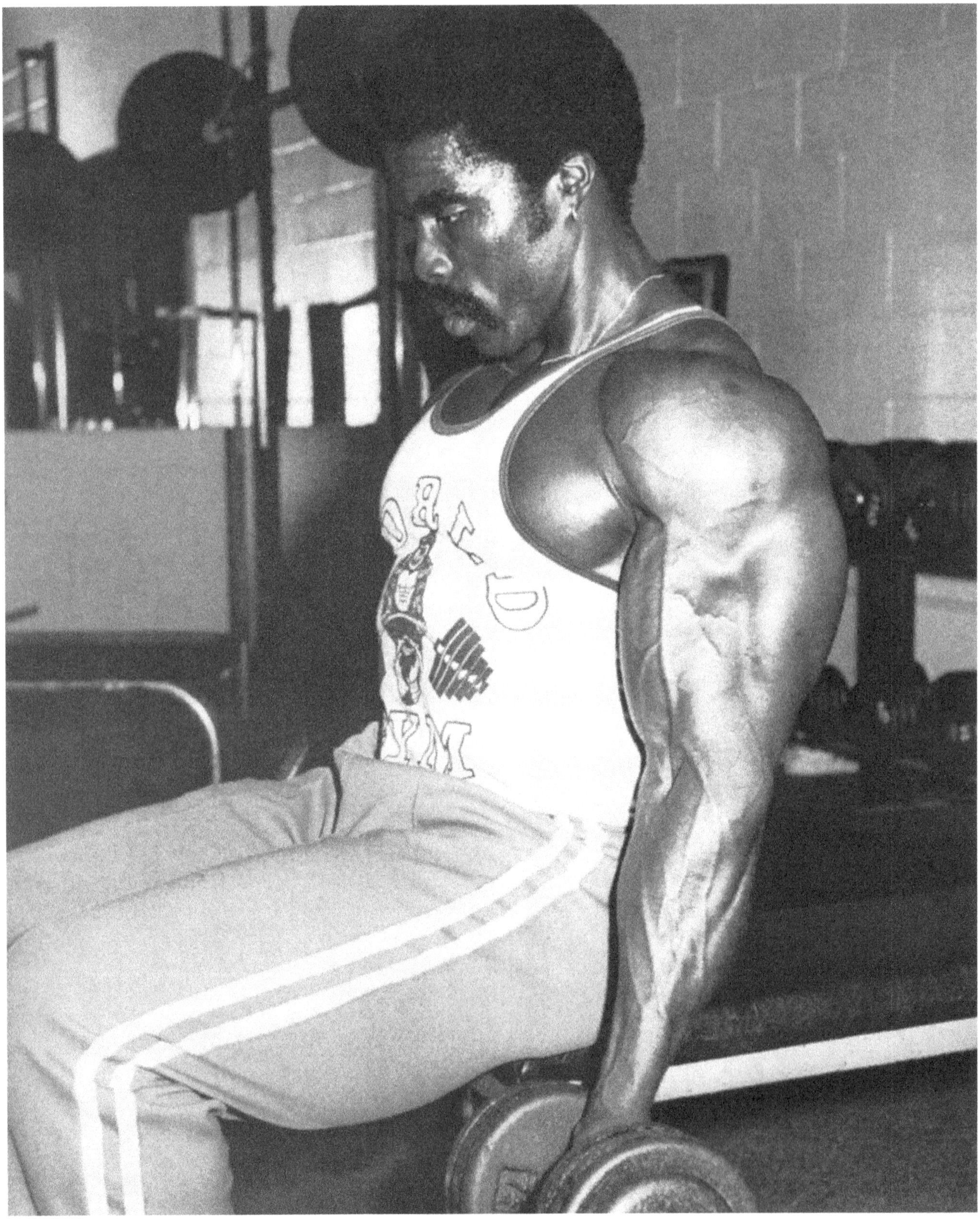

ROSCA EM 3 PARTES (21 s)

Objetivo do Exercício: Desenvolver e moldar toda a área do bíceps.

Este exercício, uma combinação de movimentos parcial e completo, é um grande teste de resistência. Devido a combinação de 3 séries de 7 repetições cada uma, ele também é conhecido como 21 s.

Execução: (1) A partir de uma posição de pé ou sentada, segure um haltere em cada mão, segurando os pesos embaixo, ao lado do corpo. (2) Eleve os pesos até a metade da distância com os antebraços paralelos ao chão e depois abaixe-os novamente até a posição inicial. Faça 7 repetições deste movimento. Depois, sem parar, (3) eleve os pesos até em cima mas pare na metade ao descer e faça 7 repetições deste movimento parcial. Nesse ponto, mesmo começando a sentir exaustão, termine fazendo 7 repetições de rosca com amplitude completa. Eu gosto de fazer esse exercício em frente ao espelho, para observar a elevação na amplitude correta.

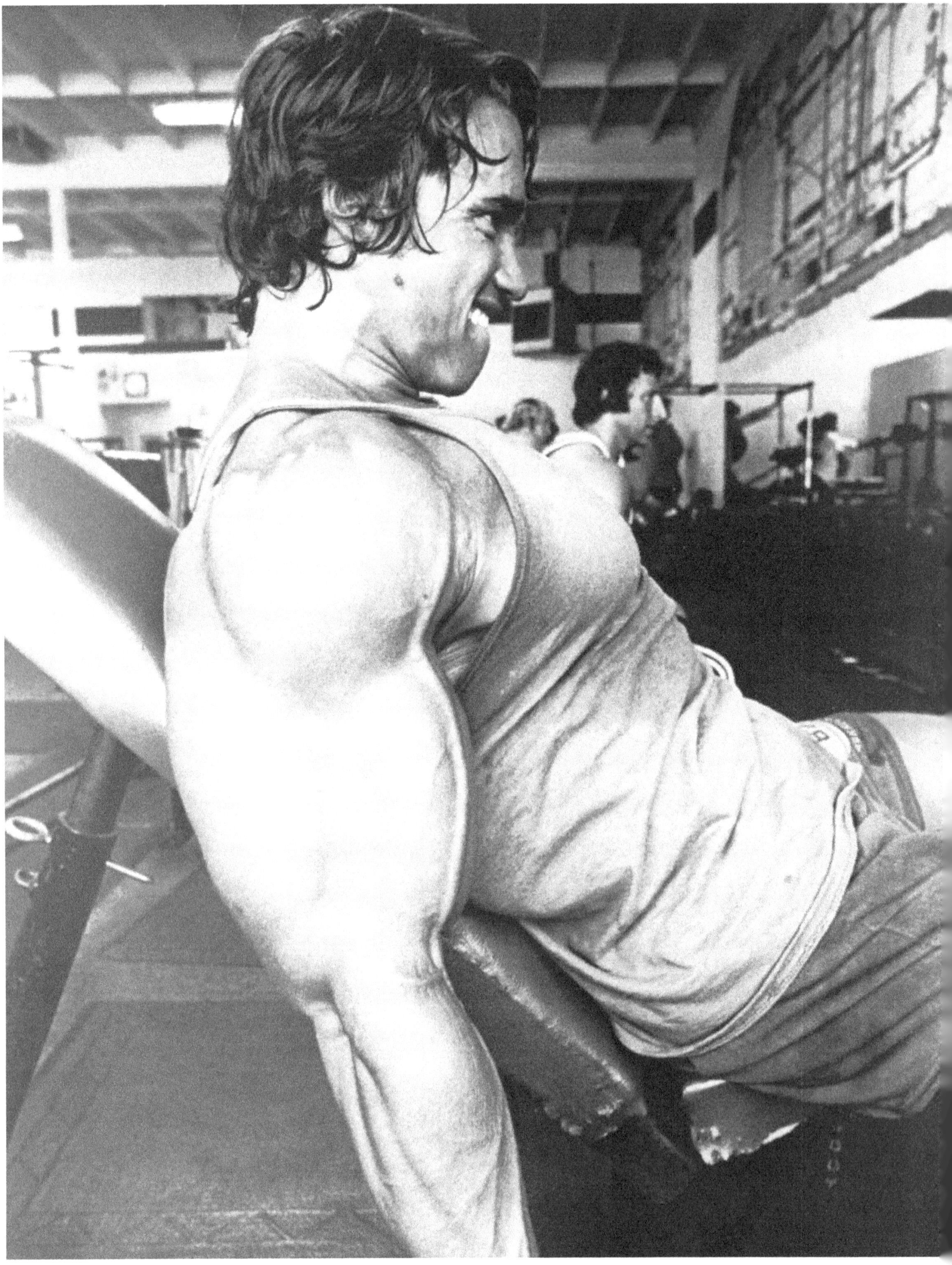

ROSCA COM HALTERES EM BANCO INCLINADO

OBJETIVO DO EXERCÍCIO: Alongar os bíceps e para atingir um desenvolvimento completo dos mesmos.

Este exercício desenvolve massa e altura no bíceps ao mesmo tempo. Se você fizer o movimento para a frente, realizará um exercício geral de bíceps. Se você fizer para fora, ele se torna um exercício especializado que enfatiza a porção interna do bíceps.

EXECUÇÃO: (1) Sente-se em um banco inclinado segurando um haltere em cada mão. (2) Mantendo os cotovelos bem para a frente durante todo o movimento, eleve os pesos para a frente até o nível dos ombros. Abaixe os pesos de novo, totalmente sob controle, e pare embaixo para evitar impulsioná-los para cima na próxima repetição. Eu noto que consigo os melhores resultados com esse exercício pronando e também supinando meus punhos durante o movimento (girando os punhos de modo que as palmas fiquem uma de frente para a outra quando estão embaixo, depois girando os pesos à medida que os elevo de modo que as palmas fiquem para cima e depois para fora, com o dedo mínimo mais elevado do que o polegar no topo).

A rosca com haltere para fora ajuda a desenvolver a porção interna do bíceps e é um exercício importante para trabalhar os pontos fracos.

ROSCA COM HALTERES, SENTADO

Objetivo do Exercício: Aumentar, moldar e definir os bíceps.

Executar a rosca-padrão com halteres em vez da barra significa que você irá usar um pouco menos de peso, mas os braços ficam livres para se moverem através da sua amplitude natural de movimento e, ainda, você pode atingir um grau bem maior de contração. Assim como na rosca com barra, você pode facilitar um pouco nesse exercício, mas faça isso o mínimo possível.

Execução: (1) Sente-se na ponta de um banco horizontal ou contra o suporte de costas de um banco inclinado ajustado para a posição ereta, com um haltere em cada mão mantidos retos para baixo, palmas viradas para o seu corpo. (2) Mantendo seus cotovelos firmes como pontos fixos de pivô, traga os pesos para frente e para cima, virando as palmas para fora à medida que você eleva os pesos, de modo que os polegares girem para fora e as palmas fiquem para cima. Eleve os pesos o mais alto possível e depois faça uma contração adicional dos bíceps para obter contração máxima. Abaixe os halteres através do mesmo arco, resistindo com os pesos em todo o percurso, até que os cotovelos estejam totalmente estendidos e os bíceps alongados ao máximo. Girar os punhos à medida que você eleva e abaixa os halteres causa contração completa do bíceps e desenvolve o bíceps interno e a separação entre bíceps e tríceps. Você também pode fazer esse exercício de pé em vez de sentado, o que vai lhe permitir usar um pouco mais de peso, embora o movimento não seja tão estrito.

ROSCA MARTELO (OPCIONAL)

Isto é feito do mesmo modo que a rosca com halteres exceto que as palmas são viradas para dentro e ficam desse modo durante todo o movimento. Assim, você trabalha o antebraço juntamente com os bíceps.

ROSCA ALTERNADA COM HALTERES

OBJETIVO DO EXERCÍCIO: Isolar o bíceps de cada braço.

Isto é uma variação da rosca com halteres, na qual você trabalha cada braço alternadamente, para lhe dar mais isolamento do músculo, permitindo que você concentre a sua energia em um braço de cada vez e minimize a facilitação.

EXECUÇÃO: Fique de pé, um haltere em cada mão, cotovelos estendidos para baixo. Flexione um cotovelo de cada vez, para frente e para cima, mantendo-o firme na cintura e girando o punho ligeiramente, trazendo o polegar para baixo e o dedo mínimo para cima, a fim de conseguir a maior contração do bíceps. Eleve o peso o mais alto possível, depois abaixe-o sob controle no mesmo arco, elevando simultaneamente o outro peso de modo que ambos halteres estejam em movimento e girando o punho da outra mão quando você eleva o peso. Continue essa rosca alternada até que você tenha feito as repetições necessárias com ambos os braços. Observe para que você execute uma flexão e extensão completas, com a amplitude de movimento mais completa possível.

Usando o apoio do cotovelo, você obtém um movimento específico como no banco. Com os cotovelos firmes no lugar, há um bom treinamento, especialmente, nos bíceps inferiores.

Você também pode fazer a rosca alternada em posição sentada.

ROSCA CONCENTRADA

OBJETIVO DO EXERCÍCIO: Criar altura máxima no bíceps, especialmente na porção externa.

Gosto de fazer esse exercício no final do meu treinamento de bíceps porque ele é um dos melhores meios de elevar o músculo. Esse é um movimento muito estrito, mas é usado para altura e não para definição, então use o máximo de carga possível. O nome rosca concentrada é significativo: você realmente precisa concentra-se na parte do bíceps e ser específico para fazer esse exercício de forma eficaz.

EXECUÇÃO: (1) De pé, levemente inclinado, com um haltere em cada mão. Apóie o seu braço livre sobre o joelho ou outro objeto estacionário para ficar estável. (2) Eleve o peso até a altura do deltóide sem mover o braço ou o cotovelo e não permitindo que o seu cotovelo repouse contra a sua coxa. À medida que você eleva o peso, gire o punho de modo que o dedo mínimo termine mais elevado do que o polegar. Tensione o músculo completamente no topo da rosca, depois abaixe o peso de forma lenta, mantendo a resistência durante todo o tempo até uma extensão completa. No topo da rosca, o bíceps está sofrendo todo o esforço do peso. Não traga o peso para o peito – ele deve ser trazido para o ombro.

ROSCA COM HALTERES, DEITADO

OBJETIVO DO EXERCÍCIO: Aumentar todo o bíceps através de uma amplitude de movimento máxima.

Este é um exercício que aprendi com Reg Park e é particularmente eficaz porque ele lhe dá um grande alongamento de bíceps, além de ajudar a alongar o músculo. Do mesmo modo, devido ao ângulo, o bíceps precisa ser totalmente contraído para contrabalançar a força da gravidade.

EXECUÇÃO: Use um banco de exercício e, se necessário, coloque-o sobre blocos para afastá-lo do solo. (1) Deite-se de costas no banco, com um haltere em cada mão, joelhos flexionados e pés apoiados no banco. Deixe os halteres ao lado (sem tocar o chão) e gire as palmas para frente. (2) Com os cotovelos firmes, eleve os pesos em direção aos ombros, mantendo o movimento bem estrito. Depois abaixe os halteres em direção ao solo, mantendo a resistência o tempo todo.

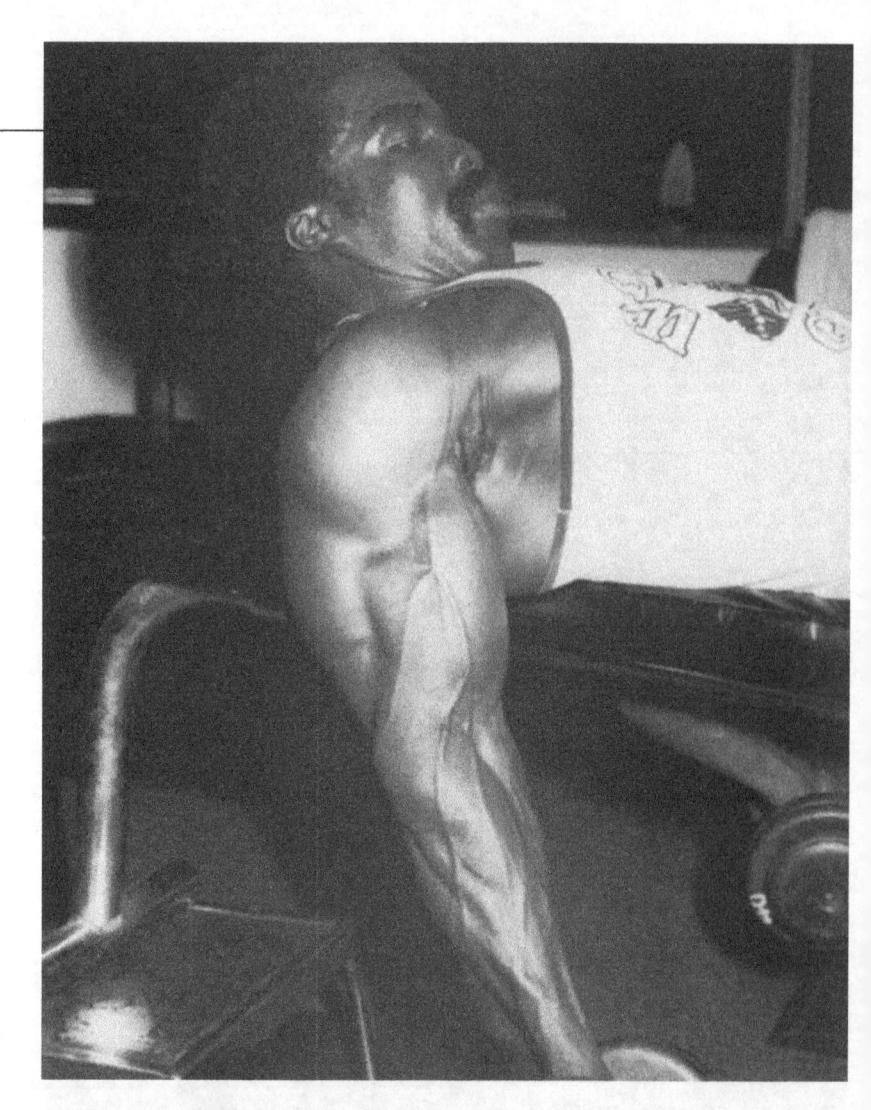

ROSCA COM CABO COM AS DUAS MÃOS

Objetivo do Exercício: Desenvolver e moldar o bíceps, particularmente a altura do pico do bíceps.

Execução: Conecte uma barra a um cabo e polia baixa. (1) Segure a barra com uma pegada supinada, mãos na largura dos ombros. Mantendo os cotovelos firmes ao lado, estenda-os para fora e para baixo até que os bíceps estejam totalmente alongados. (2) Traga a barra para cima, sem mexer os cotovelos, até logo abaixo do queixo. Contraia os bíceps o mais forte possível no topo, depois abaixe a barra lentamente até a extensão total dos cotovelos, com bíceps alongados. Esse não é um exercício de massa, de modo que a chave do movimento correto é fazê-lo lenta e suavemente, mantendo o controle.

Lee Priest

ROSCA COM CABO NO BANCO SCOTT (OPCIONAL)

EXECUÇÃO: Faça este movimento com um banco, (1) sente-se e coloque os braços sobre o banco para mantê-los firmes à medida que você (2) eleva o peso e o abaixa lentamente, mantendo a resistência durante o movimento.

A rosca Scott com cabo combina o movimento estrito do banco com o movimento estrito da resistência constante dada pelo cabo.

Fazer a rosca Scott com um cabo lhe dá uma resistência igual no topo. (Com halteres ou barra, a resistência ocorre mais embaixo.) Portanto, fazer o exercício com um cabo lhe ajuda a adicionar contração máxima ao seu trabalho.

ROSCA INVERTIDA

Objetivo do Exercício: Desenvolver o bíceps.
Este exercício também é bom para desenvolver o antebraço.

Execução: (1) De pé, com os pés afastados na largura dos ombros, segure uma barra com uma pegada pronada e segure-a em frente ao seu corpo, para baixo. (2) Mantendo seus cotovelos firmes, traga o peso para fora e para cima para uma posição à frente do queixo. Abaixe o peso usando o mesmo arco, resistindo durante todo o movimento. Segurando a barra desse modo, você coloca o bíceps em uma posição de desvantagem mecânica, de modo que não pode usar muita carga. A pegada invertida faz com que o topo do antebraço trabalhe muito forte. A rosca invertida é para o bíceps e não para o antebraço, pois não começa com nenhum tipo de rosca invertida de punho. Mantenha os punhos firmes a medida que você traz o peso para cima. Observe que os polegares são mantidos sobre a barra.

ROSCA INVERTIDA NO BANCO SCOTT

Objetivo do Exercício: Desenvolver os bíceps e o topo do antebraço.

Usando o banco, o movimento é feito de modo bastante estrito.

Execução: (1) Segure a barra com uma pegada superior, mãos na distância dos ombros. (2) Incline-se sobre o banco e estenda completamente os cotovelos. Deixe os braços pendurados em direção ao solo, depois erga o peso para cima, usando também os punhos e mantendo os cotovelos firmemente apoiados. Eleve o peso o mais alto possível, depois abaixe-o, mantendo-o controlado e com resistência até embaixo. Mantenha o corpo firme durante o movimento e evite balançar para frente e para trás.

APARELHOS PARA BÍCEPS

Muitos fabricantes de equipamentos fazem aparelhos de rosca projetados para permitir que você submeta os seus bíceps a uma resistência rotatória de total amplitude. Uma vantagem desses aparelhos é que eles permitem que você faça negativas forçadas pesadas, quando, por exemplo, o seu parceiro de exercício empurrando o peso para baixo à medida que você resiste durante a parte inferior do movimento. Outra vantagem é que freqüentemente você pode obter uma amplitude de movimento mais longa, dando-lhe mais alongamento e contração total. Contudo, os aparelhos lhe limitam movimento, o que não permite um desenvolvimento realmente completo do bíceps. Use os aparelhos como um meio de se obter mais variedade nos seus exercícios em adição à, mas não em vez de, rosca com pesos livres.

Flex Wheeler

ROSCA NO APARELHO

OBJETIVO DO EXERCÍCIO: Trabalhar o bíceps na maior amplitude de movimento possível.

Quando você faz a rosca no aparelho, o movimento torna-se extremamente específico e você é capaz de realizar uma contração contra uma resistência durante a maior amplitude de movimento possível, desde uma extensão completa até uma flexão máxima completa. Por isso, a rosca no aparelho é um exercício de acabamento de forma e não de desenvolvimento de massa.

Há uma grande variedade de aparelhos de rosca encontrados nas academias. Com alguns, a resistência é dada pela carga de anilhas, enquanto outros usam cabos conectados a uma pilha de pesos. Em muitos aparelhos você segura uma barra e flexiona ambos os cotovelos simultaneamente. Em outros, como o que é mostrado aqui, os dois lados do aparelho trabalham independentemente, de modo que você pode trabalhar os braços simultaneamente ou usar o aparelho para fazer rosca alternada.

EXECUÇÃO: Quando fizer a rosca em qualquer aparelho, posicione-se com os cotovelos sobre a almofada e segure a barra ou os punhos com uma pegada supinada. (1) Para a rosca com as duas mãos, contraia o bíceps e flexione os cotovelos o mais afastado possível, sentindo a completa contração máxima no topo. Depois estenda para baixo sob controle até o ponto de extensão completa do cotovelo. (2) Na rosca alternada, contraia um braço ao ponto de contração máxima, estenda-o para baixo sob total controle. Depois faça o mesmo com o outro braço e continue a alternar os dois braços até que a série esteja completa.

Exercícios para os Braços – Tríceps

ROSCA TRÍCEPS COM CABO (OU ROSCA NO APARELHO PARA O GRANDE DORSAL)

Objetivo do Exercício: Trabalhar o tríceps em uma completa amplitude de movimento.

Execução: (1) Pendure uma barra curta em um cabo de uma roldana alta, fique perto da barra e segure-a com uma pegada pronada e mãos separadas cerca de 25 cm. Mantenha os cotovelos travados, próximos ao corpo, e parados. Mantenha todo o corpo firme; não se incline para frente para empurrar com o peso do seu corpo. (2) Empurre a barra para baixo o mais longe possível, travando os braços e sentindo o tríceps contrair-se completamente. Relaxe e deixe a barra subir o mais longe possível sem mover os cotovelos. Para variar, você pode mudar a pegada, o tipo de barra, a distância entre você e a barra, ou a distância entre as suas mãos; ou você pode fazer um movimento de 3/4, indo desde o topo até 3/4 da distância de modo a trabalhar o tríceps inferior mais diretamente.

Jusup Wilkosz

Rosca tríceps com apoio dos cotovelos... Eu muitas vezes fiz roscas usando apoio de cotovelos para evitar que os cotovelos se movessem e para criar um movimento muito estrito.

Quando você faz rosca com um banco inclinado, você força o tríceps a trabalhar em um ângulo incomum, dificultando o movimento.

Mike Matarazzo

Mudando de uma pegada pronada para uma pegada supinada, você altera a sensação e o recrutamento muscular.

ROSCA TRÍCEPS INVERTIDA UNILATERAL COM CABO

Objetivo do Exercício: Isolar o tríceps e desenvolver a forma em ferradura do músculo.

Este exercício é especialmente bom para competição ou para treinar os pontos fracos porque usando um cabo você pode trabalhar cada braço separadamente.

Execução: (1) Usando um cabo conectado a uma roldana alta, segure o punho com uma pegada supinada, palma para cima. (2) Mantendo os cotovelos firmes, estenda o cotovelo até embaixo, até que esteja travado. Contraia o tríceps nessa posição para um trabalho adicional. Ainda sem mexer o cotovelo, deixe a sua mão subir o mais longe possível até que o antebraço se aproxime do bíceps e que você sinta um completo alongamento do tríceps. Termine as repetições com um braço e depois faça com o outro braço.

ROSCA TRÍCEPS, SENTADO

Objetivo do Exercício: Trabalhar todas as três porções do tríceps, especialmente a porção longa.

Execução: Segure uma barra com uma pegada pronada, mãos juntas. (1) Sente-se em um banco e eleve a barra sobre a cabeça com os braços travados. (2) Mantendo os cotovelos parados e junto da cabeça, abaixe o peso em um arco atrás desta, até que os tríceps estejam totalmente alongados. Apenas os antebraços devem se mover nesse exercício. A partir dessa posição, usando apenas o tríceps, empurre o peso de volta até uma extensão completa. Trave os braços e contraia o tríceps. Você pode preferir fazer esse exercício usando uma barra W ou um banco inclinado.

ROSCA TRÍCEPS, DE PÉ

Objetivo do Exercício: Desenvolver toda a largura do tríceps.

Fazer esse movimento dá ao tríceps um aspecto completo para complementar o bíceps quando se realiza uma pose de bíceps duplo. Executar esse exercício de pé, e não sentado, permite que você facilite o movimento e assim use mais carga. Esse exercício também pode ser feito com um cabo e corda conectados a uma roldana baixa, o que coloca mais ênfase na porção longa do tríceps.

Execução: (1) Segure uma barra reta ou uma barra W com uma pegada pronada, mãos cerca de 25 cm uma da outra. Fique de pé e segure a barra estendida sobre a cabeça. (2) Mantendo os cotovelos estáticos e juntos da cabeça, abaixe a barra por trás desta o mais longe possível, depois empurre-a de volta para a posição inicial em um arco semicircular.

Chris Cormier

ROSCA TRÍCEPS, DEITADO

OBJETIVO DO EXERCÍCIO: Trabalhar o tríceps inteiramente, desde os cotovelos até o grande dorsal.

EXECUÇÃO: (1) Deite-se em um banco com os joelhos flexionados e pés apoiados no banco. Segure uma barra (preferivelmente uma barra W) com uma pegada pronada e mãos separadas cerca de 25 cm. (2) Empurre o peso para cima até que seus cotovelos estejam estendidos, mas não diretamente sobre a face. O peso deve estar por trás do topo da cabeça e com os tríceps fazendo o trabalho de segurá-lo nessa posição. Mantendo os cotovelos parados, abaixe o peso além da testa, depois empurre-o de volta à posição inicial, parando antes da vertical para manter o tríceps sob tensão constante. Mantenha o controle do peso durante todo o tempo nesse movimento para evitar bater na sua cabeça com a barra. Quando não puder mais fazer nenhuma repetição, você ainda pode forçar o tríceps a manter-se trabalhando fazendo rosca tríceps com pegada fechada.

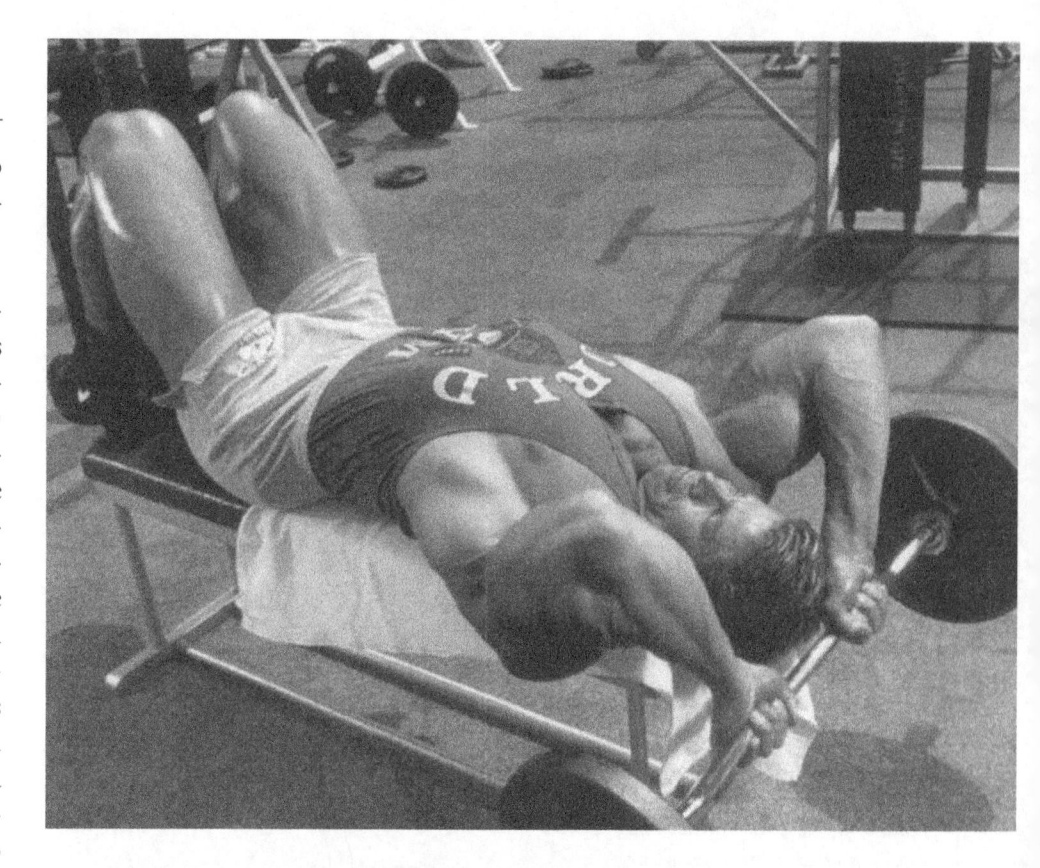

Esta fotografia mostra os braços perpendiculares ao corpo na posição final; para uma contração máxima eles devem ficar em um ângulo de 45 graus. (Roland Kickinger)

Se mantiver a cabeça elevada enquanto faz uma rosca tríceps deitado, você não será capaz de abaixar a barra o suficiente para alongar o tríceps completamente.

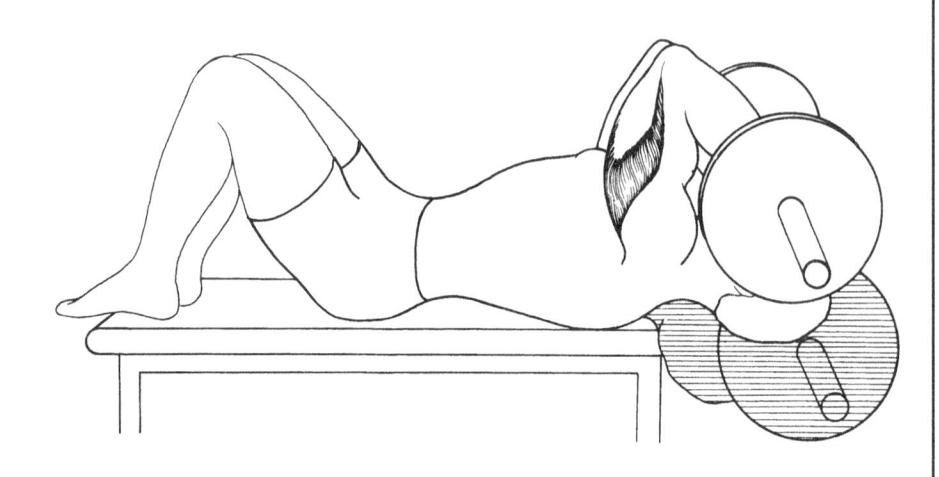

Deixar a cabeça levemente pendurada na ponta do banco lhe dá mais espaço para abaixar a barra e obter alongamento completo do tríceps.

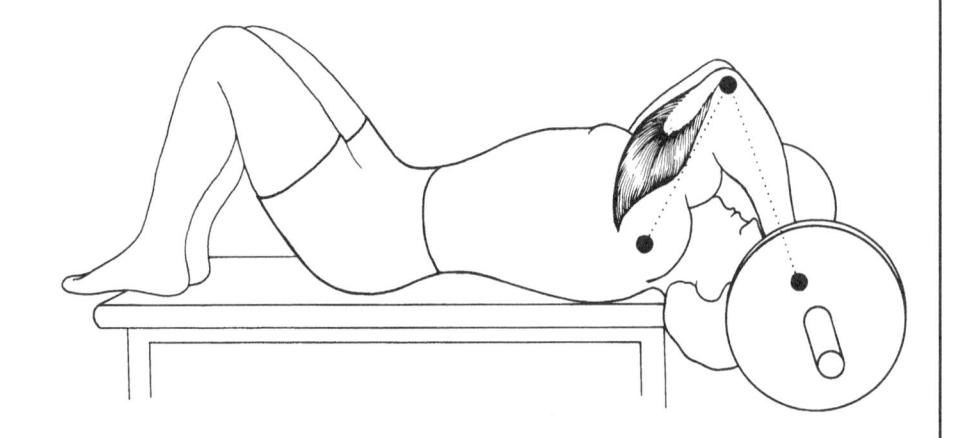

Um erro comum quando se faz rosca tríceps deitado é levantar o peso e segurá-lo diretamente sobre a cabeça, o que significa que os ossos e as articulações estão fazendo o trabalho e não o tríceps. Essa ilustração mostra o modo correto de fazer o exercício. Posicione-se de modo que os cotovelos ainda estejam angulados quando você estendê-los. Esse ângulo garante que o tríceps não possa descansar no topo mas que ainda tem que resistir a gravidade para segurar o peso.

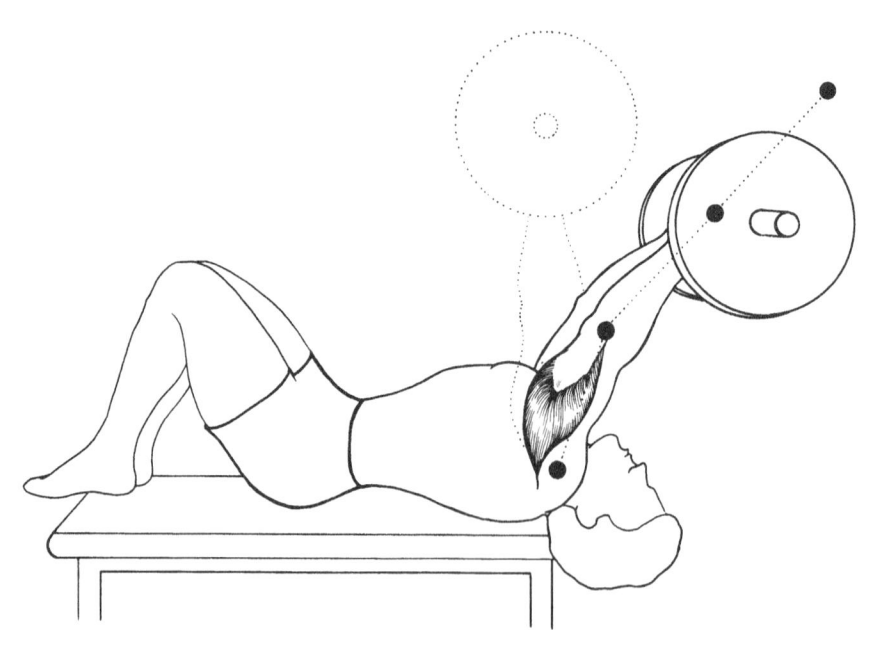

Rosca tríceps com pegada fechada – posição inicial.

Rosca tríceps com pegada fechada – posição final. Mike Francois

ROSCA TRÍCEPS COM HALTERES, DEITADO

Objetivo do Exercício: Trabalhar o tríceps.

Execução: (1) Deite-se em um banco, cabeça nivelada na terminação do banco, joelhos flexionados, pés apoiados no banco. Segure um haltere em cada mão sobre a cabeça, braços retos e com as palmas de frente uma para a outra. (2) Mantenha os cotovelos fixos e abaixe os halteres pelo lado da cabeça até que os tríceps estejam totalmente estendidos e os pesos quase tocando os seus ombros. Empurre-os de volta para cima em um arco amplo, mas trave os cotovelos antes de os braços estarem apontados diretamente sobre a cabeça e contraia o tríceps.

ROSCA TRÍCEPS COM HALTERES, DEITADO, VIRANDO O ROSTO (OPCIONAL)

A rosca tríceps com halteres, deitado, também pode ser feita com um haltere de cada vez, trazendo-o por sobre o corpo até o ombro oposto. Quando você termina as repetições com um braço, faz com o outro braço. Mudando o ângulo do movimento muda a sensação no tríceps.

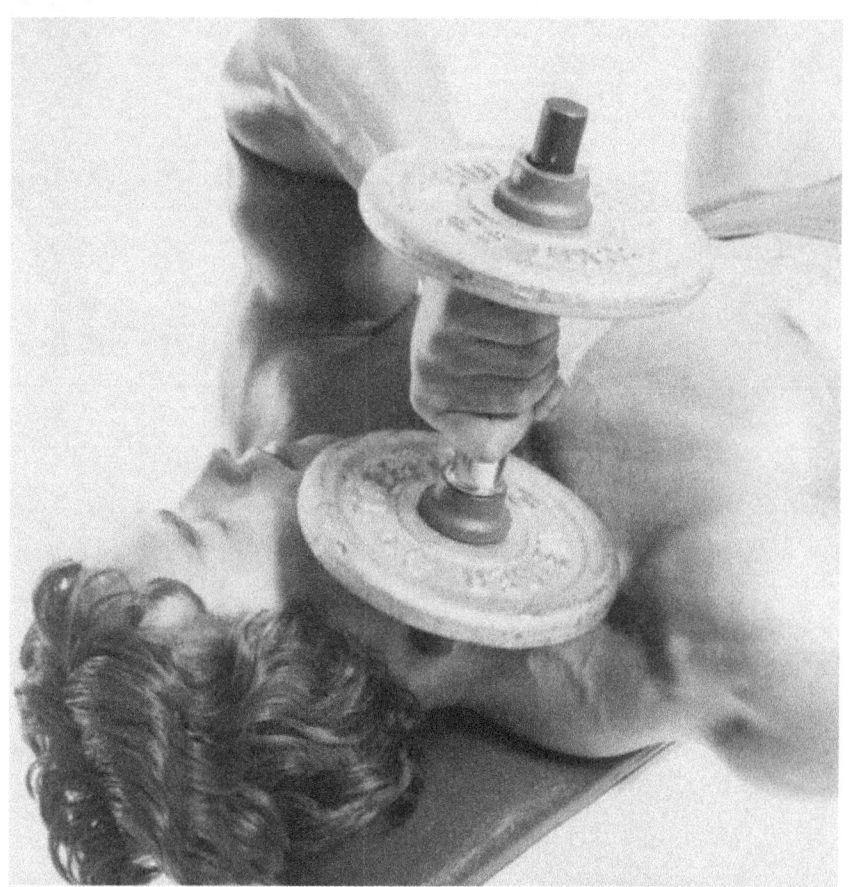

EXTENSÃO DO COTOVELO COM HALTERE, CURVADO

Objetivo do Exercício: Desenvolver o tríceps, especialmente a região superior.

Execução: (1) De pé, com joelhos flexionados e um pé na frente do outro, apóie uma mão em um banco para dar firmeza. Segure um haltere na outra mão, flexione o cotovelo e após estenda-o para trás e para cima na altura do ombro, posicionando-o ao lado do corpo e com o haltere para baixo. (2) Mantendo o cotovelo parado, empurre o peso para trás até que o antebraço esteja paralelo ao chão. Sustente o movimento nesta posição por alguns instantes e contraia o tríceps. Depois volte lentamente à posição inicial. Para um desenvolvimento adicional do tríceps, gire a sua mão levemente à medida que você vai elevando o peso e traga o polegar para cima e gire ao contrário quando abaixa o peso. Termine a série, depois faça tudo com o outro braço. Observe que apenas o antebraço se mova nesse exercício, e não o braço. Esse exercício também pode ser feito na roldana baixa.

ROSCA TRÍCEPS UNILATERAL

OBJETIVO DO EXERCÍCIO: Trabalhar todo o tríceps e separar as três cabeças do tríceps.

EXECUÇÃO: (1) Sentado em um banco, segure um haltere em uma mão e eleve-o sobre a cabeça. (2) Mantendo o cotovelo imóvel e próximo à cabeça, abaixe o haltere em um arco por trás da cabeça (não atrás do ombro) o mais longe possível. Sinta o tríceps alongar ao máximo, depois empurre o peso de volta à posição inicial. É essencial fazer isto do modo mais estrito possível. Olhar no espelho ajuda a verificar a sua forma. Termine a série, depois repita com o outro braço. Observe que você vá de um braço a outro sem parar para descansar entre as séries.

VARIAÇÃO: Vários aparelhos permitem que você faça rosca tríceps com um braço de cada vez ou ambos juntos, e muitas lhe dão a oportunidade de trabalhar toda a amplitude de movimento do tríceps sob resistência constante. Use essas máquinas para variação no seu exercício ou para permitir que o seu parceiro de treinos lhe ajude com as repetições forçadas e negativas forçadas quando você sentir vontade de trabalhar mais pesado.

Rosca tríceps unilateral também pode ser feita de pé; você precisa apenas equilibrar-se, segurando em algo fixo com a mão livre.

MERGULHO NAS BARRAS PARALELAS

Objetivo do Exercício: Desenvolver a espessura do tríceps, especialmente ao redor do cotovelo.

Geralmente se assume que o mergulho é um exercício de peito, mas eles podem ser feitos de modo que também atinjam fortemente o tríceps.

Execução: (1) Usando barras paralelas, eleve o seu corpo e trave os braços. (2) À medida que você flexiona o cotovelo e abaixa o corpo entre barras, tente ficar o mais ereto possível. Quanto mais você se inclina para trás, mais trabalha o tríceps; quanto mais se inclina para frente, mais você trabalha os peitorais. A partir da parte de baixo do movimento, empurre o seu corpo de volta até que seus cotovelos estejam estendidos, depois realize uma contração adicional do tríceps para aumentar a força. Você também pode aumentar o esforço envolvido nesse exercício usando pesos conectados à sua cintura e elevando-se apenas 3/4 da distância em vez de ir até o final do movimento e tirar a tensão do tríceps.

Jusup Wilkoss

Darrem Charles

MERGULHO INVERTIDO EM UM BANCO

OBJETIVO DO EXERCÍCIO: Desenvolver a espessura do tríceps.
Este movimento também é conhecido como mergulho invertido.

EXECUÇÃO: (1) Coloque um banco ou barra atrás do seu corpo e segure-se na ponta do banco com as mãos na distância dos ombros. Coloque os calcanhares sobre uma barra ou outro banco, preferivelmente em um nível mais elevado do que o banco no qual você está apoiado. Flexionando os cotovelos, abaixe o corpo o máximo possível em direção ao solo. (2) Depois, empurre de volta, travando os braços para trabalhar o tríceps superior. Para trabalhar o tríceps inferior, pare logo antes de travar. Se o seu peso corporal não for suficiente, tente fazer o movimento colocando anilhas de peso sobre o colo (o seu parceiro pode fazer isso para você).

EXTENSÃO DO COTOVELO EM UMA BARRA FIXA

Objetivo do Exercício: Alongar e desenvolver completamente o tríceps.

Usando este movimento, você pode alongar completamente o tríceps com mais segurança do que com qualquer outro exercício.

Execução: (1) Usando uma barra fixa horizontal, posicionada na altura da cintura, segurando-a com uma pegada pronada e mãos na largura dos ombros. Trave os braços para apoiar o seu peso, depois mova os pés para trás até que você esteja em uma meia posição de apoio acima da barra. (2) Flexione os cotovelos e abaixe o corpo, de modo que a sua cabeça venha para baixo e sob a barra o mais longe possível. Quando você sentir o alongamento máximo nos tríceps, empurre para a frente com os braços levante o corpo, retornando à posição inicial com os braços travados.

Lee Priest

Exercícios de Braços – Antebraços

ROSCA DE PUNHO COM BARRA

OBJETIVO DO EXERCÍCIO: Desenvolver a parte interna dos antebraços (músculos flexores).

A rosca com barra pesada faz os antebraços trabalharem duro, mas a rosca de punho permite que você isole de forma mais completa esses músculos.

EXECUÇÃO: (1) Segure uma barra com uma pegada supinada, as mãos juntas. Monte em um banco com os antebraços apoiados nele, mas com as mãos e punhos pendurados na beira e com cotovelos e punhos separados na mesma distância. Trave os joelhos contra os cotovelos para estabilizá-los. (2) Flexione os punhos e abaixe o peso em direção ao chão. Quando você não puder mais abaixar a barra, abra cuidadosamente os dedos um pouco e deixe a barra rolar para fora das suas palmas. Traga o peso de volta para as mãos, contraia os antebraços e levante o peso o mais alto possível sem deixar os antebraços saírem do banco. Os antebraços, como as panturrilhas, precisam de muito estímulo para crescer e, então, não tenha medo que forçá-los ao máximo.

ROSCA DE PUNHO UNILATERAL COM HALTERE

OBJETIVO DO EXERCÍCIO: Isolar e desenvolver os antebraços.

Esta é uma variação da rosca de punho que permite isolar um antebraço de cada vez.

EXECUÇÃO: (1) Segure um haltere e sente-se no banco. Incline-se para frente e coloque o antebraço sobre a coxa de modo que o seu punho e o peso sejam apoiados sobre o joelho, com a sua palma e a parte interna do antebraço virada para cima. Incline-se para a frente e com a mão livre segure o cotovelo para firmá-lo. Dobre o punho e abaixe o peso o máximo possível em direção ao chão, abrindo os dedos levemente para deixar o haltere rolar para fora da palma. (2) Feche os dedos novamente e, mantendo o esforço no punho em vez do bíceps, eleve o peso o mais alto possível. Termine as repetições, depois faça com o outro punho.

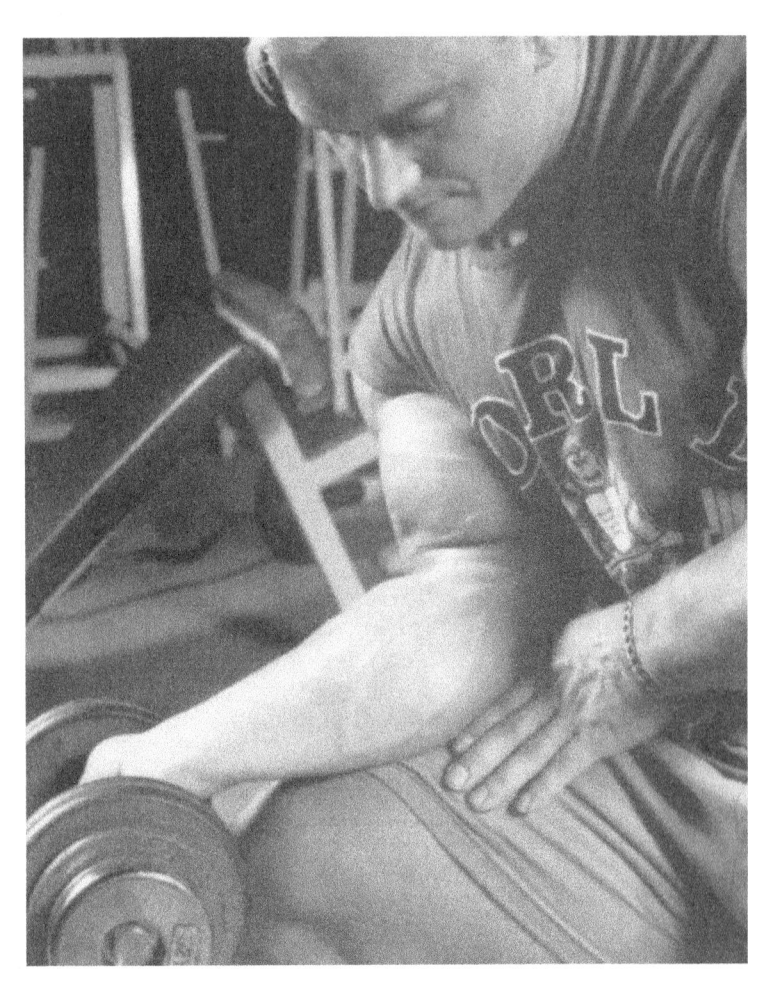

ROSCA DE PUNHO POR TRÁS DAS COSTAS

Objetivo do Exercício: Desenvolver os músculos flexores do antebraço. Este é um exercício de força para os flexores do antebraço, e você pode ir ao peso maior possível.

Execução: (1) Retire uma barra do suporte e segure-a no comprimento dos braços atrás de você, mãos separadas na largura dos ombros e palmas viradas para trás. (2) Mantendo os braços firmes, abra os dedos e deixe a barra rolar para fora das palmas. Feche os dedos, role a barra de volta para dentro das mãos e, depois, eleve-a por trás de você o mais alto possível, contraindo os antebraços. Observe que apenas o punho se mova nesse exercício.

ROSCA DE PUNHO INVERTIDA COM BARRA

Objetivo do Exercício: Desenvolver a parte externa dos antebraços (músculos extensores).

Execução: (1) Segure uma barra com uma pegada pronada, mãos separadas cerca de 25 cm. Coloque os antebraços sobre as coxas ou em um banco Scott de modo que eles estejam paralelos ao chão e seus punhos e mãos estejam livres e sem suporte. Flexione os punhos para frente e abaixe a barra o máximo possível. (2) Depois traga os punhos de volta para cima e eleve a barra o mais alto possível, tentando não mover os antebraços durante o exercício.

ROSCA DE PUNHO INVERTIDA COM BARRA NO BANCO SCOTT

Este movimento também pode ser feito com os antebraços sobre as coxas.

ROSCA DE PUNHO INVERTIDA COM HALTERES

A rosca invertida trabalha os extensores do antebraço. Usando halteres, você garante que cada lado do corpo irá trabalhar até a sua própria capacidade, sem receber nenhuma ajuda da outra.

ROSCA INVERTIDA COM BARRA

Objetivo do Exercício: Desenvolver o bíceps, os extensores dos antebraços e o braquiorradial.

Execução: (1) Segure uma barra com uma pegada pronada, mãos separadas na largura dos ombros. Deixe a barra pendurada no comprimento dos braços em frente a você. (2) Mantendo os cotovelos firmes ao lado, eleve a barra, começando o movimento com uma rosca de punhos. (3) Traga a barra para cima até abaixo do queixo, contraia o bíceps no topo, depois abaixe o peso lentamente até a posição inicial.

ROSCA INVERTIDA COM BARRA NO BANCO SCOTT

Objetivo do Exercício: Desenvolver o bíceps e os extensores dos antebraços.

Execução: (1) Posicione-se com os cotovelos estendidos sobre um banco Scott. Segure uma barra com uma pegada pronada e mãos separadas na largura dos ombros. Deixe a barra pendurada de modo que seus cotovelos estejam totalmente estendidos. (2) Erga a barra, começando com uma rosca de punho e leve-a o mais alto possível em direção ao queixo. A sua posição no banco deve ser tal que, no topo do movimento, os seus antebraços não estejam em um ângulo perpendicular. A partir do topo do movimento, abaixe o peso lentamente de volta para a posição inicial.

ROSCA INVERTIDA EM APARELHO

Objetivo do Exercício: Desenvolver o extensor do antebraço.

Este movimento trabalha os músculos do antebraço inteiramente a partir da sua origem no cotovelo. Em adição a contrair o punho, você flexiona o cotovelo. Embora os aparelhos sejam projetados com funções limitadas, um pouco de imaginação irá permitir que você obtenha o máximo de benefício do seu uso. Invertendo a pegada em um aparelho de rosca, você pode realizar a rosca invertida com movimentos bem estritos.

Execução: (1) Segure o pegador do aparelho de rosca com uma pegada pronada. Coloque os cotovelos firmemente no apoio. (2) Começando com uma extensão completa, flexione os cotovelos, elevando o punho em direção à sua cabeça até o máximo. Abaixe o peso de novo, lentamente e sob controle até que você tenha retornado a uma posição de extensão total dos cotovelos.

ROSCA INVERTIDA UNILATERAL COM CABO

Objetivo do Exercício: Isolar e desenvolver os extensores do antebraço.

Usando um braço de cada vez com os cabos, você obtém uma resistência constante, com amplitude de movimento completa, o que não varia com a posição em relação a quando você usa os halteres. Isso torna tal exercício excelente e especializado para superar pontos fracos nos extensores do antebraço, especialmente se um braço é maior do que o outro.

Execução: (1) Usando uma roldana baixa, segure o pegador com a mão, usando uma pegada com a palma para baixo (pronada). (2) Concentrando-se em manter os cotovelos completamente firmes, como um ponto de pivô, eleve o dorso da mão o mais alto possível em direção ao ombro. No topo do movimento, abaixe a mão, mantendo a resistência em todo o percurso. Termine a série com um braço e faça tudo com o outro.

As Coxas

OS MÚSCULOS DA PARTE SUPERIOR DA COXA

O **quadríceps** é o músculo da frente da coxa que age como extensor do joelho. Os quatro músculos envolvidos são o reto femural, o vasto intermédio (esses dois músculos formam a delineação central em forma de V da parte médio-frontal da coxa), o vasto medial (coxa interna) e o vasto lateral (coxa externa).

FUNÇÃO BÁSICA: Estender o joelho (perna).

O **bíceps femural** e músculos associados – os flexores do joelho (perna) na parte posterior da perna.

FUNÇÃO BÁSICA: Flexionar o joelho (perna) para trás.

Outros músculos importantes da coxa incluem o tensor da fáscia lata, que vem desde o quadril para baixo, na parte lateral da coxa; e o sartório, o mais longo músculo do corpo, que cruza diagonalmente sobre a parte anterior da coxa.

A IMPORTÂNCIA DO TREINAMENTO PARA AS COXAS

Os músculos da coxa são os maiores e mais potentes de todo o corpo. Existem poucos movimentos no esporte que não envolvem um esforço intenso de per-

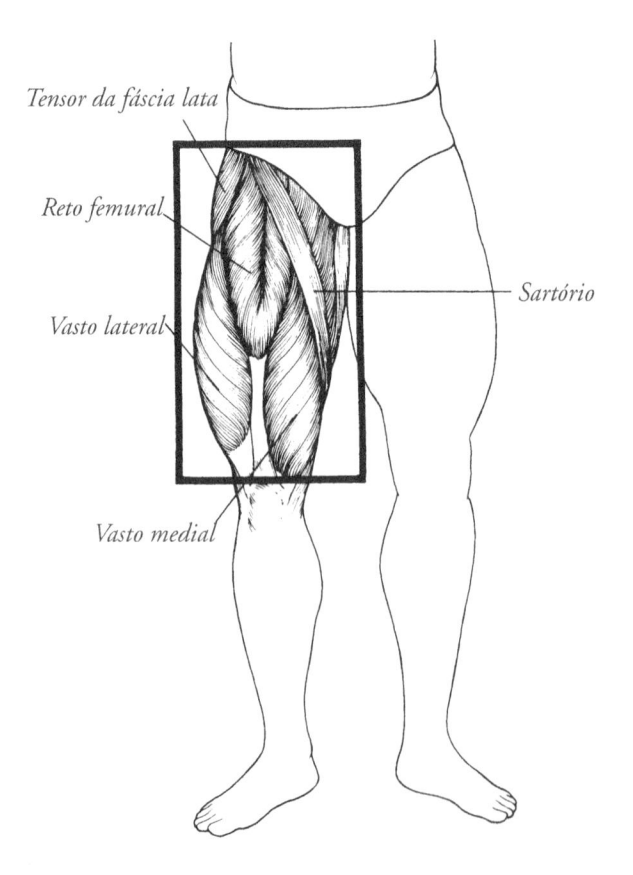

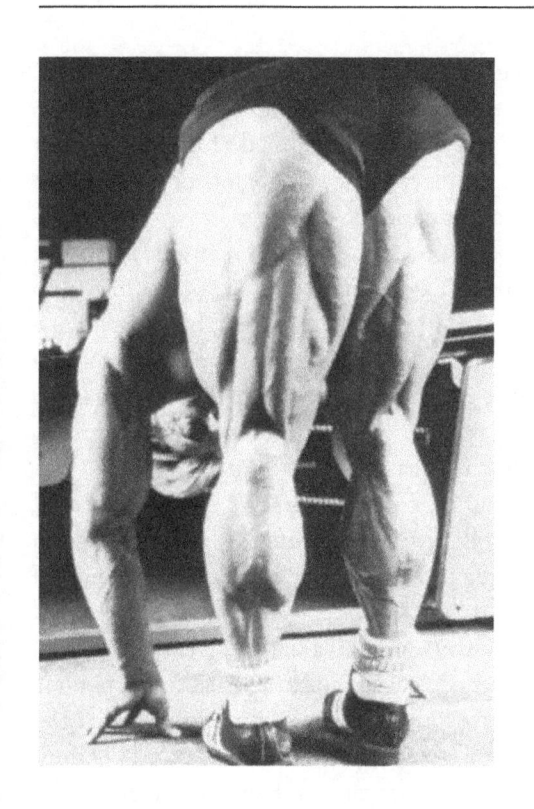

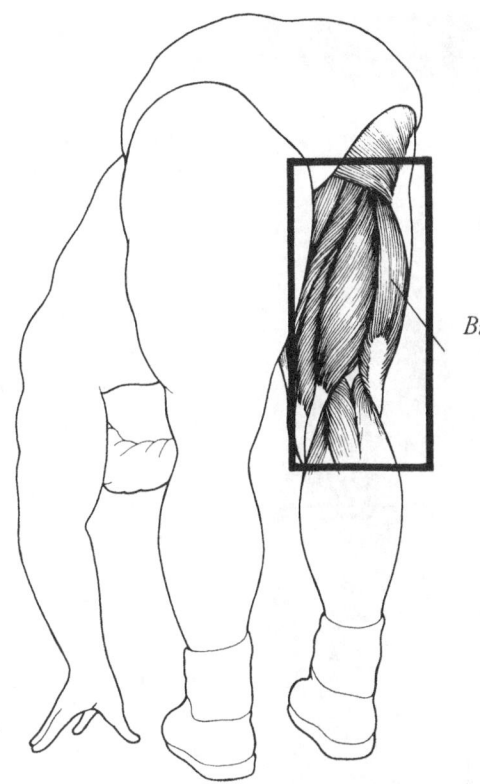

Bíceps femural

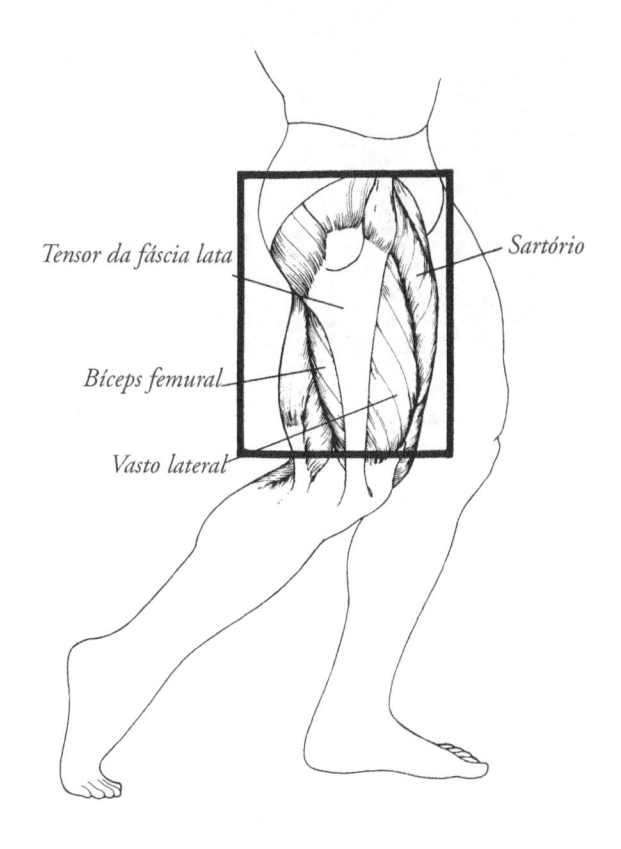

Tensor da fáscia lata
Sartório
Bíceps femural
Vasto lateral

O desenvolvimento das pernas de Milos Sarcev é o resultado de muito treino pesado e do uso do princípio da prioridade.

na. Um jogador de beisebol, golfe, arremessador de disco e boxeador, todos começam seus respectivos movimentos com um potente impulso de pernas. No levantamento de pesos, a maioria dos movimentos de força, como, por exemplo, levantamento da barra, envolvem muito trabalho de coxa, assim como os levantamentos usados nas competições olímpicas.

Contudo, não há nenhum esporte onde o desenvolvimento de coxas seja tão importante quanto no fisiculturismo. Enquanto os juízes de competição têm ombros, peito, braços, costas e abdominais do fisiculturista para ocupar a sua atenção em relação à parte superior à cintura, quando eles olham para parte inferior do corpo o único elemento visual obrigatório são as coxas, o quadríceps e a panturrilha. As coxas são o grupo muscular mais maciço no corpo e constituem proporcionalmente quase metade do seu físico.

Você pode imaginar um Sergio Oliva com coxas fracas? Ou um Nasser El Sonbaty com pernas finas? Qual o objetivo de aumentar os braços até 54 cm ou mais se você os coloca em cima de um corpo com coxas que nem chegam a isso?

Quando eu jogava futebol e esquiava na minha adolescência, na Áustria, os treinadores nos estimulavam a fazer exercícios como agachamento, passada à frente e elevação da panturrilha para fortalecer as nossas pernas. Esse treinamento inicial de certa forma me levou à paixão pelo fisiculturismo. Tínhamos sorte de naquele tempo ter treinadores que compreendiam a nossa necessidade de ter pernas fortes e de como treiná-las. Hoje em dia, sempre que converso com treinadores de atletismo mundo a fora, virtualmente todos eles concordam que uma grande força nas pernas é o fundamento da excelência atlética e que o treinamento com pesos é o melhor meio de desenvolver essa força.

Mas as pernas têm outra qualidade além de grande força – elas são capazes de grande resistência. Capazes de mover até uma tonelada de peso, as pernas também são projetadas para lhe transportar por grandes distâncias sem ficar cansado. Uma pessoa em boas condições pode caminhar por semanas em um terreno irregular e correr 160 km. Nenhum outro músculo do corpo pode apresentar essa dupla qualidade de grande força e grande resistência.

Por isso é que treinar as pernas para o fisiculturismo é uma exigência. Não é suficiente simplesmente submeter as pernas a uma sobrecarga de peso. Você tem que usar carga pesada e um volume de treinamento suficiente para forçar as fibras envolvidas e exaurir a capacidade de resistência dos músculos das pernas. Fazer 5 séries de rosca com barra para o bíceps pode ser pesado, mas fazer 5 séries de agachamentos pesados com 180 a 225 kg sobre as pernas é mais parecido com correr uma minimaratona, com esse tipo de exaustão total realizado em 8 a 9 minutos de esforço concentrado.

Assim como muitos fisiculturistas jovens, eu tinha uma tendência a treinar muito mais a parte superior do meu corpo do que as minhas coxas. Por sorte observei a tempo a importância desse grupo muscular em um físico de campeão e comecei a dedicar-me a agachamentos sobre-humanos e exercícios de coxa para aumentar essa massa muscular.

Uma exceção à tendência dos fisiculturistas jovens de negligenciar o trabalho de pernas era Tom Platz. Tom realmente tinha o problema *oposto*. Ele mergulhou fundo no treinamento de pernas, depois notou que tinha pernas de nível olímpico que superavam a porção superior do seu corpo. Desde então, ele tem dado grandes passos para a criação de um corpo totalmente proporcional, mas o seu incrível desenvolvimento de pernas determinou novos padrões para os fisiculturistas alcançarem.

DEMANDAS DO TREINAMENTO PARA AS PERNAS

Como o treinamento das coxas é tão cansativo e exigente, muitos fisiculturistas descobrem que o seu desenvolvimento de pernas está atrasado simplesmente porque eles não colocam muito esforço nisso. Eles se olham no espelho

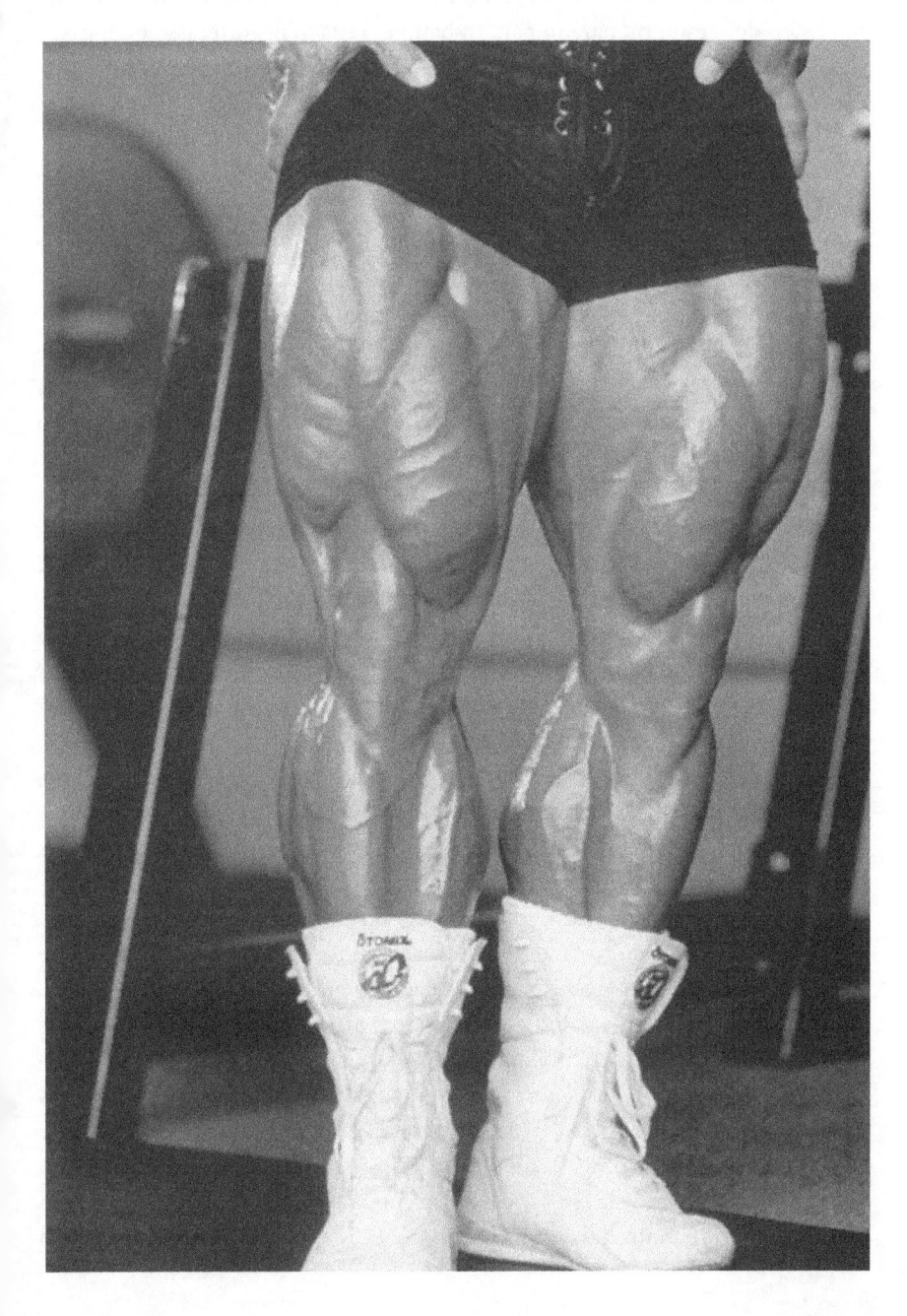

Quando Lee Priest executa uma pose de pernas você pode ver claramente que o quadríceps é composto de quatro músculos separados, juntamente com os músculos adutores na parte interna da coxa.

e ficam desapontados com o aspecto de suas pernas, mas não sabem o tipo de concentração total de esforços que é preciso para fazer aqueles enormes músculos responderem.

Por muitos anos, fiz apenas 5 séries de agachamentos quando na verdade deveria estar fazendo 8 séries. Não incluí muitos agachamentos frontais e, eu agora sei, não coloquei bastante peso no aparelho de pressão nas pernas.

Quando me conscientizei dos meus erros e os corrigi, minhas coxas começaram a crescer grossas e maciças. Aceitei o fato de que o trabalho de pernas simplesmente deve ser brutal para ser eficaz. Isso envolve um esforço mental quase tão grande quanto o físico. É fácil ser intimidado por 180 a 220 kg em uma barra de agachamento (ou mesmo 90 a 130 kg quando você é um principiante). É difícil condicionar-se a carregar o aparelho de pressão de pernas e persistir repetição após repetição, série após série.

O trabalho normal é bastante árduo, mas se você tem um ponto fraco no seu físico deve estar preparado para trabalhar ainda mais forte. Isso quer dizer, forçar a quebra de inibições ou barreiras, sobrecarregando as pernas para criar um desenvolvimento total.

Muitos fisiculturistas têm dificuldade em aceitar uma falha total no treinamento de pernas. Apesar de tudo, trabalhar até a exaustão com 180 kg nas costas pode ser assustador. É por isso que é importante ter um parceiro de treinamento para lhe ajudar com o trabalho de pernas. Quando você tiver feito todas as repetições que puder nos seus agachamentos, fique de pé, sustentando o peso por alguns instantes e depois tente fazer mais uma repetição. Empurre o seu corpo ao limite. Mas veja se alguém está ao seu lado para lhe ajudar quando fizer isso. Do mesmo modo, quando fizer pressão de pernas tente forçar desse mesmo modo, trabalhando as pernas até a exaustão como você faria com outra parte do corpo.

Se você quer construir coxas gigantescas e glúteos bem talhados, precisa sempre fazer-se a seguinte pergunta: É verdade que eu não consigo fazer outra repetição? Em minha experiência, quando eu desafiava alguém desse modo, a pessoa geralmente conseguia forçar mais uma vez.

Contudo, tão importante quanto seja um treino árduo e pesado para o desenvolvimento das coxas e dos glúteos, não cometa o erro de confundir esforço absoluto com esforço eficaz. Como em qualquer treinamento de fisiculturismo, você precisa usar a técnica correta se quer os melhores resultados. Além de almejar a intensidade máxima em todos os seus exercícios de coxas, preste muita atenção de como o movimento deve ser executado e tente dominar a técnica envolvida. Desse modo, os seus esforços não serão desperdiçados e o seu desenvolvimento de coxas não ficará para trás.

Certamente, as suas proporções físicas podem ditar variações no seu treinamento. Certos fisiculturistas com pernas curtas, como Casey Viator, Mike Mentzer e Franco Columbu, acham os agachamentos fáceis e compensadores. As suas proporções físicas lhe dão vantagem física e um impulso que lhes facilita a execução de agachamentos adequadamente, com o uso de carga muito pesada. Um fisiculturista alto como eu geralmente acha que a região lombar se torna muito mais envolvida nesse exercício do que aconteceria se fosse um homem mais baixo. Mas sempre fiz muito trabalho com a minha região lombar, de modo que ela era forte o suficiente para me permitir agachar com muito peso a despeito das minhas proporções. De fato, sempre achei que o agachamento era o meu melhor exercício para região lombar. Fazer agachamento frontal (um movimento no qual você precisa manter as costas retas), além do agachamento regular, é o melhor meio de obter um excelente resultado do seu trabalho de pernas quando você tem proporções semelhantes às minhas.

Incidentalmente, através de tentativa e erro, descobri que era capaz de ficar muito melhor ao fazer agachamento e colocando um bloco baixo sob meus calcanhares. Você pode tentar isso e ver se assim melhora o seu equilíbrio e a sensação do exercício. Apenas tenha cuidado para não usar um bloco muito alto, que lhe jogue muito por cima dos artelhos e tenda a fazer com que você caia para a frente. Outra variação que pode ser útil é fazer agachamentos em um aparelho Smith, onde a barra desliza em um trilho fixo e você não tem que se preocupar com o peso deslizando para fora dos seus ombros.

Meu principal modelo de desenvolvimento de pernas tem que ser Tom Platz. Tom não apenas trabalhava tão duro quanto qualquer fisiculturista na academia (pois nos pontos onde ele achava não ter feito nenhum trabalho exercitava até que sentisse dor), mas ele também executava todos os exercícios com perfeição. Você vê fisiculturistas o tempo todo fazendo agachamentos, salientando o quadril, com muita inclinação e muita abertura de pernas – mas Tom não. Sua forma era perfeita, seus esforços intensos e sua concentração mental completa. Então obviamente foi mais do que os genes que produziram seu fantástico desenvolvimento de pernas.

DESENVOLVENDO O QUADRÍCEPS

Para grandes coxas você precisa massa, forma e separação entre cada um dos músculos importantes do quadríceps: reto femural, vasto intermédio, vasto medial e vasto lateral. Você precisa desenvolver a massa global das suas coxas para torná-las proporcionais com a parte superior do seu corpo. O aumento de tamanho acontece apenas pelo levantamento de carga pesada, especialmente com exercícios como agachamento e pressão de pernas.

Mas os fisiculturistas modernos precisam mais do que apenas tamanho para ganhar concursos. Eles precisam desenvolver pernas que mostram tanta qualidade quanto quantidade.

1. Desenvolvimento e forma completa de cada um dos músculos separados do quadríceps; uma amplitude completa e satisfatória do músculo na parte externa da coxa, do quadril ao joelho; a delineação central em V no meio da frente da coxa; espessura onde o quadríceps se insere no joelho; e um bíceps femural totalmente desenvolvido e definido.

2. Definição clara e evidente na área da coxa, com estriações e estrias cruzadas salientes como são vistas em um atlas anatômico.

3. Desenvolvimento completo, arredondado da coxa vista pelo lado, quase como se você estivesse olhando um parêntese ( ), com uma separação distinta entre a frente da coxa e o bíceps femural.

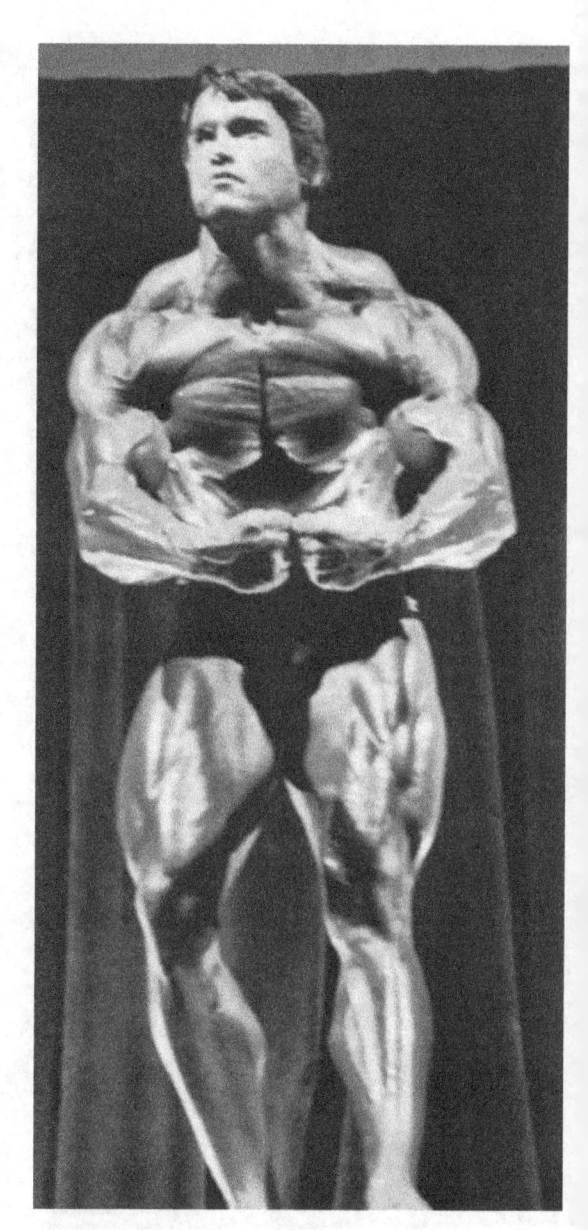

As coxas são o grupo muscular mais maciço do corpo. Há inúmeros exercícios que produzem forma e separação das coxas, mas para produzir massa não há substitutos para os agachamentos com carga pesada.

Ninguém conseguiu uma espessura e desenvolvimento completo do quadríceps maior do que Tom Platz, especialmente na área inferior onde os músculos da coxa inserem-se no joelho.

Fisiculturistas bem sucedidos sabem que têm que contrair todos os seus músculos quando executam uma pose no palco. Nesta pose, embora Kevin Lavrene esteja exibindo a sua musculosidade da porção superior, ele também contraiu e exibiu as suas pernas.

Os fisiculturistas tentam desenvolver uma separação entre a coxa e a perna – a divisão na perna de Flex Wheeler é tão proeminente que parece que ele foi atingido por uma lâmina de espada.

Lee Priest é um grande fã do legendário Tom Platz e fez o possível para ter um desenvolvimento da coxa que, como seu ídolo, é tão maciço que nem parece ser humano.

Outro fisiculturista cujo quadríceps é muito maciço e altamente definido é Flex Wheeler.

O exercício básico para criar massa muscular no quadríceps e glúteos é o agachamento – um exercício que você encontra em qualquer programa desde o de iniciação até o para competição e um exercício no qual todo grande fisiculturista aprendeu a confiar. O agachamento tem um efeito mecânico complicado sobre o corpo.

Quando você inicia o agachamento, as coxas suportam a maior parte do esforço; quanto mais você se abaixa, mais esforço é transferido para os isquiotibiais. Na parte inferior do movimento, os glúteos recebem uma grande parte do esforço. Contudo, como expliquei anteriormente, os agachamentos podem ser mais ou menos eficazes dependendo das proporções particulares de cada um. Às vezes, exercícios como o agachamento frontal também são necessários para trabalhar mais diretamente o quadríceps e reduzir o envolvimento dos músculos da região lombar.

A pressão de pernas forçada também contribui para criar coxas e glúteos maciços. A extensão do joelho (pernas), que isola o quadríceps, não é considerada um movimento de produção de massa.

Uma boa separação e definição muscular obviamente não pode ser obtida a não ser que você faça dieta para reduzir de forma intensa a sua gordura corporal. Mas você precisa mais do que apenas dieta, você também precisa trabalhar as suas coxas com exercício como extensão do joelho (pernas), passada à frente e flexão do joelho (pernas). A inclusão de agachamento *hack* no seu trabalho também ajuda proporcionar firmeza e definição. (Incidentalmente, agachamento e passada à frente também trabalham os isquiotibiais em algum grau – juntamente com os exercícios descritos na próxima seção.)

OS ISQUIOTIBIAIS

Apesar de que muitos fisiculturistas, há alguns anos, terem coxas bem desenvolvidas na frente e atrás, não havia muita ênfase em usar o bíceps femural em competição. Agora eles se tornaram muito importantes graças a fisiculturistas como Tom Platz, Sergio Oliva e Robby Robinson, que são grandes exemplos de quanto essa área pode ser desenvolvida.

Assim como o tríceps, o bíceps femural tem um papel importante em uma variedade de poses. Quando você executa uma pose de peito ou tríceps lateral, a varredura do bíceps femural é muito evidente. Em qualquer pose de costas, deltóides posteriores, trapézio e grande dorsal potentes e definidos não irão compensar um bíceps femural subdesenvolvido. Visto por trás, o desenvolvimento das porções distintas do bíceps femural, juntamente com panturrilhas definidas e desenvolvidas, é necessário, para criar um equilíbrio com a musculosidade das costas, ombros e braços mostrados em poses como um bíceps duplo de costas ou uma abertura lateral de costas. Do mesmo modo, estamos vendo mais e mais exemplos de bíceps femural estriados ou com estriações transversas, algo que quase não existia há 10 ou 15 anos. E, assim como em automobilismo ou virtualmente qualquer outro esporte, logo que alguém consegue algo novo, todos acompanham e perseguem o mesmo objetivo. Então, bíceps femural espetacularmente musculosos, estriados e vascularizados estão propensos a ser a norma e não a exceção no futuro.

Aqui eu estou no concurso de Mr. Olímpia de 1974. Mesmo estando relaxado, estou conscientemente mantendo minhas panturrilhas contraídas. Estava feliz por ter feito um esforço adicional naquele ano, trabalhando arduamente essa área.

Quanto mais desenvolvidos os bíceps femurais, mais as suas pernas irão se encontrar no meio e se tocar, mesmo que elas estejam muito afastadas. Um bíceps femural adequadamente desenvolvido deixa uma linha distinta separando a parte posterior das pernas da parte frontal quando vistas lateralmente, o que é uma indicação certa de um fisiculturista que foi bem-sucedido em obter um treinamento de qualidade das pernas.

O exercício primário para desenvolver o bíceps femural é a flexão do joelho (pernas). Esse exercício pode ser feito deitado (geralmente usando ambas as pernas ao mesmo tempo) ou de pé (adicionando isolamento e usando uma perna de cada vez). Mas esse músculo também entra em ação com os agachamentos e passadas à frente, especialmente quando você trabalha na metade inferior da amplitude de movimento.

Para obter um alongamento completo do bíceps femural, recomendo fazer levantamento terra com pernas retas e flexão/extensão do tronco com barra, exercícios que são primariamente para a região lombar, mas que também ajudam a desenvolver a parte posterior das coxas e glúteos.

Não se esqueça que o bíceps femural também responde extremamente bem a vários princípios de choque como o método decrescente, repetições forçadas e parciais e super-séries. Quanto mais você choca esse importante músculo, mais desenvolvimento você pode esperar.

PROGRAMAS DE INICIAÇÃO E AVANÇADO

No programa de iniciação, incluí apenas os exercícios básicos programados para trabalhar cada área importante da perna: agachamentos, passada à frente e flexão do joelho (pernas). Os dois primeiros exercícios trabalham bem em combinação para produzir tamanho e força na parte frontal das coxas e glúteos, e o último é o meio mais direto de desenvolver a parte posterior das coxas.

Mas não cometa o erro de acreditar que esses exercícios são apenas para principiantes simplesmente porque eles estão incluídos no programa de iniciação. Não importa o seu grau de adiantamento, esses exercícios ainda são vitais para produzir e manter grandes coxas. Exceto para o treinamento muito especializado no qual você trabalha apenas certos pontos fracos, você sempre irá precisar desses três movimentos básicos.

No treinamento avançado você precisa fazer agachamentos de modos diferentes. Agachamento frontal, por exemplo, lhe força a manter as costas retas, o que trabalha os músculos de modo diferente. No agachamento *hack* você vai até embaixo, o que trabalha a parte inferior das coxas e ajuda a separar o quadríceps do bíceps femural. Os vários tipos de agachamento atacam a perna a partir de diferentes direções; exercícios para o bíceps femural, como o levantamento terra com pernas retas, permitem que você continue aumentando a intensidade do esforço que coloca nesses músculos.

Como há muita exigência no treinamento de pernas, o condicionamento é um fator importante. No começo você vai achar que os poucos exercícios de perna incluídos são bastante difíceis. Mas após algum tempo, quando você já estiver mais forte e mais condicionado, o esforço total dos programas avançado e para competição, mesmo sendo difíceis, estarão bem dentro da sua capacidade já melhorada.

PROGRAMA PARA COMPETIÇÃO

Quando você começar a treinar para competição tem que estar consciente de muitos outros aspectos do desenvolvimento de pernas – forma total do músculo, maiores estriações, estriações cruzadas, separação completa do músculo, a massa das coxas desenvolvida proporcionalmente ao resto do corpo. Para atingir isso tudo, você precisa exigir ainda mais do seu treinamento de pernas, tornando exercícios já difíceis quase impossíveis pelo uso máximo do princípio de choque.

O treinamento de pernas com super-séries, por exemplo, pode realmente levar você à exaustão. As coxas têm os maiores músculos do corpo e, quando você começa a fazer duas ou mais séries sem repousar, pode facilmente entrar em exaustão total, a não ser que esteja em um excelente condicionamento. Você pode realizar super-séries com o mesmo músculo – agachamento e extensão do joelho (pernas), por exemplo – ou ir da frente para trás com passada à frente e flexão do joelho (pernas). Mas toda essa intensidade tem um objetivo: fazer todo o possível para desenvolver cada parte da coxa.

Nesse nível você precisa ser extremamente honesto com você mesmo, olhando para as suas coxas e avaliando de forma minuciosa onde o seu desenvolvimento está adequado, notável ou insatisfatório. A chave para ganhar é detectar os pontos fracos precocemente e começar a corrigi-los logo que possível em vez de esperar até que seja muito tarde.

O programa para competição é criado para ensiná-lo como controlar totalmente o seu desenvolvimento. Você precisa compreender mais completamente as suas estruturas corporais e também quais movimentos são projetados para enfatizar as várias áreas das pernas – a parte inferior ou superior das coxas, a parte interna ou externa, a inserção, a origem ou a espessura do bíceps femural. Você precisa aprender a sentir exatamente onde o agachamento, agachamento frontal, pressão de pernas e agachamento *hack* estão agindo e como alterar o seu programa para incluir maior número daqueles exercícios que são melhores para você. Conhecer tudo isso o capacita a atingir o amplo desenvolvimento que é preciso para ganhar títulos.

Lembre-se, todos os exercícios detalhados nesses programas são importantes. Mesmo se você variar o programa, não é uma boa idéia deixar de fora totalmente os exercícios fundamentais. O agachamento pode produzir massa, e a extensão do joelho (pernas) criar forma e definição, mas a combinação desses dois movimentos, somados aos exercícios importantes, é o que lhe dá um total desenvolvimento de qualidade.

O programa para competição não é tanto o fato de fazer mais exercícios ou exercícios diferentes, mas sim de aumentar a intensidade de treinamento com muitas super-séries. Para competição, é extremamente importante que as coxas estejam bem definidas, com uma tremenda separação muscular. Descobri que para chegar a esse aspecto é preciso muitas superséries: extensão do joelho (pernas) e agachamentos, agachamentos frontais e flexão do joelho (pernas), agachamento *hack* e flexão do joelho (pernas). Usando esses métodos, seu esforço será tão intensificado que o seu desejo de sucesso será testado a cada série, o que é o melhor meio de atingir seus objetivos.

Eu não usaria o método decrescente no treinamento de coxas o tempo todo, mas ele realmente funciona bem quando você está se preparando para uma competição. Anos atrás, quando estava procurando uma maior definição das coxas, experimentei usar um aparelho de agachamento *hack* deslizante – colocava peso suficiente para me permitir fazer apenas 6 repetições, tirava um pouco de peso fazia mais 6. Eventualmente fazia 5 séries somando um total de 30 repetições, o que me trouxe um tremendo esforço no quadríceps. Eu também observei que esse método funcionava muito bem com a extensão do joelho (pernas).

Uma vez que as pernas têm uma tremenda capacidade de resistência, continuar a sua série com o método decrescente lhe ajuda a exaurir completamente todas as fibras musculares disponíveis. Alguns aparelhos são muito úteis quando você treina desse modo, pois podem fazer com que você reduza o peso rapidamente apenas com a troca do pino, além de trabalhar suas pernas até a fadiga total, sem que sinta medo de ser incapaz de controlar o peso final. Você pode fazer a mesma coisa com agachamento, retirando as anilhas da barra, embora esse exercício possa ser o mais cansativo que você já fez.

O maior progresso que fiz no treinamento de coxas foi em 1971 quando, além de um tamanho absoluto, o que eu mais precisava era de maior definição e separação. Então comecei a treinar as pernas com super-séries de extensão do joelho (pernas) seguidas de agachamentos. Executava extensões do joelho (pernas) arduamente e, quando chegava ao agachamento, já estava fraco e cansado. Minhas coxas pareciam mortas e eu notei que quase não podia mover 143 kg. Mas continuei tentando e logo fui capaz de fazer agachamento pesado logo após a extensão o joelho (pernas), e minhas coxas responderam enormemente a esse novo choque. Outra supersérie que funcionou bem para mim foi agachamento frontal seguido imediatamente de flexão do joelho (pernas).

Para enfatizar os músculos das coxas acima do joelho sempre confiei no agachamento *hack*, especialmente para o treinamento de competição. Agachamento *hack* produz firmeza, definição e separação máximas. Descobri os méritos desse exercício através de Steve Reeves, o qual achou extremamente benéfico trabalhar suas pernas para competição.

Tom Platz tinha um método de exaustão da capacidade de resistência das pernas, bem como de detonar os músculos. Quando ele estava fazendo extensão, por exemplo, fazia tantas repetições completas quanto fosse possível. Depois, quando ele começava a ficar cansado e não podia mais fazer a amplitude de movimento completa, continuava a série, movendo o peso apenas até onde era possível – repetições de 3/4, repetição até o meio, repetição até 1/4. Ao final, ele terminava deitando-se no aparelho, totalmente exaurido mas ainda conseguia ver suas pernas se contraindo, movendo o peso apenas alguns centímetros de cada vez. Ele não parava até que seus quadríceps estivessem tão exaustos que era impossível mover o mesmo peso uma fração de centímetro. Era assim que ele usava as repetições parciais, um método no qual Tom diminuía a amplitude de movimento em vez de reduzir o peso.

Platz exigia mais de suas pernas, por isso ele conseguiu mais do que os outros. Por exemplo, ele fazia até 35 repetições de agachamento com 142 kg na barra, outras 25 repetições após menos de 60 segundos de repouso, várias séries de extensão do joelho (pernas) e flexão do joelho (pernas) com exaustão total, agachamento *hack* e pressão de pernas, um trabalho brutal de panturrilha – e depois saía e pedalava por cerca de 32 km para terminar seu trabalho de perna.

Esses são apenas alguns dos métodos que os campeões usaram para desenvolver suas coxas. O desenvolvimento de pernas de alta qualidade é uma questão de trabalho árduo, bom conhecimento da técnica e aplicação de todos os princípios de choque para criar o nível máximo de treinamento de intensidade, como, por exemplo, negativas forçadas com extensão do joelho (pernas), flexão do joelho (pernas), agachamento *hack* ou agachamento no aparelho, todos feitos no aparelho, permitindo que as técnicas sejam feitas com segurança; ou séries escalonadas com um exercício como agachamento, fazendo 8, 10 ou mais séries no curso de um programa; ou pré-fatigando o quadríceps com extensão do joelho (pernas) ou tentando imediatamente fazer agachamento com os músculos das coxas gritando de dor. Empurrar as pernas ao seu desenvolvimento final requer uma mistura de coragem, técnica e imaginação.

A única necessidade básica compartilhada por todos os fisiculturistas é, obviamente, o simples desenvolvimento de massa nas coxas. Eu me lembro quando tinha um bom desenvolvimento global, mas simplesmente não tinha

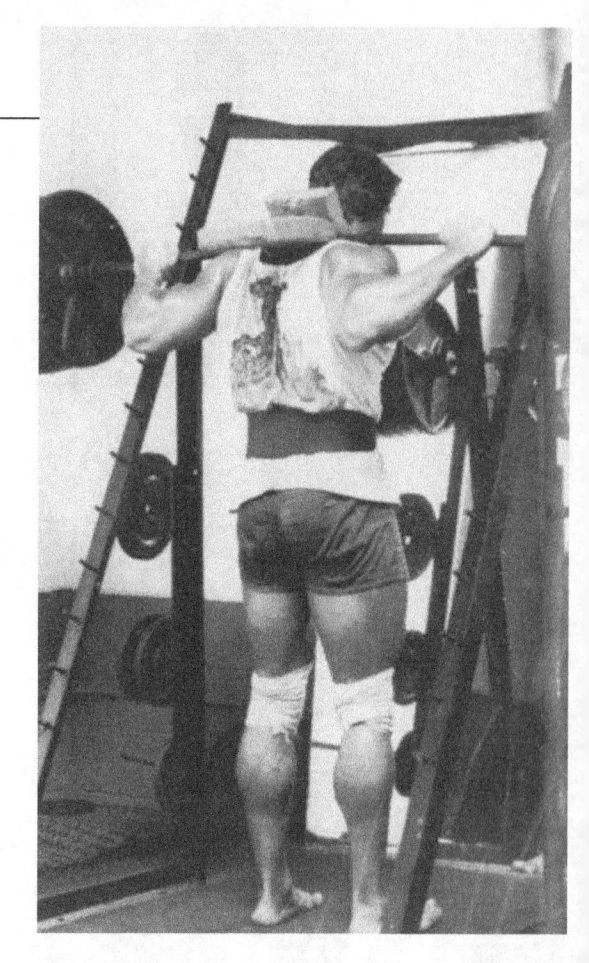

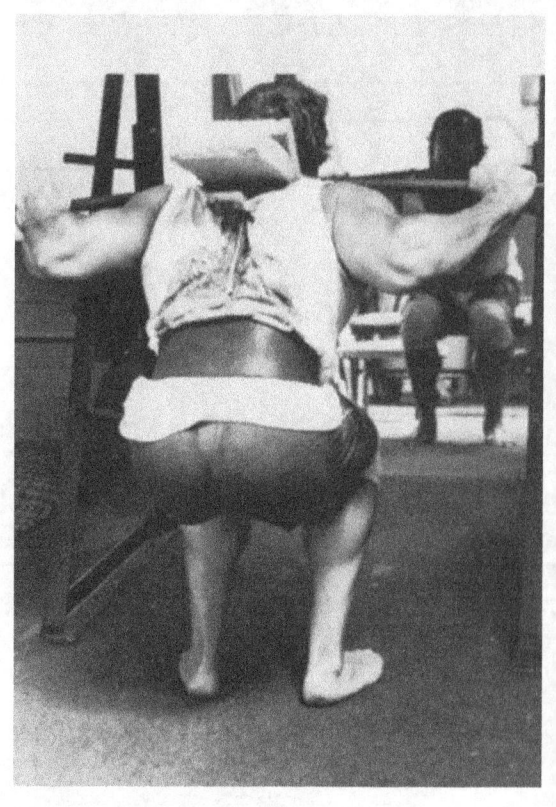

Para produzir músculos grandes, você precisa treinar com carga pesada. Em um determinado momento, simplesmente para aumentar 2,5 cm nas minhas coxas, eu me concentrava em fazer agachamentos com 227 kg.

Eu me sentia muito feliz nesse dia em que posei para o fotógrafo John Balik, mas sempre apreciei qualquer desculpa para posar durante uma sessão. Após cada série, ficava de pé na frente do espelho e contraía os músculos que estava treinando. Contraí-los ao máximo produz definição máxima, especialmente nas coxas.

Restrição muscular? Observe a incrível flexibilidade de Tom Platz.

tamanho. Para produzir a massa que eu precisava, incluí muitos agachamentos com carga pesada na minha rotina de perna, especialmente agachamento pela metade (parcial). O meio agachamento permite o uso de uma enorme quantidade de peso e, realmente, faz as suas pernas trabalharem de forma intensa, mas sem nenhum perigo de lesão dos joelhos. Sempre que você estiver tentando produzir massa, precisa treinar de acordo com os princípios básicos de potência. Poucas repetições e séries, mais repouso entre as séries mas com carga pesada, agachamento, agachamento parcial e agachamento frontal feito com barra ou em um aparelho, são os principais exercícios de força. Você também pode fazer pressão de pernas em um aparelho como exercício de potência, usando carga muito pesada.

CONTRAÇÃO E ALONGAMENTO

Sempre que você vê fisiculturistas com cãibras de fadiga em um concurso, geralmente são os músculos das pernas que iniciam primeiro. Esses músculos são grandes e fortes e é preciso muita prática para desenvolver o tipo de resistência necessário para posar as pernas hora após hora.

A prática árdua de poses e contração constante das pernas, durante o exercício, ajuda a criar uma separação muscular máxima e estriações cruzadas que os fisiculturistas modernos têm conseguido. Contudo, quanto mais você contrair esses grandes músculos, mais você tende a encurtá-los, de modo que é igualmente importante alongá-los novamente com movimentos de alongamento. Virtualmente, todos os principais campeões usam muito alongamento para desenvolver suas fantásticas pernas. Mais uma vez, usando Tom Platz como exemplo, pois ele gastava 15 minutos alongando-se antes de fazer um trabalho de pernas e depois alongava novamente após terminar.

Mas você também pode alongar-se durante um exercício, incluindo os que são corretos. Por exemplo, fazer levantamento terra com joelhos estendidos ou flexão de tronco para alongar o bíceps femural logo após você fazer rosca femural, observando para que vá até embaixo, quando fizer agachamento e agachamento *hack,* e trazer os seus joelhos até o peito, quando fizer pressões de perna.

TREINAMENTO DE PONTOS FRACOS

Como os músculos das pernas são tão grandes e complexos, quase todos os fisiculturistas descobrem pontos fracos em alguma parte de sua carreira. É necessário analisar qual é o problema e compreender quais exercícios e técnicas podem ser usados para corrigi-los.

De um modo geral, recomendo treinar as pernas de acordo com o princípio das prioridades. O treinamento de pernas exige tanto que, se você quiser obter o máximo, é melhor treinar enquanto está descansado e bem disposto. Também é importante ter um bom parceiro de trabalho para empurrá-lo até o seu limite e ajudá-lo nos exercícios.

Para problemas específicos, recomendo os seguintes exercícios de pernas:

Quando comecei a competir, minhas pernas eram consideradas um ponto fraco, mas muito trabalho árduo, treinando minhas coxas de acordo com o princípio das prioridades e cada princípio de choque que eu aprendia ou inventava, fez uma enorme diferença, de modo que no início dos anos 70 o desenvolvimento das minhas pernas não era mais um problema.

Desenvolvimento da Parte Inferior das Coxas

Uma vez que a parte inferior das coxas trabalha mais quando o joelho está completamente fletido, recomendo os seguintes exercícios com um movimento 3/4 no qual você vai até embaixo mas sobe apenas 3/4 da distância.

Agachamento, agachamento *hack* e pressão de pernas.
Extensão do joelho (pernas), concentrando em deixar as pernas irem bem para trás e alongando a coxa ao ponto em que a coxa inferior estiver trabalhando mais forte.

Desenvolvimento da Parte Externa da Coxa

Agachamento frontal.
Agachamento *hack*.
Qualquer agachamento ou pressão de pernas com os dedos apontados para frente e os pés juntos.
Aparelhos e movimentos para os abdutores.

Desenvolvimento da Parte Interna da Coxa

Passada à frente – um exercício muito útil para a parte interna.
Levantamento de peso com perna reta.
Qualquer movimento de agachar ou estender, com os dedos virados para fora e com uma posição com pés relativamente afastados.
Aparelhos e movimentos para os adutores.

Aspecto Frontal das Coxas

Agachamento *hack* com um bloco sob os calcanhares para forçar mais o quadríceps.
Agachamento Sissy.
Para desenvolver as coxas: é útil variar a posição dos pés enquanto se faz vários movimentos de coxa.

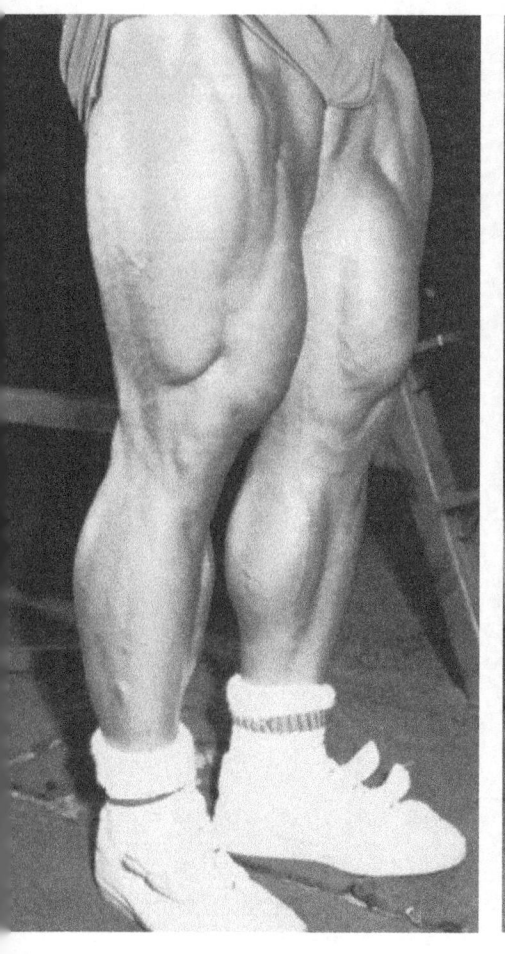

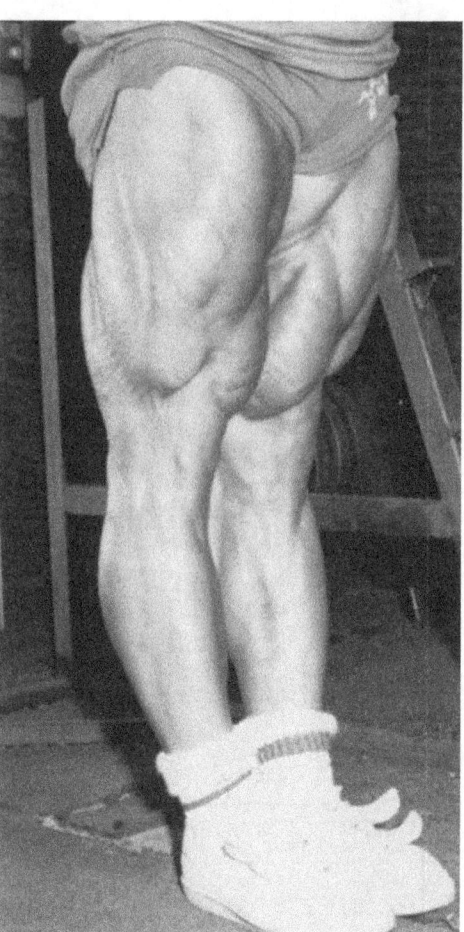

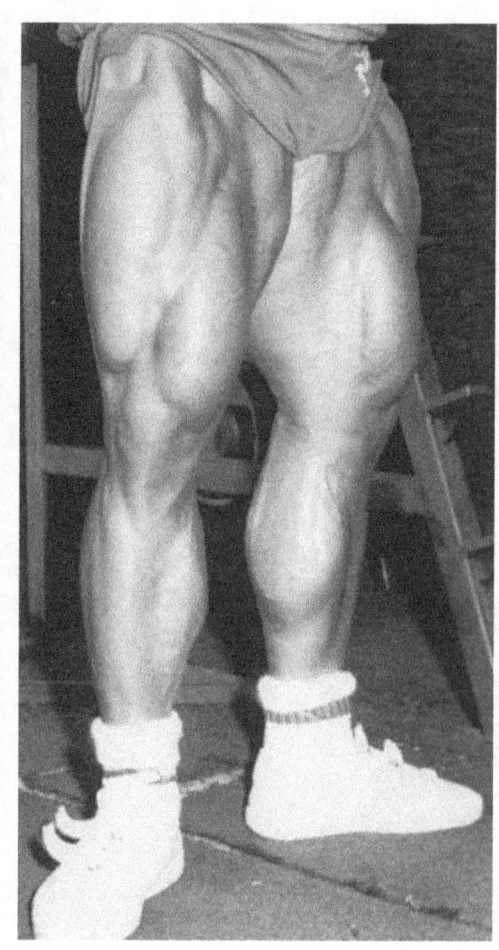

Para Desenvolvimento Global

Pés na largura dos ombros.
Dedos apontados ligeiramente para fora.

Para Ênfase na Parte Externa das Coxas (Vastos Laterais)

Pés juntos.
Dedos apontados para frente.

Para Ênfase na Parte Interna das Coxas (adutores) e Parte Frontal (vasto medial)

Pés relativamente bem abertos.
Dedos apontados em um ângulo aberto.

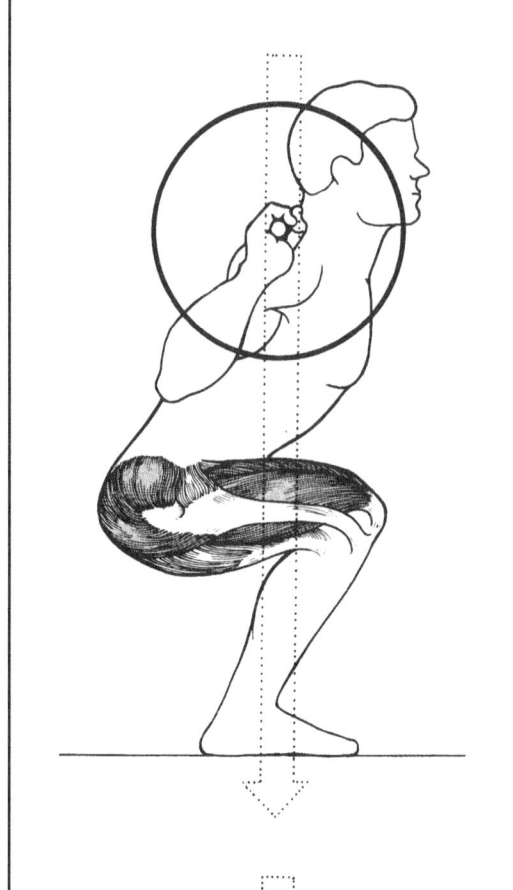

Para um melhor resultado com o agachamento, a barra deve permanecer diretamente sobre os seus pés. À medida que você dobra os joelhos, observe que a sua cabeça está para cima e suas costas retas. Isso leva a região lombar para fora do movimento e coloca o esforço sobre os músculos das pernas e glúteos, onde ele deve estar.

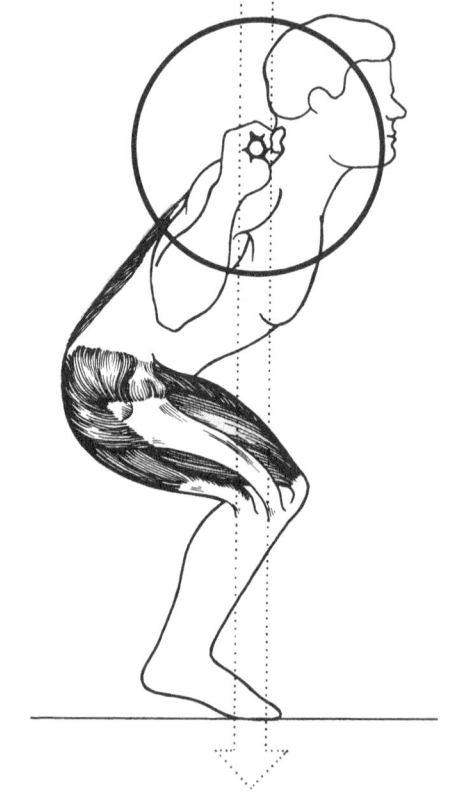

Se você permitir que a sua cabeça incline para a frente, como mostrado aqui, estará colocando um esforço adicional na região dorsal lombar e menos esforço nas coxas, onde você quer que o esforço aconteça. Fisiculturistas com pernas longas tendem a ter esse problema mais freqüentemente do que os que têm pernas curtas.

Exercícios para as Pernas

AGACHAMENTO

OBJETIVO DO EXERCÍCIO: Produzir massa e força nas pernas, especialmente nas coxas. O agachamento completo é um dos exercícios mais tradicionais para produzir massa em toda parte inferior do corpo, mas sua ação primária é o desenvolvimento das quatro porções do quadríceps.

EXECUÇÃO: (1) Com a barra no suporte, fique embaixo da primeira de modo que ela apóie-se sobre o dorso de seus ombros. Segure a barra para equilibrá-la, levante-a do suporte e afaste-se. O movimento pode ser feito com seus pés totalmente apoiados no chão ou com os calcanhares sobre um bloco baixo para suporte. (2) Mantendo a cabeça para cima e as costas retas, dobre os joelhos e abaixe-se até que suas coxas estejam logo abaixo de paralelas ao chão. A partir desse ponto, empurre o corpo de volta para cima até a posição inicial.

É importante ir abaixo de paralelo nesse movimento, especialmente quando você está aprendendo o exercício, de modo que você desenvolva força ao longo de toda a amplitude de movimento. Se não for até embaixo o suficiente no começo, você pode se lesionar mais tarde, quando usar uma carga pesada. A posição dos pés determina, de certo modo, qual área das coxas você trabalha mais quando faz o agachamento: uma posição mais aberta atinge a parte interna das coxas em maior grau, enquanto uma posição mais fechada tende a trabalhar mais a parte externa. O ato de manter os dedos para fora atinge a parte interna das coxas. A posição básica para mais força é, geralmente, com os pés na largura dos ombros, dedos levemente para fora.

AGACHAMENTO PESADO

A sua técnica de agachamento vai variar bastante, dependendo de suas proporções físicas. Devido à minha altura, sempre que faço agachamento pesado sou forçado a inclinar-me bastante para frente, obrigando a parte inferior das minhas costas a fazer muito trabalho. De modo ideal, você deve fazer agachamento com as costas o mais retas possível. Fisiculturistas como Franco Columbu e Tom Platz podem fazer isso facilmente, mantendo os glúteos e a barra mais ou menos na mesma linha quando se abaixam, ao contrário do modo como eu faço, com a barra para frente e os glúteos protuberantes para trás. Sempre incluo muitos agachamentos frontais na minha rotina, a fim de enfatizar o meu quadríceps.

MEIO AGACHAMENTO

Objetivo do Exercício: Desenvolver massa e potência adicionais nas coxas.

Execução: Este exercício é feito do mesmo modo que o agachamento regular, exceto pelo fato de você ir somente até a metade da distância ao descer, o que irá permitir-lhe o uso de mais peso.

Tom Platz

AGACHAMENTO NO APARELHO

OBJETIVO DO EXERCÍCIO: Desenvolver o quadríceps. Quando faz agachamento no aparelho, você pode trabalhar as coxas intensamente, enquanto coloca menos esforço sobre outras áreas como os joelhos e a região lombar. Há inúmeras máquinas projetadas para uma aproximação do movimento de agachamento. Elas usam uma variedade de técnicas para criar resistência, incluindo pesos, fricção e mesmo ar comprimido. Pessoalmente, sempre preferi fazer agachamento no aparelho em um aparelho Smith.

EXECUÇÃO: (1) Coloque os ombros sob a barra e fique de pé. Coloque os pés de modo a obter o efeito desejado deste exercício (consulte a página 495). (2) Flexione os joelhos e agache-se até que as coxas estejam abaixo de paralelas ao solo; depois, volte à posição inicial.

Virar os pés para fora ajuda a desenvolver a parte interna das coxas. Equilibrar uma barra nessa posição pode ser difícil, mas o aparelho torna isso mais fácil. Posicionar-se de pé e com os pés separados ajuda a isolar o quadríceps, especialmente a área inferior perto dos joelhos, e minimiza o esforço na parte inferior das coxas, uma vez que você não precisa inclinar-se para frente.

Agachamento no aparelho, pés para fora.

Agachamento no aparelho, pés para frente.

Envolver os joelhos quando você faz agachamento pesado aumenta a compressão articular e ajuda a prevenir lesão articular ou ligamentar.

AGACHAMENTO FRONTAL

Objetivo do Exercício: Trabalhar as pernas, com ênfase especial nas coxas. O agachamento frontal desenvolve o aspecto externo do quadríceps.

Execução: (1) Vá até o suporte de barra e fique de frente para ela. Coloque os braços sob a barra e, mantendo os cotovelos elevados, cruze os braços e segure a barra com as mãos para controlá-la. Depois, retire o peso do suporte, afaste-se e separe os pés para ter mais equilíbrio (acho mais fácil fazer esse exercício apoiando os calcanhares em um bloco baixo para aumentar o equilíbrio). (2) Flexione os joelhos e, mantendo a cabeça para cima e as costas retas, abaixe-se até que suas coxas estejam abaixo de paralelas ao chão. Volte à posição inicial. Faça esse exercício lentamente, de modo estrito, observando que as costas estejam retas. Se possível, faça todos os agachamentos de frente para um espelho, a fim de que você possa verificar se a posição está correta.

O meio agachamento frontal é feito do mesmo modo que o agachamento frontal, exceto por descer apenas até a metade.

AGACHAMENTO SISSY

Objetivo do Exercício: Isolar o quadríceps inferior. Embora esse movimento seja chamado de agachamento, é mais parecido com uma extensão de joelhos (pernas) no modo como afeta as pernas. Você irá sentir muito esforço onde o quadríceps se insere no joelho.

Execução: (1) Posicione-se de pé e, com os pés levemente separados, apóie-se em um banco ou outro equipamento para suporte. (2) Flexione os joelhos, fique na ponta dos pés e abaixe-se lentamente até o chão, deixando a pelve e os joelhos irem para frente enquanto a cabeça e os ombros inclinam-se para trás. (3) Vá o mais baixo possível, até que os glúteos praticamente toquem os calcanhares. Alongue os músculos das coxas e sustente um pouco. Depois, estenda os joelhos (pernas) e retorne à posição inicial. Contraia os músculos das coxas no topo do movimento para maior definição e desenvolvimento.

PRESSÃO DE PERNAS

Objetivo do Exercício: Produzir massa nas coxas. Se o agachamento tem uma desvantagem, é a pressão colocada na parte inferior das costas. A pressão de pernas é um meio de contornar isso, permitindo que você trabalhe as pernas com carga muito pesada.

Execução: (1) Usando um aparelho de pressão de pernas, posicione-se sob o aparelho e coloque os pés juntos na placa. Flexione os joelhos e abaixe o peso o máximo possível, trazendo os joelhos em direção ao peito. (2) Empurre o peso de volta para cima até que os joelhos (pernas) estejam totalmente estendidos. Não adquira o hábito de empurrar os joelhos para ajudar o movimento para cima ou de cruzar os braços sobre o peito, limitando a amplitude de movimento.

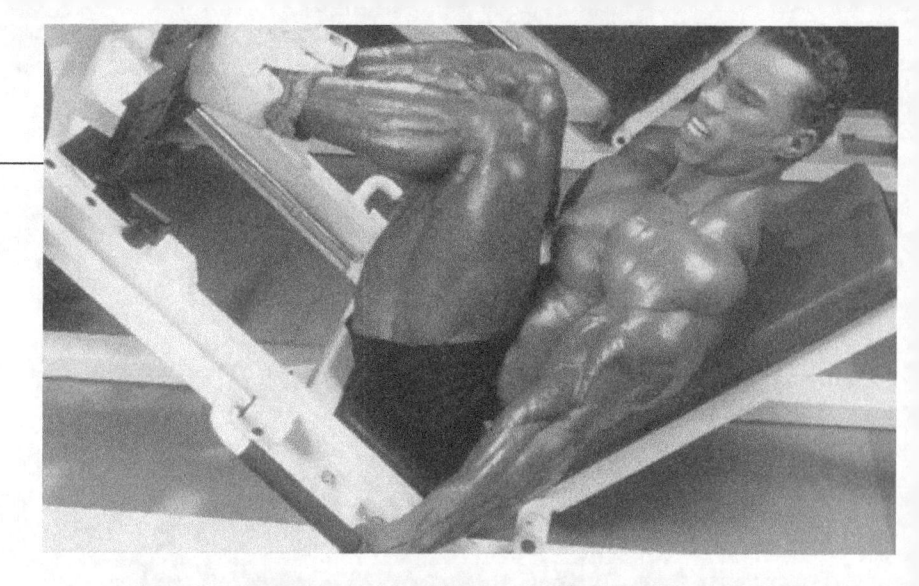

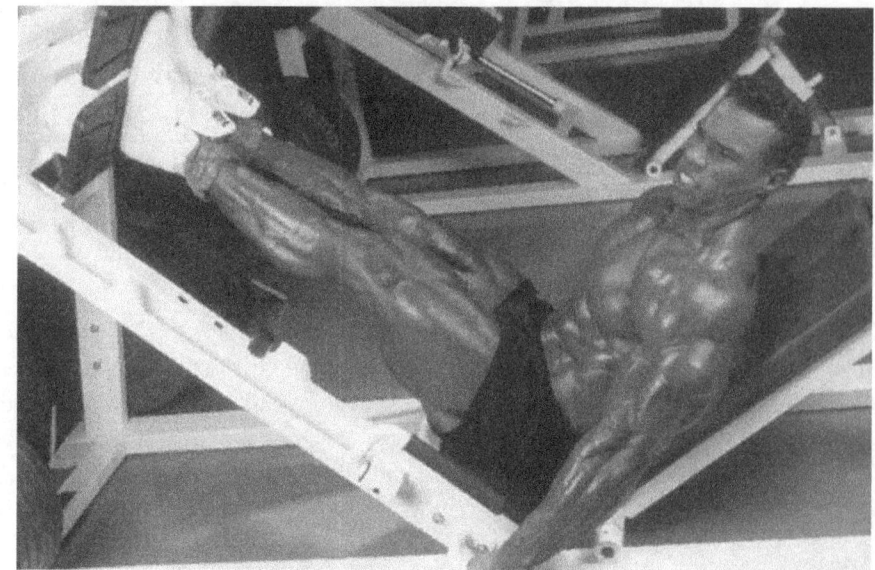

Kevin Levrone

VARIAÇÕES DE PRESSÃO DE PERNAS

Há inúmeros outros aparelhos nos quais você pode fazer o movimento de pressão de pernas. Alguns deles se movem ao longo de um trilho angulado, outros na horizontal. Independente do tipo de aparelho usado, o exercício deve ser feito de modo semelhante, com os joelhos vindo o mais próximo possível dos ombros.

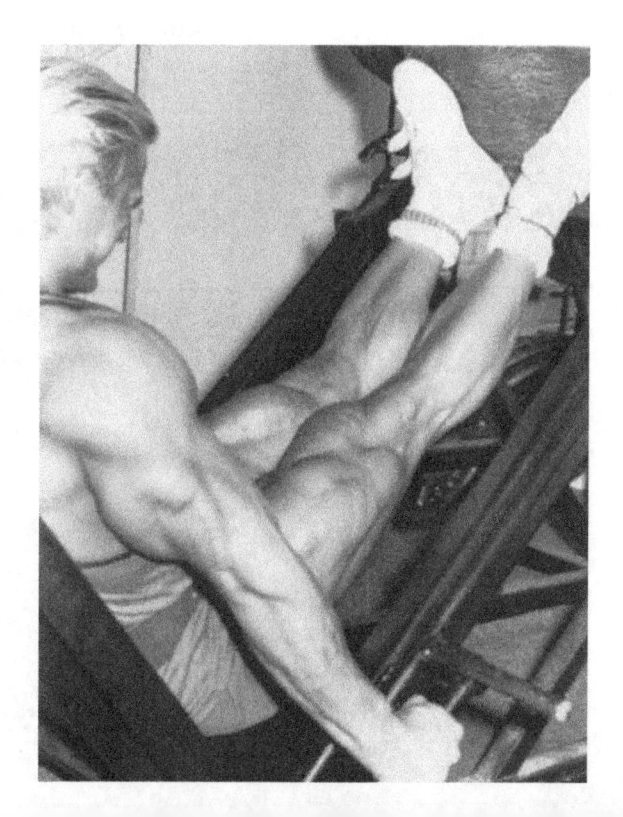

Tom Platz faz pressão de pernas inclinado — posição com pés e dedos afastados.

AGACHAMENTO *HACK*

Objetivo do Exercício: Desenvolver a área inferior das coxas. O agachamento *hack* é um bom movimento para trabalhar a parte inferior do movimento de pressão.

Execução: (1) Dependendo do modelo do aparelho que você usa, coloque os ombros sob uma barra acolchoada ou segure os pegadores. Seus pés devem estar juntos e seus dedos levemente direcionados para fora. (2) Empurre para baixo com as pernas e levante o mecanismo, parando quando seus joelhos (pernas) estiverem totalmente estendidos. Isso mantém a tensão constante nas pernas. Flexione os joelhos e vá até embaixo. Os joelhos devem terminar flexionados em um ângulo mais agudo do que quando você faz agachamentos. Em todas as repetições, mantenha o trabalho nessa faixa inferior da amplitude de movimento, indo até embaixo. (3) Para algumas das últimas repetições, abaixe-se de modo normal, mas, quando pressionar de volta, arqueie as costas e leve os quadris para longe do aparelho sem travar as pernas. Isso enfatiza a separação entre o bíceps femural e o quadríceps, o que faz as coxas parecerem enormes quando você faz uma pose lateral de peito.

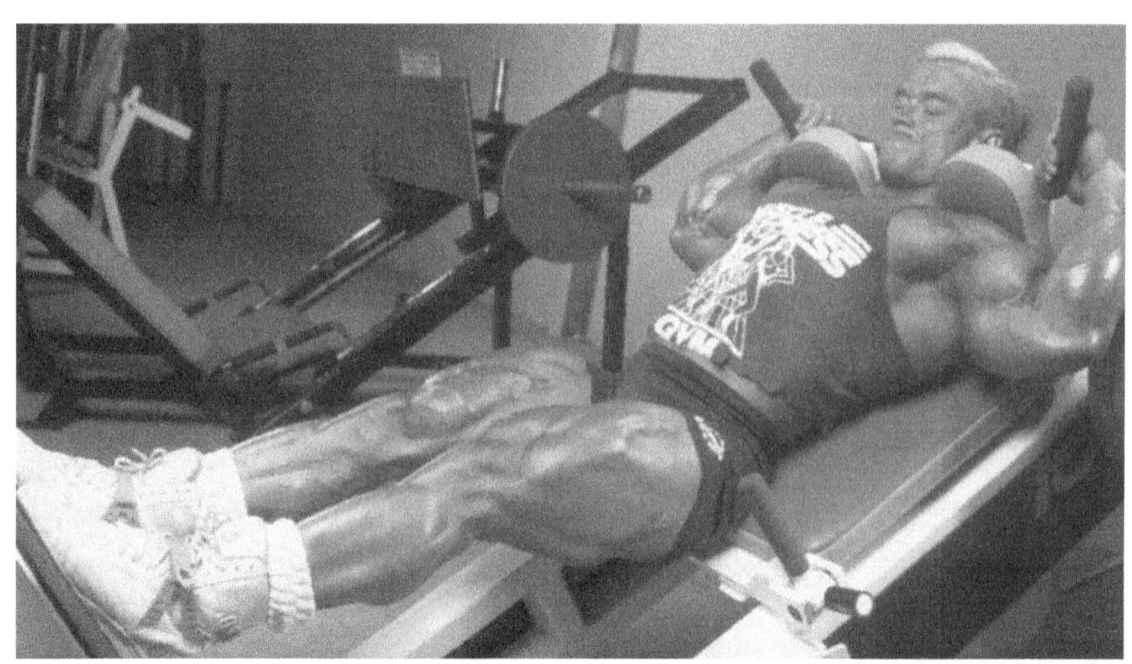

Lee Priest

PASSADA À FRENTE

Objetivo do Exercício: Desenvolver a parte frontal das coxas e os glúteos.

Execução: (1) Segure uma barra sobre o dorso dos ombros e fique de pé, ereto e com os pés juntos. (2) Mantendo a cabeça para cima, as costas retas e o peito para frente, dê um passo à frente, flexione os joelhos e traga o joelho de trás quase até o chão. O passo deve ser longo o suficiente para que a perna de trás esteja quase reta. Volte à posição inicial com um movimento forte e decisivo, juntando os pés. Depois, dê um passo a frente com o outro pé e repita o movimento. Você pode fazer todas as suas repetições com uma perna, depois trocar e fazer tudo com a outra, ou pode alternar as pernas durante a série.

EXTENSÃO DO JOELHO (PERNAS)

Objetivo do Exercício: Definir e dar forma a parte frontal das coxas. A extensão do joelho (pernas) é excelente para dar uma definição profunda às coxas sem perder tamanho e, especialmente, para desenvolver a área em torno dos joelhos.

Execução: (1) Usando um dos aparelhos de extensão do joelho (pernas), sente-se no assento e prenda os pés sob a barra acolchoada. (2) Estenda os joelhos ao máximo, observando que você permaneça sentado na cadeira sem levantar os glúteos. Estenda os joelhos o mais alto possível até que eles estejam travados para atingir a contração máxima do quadríceps. Depois, abaixe o peso lentamente até que seus pés estejam alinhados com os joelhos (não devem passar da linha dos joelhos) e os músculos das coxas estejam totalmente alongados. Para garantir que você sempre estenda os joelhos o suficiente, faça com que seu parceiro coloque a mão na altura onde seus pés devem atingir o topo da extensão.

FLEXÃO DO JOELHO

Objetivo do Exercício: Desenvolver o bíceps femural (parte posterior das coxas).

Execução: (1) Deite-se de bruços em um aparelho de flexão do joelho e prenda os pés sob o mecanismo de apoio dos tornozelos. Suas pernas devem estar estendidas. (2) Mantendo-se plano no banco, flexione os joelhos (pernas) para cima o mais alto possível, até que o bíceps femural esteja totalmente contraído. Relaxe e abaixe o peso lentamente até a posição inicial. Segure nos pegadores ou no banco para evitar erguer-se do banco. Esse exercício deve ser feito de modo estrito e com a amplitude de movimento mais completa possível. Observei que apoiar-se nos cotovelos ajuda a manter a parte inferior do corpo mais firmemente no banco.

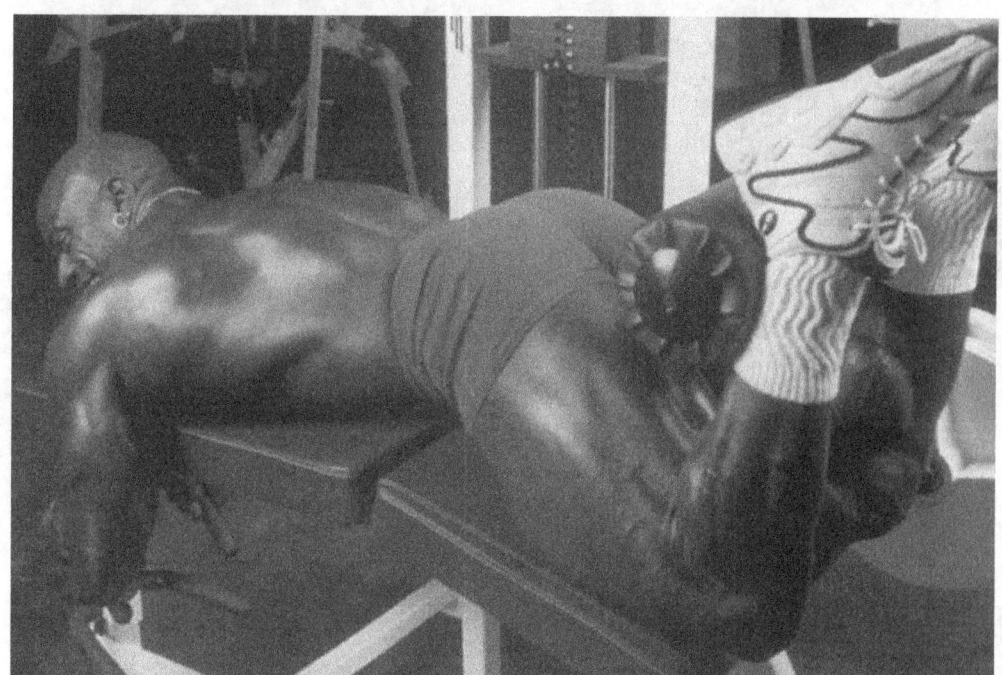

Willie Stallings

FLEXÃO DO JOELHO, DE PÉ

Objetivo do Exercício: Desenvolver o bíceps femural. Usando o aparelho de flexão de pé, você pode treinar uma perna de cada vez para isolar ainda mais o músculo.

Execução: (1) Fique de pé contra o aparelho e prenda uma perna atrás do apoio dos tornozelos. (2) Segure-se firmemente e flexione o joelho (perna) para cima o máximo possível. Relaxe e abaixe o peso para a posição inicial. Faça a série com uma perna, depois repita o exercício com a outra perna. Esteja certo de manter o movimento lento e estrito.

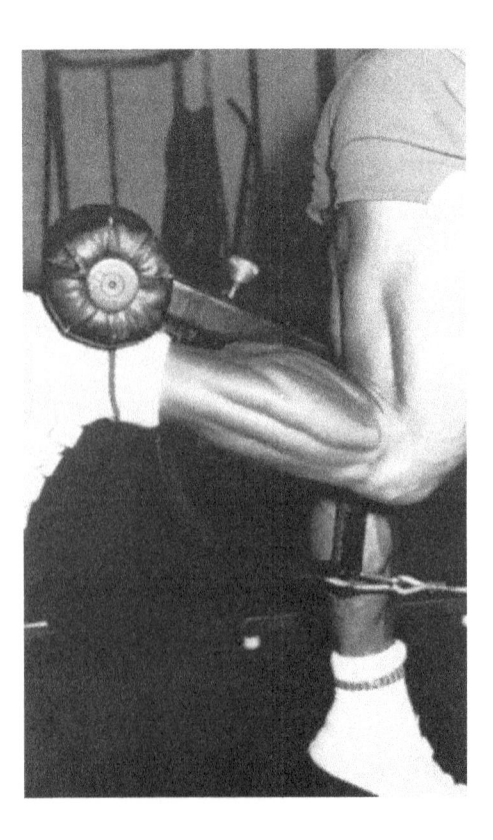

LEVANTAMENTO TERRA COM AS PERNAS ESTENDIDAS

Objetivo do Exercício: Trabalhar os isquiotibiais. Também trabalha os glúteos e a região lombar.

Execução: (1) Segure uma barra de levantamento terra e traga-a para posição ereta. (2) Mantenha os joelhos fixos e flexione o tronco, com as costas retas, até que ele esteja paralelo ao chão, a barra estendida no comprimento dos braços. Fique ereto novamente, puxe os ombros para trás e estenda o tronco para fazer com que os eretores da coluna lombar contraiam-se completamente. Sem as suas pernas para lhe ajudar como no levantamento terra regular, você irá usar muito menos peso ao fazer esse exercício. Se você usar pesos olímpicos, é melhor ficar sobre um bloco ou banco, de modo que você possa abaixar o peso ao máximo sem que as grandes anilhas toquem o chão, desde que o seu tronco não comece a arredondar-se.

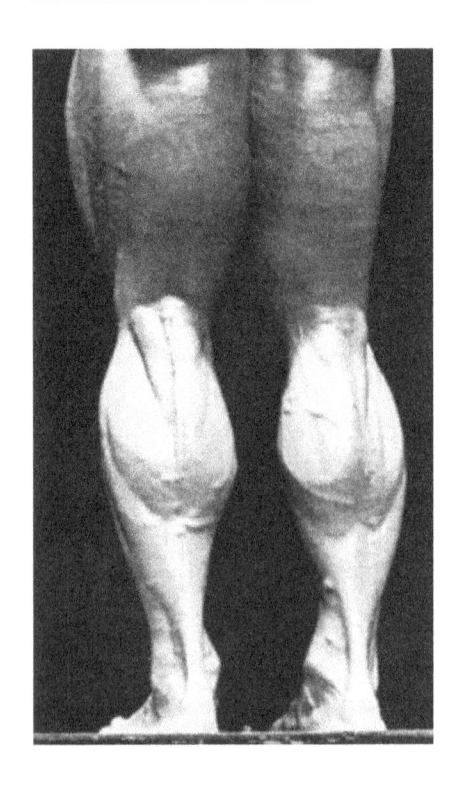

As Panturrilhas

OS MÚSCULOS DA PANTURRILHA

O **sóleo**, que é o maior e mais profundo dos dois músculos da panturrilha e se origina da fíbula e da tíbia.

FUNÇÃO BÁSICA: Flexão plantar do pé.

O **gastrocnêmio**, que tem duas porções, uma que se origina lateralmente e a outra medialmente da parte inferior do fêmur. Ambas as porções se juntam para recobrir o sóleo e junto com este inserem-se no tendão de Aquiles, que se insere no calcanhar.

FUNÇÃO BÁSICA: Flexão plantar do pé.

O **tibial anterior**, que corre pela frente da perna, junto à tíbia.

FUNÇÃO BÁSICA: Flexão dorsal e inversão do pé.

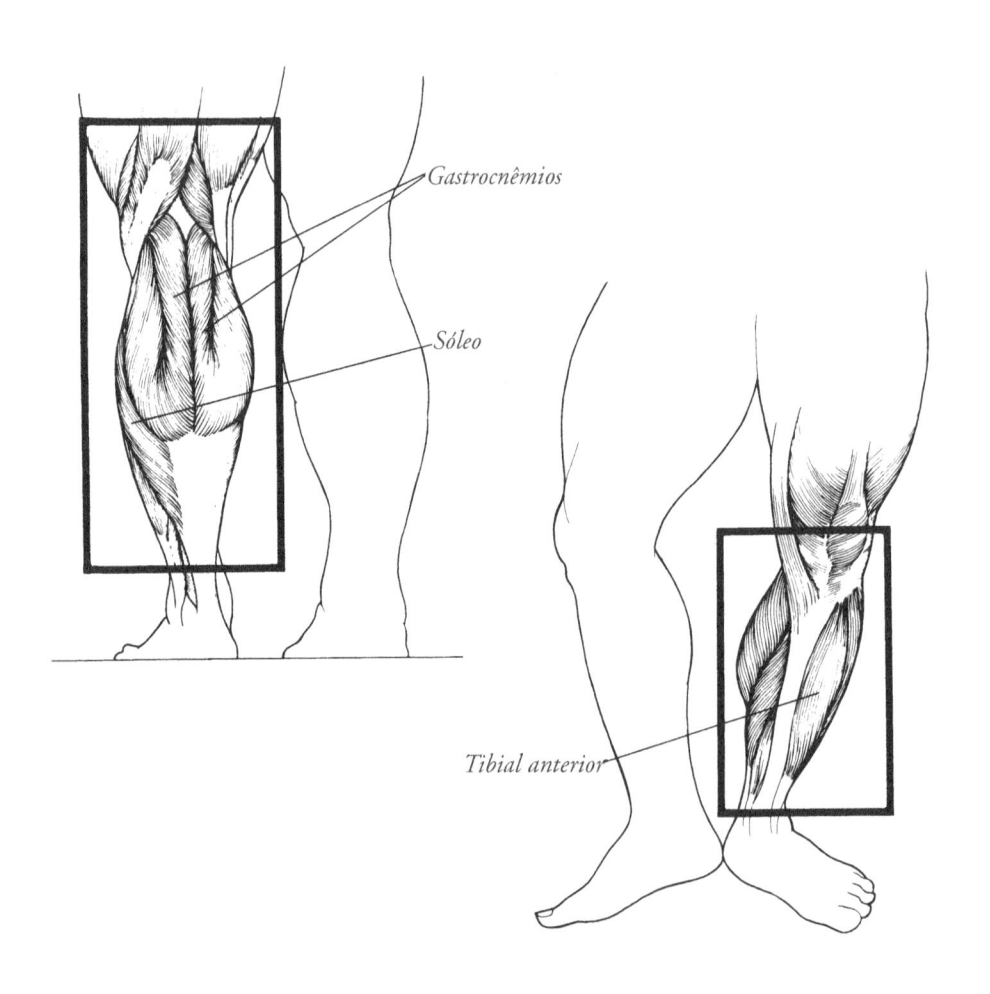

Olhe para Kevin Levrone, Dorian Yates, Shawn Ray e Chris Cormier no concurso de Mr. Olímpia de 1995. Com costas, ombros, trapézios e braços tão bem-desenvolvidos, se nada acontecesse quando eles contraíssem as panturrilhas, todo esse efeito seria arruinado.

TREINANDO AS PANTURRILHAS

As panturrilhas, como os deltóides e abdominais, são uma parte do corpo muito estética. Um bom par de panturrilhas ficam muito bem na praia, na quadra de tênis e no palco. Mas, mais do que isso, um desenvolvimento notável das panturrilhas tem sido associado historicamente com o físico masculino ideal. Grandes deltóides, abdominais em tábua e panturrilhas potentes eram as qualidades que os escultores gregos mostravam em suas imagens clássicas de guerreiros e atletas.

Em condições ideais, o seu desenvolvimento de panturrilhas deve ser igual ao desenvolvimento dos seus bíceps. Se as suas panturrilhas são menores do que os seus braços, você precisa dar mais atenção a elas. (Uma exceção a isso é Chris Dickerson, o único fisiculturista cujas panturrilhas sempre foram naturalmente maiores do que seus braços.)

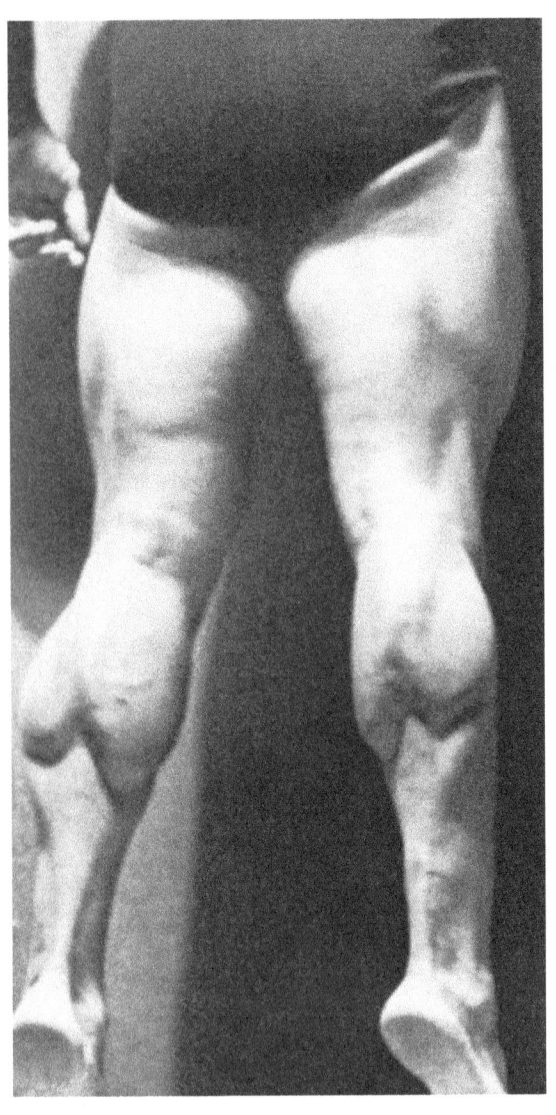

Reg Park

As panturrilhas são consideradas o grupo de músculos do corpo mais difíceis de serem desenvolvidos, mas respondem ao treinamento como qualquer outro músculo: você apenas tem que saber que precisam ser treinadas de vários ângulos diferentes e com carga extremamente pesada.

Pense sobre o que acontece quando você anda e corre: você vira o pé e calcanhar primeiro de um modo e, depois, de outro; você arranca, pára subitamente, vira e muda da direção, sobe e desce. E com cada movimento diferente que você faz, os músculos das panturrilhas suportam o seu peso, elevando-o na ponta dos pés, abaixando-o aos calcanhares, ajudando-o a virar seus pés em diferentes direções.

Até eu treinar com Reg Park, tinha dificuldade em tornar minhas panturrilhas do tamanho que eu queria. Eu estava fazendo flexão plantar com 226 a 272 kg, mas ele estava usando 453 kg! Ele me mostrava que cada uma das minhas panturrilhas estava suportando confortavelmente meus 113 kg de peso corporal, de modo que uma resistência de 226 kg era realmente uma quantidade "normal" para elas suportarem. Então, treinando com o peso que eu estava usando, estava fazendo muito pouco trabalho com elas!

O exercício primário para produção de massa nas panturrilhas é a flexão plantar em pé, e aqui o peso extra é realmente importante. Este exercício, junto com flexão plantar Donkey, trabalham ambos músculos da panturrilha: o gastrocnêmio e o sóleo. A flexão plantar sentado atinge mais o sóleo.

Muitos fisiculturistas fazem o seu treinamento da panturrilha sem planejamento. Antes ou após seu trabalho regular, exercitam as panturrilhas por uns 10 minutos, muito menos do que fazem com outras partes do corpo. E depois reclamam quando as panturrilhas não respondem.

Eu acredito em treinar as panturrilhas do mesmo modo como qualquer outra parte do corpo. Uma vez que as panturrilhas são programadas para trabalho constante e recuperação rápida, treino-as 30 a 45 minutos por dia. Também uso uma variedade de exercícios; não apenas algumas séries de flexão plantar em pé ou sentado, mas movimentos suficientes para trabalhar cada área dos músculos das panturrilhas: superior, inferior, interna e externa.

As panturrilhas são resistentes e acostumadas a muito trabalho pesado, então, o melhor meio de fazê-las crescer é chocá-las constantemente, usando todos os princípios de treinamento de alta intensidade possível. Por exemplo, quando eu executava flexão plantar Donkey, freqüentemente começava com três fisiculturistas de 100 kg sentados nas minhas costas. Eu continuava a série até que não podia fazer mais nenhuma repetição; então, um saía e eu continuava até que as minhas panturrilhas estivessem gritando em agonia. Finalmente, terminava usando apenas meu próprio peso corporal e sentindo como se minhas panturrilhas fossem explodir.

Outro método de choque envolve a execução de repetições parciais. Cerca de 1 em 4 dos meus exercícios para panturrilhas envolviam fazer movimentos de 1/2 ou 1/4 com cargas extremamente pesadas, o que exigia demais das panturrilhas. Na verdade, você pode usar virtualmente todos os princípios de choque descritos neste livro para desenvolver suas panturrilhas: séries escalonadas, repouso/pausa, repetições forçadas, 21s, superséries, etc. Quanto mais você força as panturrilhas mais as submete a um estímulo inesperado, mais desenvolvimento verá como resultado.

Uma vez, um jovem fisiculturista veio a mim enquanto eu fazia flexão plantar em pé, dizendo-me o quanto admirava meu desenvolvimento e minhas panturrilhas. "Você pode ter panturrilhas tão boas quanto as minhas", eu disse, "se você quiser pagar o preço para isso". Ele olhou-me intrigado e perguntou o que eu queria dizer com isso. "Panturrilhas deste tipo irão lhe custar mais de 500 horas de treino", eu disse. "Qualquer coisa a menos e você não consegue esses resultados."

Se você analisar aquelas 500 horas você tem: 500 horas é igual a mais de 660 períodos de 45 minutos de exercício de panturrilha; 660 dividido por 4 treinamentos por semana é igual a 165 semanas ou mais de 3 anos! Então, a não ser que você seja geneticamente dotado, como Chris Dickerson, e tenha nascido com panturrilhas magníficas, produzi-las custa um mínimo de 3 anos de um treinamento brutal.

Mesmo com esse esforço, as panturrilhas podem não vir a ser sua melhor parte corporal. Mas duvido que haja muitos fisiculturistas com um talento físico suficiente para construir o resto do seu corpo que não observem uma boa resposta de suas panturrilhas com o esquema que eu prescrevi.

ALONGAMENTO DE PANTURRILHAS

Para obter uma contração completa de um músculo, primeiro você tem que conseguir um alongamento completo. Com as panturrilhas isso significa ir até embaixo durante movimentos de amplitude completa, abaixando os calcanhares o máximo possível antes de subir até em cima na ponta dos dedos para obter uma contração.

Tom Platz executa isso ao máximo fazendo com que seu parceiro sente-se no final de um aparelho de flexão plantar para forçar seus calcanhares mais baixo a cada repetição e alongar suas panturrilhas ao extremo (algo que outros fisiculturistas devem abordar com grande cuidado se tentarem copiá-lo). O que Tom está fazendo é usar um princípio que eu descobri para mim muitos anos atrás: quanto maior a amplitude de movimento e mais completa a amplitude de contração (movimento) do músculo, mais ele se desenvolverá. Isso é especialmente valioso no treinamento das panturrilhas, uma vez que o uso normal das panturrilhas quando nós andamos e corremos envolve principalmente a função de meia amplitude.

Gosto de usar um bloco para flexão plantar em pé alto o bastante a fim de que meus calcanhares toquem o chão no final do movimento. Desse modo, sei que abaixei meus calcanhares o bastante para obter um alongamento máximo dos meus músculos das panturrilhas.

PROGRAMA DE INICIAÇÃO

Quando você começa a treinar as panturrilhas, provavelmente não será capaz de usar a quantidade de peso de que falei. Os músculos não-treinados das panturrilhas são muito desproporcionais na sua "curva de força". Os seus músculos da panturrilha transportaram o seu peso corporal por toda a sua vida, mas você raramente os requisita a funcionar nos extremos da sua amplitude de movimento – em alongamento ou contração completas.

Portanto, quando você começar a fazer flexão plantar, você provavelmente irá achar que é muito forte na amplitude média, mas muito fraco nos extremos. Então, o que você deve fazer nos primeiros meses de treinamento é criar força nas panturrilhas em alongamento ou contração totais, de modo que você adquira algum equilíbrio na curva de força. Nesse ponto, você pode começar a aumentar o peso e desenvolver toda a amplitude de movimento dos músculos.

Ainda assim, você irá achar que a faixa intermediária é desproporcionalmente forte – devido a fatores mecânicos e de alavanca – e é por isso que recomendo fazer movimentos parciais, bem como de amplitude completa, desde o começo. Desse modo, você pode usar grandes quantidades de peso para alongar completamente o músculo nos seus ângulos mais fortes.

Para começar, limitei o treinamento de panturrilha no programa de iniciação a 4 séries, de 15 repetições cada, de flexão plantar em pé 3 vezes por semana. Concentre-se nessa série para começar e aprenda a fazê-la corretamente:

1. Obtenha a amplitude completa de movimento e o alongamento completo embaixo, suba na ponta dos pés para uma contração completa no topo.
2. Use um bloco elevado o suficiente, a fim de que seus calcanhares possam abaixar até o final.
3. Use um movimento estrito, mantendo os joelhos estendidos o bastante, de modo que você eleve o peso apenas com suas panturrilhas, sem empurrar com as pernas.
4. Use uma posição de pés "normal", isto é, com os pés apontados para frente, de modo que toda a sua panturrilha seja trabalha proporcionalmente.
5. Não se apresse no seu treinamento de panturrilha para ir fazer outra coisa, ou simplesmente faça algumas séries de panturrilha no final do treinamento, trabalhe as suas panturrilhas com tanta energia e concentração como qualquer outra parte do corpo.

PROGRAMAS AVANÇADO E PARA COMPETIÇÃO

Para o treinamento avançado e para competição, recomendo trabalhar a panturrilha 6 vezes por semana. Tenho teorias rígidas de que essa freqüência representa um "supertreinamento", mas quando olho para fisiculturistas que têm as melhores panturrilhas, geralmente descubro que são os que treinam com maior freqüência.

No treinamento avançado, incluí flexão plantar Donkey e flexão plantar sentado juntamente com o exercício de produção de massa e flexão plantar em pé. A flexão sentado é programada para trabalhar o músculo sóleo, alongando a panturrilha mais baixo em direção ao tornozelo, e a flexão plantar Donkey permite que você faça repetições estritas contra uma resistência centrada nos quadris e não nos ombros.

A flexão plantar Donkey cria um tipo de desenvolvimento profundo ao contrário de qualquer outro exercício de panturrilha. Você sente diferença após esse exercício, não apenas um bombeamento, mas a sensação de que você trabalhou o músculo até o osso. Outra coisa que gosto desse exercício é que a posição inclinada aumenta a quantidade de alongamento que você consegue, o que lhe dá a maior amplitude de movimento possível.

Quando você avança para o programa para competição, há dois novos exercícios para aprender: flexão dorsal, para desenvolver o tibial anterior, e flexão plantar unilateral, para isolar mais ainda os músculos da panturrilha de cada perna. Mas, além dos exercícios propriamente ditos, você irá aprender a trabalhar na forma de toda a área das panturrilhas, variando a posição dos dedos durante o exercício.

Como eu disse antes, a maioria dos fisiculturistas cujas panturrilhas se recusam a crescer simplesmente não estão treinando duro e bastante ou estão treinando com pouco peso. Quando você atinge o nível de treinamento para competição, o programa irá incluir de 9 a 15 séries de treinamento de panturrilha, e se você fizer essa quantidade de trabalho corretamente, com a intensidade certa e o peso adequado, suas panturrilhas simplesmente serão forçadas a desenvolver-se e crescer. Mas há algo mais que você pode fazer para garantir essa resposta de seus músculos da panturrilha: aprenda a variar o programa para surpreender e estimular continuamente as panturrilhas.

Nos final dos anos 60 e início dos anos 70, comecei a mudar constantemente o meu treinamento de panturrilha. Um dia eu fazia flexão plantar Donkey, 5 séries de 10 repetições; flexão plantar em pé, 5 séries de 10 repetições; flexão plantar sentado, 5 séries de 10 repetições; flexão plantar no aparelho, 5 séries de 10 repetições; flexão plantar unilateral, 5 séries de 10 repetições para fortalecer minha panturrilha mais fraca (que media apenas 49,5 cm, enquanto a outra media 50,8 cm fria). No próximo dia de treinamento, eu podia começar com flexão plantar sentado e depois fazer flexão plantar em pé ou flexão plantar Donkey, com a idéia de forçar as panturrilha a trabalhar de modo inesperado e não-familiar o mais freqüentemente possível. Às vezes, eu fazia 20 repetições em vez de 10, ou fazia mais de 5 séries de um exercício – talvez 40 séries no total para panturrilha, um dia com apenas 10 séries de amplitude de movimento completa e o resto de exercícios de amplitude parcial.

Além disso, eu empregava todos os princípios de choque que eu podia, desde o método decrescente até repetições forçadas. Eu sempre alongava após cada exercício, mantendo os músculos sempre trabalhando e forçando-os a trabalhar na maior amplitude de movimento possível.

Fazer flexão plantar com até 453 kg pode parecer um objetivo inatingível se você é capaz de levantar apenas 205 kg. Mas o meio de atingir esse objetivo, como a maioria das coisas, é por etapas, um pouco de cada vez. Tente aumentar o peso em uma taxa de 23 kg por mês. Isso dá a seus tendões e ligamentos tempo de adaptar-se e ficar mais fortes junto com os músculos das panturrilhas.

Outra boa idéia é escolher um peso 23 ou 45 kg mais pesado do que o que você pode erguer confortavelmente em suas séries regulares e, ao final do seu treinamento de panturrilha, tentar fazer apenas 3 ou 4 repetições com a maior resistência. Isso acostuma outras partes do seu corpo – como as costas, pernas e tendão de Aquiles – a lidar com aquela quantidade de peso; mas também treina sua mente para superar com o peso extra, de modo que você não se intimidará com isso quando estiver pronto para aumentar novamente o peso.

Às vezes, quando você está treinando as panturrilhas para as necessidades especiais de competição, você pode achar que usar um peso um pouco mais leve é uma boa idéia. Trabalhar com menos peso, com talvez algumas séries adicionais e prestando mais atenção para contrair os músculos durante a amplitude de movimento mais completa pode ajudar a dar acabamento e forma às panturrilhas. Ken Waller, que durante algum tempo tinha as maiores panturrilhas do mundo, gosta de usar carga pesada para a flexão plantar sentado, mas acha que atingiu um melhor desenvolvimento usando pesos menores (136 kg) com flexão plantar sentado. Isto, é claro, não é o modo de aumentar as panturrilhas, mas mostra como um indivíduo pode aprender a usar o que é melhor para quando chega a esse nível de desenvolvimento.

O treinamento avançado envolve forçar as panturrilhas de cada ângulo – dedos para dentro e dedos para fora, bem como movimentos de pé e sentado – para desenvolver o sóleo e o gastrocnêmio e não negligenciar o tibial anterior na parte anterior da perna.

Dê ao seu corpo todas as vantagens, sendo muito cuidadoso com a técnica e usando calçados que lhe dêem suporte correto. Dê à sua mente todas as vantagens, aprendendo a condicionar-se e aumentar sua motivação – pendurando uma foto de um grande par de panturrilhas no aparelho de exercício, por exemplo.

Outra técnica de treinamento que eu gostava de usar no treinamento de panturrilhas eram as superséries. Por exemplo, eu começava com uma série de flexão plantar sentado, depois ia imediatamente para a máquina de pressão de pernas e fazia outra série de flexão plantar, com ambos movimentos trabalhando a área inferior das panturrilhas. Ocasionalmente também fazia séries escalonadas – talvez uma série de flexão na barra fixa para as costas e depois uma de flexão plantar de pé. Alguns exercícios de costas eram feitos mais tarde, para então fazer outra série para as panturrilhas. Assim, quando terminava com o treinamento global, já tinha feito cerca de 8 séries para as panturrilhas e podia terminar meu treinamento com um bom avanço. Isso é excelente quando você está ficando cansado do treinamento de panturrilhas e não está se esforçando como devia.

TREINAMENTO DE PONTOS FRACOS

Você pode achar que as suas panturrilhas estão crescendo, mas não proporcionalmente; certas áreas estão ficando para trás. A resposta para isso, no treinamento das panturrilhas, é a mesma de outras partes do corpo: você escolhe exercícios específicos para ajudar a corrigir o desequilíbrio:

Região Inferior das Panturrilhas

Faça séries adicionais de flexão plantar sentado para desenvolver o músculo sóleo da parte inferior das panturrilhas – aquele aspecto em V no qual o músculo desce até o tendão de Aquiles.

Flexione os joelhos levemente quando fizer flexão plantar em pé para trazer as panturrilhas inferiores para o movimento. Isso funciona muito bem se você fizer movimentos parciais no extremo inferior da amplitude de movimento – seus calcanhares quase tocando o chão.

Região Superior das Panturrilhas

Flexão plantar em pé com ênfase especial na parte superior da amplitude de movimento, especialmente quando você se mantém em uma posição de contração total no final do movimento.

Ênfase na Região Interna das Panturrilhas

Faça séries de cada um dos exercícios de panturrilha com os dedos virados para fora.

Ênfase na Região Externa das Panturrilhas

Flexão plantar com dedos virados para dentro.

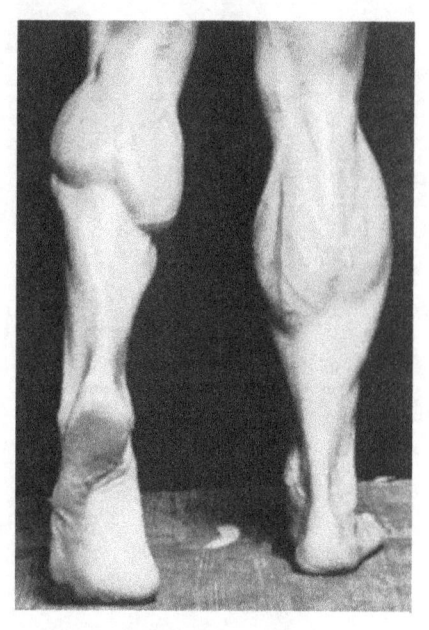

As panturrilhas de Ken Waller são superiores às de muitos outros fisiculturistas de alto nível porque ele tem um desenvolvimento muito bom da região inferior das panturrilhas. O gastrocnêmio, que se situa mais superiormente em relação ao sóleo, é mais definido, cheio e pronunciado até o tornozelo.

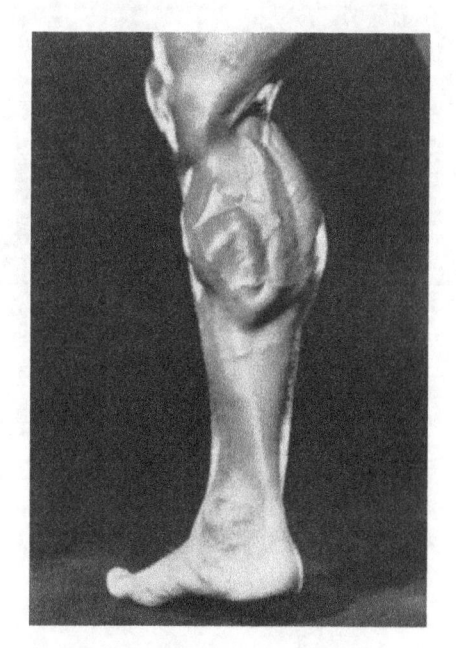

Para panturrilhas como a minha você tem que estar disposto a pagar o preço: pelo menos 500 horas de treinamento intenso, concentrado e, às vezes, doloroso.

Uma Panturrilha Muito Pequena

Adicione duas séries extras de flexão plantar unilateral para a panturrilha menor. As duas séries podem ser flexão plantar em pé em uma perna enquanto segura um haltere na mão e, para trabalhar a parte inferior, flexão plantar sentado realizado com uma perna. De fato, a maioria dos exercícios de panturrilha pode ser adaptado para uma só perna. Apenas observe que seja usado peso suficiente para realmente estimular o músculo que você quer desenvolver.

Região Frontal das Pernas

O desenvolvimento do músculo tibial anterior cria uma divisão que faz suas panturrilhas parecerem muito grandes quando vistas pela frente. Fazer flexão dorsal pode dar a impressão de que as panturrilhas são 2,5 cm maiores. Esse exercício ajuda a separar a parte externa da interna e cria um aspecto largo, que o tamanho absoluto da panturrilha, isoladamente, não consegue. Portanto, esse músculo precisa da mesma atenção que os outros recebem – 4 séries completas de treinamento intenso e bastante alongamento.

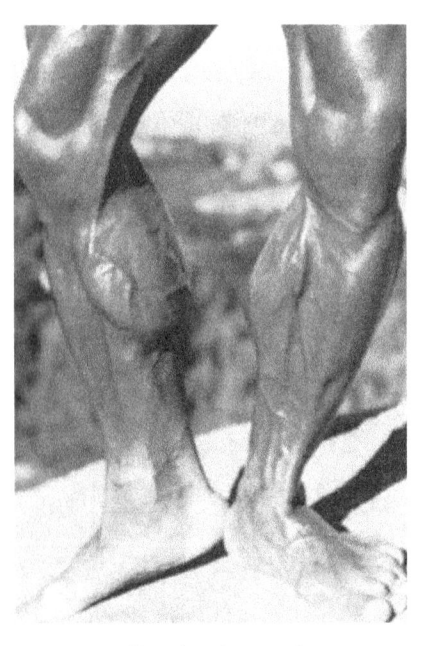

As panturrilhas de Chris Dickerson são tão impressionantes que parecem grandes mesmo quando vistas pela frente.

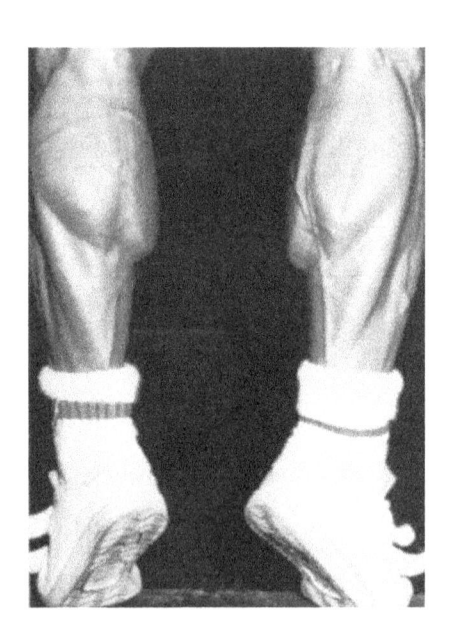

A posição com dedos para fora ajuda a desenvolver a região interna da panturrilha.

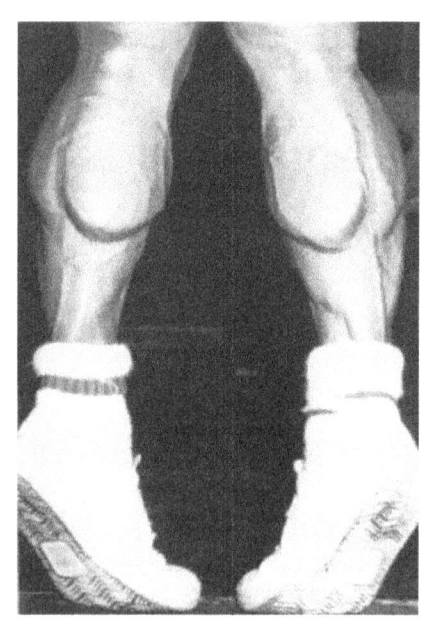

A posição com dedos para dentro é usada para dar ênfase na região externa das panturrilhas.

No começo, minhas panturrilhas eram realmente um ponto fraco. Então, fazia a maioria de minhas poses iniciais com as panturrilhas dentro d'água!

Um motivo pelo qual os fisiculturistas com panturrilhas fracas tendem a não desenvolvê-las é que podem cobri-las na academia, usando calças compridas: assim, podem esquecê-las. Eu costumava fazer isso, mas quando vi meu erro, comecei a fazer grandes progressos no treinamento das panturrilhas.

Quando eu era jovem e crescia rapidamente, chegando a 104 e depois 108 kg, orgulhava-me muito de minhas costas alargadas e meus braços potentes. Então adorava treinar usando camisetas ou até sem estas. Via o reflexo de meus músculos no espelho, e isso inspirava-me a treinar ainda mais para criar mais e mais massa e qualidade. Mas um dia dei-me conta de que não estava treinando as panturrilhas com a mesma seriedade dedicada aos outros músculos. Então, decidi corrigir essa situação.

A primeira coisa que fiz foi cortar as pernas das minhas calças. Agora, minhas panturrilhas estavam expostas e todos podiam vê-las. Se eram subdesenvolvidas – e elas eram – eu não estava escondendo esse fato. E o único meio pelo qual eu podia mudar essa situação era treinar as panturrilhas de modo tão árduo e tão intenso que o dorso de minhas pernas ficaria parecido com enormes pedras.

No início isso era embaraçoso. Os outros fisiculturistas na academia podiam ver meu ponto fraco e constantemente faziam comentários. Mas o plano funcionou. Sem poder mais ignorar minhas panturrilhas, eu estava determinado a torná-las uma das melhores partes do meu corpo. Psicologicamente, esse era um modo brutal de fazer isso, mas funcionou, e isso é o que realmente importa. Dentro de um ano, minhas panturrilhas cresceram tremendamente, e os comentários que passei a receber na academia eram elogios em vez de críticas.

Se as panturrilhas são o seu problema, use o princípio da prioridade para realmente atingi-las. Comece seu treinamento com as panturrilhas quando a sua energia física e psicológica estiverem no máximo. Outra coisa que você pode fazer é trabalhar as panturrilhas mesmo quando você não está na academia. Por exemplo, quando você está caminhando, faça um esforço e ande na ponta dos pés para fazer as panturrilhas trabalharem em uma amplitude de movimento maior. Se você está na praia, faça a mesma coisa. Após uma caminhada de meia hora na areia, afundando os dedos, você sentirá uma queimação nos músculos das panturrilhas.

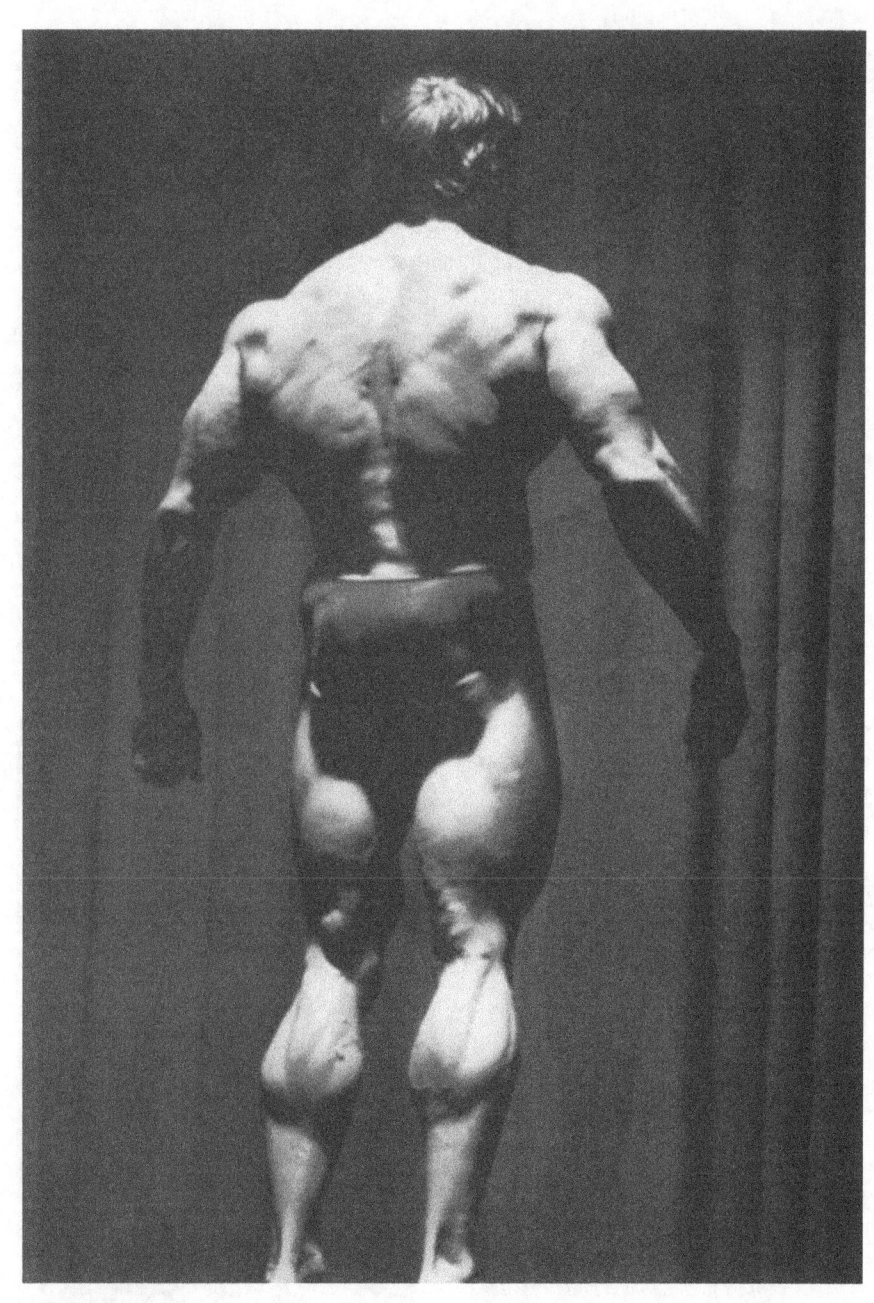

Esta foto é um grande exemplo de como o uso do princípio da prioridade pode acabar com seus pontos fracos. Quando pisei no palco de uma competição, dois anos após começar a treinar duro minhas panturrilhas, e fiquei de costas para o público, minhas panturrilhas eram tão grandes que recebi aplausos mesmo antes de contraí-las.

POSES COM AS PANTURRILHAS

Em cada pose que você faz no palco, você precisa contrair as panturrilhas. Os fisiculturistas geralmente aprendem a posar de baixo para cima: posicione os pés, contraia as panturrilhas e pernas e, depois, a parte superior do corpo. Mas a maioria dos fisiculturistas não gasta seu tempo aprendendo a contrair e posar as panturrilhas sozinhos. A capacidade de fazer isso é útil quando você está de pé, relaxado, na primeira rodada e quer mostrar as panturrilhas, exibindo-as para impressionar os juízes.

Para aprender a fazer isso, recomendo posar e contrair as panturrilhas entre cada série do treinamento, desenvolvendo a conexão entre a mente e o

Mesmo quando você está fazendo poses laterais, o desenvolvimento das panturrilhas tem um papel importante. Quando você está fazendo uma pose lateral de peito, por exemplo, e concentrando-se na parte superior do seu corpo, um bom juiz também irá considerar suas panturrilhas.

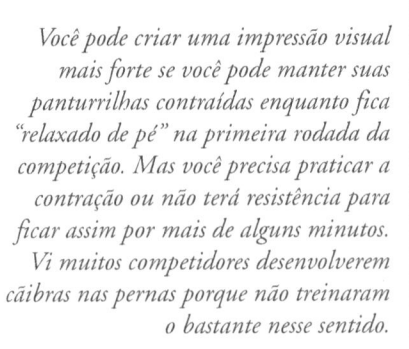

Você pode criar uma impressão visual mais forte se você pode manter suas panturrilhas contraídas enquanto fica "relaxado de pé" na primeira rodada da competição. Mas você precisa praticar a contração ou não terá resistência para ficar assim por mais de alguns minutos. Vi muitos competidores desenvolverem cãibras nas pernas porque não treinaram o bastante nesse sentido.

músculo a fim de que você obtenha controle absoluto sobre o aspecto das suas panturrilhas. Isso também torna o músculo mais duro e desenvolvido, uma vez que a contração é um tipo de exercício isométrico.

Lembre-se: se você quer ser capaz de exibir suas panturrilhas em poses nas quais seus pés estão planos no chão, bem como quando você está na ponta dos pés, então deve praticar a contração de modo a obter o tipo de controle muscular que você precisa para fazer isso. Enquanto apóia-se contra o aparelho ou uma parede, fique na ponta dos pés, forçando o máximo possível para obter a maior contração dos músculos da panturrilha.

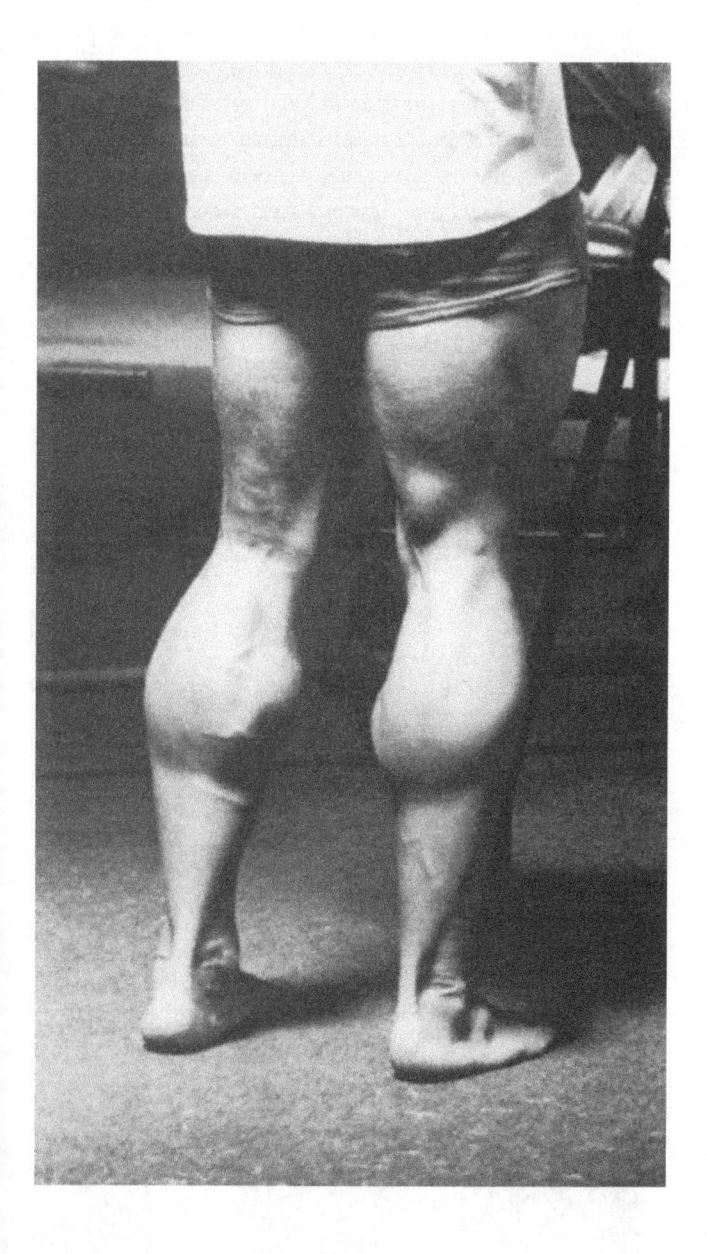

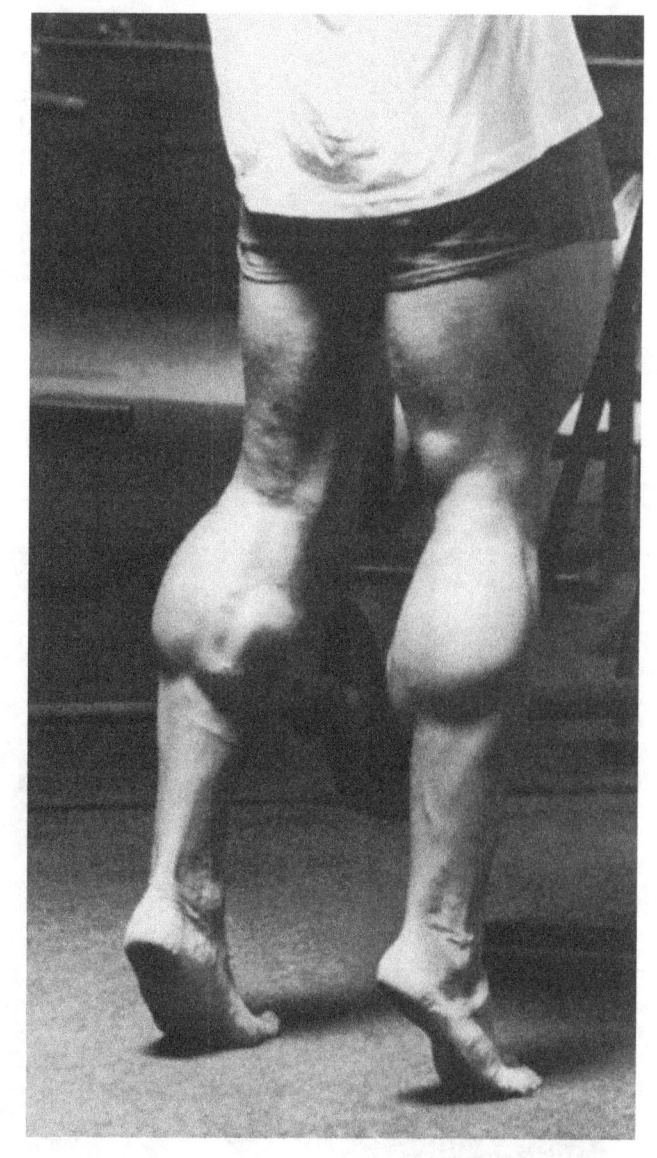

EXERCÍCIOS PARA AS PANTURRILHAS

FLEXÃO PLANTAR, DE PÉ

Objetivo do Exercício: Desenvolver a massa global das panturrilhas.

Execução: (1) Fique de pé com os dedos sobre o bloco do aparelho de flexão plantar, com os calcanhares elevados no ar. Coloque os ombros sob as almofadas e, com os joelhos ligeiramente flexionados, levante o peso do suporte. Abaixe os calcanhares o máximo possível em direção ao chão, mantendo os joelhos levemente flexionados durante o movimento, para trabalhar as partes inferior e superior das panturrilhas, sentindo os músculos da panturrilha se alongarem ao máximo. Gosto de usar um bloco alto o suficiente, de modo que eu consiga um alongamento máximo quando abaixo meus calcanhares. (2) A partir desse movimento, fique na ponta dos pés o máximo possível. A carga deve ser pesada o suficiente para exercitar as panturrilhas, mas não tão pesada que você não possa vir até em cima na maioria das repetições.

Quando você está muito cansado para fazer repetições completas, termine a série com movimentos parciais, para aumentar a intensidade do movimento.

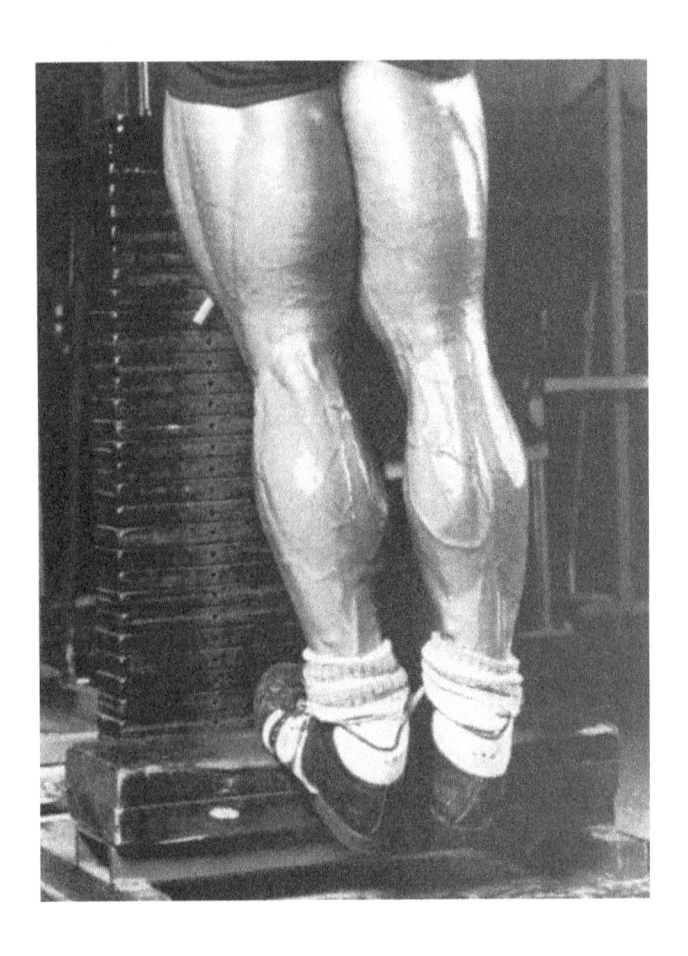

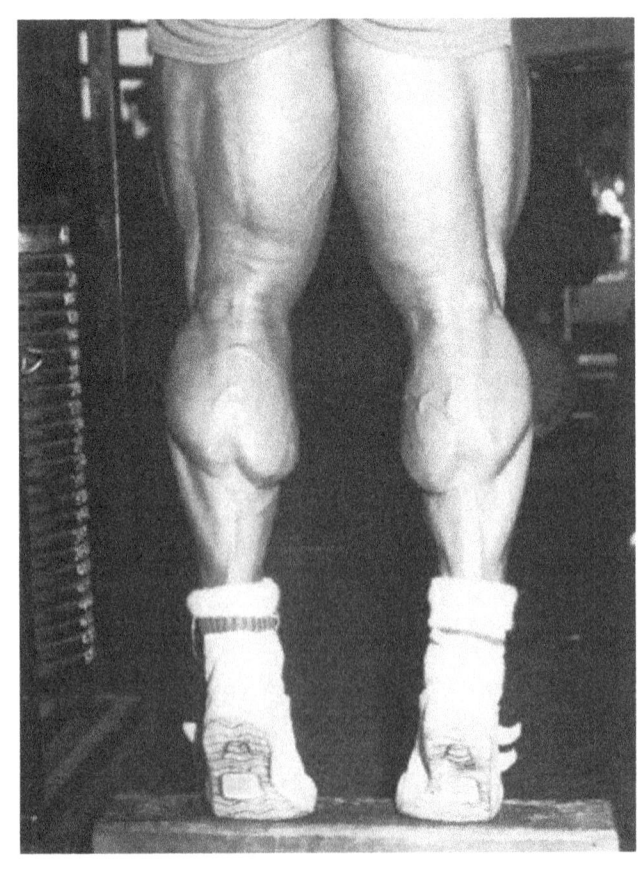

Eis o que aconteceu certa ocasião, quando eu não podia colocar carga suficiente na máquina de flexão plantar. Contudo, não recomendo isso a você.

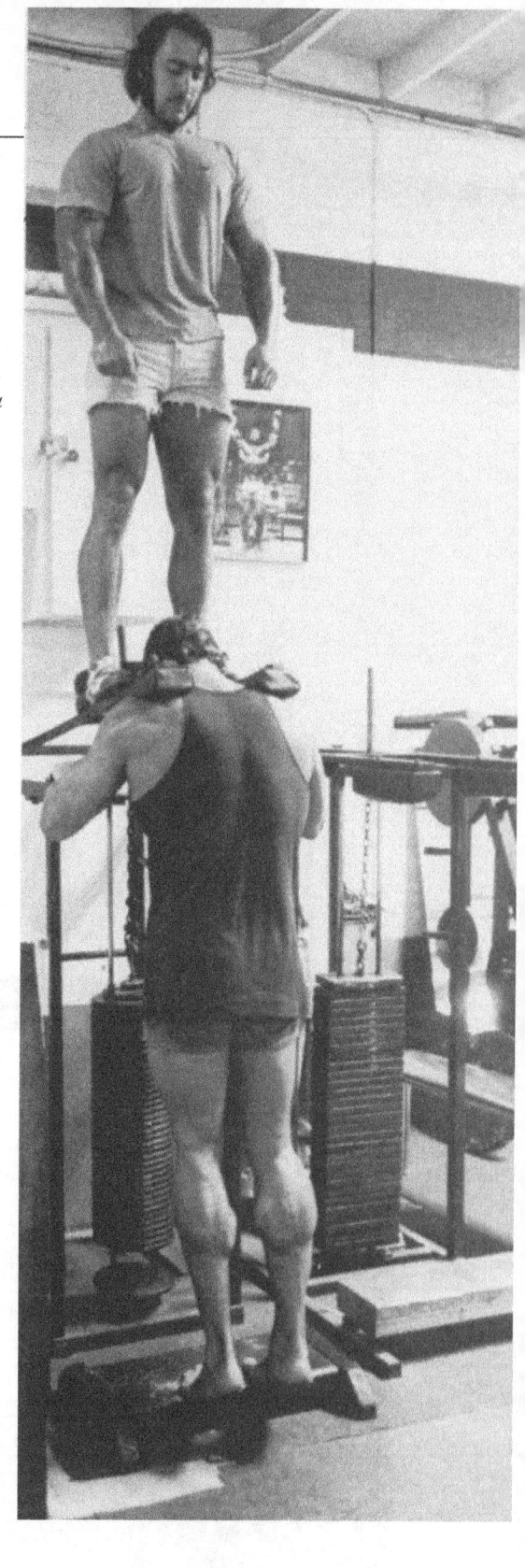

A posição normal, com os dedos para a frente, é melhor para o desenvolvimento global das panturrilhas.

FLEXÃO PLANTAR NO APARELHO DE PRESSÃO DE PERNAS

Objetivo do Exercício: Desenvolver as panturrilhas.

Execução: (1) Usando um dos vários tipos de aparelho de pressão de pernas (prefiro a pressão de pernas vertical para flexão plantar), posicione-se como se fosse fazer o exercício de pressão de pernas, mas empurre as barras apenas com os dedos, deixando os calcanhares sem apoio. Alongue as panturrilhas e empurre o peso para cima até que seus joelhos estejam quase travados. Com os joelhos levemente flexionados, mantenha os calcanhares pressionados para cima, deixando, porém, os dedos voltarem-se em sua direção e sentindo o alongamento mais completo possível nos músculos das panturrilhas. (2) Quando você não consegue alongar mais, empurre o peso para cima com os dedos o máximo possível, a fim de contrair completamente os músculos das panturrilhas. Você não consegue "roubar" quando faz flexão plantar no aparelho. Deitado com as costas apoiadas no banco, você pode isolar totalmente as panturrilhas para fazer um exercício realmente intenso. Observe que as barras de segurança estejam no lugar, em caso de seus pés deslizarem.

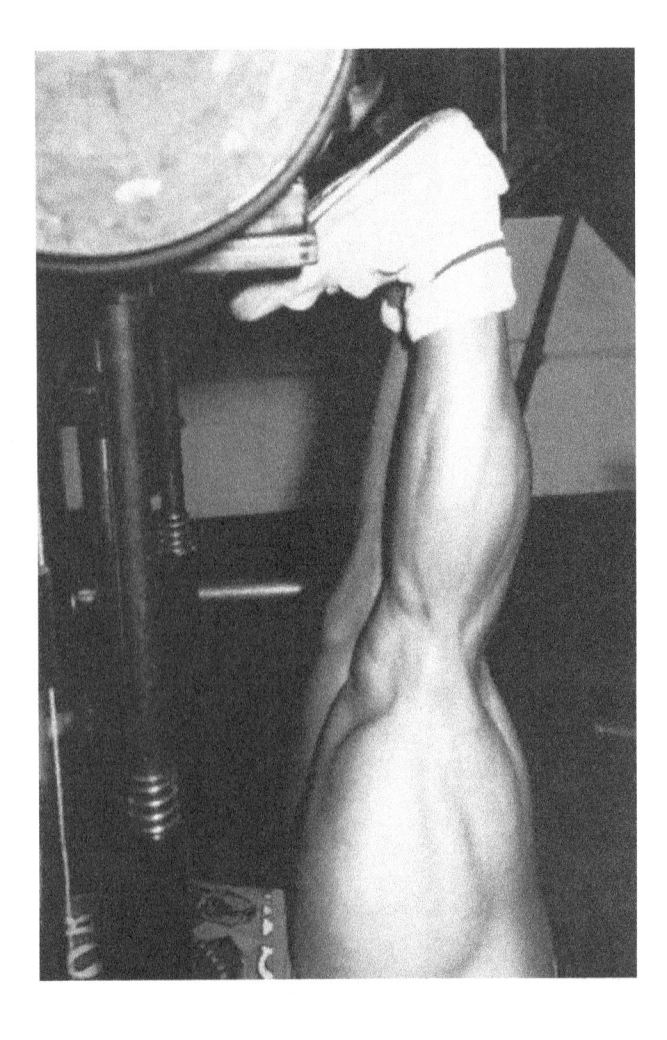

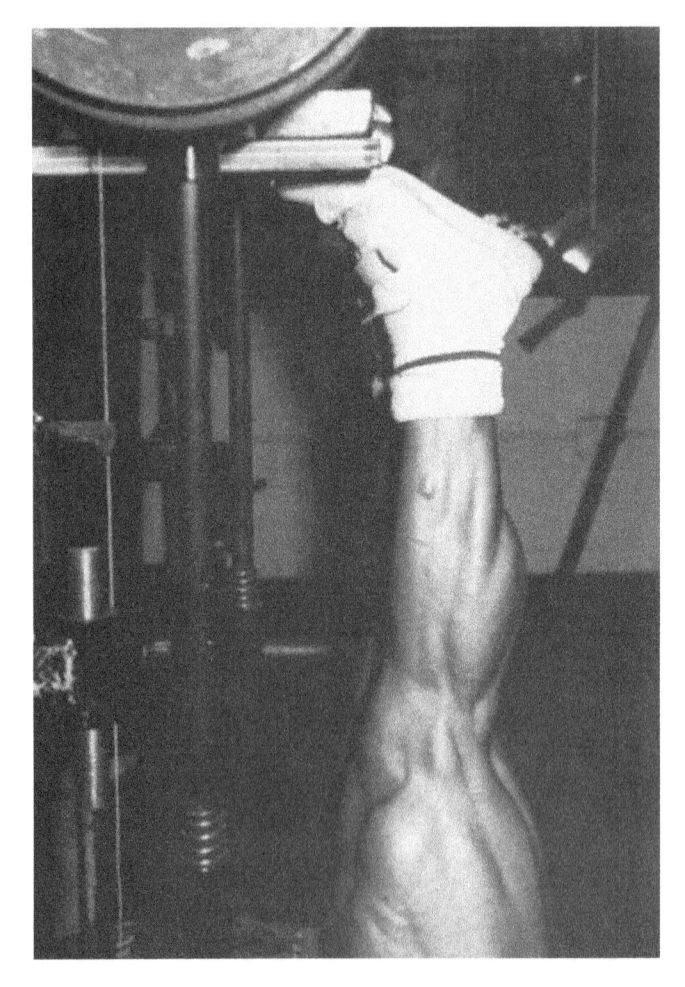

Tom Platz

FLEXÃO PLANTAR, SENTADO

OBJETIVO DO EXERCÍCIO: Desenvolver as áreas inferior e externa das panturrilhas.

EXECUÇÃO: (1) Sente-se no aparelho e coloque os pés na barra inferior, prendendo os joelhos sob a trave. Lentamente, abaixe os calcanhares o máximo possível em direção ao chão, (2) depois empurre de volta sobre os dedos até que as panturrilhas estejam completamente contraídas. Tente não balançar muito para a frente e para trás, mas mantenha as panturrilhas trabalhando com um movimento firme e rítmico.

FLEXÃO PLANTAR DONKEY

Objetivo do Exercício: Desenvolver a espessura da parte posterior das panturrilhas.

Flexão plantar Donkey é um dos meus exercícios favoritos, e realmente fazem suas panturrilhas parecerem enormes quando vistas pelo lado.

Execução: (1) Coloque as mãos sobre um bloco, curve-se para a frente a partir da cintura e apóie-se em um banco ou mesa de suporte ou use um aparelho de flexão plantar. Suas mãos devem estar diretamente abaixo dos seus quadris. Faça com que seu parceiro aumente a resistência sentando-se sobre os seus quadris, o mais afastado possível para manter a pressão fora da parte lombar. (2) Com as mãos direcionadas para a frente, abaixe os calcanhares o máximo possível, e depois fique na ponta dos pés até que as panturrilhas estejam totalmente contraídas. Se você tentar "roubar" nesse movimento, acabará balançando o seu parceiro; assim, peça-lhe para que o avise se isso acontecer.

Você pode usar uma variação do método decrescente fazendo flexão plantar Donkey. Eu geralmente começava com até três homens nas minhas costas. Quando ficava cansado, fazia mais algumas séries com apenas dois homens, terminando com apenas um. Isso é que é queimar os músculos!

FLEXÃO PLANTAR UNILATERAL

Objetivo do Exercício: Isolar cada grupo de músculos das panturrilhas. Fazer flexão plantar com uma perna de cada vez é essencial quando uma panturrilha é maior do que a outra e você precisa aumentar a menos desenvolvida.

Execução: (1) Fique de pé com os dedos de uma perna em um bloco e com a outra perna suspensa no ar, atrás de você. Abaixe o calcanhar o máximo possível (2) e depois suba nos dedos. Termine a série e depois repita com a outra perna. Se uma de suas panturrilhas é menor ou mais fraca do que a outra, faça séries extras com ela para ajudar a atingir a simetria necessária. Flexão plantar unilateral também pode ser feita no aparelho de pressão de pernas.

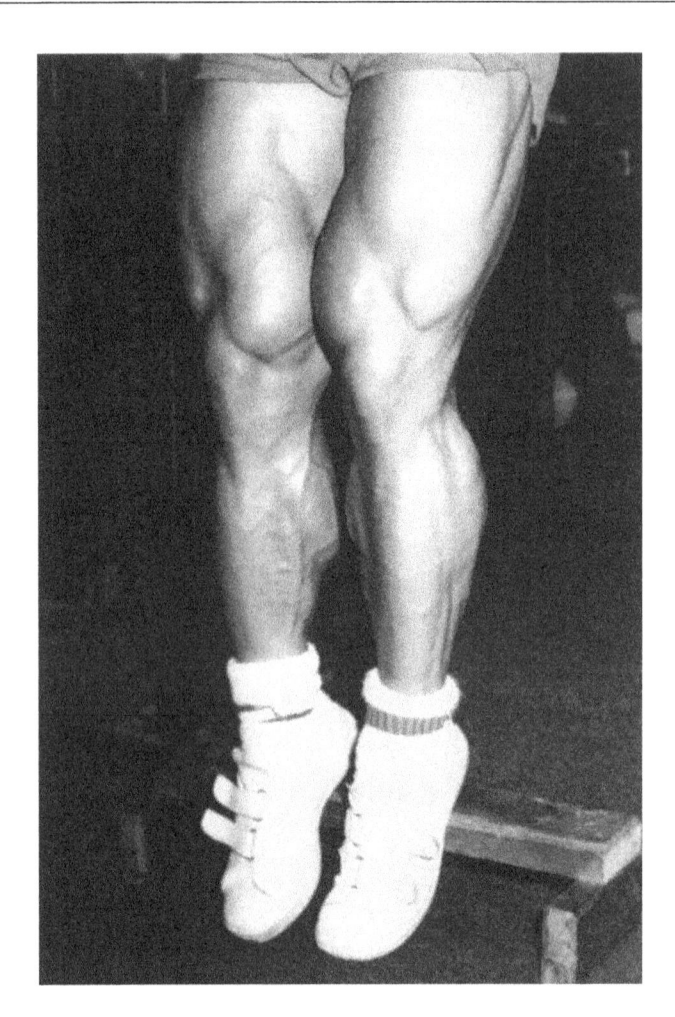

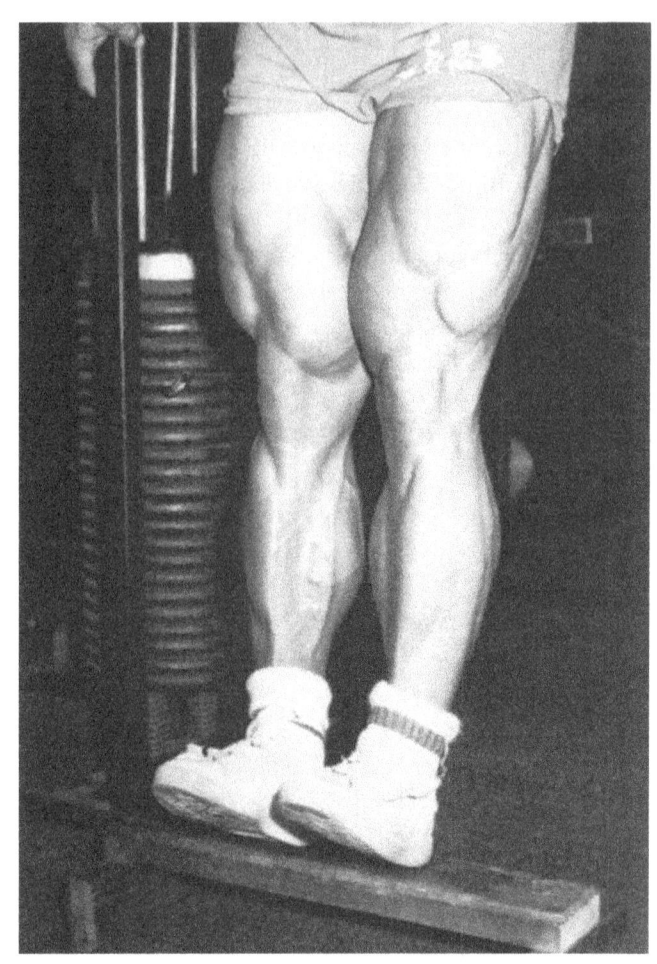

FLEXÃO DORSAL

OBJETIVO DO EXERCÍCIO: Desenvolver a parte frontal da perna. Muitos fisiculturistas com boas panturrilhas esquecem de desenvolver os músculos da parte frontal inferior da perna, primariamente o tibial anterior, que separa a parte interna da externa e faz a perna parecer maior.

EXECUÇÃO: (1) De pé com os calcanhares sobre um bloco, abaixe os dedos o máximo possível e (2) depois eleve-os, sentindo os músculos da frente da perna contraírem-se o mais completamente possível. Faça cerca de 20 ou 30 repetições com o peso de seu corpo. Como variações, você pode prender os dedos sob um peso leve para aumentar a resistência.

O Abdome

OS MÚSCULOS DO ABDOME

Reto abdominal, um músculo longo, que se estende ao longo de todo o comprimento ventral do abdome. Origina-se na área do púbis e insere-se nas cartilagens das 5ª, 6ª e 7ª costelas.

Função Básica: Flexionar a coluna vertebral e puxar o esterno em direção à pelve.

Oblíquos externos (oblíquo externo abdominal), músculos localizados de cada lado do tronco e conectados às oito costelas inferiores, inserindo-se ao lado da pelve.

Função Básica: Flexionar e girar a coluna vertebral.

Intercostais, duas superfícies finas de fibras musculares e tendões que ocupam o espaço entre as costelas.

Função Básica: Elevar as costelas e juntá-las.

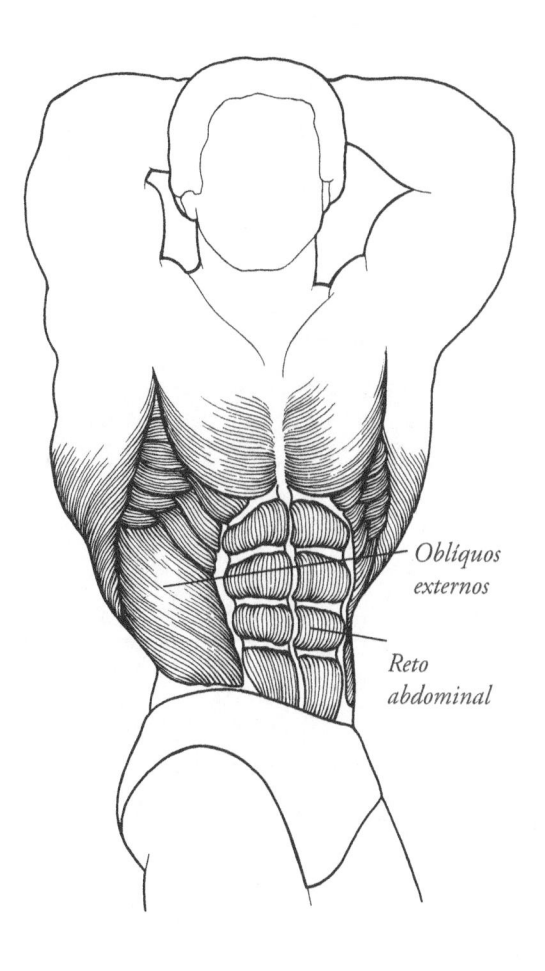

Mohamed Makkawy

Mike Francois, Flex Wheeler e Chris Cormier demonstram a pose abdominal mandatória da IFBB: mãos atrás da cabeça, abdome contraído e uma perna estendida.

Abdominais bem-definidos são importantes, mas igualmente importante é ter uma cintura pequena, o que torna as poses, como esta pose de bíceps, muito mais eficientes.

TREINANDO OS ABDOMINAIS

Os abdominais fortes são essenciais para maximizar o desempenho em quase todos os esportes. No fisiculturismo, os abdominais têm um papel extremamente importante quando se trata da impressão visual que o seu físico causa no observador. Os abdominais são, de fato, o centro *visual* do corpo. Se você sobrepuser um X sobre o corpo com as pontas terminais sendo os ombros e os pés, as duas linhas se cruzam nos abdominais, e é para esse local que os olhos inevitavelmente se direcionam. Os homens têm uma quantidade desproporcional de células gordurosas na área abdominal comparados com as mulheres (que, freqüentemente, podem ser relativamente obesas e ainda exibirem os abdominais), de modo que abdominais bem-definidos são um sinal de estar em plena forma – magro, rígido e forte.

Um fisiculturista tem grande probabilidade de marcar pontos em um concurso se tem ombros largos e um grande dorsal exuberante que desce para

No momento das poses, quando você executa uma pose livremente, faz mais sentido não executar a mesma pose que outros competidores que têm vantagens resultantes de um desenvolvimento superior de certas partes corporais ou uma massa maior. (Nasser El Sonbaty, Vince Taylor, Milos Scarcev e John Sherman)

A apresentação no concurso de Mr. Olímpia de 1980 demonstra muito claramente que os principais fisiculturistas têm que ter grandes abdominais para permanecer na competição. Como eu era o maior homem, era essencial que eu tivesse abdominais que pudessem competir com o físico de Mike Mentzer, Frank Zane e Chris Dickerson.

uma cintura fina e firme. Uma cintura estreita tende a fazer com que seu peito e suas coxas pareçam maiores, mais impressionantes e mais estéticos.

O torso tradicional em V é tão importante quanto a massa absoluta quando se trata de criar um físico de campeão com qualidade. Freqüentemente tenho visto concursos nos quais bons fisiculturistas entram com alguns quilos a mais para parecerem maiores, mas descobrem que o peso adicional que estavam carregando na cintura estragava o efeito visual. Quando comecei o fisiculturismo, haviam alguns fisiculturistas que compensavam a falta de tamanho global com um desenvolvimento fenomenal de seus abdominais – competidores como Pierre Vandensteen e Vince Gironda, por exemplo. Mas no fisiculturismo moderno *cada* candidato a campeão, independente do seu tipo corporal, tem que ter abdominais bem desenvolvidos para ser competitivo, desde fisiculturistas realmente maciços (Dorian Yates, Nasser El Sonbaty, Paul Dillet) até de médio porte (Flex Wheeler), menores (Shawn Ray) e de baixa estatura (Lee Priest).

Se minha cintura fosse pequena e firme, com abdominais e oblíquos definidos, quando vim competir nos Estados Unidos, em 1968, eu não teria tirado o segundo lugar como concorrente de Frank Zane. Mas, nos mesmos moldes, se Frank tivesse competido no Olímpia 1982, em Londres, com a mesma forma que ele havia atingido em 1979, quando derrotou Mike Mentzer naquele título, teria derrotado Chris Dickerson em vez de ficar em segundo lugar. Frank havia, na verdade, ganho massa para essa competição, mas ao

Shawn Ray

fazer isso apareceu no palco sem o abdome em tábua que o tornava tremendamente impressionante no auge de sua forma. A falta de desenvolvimento abdominal, ou a falha em mostrar os abdominais adequadamente, pode custar caro em uma competição. Boyer Coe teve um grande sucesso em competições nos anos 60 e 70, mas era um dos poucos fisiculturistas de ponta que não podia se gabar de um *six-pack* (embalagem de seis latinhas de refrigerante) bem-desenvolvido. A falta de desenvolvimento abdominal de Boyer era genética, e não devida a um treinamento incorreto ou relaxado. Mas o esporte havia tornado-se tão competitivo que não havia mais um fisiculturista campeão sem abdominais exuberantes em todos os níveis da competição.

Quando Bill Pearl venceu seu primeiro campeonato, no início da década de 50, o abdominal não era considerado essencial. Entretanto, ao vencer o Mister Universo da NABBA, apesar de estar um pouco fora do peso ideal, o abdominal de Pearl foi considerado perfeito.

Nos dias de hoje, os maiores homens no esporte freqüentemente têm problemas por seus abdominais terem tornado-se muito maciços, ficando muito grossos no meio e nos lados do torso. Isso acontece freqüentemente como resultado da realização de muito exercício pesado, como agachamentos, por exemplo, o que pede muito envolvimento dos abdominais e dos oblíquos como estabilizadores. Devido a isso, você quase nunca vê esses fisiculturistas usando pesos para treinar seus abdominais ou oblíquos. Mas o fato de você colocar tanto esforço nos músculos da cintura sempre que treina pesado significa que nenhum fisiculturista – mesmo os menores – precisa treinar os abdominais usando qualquer tipo de resistência adicional (embora muitos o façam logo antes de um concurso). Obviamente, há alguns exercícios abdominais que envolvem mais esforço por haver um envolvimento maior do peso corporal, motivo pelo qual serão discutidos em detalhes.

REDUÇÃO LOCALIZADA

Já que a maioria dos principais fisiculturistas da atualidade, a despeito de sua estatura, são maciçamente desenvolvidos para seu tamanho corporal, o objetivo mais importante do treinamento abdominal tornou-se *definição*. Isso envolve duas coisas: treinar e desenvolver os abdominais e reduzir a gordura corporal suficientemente para revelar a musculosidade subjacente.

Quando entrei no fisiculturismo, a maioria dos competidores acreditava em algo chamado redução localizada, e há muitas pessoas que ainda acham isso possível. A redução localizada refere-se ao treinamento de um músculo específico, de modo a queimar a gordura naquela área particular. De acordo com essa idéia, para desenvolver a definição abdominal você deve fazer muito treinamento abdominal e repetições, bem como queimar a gordura que está escondendo o desenvolvimento dos músculos abdominais.

Infelizmente, isso não funciona. Quando o corpo está em déficit calórico e começa a metabolizar gordura para obter energia, ele não vai para uma área onde os músculos estão fazendo muito trabalho para obter os recursos adicionais de energia. O corpo tem um padrão geneticamente programado pelo qual ele determina de qual célula adiposa deve retirar a energia gordurosa armazenada. O exercício queima calorias, é claro, mas os abdominais são músculos tão relativamente pequenos que, independente de quanto treinamento abdominal você faça, não irá metabolizar nem a energia que você gasta para dar uma caminhada pelo mesmo período de tempo.

Mas isso não quer dizer que treinar uma determinada área como os abdominais não aumente a definição. Como eu disse, os abdominais têm um trabalho forte quando você faz exercícios pesados, mas o que eles não conseguem é *treinamento de qualidade*, que é isolamento e exercícios com amplitude de movimento completa. Os movimentos que fazem isso salientam a forma e separação total dos abdominais em vez de apenas torná-los maiores. Então, embora o treinamento dos abdominais desse modo não seja muito eficaz para reduzir a gordura em torno da cintura, cria músculos muito bem-definidos que são revelados quando você é capaz de reduzir suficientemente a sua gordura corporal por meio de dieta e exercício aeróbio.

EXERCÍCIOS ESPECÍFICOS PARA O ABDOME

Quando os músculos abdominais contraem-se, ocorre uma coisa muito simples: eles puxam a caixa torácica e a pelve em direção uma a outra em um movimento curto de "compressão". Não importa que tipo de exercício abdominal você faz: se ele é *realmente* um movimento abdominal primário, é isso que acontece. No passado, antes de a fisiologia do treinamento abdominal ser bem-compreendida, os fisiculturistas costumavam fazer muitos exercícios abdominais "convencionais", como *sit-ups* e flexão do quadril (elevação de pernas). Infelizmente, esses não são exercícios abdominais primários, mas, ao contrário, trabalham os músculos iliopsoas – os flexores do quadril. Os flexores do quadril originam-se na coluna lombar e na pelve (osso ilíaco), cruzam o topo da pelve e conectam-se no quadril (fêmur). Quando eleva sua perna, você usa os flexores do quadril. Quando prende seus pés sob um suporte e eleva seu tronco em uma flexão convencional, você também está usando o músculo iliopsoas.

Tente esta experiência: fique de pé, segure em algo para apoio e eleve uma perna em frente a você enquanto coloca uma mão sobre seus abdominais. Você irá sentir uma puxada na parte superior da coxa, mas também será óbvio que os abdominais não estão envolvidos no levantamento da perna. Os abdominais ligam-se à pelve, não à perna, então, não têm nada a ver com o levantamento da perna no ar.

O mesmo é verdadeiro de uma flexão ou flexão em banco inclinado. Esse exercício é realmente o inverso da elevação da perna. Em vez de manter o tronco fixo e elevar a perna, você está mantendo as pernas fixas e levantando o tronco, e os mesmos músculos estão sendo envolvidos: os flexores do quadril. Quando você faz qualquer um desses exercícios, o papel primário dos abdominais é de *estabilizadores*. Eles mantêm o tronco travado e firme. Mas isso é o oposto do que você quer atingir no treinamento específico de abdominais, pois o papel dos abdominais, como eu enfatizei, é simplesmente *trazer a caixa torácica e a pelve na mesma direção*: comprimi-las juntas em um movimento muito curto que envolve as costas, que se enrolam para a frente. As costas não se dobram muito fazendo uma flexão, enquanto enrolam-se muito fazendo um abdominal parcial. Esse é o segredo para um treinamento dos abdominais com amplitude de movimento completa e um isolamento de qualidade.

TODOS OS TIPOS DE ABDOMINAIS PARCIAIS

Todos os exercícios específicos de abdominais são um tipo de abdominal parcial. Você pode comprimir a caixa torácica para baixo em direção à pelve (o abdominal parcial), a pelve em direção à caixa torácica (abdominal parcial invertido) e a caixa torácica e a pelve em direção uma a outra (flexão de tronco combinada com pernas). Você pode fazer abdominal parcial invertido em um banco plano, um banco inclinado ou pendurado em uma barra. Mas em todos esses casos, os mesmos fundamentos da fisiologia do exercício se aplicam: os abdominais estão contraindo-se completamente (em sua limitada amplitude de movimento), a pelve e caixa torácica aproximam-se e a coluna arredonda-se para a frente durante o movimento.

Esta fotografia foi tirada apenas uma semana antes do concurso de Mr. Olímpia de 1980: você pode ver como meus músculos abdominais eram proeminentes e bem definidos.

EXERCÍCIOS OBLÍQUOS

Os oblíquos, localizados nas laterais do tronco, são primariamente estabilizadores. Não há muitos movimentos que você faz na academia ou na vida diária que exijam muitos movimentos de flexão lateral. Portanto, os oblíquos (como músculos estabilizadores da região lombar) cansam-se muito rapidamente a partir de muitas repetições de amplitude de movimento completa e são muito lentos na recuperação.

Houve um tempo em que os fisiculturistas faziam muitos exercícios oblíquos, alguns deles usando quantidades substanciais de peso. Você raramente vê fisiculturistas bem-sucedidos fazendo esses exercícios hoje em dia porque os oblíquos, como qualquer outro músculo, aumentam quando você os treina com peso, e oblíquos maciços tendem a tornar a cintura mais grossa, assim como prejudicam a estética de um estreitamento em V considerável.

Obviamente, os oblíquos têm um treinamento isométrico sempre que você faz um treinamento pesado como agachamento ou desenvolvimento de ombros, mas, como estão agindo apenas como estabilizadores e não trabalhando em uma amplitude de movimento completa, esses exercícios geralmente não produzem um crescimento do tipo que você teria fazendo flexão lateral, por exemplo, com halteres pesados. Então, os fisiculturistas que treinam os oblíquos tendem a fazer exercícios sem resistência, como giro de corpo ou flexão lateral sem peso, que trabalha os músculos sem causar aumento dos mesmos.

SERRÁTIL E INTERCOSTAL

Esses músculos, localizados no lado do tronco superior, agradam a platéia como os abdominais. Quando você faz uma pose como abdominais e coxas com braços sobre a cabeça, e trabalha o tronco de um lado para o outro para mostrar definição nessa área, eles podem aumentar o efeito sobre os juízes.

Mais uma vez, esses músculos são trabalhados com um tipo de movimento de compressão: apenas isso envolve comprimir os ombros e o cotovelo para baixo e para dentro e flexionar o tronco para o lado. Tente isso e você verá como é fácil sentir os músculos contraindo-se nessa área. Estes também são músculos que se desenvolvem como resultado do programa global de treinamento, mas você pode fazer um treinamento específico de definição do serrátil e intercostais adicionando um giro de corpo aos vários abdominais parciais quando os realiza.

PROGRAMA DE INICIAÇÃO

Muitos fisiculturistas que estão apenas começando ficam excitados com o treinamento de peito e braços e tendem a ignorar os abdominais. Depois, mais tarde, quando começam a pensar em competição, acham que têm que entrar em um programa extremo para os abdominais para alcançar as outras áreas. Então, recomendo treinar os abdominais desde o início, como você faz com as outras partes do corpo. Desse modo, irão desenvolver-se junto com o resto do corpo, e você nunca será forçado a brincar de pega-pega.

Recomendo treinar os abdominais em todas as sessões de treinamento. No programa de iniciação, recomendo alternar a cada dia entre 5 séries de abdominal parcial e 5 séries de abdominal parcial invertido. Ambos os exercícios trabalham os abdominais como um todo, mas os abdominais parciais tendem a trabalhar os abdominais superiores em maior grau, enquanto os abdominais parciais invertidos colocam grande quantidade de esforço na área inferior.

Outra prática que recomendo para principiantes é começar imediatamente trabalhando no "vácuo" com sua região abdominal: simplesmente expire todo o ar, puxe o abdome para dentro o máximo possível e depois tente sustentar isso por 15 a 20 segundos.

Prender o abdome e tensionar os abdominais no dia-a-dia também é um bom meio de firmá-los e fortalecê-los, bem como de tornar-lhe mais consciente de como controlar essa importante área do seu corpo. Você deve começar a notar imediatamente se seus abdominais podem ser um ponto fraco no seu físico, de modo que você possa tomar as medidas necessárias quando passar para o treinamento avançado.

PROGRAMA AVANÇADO

Quando tiver começado a desenvolver seus abdominais, você pode começar a treinar cada uma das áreas particulares que contribuem para firmar e definir a cintura. Isso envolve fazer mais séries e uma maior variedade de exercícios, como abdominais parciais giratórios, flexão de tronco combinada com pernas e tipos diferentes de abdominal parcial invertido, bem como giros de corpo.

No nível II, recomendo começar seu treinamento com uma sessão de aquecimento na cadeira romana, um de meus movimentos de abdominal parcial favoritos. Para os oblíquos, além dos movimentos com giro, você irá achar exercícios como flexão lateral e giros.

PROGRAMA PARA COMPETIÇÃO

Quando estiver preparando-se para uma competição, seu objetivo deve ser esculpir e definir toda a área abdominal, e não aumentar o tamanho e a força. Para intensificar seu treinamento, comece com 10 minutos de cadeira romana. Sempre consegui bons resultados começando dessa forma, assim como meus contemporâneos Franco Columbu, Zabo Koszewski e Ken Waller. A cadeira romana ajuda a aquecer e é um exercício de tensão contínua que mantém os abdominais trabalhando durante todo o período.

O produto final do treinamento para competição é a qualidade total, e cada um desses exercícios é programado para desenvolver e dar forma a uma área particular de sua cintura. Para desenvolver abdominais com grande poder de impressionar os juízes, você tem que fazer exercícios para os abdominais superiores e inferiores, os oblíquos, o serrátil e os intercostais, bem como desenvolver a região lombar, fazendo hiperextensões e outros exercícios para essa área com o programa de treinamento das costas. Você deve exigir muito esforço dessas áreas para realmente forçá-las à submissão total. Continue sempre, sem parar, e você conseguirá os resultados desejados.

TREINAMENTO DE PONTOS FRACOS

É possível ter um ponto fraco no abdome, assim como em qualquer outra parte do corpo. Para ajudar a superar isso, incluí no programa de treinamento abdominal exercícios criados para trabalhar todas as áreas específicas com as quais você terá preocupação. Embora a maioria dos exercícios abdominais tenda a trabalhar várias áreas do tronco ao mesmo tempo, certos movimentos são melhores para cada área específica, como abdominais superiores ou inferiores, oblíquos, serrátil e intercostais. Contudo, saiba que a falta de de-

Serge Nubret

Shawn Ray

Milos Sarcev

Quando você tem um desenvolvimento abdominal realmente impressionante, seus abdominais parecem definidos mesmo quando você está relaxado, semi-contraído ou executando uma pose não-abdominal, como Serge Nubret, Shawn Ray, Milos Sarcev e eu demonstramos.

senvolvimento visual dos abdominais freqüentemente é causada por uma das seguintes causas:

- dieta insuficiente, de modo que há uma camada de gordura sobre os abdominais;
- isolamento insuficiente, amplitude de movimento insuficiente e treinamento de qualidade insuficiente.

Você não treina abdominais de qualidade contraindo-os contra uma resistência pesada, fazendo exercícios para os flexores do quadril e não-abdominais, ou realizando movimentos rápidos, curtos ou cortados. O melhor treinamento de abdominais envolve exercícios lentos e controlados com amplitude de movimento completa e sustento da contração no topo do movimento para atingir a contração de pico.

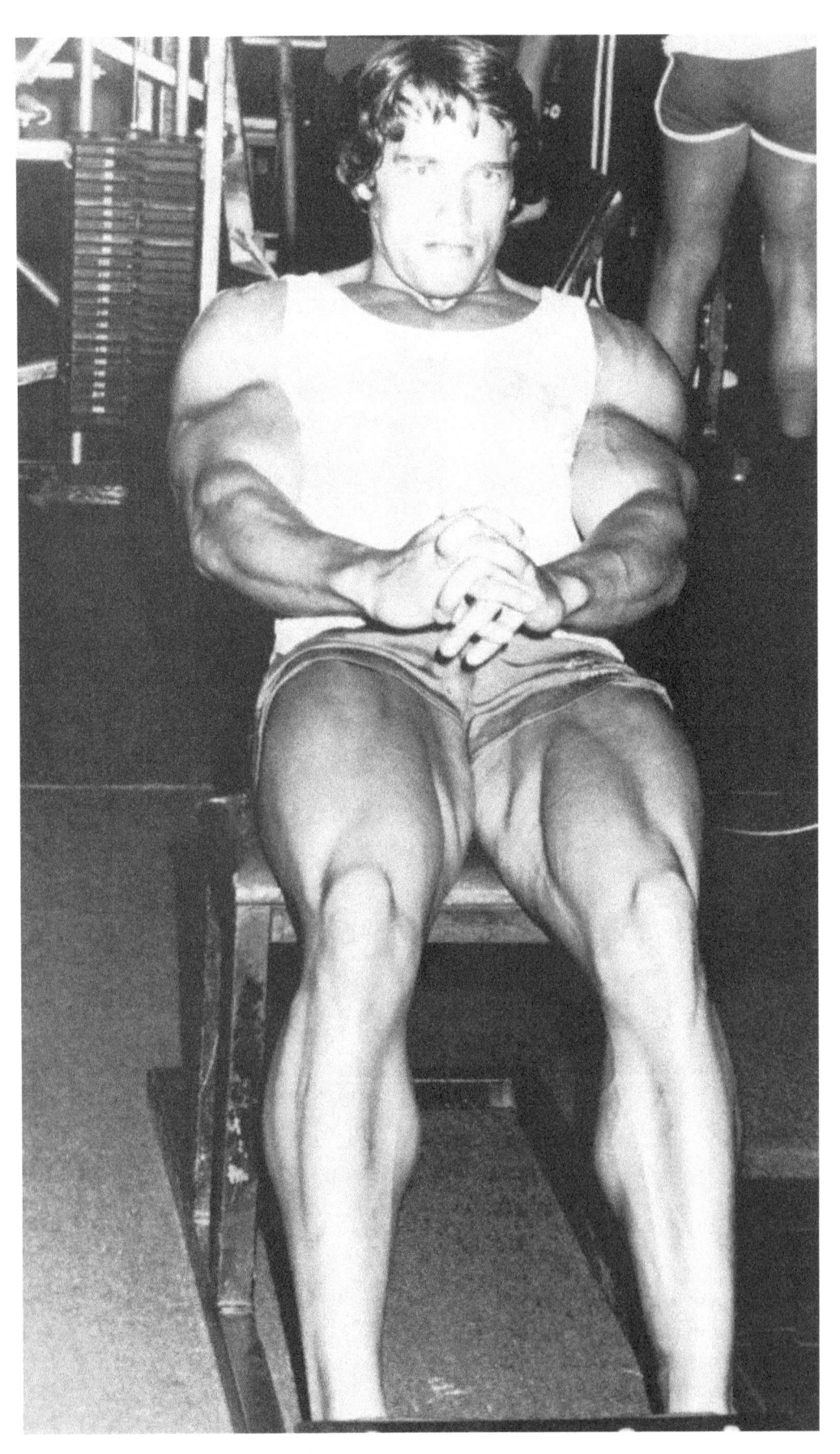

Exercícios Abdominais

CADEIRA ROMANA

Objetivo do Exercício: Enfatiza os abdominais superiores.

Execução: (1) Sente-se em uma cadeira romana, coloque os pés sob o suporte e flexione os braços em frente a você. (2) Mantendo o abdome para dentro, abaixe-se para trás a um ângulo de, aproximadamente, 70 graus, mas não tanto que seu tronco esteja paralelo ao chão. Eleve-se e flexione o tronco para frente o máximo possível, sentindo os abdominais comprimirem-se juntos em uma contração completa.

Gosto de apoiar a frente da cadeira romana em um bloco para criar uma inclinação e aumentar a intensidade do exercício. Você pode introduzir uma resistência variável nesse exercício, começando com a frente do banco elevada e, depois, quando você estiver ficando cansado, abaixar o banco até o chão e continuar com a série.

ABDOMINAL PARCIAL

OBJETIVO DO EXERCÍCIO: Enfatiza os abdominais superiores.

EXECUÇÃO: (1) Deite-se de costas no chão, com as pernas sobre um banco em frente a você. Você pode colocar as suas mãos atrás do pescoço ou mantê-las em frente a você, como preferir. (2) Flexione o tronco para cima em direção aos joelhos, arredondando as costas. Não tente levantar completamente as suas costas do chão, apenas role para frente e comprima a sua caixa torácica em direção à pelve. No topo do movimento, aperte mais os abdominais deliberadamente, para atingir a contração total, depois relaxe e abaixe os ombros de volta para a posição inicial. Este não é um movimento que você faz rapidamente. Faça cada movimento deliberadamente e sob controle.

Você pode variar o ângulo de esforço nos abdominais elevando a posição dos pés. Em vez de colocar os pés sobre um banco, tente deitar no chão colocando as solas dos pés contra a parede na altura que ficar mais confortável.

ABDOMINAL PARCIAL COM ROTAÇÃO

OBJETIVO DO EXERCÍCIO: Para os abdominais superiores e oblíquos.

EXECUÇÃO: (1) Deite-se de costas no chão, com as pernas sobre o banco em frente a você. (2) Você pode colocar suas mãos atrás do pescoço e flexionar o tronco em direção aos joelhos, arredondando as costas. A medida que você faz isso, gire o tronco de modo que o seu cotovelo direito venha em direção ao joelho esquerdo. Relaxe e abaixe o tronco de volta à posição inicial. Repita, desta vez girando na direção oposta, trazendo o cotovelo esquerdo em direção ao joelho direito. Continue a alternar, girando em uma direção e depois em outra durante a sua série.

T. J. Hoban

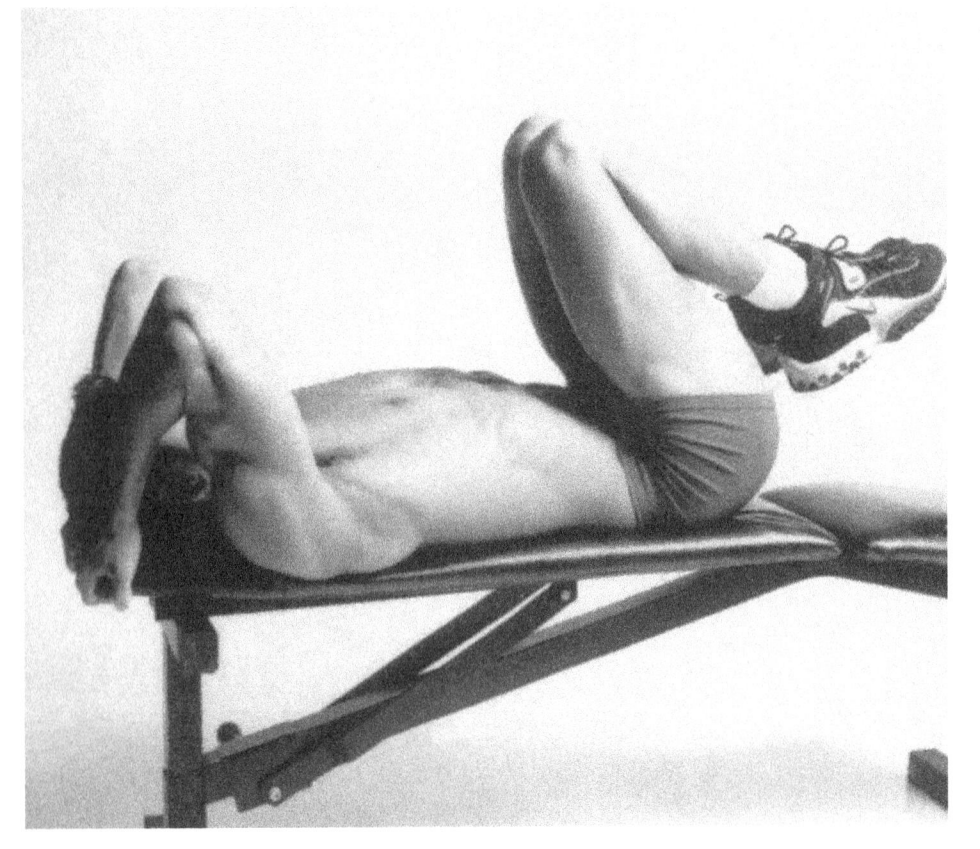

ABDOMINAL PARCIAL INVERTIDO

Objetivo do Exercício: Enfatiza os abdominais inferiores.

Execução: Este exercício é feito melhor em um banco de supino, que tem um suporte em uma ponta. (1) Deite-se de costas no banco e segure no suporte atrás de você para apoiar-se. Flexione os joelhos e traga-os em direção à face o máximo possível, sem levantar o quadril do banco. (2) A partir dessa posição inicial, traga os joelhos para cima o mais próximo da face, arredondando as costas, com os glúteos saindo do banco e comprimindo o abdome em direção à caixa torácica. Sustente por alguns instantes no topo do movimento e, deliberadamente, aperte os abdominais para uma contração total. Lentamente, abaixe os joelhos até que os glúteos encostem no banco novamente. (Não abaixe as pernas além desse ponto. Você não está fazendo flexão do quadril (elevação de pernas.) Faça esse movimento deliberadamente e sob controle em vez de fazer muitas repetições rápidas.

ABDOMINAL INVERTIDO, EM SUSPENSÃO

Objetivo do Exercício: Enfatiza os abdominais inferiores.

Execução: Esta é outra versão do abdominal invertido, em que você faz o exercício pendurado pelas mãos em uma barra ou apoiando os antebraços em um banco vertical de flexão do quadril, pendurado em vez de deitado em um banco. (1) Fique na posição pendurada e traga os joelhos para cima, ao nível do abdome. (2) A partir dessa posição inicial, eleve os joelhos o mais alto possível em direção à cabeça, arredondando as costas e enrolando-se para cima como uma bola. No topo do movimento, segure e comprima os músculos abdominais juntos para uma contração completa e depois abaixe os joelhos até a posição inicial, com os joelhos puxados para cima. Não abaixe as pernas além desse ponto.

Muitas pessoas e a maioria dos fisiculturistas (devido à massa das suas pernas) não conseguem fazer o abdominal parcial invertido pendurado. Uma variação mais fácil é deitar com a cabeça para cima em um banco inclinado. Isso torna o exercício mais resistente do que no banco plano, mas você pode determinar a quantidade de resistência que você quer pelo ângulo no qual você coloca o banco inclinado.

ABDOMINAL PARCIAL EM UM BANCO VERTICAL

Objetivo do Exercício: Enfatiza os abdominais inferiores.

Execução: Esta é uma variação do abdominal parcial invertido pendurado. (1) Em vez de pendurar-se em uma barra, posicione-se em um banco vertical que lhe permita apoiar-se nos cotovelos e antebraços, trazendo os joelhos ao nível do abdome. (2) A partir dessa posição inicial, eleve os joelhos o mais alto possível em direção à sua cabeça, arredondando as costas e enrolando o corpo como uma bola. No topo do movimento segure e comprima os músculos abdominais juntos para uma contração máxima; depois, abaixe os joelhos à posição inicial com os joelhos elevados. Não abaixe as pernas além desse ponto.

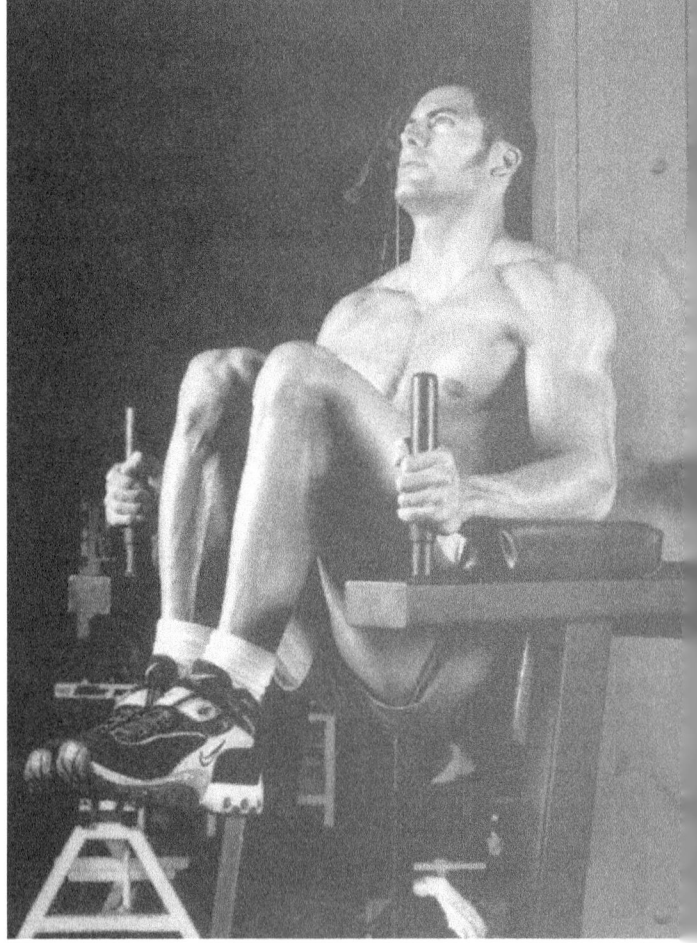

ABDOMINAL PARCIAL COM CABO

Objetivo do Exercício: Para os abdominais superior e inferior.

Execução: Este é um exercício que se via mais antigamente do que nos dias de hoje, mas é muito eficaz. (1) Conecte uma corda em roldana alta. Ajoelhe-se e segure a corda com ambas as mãos. (2) Segurando a corda em frente à testa, flexione o tronco, arredondando as costas, trazendo a cabeça aos joelhos e sentindo os abdominais comprimirem-se juntos. Segure a contração de pico embaixo; depois, relaxe e volte à posição inicial. Preste atenção a que o esforço seja feito com os abdominais. Não puxe com os braços.

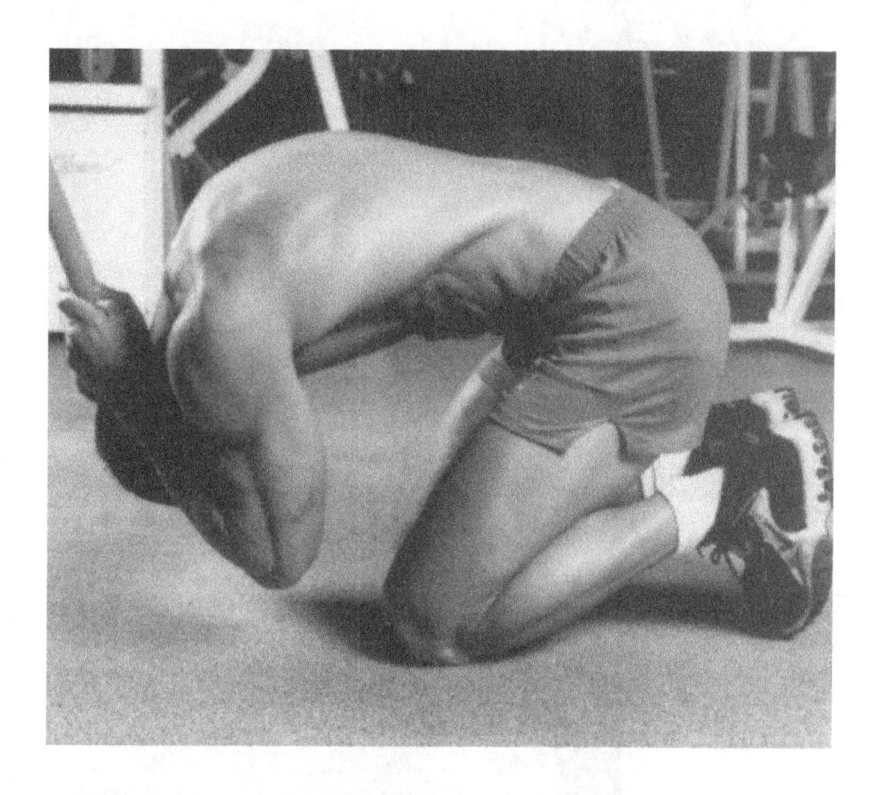

ABDOMINAL PARCIAL NO APARELHO

Objetivo do Exercício: Para os abdominais superiores e inferiores.

Execução: Muitos fisiculturistas acham que os aparelhos são desnecessários para o treinamento dos abdominais. Mas outros têm total confiança nos equipamentos de treinamento de abdominais disponíveis atualmente. Charles Glass, por exemplo, freqüentemente faz seus alunos usarem o aparelho de abdominais Nautilus. Em todos os casos, contudo, concentrem-se em sentir a caixa torácica e a pelve apertarem-se juntas à medida que os abdominais se contraem. Se não consegue ter essa sensação, o equipamento que você está usando pode não ser satisfatório para suas necessidades individuais.

Milos Sarcev

ELEVAÇÃO DAS COXAS ATÉ O PEITO, SENTADO

Objetivo do Exercício: Para os abdominais inferior e superior.

Execução: Em todos os exercícios para os abdominais, a caixa torácica contrai-se em direção à pelve ou vice-versa: neste exercício, as duas coisas acontecem. (1) Sente-se atravessado em um banco, segurando nas laterais para apoiar-se. Eleve ligeiramente as pernas e flexione os joelhos, inclinando-se para trás em um ângulo de cerca de 45 graus. (2) Usando um movimento de tesoura (esse exercício, às vezes, é chamado de abdominais parciais em tesoura), traga o tronco em direção à pelve, arredondando as costas e simultaneamente flexionando os quadris em direção à cabeça. Sinta a compressão quando a caixa torácica e a pelve contraem-se juntas. A partir dessa posição, abaixe o tronco e os joelhos de volta à posição inicial.

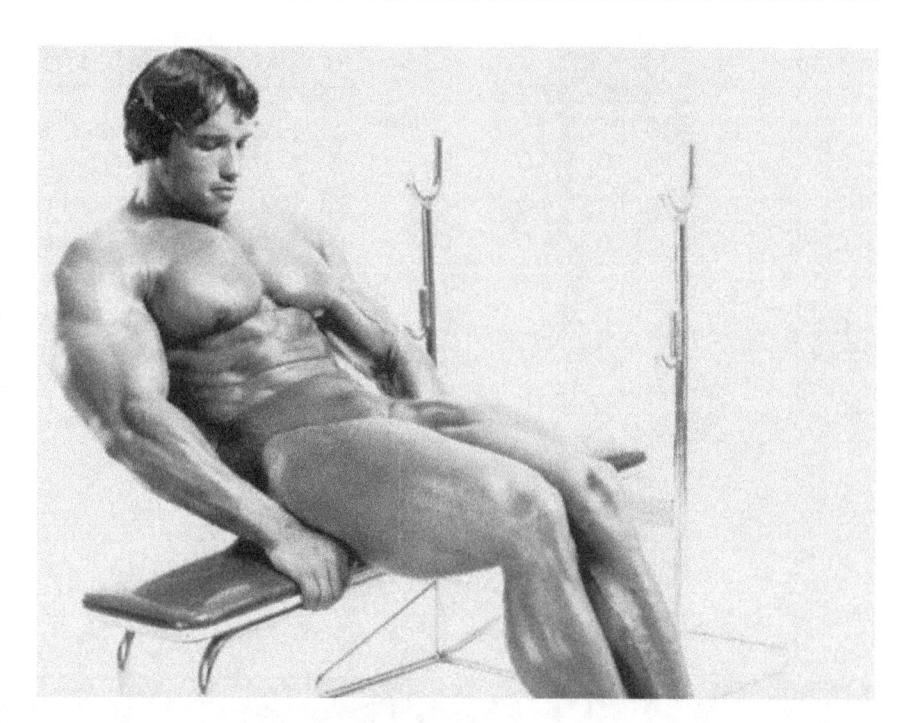

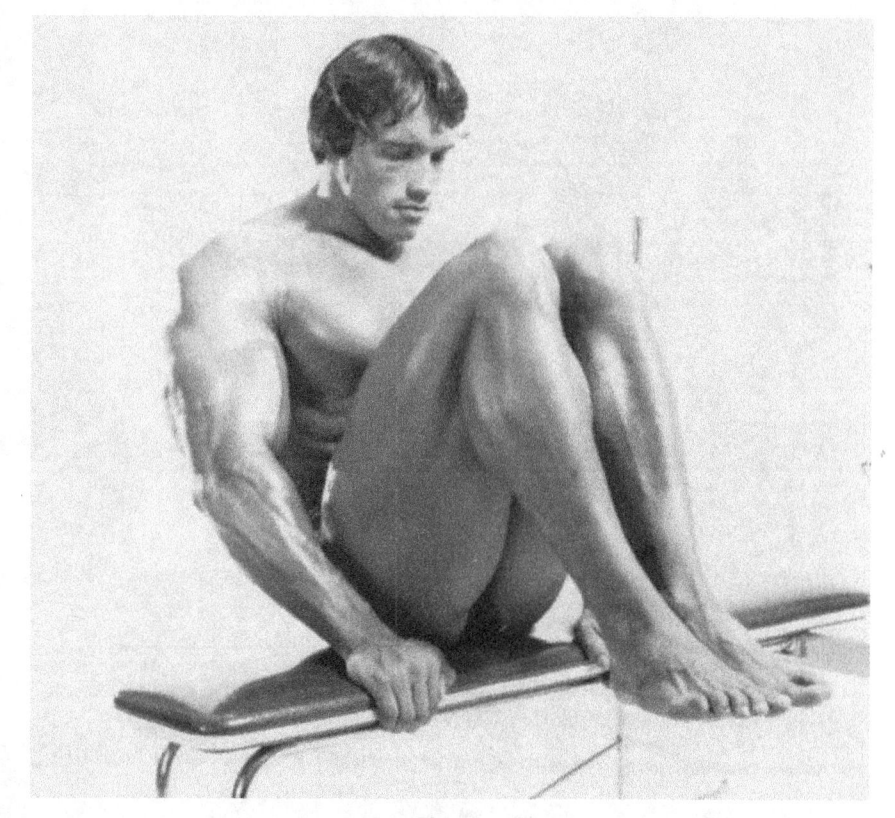

ROTAÇÃO, SENTADO

Objetivo do Exercício: Contração dos oblíquos.

Execução: (1) Sente-se na ponta de um banco, pés planos no chão e separados confortavelmente. Coloque uma barra por trás dos ombros e segure-a. (2) Mantendo a cabeça parada e sem levantar a pelve do banco, gire o tronco e os ombros em uma direção o máximo possível. Segure na posição de rotação máxima, depois gire completamente na outra direção, mantendo o movimento sob total controle e não balançando. Como esse exercício contrai os músculos oblíquos sem usar resistência adicional, ele os mantêm contraídos, mas não adiciona nenhum volume a mais que possa engrossar sua cintura.

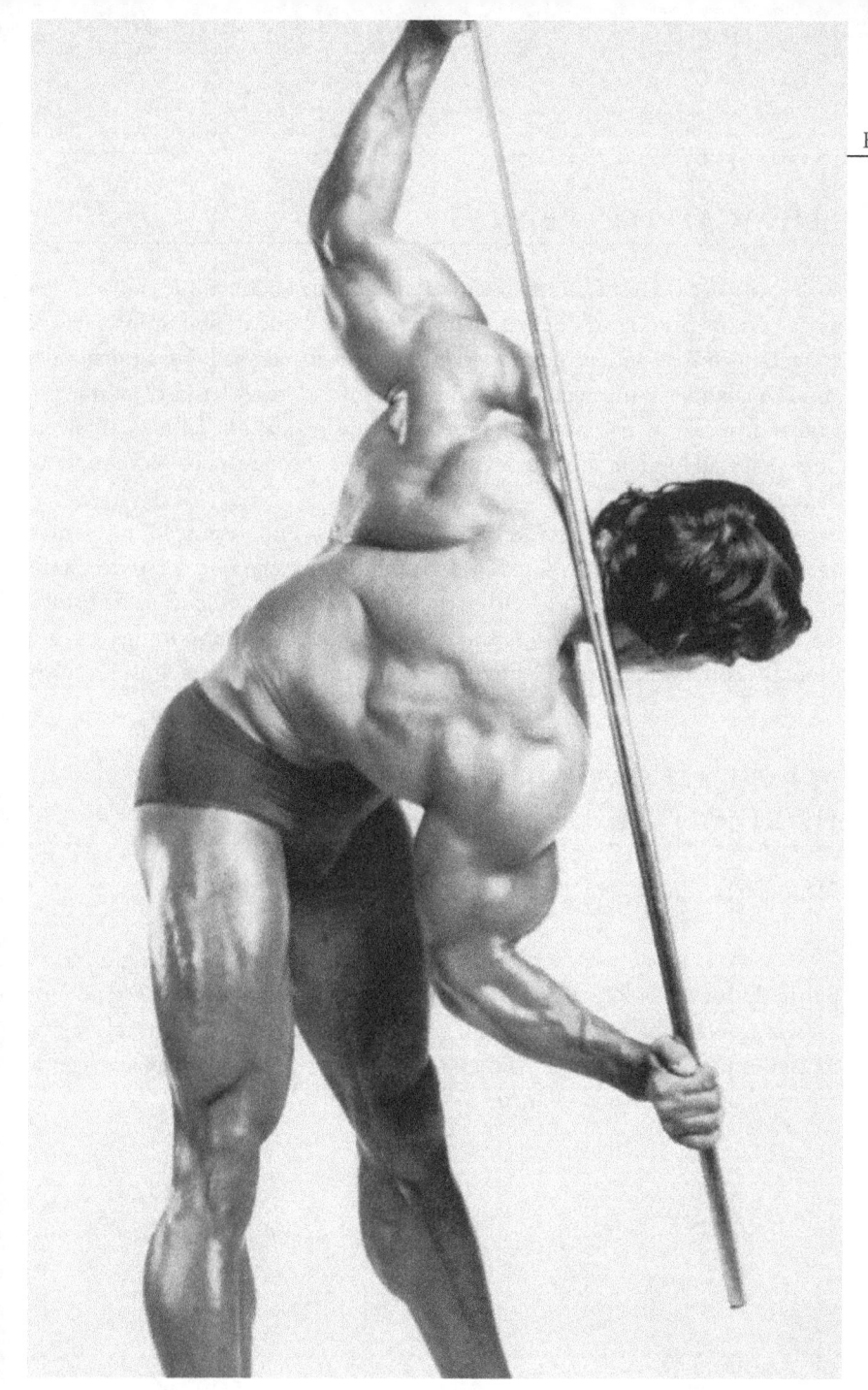

ROTAÇÃO, CURVADO

OBJETIVO DO EXERCÍCIO: Contração dos oblíquos.

EXECUÇÃO: (1) De pé e com os pés separados, coloque uma barra sobre os ombros, segure-a e flexione o tronco, o máximo possível. (2) Mantendo a cabeça parada e bloqueando a rotação da pelve, gire o tronco e os ombros ao máximo em uma direção. Segure na posição de rotação extrema e depois gire na direção oposta, mantendo o movimento totalmente sob controle e sem balançar.

ELEVAÇÃO DAS PERNAS

A elevação das pernas é um exercício tradicional de abdome que caiu em desgraça com os fisiologistas de exercício. O motivo é que os abdominais não se conectam com as pernas, de modo que elevar e abaixar as pernas trabalha os abdominais apenas indiretamente, como estabilizadores. Os músculos que elevam e abaixam as pernas são o iliopsoas (flexores do quadril), que correm desde a região lombar, sobre o dorso da pelve, e conectam-se na parte superior da perna (fêmur).

Apesar disso, tenho obtido bons resultados fazendo elevação das pernas, assim como muitos outros campeões, de modo que acho que este livro estaria incompleto se tal exercício não fosse incluído. Acredito na ciência e na fisiologia do exercício, mas quando se trata de fisiculturismo, o importante é o que funciona com você, independentemente do que os "especialistas" possam achar.

ELEVAÇÃO DAS PERNAS EM UM BANCO HORIZONTAL

Objetivo do Exercício: Trabalha os abdominais inferiores.

Execução: (1) Deite-se de costas em um banco plano. Com os glúteos na ponta do banco, coloque as mãos sob os mesmos para apoiar-se, estendendo as pernas retas (joelhos estendidos). (2) Mantendo as pernas retas, eleve-as o mais alto possível, faça uma pausa e depois abaixe-as até que estejam ligeiramente abaixo do nível do banco.

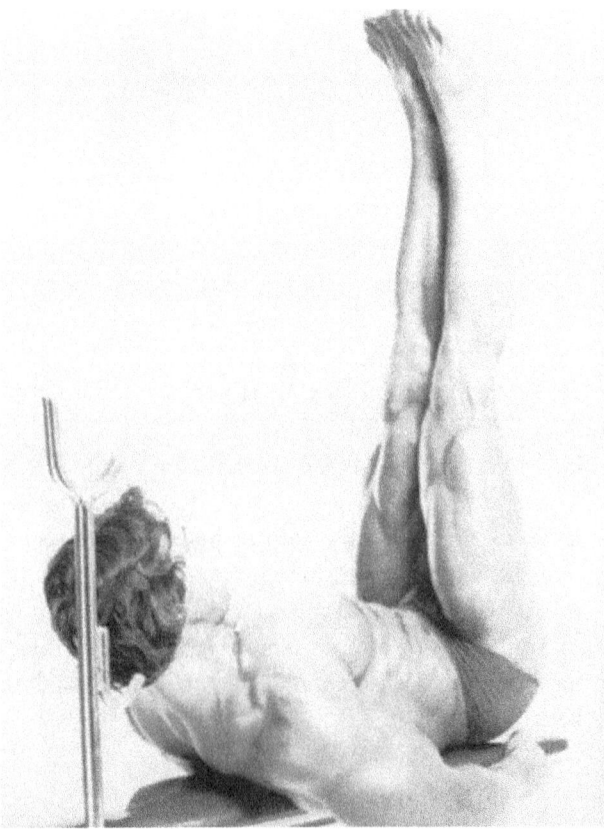

ELEVAÇÃO DAS PERNAS COM OS JOELHOS FLEXIONADOS, EM UM BANCO HORIZONTAL

Objetivo do Exercício: Trabalha os abdominais inferiores.

Execução: Deite-se no banco na mesma posição do exercício anterior. Flexione os joelhos e depois eleve as pernas o máximo possível. Faça uma pausa no topo e depois abaixe as pernas novamente, mantendo os joelhos flexionados durante toda a amplitude de movimento.

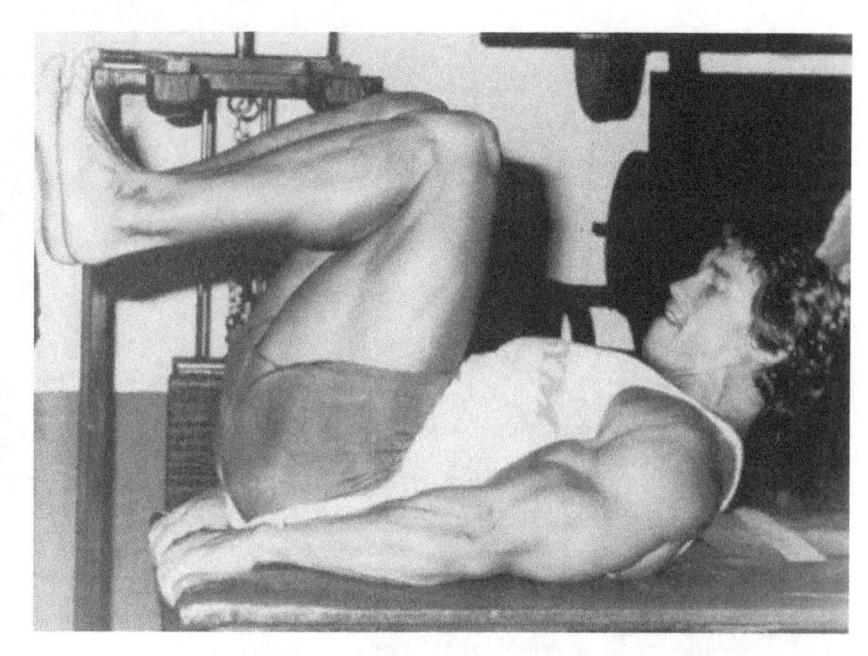

ELEVAÇÃO DAS PERNAS COM OS JOELHOS FLEXIONADOS, EM UMA PRANCHA INCLINADA

Objetivo do Exercício: Trabalha os abdominais inferiores.

Deite-se de costas em uma prancha inclinada, com a cabeça mais alta do que os pés. Segure na ponta da prancha por trás da cabeça para suporte. (2) Com os *joelhos flexionados*, eleve as pernas o mais alto possível e depois abaixe-as lentamente, parando no momento em que os glúteos tocam a prancha. Expire quando elevar as pernas e inspire quando abaixá-las. Flexionar os joelhos torna o movimento mais fácil e ajuda a aumentar sua amplitude de movimento.

B. J. Quinn

ELEVAÇÃO DAS PERNAS COM OS JOELHOS FLEXIONADOS, EM UM BANCO VERTICAL

Objetivo do Exercício: Trabalha os abdominais inferiores.

Execução: Apóie-se com os braços em um banco vertical. (2) Mantendo o tronco firme, flexione os joelhos e eleve-os o mais alto possível, contraindo os abdominais durante toda a amplitude de movimento. Mantendo os joelhos flexionados, abaixe-os novamente até a posição inicial.
  Variação: Qualquer variação desse exercício força os músculos a responderem de modo novo e diferente. Quando trabalhar os abdominais com a elevação das pernas no banco vertical, tente fazer o movimento usando cada perna alternadamente em vez de as duas ao mesmo tempo.

ELEVAÇÃO DAS PERNAS, EM SUSPENSÃO

Objetivo do Exercício: Trabalha os abdominais inferiores.

Execução: (1) Segure em uma barra fixa alta com os braços estendidos. (2) Mantendo as pernas levemente flexionadas, eleve-as o mais alto possível, sustente por alguns instantes e depois abaixe-as sob controle até a posição inicial. Manter as pernas estendidas aumenta a resistência desse exercício, tornando-o mais difícil.

Milos Sarcev

Mike O'Hearn

ELEVAÇÃO DAS PERNAS COM ROTAÇÃO, EM SUSPENSÃO

OBJETIVO DO EXERCÍCIO: Para os oblíquos e detalhes nas laterais do tronco.

EXECUÇÃO: Comece como na elevação das pernas pendurado, com os braços semiflexionados e as pernas estendidas. A seguir, eleve as pernas o mais alto possível levemente para o lado enquanto gira o tronco, a fim de envolver os músculos oblíquos, o serrátil e os intercostais. Sustente por alguns instantes e depois abaixe as pernas sob controle até a posição inicial.

EXERCÍCIOS ADICIONAIS DE ELEVAÇÃO DAS PERNAS

Além dos exercícios abdominais básicos, há inúmeros movimentos de elevação das pernas dos quais sempre gostei, e acredito que ajudam a firmar e contrair áreas como os quadris, a região lombar e os glúteos. Estes são exercícios que podem ser feitos para aumentar o número de repetições, e que são tão fáceis de fazer em um hotel, durante uma viagem, quanto em casa ou na academia.

Um benefício desses movimentos é o modo como trabalham a parte inferior do corpo de diferentes ângulos – frente, costas e por trás. Também são úteis para uma ampla variedade de pessoas, desde fisiculturistas de competição até atletas sérios, atletas de fim-de-semana e homens e mulheres que simplesmente tentam ficar condicionados e em forma.

ELEVAÇÃO LATERAL DAS PERNAS

OBJETIVO DO EXERCÍCIO: Para os oblíquos e intercostais. Este exercício trabalha todo o lado do tronco e pode realmente ajudar a estreitar a cintura.

EXECUÇÃO: (1) Deite-se de lado, apoiando-se no cotovelo, com a perna de baixo flexionada para dar apoio. (2) Mantendo a perna de cima estendida, eleve-a lentamente o mais alto possível e depois abaixe-a novamente, mas pare antes de tocar o chão. Faça o exercício com uma perna e depois vire-se e faça com a outra. Não movimente o quadril durante o movimento.

ELEVAÇÃO LATERAL DAS PERNAS COM OS JOELHOS FLEXIONADOS

OBJETIVO DO EXERCÍCIO: Para os oblíquos e intercostais.

EXECUÇÃO: Deite-se de lado apoiando-se no cotovelo e com a perna inferior flexionada para dar apoio. Flexione o joelho da perna de cima e eleve-o lentamente o mais alto possível. Depois, abaixe-o, parando antes de tocar o chão. Faça o exercício com uma perna e depois vire-se, fazendo com a outra.

CHUTES PARA A FRENTE

Objetivo do Exercício: Para os oblíquos e intercostais.

Execução: Este exercício começa exatamente na mesma posição da elevação lateral das pernas. Aqui, porém, você move lentamente a sua perna de cima para frente o máximo possível, mantendo-a estendida em todo o movimento. Termine as repetições com uma perna, vire e faça com a outra.

CHUTES PARA TRÁS SOBRE UM BANCO

Objetivo do Exercício: Para os glúteos.

Execução: (1) Ajoelhe-se com uma perna na ponta do banco. Segure no banco com os braços estendidos. (2) Chute uma perna para trás o mais alto possível (estenda-a) e depois traga-a para baixo sem tocar no banco. Concentre-se durante o movimento de contrair os glúteos. Complete as repetições e depois repita usando a outra perna. (Isso pode ser feito ajoelhando-se no chão, mas é um pouco mais difícil.)

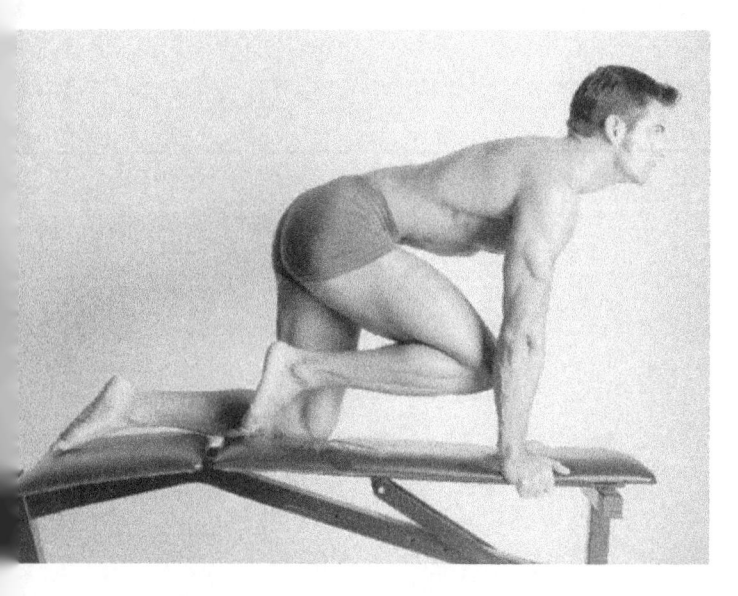

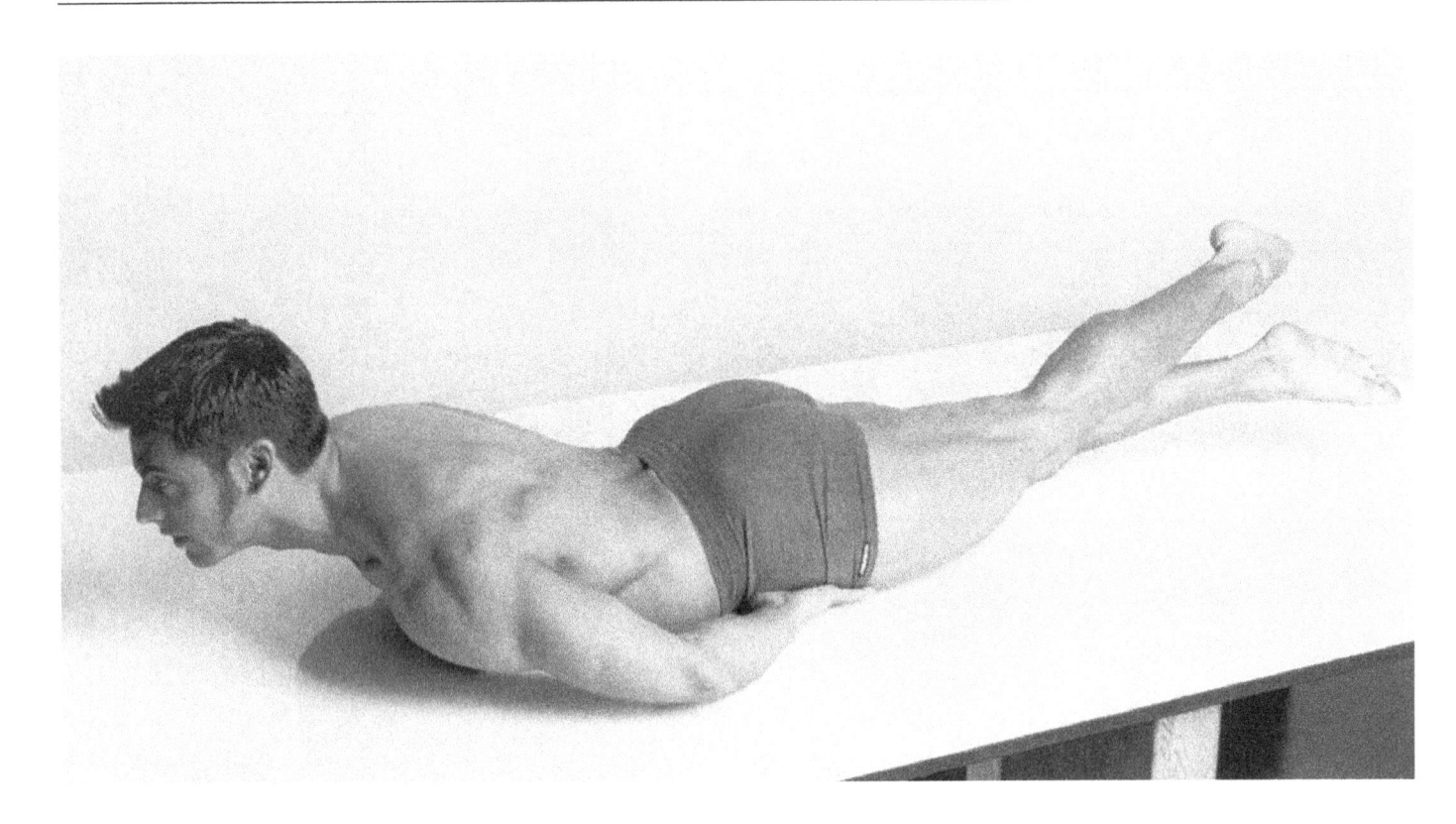

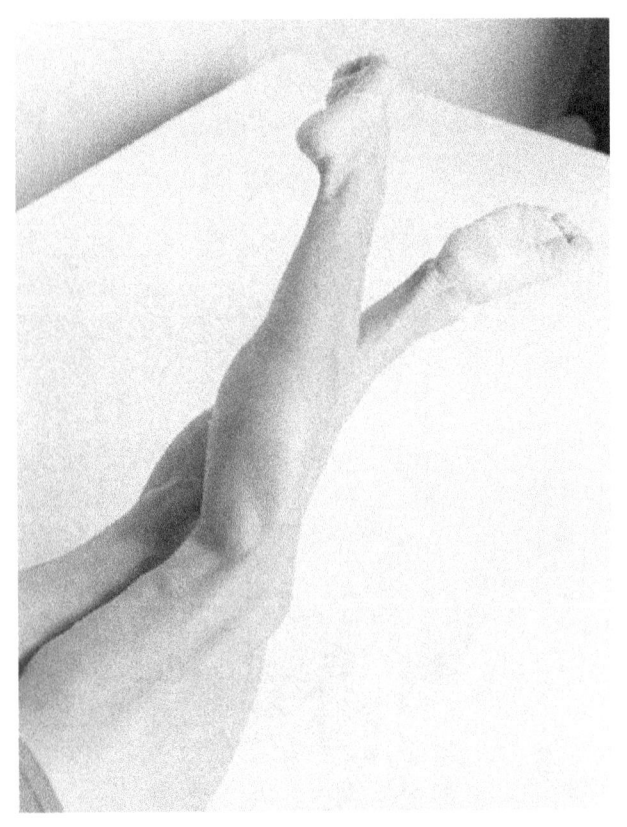

TESOURA COM AS PERNAS, EM DECÚBITO VENTRAL

Objetivo do Exercício: Para os glúteos.

Execução: (1) Deite-se de bruços, mãos sob as coxas. Eleve as pernas afastando-as do chão o máximo possível. (2) Afaste ligeiramente os pés e depois junte-os, cruzando um sobre o outro. (3) Separe-os e junte-os novamente, cruzando com a outra perna por cima. Repita alternando as pernas continuamente até que complete suas repetições. Durante todo o exercício, concentre-se em sentir a contração dos glúteos.

CONTRAÇÃO DO ABDOME – *VACUUMS*

Ser capaz de controlar os músculos abdominais ao ponto em que você consegue executar e sustentar uma contração do abdome – *vacuums* completa está tornando-se uma arte em declínio no fisiculturismo. Isso não é bom, uma vez que a contração do abdome – *vacuums* não apenas impressiona no palco, gerando uma cintura muito menor e exagerando o tamanho e a densidade do peito e da caixa torácica, como também ajuda a desenvolver a definição abdominal, fornecendo o controle total dos músculos abdominais que ajudam a evitar que os abdominais se abalem no momento em que você relaxa e para de concentrar-se neles.

Os fisiculturistas freqüentemente se esquecem, devido à pressão da competição, de que estão sendo observados todo o tempo em que estão no palco – mesmo quando estão de pé ao fundo deste, esperando para a chamada de comparação. Você nunca deve dar aos juízes a impressão de que está cansado, e evitar que seus abdominais fiquem salientes e projetados é um modo de causar boa impressão.

Hoje em dia, os fisiculturistas freqüentemente têm dificuldade em executar uma contração do abdome porque seus abdominais ficam muitos maciços, mas a causa primária é que *eles não praticam a execução da contração do abdome.* Isso não é algo que você consegue dominar em uma hora. Você tem que praticar regularmente, do mesmo modo que você faz com qualquer outra pose, por semanas ou meses, até que você desenvolva o controle completo desses músculos.

Para praticar a contração do abdome, fique em posição de quatro apoios (mãos e joelhos), expire todo o ar e puxe o abdome para dentro o mais forte possível. Segure desse modo por 20 a 30 segundos, relaxe alguns instantes e depois tente novamente duas a três vezes.

O próximo passo é praticar a contração do abdome de joelhos. Fique de joelhos com as costas eretas e com as mãos apoiadas nos joelhos e tente manter a contração do abdome pelo maior tempo possível.

Fazer a contração do abdome sentado é ainda mais difícil. Mas quando conseguir segurar a contração do abdome sentado sem nenhum problema, você será capaz de praticar a contração do abdome de pé e executando uma variedade de poses.

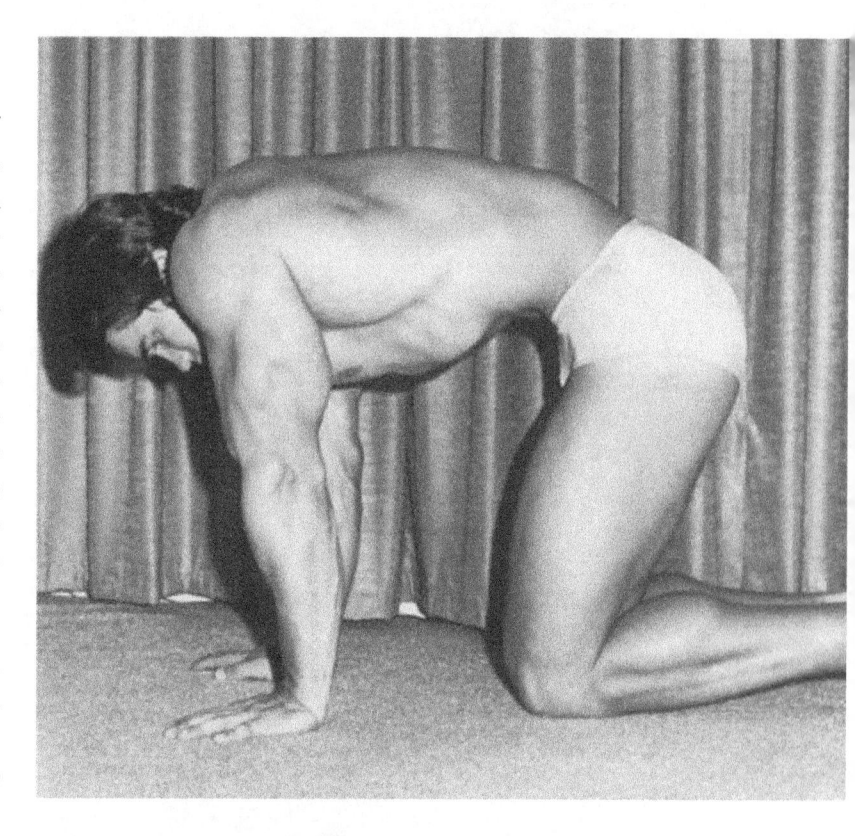

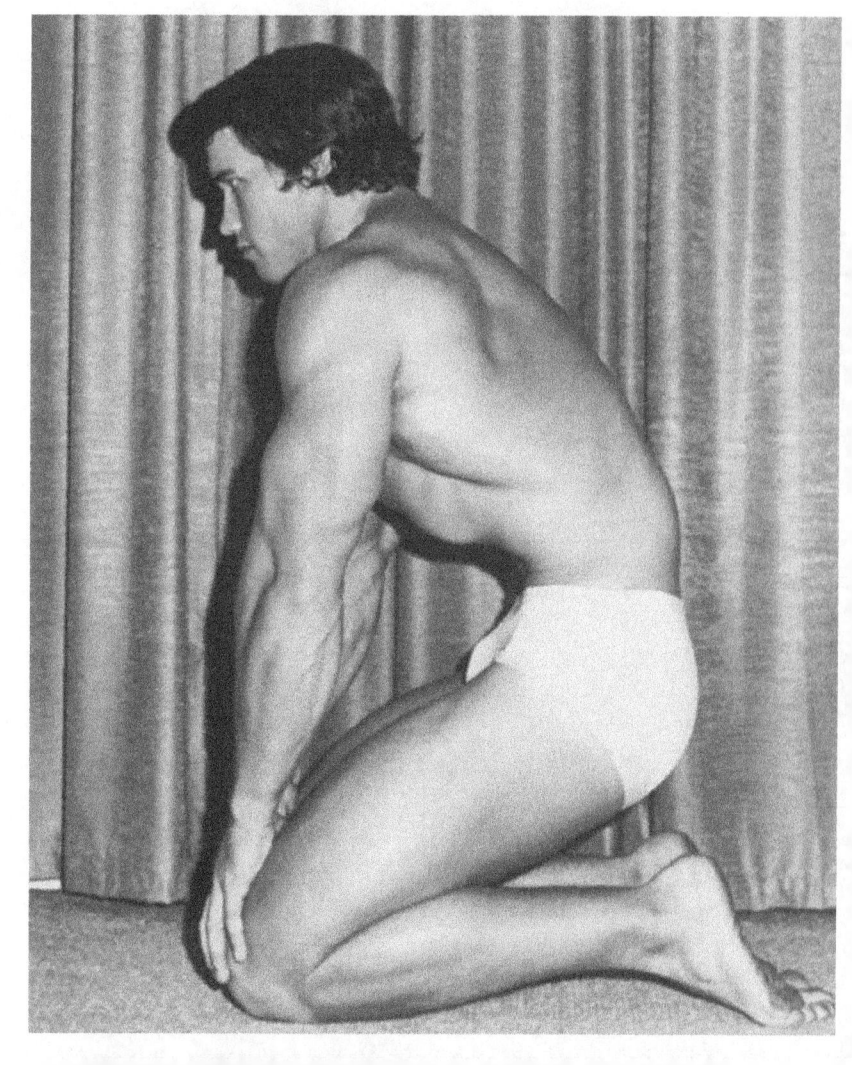

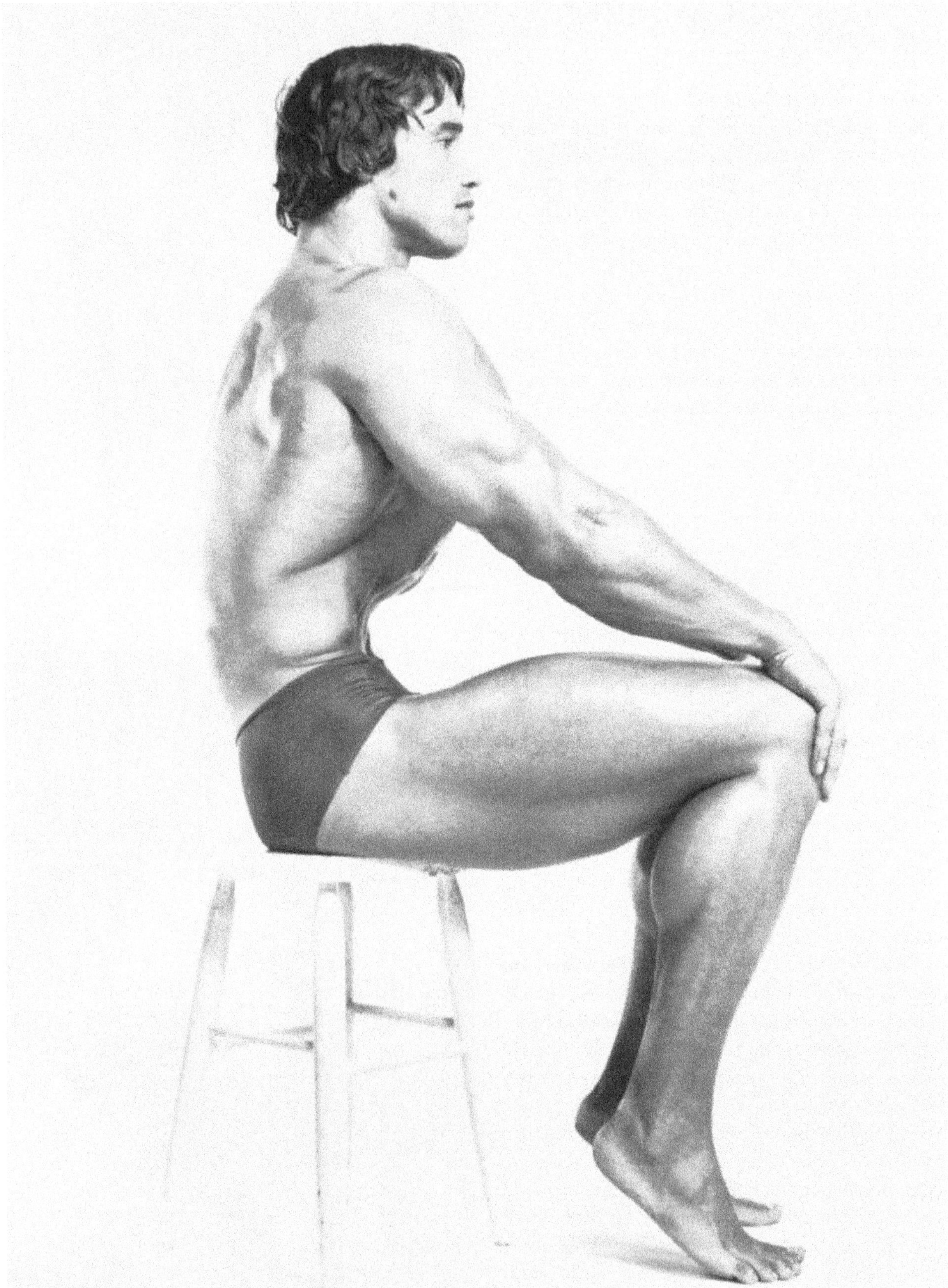

LIVRO QUATRO

Competição

CAPÍTULO 1

Fazendo Poses

A execução de poses tem uma importância vital porque, após anos de treinamento duro, exercitando-se por muitas horas na academia e fazendo dieta com grande disciplina por 10 a 12 semanas, *você pode ganhar ou perder um concurso com o mesmo corpo!* Não é só o seu físico que está sendo avaliado; é o seu físico como você o apresenta aos juízes.

A apresentação pode ser fundamental. Eu me lembro quando fui ver quadros em um depósito em uma casa de leilão – centenas deles, de Andy Warhol a Roy Lichtenstein. Muitos me foram apresentados, um depois do outro, sem moldura e com má iluminação. Naquelas condições, era difícil apreciar o seu valor. Posteriormente, quando eles foram emoldurados e arrumados de forma estética, com uma boa iluminação, o efeito foi totalmente diferente. Você pode ver instantaneamente porque estes trabalhos são tão respeitados e reverenciados. Do mesmo modo que uma jóia é valorizada por uma boa ambientação, esses quadros podem ser amplamente apreciados apenas porque alguém se preocupou em prepará-los para serem apresentados do modo mais eficaz – *e é isso que você tem que fazer com o seu físico para competir em um concurso de fisiculturismo.*

A chave da apresentação no fisiculturismo, bem como em outros esportes, é a preparação cuidadosa e detalhada. Os skatistas precisam se preparar para se apresentar bem em uma competição. Mergulhadores precisam se preparar para serem bem-sucedidos em um encontro. E os fisiculturistas precisam de preparo para garantir que o seu desempenho irá representar seus melhores esforços em um concurso de fisiculturismo – o seu "desempenho" é claro, sendo a capacidade de exibir seu físico com maior vantagem em frente aos juízes.

Uma vez eu fiz comentários para a TV para o Arnold Classic World Bodybuilding Championship. Eu vi um fisiculturista subir e fazer a sua rotina e eu disse ao meu parceiro de comentário, "Sem essa, este cara não vai fazer nada neste concurso". Quando eu olhava as suas poses no monitor por trás dos bastidores eu fiquei surpreso de ver músculos aparecendo em todos os lados. "De onde vem toda essa musculosidade?" eu disse. "Eu mudei completamente de idéia a respeito deste competidor!"

Eu também vi acontecer o contrário. Quando eu vi pela primeira vez o enorme Paul Dillet nos bastidores em Columbus fiquei impressionado. Mas no palco, estava óbvio que Dillet não era capaz de posar seu físico maciço com mais vantagem e, ao mencionar isso para Joe Weider, ele me disse que Dillet havia começado a competir depois dos 20 anos, havia se qualificado como profissional no seu segundo concurso, e simplesmente não tinha tido tempo de desenvolver sua habilidade no palco de acordo com seu impressionante corpo. "Lembre-se," Joe me disse, "quando Frank Zane ganhou seu primeiro título de Mr. Olímpia ele já estava competindo há quase 15 anos. O tipo de controle e polimento pelo qual Frank era famoso levou muitos anos para ser aprendido, e é virtualmente impossível ter um desempenho deste nível sem muita experiência."

Este ponto é muito importante. O treinamento envolve uma série de habilidades. Posar envolve completamente outra série de habilidades. Você tem que praticar poses por horas a fio para aprender estas habilidades, e você também tem que competir em muitos concursos para ser capaz de usar aquelas habilidades sob a pressão da competição. Obviamente, muitos principiantes não sabem quanto eles têm que aprender quando se fala em posar. Posar pode parecer muito mais fácil do que é na verdade. Por exemplo:

- Você tem que dominar cada uma das poses compulsórias individualmente.
- Você tem que praticar essas poses até que tenha estabelecido um controle total sobre cada um dos músculos envolvidos.
- Você precisa devotar muitas, muitas horas à prática de modo que você consiga sustentar as poses por longos períodos de tempo sem sentir um cansaço exagerado, ou os músculos comecem a tremer ou desenvolver cãibras.
- Você tem que criar uma rotina de poses individuais que melhor apresente as qualidades do seu físico.
- Você tem que praticar a sua rotina até que possa fazer todas as transições entre poses com perfeita suavidade.
- Você realmente tem que usar estas habilidades no palco porque apenas a experiência ensina a posar corretamente quando está sob pressão em um concurso real.
- Além de trabalhar nas poses propriamente ditas, você precisa trabalhar na sua *expressão facial*. Parte da impressão que você causa aos juízes depende dela.

Executar e sustentar as poses corretamente em frente dos juízes é essencial. Mas você também tem que se conscientizar de que está posando durante *todo o tempo em que está no palco,* não apenas quando está na frente executando as poses. Foram inúmeras as vezes que vi um fisiculturista que parecia estar indo bem quando estava posando ir para o fundo do palco e de repente começar a desmoronar, deixando o abdome salientar-se e destruir a boa imagem que ele havia criado.

Em um concurso de Mr. Olímpia, Franco e eu estávamos de pé no fundo do palco e nós podíamos ver os outros competidores de pé que estavam próximos com seus abdomens tão protuberantes que pareciam estar grávidos. "Que horror," eu disse a Franco, "ele não se parece com o seu aspecto habitual. Ele parece que é outro fisiculturista." "Não," Franco respondeu, "ele parece que *engoliu* outro fisiculturista!"

Mais uma vez, de nada vale o tipo de físico que você tem se não puder apresentá-lo adequadamente. Um fisiculturista muito conhecido, veio a mim no camarim no Arnold Classic, executou uma pose e me perguntou o que eu achava. "Você está ótimo," eu lhe disse. "Se eu tivesse o seu físico, eu ganharia o concurso." Ele saiu e começou a contar a todos que eu havia dito que ele ia ganhar. Mas não foi isso. Eu quis dizer que se *eu* tivesse o seu físico eu ganharia, mas eu sabia que a sua habilidade em posar não era grande coisa, então eu duvidava que *ele* fosse capaz de se apresentar com vantagem. E eu estava certo – ele não chegou nem perto do que poderia ser se posasse melhor.

Além de ser capaz de posar, você tem que prestar atenção no seu aspecto geral. Os juízes não estão olhando apenas para os seus músculos e seus detalhes, eles estão olhando para *você* por inteiro – tudo, desde como você fica de pé, se move e faz poses, até o tom da sua pele, corte de cabelo, sunga e o seu comportamento. É neste ponto que a expressão facial se torna importante. Você parece confiante como um vencedor? Ou ansioso como um perdedor? Quando você executa poses e está contraindo seus músculos o mais forte possível, a sua face está toda retorcida, você está fazendo caretas como um gárgula – ou você aprendeu a posar "só do pescoço para baixo" de modo que o seu corpo está contraído mas a sua face está relaxada?

Pense em como um cantor usa a expressão facial para ajudar a passar a emoção de uma música. Ou alguém fazendo uma apresentação de skate. Ou um ator. Quando você está no palco, você não é apenas um atleta mas também um artista. O fisiculturismo é um esporte mas também é um teatro. Você tem que ser não apenas bom, mas também tem que fazer os juízes notarem isso. O ponto é não fingir a expressão facial, mas realmente acreditar em você mesmo e deixar esta crença ser mostrada a todos na platéia.

A HISTÓRIA DAS POSES

O fisiculturismo começou como um concurso de "cultura física", e nas décadas de 20 e 30 os competidores desses eventos demonstravam a sua habilidade atlética de vários modos – tudo desde ginástica e levantamento de pesos até boxe. Nos primórdios da competição física real, os fisiculturistas não faziam as rotinas completas de poses com músicas como hoje é feito, mas sim contraíam cada um dos principais grupos musculares, faziam contrações abdominais e às vezes faziam seus músculos se contorcerem como se houvessem cobras sob a pele como uma demonstração de um total controle muscular.

Os primeiros concursos de fisiculturismo ainda tinham demonstrações atléticas como parada de mãos, uma façanha pela qual John Grimek, o segundo Mr. América, era particularmente conhecido. O ex-Mr. USA e escritor de

Muscle & Fitness, Armand Tanny, um veterano dos dias de *Muscle Beach*, lembra-se de que Grimek era um atleta tão bom que ele podia fascinar a audiência por horas com a sua ginástica e parada de mãos. Era surpreendente ver como Grimek e outros fisiculturistas muitos musculosos eram atléticos, coordenados e flexíveis naqueles dias. Você pode imaginar os competidores no Mr. Olímpia tentando fazer a mesma coisa hoje em dia?

A ARTE DE POSAR

Posar envolve o aprendizado das poses básicas, a individualização das mesmas de acordo com seu físico e depois juntar as suas melhores poses em uma rotina individual. Os maiores fisiculturistas têm poses pelas quais eles são famosos, poses que permitem que eles tenham uma competição eficaz contra seus oponentes. Alguns fisiculturistas gostam de fazer certas poses básicas para mostrar que eles têm o melhor desenvolvimento de certas partes do corpo. Outros evitam essas poses porque não podem competir diretamente apresentando um desenvolvimento muscular básico; em vez disso, eles desenvolvem variações criativas que mostram outras qualidades como forma, simetria e proporção.

Quando comecei a aprender a posar, examinei-me cuidadosamente para determinar o que era melhor para mim. Eu tinha que ser realista. Seria tolice tentar o estilo de poses de Steve Reeves, do tipo com os braços sobre a cabeça. Reeves tinha ombros largos, um peito plano e as poses sobre a cabeça lhe caíam muito bem. Mas não ficariam bem em mim, John Grimek ou Reg Park, já que todos nós tínhamos uma estrutura mais quadrada. Seguindo o mesmo raciocínio, quando se trata de desenvolver o seu próprio estilo de posar, se você é um fã de fisiculturistas como Dorian Yates, Flex Wheeler, Shawn Ray ou qualquer outro, tenha certeza de que você tem o mesmo tipo de físico antes de copiar cegamente as poses deles.

Posar pode ser uma ferramenta para chamar atenção para os seus pontos fortes e para esconder as suas fraquezas. Poses diferentes para a mesma parte corporal tendem a enfatizar diferentes qualidades de todo o corpo. Por exemplo, certas poses de costas chamam atenção para a massa, outras para a simetria; uma pode exibir os tríceps mais eficazmente, outras o seu deltóide. Usando as poses adequadas, você pode forçar os juízes a notar panturrilhas exuberantes ou camuflar o fato de que as suas panturrilhas não são tão boas quanto deveriam.

Você pode escolher poses que são criativas em dois níveis, tornando-as tão estéticas e dramáticas quanto possível, quase uma dança; e manipulando o foco de atenção dos juízes de modo que eles notem o que você quer realçar e ignorem o que você quer que eles ignorem. Isto não é fácil de aprender e leva algum tempo. Mas é uma habilidade útil e virtualmente essencial para qualquer fisiculturista que quer se tornar um verdadeiro campeão.

APRENDA OBSERVANDO

Uma das melhores maneiras de aprender como se tornar um competidor eficiente é treinar com um fisiculturista que tenha experiência em concursos. Você não apenas recebe informações vitais de treinamento mas também tem a chance de compartilhar o seu conhecimento sobre poses, dietas e preparação para concursos.

Outra estratégia é assistir ao maior número de concursos de fisiculturismo possível. Eu aprendi mais sobre o que acontece em uma competição observando outras pessoas competirem do que quando eu estava competindo, preocupado com o meu desempenho. Ficar de lado, observando, pode ter um valor incalculável. Quando você está na platéia, pode observar muito melhor o que está acontecendo no palco do que quando está nele. Você pode detectar erros e aprender como evitá-los. Você precisa observar tudo que acontece: o que ocorre em cada rodada, como o concurso é conduzido e que tipo de instrução os fisiculturistas recebem no palco. Pode estudar os competidores e tentar entender porque um está fazendo a coisa certa e outro não. Você vê se um competidor está usando muito óleo, se ele é muito suave, e a eficácia dos diferentes estilos de poses. Quando você tiver uma idéia clara do que funciona e o que não funciona, você pode começar a planejar a sua própria apresentação. Recomendo que você faça anotações de modo que não esqueça o que observou.

Eu tenho usado a mesma abordagem para filmar. Quando fui contratado para atuar em *Stay Hungry*, nos anos 70, Bob Rafelson, o diretor, me mandou observar filmes e programas de TV que estavam sendo produzidos em Hollywood. Isto me ajudou a aprender as técnicas e o vocabulário de filmagem. Quanto mais eu aprendia sobre filmagens, mais eficiente era quando ficava em frente às câmeras.

Posteriormente, quando eu fiz *Conan, o bárbaro*, eu devia ser um mestre da luta com a espada, então eu não apenas tive que passar meses aprendendo como empunhar uma espada grande e pesada (que não era uma cópia leve, e sim uma espada de verdade), mas tive que compreender como me mexer como um esgrimista altamente habilidoso – assim como Kevin Costner teve que *parecer* com um golfista profissional em *Tin Cup*, independentemente da sua real habilidade no esporte. Então, eu não apenas tive que ter aulas três vezes por semana de práticas de esgrima, como também estudei o mundo da luta de espadas – indo a campeonatos e escolas de kendô e assistindo a filmes de samurais. Eu observei como os esgrimistas se mexiam, seu senso de equilíbrio, sua postura, a posição dos pés, como eles faziam a transição de uma pose a outra. Em outras palavras, da mesma forma que eu fiz para aprender a manusear uma espada procedi para aprender a posar – eu olhei, observei, estudei e pratiquei.

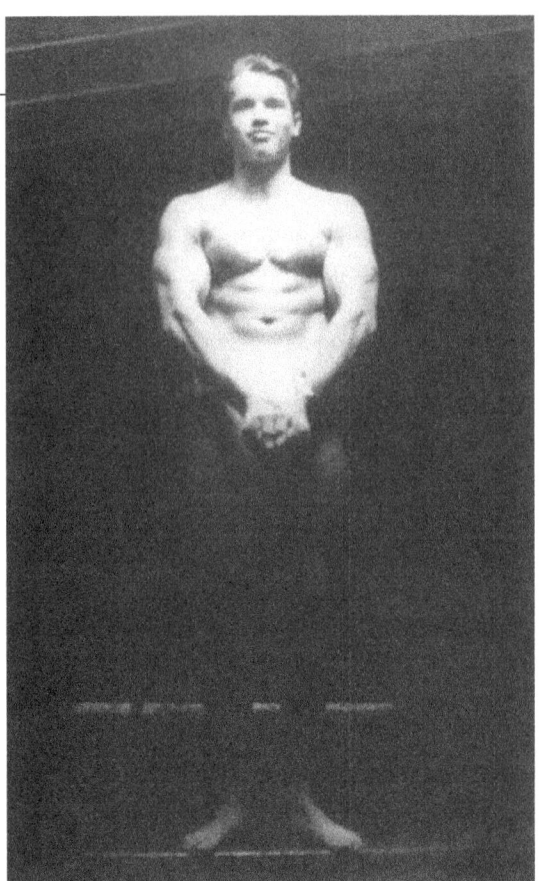

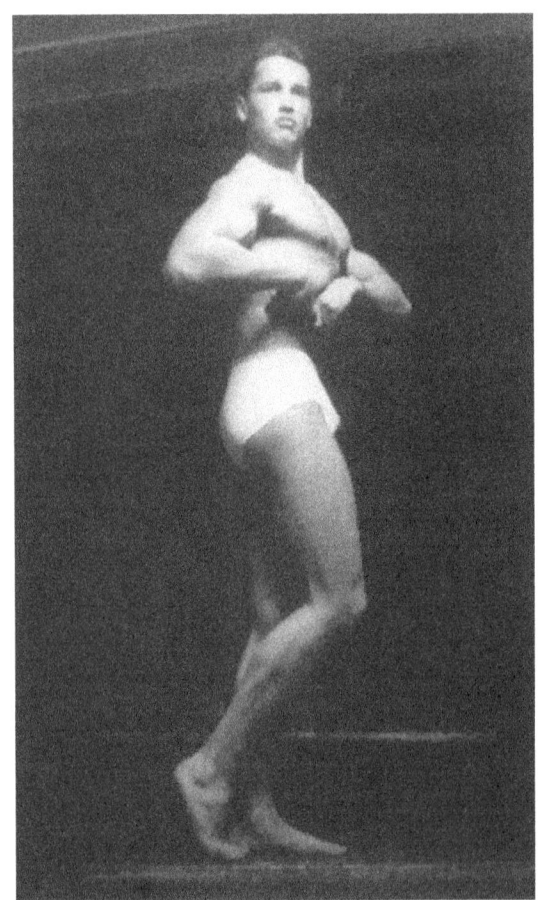

Aqui temos o retrato de um fisiculturista quando jovem. Estas minhas fotos aos 16 anos foram tiradas por um amigo no clube de levantamento de pesos em Graz, onde eu comecei meu treinamento.

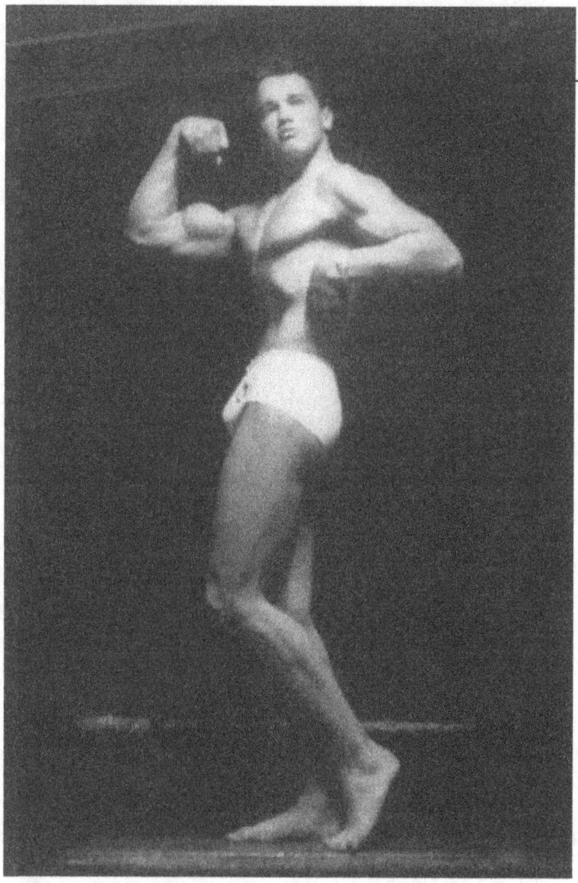
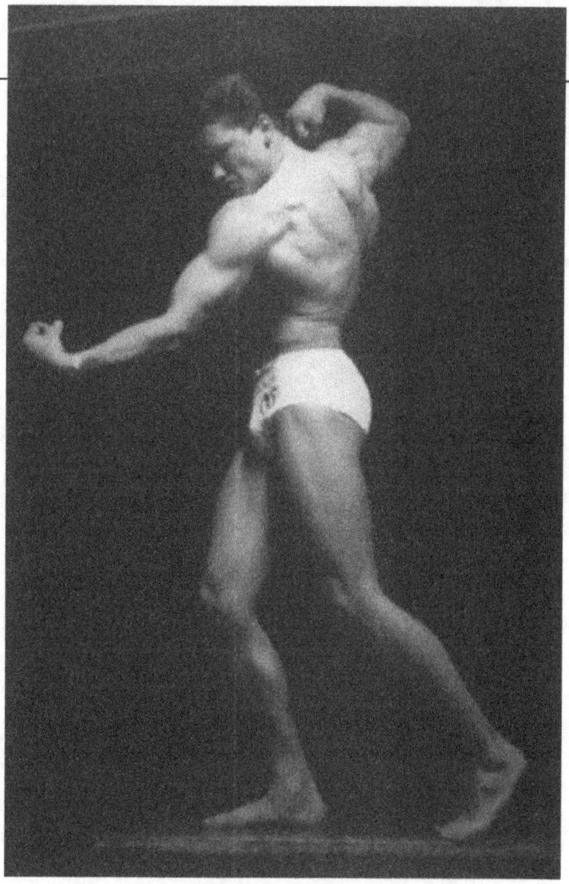
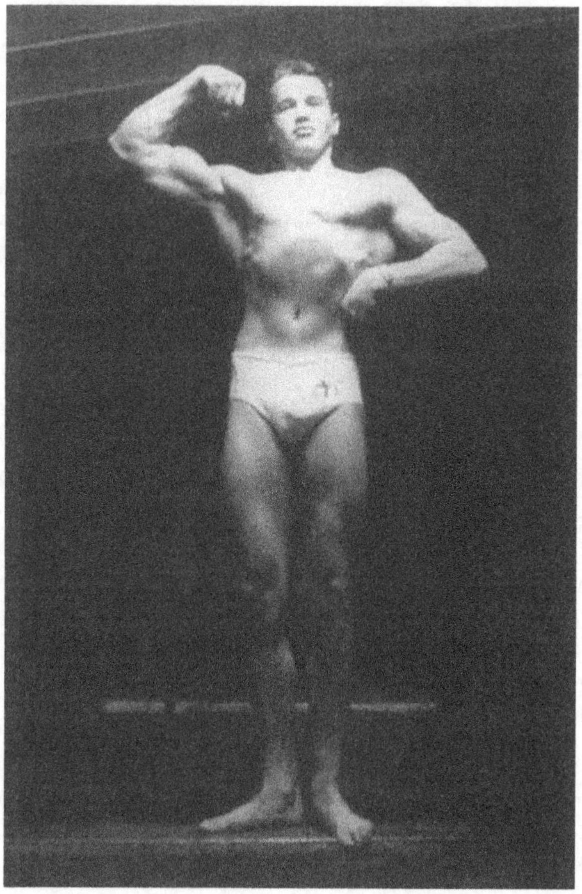
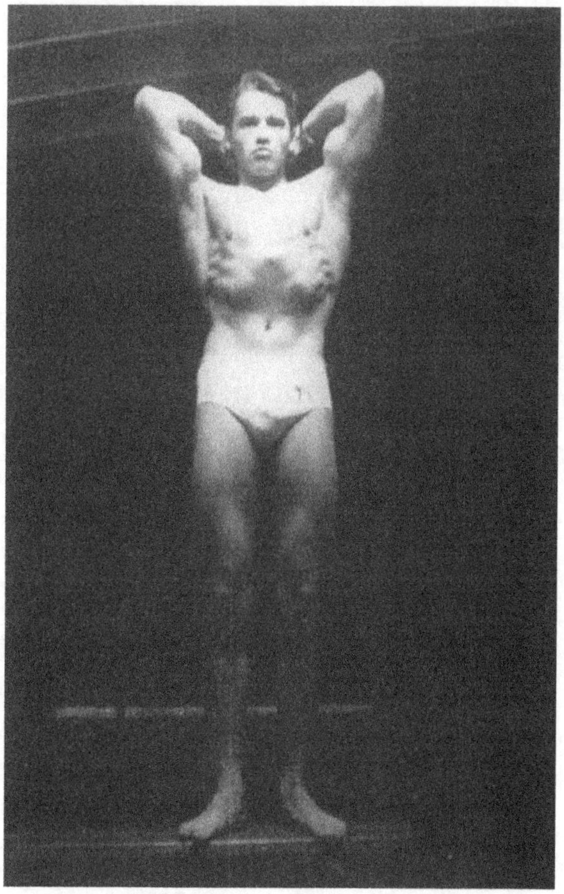

COMO AS COMPETIÇÕES DA IFBB SÃO CONDUZIDAS

Quando um fisiculturista faz uma exibição de poses ele simplesmente vai até o palco e executa a sua rotina. Mas para aprender a posar eficazmente em um concurso, você precisa compreender algo sobre como as competições de fisiculturismo são organizadas e conduzidas.

A Federação Internacional de Fisiculturismo (IFBB – International Federation of Bodtbuilding) permite competições amadoras internacionais e eventos profissionais autorizados. Nos eventos amadores, os competidores são divididos em oito classes:

peso galo
peso leve
peso médio
peso pesado leve
peso pesado
peso superpesado

Nos concursos profissionais, não há oito classes. Todos os competidores são colocados em uma mesma categoria, independente do tamanho. No passado, a altura era usada em vez do peso para determinar a classe de cada competidor. Contudo, ao longo do tempo chegou-se à conclusão de que usando o peso criava-se um grupo mais homogêneo de competidores, com mais semelhança no desenvolvimento do que quando se usava a altura.

Até 1980, os eventos profissionais da IFBB eram conduzidos em duas categorias de peso, com 90 kg sendo a linha divisória, e os ganhadores em cada categoria competiam entre si em um concurso de poses pelo título global. Contudo, em um evento importante como o Mr. Olímpia, isto significava que os juízes tinham todo o tempo que precisavam para comparar os competidores em cada classe mas apenas alguns minutos para determinar qual dos ganhadores por categoria deveria levar o desejado título de Mr. Olímpia. Colocando-se todos os competidores, independente do tamanho, competindo em uma categoria, parece colocar em desvantagem os fisiculturistas de menor tamanho, mas isso não é necessariamente o que acontece. Quando os juízes comparam fisiculturistas de diferentes tamanhos por um longo período de tempo, eles são mais capazes de observar a qualidade dos vários físicos no palco, de examiná-los em detalhes e de ver qualquer superioridade de desenvolvimento apresentada pelos menores competidores. Por outro lado, quando fisiculturistas de diferentes tamanhos competem em diferentes categorias e o vencedor geral é escolhido em uma sessão curta de poses, os juízes têm que decidir muito mais rapidamente, e os fisiculturistas maiores, que podem causar uma maior impressão em curto tempo, têm uma clara vantagem.

Os concursos da IFBB de hoje são divididos em duas partes de quatro rodadas. A primeira parte é o *pré-julgamento*. O pré-julgamento é clínico e técnico, altamente interessante para os fãs de fisiculturismo, mas não muito divertido para aqueles que não sabem o que estão assistindo. O pré-julgamento consiste em duas rodadas:

Primeira Rodada: Pose Relaxada

A primeira rodada envolve o julgamento dos fisiculturista de pé, relaxados, mãos ao lado do corpo, de frente, de costas e de ambos os lados. Embora este tipo de pose seja chamado de pose relaxada, os competidores geralmente estão tensionando seus músculos de forma intensa.

Esta rodada em geral é chamada de avaliação de simetria. De fato, quando você está de pé nesta posição, a forma global do seu corpo (chamada de simetria no fisiculturismo), bem como a sua forma e proporção, é o que se observa mais facilmente. Os juízes também olham para coisas como aparência, tom da pele, bronzeado e se a sunga veste bem e se a cor é adequada. Na verdade, a primeira rodada é chamada freqüentemente de avaliação global, e isto é mais correto do que simetria. Os juízes devem observar tudo em cada rodada, não

"Pose relaxada" – vista frontal. Observe que estes competidores, embora não estejam executando uma pose, estão com os músculos contraídos e sob controle. (Bertil Fox, Albert Beckles e Johnny Fuller)

"Pose relaxada" – vista lateral (Johnny Fuller, Jusup Wilkosz e Roy Callender)

apenas simetria e musculosidade. O que faz as rodadas serem diferentes é o modo no qual o corpo é posado e apresentado, o que tende a revelar um aspecto do físico mais do que os outros.

Segunda Rodada: Poses Compulsórias

Na segunda rodada, os fisiculturistas passam por uma série de poses compulsórias criadas para mostrar aos juízes seus pontos fortes e pontos fracos específicos. Estas poses são:

bíceps duplo frontal
abertura lateral frontal
tórax lateral
bíceps duplo de costas
abertura lateral de costas
tríceps de lado
abdominais e coxas com mãos sobre a cabeça

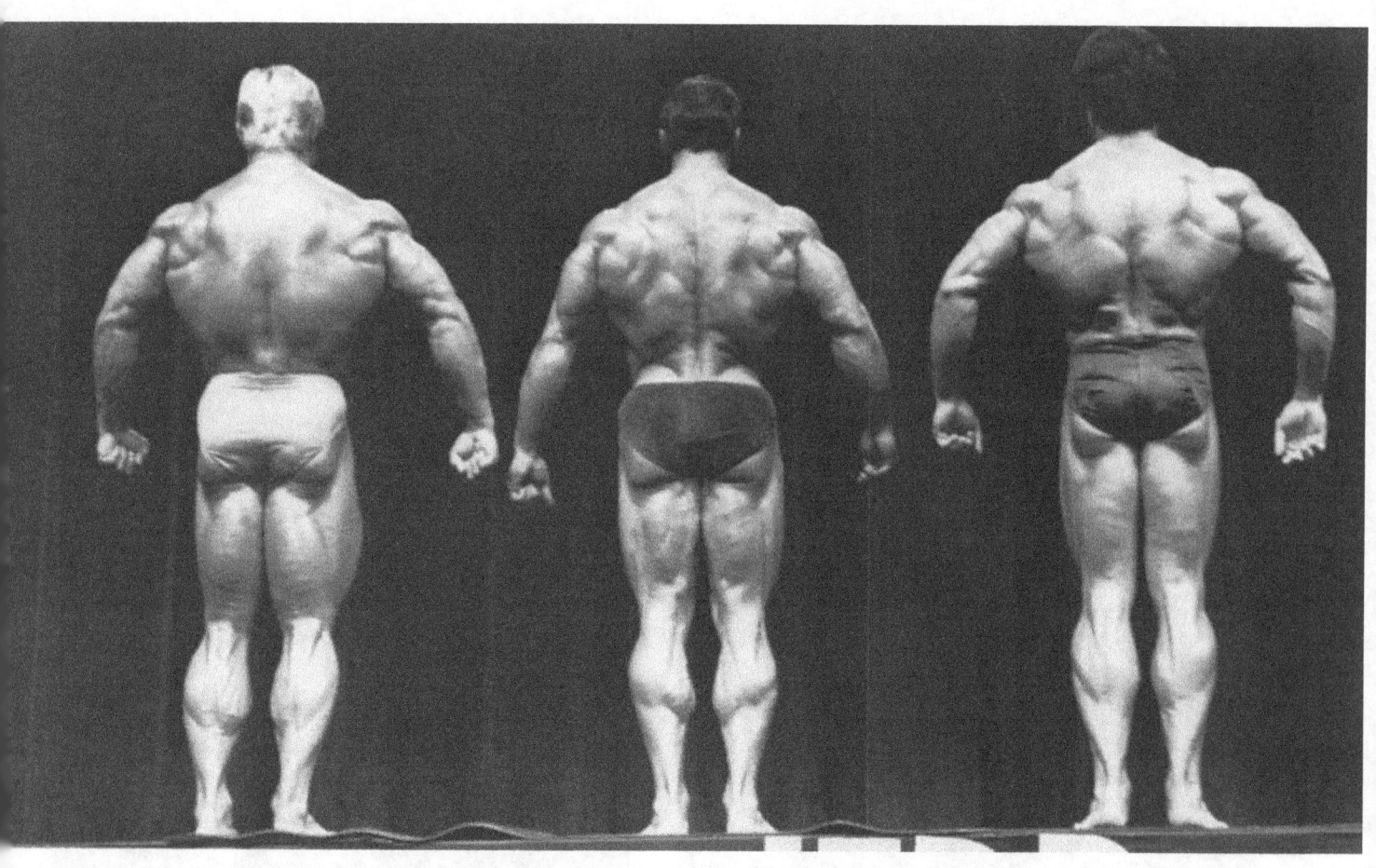

"Pose relaxada" – vista posterior. Cada um dos concorrentes tem as pernas, bíceps, panturrilhas e região lombar totalmente contraída mesmo sendo esta uma pose relaxada. (Tom Platz, Casey Viator e Samir Bannout)

(Mulheres fisiculturistas fazem as mesmas poses, exceto a abertura lateral, que foi eliminada alguns anos atrás por um juiz que achou que elas não pareciam muito femininas, e até agora não foi incluído novamente.) As poses compulsórias não são programadas para serem bonitas ou fazer o corpo parecer estético. Elas são programadas para dar aos juízes um aspecto clínico frio do corpo, realçar os pontos fortes e expor as fraquezas. E como esta é a rodada que tende a dar aos juízes uma impressão duradoura do seu físico, ela pode ser a mais importante da apresentação. Portanto, praticar as poses repetidamente, às vezes, até que os músculos comecem a ter cãibras, é absolutamente necessário para fazer o melhor em um concurso da IFBB.

Bíceps duplo frontal

Abertura lateral frontal (Samir Bannout)

Pose de tórax de lado

Bíceps duplo posterior

*Abertura lateral de costas
(Chris Dickerson)*

Tríceps lateral (Chris Dickerson)

*Pose abdominal com mãos atrás da
cabeça e pernas estendidas (Tom Platz)*

A segunda parte do concurso é a final, ou o "show noturno", já que geralmente ela é realizada à noite; o pré-julgamento muitas vezes acontece pela manhã ou à tarde. As finais consistem de:

Terceira Rodada: Pose Livre

Nessa rodada, você executa a sua própria rotina de poses com a sua escolha musical. Você executa as poses que são mais elogiadas, do modo que melhor exiba o seu corpo, enquanto ao mesmo tempo disfarça estar evitando mostrar alguma parte do seu corpo (a qual inevitavelmente irá chamar a atenção dos juízes para o que está tentando esconder). Na sua própria rotina de poses, você pode executar *qualquer* pose que desejar – poses com giros, poses ajoelhados e com afastamento de pernas, belas poses estéticas ou eminentemente muscula-

Milos Sarcev desenvolveu inúmeras poses estéticas para exibir o melhor de seu físico no palco.

res. Em alguns concursos amadores, há um limite de tempo para a sua rotina de poses, talvez apenas 1 minuto, enquanto que os profissionais podem usar o tempo que quiserem. Sempre verifique antes dos concursos quais são as regras, especialmente quando se trata de poses livres. Na segunda rodada, você faz as poses que os juízes desejam ver, do jeito que eles querem. Mas na terceira rodada, você tem a oportunidade de dizer aos juízes, "Primeiro nós olhamos o meu físico do seu modo; agora, deixe-me mostrá-lo como eu quero que vocês o vejam". Aqui é onde você deixa a sua personalidade e criatividade brilharem. Você pode aparecer potente, confiante, energético e imaginativo – ou apagado, previsível e cansativo. Tudo depende de você.

Quarta Rodada: Seqüência de Poses

Ao final do concurso, os fisiculturistas que estão liderando (geralmente os seis primeiros) dão aos juízes uma olhada final de seus físicos em uma rodada de poses, onde eles posam livremente juntos no palco, executando poses de comparação e, às vezes, se acotovelando para fora do palco, na tentativa de ganhar um ponto extra dos juízes. Você realmente não tem a oportunidade de executar a sua própria rotina de poses nesta rodada, mas você deve tentar fazer as suas melhores poses e evitar uma comparação direta com outros competidores que podem ter certas partes do corpo melhores do que a sua. Por exemplo, no concurso de Mr. Olímpia de 1981, eu me lembro de um competidor que na seqüência de poses correu pelo palco, ansioso para ficar ao lado de Tom Platz nas poses de pernas. Por que você iria querer executar poses de pernas próximo ao fisiculturista que tem as pernas mais impressionantes no esporte?

Esta fotografia de Boyer Coe, eu e Chris Dickerson do concurso de Mr. Olímpia de 1980 foi tirada no começo da apresentação de poses quando os seis finalistas fazem as compulsórias juntos, dando aos juízes a chance de fazer uma comparação direta.

Kevin Levrone, Dorian Yates e Shawn Ray em uma comparação de pose de tríceps lateral no Mr. Olímpia de 1994.

A parte mais dramática da seqüência de poses ocorre quando os finalistas estão livres para executar qualquer pose que eles querem, para mostrar seus pontos fortes, expor as fraquezas de seus oponentes e tentar dominar o palco. No Mr. Olímpia de 1982 em Londres, Frank Zane, Samir Bannout, Chris Dickerson, Albert Beckles, Tom Platz e Casey Viator competiram ferozmente nesta importante e excitante rodada.

Aquele fisiculturista devia estar delirando ou se autodestruindo, pois, ao pensar que estava fazendo uma coisa, revelava outra, dizendo aos juízes: "Olhe, minhas pernas não são tão boas quanto as do Tom, são?".

PONTUAÇÃO

A pontuação da IFBB é feita a cada rodada, com cada juiz colocando os competidores em ordem decrescente (geralmente com o escore maior e menor sendo eliminados, como nas Olimpíadas) e a nota final sendo o total obtido por cada fisiculturista em todas as rodadas. A IFBB usava um sistema de pontuação diferente no passado (por exemplo, um sistema de pontos), e muitos sistemas diferentes têm sido usados por diferentes organizações ao longo da história do esporte, mas os procedimentos atuais estão na IFBB por bastante tempo.

COMPETIÇÕES DO NPC

A afiliada nacional da IFBB na América é o National Physique Committee do USA. O NPC é o órgão oficial que sanciona a competição de fisiculturismo amador nos Estados Unidos. Embora os concursos do NPC usem as mesmas classes de peso da IFBB para amadores, eles são conduzidos de modo diferente daqueles sancionados pela federação internacional:

1. Durante o pré-julgamento os fisiculturistas vêm e executam uma rotina de poses livres de 1 minuto sem música. Então eles são trazidos para uma comparação de poses juntos.
2. Os juízes podem pedir qualquer pose que eles quiserem, incluindo poses mais musculosas ou apenas dizer, "Mostre-me a sua melhor pose de pernas". Do mesmo modo, enquanto o número máximo de competidores trazidos ao palco para comparação na IFBB é geralmente três, no NCP os juízes podem comparar quantos eles quiserem.
3. Os competidores retornam e fazem as suas rotinas de poses no show noturno, desta vez com música, mas esta rodada não recebe pontuação. *Toda* a pontuação no concurso do NPC é feita durante o pré-julgamento. Do mesmo modo, já que a pose livre é feita duas vezes – uma vez com música e sem outra – os competidores do NPC geralmente preparam duas rotinas de poses diferentes, uma para o pré-julgamento e outra (geralmente mais teatral) para o show noturno.
4. Os juízes do NPC usam um sistema de colocação, mas as rodadas individuais no pré-julgamento não são pontuadas separadamente. Os juízes olham as diferentes rodadas, fazem anotações e no final do pré-julgamento escrevem a colocação como eles vêm.

Campeonato de Fisiculturismo e Aptidão Física do NPC USA 1998
10-11 de julho de 1998

PESO GALO MASCULINO

NÚMERO	CONCORRENTE	JUIZ									NOTA	COLOCAÇÃO
		1	2	3	4	5	6	7	8	9		
5	Randy Leppala	1	1	1	1	1	1	1	1	4	5	1
18	Ronald Nurse	3	3	3	3	3	2	3	2	3	15	2
14	Steve Gaver	2	2	6	4	2	3	2	5	5	16	3
10	Jonathan Hunt	4	4	4	5	5	4	5	4	1	21	4
1	Thomas Armstrong Jr.	5	5	2	2	6	6	4	3	6	23	5
11	Clifton Torres	6	6	5	6	4	5	6	6	2	28	6
15	Gary Passmore	7	7	7	8	9	8	7	7	7	36	7
16	Lance Harano	9	8	8	10	7	7	8	8	9	41	8
3	Jim King	10	9	10	7	8	9	11	9	8	45	9
7	Michael King	8	11	9	9	10	10	10	10	11	49	10
4	Steve Kluger	11	10	11	11	12	11	9	11	12	55	11
9	PaulSake	12	12	12	12	11	12	12	12	10	60	12
12	John Ligsay Jr.	13	13	13	13	13	14	13	13	14	65	13
6	Paul Anloague	14	15	16	14	14	13	14	16	15	72	14
13	Anthony Lattimore	16	14	15	16	15	15	15	14	13	74	15
2	Matthew Alloy	15	17	14	15	16	16	16	15	16	78	16
17	Dusty Bush	18	16	17	18	17	17	17	17	17	85	17
8	Michael Smith	17	18	18	17	18	18	18	18	18	90	18

A nota dos juízes elimina 2 altas e 2 baixas.

JUÍZES DESTA CLASSE

Juiz	1	Dick Fudge	FL
Juiz	2	Fred Mullins	FL
Juiz	3	Daniel Campbell	CA
Juiz	4	Pat Sporer	FL
Juiz	5	Ernest Bea	IN
Juiz	6	Larry Pepe	CA
Juiz	7	Pete Fancher	FL
Juiz	8	Linda Wood-Hoyt	NY
Juiz	9	Dave Sauer	CA

Campeonato de Fisiculturismo e Aptidão Física do NPC USA 1998
10-11 de julho de 1998

PESO MÉDIO MASCULINO

NÚMERO	CONCORRENTE	JUIZ									NOTA	COLOCAÇÃO
		1	2	3	4	5	6	7	8	9		
31	Richard Longwith	1	1	1	1	3	3	3	2	2	9	1
36	Stephen Cantone	3	4	2	3	2	1	2	1	1	10	2
37	Kevin Creeden	2	2	5	5	1	2	4	3	3	14	3
32	Paul Smith	4	3	3	4	5	4	1	4	4	19	4
46	Steve Williams	5	5	4	2	4	5	5	5	5	24	5
30	Ron Norman	6	6	6	6	6	6	6	6	6	30	6
33	Steve Dufrene	7	9	11	7	7	7	9	9	9	41	7
42	Craig Santiago	9	8	8	9	8	8	7	7	10	41	8
48	Tito Raymond	8	7	7	8	11	12	10	10	8	44	9
39	Kris Dim	10	10	12	10	10	11	8	8	11	51	10
45	Garrette Townsend	11	11	9	12	9	16	11	11	7	53	11
29	Mark Dugdale	12	12	10	11	12	10	12	12	12	59	12
35	Patrick Matsuda	13	13	14	13	13	13	13	13	13	65	13
43	Tommy Potenza	15	14	15	16	15	14	14	15	15	74	14
41	Jason Coates	14	15	13	14	14	19	15	17	17	75	15
47	Mike Cox	16	16	17	15	16	17	16	14	14	79	16
49	Randy Samuels	17	17	16	17	17	15	17	16	16	83	17
40	Bryant Zamora	19	18	18	18	18	9	19	18	18	90	18
34	Nino Siciliano	18	19	19	19	19	20	18	19	19	95	19
44	Arnold Watkins	20	20	20	20	20	18	20	20	20	100	20

A nota dos juízes elimina 2 altas e 2 baixas.

JUÍZES DESTA CLASSE

Juiz	1	Kevin Wagner	TX
Juiz	2	Matt Crane	NY
Juiz	3	Peter Potter	FL
Juiz	4	Bob Pentz	NC
Juiz	5	John Kemper	NJ
Juiz	6	Clark Sanchez	NM
Juiz	7	Michael Stoole	CA
Juiz	8	Ted Williamson	CA
Juiz	9	Don Hollis	MS

Campeonato de Fisiculturismo e Aptidão Física do NPC USA 1998
10-11 de julho de 1998

PESO PESADO LEVE MASCULINO

NÚMERO	CONCORRENTE	JUIZ									NOTA	COLOCAÇÃO
		1	2	3	4	5	6	7	8	9		
62	Troy Alves	1	1	1	1	1	2	2	2	3	7	1
57	Robert Lopez	5	2	2	2	2	1	1	1	2	9	2
54	Parenthesis Devers	3	3	3	3	3	3	3	3	1	15	3
50	Joe Hubbard	4	4	4	5	4	5	5	5	5	23	4
56	James Restivo	2	6	6	6	6	6	4	4	4	26	5
51	Andre Scott	6	5	5	4	5	4	6	6	6	27	6
59	Michael Cruthird	7	7	7	8	7	7	7	7	8	35	7
61	Charles Ray Arde	8	9	9	7	8	8	9	9	7	42	8
55	Darryl Holsey	9	8	8	10	10	9	10	8	10	46	9
52	Rommy Abdallah	10	10	10	9	9	10	8	10	9	48	10
53	Leonardo Pita	12	11	11	11	11	11	15	11	16	56	11
58	Samuel Jordan	15	13	13	12	12	13	13	15	11	64	12
63	Jon Vorves	11	14	12	13	14	15	11	13	13	65	13
60	Charles Lawson	16	16	16	16	13	12	14	12	12	71	14
64	Eric Dixon	13	15	14	15	15	16	12	14	14	72	15
65	David Coleman	14	12	15	14	16	14	16	16	15	74	16

A nota dos juízes elimina 2 altas e 2 baixas.

JUÍZES DESTA CLASSE

Juiz	1	Art Bedway	PA
Juiz	2	John Tuman	CA
Juiz	3	Ty Fielder	GA
Juiz	4	Ken Taylor	SC
Juiz	5	John Kemper	NJ
Juiz	6	Matt Crane	NY
Juiz	7	Steve Weinberger	NY
Juiz	8	Al Johnson	LA
Juiz	9	Steve O'Brien	CA

Campeonato de Fisiculturismo e Aptidão Física do NPC USA 1998
10-11 de julho de 1998

PESO PESADO MASCULINO

NÚMERO	CONCORRENTE	JUIZ									NOTA	COLOCAÇÃO
		1	2	3	4	5	6	7	8	9		
70	Jason Arntz	2	1	1	2	1	1	1	1	2	6	1
74	Tevita Aholelei	1	2	2	3	2	2	2	2	3	10	2
69	Garrett Downing	3	3	3	1	3	3	3	3	1	15	3
76	Rodney Davis	4	4	4	4	4	4	4	4	4	20	4
73	John King	5	5	5	5	9	5	9	7	5	27	5
75	Joseph Carlton Jr.	6	6	6	6	5	6	5	5	6	29	6
78	Darrell Terrell	7	7	7	7	7	7	8	6	7	35	7
77	William Matlock	8	8	9	9	8	8	7	8	9	41	8
72	Rusty Jeffers	9	10	10	8	10	9	10	9	8	47	9
67	Shilbert Ferguson	10	9	8	10	6	10	6	10	10	47	10
80	Joseph Patterson Jr.	11	14	11	11	12	14	12	12	11	58	11
68	Hans Hopstaken	13	11	13	12	13	13	13	13	14	65	12
79	Dan Fine	15	13	12	13	14	11	14	14	13	67	13
71	Joel Cutulle	12	12	14	14	15	12	15	15	12	67	14
66	Christopher Bennett	14	15	15	15	11	15	11	11	15	70	15

A nota dos juízes elimina 2 altas e 2 baixas.

JUÍZES DESTA CLASSE

Juiz	1	Peter Potter	FL
Juiz	2	John Tuman	CA
Juiz	3	Ty Felder	GA
Juiz	4	Debbie Albert	PA
Juiz	5	Mike Katz	CT
Juiz	6	Jim Rockell	NY
Juiz	7	Steve Weinberger	NY
Juiz	8	Jerry Mastrangelo	CT
Juiz	9	Sandi Ranalli	CA

Campeonato de Fisiculturismo e Aptidão Física do NPC USA 1998
10-11 de julho de 1998

PESO SUPER PESADO

NÚMERO	CONCORRENTE	JUIZ									NOTA	COLOCAÇÃO
		1	2	3	4	5	6	7	8	9		
93	Dennis James	2	1	1	1	2	1	2	2	2	8	1
94	Melvin Anthony	1	2	2	2	1	2	1	3	1	8	2
91	Orville Burke	3	3	3	3	3	3	3	1	3	15	3
83	Aaron Maddron	4	4	4	4	4	4	4	4	4	20	4
87	Dan Freeman	6	5	6	5	5	5	5	6	6	27	5
89	David Nelson	5	6	5	6	6	6	6	5	5	28	6
85	Erik Fromm	7	8	8	8	7	8	7	10	7	38	7
81	Justin Brooks	9	7	7	10	9	7	9	7	8	40	8
90	Leo Ingram	10	10	9	7	8	9	8	8	9	43	9
95	Leon Parker	8	9	10	9	10	10	10	9	10	48	10
92	Jack Wadsworth	12	14	11	11	11	12	14	11	14	60	11
88	William Harse	11	12	14	12	13	13	11	13	12	62	12
84	Kevin Sosamon	13	11	13	13	14	11	13	12	13	64	13
82	Brad Hollibaugh	14	13	12	14	12	14	12	14	11	65	14

A nota dos juízes elimina 2 altas e 2 baixas.

JUÍZES DESTA CLASSE

Juiz	1	Ted Williamson	CA
Juiz	2	Art Bedway	PA
Juiz	3	Jeff Taylor	CA
Juiz	4	Debbie Albert	PA
Juiz	5	Mike Katz	CT
Juiz	6	Ken Taylor	SC
Juiz	7	Jim Rockell	NY
Juiz	8	Jerry Mastrangelo	CT
Juiz	9	Steve O'Brien	CA

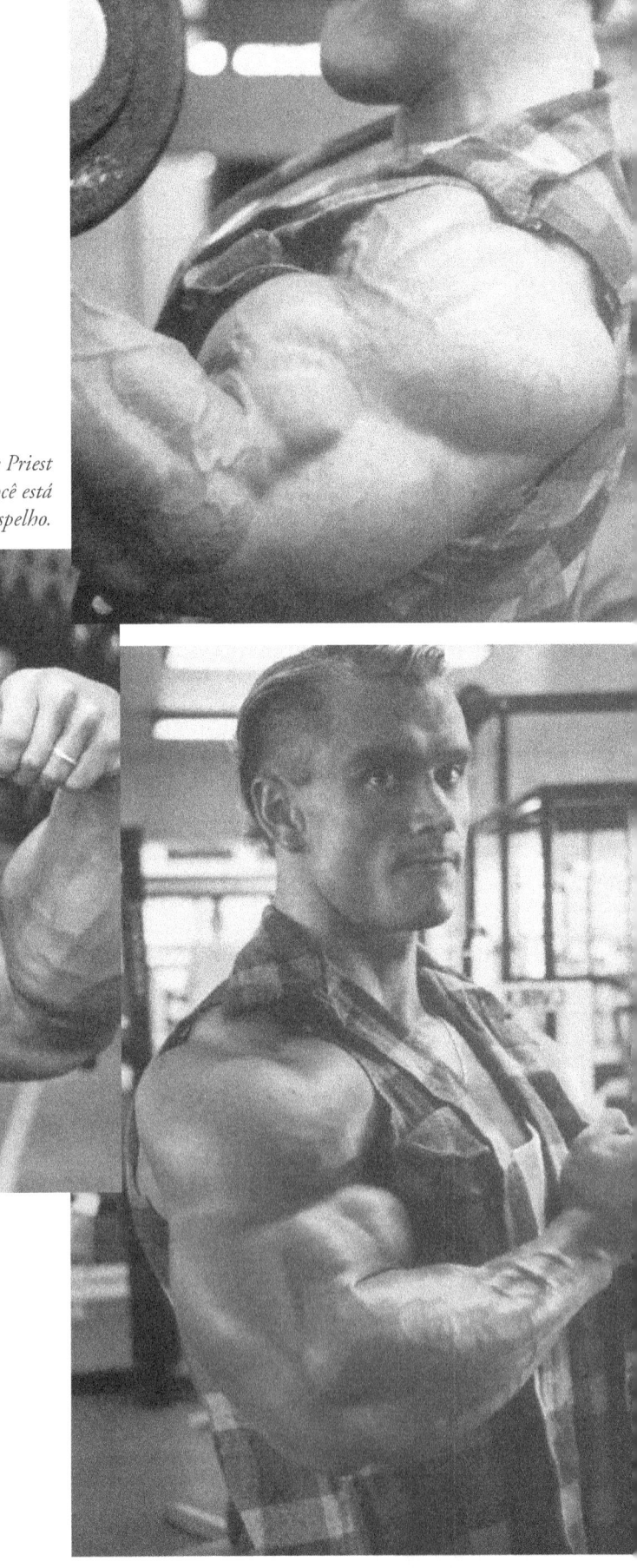

Nunca é muito cedo para começar a praticar poses. Faça o que Lee Priest demonstra aqui: entre as séries, contraia os músculos que você está treinando, execute uma pose e estude-se ao espelho.

GRANDE VENCEDOR

Na maioria dos concursos amadores, após serem anunciados os vencedores de cada categoria, há uma sessão de poses entre eles para determinar o vencedor geral. Isso significa que, tendo vencido em uma classe, você não pode relaxar e comemorar. Você tem mais uma rodada de poses para enfrentar. Embora os maiores fisiculturistas tendam a vencer estes títulos gerais, isto não é, em absoluto, uma certeza. Pesos médios e até mesmo pesos leves já ganharam esses títulos. Além disso, já que o vencedor geral é selecionado em apenas alguns minutos no palco, é essencial que você se estimule ao mais alto nível de energia para este desafio, especialmente porque os vencedores gerais nos concursos amadores freqüentemente ganham o privilégio de se tornarem profissionais!

Uma exceção a este procedimento é o IFBB World Amateur Championships – até 1976 conhecido como concurso de Mr. Universo. Não há um vencedor geral selecionado nesse concurso. Antigamente, cada vencedor por categoria era candidato a se tornar profissional e era qualificado de forma imediata para o concurso de Mr. Olímpia. Contudo, isso resultava em um número muito grande de fisiculturistas no concurso de Mr. Olímpia que simplesmente não eram muito competitivos, de modo que, em tempos mais recentes a IFBB tem realizado uma sessão de poses para selecionar um competidor do Mr. Universo para ser convidado a entrar no Mr. Olímpia. Mesmo assim, a federação nacional do vencedor ainda tem que recomendá-lo para a divisão profissional da IFBB antes de ele ser convidado a competir no Mr. Olímpia.

RESISTÊNCIA

Outra coisa a ser lembrada é que você pode ter que permanecer por muito tempo no palco durante um concurso. Quanto mais comparações você tem que participar, mais poses você tem que executar, mais resistência você tem que ter para suportar a demonstração sem apresentar fadiga exagerada ou mesmo cãibras. Como você adquire esta resistência? Praticando todas as poses repetidamente por um período de semanas ou meses. Mais uma vez, tenha em mente que você está fazendo poses mesmo quando está em pé alinhado no palco esperando ser chamado para comparação. Mesmo no fundo do palco você ainda está visível para os juízes, e se você deixar o seu corpo perder a firmeza, seus abdominais salientes ou parecer cansado ou desanimado, isto pode influenciar o modo como os juízes vão lhe dar notas.

PRATICANDO POSES

Devido à sua enorme importância no fisiculturismo competitivo, nunca é muito cedo para começar a posar. Você deve começar desde o primeiro dia em que entra na academia. Estude fotografias de outros fisiculturistas, vá a concursos e observe como os competidores posam e tente imitá-los. Comece fazendo as suas poses em frente a um espelho até que você ache que pegou o

Posar em frente ao espelho ajuda a analisar as falhas na sua técnica. Aqui eu estou recebendo críticas de Robby Robinson, Ken Waller, Franco Columbu e Ed Corney. Às vezes, este tipo de crítica é doloroso, mas realmente ajuda.

jeito de executá-las. Depois tente fazê-las sem o espelho, com um amigo o observando.

Entre as séries, contraia os músculos que você está treinando, faça algumas poses e estude-se no espelho. Isso irá condicioná-lo a fazer contrações firmes, sustentadas e também ajudar a analisar o estado do seu desenvolvimento.

Lembre-se da necessidade de *resistência*! Os juízes freqüentemente irão mandar você posar por vários minutos de cada vez; você pode precisar ficar contraído por horas durante um pré-julgamento cansativo. Então, no seu treinamento de poses, não apenas execute as poses por alguns segundos e relaxe. Sustente-as até que doa, depois sustente um pouco mais – este é o momento da falência, de ter cãibras musculares, de sofrer de modo que as suas poses na

Verificando meu tríceps após fazer 25 séries de treinamento de tríceps.

Eu gostava de fazer esta pose de tríceps com braço estendido após meu treinamento de tríceps ou de tórax, para salientar os músculos que eu acabara de treinar enquanto eles estavam aquecidos e firmes.

Mesmo aos 20 anos, eu sabia instintivamente que devia passar algum tempo contraindo e posando meus bíceps após uma sessão de treinamento de braços.

Manter os músculos contraídos por alguns minutos após uma sessão de treinamento ajuda você a condicionar-se para a rígida disciplina necessária para as poses de competição.

Franco Columbu posando entre séries.

competição sejam suaves, competentes e poderosas. Mantenha-a por pelo menos 1 hora a cada dia, até mais quando se aproxima de uma competição. Você vai ficar feliz de ter feito isso quando você estiver no palco.

Outra coisa a ser lembrada é que os fisiculturistas sob pressão tendem a posar mais rápido do que eles fariam no treinamento. Então eu recomendo que você conte lentamente até 3, 4, ou 5 e use este tempo como medida do tempo que deve sustentar a sua pose. Desse modo, você evita apressar-se quando está excitado durante um concurso real.

Uma das qualidades mais importantes a serem desenvolvidas para posar é a confiança. Se você está de pé, relaxado no palco, realizando as compulsórias ou fazendo a sua própria rotina, precisa parecer confiante, irradiar energia e competência. Mas para fazer isso é necessário muita prática, a fim de que você possa fazer cada pose com perfeição e continuar a posar repetidamente sem mostrar sinais de tensão ou cansaço. E lembre-se de praticar poses do pescoço para baixo, porém mantendo a face relaxada, com uma expressão confiante.

Meus parceiros de treino e eu fazíamos poses juntos – havia um tipo de mini-sessões de poses na academia –, de modo que nós podíamos comparar e analisar o que nós havíamos obtido e quais áreas ainda precisavam ser trabalhadas. Se você é inexperiente, treinar com alguém que saiba mais irá lhe ajudar muito. Quando fui visitar Reg Park na África do Sul aos 18 anos, nós nos

O melhor meio de aprender a posar é trabalhar com alguém com experiência. Aqui, Jean Pierre Fux e Nasser El Sonbaty examinam a forma de Fux ao espelho.

Sessões casuais de poses são uma excelente prática para competições.

Como você pode ver pelas expressões de Don Long e Flex Wheeler, as sessões de poses na academia são muito divertidas.

Aqui estamos Ed Corney, Denny Gable, Brian Abede e eu observando uma mini-sessão de poses entre Robby Robinson e Ken Waller. Competindo na academia dessa forma fará com que você aprenda a marcar o tempo e como contra-atacar a pose de um competidor rapidamente com uma pose que irá fazer com que se pareça melhor do que ele.

juntávamos na academia todos os dias e fingíamos que estávamos em uma sessão de poses. Nessa época, ele era muito melhor e mais experiente do que eu, e trabalhando com ele todo dia nas poses após a sessão de treinamento, sob a luz do céu executando poses, aprendi muito. Ele fazia uma pose e dizia, " Se eu estiver fazendo esta pose, você deveria estar fazendo aquela." Em *Pumping Iron*, você pode me ver fazendo a mesma coisa com Franco e outros fisiculturistas.

Além da sua prática regular, concentrada, eu recomendo que de tempos em tempos você faça as suas poses muito rapidamente, não as executando com força total, apenas para se familiarizar com a sensação de passar de uma para a outra imediatamente, sem hesitação, com transições suaves e ensinando ao seu corpo como ir de uma pose para a outra sem tropeços e movimentos bruscos.

Esta pode ser chamada uma pose relaxada, mas como você pode ver nesta foto você ainda tem que contrair tudo e precisa de muita prática para ser capaz de ficar nesta posição por longos períodos de tempo.

De pé, relaxado, visto de lado – coxas contraídas, abdominais firmes e braços relaxados.

PRATICANDO PARA A PRIMEIRA RODADA

A primeira rodada é chamada de posição relaxada, mas não é nada disso. Ela também é chamada de rodada de simetria, como se todos os juízes devessem estar olhando para a forma e proporção do seu físico, mas isso também é incorreto (embora muitos juízes não compreendam tal processo). Cada rodada no concurso é uma rodada de físico e os juízes devem estar olhando para tudo que eles podem ver, o tempo todo.

Para praticar para essa rodada fique com um dos pés ereto, pés juntos, com as mãos ao lado. Em todas as poses, você começa de baixo para cima, iniciando pela contração das coxas. Alguns fisiculturistas flexionam levemente os joelhos para ajudar a exibir as coxas, mas às vezes isso pode fazer com que você pareça muito agachado, então olhe no espelho e veja se você parece melhor com os joelhos flexionados ou estendidos. Contraia os glúteos levemente, contraindo também os abdominais, o que inclina ligeiramente a pelve e ajuda a manter os abdominais firmes e definidos. Estenda a coluna para cima, esticando-a o máximo possível. Alongue a coluna; não levante os ombros. Isto

Embora um juiz possa lhe intimar por isto, eu notei que era possível atrair a atenção dos juízes na primeira rodada executando esta variação da posição relaxada de vez em quando – um leve giro da cintura, braços e tórax contraídos e na ponta do pé para mostrar as panturrilhas.

Os fisiculturistas de hoje tendem a contrair muito mais na "posição relaxada" do que era permitido quando eu competia no Mr. Olímpia.

Flex Wheeler mostra as vantagens de estar em ótima forma para uma apresentação: mesmo antes de fazer uma pose, sua definição e musculosidade são evidentes.

permite que você fique alto e expanda o peito. Abra levemente o grande dorsal, apenas o suficiente para empurrar os braços para os lados, mas não tanto que pareça que você está fazendo uma pose de grande dorsal. Tensione os braços, observando que seus abdominais estejam contraídos e mantenha o rosto relaxado.

Teoricamente, a maneira correta de posar para a primeira rodada é fazer esta pose de frente, vire-se 90º graus para a direita e mantenha a pose, vire-se de costas, para o outro lado e, depois, novamente de frente, mantendo a mesma pose relaxada o tempo todo. Na prática, quando os competidores viram-se de lado, tendem a estender o braço próximo aos juízes, contraindo o tríceps e também girando na direção deles. Isso não faz nenhum sentido em uma rodada projetada para mostrar aos juízes a sua forma global e proporção. Mas desde que o principal juiz permita, os competidores irão tentar fazer tudo que é possível. Contudo, quanto melhor a sua simetria, menos eu aconselho que você contraia e faça giros para escondê-la.

O único modo de se condicionar para ficar de pé com todos os músculos tensionados por longos períodos é fazendo isso. Fique de pé com as coxas e abdominais tensionados, os grandes dorsais alargados e os peitorais maciços. Não execute poses de forma automática, mas deixe os braços caírem naturalmente ao lado. Use um relógio ou um cronômetro para praticar tais poses por um minuto. Depois vire e fique um minuto em cada uma das outras direções. Contraia as panturrilhas, especialmente quando estiver de costas para os juízes, e não se esqueça do bíceps femural, dos glúteos, da região lombar e dos dorsais; mantenha a cintura contraída, tomando consciência de todo o seu corpo. A realização desses procedimentos por alguns minutos é exaustiva, mas você precisa fazer isso até que possa ficar de pé por meia hora ou mais nessa posição sem tremer, suar, ter cãibras ou parecer cansado e ansioso. É melhor praticar isso com um parceiro assistindo para ver se você mantém tudo contraído, e avisá-lo quando você começar a perder a pose.

PRATICANDO PARA A SEGUNDA RODADA

A primeira coisa a fazer para dominar as compulsórias da segunda rodada é simplesmente estudar as poses básicas e aprender a fazê-las de modo competente. Depois que você consegue sustentar cada pose por 1 minuto isoladamente, tente executar todas as sete poses sem parar.

BÍCEPS DUPLO FRONTAL. Fique de pé e de frente. Contraia as coxas e os glúteos como na pose relaxada. Eleve os braços em uma posição de bíceps duplo, abrindo os laterais ao mesmo tempo. Supine os punhos (virando as mãos na sua direção) para obter um pico máximo de bíceps. Para terminar a pose, puxe os cotovelos levemente para a frente para trazer o peito para fora e garantir que os abdominais estejam contraídos. Quando realizar uma pose de bíceps duplo frontal, contraia firmemente as coxas e não relaxe enquanto estiver executando tal pose, e também mantenha os abdominais contraídos o tempo todo.

O fato de ter enormes braços e grande dorsal torna a pose de bíceps duplo frontal muito eficaz para Nasser El Sonbaty, mas esta pose é ainda mais impressionante devido à sua cintura delineada e ao torso em V.

Robby Robinson é um dos poucos fisiculturistas que podem executar eficazmente uma contração abdominal enquanto faz uma pose de bíceps duplo frontal.

O bíceps duplo frontal é uma das poses mais difíceis porque ela tende a enfatizar as suas fraquezas. Na segunda rodada de poses compulsórias você não deve fazer nada para disfarçar o seu desenvolvimento ou proporções. Contudo, há certas variações convencionais que os juízes aceitam que os fisiculturistas usem para exibir suas características físicas individuais com mais vantagem. É comum, por exemplo, que os fisiculturistas tentem minimizar a sua cintura fazendo esta pose – apesar de que quando você tem a simetria de um Flex Wheeler ou um Ronnie Coleman, a genética já tenha feito isto.

Ela pode ser chamada de pose de bíceps duplo frontal, mas há mais envolvido do que apenas o bíceps – você precisa contrair cada músculo, desde as panturrilhas e coxas até os abdominais, os músculos do tronco e os peitorais.

Há várias maneiras de fazer uma pose lateral de peito. Aqui eu demonstro esta pose do modo como ela é feita habitualmente.

Quando Lee Priest executa uma pose lateral de peito, ele também faz contração firme para mostrar a musculosidade dos seus deltóides, braços e antebraços, bem como os intercostais do lado do tronco.

Estender os braços e contrair o abdome para dentro em uma contração quando executa uma pose lateral de peito permite que você exiba os seus peitorais superiores mais do que em uma pose regular. Isso pode ser usado em combinação com a pose regular – execute essa pose, segure um pouco, depois traga o cotovelo para trás em uma pose compulsória convencional.

Esta é outra variação da pose de peito lateral, que permite que você mostre a definição dos seus peitorais internos.

Em uma execução de pose lateral de peito em comparação, Kevin Levrone, Dorian Yates, Nasser El Sonbaty e Shawn Ray são capazes de parecer relaxados e confiantes enquanto contraem virtualmente cada músculo de seus corpos o mais forte possível. Você pode fazer isso apenas quando você dedica muitas horas à prática dessa pose.

ABERTURA LATERAL DE FRENTE. Pose as pernas como no bíceps duplo frontal. Coloque as mãos nos quadris, segurando os oblíquos, traga os cotovelos para a frente e abra o grande dorsal, mantendo o peito alto. Muitos fisiculturistas esquecem da importância dos músculos em uma abertura lateral frontal. À medida que você abre o grande dorsal, levante o peito bem alto e traga os ombros para trás para acentuar os peitorais.

LATERAL DE PEITO (DE QUALQUER LADO). Fique de lado e na ponta do pé em qualquer uma das pernas para evidenciar a panturrilha (quanto mais alto você ficar na ponta dos pés, mais a panturrilha contrai-se naturalmente). Flexione o braço ao lado com a palma para cima, traga a outra mão sobre o peito e segure no punho. Puxe o cotovelo o mais para trás possível. Contraia os abdominais e mantenha o peito elevado. Gire-se levemente para exibir mais o peito aos juízes. Tente ficar apoiado na perna que estiver mais próxima dos juízes, flexionando a perna de trás e contraindo as panturrilhas, ou de pé na perna de trás e contraindo a panturrilha da perna dianteira, e decida qual é a sua melhor pose.

BÍCEPS DUPLO DE COSTAS. Vire-se de costas. Coloque uma perna um pouco atrás de você e eleve-se nos pés para contrair a panturrilha. Levante os braços em uma pose de bíceps duplo, abrindo o grande dorsal ao mesmo tempo. Mantenha o grande dorsal contraído, pressione os cotovelos para trás contra ele o que evidencia a musculosidade das costas. Supine os bíceps para obter a contração máxima. Vire a cabeça para o lado para mostrar a assimetria dos trapézios. Puxe os cotovelos para trás e arqueie um pouco as costas – os juízes estão observando, não se esqueça, e você precisa inclinar-se um pouco para trás para que eles obtenham uma boa visão.

ABERTURA LATERAL DE COSTAS. Coloque uma perna um pouco atrás de você, eleve-se na ponta dos dedos para contrair as panturrilhas. Coloque as mãos de lado, segurando os oblíquos. Traga os cotovelos para a frente e lentamente abra o grande dorsal, deixando os juízes observarem o processo à medida que este músculo se desdobra. Abra o grande dorsal e arredonde as costas levemente para mostrar a máxima largura do grande dorsal. Vire a cabeça de lado para evidenciar a assimetria dos trapézios.

Embora eles estejam executando a mesma pose, é óbvio que Kevin Levrone, Dorian Yates e Nasser El Sonbaty não têm proporções, forma e desenvolvimento muscular idênticos. Por exemplo, o peito de Dorian parece mais alto e mais estriado, enquanto Nasser exibe um desenvolvimento abdominal totalmente impressionante.

Colocando o punho firmemente nos oblíquos, você pode ver como Nasser El Sonbaty faz a sua forma em V extrema parecer ainda mais estreitada do que é no normal.

Quando eu fazia uma abertura lateral frontal, eu pressionava na cintura para fazê-la parecer menor e abria bastante meus grandes dorsais para obter o máximo de forma em V. Observe como eu conseguia mostrar as estriações peitorais ao mesmo tempo.

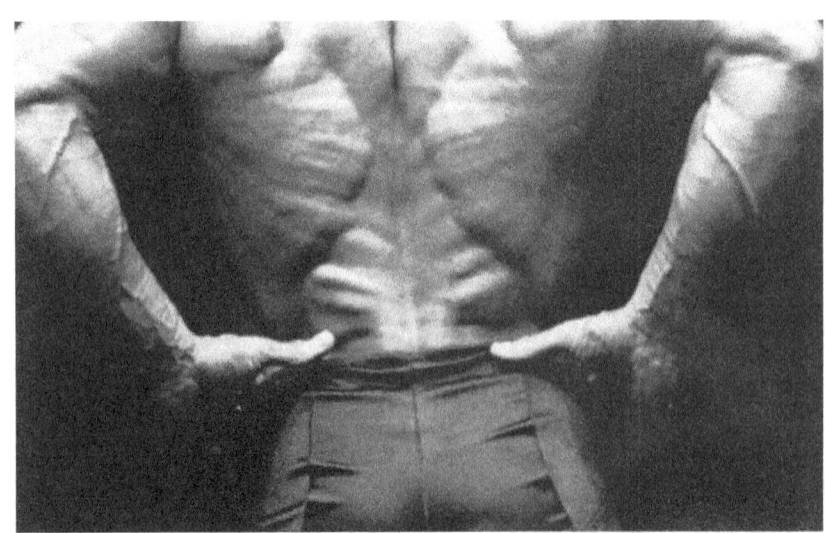

Samir Bannout começando uma abertura lateral posterior. Que forma fantástica! Veja a distância que ele começa a pressionar nos polegares.

Shawn Ray

Ronnie Coleman

A pose de tríceps lateral pode ser feita com o braço levemente flexionado, como demonstrado por Shawn Ray; com o braço estendido e o corpo virado mais para a frente ou para o lado, como vemos com Ronnie Coleman e Nasser El Sonbaty. Olhar no espelho ou posar para fotos irá lhe ajudar a ver qual variação de pose é melhor para você.

Nasser El Sonbaty

A pose abdominal com mãos sobre a cabeça é uma das mais cansativas. Achim Albrecht, Nasser El Sonbaty e Vince Taylor mostram o grau que você precisa trabalhar os seus abdominais e como flexionar o tronco para um lado um outro enquanto contrai e posa as pernas ao mesmo tempo, para impressionar os juízes com o desenvolvimento dos seus quadríceps.

Embora tenha muita massa, Nasser El Sonbaty ainda apresenta uma porção média delineada e definida. Aqui ele mostra a execução perfeita da pose abdominal com mãos sobre a cabeça.

Tríceps Lateral (de qualquer lado). Fique de pé e eleve-se na ponta do pé da perna que estiver mais próxima aos juízes para contrair a panturrilha. Estenda os braços e mova-os para trás. Alcance bem atrás de você com a outra mão e segure o seu punho. Contraia o seu tríceps e gire levemente o corpo para um lado e para o outro a fim mostrar o seu braço a todos os juízes. Para uma pose de tríceps, você pode escolher novamente qual perna usar para apoio.

Abdominais e Coxas. Fique de frente. Coloque uma perna para a frente e contraia o quadríceps. Coloque as mãos atrás da cabeça e curve-se para a frente, contraindo os abdominais o máximo possível. Incline o seu tronco para qualquer lado, trabalhando e exibindo os abdominais com a maior vantagem. Durante a pose, você pode trocar as pernas, trazendo a de trás para a frente e contraindo o quadril. Alguns fisiculturistas fazem uma contração do abdome primeiro e depois curvam-se para a frente para forçar os abdominais. Com uma pose abdominal sobre a cabeça, quando você a executa completamente, tussa para tirar todo o ar dos pulmões e mostrar todo o abdome.

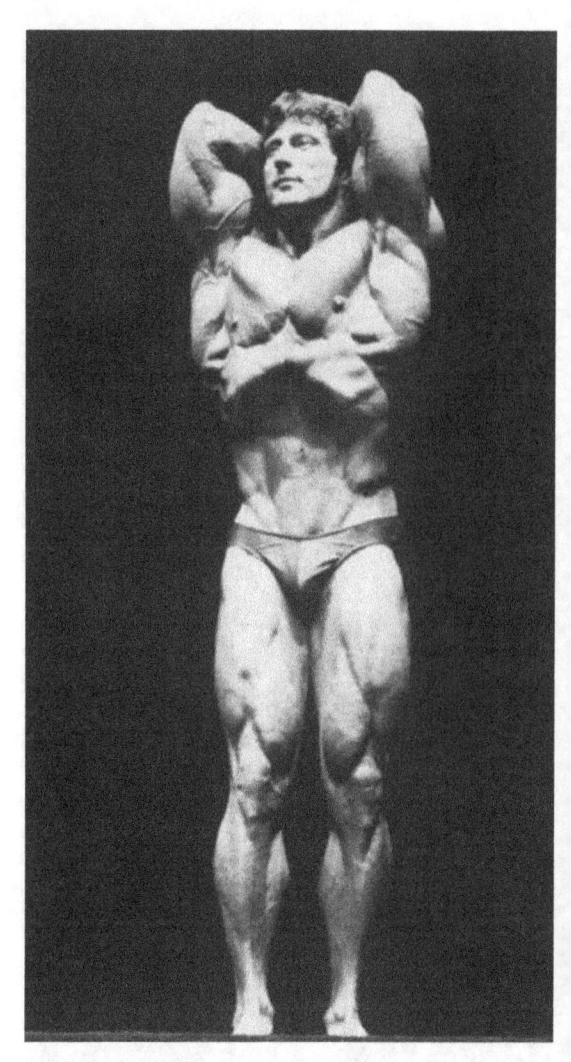

PERSONALIZANDO SUAS POSES

Não deve haver muita variação nas poses mandatórias, mas na verdade sempre há variações que você pode introduzir que tornam as poses adequadas ao seu físico. Por exemplo, eu costumava observar que quando Bill Pearl e Sergio Oliva faziam uma pose de bíceps duplo, eles a faziam com as pernas estendidas. Eles eram ambos enormes, com grandes pernas, então podiam fazer isso. Alguém com um corpo como o de Frank Zane nunca faria uma pose de bíceps duplo com pernas estendidas mas sempre adicionaria um pouco de giro. Fazendo isto, Frank pegou uma pose potente para outros fisiculturistas e a transformou em uma pose estética, quase de balé, para ele. Uma vez que a minha cintura nunca foi tão pequena quanto a do incrível Sergio Oliva, quando você vê minhas fotos de bíceps duplo frontal geralmente me vê girando de leve a partir da cintura para aumenta a forma em V do meu tronco.

Para a sua própria prática, estude fotos de poses de campeões e tente copiá-las. Estude-se no espelho, tire fotos ou, se puder, faça um vídeo seu executando as poses. Também é importante posar de frente para outras pessoas, como, por exemplo, seu parceiro de treinamento, outros fisiculturistas na academia, qualquer um que possa observar e notar as fraquezas da sua apresentação.

Frank Zane praticamente possui esta pose de contração. Ela exibe o serrátil da melhor maneira possível, mostra o bíceps em uma posição favorável e a máxima simetria, além de permitir que ele impeça o crescimento de outros fisiculturistas no palco fazendo poses como uma mais musculosa. Bill Pearl também era um mestre dessa pose, mas se você não tem este tipo corporal, ela não é boa para você.

PRATICANDO PARA A TERCEIRA RODADA

A idéia das poses livres é apresentar os melhores elementos do seu físico aos juízes. Nas suas competições iniciais, você ainda não tem o desenvolvimento total para o qual você está treinando, então existem poses que você vai querer evitar até que você possa executá-las corretamente. Ache as poses que mostram o melhor de você e baseie a sua rotina nelas.

Steve Reeves foi um dos poucos fisiculturistas a dominar esta pose. Você precisa de pernas longas, um corpo muito simétrico, um tronco em V com uma cintura pequena, ombros largos e um peito quase plano (que ajuda a evidenciar o grande dorsal). Também ajuda quando você tem uma estrutura torácica quadrada e plana como a de Frank Zane, Don Howorth ou Jim Haislip, por exemplo. Um fisiculturista como Sergio Oliva faria esta pose de modo bastante diferente.

As bases para a rotina de poses livres da terceira rodada são as poses compulsórias da segunda rodada. Ao fazer essas poses, lembre-se da regra que eu forneci anteriormente: pose de baixo para cima. Firme os pés, contraia as panturrilhas, coxas e abdominais e depois a parte superior do corpo. Faça um inventário de cada parte do corpo e não ignore nada.

À medida que o tempo passa e o seu corpo melhora, você pode ir além das compulsórias e começar a adicionar mais poses de modo a mostrar este novo desenvolvimento. Por exemplo, você não precisa de braços de 50 cm para ser capaz de fazer uma pose de bíceps duplo frontal – o que é bom, porque você irá precisar fazer essa pose durante as compulsórias. Contudo, até que os seus braços sejam realmente impressionantes, você deve evitar uma pose com os braços para cima, o que enfatizará a sua relativa falta de desenvolvimento. Mas quando seus braços estiverem melhores, você pode optar por fazer um movimento como o que Sergio Oliva costumava fazer, no qual você fica de pé com os braços estendidos para cima e depois os traz para uma pose de bíceps duplo, que chama atenção para o tamanho e desenvolvimento. Se os seus grandes dorsais são particularmente impressionantes, faz sentido aprender 3 ou 4 novas maneiras de exibi-los, ou se você tem abdominais fantásticos, encontre, de qualquer maneira, um modo de exibir a sua força. Por outro lado, se você é especialmente fraco nesta área, trabalhe muito na academia para corrigir esse desequilíbrio, mas ao mesmo tempo, tente não posar de modo a chamar atenção para aquela parte corporal em particular.

A qualquer momento em que você estiver posando, observe para que todos os juízes tenham a mesma chance de percebê-lo, assim como os que estiverem nas laterais e diretamente em frente a você. É muito mais fácil lembrar-se de virar levemente quando se faz as compulsórias; durante a sua rotina livre, com tanta coisa acontecendo, isso requer um pouco mais de esforço.

Lembre-se, a pose livre é um drama: mantenha um sorriso ou expressão relaxada. Toda a tensão e contração deve ser feita do pescoço para baixo. Isso projeta confiança. Em algumas poses olhe para a platéia; em outras, olhe para os músculos. Mantenha a sua rotina variada e interessante.

Hoje em dia, há muito mais criatividade sendo mostrada no palco do que quando eu comecei no fisiculturismo. Todavia, recomendo a todos os principiantes que se concentrem em fazer bem algumas poses em vez de muitas poses menos eficazes. Comece com 8 ou 10 e se torne um mestre em cada uma delas. Quando você puder fazer a sua rotina sem obstáculos – e você deve praticar isto constantemente 3 a 4 vezes ao dia por pelo menos 3 meses antes de uma competição – poderá, então, começar a expandi-la e a desenvolvê-la.

Faça fotos da sua rotina de poses e estude-as para determinar o que você está fazendo certo e quais áreas ainda precisa trabalhar. Se uma pose não está certa, não a utilize até que esteja.

A sua rotina de poses deve ser apenas isso – uma rotina, não uma série de poses. Você tem que trabalhar a transição entre as poses, bem como as próprias poses. Na próxima vez que você assistir ao filme *Pumping Iron*, observe a cena na qual Franco e eu temos aula de balé. Aquilo era real; nós fizemos aula de balé na Califórnia e também algumas aulas em Nova Iorque em um estúdio da atriz Joanne Woodward. Franco e eu éramos especialistas em fazer poses

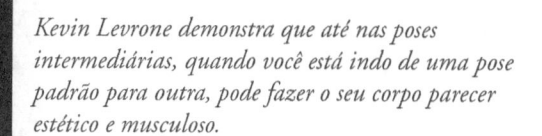

Kevin Levrone demonstra que até nas poses intermediárias, quando você está indo de uma pose padrão para outra, pode fazer o seu corpo parecer estético e musculoso.

Milos Sarcev, na tradição de lendas como Steve Reeves e Frank Zane, tira vantagem da sua impressionante estética para criar poses que exibem a sua musculosidade e proporção – mas que também são simplesmente belas.

Você não pode chamar isto de pose de tríceps, pose de abdominais ou de tórax. Esta é uma pose intermediária usada para ir de uma pose, por exemplo, lateral para um bíceps duplo com giro, o que me permite contrair os abdominais e tríceps, mostrar uma cintura pequena e depois passar para a próxima pose. Este é o tipo de pose que você tem que praticar para ver se é adequada a você ou não.

que se adequavam ao nosso físico, mas nós sabíamos que poderíamos melhorar as transições entre as poses e o estilo global e graciosidade dos nossos movimentos no palco. Só porque você está passando por uma transição e não executando uma pose, não quer dizer que os juízes não podem observá-lo. Eu fui ainda mais além – ficando de pé e me movendo de modo a maximizar o efeito do meu físico mesmo quando eu estava no camarim! Os outros competidores estão sempre lhe observando e se eles vêem que você está em excelente aspecto, às vezes, poderá fazer com que os derrote antes mesmo de subir no palco.

O seu tipo de estrutura muscular deve determinar a velocidade e o estilo das suas poses. Se você é do tipo de Flex Wheeler ou Frank Zane, vá devagar e concentre-se em graça e ritmo, mantendo a sua execução como uma sinfonia clássica. Com a minha estrutura, sempre adotei a seguinte filosofia "Se você tem uma arma grande, atire" e assumi um estilo mais dramático, mais rápido e mais dinâmico, confiando na minha capacidade de surpreender com o meu tamanho e musculosidade.

Esta pose de bíceps duplo com giro maximiza o tamanho dos braços enquanto minimiza a cintura.

A pose de bíceps unilateral com giro cria um efeito estético e faz cintura parecer menor. Com essa pose você pode exibir a parte interna de um braço e a parte externa do outro simultaneamente. Contudo, se você não tem uma boa altura no seu bíceps, é melhor evitar tal pose. (Incidentalmente, mantenha o polegar dentro do punho cerrado do braço elevado, pois ele pode ficar aparecendo e distrair os juízes.)

Esta pose de bíceps, com o braço atrás da cabeça, introduz um giro estético que realmente a torna uma bela pose. Mas ela não funciona a não ser que você mantenha as coxas e panturrilha contraídas durante a pose.

Outra variação da pose de bíceps: braço elevado, pulso (não a mão) na cintura para fazer o antebraço parecer mais curto e menor, tronco levemente rodado e as pernas fortemente contraídas.

Esta pose com braços estendidos mostra aos juízes como meus braços realmente são grandes – antebraços, bíceps e tríceps.

Eu usava inúmeras poses convencionais de costas com giro, que mostravam o desenvolvimento e a musculosidade das minhas costas, minimizava o tamanho da minha cintura e exibia meus braços com mais vantagem.

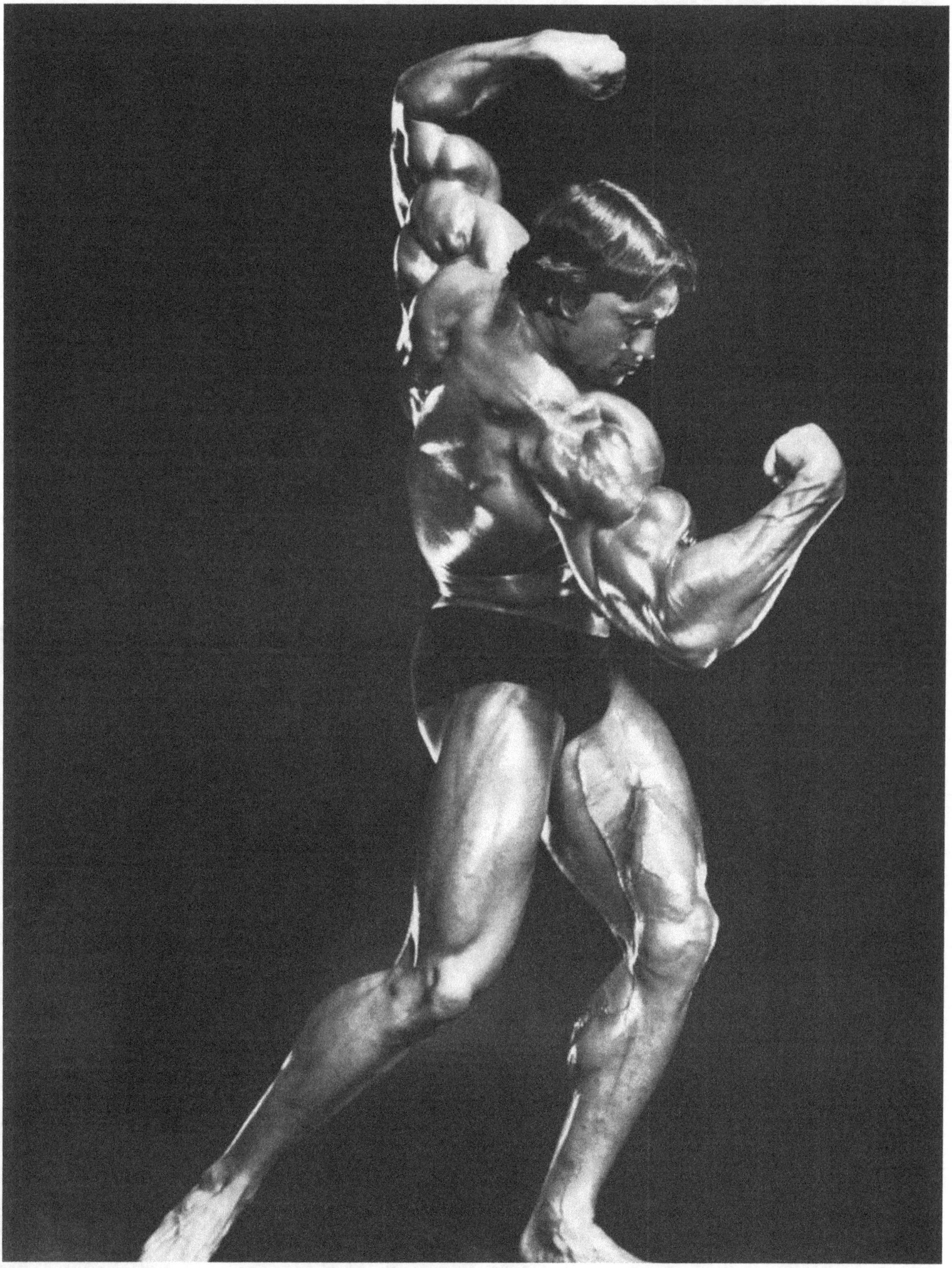

Shawn Ray demonstra que há outros meios impressionantes de exibir o desenvolvimento das costas além das poses compulsórias regulares.

Aaron Baker certamente não é deficiente em massa, mas ele acredita em exibir o seu físico com maior vantagem executando inúmeras variações estéticas e interessantes das poses regulares.

Kevin Levrone sempre entendeu que é preciso mais do que um grande físico e uma excelente forma para impressionar os juízes. Ele aborda a sua rotina de poses com uma confiança e energia que comunicam. "Eu mereço ganhar este concurso."

Se é difícil acreditar que Ronnie Coleman ganhou o título de Campeão Mundial Amador dois anos após começar a competir no fisiculturismo, esta visão de seu impressionante desenvolvimento e definição de costas deve colocar um ponto final em qualquer dúvida.

Esta pose 3/4 de costas não é feita por muitos fisiculturistas. Ao abrir as minhas mãos ao invés de cerrar os punhos, eu enfatizo simetria tanto quanto musculosidade. Em todas as poses com giro, a perna que estiver mais longe dos juízes deve estar na frente do corpo, fazendo com que a pelve gire contra o tronco de modo que a sua cintura pareça menor.

Na tradição do grande Frank Zane, Darrem Charles é capaz de derrotar fisiculturistas muito mais musculosos devido à sua inacreditável forma estética, simetria e proporção.

Flex Wheeler

Aaron Baker fazendo uma pose muscular com afastamento e Flex Wheeler executando uma pose ajoelhado de costas com giro. As poses com afastamento ou de joelhos permitem variações criativas e interessantes das poses básicas e têm sido parte do fisiculturismo desde o começo do esporte.

Aaron Baker

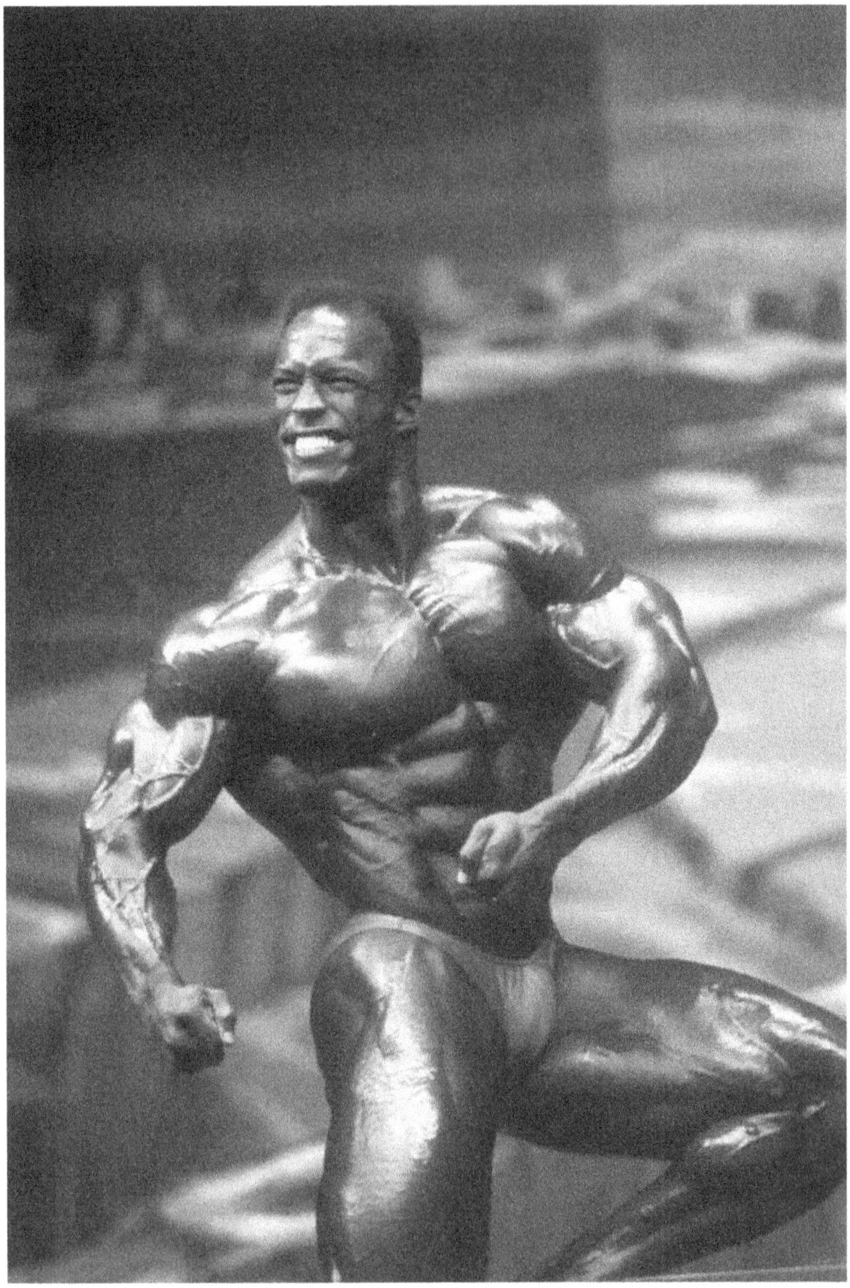

A abordagem criativa de Shawn Ray às poses é um dos motivos pelos quais ele tem sido capaz, freqüentemente, de derrotar fisiculturistas com o peso de 15, 20 ou mais quilos acima do dele. Aqui ele demonstra como as poses de joelhos podem ser usadas para exibir a parte frontal do físico e também as costas.

Os grandes campeões tiveram o trabalho de desenvolver poses que são adequadas de modo único aos seus físicos. Flex Wheeler gosta de lembrar aos juízes que, embora ele tenha o físico mais estético de todos os tempos, definitivamente não tem deficiência de musculosidade e definição.

Antes de executar uma pose muscular, eu me abaixava, segurava meus pulsos e bombeava meus bíceps. Isso era um delírio para a platéia, combinando movimento com uma exibição da parte externa do bíceps.

Lee Priest é um homem baixo, mas sem as proporções de um homem dessa estatura. O seu físico é tão bem equilibrado e simétrico que ele fica tão bem quanto, os fisiculturistas que têm quase 30 cm a mais do que ele na maioria das poses.

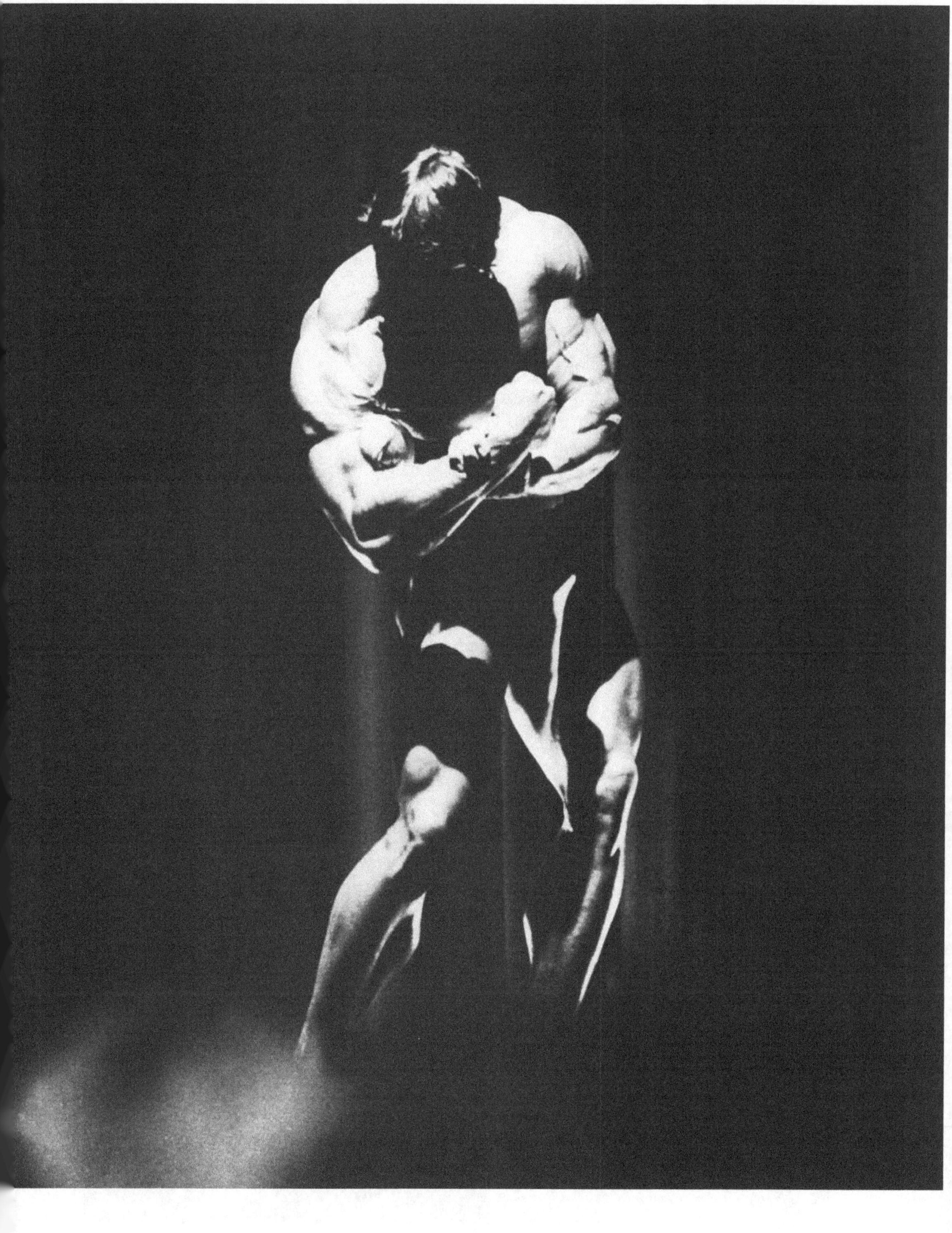

Franco Columbu era o mestre das poses mais musculares e era capaz de fazer pelo menos oito variações eficazes. Esta era uma das suas favoritas, quase uma pose relaxada, mas exibindo o desenvolvimento dos seus braços, antebraços, deltóides, peito, abdominais e pernas – com a promessa do aparecimento de uma musculatura ainda mais impressionante.

Esta variação da pose mais muscular era uma das minhas favoritas. Segurando no meu pulso, eu bombeava meus braços, exibia as veias claramente e mostrava massa, definição e estriações dos peitorais.

Eu sempre usava a pose mais muscular convencional na minha rotina porque ela me permitia exibir massa e definição. Flexionando o tronco dessa maneira, a pose também chamava atenção para o desenvolvimento do trapézio.

Kevin Levrone fazendo duas variações da pose mais muscular.

Com a sua musculosidade extremamente densa, Mike Matarazzo adora fazer inúmeras variações das poses mais musculosas, que sempre desencadeiam uma grande resposta da platéia quando ele compete ou faz demonstrações como convidado.

1

2

3

4

5

Ed Corney é considerado um dos grandes modelos de todos os tempos, não apenas devido ao seu domínio de cada pose individual, mas também porque ele considerava cada transição entre estas tão importante quanto as poses. Corney desenvolveu uma rotina de poses livres que era bonita e dinâmica e que foi construída cuidadosamente para enfatizar seus pontos fortes e afastar a atenção de suas partes corporais menos impressionantes.

6

7

8

12

13

14

9

10

11

15

16

17

18

19

20

24

25

21

22

23

26

27

Outra coisa que todos os fisiculturistas devem aprender é como impor ritmo na execução das poses. Com a pressão e a excitação de um concurso, a adrenalina explode em seu corpo e você pode ter a tendência a posar muito rápido. Mesmo um fisiculturista experiente como Mike Mentzer fez isso no concurso de Mr. Olímpia de 1979 na sua comparação com Frank Zane. Mike se manteve posando cada vez mais rápido, enquanto Frank posou calma e deliberadamente. Isso fez com que Frank parecesse muito mais confiante e com controle, o que contribuiu para a sua vitória.

Eu sempre tentei dar um ritmo compassado às minhas poses, cronometrando-as contando lentamente até três. Minha atitude era, se uma pose vale a pena ser vista, então vale a pena segurá-la por um tempo suficiente para que todos a vejam – e isso também dava tempo aos fotógrafos para fazerem as fotos que eles precisavam.

Se o seu método é movimentar-se um pouco antes de iniciar as poses, isso funciona desde que você receba a aprovação da platéia. É aí que a experiência de se apresentar diante de uma platéia se torna incalculável. Preste atenção à reação dos espectadores; a interação que eles podem desenvolver é extremamente útil. Lembre-se, o espelho da academia não lhe diz tudo.

Tenha cuidado especial em montar a pose que irá levantar a platéia. Você vê isso em várias poses de costas: o fisiculturista aperta as escápulas, uma contra a outra, punhos nos quadris e segura essa pose relativamente fraca por 5 segundos. Depois, ele finalmente abre os grandes dorsais e deixa a platéia sem fôlego.

A capacidade de posar é uma arte, e como toda arte é principalmente uma questão de tempo. Você deve deixar o palco no ápice, quando qualquer outra coisa seria anticlimática. Montando a sua rotina de forma crescente, e guardando os melhores momentos para o final, fará com que a platéia seja entretida e excitada pelo seu desempenho.

Uma boa sessão de poses é como uma sinfonia: os movimentos mais rápidos contrastam com os mais lentos; a dinâmica deve mudar constantemente. Há movimentos rápidos e dramáticos a serem seguidos por movimentos lentos e graciosos. Há ritmo e emoção. E é aqui que você irá encontrar o mais alto nível de realização no fisiculturismo.

Muitos fisiculturistas hoje em dia estão procurando ajuda para *coreografar* uma rotina. Alguns usam outros fisiculturistas que se especializam nesse tipo de atividade. Outros buscam ajuda em pessoas fora do fisiculturismo, como coreógrafos profissionais. Estão disponíveis vídeos sobre "Como posar". Quanto mais alto o nível da competição, mais importante é ter uma rotina adequada, impressionante bem articulada. Freqüentemente, isso faz a diferença entre perder e ganhar.

Mas, usar o tipo errado de coreografia pode ser um desastre. Em 1981, Chris Dickerson empregou um dançarino para ajudá-lo a desenvolver uma rotina. O normalmente digno Chris acabou no palco fazendo um tipo de movimento de *brake dance*, incluindo uma péssima execução da caminhada na lua de Michael Jackson. No ano seguinte, por ser brilhante e capaz de aprender com seus próprios erros, Chris voltou ao estilo que ficava mais adequado a ele, fez uma rotina de poses dramática em Londres, para uma seleção lírica, e acabou ganhando o título de Mr. Olímpia.

Um proeminente fisiculturista aconselhava em seus seminários que os fisiculturistas nunca deviam fazer nenhum movimento excessivamente dramático. Ele dizia que você devia ir, por exemplo, de uma pose de costas para uma pose lateral e não de uma pose de costas imediatamente para uma pose de frente. Há momentos nos quais você deve seguir seus conselhos, mas há outros nos quais um movimento inesperado é eficaz – como a dramática pose mais muscular de Dorian Yates, em que ele contrai a parte superior do seu corpo, impulsiona as pernas para fora e parece ser um monstro mitológico manifestando-se subitamente no palco.

A FORMA COMO COSTUMAVA SER O JULGAMENTO

Os concursos de fisiculturismo nem sempre foram conduzidos como são hoje. Além de demonstrar a sua capacidade atlética, os fisiculturistas tinham que falar – responder perguntas e demonstrar a sua capacidade de pensar e se expressar. Os juízes nem sempre se sentava à mesa para escrever as notas. Em algumas organizações, os juízes saíam juntos para discutir e debater as qualidades dos vários fisiculturistas no concurso.

Eu tive um experiência muito interessante quando estava competindo no concurso de Mr. Olímpia, em Nova York, em 1969. O juiz principal Leroy Colbert tirou a mim e Sergio Oliva do palco e nos levou ao camarim, assim como um juiz leva dois advogados ao seu gabinete. Ele reuniu os outros juízes em torno de nós e disse que o resultado estava tão apertado que ele queria que os juízes nos vissem sem nenhum espetáculo ou apresentação para distraí-los. "Vamos ver apenas o corpo," ele nos disse, e nos pediu para começarmos a fazer as poses. Naquele ano, usando aquela performance, Sergio ganhou porque ele estava mais preparado do que eu. Mas no ano seguinte as nossas posições se inverteram – eu estava mais preparado e ele não tanto quanto antes – então esse método incomum de julgamento me beneficiou desta vez.

Obviamente, não é assim que o julgamento é feito hoje em dia, mas os métodos de julgamento mudam ao longo do tempo e o objetivo é apresentar-se em um concurso na sua melhor forma e ser capaz de responder e se adaptar a qualquer método em que a organização decida conduzir o evento.

ESCOLHENDO A MÚSICA PARA AS POSES (PARA A TERCEIRA RODADA)

Nos primórdios do esporte, os fisiculturistas não posavam para peças específicas de música nas competições e em demonstrações de modelagem. Freqüentemente, a música era tocada, mas ela representava de forma simples uma música de fundo. A rotina de poses individuais não era vinculada ao humor, ao estilo ou ao ritmo da música.

Na década de 50, Reg Park foi um dos primeiros fisiculturistas a posar com uma música específica, uma peça chamada "A Lenda da Montanha de Cristal". Sua esposa era bailarina, e ele tinha familiaridade com a música e com a idéia de combinar música e movimento no palco como se faz na dança. E, é claro, quando os outros fisiculturistas viram como isso funcionou bem, logo todos estavam fazendo também.

Quando eu comecei no fisiculturismo eu não conhecia nada de música e, então, busquei especialistas para me recomendarem tipos diferentes de músicas que poderia usar em minhas rotinas. Eventualmente, como eu tenho um tipo de corpo grande e dramático, escolhi uma música adequada – o tema de *Exodus*. Por outro lado, Mr. Olímpia Chris Dickerson, que também era cantor de ópera, posava com temas líricos. De fato, após *Titanic* ter se tornado um tremendo sucesso, vários fisiculturistas começaram a usar músicas de trilhas sonoras para acompanhar suas rotinas.

Tenha cuidado para não usar músicas muito *populares* da época, caso contrário, você corre o risco de submeter os juízes a execuções repetidas da mesma música. Houve uma época em que quase todos os fisiculturistas pareciam estar posando ao som de *Charriots of Fire* ou *Eye of the Tiger*.

Também é muito importante que se escolha uma música que seja *adequada* e que funcione para *você,* não apenas algo popular. Não faria o menor sentido que o estético Flex Wheeler usasse o mesmo tipo de música que o granítico Dorian Yates. Eu via fisiculturistas menores, menos musculosos, tentando posar com a mesma música que eu. Eu apreciava o fato de eles serem meus fãs, mas o efeito era ridículo por dois motivos: (1) a música era muito dramática para o físico que eles estavam exibindo no palco; e (2) não faz sentido usar uma música que se identifica com um conhecido campeão.

A duração da música é importante porque quando você posa por longos períodos de tempo corre o risco de cansar os juízes. Eu fazia uma rotina de aproximadamente 2 minutos, executando cerca de 20 a 22 poses e mostrando aos juízes a superioridade do meu desenvolvimento. Posar por longos períodos é arriscado, mas pode ser feito. Quando Franco Columbu ganhou o concurso de Mr. Olímpia de 1981, a sua rotina de poses livres era de 4 minutos e 15 segundos – maior do que todas as outras! Ele apenas manteve o drama crescendo, impressionando os juízes e, então, quando eles pensavam que tinham visto tudo, foram surpreendidos com algo novo e interessante. Como resultado, ele obteve notas superiores de todos os juízes.

Sergio Oliva, por outro lado, nunca se preocupou com este tipo de apresentação. Ele subia ao palco, posava de 1 a 2 minutos, executava talvez 14 poses e deixava seu físico falar por si.

Como Você Escolhe a Música de Sua Própria Rotina?

- Escute muitas músicas diferentes, não apenas as que você aprecia – música clássica, ópera, música popular, *rap,* tudo.
- Pense se a música faz você *sentir* como as poses fazem.
- Tente posar com seleções diferentes e veja se a música combina com o seu estilo de posar.
- Vá mais além e faça uma gravação em vídeo das poses e assista ao vídeo enquanto ouve a música. Elas combinam? Ouça a opinião de seus amigos a respeito da combinação.

Lembre-se, você não tem que usar a música exatamente como ela foi gravada. Você pode editar partes da mesma música ou mesmo partes de diferentes músicas e reuni-las em uma composição. Hoje em dia, muitos fisiculturistas estão criando fitas em estúdios de música, para poses com elementos variados, o que lhes dá um ar teatral nas apresentações individuais. Por exemplo, Vince Taylor levantava a platéia quando ele introduzia uma rotina de poses onde representava um personagem mecânico do *Exterminador*. Isso funcionava porque Vince é um grande modelo e obviamente trabalhou duro para o desenvolvimento da música e da rotina. Mas quando outros fisiculturistas tentam a mesma coisa, sem a mesma habilidade ou qualidade de produção de áudio, parece uma bobagem – o que não é a impressão que você quer causar nos juízes. Lembre-se, por mais interessante que a sessão de poses possa ser, o objetivo das poses livres é convencer os juízes de que você tem um grande físico.

A propósito, além de encontrar a música certa, editá-la e praticar poses com ela, é importante ter a precaução de *levar mais de uma fita para o concurso*. Você precisa de pelo menos duas cópias, uma para praticar e outra para dar ao diretor musical no palco. Mas, eu recomendo que você traga três cópias. Você precisa ter uma reserva caso sua fita seja perdida ou se o gravador estragar a fita. Ter fitas adicionais é um procedimento seguro, considerando-se o quanto pode ser terrível subir ao palco sem música.

Em resumo, veja se a sua seleção musical atenda a esses critérios:

1. Ela deve ter a duração correta, durar o suficiente para permitir que você crie uma rotina impressionante mas não tão longa que deixe os juízes e a platéia cansados. Na competição amadora, a duração da rotina de poses geralmente é limitada (consulte as regras antes da competição com a comissão organizadora), mas no nível profissional você pode usar o tempo que quiser.
2. A música que você escolher deve ter o ritmo e velocidade adequados para rotina que queira executar. Você não deseja que a música faça com que pose mais rápido ou mais lento do que prefere ou o force a obedecer um ritmo desconfortável.
3. Como discutimos, o humor e a sensação da música devem complementar o seu estilo de poses. Uma rotina de poses acompanhada por música clássica deve ser muito diferente de uma feita com *rock'n'roll*.
4. Se há letra ou efeitos sonoros na música, elas não devem distrai-lo das poses.
5. A música deve ser adequada ao seu físico individual. Um fisiculturista menor, mais estético, se arrisca quando ele faz poses com uma música grandiosa, maestral, mais adequada a um tipo mais hercúleo.

O FATOR TÉDIO

Em alguns concursos, cerca de 30 fisiculturistas diferentes executam poses. Isso pode ser difícil de agüentar, mesmo se você é um grande admirador do fisiculturismo como eu. Mas eu vejo alguns eventos onde quase durmo após 3 ou 4 rotinas. O problema é que muitos fisiculturistas executam as suas rotinas de modo entediante.

Muitos tentam ser dramáticos de um modo que não funciona. Por exemplo, a música começa e nós ouvimos um pouco dela antes de o fisiculturista entrar lentamente no palco. O que é isso? Que perda de tempo! É melhor apenas entrar; esperar pelo começo da música e iniciar as poses. É um concurso de fisiculturismo e o objetivo é impressionar os outros com o seu físico. Quando o seu nome é anunciado, você deve vir e mostrar o que você tem. Não é preciso vê-lo andar no palco.

PRATICANDO PARA A QUARTA RODADA

Na quarta rodada, você fica no palco com os competidores principais, faz rapidamente algumas poses compulsórias e depois está livre para executar qualquer pose enquanto os juízes o observam e fazem a determinação final. Você não faz uma rotina determinada; você está em competição direta com os outros fisiculturistas pela atenção dos juízes. Eles têm apenas 1 a 2 minutos para decidir, de modo que você precisa causar uma impressão decisiva rapidamente.

Durante esse período curto e intenso de competição de poses os seus maiores oponentes estão no palco ao seu lado, o que lhe dá uma tremenda oportunidade de convencer os juízes de que você merece ser declarado vencedor.

Mas, para usar as poses com este objetivo, você tem que usar a sua *mente*. A pose de alto nível é um trabalho quase mais mental do que físico, um tipo de jogo de xadrez tridimensional.

No momento do confronto direto de poses todos estão cansados – você esteve posando o dia todo no pré-julgamento e fez a sua rotina sob pressão na apresentação noturna. É muito fácil falhar nesse momento. Eu já vi fisiculturistas começarem a hesitar no meio de uma sessão de poses, perder o rumo da sua apresentação e depois ter que fazer qualquer pose aleatoriamente para não parecerem ridículos. A fadiga, mental e física, torna-se o principal inimigo nesse estágio. O único meio de evitar que isso aconteça é estar muito preparado para a sessão de poses, praticando as que são livres repetidamente. Apenas o condicionamento constante irá prepará-lo para os rigores dessa fase da competição.

Ao me preparar para um concurso eu sempre procurei saber quem eram os meus competidores e fazia planos de acordo com isso. Eu assistia a vídeos dos meus oponentes em suas rotinas, sempre que possível, e estudava cada um para ver como eles colocavam a seqüência de poses juntas. Eu procurava inconsistências que indicassem que eles não estavam certos da sua rotina ou que constatasse a suas tentativas por algo melhor. Uma rotina consistente, por outro lado, sempre indicava que eles estavam satisfeitos, então eu pegava o que consideravam a sua melhor pose e trabalhava em cima dela. Para mim, era como se eu estivesse sempre desafiando meu oponente para um duelo – sabendo que um grande competidor sempre irá aceitar o desafio. Então eu entrava com a artilharia pesada, com músculos grandes, fazendo um ataque pelos flancos com uma mudança de rotina e arrasava a oposição. Muitos fisiculturistas nessa sessão apenas faziam suas melhores poses e não prestavam aten-

Esta série de seis fotos mostra "poses defensivas" de minha parte. Neste concurso, após eu ter executado uma pose frontal de abertura dos grandes dorsais, Franco fez a mesma coisa e ele tinha os melhores grandes dorsais do mundo.

Então, para não parecer mal ao lado dele nessa abertura lateral, eu passei imediatamente para a minha pose de bíceps, que permitiu que eu usasse a minha altura para superá-lo. Em troca, ele executou uma pose de bíceps unilateral e contraiu os abdominais. E, embora meus abdominais fossem afiados, eu não estava pronto para uma comparação direta com Franco.

ção aos outros competidores. Tal atitude só funciona quando você é claramente o melhor fisiculturista no palco – e com o nível de competição do esporte hoje em dia, isso raramente ocorre.

Você tem que posar duro e de forma inteligente ao mesmo tempo. Eu já usei o exemplo do fisiculturista que achava que podia competir com as poses de quadríceps de Tom Platz. Definitivamente não era inteligente! Em 1975, no concurso de Mr. Olímpia na África do Sul, eu estava no palco com Franco Columbu. Ele fez uma abertura lateral que foi tremenda. Contudo, eu estava confiante no meu desenvolvimento dos grandes dorsais e também sabia que eu tinha a vantagem do tamanho. Então, enquanto ele executava as poses de grande dorsal, fiz um bíceps duplo frontal, enfatizando o meu maior tamanho e tentando fazê-lo parecer pequeno. Depois passei rapidamente para uma pose

Minha vez de contra-atacar: para evitar uma comparação direta dos nossos abdominais, eu passei para uma pose dorsal 3/4 com giro para mostrar meus braços e a definição dos meus ombros e costas.

mais musculosa (para demonstrar que eu era tão musculoso quanto meu opositor) e segui com uma pose dorsal com giro (mostrando quanto as minhas costas eram impressionantes). Eu fui capaz de fazer todas essas três poses porque eu sabia que Franco demorava a abrir seus dorsais. E trocando as poses (sem parecer apressado) fui capaz desviar a atenção dos juízes das poses de Franco.

Em outro momento, Franco fez uma pose de joelhos. Sendo muito mais alto e querendo continuar a dominar as comparações, eu fiz imediatamente uma pose que me trouxe ao mesmo nível. O ponto é que aqui é preciso observação, criatividade e inteligência para adaptar as suas poses às dos competidores que compartilham o palco com você na apresentação final.

Ser capaz de usar essa estratégia é necessário muito tempo e experiência, e a maioria dos principiantes não deve se preocupar com isso, mas sim concen-

O próximo movimento de Franco foi virar-se e fazer uma pose de bíceps duplo de costas. Como eu estava confiante que minhas costas eram densas, musculosas e altamente definidas, fiz a mesma pose e deixei os juízes verem como eu era bom.

trar-se em exibir seus físicos do modo mais competente possível. Mas esse é o tipo de pose "inteligente" que você irá precisar aprender no futuro, caso queira ser um mestre da competição de poses.

Também é importante entender que os fisiculturistas, como os boxeadores, têm que aprender a ter ritmo durante a competição. Você trabalha do modo mais duro que é preciso mas não mais que isso. Se o oponente enfraquece, você reduz a sua intensidade de modo que esteja logo à frente dele. Quando você o vir fazer uma boa pose, faça uma igual ou melhor. Se ele fizer uma pose medíocre, você pode aquecer uma das suas poses restantes para manter o pique. Você não deve descarregar todas as suas melhores poses de uma só vez; guarde-as para o final e depois abra a torneira, apresentando todas as suas favoritas e deixando os seus adversários em pedaços.

E, como eu avisei antes, tenha muito cuidado ao abordar o confronto. Quando Sergio Oliva e eu ficamos frente a frente no concurso de Mr. Olímpia de 1970, ele pareceu esquecer completamente que eu estava ao seu lado e

Franco e eu executando uma pose mais musculosa, cada um confiante da sua capacidade de superar o outro.

Franco também usava o truque de fazer poses de joelhos enquanto eu tentava superá-lo com minha altura. Assim, o fato de ele ser muito mais baixo do que eu não custava pontos com os juízes.

Em 1972, a sessão final havia se tornado uma instituição. Note que nem Serge Nubnet, à esquerda, nem eu desejávamos confrontar diretamente com a formidável apresentação de Sérgio Oliva. Assim, nós fizemos poses de bíceps duplo.

prestava atenção apenas às suas poses. Eu fazia 3 a 4 poses para cada uma dele, a fim de contra-atacar o que ele fazia, tentando parecer bem e chamar atenção para as fraquezas deles. Seu corpo era tão bom quanto o meu naquela noite, mas ganhei principalmente pelo modo como me conduzi no confronto final.

A sessão final ajuda os juízes a tomarem uma decisão, mas também pode ser a parte mais agradável do concurso para a platéia. É como olhar os gladiadores romanos em um combate corpo a corpo, sem espadas nem tridentes. Quando os principais fisiculturistas do mundo começam a duelar em um palco de competição, a contagem de decibéis do auditório vai às alturas – e quanto mais entusiasmada está a platéia com os aplausos, mais inspirados os fisiculturistas ficam.

Muitas pessoas não compreendem, mas o confronto final da atualidade é resultado de uma batalha entre Sergio Oliva e eu no concurso de Mr. Olímpia de 1970, em Columbus. Até aquele momento os juízes chamavam os finalistas e simplesmente mandavam que fizessem alguns conjuntos de poses para comparação. Naquela noite nós fazíamos uma pose de bíceps duplo – uma das minhas melhores poses – e Sergio olhou para mim, e acho que começou a sentir-se derrotado. De repente, ele virou um braço para baixo em uma pose de tríceps como se dissesse: "A perfeição do braço é ter bíceps e tríceps!" Eu sabia que era melhor não imitá-lo. Em vez disso, mudei para uma pose de peito lateral, e depois ele fez a mesma pose. Nós ficamos fazendo isso, com a platéia indo à loucura, e ninguém parou por 15 minutos. O M.C. entendeu o quanto aquilo era excitante e deixou acontecer.

A coisa importante a ser lembrada é que a improvisação requer um controle absoluto de cada pose, uma capacidade de mover-se de uma pose para outra suave e graciosamente. O único meio de adquirir esse tipo de habilidade – de modo que você pareça tão competente e gracioso no confronto final quanto durante sua própria rotina – é por meio da prática constante.

Lembre-se sempre do motivo para o confronto final: é a sua chance de colecionar mais alguns pontos essenciais. Os juízes estão procurando o vencedor, o fisiculturista a quem irão dar a colocação final, de modo que é importante agir como vencedor, ficar lá confiante e com um sorriso nos lábios, como se tudo aquilo fosse muito fácil. A idéia da competição, afinal, é tentar vencer.

A tática é muito importante em uma sessão de poses. Quando os seis principais competidores estão lá juntos, ninguém quer ser o primeiro a posar. Se for pedido um bíceps duplo e você o faz primeiro, os juízes vão olhar para

Em um confronto final, você vai com os seus pontos fortes. No concurso de Mr. Olímpia de 1973, Serge Nubret confiou em seu enorme peito, Franco Columbu em seus incríveis grandes dorsais e eu na minha definição superior, com uma variação de uma pose mais musculosa.

Sair-se bem em um confronto final de poses é, freqüentemente, um caso de domínio da tática de poses defensivas. Você tem que prestar atenção ao que os outros fisiculturistas estão fazendo no palco. Nunca faça a mesma pose de outro competidor a não ser que você tenha certeza de ficar melhor do que ele naquela pose. A não ser que você seja outro fisiculturista muito maciço, você não deve competir poses que mostram massa com alguém como Dorian Yates. Em vez disso, quando ele exibir as pernas, faça uma pose da parte superior do corpo; se ele posa de frente, vire-se e mostre aos juízes as suas costas. Por outro lado, se ele fizer uma pose na qual você tem certeza que se sai melhor, faça-a rapidamente e dê aos juízes a chance de fazer uma comparação. Aqui, Kevin Levrone, Dorian Yates e Flex Wheeler lhe mostram como isto é feito.

você e depois para os outros quando fizerem a mesma pose. Quando o último competidor faz a pose, você está, de certo modo, perdendo a força (você está sempre melhor no momento inicial da pose) e irá sofrer com a comparação.

Às vezes, fazia coisas como fingir que estava executando a pose, fazendo um movimento para cima com os braços para fazer os outros acreditarem que eu estava fazendo a pose, e então começavam a posar. Assim, quando eu realmente contraía meus músculos, eu era o último e tinha toda a atenção dos juízes.

Outra tática é ficar perto do competidor que você mais quer vencer ou que você pensa ser o pior rival e deixar os juízes fazerem uma comparação direta – observando que você faça poses que realmente o façam parecer superior. Às vezes, fazia coisas como executar uma pose de bíceps e apontava para os braços, desafiando meus oponentes a fazerem a mesma pose.

Boxeadores que estão tentando condicionar-se para uma luta longa freqüentemente usam vários parceiros em seguida: duas rodadas com o primeiro, duas com o próximo e depois mais duas com outro opositor descansado. Estar cansado e lutar contra alguém cheio de energia é muito mais difícil do que fazê-lo contra alguém que está tão cansado quanto você. Para adaptar essa técnica à sua prática de poses, tente competir contra um amigo ou parceiro por 5 minutos, depois traga outro e continue posando. Ele estará disposto e energético enquanto você estará cansado, mas o fisiculturismo é como os outros esportes no sentido de que o campeão é aquele que pode continuar e ter um bom desempenho mesmo quando está lutando contra o cansaço. E o único modo de desenvolver essa capacidade é por meio de longas horas de trabalho árduo.

ERROS COMUNS NAS POSES

Em resumo, aqui estão alguns dos erros mais comuns cometidos durante as sessões de poses, em minha opinião:

- Prática ou preparação insuficiente.
- Falha em aprender as poses corretamente.
- Contração facial durante as poses.
- Aspecto preocupado ou cansado em vez de enérgico e confiante.
- Contração de modo muito forte, levando o corpo a contrair-se e tremer com o esforço.
- Uma má escolha das poses na rotina individual.
- Escolha de uma música inadequada.
- Usar muito ou pouco óleo.
- Perder o equilíbrio durante as poses.
- Não ter uma boa transição entre as poses.
- Postura relaxada enquanto está de pé ao fundo do palco, esquecendo de que os juízes ainda estão observando você.

Um fator importante que não mencionei é algo que você faz antes de subir no palco e que envolve o que você come antes de uma competição para deixar os seus músculos cheios, firmes e em forma, de modo que "estourem" quando

Os principais campeões têm dominado a arte de executar poses por último, freqüentemente para frustração do juiz principal. Embora a pose pedida seja um bíceps duplo de costas, Shawn Ray, Nasser El Sonbaty e Dorian Yates estão fazendo todos os tipos de movimentos preliminares antes de, eventualmente, executar as poses compulsórias regulares. Mas observe que mesmo nesse ponto cada fisiculturista ainda está exibindo aspectos de seu desenvolvimento de costas que devem impressionar os juízes.

Após minha rotina de exercícios de peito, eu sempre executava as poses de peito de lado dez vezes de cada lado para realmente mostrar definição nos deltóides, peitorais internos e externos e bíceps. Com Franco observando-me, eu sabia que ele iria corrigir-me se eu fizesse a pose errada.

você posar. Esse processo de "energização" é algo que discutiremos em detalhes na seção de nutrição, na página 701.

CONTROLANDO SUAS EMOÇÕES

Outro erro que pode atrapalhar sua sessão de poses é ficar muito emocionado. Uma grande diferença entre o teatro e os esportes é que geralmente os atores têm que se emocionar para fazer uma cena, enquanto os atletas – sujeitos às pressões e ao estresse das competições, têm que se acalmar e controlar as suas emoções. Isso não quer dizer que você não deve abordar um concurso sem entusiasmo ou intensidade. Longe disso. Mas uma pessoa realmente competitiva irá ficar tão excitada e emocionada que pode facilmente começar a tomar decisões erradas se não controlar essas emoções.

Essa necessidade de controlar as emoções existe na maioria dos esportes. Arqueiros e atiradores aprendem a acalmar suas mentes e controlar sua respiração. Boxeadores e praticantes de artes marciais são avisados constantemente a não ficarem com raiva durante uma luta. Mesmo jogadores de futebol têm sido descritos por jogarem com "raiva controlada", sendo que "controlada" é a palavra operacional. Se as suas emoções ficam descontroladas, assim será seu desempenho.

Incidentalmente, um dos fisiculturistas com maior controle emocional de todos os tempos foi Frank Zane. Poucas pessoas, ao vê-lo no palco, iriam imaginar como ele era emotivo. Ele sempre era capaz de manter-se frio e não se envolver com as reações da platéia. E embora Dorian Yates freqüentemente parecesse sem emoção, como se fosse de pedra, nunca teria ganho tantos títulos de Mr. Olímpia se não fosse impulsionado por um intenso e emocionado desejo de vitória.

POSES COMO EXERCÍCIOS

Você nunca será capaz de realmente refinar cada músculo de seu corpo apenas treinando. O exercício tende a atingir apenas os grandes grupos musculares. Mas para o serrátil, os intercostais e oblíquos, para maior definição de peito, deltóides, coxas e bíceps, o acabamento é dado pelo exercício das poses. E quando eu digo posar, falo de *quatro horas por dia* nas semanas anteriores a uma competição!

Um físico básico é desenvolvido pelo treinamento, mas as poses adicionam fineza e qualidade. Eu observei que muitos fisiculturistas parecem estar em sua melhor forma 1 a 2 dias após uma competição. Isso se deve, tenho certeza, a todas as contrações e poses que eles têm que fazer durante o concurso.

Um fisiculturista que treina mas nunca posa é como um diamante bruto – a qualidade está lá, mas não pode ser vista. Assim como um lapidador de diamantes traz o brilho da pedra à medida que revela primeiro uma faceta e depois a outra, o fisiculturista afina e completa seu físico com longas horas de trabalho árduo com as poses. Eu aprendi isso em primeira mão quando costumava ir ao escritório de Joe Weider e ele dizia: "Arnold, tire a camisa e deixe-

Após meu exercício de bíceps, eu contraía os bíceps o mais forte possível e sustentava essa pose por alguns minutos, o que lhes dava mais altura e firmeza. Ao mesmo tempo, eu tensionava o peito e as pernas segurando o abdome exatamente como faria no palco.

Posar para Joe sempre acabava por proporcionar-me um tremendo exercício, que ajudava a aumentar a resistência, o controle muscular e a definição de meu corpo.

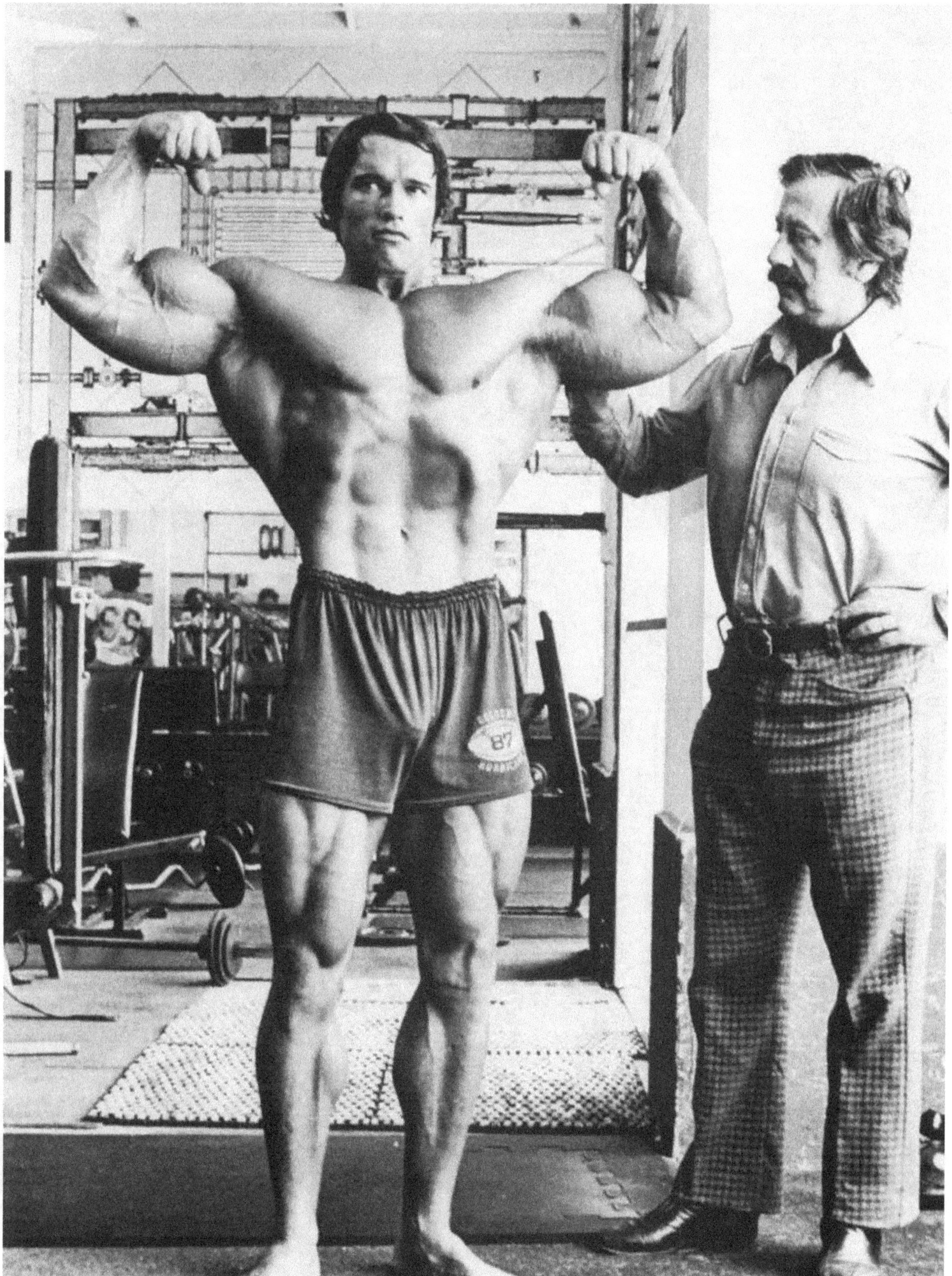

A sessão de fotos lhe força a posar firmemente e sob muitas luzes quentes. Esta foto de Joe e eu foi tirada no estúdio de Jimmy Caruso um pouco antes do concurso de Mr. Olímpia de 1975.

me ver sua pose." Isso me intrigava, porque eu começava a suar. Eu apenas não estava pronto para esse tipo de esforço. Mas ele me mantinha posando por horas, forçando-me a contrair o serrátil e manter os abdominais tensos, até que eu estivesse exausto. Quase me levou à loucura, mas eu ficava tão dolorido no dia seguinte que logo compreendi que posar tinha sido um tremendo exercício para partes do meu corpo que exercício regular aparentemente não atingia.

Também adquiri o hábito de fazer tantas sessões de fotos quanto possível durante a semana antes do concurso. Ficar sob as luzes com os fotógrafos me mandando executar poses repetidamente e sustentá-las por longos períodos enquanto ajustavam a câmera e os holofotes ("Contraia as pernas", "Contraia os abdominais", "Segure!") era tremendamente cansativo, e mesmo assim, no dia seguinte, eu parecia ainda melhor devido a isso. Quando eu estava trabalhando em *The Jane Mansfield Story*, eu tinha que passar o dia inteiro posando diante das câmeras. Eu parecia bem no estúdio, mas no dia seguinte, após horas e horas de contração e execução das rotinas para o filme, eu estava no auge da forma.

Um dos motivos pelos quais as poses (que são, na verdade contrações musculares isométricas) ajudam tanto é que elas trabalham áreas musculares que o treinamento não atinge. Você pode ficar em frente ao espelho e contrair as coxas, peitorais ou deltóides, mas com que freqüência você pensa no que fica entre esses grandes grupos musculares? O que o exercício com as poses faz é unir aquelas áreas e dar ao físico aquele ar de acabamento, aquele polimento que faz a diferença entre um bom fisiculturista e um verdadeiro campeão. Elas exercitam e estimulam todas aquelas áreas intermediárias, as ligações e as áreas menores, porém essenciais, da estrutura muscular.

Então, esteja certo de que, à medida que o concurso se aproxima, você realmente executa as poses com firmeza, não apenas se condicionando para as poses do pré-julgamento, mas dando a definição final e separação muscular que dieta e treinamento isoladamente não propiciam. Realmente é impossível exagerar no tempo e esforço que são necessários para, de fato, ficar preparado em termos de posar corretamente, criar uma rotina de poses suave e graciosa e definir em que grau você pode terminar e detalhar o seu físico por horas e horas de prática de poses.

POSANDO PARA FOTOGRAFIAS

Em muitos aspectos, a preparação para uma sessão de fotos é muito parecida com a preparação para um concurso: você precisa dominar as poses individuais, escolher a roupa correta e pegar uma boa cor. Contudo, o fisiculturista depende muito da habilidade do fotógrafo. Nem todos têm o privilégio, que tive de ser fotografado, no início da carreira, por um Art Zeller, Jimmy Caruso, John Balik ou Albert Busek. Ou de trabalhar, hoje em dia, com Chris Lund, Ralph Dehaan, Bill Dobbins, Mike Neveux ou Robert Reiff. Um fotógrafo profissional de primeira linha irá ajudá-lo a ajustar as poses, ver que você está contraindo-se corretamente da cabeça aos pés e posicioná-lo adequadamente em relação à luz. Mas se você está sendo fotografado por alguém não tão experien-

Albert Busek prepara uma foto na qual Arnold, aos 19 anos, parece enorme em primeiro plano, dominando os "pequenos" Alpes ao fundo.

Aqui estão duas fotos de Albert Busek nas quais o ângulo da câmera está baixo a fim de que o cenário no fundo não supere meu físico. É assim que você pode parecer maior do que uma montanha!

Para esta foto, Albert Busek e eu fomos de barco para dentro do lago, de modo que a margem ficou distante e discreta. Escolhemos uma hora do dia quando o sol estava num ângulo de cerca de 45°, para minimizar sombras grosseiras.

te, *você* tem que ter todos esses fatores em mente se quiser as melhores fotos possíveis.

O fundo é extremamente importante para o modo como um fisiculturista aparece em uma foto. Por exemplo, quando você posa com um grande prédio, uma grande ponte ou qualquer coisa grande ou confusa atrás de você, seu corpo tende a ser diminuído pelo pano de fundo e parecer menor, a não ser que o fotógrafo seja muito cuidadoso na escolha das lentes e em sua composição. Estudando muitas fotografias, descobri que um fundo neutro, como o mar o ou céu, geralmente é melhor para fotografia de físico. Do mesmo modo, ter grandes montanhas distantes pode fazer você parecer enorme.

Obter o ângulo correto também é importante. Se a câmera estiver apontando para baixo, o corpo parece pequeno. Mas se ela estiver ao nível da cintura ou abaixo, e apontada para cima, o físico aparece muito mais alto e maciço.

Esta é uma foto de John Balik, tirada em "Muscle Rock", onde muitos grandes fisiculturista foram fotografados. Novamente, as montanhas por trás de mim são suaves e distantes e permanecem no fundo.

A neutralidade do céu e da praia fazem um bom pano de fundo, que não compete com meu físico. Os prédios ao fundo parecem pequenos e insignificantes. Observe também a falta de sombras, uma vez que John Balik marcou as fotos para o final da tarde.

Um dia nublado na praia, com a névoa provendo um fundo neutro que realmente evidencia o corpo. Estas fotos seriam mais dramáticas se fossem coloridas já que a luminosidade positiva permite uma maior saturação de cores.

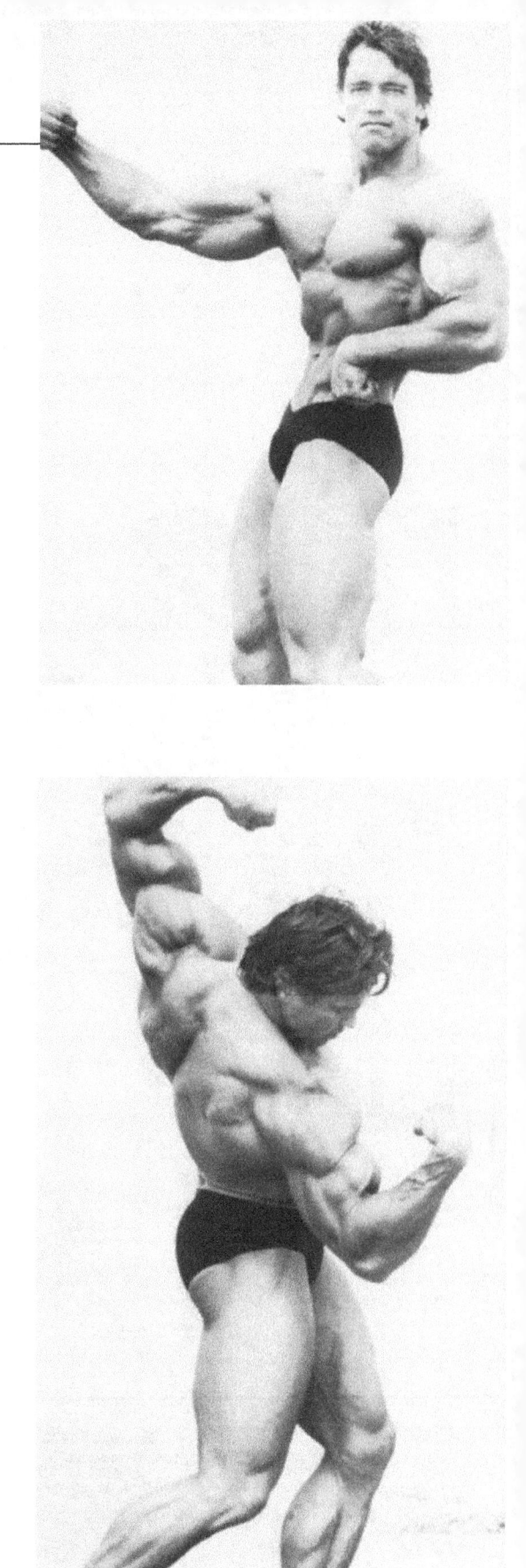

Se você fotografa no ângulo adequado e na hora certa do dia, o oceano pode ser um fundo dramático. Mas quando você fica de pé e ao sol, como nesta foto, você precisa de um bom bronzeado para evitar que a luz apague a sua definição.

Este é um exemplo do que não fazer. Mesmo que o fotógrafo tenha tentado deixar o fundo fora de foco, ele ainda tem tantas coisas que distraem a atenção da figura em primeiro plano. A grande montanha também me faz parecer menor e mais baixo do que se eu tivesse sido fotografado contra o céu.

Outro exemplo de um fundo que é muito grande, próximo, intruso e cheio.

Nesta foto estou posando dentro de um nicho de um edifício, para ficar parecido com uma estátua.

Para poses externas, a hora do dia é vital. Em torno do meio-dia, o sol está direto sobre a cabeça, o que cria sombras grossas e desfavoráveis. As fotos ficarão melhor se você fizer a sessão quando o sol estiver em um ângulo próximo a 45°, antes das 9 ou 10 horas da manhã ou depois das 15 ou 16 horas, dependendo da época do ano. Dias nublados geralmente são melhores para fotos coloridas do que em preto e branco. Um bom fotógrafo sempre irá usar *flash* ou refletores para livrar-se das sombras sob os olhos que podem ocorrer mesmo quando você tira fotos na hora certa.

O modo como seu físico aparece nas fotos depende muito das lentes que você usa. Quanto maior as lentes, menor a distorção. Com uma lente de grande angular, você introduz uma curvatura na foto que pode criar um efeito desagradável. Nas fotos de 35 mm, a não ser que você esteja procurando um

Um fundo negro, como este usado por Jimmy Caruso, é muito mais dramático, fazendo o corpo parecer mais firme e mais definido.

Russ Warner gostava de fotografar contra um fundo branco, o que fazia o corpo parecer enorme e maciço.

efeito especial, nunca use uma lente menor do que 50 mm e, mesmo assim, o fotógrafo precisa ser cuidadoso. Você fica muito melhor fotografado com uma lente de 90 mm ou 135 mm (ou seus equivalentes em outros formatos), que tornam a distorção virtualmente impossível.

Às vezes, os fisiculturistas posam com suportes ou em locações incomuns, como Steve Reeves segurando um disco ou eu segurando a espada que foi usada em *Conan, o bárbaro*. Ao fazer isso, deve-se ter cuidado para que a foto realmente fique boa e para que os suportes, prédios ou o que mais estiver na foto faça o físico parece melhor, em vez de desviar a atenção dele.

Fazer fotos em estúdios é uma arte que requer um profissional experiente. Recebi fotos de jovens fisiculturistas que aparentemente foram feitas por fotógrafos de estúdios, mas eram terríveis: as poses eram tão esquisitas que era evidente que o fotógrafo tinha pouco conhecimento da fotografia do físico. Há muitas abordagens diferentes de fotografias do físico feitas em estúdio. Russ Warner, por exemplo, sempre gostou de fotografar contra um fundo branco. Com a iluminação correta, isso pode fazer você parecer enorme. Contudo, os resultados mais dramáticos são obtidos usando-se um fundo negro – a técnica favorita do fotógrafo veterano Jimmy Caruso – que faz os músculos parecerem ainda mais firmes e definidos.

CAPÍTULO 2

Preparação Total

É realmente desagradável ver um fisiculturista com um grande físico e que, obviamente, esforçou-se na academia, executando belas poses no palco e destruindo o efeito total porque desprezou alguns detalhes de sua apresentação.

Quanto mais alto o nível que você atinge no fisiculturismo, mais competitivo ele se torna. E quando um juiz está lhe comparando com um fisiculturista do mesmo nível e tem dificuldade em decidir quem é o melhor, alguns aspectos menores da sua aparência podem fazer a diferença, como a sunga, o tom de sua pele, a cor da pele, o corte de seu cabelo ou a sua limpeza.

Obviamente, você não pode ganhar um concurso simplesmente pela sua apresentação. O fisiculturismo envolve primariamente o desenvolvimento do corpo. Mas a impressão global que você causa nos juízes é feita de mais do que músculos e condicionamento, e qualquer coisa que prejudicar esse aspecto pode lhe custar a vitória.

SUNGAS PARA POSES

É importante escolher a sunga correta muito antes da competição. Se você esperar até alguns dias antes do evento você está correndo um risco. Você pode ter que procurar muito para achar exatamente o que você quer, ter que fazer um pedido pelo correio ou mesmo ter que mandar fazê-la sob medida. Avalie a cor e textura de uma sunga específica e tire fotos com ela para ter certeza absoluta de que fica bem em você em todos os aspectos.

No passado, havia mais variação no estilo das sungas para posar do que se vê hoje em dia. Por exemplo, fisiculturistas maiores e mais hercúleos, como Reg Park e eu, usamos sungas maiores do que fisiculturistas mais magros como Frank Zane. Hoje em dia, virtualmente todos os principais fisiculturistas usam sungas muito estreitas, mesmo os mais maciços como Dorian Yates e Nasser El Sonbaty.

Mas mesmo com as sungas tendo o mesmo estilo, ainda há uma grande diferença no corte e na modelagem. Algumas são mais altas nos quadris, outras mais baixas. Algumas são inteiras nas costas e outras mostram mais os glúteos. Então ainda é importante ter certeza de que as sungas que você escolheu o vestem bem e beneficiam seu físico. Por exemplo, se você tem oblíquos potentes, as sungas que são cortadas logo abaixo desses músculos podem lhe fazer parecer gordo, como se houvesse gordura pendurada sobre eles, enquanto sungas de corte mais baixo revelam toda a extensão do seu

Frank Zane

Quando eu era um competidor ativo, os fisiculturistas usavam uma grande variedade de sungas para as poses – algumas maiores ou mais estreitas, com cintura mais alta ou mais baixa, com corte mais alto ou mais baixo nas laterais. Fisiculturistas modernos como Nasser El Sonbaty, Dorian Yates e Shawn Ray, por outro lado, usam sungas que são mais parecidas, mesmo com seus físicos sendo consideravelmente diferentes. Contudo, ainda há algumas diferenças, portanto, tenha cuidado para que a cor e o estilo que você escolher mostrem bem o seu físico e o beneficiem.

Franco Columbu

Lou Ferrigno (esquerda) e eu, ambos com estrutura mais larga e maciça, ficamos muito melhor com sungas de corte alto. Serge Nubret, por outro lado, com sua cintura fina, podia usar sungas com corte mais baixo na cintura e alto nas pernas.

A parte superior da minha sunga vinha até cerca de 2,5 cm abaixo de meus oblíquos. Se fosse um pouco maior, faria os oblíquos parecerem gordos. Se fosse mais baixa, não seria adequada ao meu tipo corporal.

desenvolvimento muscular naquela área e fazem sua cintura parecer mais impressionante.

Você tem pernas curtas ou longas? A linha de sua cintura é longa ou curta? Você tem cintura muito fina ou é mais grosso no meio? Tem um físico hercúleo, potente, ou um mais delgado e apolíneo? Você precisa considerar todas essas perguntas e escolher o tipo de sunga mais adequada ao seu tipo físico.

Lembro-me quando fiz um comentário para a TV em um concurso e vi um competidor com um bom físico, mas que tinha os grandes dorsais altos, um peito elevado e uma cintura muito baixa. Infelizmente, ele havia escolhido uma sunga muito pequena, de corte baixo, que exagerava o comprimento do seu tronco e lhe fazia parecer desproporcional. Se tivesse escolhido uma sunga uns 2,5 cm mais alta, ele ficaria melhor e melhoraria sua aparência no palco.

Steve Reeves, por exemplo, que é considerado um dos fisiculturistas mais estéticos de todos os tempos, tinha uma cintura muito baixa e quadris muito estreitos. Ele usava sungas mais altas para melhorar a proporção. Se tivesse usado sungas mais estreitas e com cortes mais baixos, ele teria prejudicado consideravelmente a impressão estética que causava.

Também é importante escolher a cor certa. Não há uma regra rígida para isso, mas dependendo de sua estrutura e tom da pele uma cor pode beneficiá-lo, enquanto outra pode prejudicar o aspecto global. A decisão de qual cor é melhor para você é uma questão de tentativa e erro.

Experimente cores diferentes, olhe-se no espelho, tire fotos, peça a opinião de amigos. Quando você compete, olhe para as fotos tiradas no palco para ver se você gosta do efeito da sunga que escolheu. Peça a opinião dos juízes.

Sempre apoiei a teoria de Reg Park de usar sungas marrom-escuro porque achei que elas não desviavam a atenção do físico como as sungas coloridas faziam, ou mesmo as pretas podiam fazer. Bill Pearl usou sungas muito teatrais, como azul-claro e brilhantes, durante toda a sua carreira, mas ele podia fazer aquilo. No entanto, observei que, em seus últimos concursos, ele usou sungas mais escuras, de modo que talvez tenha passado a pensar como eu. Obviamente, já vi fisiculturistas que ficavam muito bem em sungas vermelho vivo, mas para outros essa cor fazia suas pele parecerem muito vermelhas e ruborizadas, prejudicando a qualidade de seu bronzeado. Mais uma vez, você precisa descobrir o que é melhor para você.

Quando você tiver determinado o corte e a cor das suas sungas, tente comprar várias delas para que possa trocá-las após uma longa sessão de pré-julgamento e pareça bem no show noturno. Também é bom ter uma sunga extra para trocar para a sessão de fotos no camarim ou no dia seguinte ao da competição. Sempre gostei de ter também uma variedade de sungas de cores diferentes disponíveis, para fotos tiradas com fundos coloridos diferentes e para fotos externas.

Um bom bronzeado ajuda a evitar que a definição desapareça sob os refletores. Estes fisiculturistas fazem a abordagem em conjunto para pegar um pouco de sol.

BRONZEADO

Olhe as fotos de concursos antigos de fisiculturismo e você irá ver muitos competidores no palco sem virtualmente nenhum bronzeado. Isso definitivamente não é uma boa idéia. Quando um fisiculturista de pele clara fica sob os refletores do palco, a iluminação tende a apagá-lo, fazendo com que os juízes não consigam ver sua definição e desenvolvimento.

Um bom bronzeado irá evitar que isso aconteça. A pele bronzeia-se para proteger-se dos perigosos raios ultravioletas do sol. Quando a pele é exposta a esses raios, a melanina (pigmento cutâneo) que permaneceu de seu último bronzeamento, mas desbotou, escurece novamente; é por isso que você parece ter bronzeado-se com apenas um dia sob o sol, mas, de fato, seu corpo não produziu nenhum pigmento novo para protegê-lo. O bronzeamento verdadeiro, durante o qual é produzido melanina nova, leva muito mais tempo: de uma semana a 10 dias, de modo que não vale a pena ficar no sol por muito tempo de uma só vez tentando apressar a cor.

É melhor bronzear-se por estágios (20 a 30 minutos por dia no começo), cuja variação depende de seu tipo de pele, de onde você mora, da estação do ano e da altitude (quanto mais alto você mora, mais fortes os raios ultravioletas). Se você tem a pele clara e queima com facilidade, precisa ter muito cuidado. Mas lembre-se de que mesmo as peles mais escuras podem queimar-se e sofrer danos com o sol se a exposição for muito prolongada. Os especialistas aconselham a não se tomar sol entre as 10 e as 14 horas, quando os raios do sol são mais intensos (e, portanto, podem causar mais dano à pele), mas esse é o período preferido pela maioria das pessoas para ficar ao sol. Assim, deixe-me apenas avisar que a exposição excessiva ao sol tende a causar rugas e dá à pele um aspecto curtido, e que os raios ultravioletas podem causar câncer de pele. Por isso, o bronzeamento precisa ser abordado com um certo grau de moderação e cuidado.

Se você quer passar mais tempo ao sol (um dia na praia, por exemplo) e tem pele clara, recomendo que use algum tipo de filtro solar para reduzir a exposição total. Como eu disse, você só pode bronzear-se um pouco de cada vez: muito sol irá simplesmente queimar e descascar sua pele, e o dano que pode ser causado a sua saúde e seu aspecto pela superexposição aos raios ultravioletas estão bem documentados.

Muitos fisiculturistas queixam-se de que não têm tempo nem paciência de ficar no sol por horas. Mas há outros métodos. Franco e eu costumávamos ir ao cantinho de musculação em Venice, hoje chamado de a nova *Muscle Beach* onde podíamos nos exercitar e pegar um sol ao mesmo tempo. O World Gym desse local tem um pátio externo onde você pode treinar e tomar sol ao mesmo tempo, e inúmeras academias ao redor do país têm pátios ou clarabóias que permitem a mesma coisa. Quando trabalhávamos colocando tijolos, Franco e eu tirávamos a camisa para pegar sol. Você não tem que fazer apenas uma coisa de cada vez.

Mesmo em Los Angeles, nem sempre temos bastante sol para manter uma boa cor. Freqüentemente, há nuvens e névoa ao longo da costa. Alguns fisiculturistas de Los Angeles passam muito tempo em lugares como Palm Springs para impregnar-se do sol do deserto. Quando vim para a Califórnia pela primeira vez, descobri que podia ir para as montanhas acima de Malibu e freqüentemente ficar tomando sol olhando as nuvens abaixo de mim. Esse lugar é *Muscle Rock*, onde costumávamos ir para fotografias externas.

O bronzeamento, por acaso, não é apenas para fisiculturistas de pele clara. A maioria dos fisiculturistas de pele escura, como afro-americanos ou latinos, acham que passar pelo menos algum tempo se bronzeando altera a textura da pele e a profundidade do tom, melhorando seu aspecto no palco.

Uma consideração estética é que você não quer que sua face fique mais escura do que o corpo. Mas seu rosto e principalmente o seu nariz tendem a absorver muito mais sol. Portanto, proteja o rosto usando um chapéu ou um filtro solar, para evitar que o nariz e testa fiquem queimados.

SALÕES DE BRONZEAMENTO E LÂMPADAS ULTRAVIOLETAS

O bronzeamento artificial tem proliferado por todo o país. Você se deita em uma cama que é, na verdade, uma grande lâmpada ultravioleta, e se expõe em

Quando eu morava na Europa, o sol não era tão intenso para que eu tivesse uma pele escura, enquanto Dennis Tinerino tinha a vantagem de um clima muito mais quente. Como resultado, ele parecia bronzeado e definido, enquanto eu era branco e parecia mais suave do que realmente era.

Esta foto foi tirada em Palm Springs, em 1974. Veja como o meu físico era muito mais atraente, rígido e definido com uma cor mais escura.

períodos curtos e controlados. As pessoas geralmente consideram os salões de bronzeamento mais seguros do que a exposição ao sol, mas é importante compreender que qualquer raio que pode bronzear também pode queimar e danificar a pele, de modo que os mesmos cuidados se aplicam ao uso dos salões de bronzeamento artificial. Comece lentamente. Dê à sua pele o tempo que ela precisa para bronzear-se e tente evitar queimar e descascar, o que não apenas compromete seu aspecto como também o força a começar tudo de novo. As lâmpadas ultravioletas domiciliares têm o mesmo risco. Muitas pessoas já se queimaram gravemente, danificando até os olhos por ficarem muito tempo sob a lâmpada.

BRONZEAMENTO ARTIFICIAL

O uso de agentes corantes artificiais para escurecer a tonalidade da pele tem se tornado muito comum no fisiculturismo. Independente da qualidade de sua cor, um corante cutâneo ou bronzeador artificial pode melhorá-la. É por isso que os hotéis entram em desespero quando hospedam um grupo de fisiculturistas: suas lavanderias enchem-se de lençóis e fronhas manchados de corantes cutâneos.

O uso de bronzeamento artificial permite que o fisiculturista com apenas uma base corante tenha o aspecto de quem passou o verão nos trópicos, e permite que os fisiculturistas com pele muito clara e que não pegam nenhum bronzeamento possam competir de igual para igual com aqueles com pele mais rica em melanina. Isso também tem um benefício para a saúde, já que o uso desses agentes corantes significa que os competidores não têm que passar tanto tempo no sol como antes. Contudo, para os fisiculturistas de pele clara, é um erro tentar tirar toda a sua cor de dentro de um frasco. Os agentes de bronzeamento artificial sobre uma pele totalmente pálida tendem a parecer muito artificiais. O próprio físico do fisiculturista, com seu desenvolvimento muscular exagerado, parece muito esquisito para muitas pessoas. Se você combinar isso com uma cor de pele artificial, o efeito final é ainda mais estranho. Portanto, recomendo que você obtenha a melhor cor possível e depois a escureça com os agentes artificiais.

Os produtos corantes mais usados têm por base um produto chamado Dy-O-Derm, um corante cutâneo desenvolvido para indivíduos com problemas cutâneos graves. Um dos mais populares produtos com Dy-O-Derm é o Pro-Tan, disponível nas academias e por encomenda. Outra versão desse tipo de corante, que dá um tom levemente mais bronzeado, é Tan Now. Esses produtos e outros similares são divulgados na maioria das revistas sobre fisiculturismo.

Corantes cutâneos como esses, na verdade, ligam-se às células cutâneas e não saem enquanto as células não o fazem – o que leva, aproximadamente, 21 dias. Após alguns dias você começa a ver a cor descamando gradualmente, o que dá um aspecto estranho, a não ser que você reaplique o produto. O melhor procedimento para aplicar esses produtos é (1) tomar banho e escovar a pele morta, (2) aplicar uma camada de corante, usando luvas de borracha para evitar manchar as palmas das mãos, (3) secar por várias horas e (4) tomar outro banho para retirar o corante que não se ligou à pele. Esse processo deve ser feito gradualmente durante vários dias. Não tente pegar uma cor escura com apenas uma aplicação.

Há outros tipos de produtos de bronzeamento artificial que são mais parecidos com os bronzeadores tradicionais do que um corante. Esse tipo de bronzeador é de aplicação mais fácil e desaparece bastante rápido, mas não dá o mesmo aspecto sólido e profundo que os corantes cutâneos dão. Os bronzeadores cutâneos estão disponíveis na maioria das drogarias e lojas de cosméticos, e há uma versão chamada Competition Tan de Jan Tana que é formulada especialmente para os fisiculturistas. A maioria dos fisiculturistas não usa um bronzeador isoladamente. Em vez disso, criam uma cor de base através de bronzeamento e corantes e depois usam um corante bronzeador por cima para o acabamento e para cobrir as áreas em que a cor já começou a desbotar.

É muito importante aplicar a cor corretamente já que ela tem um tremendo efeito sobre o aspecto geral. Alguns fisiculturistas aparecem no palco com um aspecto amarelado ou com uma cor tão escura que parece que estão cobertos com graxa de sapato. Outros aplicam o corante muito tarde, ou quando estão suados, de modo que há faixas coloridas descendo pelo seu corpo, estragando o efeito que estão tentando criar. Muita cor no rosto também cria um ar muito estranho e não-atraente, assim como ter cor nas palmas das mãos e solas dos pés, ou muito nos joelhos e cotovelos. Lembre-se de que você passa anos aprendendo a treinar e meses seguindo uma dieta rígida: vale a pena algum esforço e tempo para aprender a ter uma cor adequada, ou você pode acabar estragando todo o seu trabalho.

Colocar a cor na última hora também pode ser muito perigoso. Lembro-me de um concurso em que Lou Ferrigno aplicou um bronzeador logo antes de subir no palco e com o óleo na pele e a quantidade de suor, a cor artificial acabou escorrendo pelo seu corpo e estragando totalmente seu aspecto. Em alguns casos, você pode aplicar a cor na última hora, mas é preciso muita experiência e conhecimento para fazer certo. O que você prefere: estar um pouco pálido no palco ou ter faixas de corantes escorrendo pelo seu corpo?

POSANDO COM ÓLEO

Os fisiculturistas usam óleo quando estão no palco para realçar a forma do corpo e exibir a definição muscular. A luz intensa tem uma tendência a achatá-lo e uma leve camada de óleo junto com uma boa cor permite que os juízes apreciem completamente seu desenvolvimento. Quando você vê um competidor de pé no palco sem óleo suficiente, pode observar imediatamente que ele parece achatado, menos musculoso e menos interessante.

Você precisa de ajuda para passar óleo em todo o corpo – alguém que passe óleo nas suas costas e diga se você aplicou igualmente. Nos primeiros concursos, geralmente você pode encontrar outro competidor que irá passar óleo nas suas costas se você passar nas dele. Contudo, quando você atinge níveis mais elevados, você nunca sabe se o seu rival não vai lhe pregar uma peça. Por exemplo, no concurso de Mr. Olímpia de 1975, na África do Sul, eu estava todo oleado e pronto para entrar no palco quando alguém me disse, "Vai posar só a metade do corpo?". Mas não entendi, até que Ed Corney disse que apenas a metade das minhas costas estava oleada. Lembro-me muito bem quem passou óleo em mim, mas não vou mencionar nomes. Eu havia estado em muitos concursos, de modo que devia saber que não podia confiar em nenhum outro concorrente naquela situação, mas sim verificar por mim mesmo para garantir.

O óleo, assim como a cor, freqüentemente é melhor aplicado em estágios. Quando sua pele é seca, especialmente se estiver quente no camarim, a primeira camada provavelmente desaparece muito rapidamente. Após alguns minutos, adicione outra camada e começará a ver o efeito que quer. Tenha cuidado ao colocar óleo e corante de última hora um após o outro, já que isso com certeza vai fazer a cor escorrer.

Você precisa experimentar até encontrar o tipo de óleo que fica melhor em você. Um produto como óleo de bebês é ótimo para fotos, onde a luz é totalmente controlada, mas geralmente o deixa muito brilhante no palco. Eu já vi fisiculturistas usarem de tudo, desde óleo de oliva, passando por spray Pam, até vários tipos de óleos e cremes. Use a experimentação e experiência para ver o que é melhor para você. Apenas lembre-se de que muito óleo é tão ruim quanto pouco óleo. Fazer com que as luzes reflitam em seu corpo como se você fosse um espelho não vai lhe trazer vantagens com os juízes.

ESTILO DOS CABELOS

O estilo dos cabelos varia no fisiculturismo assim como no restante da sociedade. Nos anos 60 e 70, havia fisiculturistas que usavam o cabelo longo da moda. Nos anos 90, você subitamente viu uma porção de fisiculturistas com a cabeça raspada. Na minha opinião, nenhum extremo é uma boa idéia para uma competição de fisiculturismo.

Quero deixar bem claro que entendo que o modo como você usa seu cabelo é parte de *você* – parte de sua personalidade e expressão. A moda muda, inclusive a moda dos cabelos. Eu olho fotos de esquiadores radicais com seus cabelos multicoloridos e espetados, rapazes que eram atletas terríveis, mas é importante compreender que *eles não são julgados no esporte e aspecto*. Do mesmo modo, alguém se importa se o cabelo de um corredor é longo ou se um saltador tem uma tatuagem ou palavras raspadas nas laterais da cabeça? Mas o aspecto, o elemento visual, é parte essencial do fisiculturismo, como é por

Cabelos hoje, sem cabelos amanhã. Os fisiculturistas aprenderam há muito tempo que o cabelo mais curto tende a dar um ar mais maciço ao corpo, mas Shawn Ray ilustra como os fisiculturistas dos anos 90 levaram essa idéia às últimas conclusões.

exemplo, na patinação artística. Os patinadores também têm que ser extremamente cuidadosos com o aspecto que apresentam aos juízes.

No fisiculturismo, se seu cabelo é longo e despenteado, ele não apenas desce aos ombros e cobre o trapézio como também faz sua cabeça parecer maior – e o seu corpo proporcionalmente menor. O corte afro dos anos 70 sempre me pareceu ter o mesmo efeito, ou seja, tornar a cabeça maior e os ombros e a parte superior do peito menor, comparativamente. Compare as fotos de Robby Robinson como nos anos 70, com cabelos longos, com seu aspecto nos anos 80, usando o cabelo mais curto, e você verá a diferença.

Como eu já disse, os fisiculturistas parecem tão estranhos que qualquer coisa que os torne mais estranhos pode ser prejudicial, fazendo-os parecer mais com pugilistas profissionais do que com competidores de fisiculturismo. Isso inclui pintar, raspar ou fazer qualquer outra coisa com os cabelos. Obviamente, Tom Platz e, depois, Lee Priest optaram por um cabelo louro, semilongo e liso atrás, que a maioria dos seus fãs aprovou. Alguns fisiculturistas ficavam bem com cabeças raspadas. Mas eu já vi competidores no Arnold Classic em Columbus cujos estranhos gostos no estilo dos cabelos, ou a falta de gosto, não os ajudou com os juízes. A idéia é apresentar-se no palco no modo que mais lhe fica bem. Você deve evitar copiar alguém que você admira ou seguir uma moda específica a não ser que o aspecto que você adota seja especialmente benéfico a seu físico e sua aparência global.

Como você adota um estilo de cabelo? Estude o seu corte de cabelo no espelho, veja fotos e decida se você irá ficar melhor com cabelo curto ou longo, ou um corte diferente. Pense sobre isso – escrever o nome na lateral da cabeça vai realmente lhe ajudar a ganhar o concurso? Usar um rabo-de-cavalo ou um corte dos índios Mohawk vai melhorar ou piorar a impressão nos juízes? O objetivo de tudo isso é muito simples: o que estou fazendo com a minha aparência, cor, corte de cabelo ou calções vai ajudar-me a ganhar esse concurso ou não?

Do mesmo modo, não se acanhe em procurar ajuda de um especialista no assunto. Nos meus filmes, confio nos estilistas para ajudar-me a criar o tipo que estou representando. Em *Comando* e *Predador*, representando soldados valentes, eu usava o cabelo em um corte escovado masculino. Em *Twins*, o diretor Ivan Reitman queria suavizar meu ar e clareou meus cabelos pois isso ficava adequado ao meu personagem. Portanto, tente trabalhar com um cabeleireiro e talvez usar diferentes estilos ao longo do tempo até que você ache o estilo que é melhor para você.

PÊLOS DO CORPO

Outros meios que os fisiculturistas encontram de melhorar seu aspecto é raspar os pêlos do corpo antes de um concurso. Isso torna a pele mais macia e com um aspecto mais limpo, deixando os músculos mais visíveis. O meio mais simples de fazer isso é com um aparelho de lâmina de barbear, raspando cuidadosamente o tórax, os braços e as pernas, em todos os lugares que você quer retirar os pêlos. Parece esquisito se depilar assim, sendo importante se acostumar com essa prática. Por um lado, isso sempre fez me sentir menor e mais leve, podendo ser uma desvantagem psicológica em um concurso até que você se acostume.

Portanto, não recomendo que você se raspe logo antes de um concurso. Em vez disso, tente depilar-se algumas semanas antes da competição e depois faça alguns retoques periodicamente. Desse modo, se você se cortar ou ficar com a pele irritada, você terá bastante tempo para cicatrizar e voltar ao normal. Franco Columbu sempre tinha uma abordagem estranha à remoção dos pêlos corporais: ele não gostava de raspar, então, um pouco antes do concurso, tirava os pêlos com os dedos! Quando ele estava pronto para se raspar havia pouco cabelo. Este não é um método que recomendaria!

VESTINDO-SE PARA O SUCESSO

Nos últimos anos, tem sido praxe realizar uma entrevista coletiva com a imprensa, situação em que os concorrentes do Mr. Olimpia participam vestidos de terno e gravata. Eu acho isso uma grande idéia. Nos primórdios do fisiculturismo, as estrelas do esporte não andavam por aí usando calças "de palhaço" multicoloridas enormes. John Grimek, Steve Reeves, Reg Park, Bill Pearl, Larry Scott e outros sabiam se vestir. Eles usavam ternos, calças sociais e camisas esportivas e ficavam parecendo cidadãos normais e não ratos de academias. Sergio Oliva usava camisas de manga curta feitas sob medida com um corte em V nas mangas para acomodar seus enormes braços.

É claro que os concursos de fisiculturismo são vencidos e derrotados no palco, mas causar uma boa impressão nos juízes e em outras autoridades do fisiculturismo certamente pode ajudar quando há empate. E como fisiculturistas ganham a vida fazendo seminários e aparições como convidados, o fato de serem respeitados e considerados certamente não vai fazer mal. Você não tem que andar de *smoking* o tempo todo, mas veja o tipo de roupa elegante e de classe que alguém como Michael Jordan usa. Esteja consciente de que o modo como você se veste e se comporta poderá conduzir à idéia de que você é um vencedor, o tipo de pessoa que é um bom representante do fisiculturismo.

TOQUES FINAIS

Fisiculturistas realmente bons não deixam nada ao acaso no palco. Muitos usam algo nos pés no camarim de modo que ao posarem os pés não estejam sujos. Outros trazem várias sungas e trocam de roupa sempre que estão suados ou manchados com corantes ou óleo.

Um fator que em geral é menosprezado e que se refere aos cabelos e também a outros aspectos da aparência pessoal é a higiene básica. Steve Reeves, o primeiro campeão de fisiculturismo realmente famoso, era conhecido por sua higiene imaculada – o cabelo sempre limpo e cortado, as unhas perfeitas, o aspecto impecável. Vá ao camarim em muitos concursos e você verá competidores que precisam aprender essa lição e que jogam fora o sucesso por falta apenas de uma boa higiene e limpeza.

CAPÍTULO 3

Estratégia e Táticas de Competição

A tática no fisiculturismo envolve tudo aquilo que nós falamos até agora – aprender a posar, praticar as poses, escolher a música correta, a cor e estilo corretos das sungas e a aquisição de um bom bronzeado. A tática também diz respeito ao que você faz no dia anterior ao concurso, e a manhã do concurso, tudo que vai garantir que você vai dar o melhor de si no palco.

A estratégia, por outro lado, é como você planeja e conduz a sua carreira de fisiculturista, incluindo quando competir e em quais concursos, e como manusear aspectos como publicidade e relações públicas.

O objetivo final dos fisiculturistas sérios é, obviamente, entrar em uma competição. Alguns fisiculturistas pulam de cabeça e se dão mal. A possibilidade de se sair mal em um concurso não os desencoraja. Eles apenas registram esse fato como experiência. Outros preferem aguardar e não competem até que tenham uma chance de conseguir uma boa colocação. Eles planejam a sua estratégia como um bom diretor de boxe que conduz seu lutador lentamente, não permitindo que ele entre em competições onde será vencido.

Eu comecei ainda jovem, me desenvolvi muito rápido e fui capaz de competir muito cedo, subindo rapidamente para o nível de Mr. Europa Júnior, *Best Built Man* na Europa, Mr. Europa e até Mr. Universo. Houve outros fisiculturistas que chegaram ao sucesso cedo. Nos anos 70, Casey Viator foi um deles, ganhando o título AAU Mr. América em 1971, aos 19 anos. O australiano Lee Priest se qualificou como profissional no início dos seus 20 anos. Alguns fisiculturistas esperaram até que estivessem mais ve-

Este era o meu aspecto quando entrei no primeiro concurso de fisiculturismo.

lhos, mas a partir daí subiram rapidamente. O canadense Paul Dillet foi capaz de se qualificar como profissional no seu segundo concurso. O policial e fisiculturista profissional Ronnie Coleman, que só começou a treinar para o fisiculturismo após os 25 anos, ganhou o Campeonato Mundial Amador de Fisiculturismo apenas dois anos após decidir ser um fisiculturista.

A velocidade com a qual você se desenvolve é uma questão de genética e da idade em você começa a treinar. Porém o tipo de treinamento atlético que você teve antes de se tornar um fisiculturista também é um fator a considerar. Ronnie Coleman havia feito um pouco de musculação desde a adolescência e também um pouco de levantamento de peso. Portanto, ele não estava começando do zero quando decidiu ser um fisiculturista. Franco Columbu, que também começou tarde a treinar como fisiculturista, era levantador de peso. Alguns atletas entram em uma academia de fisiculturismo após anos jogando futebol ou praticando outro esporte que precisa de força e onde você treina para ter mais força. Para esses indivíduos, o desenvolvimento muscular raramente é um problema; o seu desafio é criar físicos estéticos além de musculosos.

Também é fato que a maioria dos fisiculturistas nunca irá chegar ao nível profissional, muitos deles nunca irão ganhar competições nacionais, assim como a maioria dos jogadores de basquete não chega à NBA e dos jogadores de futebol não entra para a NFL. Contudo, para um atleta dedicado à competição em qualquer nível pode ser excitante. O que importa é que os competidores tenham um nível equilibrado e depois disputem para ver quem é o vencedor. Desde que você esteja competindo no mais alto nível possível (seja ele qual for) o resultado é sempre o mesmo – como se diz na TV, a emoção da vitória ou a agonia da derrota.

A FUNÇÃO DA EXPERIÊNCIA

Quando você decide competir, tem que começar de algum ponto. E é apenas através da competição que você adquire experiência suficiente para ser bem-sucedido. O fisiculturismo envolve dois tipos diferentes de atividades – treinamento na academia e competição no palco. Ser bom em um deles não significa automaticamente que você é bom no outro. Mesmo que você tenha trabalhado arduamente nas poses, praticá-las na frente do espelho não é a mesma coisa que posar no palco, sob pressão, em frente aos juízes e à platéia.

Alguns fisiculturistas apresentam um senso mais intuitivo de como se comportar no palco, mas todos precisam de *experiência* para aperfeiçoar a sua apresentação no palco. Por exemplo, nós já vimos quanta experiência Frank Zane teve antes de se tornar Mr. Olímpia. Por isso, no Mr. Olímpia de 1979, durante o confronto final entre Frank Zane e Mike Mentzer, a presença de palco e experiência de Frank eram óbvias, enquanto também era óbvio que Mike, que anteriormente havia estado apenas em alguns concursos, estava se esforçando para fazer uma boa apresentação sob intensa pressão.

De fato, pareceu-me que Mentzer rapidamente ficou tão cansado que tinha dificuldade em manter a cintura contraída. Como resultado, ele perdeu controle dos seus abdominais e deixou-os muito salientes. Os boxeadores sabem que lutar com um parceiro é muito menos cansativo do que a luta real no ringue. Também no fisiculturismo, a tensão e o estresse de posar no palco fazem com que você se canse mais rapidamente do que quando está apenas treinando.

Já vimos um exemplo dos problemas que aconteceram pela falta de experiência na carreira de Paul Dillet. Como já citei, Dillet esperou muito tempo antes de entrar no seu primeiro concurso, o Campeonato Norte-Americano da IFBB. Ele terminou em segundo lugar, ganhou o mesmo concurso no ano seguinte e se tornou profissional com a experiência de apenas dois campeonatos. Contudo, seus problemas subseqüentes com poses e apresentações no palco foram mais provavelmente o resultado da sua falta de experiência em concursos.

COM QUE FREQÜÊNCIA COMPETIR

Como a experiência é muito importante, recomendo entrar em competições assim que possível, embora seja difícil se preparar para competições e ter o mesmo ganho que você teria se estivesse treinando intensamente e sem fazer dieta. Quando você está treinando para competir, você tem que se concentrar em detalhes, definindo pequenos músculos, separação. E é óbvio que você não pode ter ganho máximo enquanto você está restringindo a sua ingesta alimentar. Esse é um dilema que os fisiculturistas, especialmente jovens amadores, têm que saber lidar. O que é mais importante, ganhar experiência em concurso ou continuar a se concentrar no desenvolvimento máximo? É aí onde entra a estratégia, decidindo em que momento começar a competir e depois decidir com que freqüência você pode competir e ainda ter ganhos. Não há regras rígidas e definidas sobre isso. Sempre é uma tomada de decisão. Você precisará definir as suas prioridades, experimentar e ver o que funciona com você.

PREPARANDO-SE

Saber quando e onde você vai competir realmente concentra as suas energias. Apenas a possibilidade de parecer mal no palco e ser ridículo porque não treinou nem fez dieta de modo adequado deve ser o suficiente para motivá-lo a fazer aquelas séries e repetições adicionais e manter a disciplina na dieta. Não importa o quanto você treina, o fato de ter uma data de competição determinada à sua espera pode aumentar a sua intensidade em alguns pontos.

Quando se trata de competir, você tem que começar de algum modo. Portanto, não se surpreenda se, na primeira vez que você subir ao palco, você tiver um "branco". Eu já vi jovens fisiculturistas entrarem no palco e esquecerem de tirar os óculos ou com as sandálias nos pés. Com competidores inexperientes, quando os juízes dizem "um quarto de volta para a direita" eles podem se virar para a direita, esquerda ou ficar parados com um ar confuso. E fazer as poses compulsórias corretamente na academia ou em casa em frente a um espelho é muito diferente de fazer a mesma coisa no palco na frente dos juízes e da platéia. Você faz um bíceps duplo frontal e esquece de contrair as pernas. O juiz pede uma abertura lateral de costas e por um momento você não se lembra como se faz aquela pose. Você fica cansado tão mais rapidamente do que o esperado que você fica com medo de não conseguir passar do pré-julgamento. E, se a sua preparação não foi perfeita, você pode começar a ter cãibras com o esforço.

Sob os refletores, fica evidente se você treinou adequadamente ou não – se a sua cor está correta e se você colocou óleo suficiente. Aquelas sungas estavam bem no camarim, mas como estão lá na frente do palco? Você espalhou corante sobre eles? Ou pôs muito corante nos joelhos e cotovelos? E é neste momento que se vê como você praticou as suas poses. Você está tremendo de nervoso? Você está executando as poses com graça e determinação? Você consegue lembrar de toda a sua rotina?

Obviamente, a experiência realmente o beneficia quando você aprende com ela. Portanto, é importante que você seja honesto consigo sobre o que você fez certo ou errado em um concurso. Sempre achei que você pode aprender mais em um concurso, quer ganhe ou perca, se você falar com os juízes e trocar informações sobre o que você fez certo ou errado. Por exemplo, mesmo eu tendo ganho o concurso de 1972 contra Sergio Oliva, um dos juízes me disse: "Eu votei em você, mas quase não o fiz, porque, quando você se virou para fazer uma pose de costas, você se inclinou tanto que criou uma prega na parte inferior das costas que parecia gordura". Mas, naquele tempo, os juízes podiam se levantar e andar em torno de você e quando eles faziam isso eles podiam ver que não era gordura. Mas eu observei isso e não me inclinei tanto no próximo concurso. Do mesmo modo, cada fisiculturista deve procurar aprender o máximo em cada competição. Aprender com a experiência significa que você não deve continuar a fazer os mesmos erros repetidamente.

COMPETIÇÃO AVANÇADA

Quando você tiver adquirido alguma experiência e se mostrado um fisiculturista bom o suficiente para ganhar pequenos concursos, você deverá começar a escolher competições com base no que elas significam para a sua carreira.

Muitos amadores que ganharam títulos que os qualificam para competir no Mr. Olímpia já me perguntaram inúmeras vezes se eles deviam ou não entrar em um concurso ou se deviam esperar um pouco mais. Certamente, você não pode esperar passar de um concurso amador para o Mr. Olímpia e se sair bem. Houve inclusive um concurso em que o ganhador do Mr. Universo passou direto para o Mr. Olímpia e terminou em último lugar! Por outro lado, você realmente não tem nada a perder já que ninguém espera nada de você. Você pode entrar em um concurso pela experiência sem se preocupar muito com a colocação; esta atitude ajudou Tiger Woods, que participou em torneios amadores do US Open e, quando decidiu se tornar profissional, já estava acostumado com a pressão.

Por outro lado, Franco Columbu é um bom exemplo de alguém que foi capaz de entrar na competição de fisiculturismo de alto nível muito rapidamente e ser bem-sucedido: ele decidiu entrar no fisiculturismo após competir como levantador de peso; assim, treinou fisiculturismo intensamente por um ano, entrou no concurso de Mr. Itália e ganhou por um ponto. Depois ele foi para o concurso de Mr. Europa e ganhou. Um ano mais tarde ele competiu contra Chuck Sipes no Mr. Universo e ganhou também. Obviamente, Franco já tinha um físico tremendo antes de começar no fisiculturismo e era muito forte – fazia 10 séries de 25 repetições na barra fixa, por exemplo, de modo que ele certamente não estava começando do zero.

Contudo, ao mesmo tempo que você deve pensar duas vezes sobre entrar em competições, você deve ter cuidado para não ficar de fora de concursos nos quais você realmente deveria estar participando. Por exemplo, Tom Platz terminou em terceiro lugar no Mr. Olímpia de 1981 e impressionou muita gente. O próximo concurso profissional agendado era o Mr. Universo Profissional na Austrália, mas em vez de entrar ele decidiu gastar seu tempo em seminários e exibições. Subseqüentemente, o Mr. Universo Profissional foi ganho por Dennis Tinerino, a quem Tom havia derrotado no Mr. Olímpia. Se Tom tivesse entrado naquele concurso ele certamente teria ganho outro título internacional e favorecido a sua carreira.

Lou Ferrigno foi perspicaz ao entrar no concurso de Mr. Universo duas vezes (e ganhando). Mas em 1974, um ano no qual ele poderia provavelmente ter ganho o concurso Mr. Universo Profissional, ele entrou no Mr. Olímpia e perdeu. Não há nada errado em perder uma competição, mas se você tem a opção de dois concursos é melhor entrar naquele que você pode ganhar. Em qualquer nível que você esteja competindo, compreender que certos concursos podem estar acima do seu nível e escolher um que você tenha a chance de ganhar não é demérito, é bom senso.

É aí onde a estratégia entra – decidir onde competir, quando competir, saber contra quem você está competindo ou se deve entrar em apenas um concurso ou dois seguidos. Nas competições amadoras nos Estados Unidos, os fisiculturistas querem ganhar os concursos nacionais porque todos os vencedores por categoria se qualificam a ser profissionais, enquanto no USA apenas o vencedor geral se torna profissional. Mas o USA acontece vários meses antes dos nacionais. Então, se um competidor espera e arrisca no nacional e perde, não há outra oportunidade de ganhar um evento nacional e se tornar profissional naquele ano. Entrar no USA e depois ir para o nacional dá ao fisiculturista duas chances de ganhar um título nacional, mas treinar e fazer dieta para o USA e depois ter um tempo relativamente curto para se preparar de novo para o nacional pode ser uma tarefa difícil. Mais uma vez, é um momento de decisão, e cada fisiculturista tem que planejar a sua própria estratégia com base nos seus sentimentos e prioridades individuais.

Obviamente, ser qualificado para se tornar profissional e sair-se bem em uma competição profissional são duas coisas diferentes. Eu me lembro como era difícil mesmo para fisiculturistas talentosos como Mike Christian e Shawn Ray fazer esta transição: levou cerca de dois anos para que ambos se ajustassem aos padrões mais elevados e à maior pressão do nível profissional. No seu primeiro ano como profissional, Lee Haney perdeu o Grand Prix Suíço em Zurique para um fisiculturista que pesava apenas 77 kg! Esta transição não é tão difícil para todos – Dorian Yates certamente virou profissional com facilidade – mas isso é mais raro.

Com esse pensamento, um fisiculturista que se qualifica para profissional deve ser muito cuidadoso em relação aos concursos profissionais que deverá entrar. Há eventos profissionais de Grand Prix que são um bom meio de iniciar. O *Ironman Invitational* é outro bom concurso profissional introdutório. O próximo passo deve ser algo como a Noite dos Campeões, realizado anualmente em Nova York. Se você se sai bem em concursos como esses, provavelmente receberá convite para o Arnold Classic, e isso lhe dará uma idéia de como você pode se sair contra competidores do nível do Mr. Olímpia. Se você for bem-sucedido na Noite dos Campeões ou no Arnold Classic, isso indica que você pode estar pronto para o desafio final do Mr. Olímpia.

O *momento* é importante em qualquer carreira desportiva, e o fisiculturismo não é uma exceção. Vencer pode se tornar um hábito quando você gerencia bem a sua carreira. Mas, lembre-se, você não pode vencer se tem muito medo de perder. Ter medo de perder faz você pensar como um perdedor, e isso lhe inibe e drena a sua energia. Tome uma decisão razoável sobre o que você deve fazer e depois persiga o seu objetivo sem reservas; dê tudo de si, e deixe as fichas caírem onde devem. Em minha carreira, perdi poucas vezes, mas perdi. Isso é o esporte. Você só pode fazer o melhor e, se não é o bastante, é assim que é.

O campeão olímpico de decatlo Bruce Jenner me disse uma vez que ele estava tão preocupado em perder antes da Olimpíada de 1976 que o seu desempenho caiu dramaticamente. Mas depois ele teve o simples pensamento de que perder não quer dizer morrer. Você perde, você fica infeliz e depois você continua vivendo. Se você tem uma atitude positiva, confiança na sua capacidade e um grande entusiasmo, você pode manejar a perda; ela deixa de ser algo com que você se preocupa. O que quer dizer que você pode se concentrar em vencer, que é o nome do jogo.

PUBLICIDADE

"Eu não posso vencer aquele concurso", todos os fisiculturistas provavelmente se queixam, "Eu não tenho publicidade nas revistas". Obter a quantidade certa de publicidade é uma grande conquista para uma carreira bem-sucedida de um fisiculturista. E o meio mais fácil de conseguir publicidade é vencer um concurso! Mas também há outros meios. Simplesmente estar disponível para fotos e entrevistas também é importante. Alguns fisiculturistas viajam na quinta-feira para um concurso e voltam no domingo, sem tempo para trabalhar com os fotógrafos de revistas. Alguns fisiculturistas vão para sessões de fotos e imediatamente começam a reclamar de que estão cansados, estão trabalhando muito, enquanto outros estão morrendo para ter a chance de fazer aquelas fotos. Isso pode fazer uma grande diferença quando os fotógrafos decidem quem devem fotografar. Muitos fisiculturistas agendam fotos e entrevistas e não aparecem, atitude muito destrutiva para a carreira de um fisiculturista.

Os repórteres de revistas irão lhe procurar no hotel ou nos camarins nos concursos. Às vezes isso pode atrapalhá-lo, mas se você puder encontrar tempo e disposição para falar com eles faça isso. Afinal, esses repórteres são pagos quer eles o entrevistem ou não – portanto, fazer esta entrevista é melhor para você do que para ele.

Muitos fisiculturistas simplesmente esperam que as revistas venham até eles, mas eu sempre tomei a iniciativa e enviei artigos sobre meus métodos de treinamento, histórias sobre meus sentimentos e idéias sobre fisiculturismo e a vida de um modo geral para várias publicações. Nunca me preocupei em receber dinheiro por artigos ou fotos. Eu achava que quanto mais os juízes e as pessoas me conhecessem e gostassem de mim, me compreendessem e soubessem dos meus objetivos, melhores as minhas chances de ter uma carreira bem-sucedida.

A publicidade pode garantir que você seja notado nas chamadas dos concursos. Mas também pode ser uma faca de dois gumes. Se a revista começa a exagerar muito sobre você antes do concurso, os juízes e a platéia podem estar esperando ver o King Kong entrar no palco. Portanto, tenha cuidado com muitas hipérboles quanto se tratar de cobertura jornalística. E lembre-se, quando Dorian Yates apresentou-se na Noite dos Campeões e levou o título, ninguém tinha nenhuma expectativa sobre ele. Ele não tinha recebido muita publicidade. Ele deixou o seu físico falar por si e era tudo que precisava.

Obviamente, observar é um processo complexo, e se os juízes não conhecem muito do seu aspecto é fácil para eles não verem as suas melhores qualidades em um palco de fisiculturismo congestionado. A publicidade ajuda aos juízes a se tornarem familiarizados com as qualidades particulares do seu físico. Eles não têm que lhe estudar por longos períodos no palco para saber que você tem, por exemplo, grandes dorsais e panturrilhas fabulosas. Eles já sabem disso, então eles apenas o observam rapidamente, confirmam as suas expectativas e depois vão examinar os outros e ver se eles se comparam com você.

Algumas pessoas parecem gerar mais publicidade do que outras sem fazer nada para isso. Quando eu estava treinando e correndo em uma academia em Munique, fiz uma reportagem para uma revista na qual eu caminhava pela cidade usando meus calções de modelagem durante uma tempestade de neve e fui fotografado olhando vitrines em frente à estação de trem, etc. Isso era claramente uma publicidade planejada, o tipo que Hollywood era famoso por fazer – um truque publicitário. Mas foi feito pela revista *Stern*, com milhões de leitores, e esta foi a minha maneira de trazer o fisiculturismo para o público em geral. Para entrar neste tipo de revista você precisa fazer coisas muito incomuns. A publicidade em revistas de fisiculturismo é um assunto diferente.

Quando fui a Londres para o concurso de Mr. Universo eu não precisava desses truques. Eu era jovem, enorme e relativamente desconhecido – o concorrente europeu que veio do nada. Eu apenas parecia atrair atenção e publicidade sem fazer nada. Tenho visto muitos outros fisiculturistas hábeis para a publicidade. Eles são "promovíveis" e as revistas e o público adoram ouvir sobre eles. Franco sempre foi assim, e também Frank Zane, embora ele parecesse calmo e reservado. Shawn Ray e Flex Wheeler já fizeram inúmeras reportagens para revistas, o mesmo ocorrendo com Mike Matarazzo. Embora não tendo o mesmo tipo de recordes de vitórias, ele era muito popular entre os fãs e estava sempre disponível para as fotos. Dennis Newman, antes de interromper sua carreira por motivo de doença, estava a caminho de se tornar um novo Steve Reeves – grande, musculoso, estético e de boa aparência. O sonho de qualquer editor de revistas.

A publicidade também é um excelente meio de obter vantagem em um concurso, mas ainda mais importante quando se trata de capitalizar a vitória. Já era costume o vencedor do concurso de Mr. América aparecer durante todo o próximo ano nas revistas de Bob Hoffman com o seu perfil e o seu método de treinamento. Isso ajudava a imprimir de modo indelével o nome do vencedor na consciência do público. Hoje em dia, os vencedores dos principais concursos amadores e profissionais geralmente são procurados pelas revistas de Joe Weider, bem como por outras publicações do gênero. Nem todos os fisiculturistas estão preparados para tirar vantagem dessa oportunidade. Houve alguns campeões europeus aos quais eu tive que implorar para vir aos Estados Unidos para entrevistas e sessões de fotos.

Quando você *não* ganha um concurso, a publicidade ainda é importante. Você quer se manter em evidência pelo maior tempo possível. Afinal, ganha-se mais dinheiro com exibições e seminários do que vencendo concursos. Fisiculturistas desapontados que terminam em segundo ou terceiro lugar e acham que deviam ter ganho estão apenas cortando as suas próprias gargantas quando desaparecem e não ficam disponíveis para publicidade. Obviamente, a publicidade é apenas um fator na carreira de um fisiculturista, embora seja um fator muito importante. A publicidade não ganha concursos para você, mas ajuda a fechar uma decisão. E se você está pensando em ter uma carreira profissional, a publicidade é uma grande ajuda quando se trata de agendar seminários e exibições e vender produtos.

Apenas tenha em mente que as revistas precisam de fisiculturistas interessantes para mostrar em suas páginas. Portanto, se você é bom, se você se sai bem em concursos e se mostra disponível, você irá conseguir publicidade. O problema, então, é viver com a publicidade que você consegue, e isso pode ser ainda mais difícil do que conseguir a cobertura jornalística!

POLÍTICA E RELAÇÕES PÚBLICAS

Alguns fisiculturistas que ficam desapontados por más apresentações em concursos acham que de certo modo devem culpar a "política" – que certos competidores estão tirando vantagem de seu relacionamento com juízes ou outras autoridades para conseguirem uma colocação maior do que a que realmente merecem. Por outro lado, este tipo de sentimento é totalmente compreensível: quando você é um fisiculturista, é você – o seu próprio corpo – que está sendo julgado, e quando você não se sai bem o choque para o seu ego pode ser terrível. Não apenas isso: quando um fisiculturista está pronto para uma competição, ele foi submetido a meses de treinamento forçado e dieta e depois passou pelo estresse adicional do próprio concurso, momento em ele está mais vulnerável emocionalmente. Todavia, por mais compreensível que isso possa ser, a idéia de que a política seja o que o coloca à frente no fisiculturismo, ou que as relações amigáveis com os indivíduos envolvidos no mundo do fisiculturismo são ruins, não é verdade.

A política é simplesmente o modo como os seres humanos se reúnem e regulam o seu comportamento e o comportamento das instituições nas quais eles estão envolvidos. Sem uma interação política, nada acontece. A política é um fato da vida. E os juízes, autoridades dos concursos e administradores da federação de fisiculturismo são tão humanos quanto qualquer outras pessoas – portanto, é possível que possa haver algumas considerações políticas em qualquer concurso, independente do grau de honestidade e ética das autoridades envolvidas.

Eu já fui tanto promotor como competidor, e posso afirmar que as acusações de injustiças que acontecem quando certos fisiculturistas se dão mal em competições e têm que salvar seus egos geralmente têm pouca ou nenhuma base real. O fisiculturismo não é perfeito, mas o julgamento no esporte é notadamente acurado. Posso afirmar com certeza sobre a integridade dos concursos que promovi com Jim Lorimer em Columbus. Eu também nunca vi mais do que problemas ocasionais em todos os concursos em que entrei ou assisti. O fisiculturismo é como qualquer outro esporte: o melhor deve vencer, independente de fatores externos. E todos nós devemos nos esforçar para que essa regra não seja quebrada.

Todavia, muitas considerações políticas influenciam de algum modo o fisiculturismo, enquadrando-se no aspecto que eu chamaria simplesmente de relações públicas. O julgamento de um concurso de fisiculturismo é um processo subjetivo imperfeito. Lembre-se, na maioria das vitórias famosas da história do fisiculturismo (incluindo as batalhas entre Sergio Oliva e eu), a margem de vitória não era maior do que 1 a 2 pontos. E, quando se trata de uma decisão apertada, especialmente uma na qual os fisiculturistas envolvidos são tão equilibrados que se torna muito difícil para um juiz decidir quem é o melhor com bases estritamente objetivas, o que ele pensa dos competidores pode ter uma grande, embora subconsciente, influência na determinação do resultado final.

Manter um bom relacionamento com os juízes do fisiculturismo não é um meio de obter pontos adicionais; é um meio de garantir que você não vai perder pontos devido a uma hostilidade inconsciente por parte de um ou outro juiz. É simplesmente um meio de garantir que você vai receber todos os seus pontos. Infelizmente, muitos fisiculturistas parecem sair deste caminho e estragam as suas carreiras devido ao seu comportamento em relação aos juízes. Sabe-se de alguns competidores que atiraram seus troféus no camarim e até vieram ao palco e insultaram os juízes em público. Uma vez eu vi um competidor ficar muito aborrecido com o julgamento e dizer muitos impropérios no palco. Uma hora depois ele havia se acalmado e estava arrependido da sua explosão. Ele enviou cartas de desculpas e tentou consertar o seu comportamento. No próximo concurso de Mr. América ele perdeu, e eu acho que foi um pouco pelo ocorrido. Assim, vale a pena controlar o temperamento, comportar-se como um verdadeiro desportista e não atacar os juízes em público. Cavalheiros como John Grimek, Steve Reeves, Bill Pearl, Reg Park, Larry Scott, Frank Zane e Lee Haney nunca se comportariam dessa maneira.

APRENDENDO A CHEGAR AO TOPO PARA COMPETIÇÃO

Um bom fisiculturista planeja a sua estratégia de competição do mesmo modo como um general conduz a sua campanha militar. Você precisa escolher o momento e lugar certo para a sua batalha, ter certeza de que o seu exército (seu físico) está bem treinado e pronto. Você precisa estar confiante da sua tática de guerra, saber quando atacar, quando bater retirada e como conservar munição (energia) para que ela dure até o fim da batalha.

Mas muitos fisiculturistas com físicos fantásticos, que tiveram uma preparação, pose e tudo mais completas, não se saem bem porque a sua estratégia falha em um ponto significativo: eles não estão no seu ápice no momento da competição.

Um concurso de fisiculturismo é sobre quem é o melhor *fisiculturista naquele palco particular naquele dia específico.* Quem é potencialmente o melhor, ou quem é o melhor na maioria do tempo, não tem nada a ver com isso. Você pode estar muito bem no dia anterior ao concurso, ou no dia seguinte, mas a não ser que você possa cronometrar a sua preparação para atingir o ápice no dia da competição você vai ficar sempre desapontado.

Atingir o ápice para competição é um caso de experiência e cronometragem cuidadosa. Cada indivíduo deve descobrir exatamente como manipular a sua própria dieta e treinamento para ser capaz de chegar em uma competição na sua melhor forma. Contudo, há certas técnicas gerais que são muito úteis. Até 1970, eu chegava nos concursos um pouco fora, com o ápice um pouco antes, chegando a minha melhor forma alguns dias após a competição. Mas então, quase acidentalmente, eu descobri como chegar ao ápice no dia exato da apresentação.

No concurso de Mr. Universo NABBA de 1970 em Londres, eu estava de novo um pouco fora – muito suave – mas eu era o melhor que estava lá, então eu ganhei. No dia seguinte, fui para Columbus para o concurso de Mr. Mundo. Eu havia perdido para Sergio no Mr. Olímpia no ano anterior e estava determinado em me vingar neste concurso.

Quando eu cheguei em Columbus, apenas um dia após o concurso em Londres, eu estava firme, definido e na minha melhor forma em toda minha vida, e eu comecei a imaginar porque. Eu compreendi que era porque eu havia competido pouco tempo antes e havia posado para fotos logo em seguida. O esforço destas poses havia me deixado em melhor forma do que antes do concurso. A competição, em outras palavras, havia sido um excelente meio de ficar em forma *para* a competição.

Eu venci Sergio Oliva no Mr. Mundo em Columbus e então fiquei pronto para competir de novo na semana seguinte no concurso de Mr. Olímpia. Eu me sentia leve e magro, muito desgastado por dois concursos seguidos, muitas horas de poses após tanta dieta, então eu comi algumas cenouras todo dia, fiz 4-5 boas refeições e treinei mais leve. No momento da competição eu notei que eu tinha toda a definição que eu tinha no Mr. Mundo, e todo o tamanho que eu tinha no Mr. Universo!

Isso me ensinou uma lição: se eu fiquei tão melhor uma semana após uma competição, porque não ter o objetivo de chegar à forma de competição *uma semana antes do concurso?* Passe aquele sábado anterior à competição treinando arduamente, fazendo todas as poses, exatamente como se estivesse em um concurso. Depois faça fotos no domingo, o que significa mais poses, e de segunda-feira até quarta-feira treine bastante (um mínimo de 15 séries por parte corporal), coma bem, mas não excessivamente e repouse na quinta-feira e sexta-feira, exceto para a prática de poses.

A maioria dos jovens fisiculturistas faz diferente. Eles fazem dieta desde o início até 1-2 dias antes do concurso (ou mesmo até o domingo de manhã, na pior das hipóteses) e depois se empanturram de carboidratos imediatamente antes da competição. Eu sei por experiência que isso não funciona. Uma explicação é que o tamanho dos músculos depende não apenas da quantidade de tecido muscular presente, mas também da energia de carboidratos armazenada nos músculos na forma de glicogênio (consulte Estratégias de Dietas para Competições, página 748). Quando há depleção de glicogênio, os músculos ficam achatados. É preciso pelo menos três dias para que o corpo restaure completamente o suprimento de glicogênio exaurido (ou mais: o tempo varia com o indivíduo!). Portanto, fazer uma dieta rígida até o concurso deixa pou-

Estas fotos de "antes e depois" foram tiradas com cerca de 18 dias de diferença, 2-3 meses antes de uma competição. Eu assinalei nas fotos antigas os pontos fracos que precisavam melhorar. Bíceps antes...

... e depois

Coxas antes ...   ... e depois

Tríceps antes ...   ... e depois

co tempo para repor o glicogênio e ingerir um excesso de carboidratos simplesmente eleva o seu nível de açúcar sangüíneo precipitadamente, provocando retenção de água. Quantas vezes você já ouviu um fisiculturista reclamar de que chegou ao concurso com o corpo achatado e inchado? Essa pode ser uma explicação e é também por tal motivo que a minha abordagem improvisada à preparação para o concurso funcionou.

Qualquer experimentação de última hora antes de um concurso importante pode ser um desastre. No dia anterior a um concurso, após meses de disciplina e preparo, o que você mais precisa é de paciência – e poucos fisiculturistas a têm. Então, eles tentam fazer algo mais e estragam tudo. Isso também pode acontecer com fisiculturistas experientes. No concurso de Mr. Olímpia de 1981, um competidor tentou um líquido especial "sensibilizador" para ajudar no bronzeamento e acabou com a pele queimada e descamando; outro, que já estava em competições há 15 anos, decidiu subitamente experimentar um diurético que ele nunca havia usado antes e teve cãibras terríveis durante o pré-julgamento.

Eu acredito em fazer apenas o essencial. Quanto mais necessidades especiais você tem, mais as coisas podem dar errado e aborrecê-lo. Sergio costumava vir para o concurso com a sunga sob a roupa. Ele apenas tirava a roupa, passava óleo e estava pronto. A única coisa extra que ele trazia era um longo avental branco que ele usava nos camarins enquanto bombeava os músculos.

Para outros fisiculturistas uma abordagem mais complexa parece funcionar melhor. Frank Zane, por exemplo, sempre prestava muita atenção a cada detalhe. Ele verificava seu camarim para ver se era adequado e se tinha bastante espaço. Ele tinha tudo que precisava, incluindo alguém para ajudar a bombear os músculos e passar óleo. Freqüentemente esta pessoa era sua esposa Christine, que foi um grande apoio durante a sua carreira. Zane foi mais longe ainda no Mr. Olímpia de 1979, estacionando seu *trailer* do lado de fora do auditório, tendo assim bastante espaço para se aquecer com privacidade, o que ajudou a impressionar seus adversários. Em circunstância semelhante, eu consegui ter halteres disponíveis em uma sala separada para que eu pudesse me aquecer com privacidade.

ÁGUA

Outra preocupação dos fisiculturista é com a retenção de água – isto é, retenção de água sob a pele, o que destrói a definição. Para evitar que isso aconteça, muitos competidores começam a restringir a ingestão de água dias (ou mesmo semanas) antes da apresentação. Eles evitam ingerir sódio. Eles ingerem grandes quantidades de potássio. E muitos recorrem ao uso de diuréticos.

O problema com essa abordagem é que os músculos são compostos em mais de 75% de água, de modo que, se ocorrer desidratação, isso apenas irá achatar os músculos e o deixará muito sem definição. A melhor maneira de aumentar a retenção de água é se desidratando, pois o organismo capta essa informação e começa a reter firmemente a água restante. O excesso de sódio em geral é eliminado normalmente do corpo junto com a excreção de água, motivo pelo qual restringir esse ciclo simplesmente significa que qualquer sódio corporal será retido, resultando em mais retenção de água. Se você não ingere sódio suficiente, você se arrisca a causar um desequilíbrio eletrolítico que pode causar cãibras musculares. Grandes quantidades de potássio, especialmente quando o sódio está baixo, podem levar a problemas estomacais ou até pior. E o uso de diuréticos, que retira mais água do corpo, apenas piora a desidratação.

O que você deve fazer então? Primeiro, tenha uma ingesta normal de sódio. Não salgue a sua comida, mas também não evite o sódio natural. Depois, beba bastante água até a sexta-feira anterior ao concurso de sábado. Qualquer excesso de água irá ser eliminado do corpo, retirando o excesso de sódio com ela. Naquela noite, simplesmente reduza a ingestão de água para a metade. Levará algum tempo antes que o seu sistema compreenda que a ingesta de água foi restrita e você continuará a eliminar água na mesma proporção, perdendo mais do que você está ingerindo. Na manhã seguinte, antes do pré-julgamento, continue ingerindo água para evitar desidratação. Contudo, entre essa semi-restrição de líquidos e o aumento da ingestão de carboidratos (que puxa água para dentro das células quando ela está armazenando glicogênio muscular), você deve observar que há pouca água subcutânea em evidência.

Está com medo de tentar fazer isso? Pense no que acontece nos concursos de fisiculturismo moderno. Durante o pré-julgamento, alguns atendentes estão nos camarins com garrafas de água e os competidores freqüentemente vão para o fundo e bebem muita água. Será que eles pensam que há algum mecanismo especial no corpo que de certo modo sabe que o pré-julgamento começou e, portanto, irá processar a água de modo diferente? Se não, porque não beber água *antes* do início do pré-julgamento em vez de esperar até que você esteja no palco diante dos juízes e da platéia? Se está certo beber água no pré-julgamento, está certo antes, então controle a sua água subcutânea em vez de tentar se desidratar e você ficará mais firme, mais musculoso e menos provavelmente se sentirá fraco ou com cãibras.

Enquanto a água pobre em sódio é aceitável, a água destilada não é. A água destilada é boa para baterias – e umidificadores de charutos –, mas ela não tem os minerais necessários para o corpo humano, especialmente um corpo em vias de se submeter ao estresse de um concurso de fisiculturismo.

O DIA DA COMPETIÇÃO

No dia da competição, você não deseja ter surpresas. Cada detalhe é importante. Por exemplo, como é a disposição das lâmpadas no palco? Como produtor, sei que há áreas do palco com iluminação forte e outras em que a luz é mais fraca. Portanto, vale a pena examinar a iluminação do palco de modo que você saiba onde ficar e onde não ficar durante a apresentação. O ângulo no qual a luz chega até você também é importante. Se o ângulo é agudo, você deve ter cuidado para não se inclinar muito para frente ao fazer as poses ou você irá criar uma enorme sombra sobre seu corpo. Do mesmo modo, quando você estiver fazendo as suas poses, esteja consciente que há áreas do palco que

Executando uma série com a toalha para o grande dorsal.

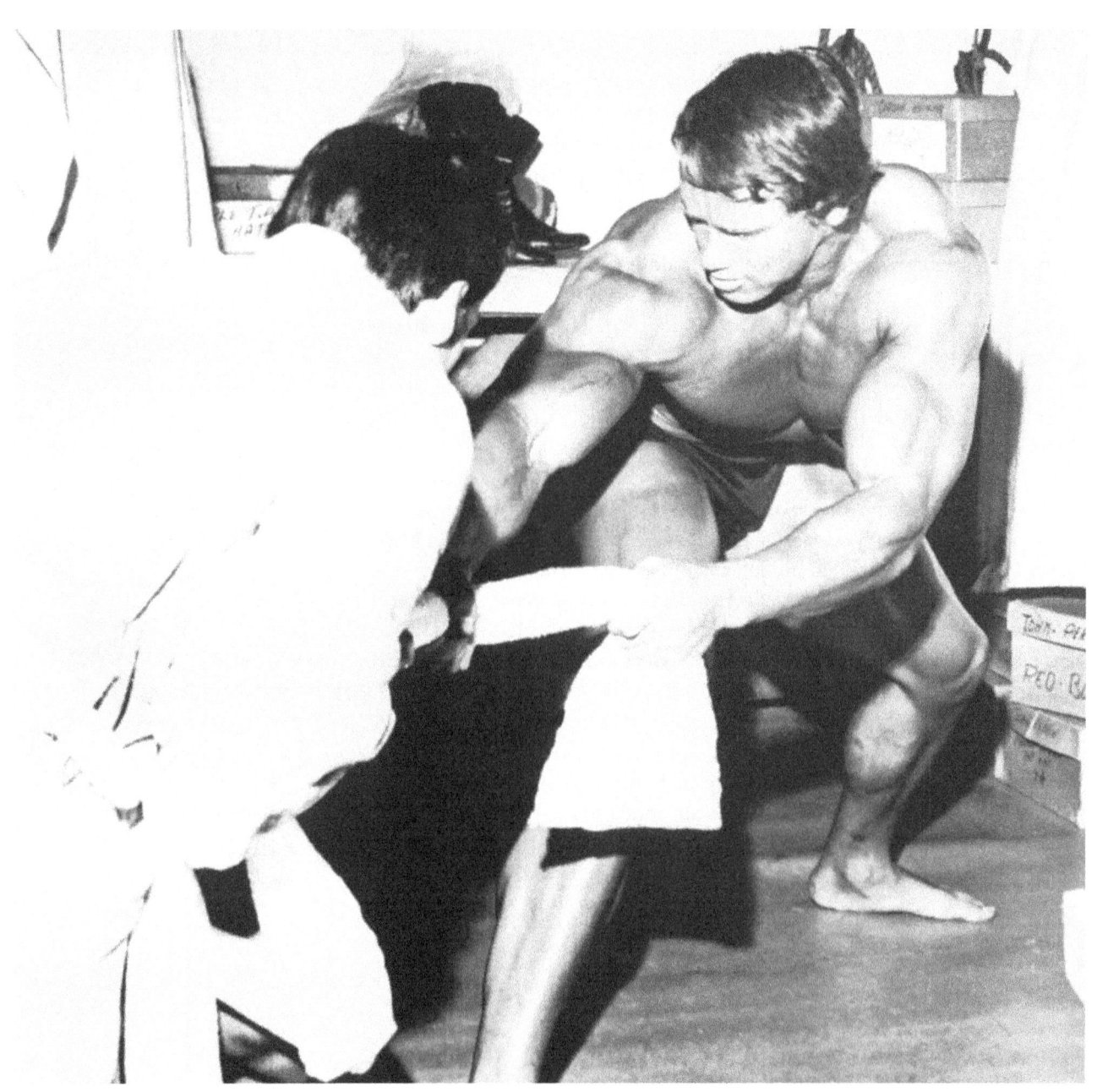

não estão iluminadas. Já vi fisiculturistas constantemente pularem da plataforma para a frente do palco onde há pouca ou nenhuma luz, de modo que os juízes não podiam vê-los claramente e os fotógrafos não podiam tirar suas fotos.

Aprenda tudo que puder sobre os juízes. Após ter estado em alguns concursos, você começa a compreender o que os diferentes juízes estão procurando. Alguns preferem tamanho, enquanto outros dão mais pontos para definição ou simetria. Você não pode mudar o seu físico para o concurso, mas você pode alterar a sua rotina de poses se você souber o que os juízes gostam.

Também é uma boa idéia apresentar-se ao mestre de cerimônias e ver se ele tem informações suficientes para lhe dar uma boa apresentação. Quando atuei como mestre de cerimônias (MC) em eventos de fisiculturismo, gostava de cooperar quando um fisiculturista me pedia para dizer algo específico na sua apresentação. Isso pode ter uma boa influência nos juízes e na platéia.

Você também deve saber exatamente como você vai passar o dia. Na manhã do concurso, eu geralmente fazia um bom desjejum – ovos, batata, queijo *cottage*, suco de laranja – mas não em grande quantidade. Na maioria das vezes, o pré-julgamento começa em torno das 13 horas, então eu tinha toda a manhã para caminhar e me preparar mentalmente para a competição. Para aqueles fisiculturistas que têm que fazer um pré-julgamento mais cedo – por exemplo, às 9 horas –, recomendo acordar muito cedo, talvez 5 horas, fazer uma refeição cedo, de modo que o corpo tenha tempo de acordar.

Eu me lembro de ter visto fisiculturistas que usavam bem o tempo entre o desjejum e o início do concurso. Eles encontravam um lugar para se deitar ao sol (quando o concurso ocorre em hotéis, geralmente há uma área da piscina disponível para ficar ao sol). Isso tende a mostrar as veias e ressecar a pele, (mas não esqueça que, sempre que você sua sob o sol, você precisa beber água para manter o nível de líquidos normal ou você irá se desidratar e começar a reter muita água).

Tente evitar que pensamentos e sentimentos negativos dominem a sua mente. Durante o Mr. Universo da IFBB documentado no filme *Pumping Iron*, eu me lembro de Mike Katz andando algumas horas antes do pré-julgamento e falando o que ele faria quando perdesse a competição e reclamando como tudo estava errado e que um certo concorrente não devia ser aceito no concurso. Sendo um atleta de competição e ex-jogador profissional de futebol, Mike devia se lembrar de quanto os pensamentos negativos podem levá-lo à derrota, tornando-se na verdade uma profecia.

Costumávamos passar o tempo até a hora do concurso de modo diferente do que é hoje. Existia uma camaradagem entre nós que hoje desapareceu. Lembro-me de ir aos quartos vizinhos do hotel em Nova York com Zabo Koszewski, Franco Columbu e Eddie Giuliani, todos famosos no fisiculturismo daquela época, e havia proteína em pó espalhada por todo lado, pílulas de fígado sob o travesseiro e *Tan-in-a-minute* sobre as toalhas e lençóis. Nós nos divertíamos, pintando um ao outro, indo comer juntos e dividindo um táxi até o auditório. Isso era muito mais agradável do que se esconder nos camarins, do tipo "não deixe ninguém ver você" que ocorre hoje em dia. Talvez pelo fato de haver muito mais dinheiro envolvido tenha havido esta mudança, mas os fisiculturistas certamente não se relacionam tão bem entre si como nós fazíamos.

O bombeamento dos músculos antes do concurso também é parte importante da sua estratégia. Aprendi um truque com um velho amigo, Wag Bennet, na Inglaterra, algo que os antigos fisiculturistas faziam: no dia anterior ao concurso, faça uma série até o cansaço a cada hora para cada um dos seus pontos fracos por um mínimo de 14 horas – uma série apenas, não séries múltiplas que irão esgotar e cansar os músculos. Esse bombeamento pode, teoricamente, aumentar o tamanho daquele músculo em 1,2 a 2,5 cm no dia do concurso. Talvez isso estimule a retenção de glicogênio, ou apenas traga mais fluidos para aquela área, eu não sei, mas sei que isso funcionou comigo. No concurso de Mr. Universo NABBA em Londres, em 1967, fui capaz de bombear as minhas panturrilhas durante as últimas 24 horas antes de concurso de 44,4 cm para 45,7 cm.

Franco comendo pizza durante o pré-julgamento para manter o seu nível de energia alto.

A vantagem do bombeamento no dia anterior é que você não precisa bombear demais aquela parte do corpo durante o concurso propriamente dito. Devido a minha experiência, sei que muito bombeamento pode destruir a sua definição. Obviamente, isso depende do seu tipo corporal. Se você é naturalmente suave, quando você bombeia muito você irá parecer inchado no palco. Esse é mais um motivo para entrar no palco com um peso corporal menor para manter a sua definição, desde que você chegue a esse peso cedo o suficiente e o mantenha estável por um período de tempo. Eu acho que quanto mais tempo você mantiver o seu peso em um certo nível, mais a sua estrutura muscular terá um ar de melhor acabamento e maturidade. A perda de 2,2 kg uma semana antes do concurso não irá permitir que você fique firme e definido, e todo o bombeamento no mundo não irá melhorá-lo.

E, afinal, você pode ficar no palco por 45 minutos ou mais em alguns concursos e o bombeamento que você obteve no camarim dificilmente irá durar o tempo todo. Portanto, enquanto o bombeamento é recomendado você pode ter muito de uma coisa boa. Por exemplo, Sergio Oliva era famoso por bombear os músculos em um ritmo intenso por 2 horas antes do concurso. A sua rotina de bombeamento era mais cansativa do que o trabalho normal de muitos fisiculturistas na academia! Isso obviamente era contraproducente, esgotando o glicogênio dos músculos, achatando-os e criando uma quantidade desnecessária de fadiga. Mas, estando eu competindo contra ele, eu certamente não iria lhe dizer isso – mesmo que ele quisesse ouvir!

No meu caso, eu começava uma meia hora antes do pré-julgamento com alguns alongamentos e poses, passando a minha rotina algumas vezes. Então eu bombeava apenas as áreas que eu achava que estavam fracas – ombros, por exemplo, que nunca eram tão impressionantes como meus peitorais – ou fazia uma série para os grandes dorsais. Eu fazia uma série, depois mais poses, depois outra série. Desse modo, eu não me esgotava. Afinal, o pré-julgamento pode começar a 1 hora e ir até as 3 horas, e nenhum bombeamento rápido que você faz no camarim dura tanto tempo. Uma coisa que você nunca deve fazer em uma competição é bombear as suas coxas, pois isso irá destruir a definição naquela área e você não será capaz de adquirir o efeito adequado quando as contrair.

Esse processo é relacionado tanto com aquecimento quanto com bombeamento. Então, no começo da preparação eu mantinha o meu agasalho de treinos no corpo até que eu começasse a sentir calor e suar. Então eu tirava a parte de cima, mantendo apenas uma camiseta. Gradualmente, eu tirava as calças, depois a camiseta e então ficava de sunga na hora de passar óleo e entrar no palco.

A última coisa que eu fazia antes de entrar no palco era colocar uma pequena quantidade de óleo. Depois, antes de cada rodada eu dava uma bombeada e passava mais óleo se fosse preciso. Mais uma vez, a preparação no camarim diz respeito a ficar bombeado por um período de tempo, não de fazer um esforço intenso de pico. Você deve manter o ritmo, continuando a contrair-se o suficiente fora do palco para manter o seu corpo rígido e fazer um bombeamento de vez em quando para manter os seus músculos cheios.

O esforço de ficar no palco durante o pré-julgamento é muito esgotante, e você tem que manter o seu corpo bem-suprido durante este tempo com o que precisar para fazer ele "estourar" quando você posar. Você deve beber água para evitar desidratação. Durante o concurso, Franco e eu geralmente comíamos bolo de cenoura caseiro com pouco açúcar para fornecer energia. Alguns fisiculturistas tomavam goles de vinho (e outras bebidas mais fortes que eu não recomendo se você quer manter a sua força e o seu bom senso). Este é o tipo de coisa que você experimenta em apresentações menos importantes no começo da sua carreira. Evite qualquer tática nova radical nos concursos importantes. Fazer experiências, neste momento, é muito perigoso e em geral apenas um sinal de tensão e nervosismo.

Durante o pré-julgamento, eu raramente prestava atenção ao que outros fisiculturistas estavam fazendo. Eu apenas me concentrava no que eu ia fazer e não considerava as suas presenças até o confronto final.

Entre o pré-julgamento e a apresentação noturna, eu costumava caminhar; comia um pouco; pensava no que eu havia feito certo ou errado; planejava o que ia fazer à noite; falava com pessoas que tinham assistido ao pré-julgamento para obter uma avaliação honesta do meu desempenho; decidia quem entre os meus oponentes era uma ameaça, quem não era e quais táticas eu podia usar para vencer o confronto final. Acima de tudo, no palco ou fora dele, eu sempre agia como vencedor. Eu gostava da apresentação noturna e da minha chance de atuar para a platéia.

Reconhecidamente, sob a pressão da competição é difícil ter em mente tudo que você deve fazer o tempo todo. Não importa o quanto você é experiente, é sempre bom ter alguém com você para agir como treinador. Franco e eu sempre nos ajudávamos desse modo. Em 1980, ele foi para a Austrália para me ajudar a ganhar o Mr. Olímpia, e em 1981, eu devolvi o favor em Columbus, aconselhando-o na estratégia do concurso e ajudando-o a concentrar a energia para vencer. Obviamente, nem todo mundo tem a sorte de ter um Mr. Olímpia como treinador, mas você pode encontrar um amigo ou parceiro de treinos para ir à apresentação com você e encorajá-lo a vencer.

Finalmente, eu sempre mantinha um diário à mão para escrever tudo que eu fazia e sentia durante o concurso: se eu tive cãibras e por quê? A platéia respondeu mais a um tipo de pose do que a outro? Qualquer coisa que pudesse me ajudar a fazer melhor na próxima competição. Eu sei que Franco e Frank Zane faziam a mesma coisa, além de outros fisiculturistas. Afinal, existem tantas variáveis que você deve ter em mente, e quando você quer ser um campeão você não pode deixar nada ao acaso.

LUTA PSICOLÓGICA

Há sempre um fator psicológico em qualquer esporte de competição. O desempenho atlético nos níveis mais elevados requer um enorme grau de autoconfiança e concentração e qualquer coisa que interfere com um deles irá por em risco a chance de vencer.

Perturbar a mente dos seus oponentes, ou a arte do jogo, é comum em todos os esportes. Antes da sua luta contra Sonny Liston nos anos 60, Muham-

Você deve estar consciente de tudo. No Mr. Olímpia de 1981, eu falei para Franco para não se inclinar muito para frente devido às sombras produzidas pelas lâmpadas superiores do palco.

mad Ali apareceu na sessão de pesagem gritando de modo histérico, aparentemente fora de controle e de fato abalou o campeão dos pesos pesados. Eu conheço um nadador que admite verificar sua sunga logo antes do tiro de largada, sabendo que um ou dois oponentes começarão a pensar se suas sungas estão em ordem e olhar para baixo bem na hora do tiro – quebrando a concentração e fazendo com que eles hesitem uma fração de segundo no início da competição.

Nada disso é roubo. Roubar é quando você quebra as regras, não quando você tira vantagem da fraqueza psicológica dos seus oponentes. Quando você pensa sobre isso, todos que querem ter um título de campeão deve dominar a sua mente assim como o esporte. Se ele não faz isso, e você consegue atrapalhá-lo, ele não pode reclamar.

Um dos exemplos mais famosos de perturbação no fisiculturismo ocorreu durante o Mr. Universo IFBB de 1975 na África do Sul (documentado em *Pumping Iron*). Ken Waller, o vencedor, mais como uma piada do que outra coisa, sumiu com a camiseta de Mike Katz – nada que fosse impedi-lo de competir, mas apenas mais uma coisa com a qual Mike tinha que lidar em

A arte gentil da luta psicológica: em um determinado momento do concurso de Mr. Olímpia de 1980 eu me inclinei e contei uma piada a Frank Zane....

... e, como eu esperava, ele começou a rir tanto que a sua concentração para a próxima pose se foi.

uma situação onde a pressão já estava devastadora. Embora o filme tenha exagerado como Mike realmente aceitou a brincadeira, eu acho que ele de fato perdeu tempo e concentração procurando a sua camiseta – e quando você está em uma competição deste nível você não pode perder nada.

Confesso que eu já usei tática semelhante uma vez. No concurso de Mr. Olímpia de 1980, eu estava ao lado de Frank Zane e comecei a contar piadas. Logo ele estava rindo tanto que não conseguia fazer suas poses. Em outro concurso eu falei para Serge Nubret que um dos juízes havia comentado que ele estava muito pequeno e que provavelmente devia estar em outra categoria de peso. "Era disso que eu tinha medo", disse-me ele, e a partir daí ele estava tão obcecado com a idéia, que ficava me perguntando como ele estava, e as suas poses foram estragadas porque ele ficou relutante em fazer certas poses que ele achava que era muito leve para produzir. Em concursos difíceis, como aquele entre Serge e eu, o fator psicológico pode ser decisivo.

Franco tinha um meio direto de perturbar seus oponentes antes do concurso. Ele conseguia alguém para lhe telefonar quando um dos competidores estava treinando na World Gym. Franco então corria para a academia, fazia algumas séries de aquecimento, depois tirava seu agasalho e corria no ginásio usando sungas. A maioria dos fisiculturistas gosta de se manter coberto quando estão se preparando para o concurso, mas Franco agia como se ele não tivesse nenhuma preocupação com isso e estava ansioso para mostrar a sua boa forma. Eu vi Chris Dickerson praticamente sair correndo da academia quando Franco fez isso e depois desafiou Chris a tirar a sua camisa também. Então você pode ver como a luta psicológica pode começar cedo.

No Mr. Olímpia de 1981, Franco providenciou para ter muita cobertura jornalística. Com a televisão italiana lá para filmá-lo e outros fotógrafos tirando fotos dele como se ele fosse o vencedor, os outros competidores passaram a se sentir como já derrotados. Eu costumava fazer a mesma coisa. Eu conseguia que os fotógrafos passassem bastante tempo apenas *me* fotografando no palco, deixando os outros competidores verem que eu estava conseguindo toda a atenção. Quando o outro competidor vinha posar, eles saiam. Eu fazia eles voltarem ao palco e tirarem fotos de minhas poses, ignorando os outros fisiculturistas e dizendo que estava fantástico. Os outros caras ficavam pensando, "O que eu sou, carne moída?"

Ninguém é imune a ser perturbado psicologicamente. De fato, tenho que admitir que eu já recebi esse tratamento bem como já fiz isso com os outros. Em 1969, Sergio Oliva me pregou uma peça que me ensinou como é a luta psicológica. Naquele concurso, Sergio andava o tempo todo antes de entrar no palco com os ombros puxados para dentro, parecendo muito estreito e usando um longo avental. Eu me lembro de pensar que as costas dele não pareciam muito grandes. Ele foi para um canto, passou óleo, e ainda não parecia muito bem. Mas então ele mostrou a sua face: quando ele passou na luz a caminho do palco ele disse, "Olhe para isso!" e abriu seus grandes dorsais – e do modo como aqueles dorsais se abriram, eu juro, eu nunca havia visto nada assim. Era o seu jeito de dizer: É isso aí, está tudo acabado. E estava. Eu fui destruído. Eu olhei para Franco e ele tentou me dizer que era apenas a luz, mas eu sabia que não.

Durante as poses, Sergio ficou me chamando de *baby*. Ele estava com total controle e calmo – "Hei baby, olhe a pose!", e eu não tive nenhuma chance.

Mas saiba, ele pode fazer isso apenas devido à verdadeira qualidade do seu físico. Se um fisiculturista menor tivesse tentado fazer isso eu teria rido dele.

E este é o meio mais potente de perturbar os seus oponentes: simplesmente sendo bom – tendo um físico exuberante e sabendo mostrá-lo. Muitos fisiculturistas cometem o erro de ficar no palco posando por muito tempo. Mas isso é arriscado porque a platéia pode ficar entediada. "Sempre os deixe rindo" é o axioma do entretenimento que se aplica aqui. Eu tentava levantar a audiência e depois saía do palco. Isso sempre garantia que eu fosse chamado de volta ao palco para uma repetição, o que tinha um efeito devastador também sobre os juízes.

A luta psicológica pode ser muito sutil, assim como pode ser rude e brutal. No Mr Olímpia de 1979, enquanto todos os concorrentes estavam circulando aguardando a pesagem, nenhum deles querendo ser o primeiro a tirar a roupa e mostrar aos outros seu físico, Frank Zane entrou calmamente e tirou a roupa, pesou-se e saiu antes que alguém soubesse o que estava acontecendo. Alguém também havia arranjado que um quadro de avisos de um motel próximo ao aeroporto tivesse um grande aviso de "Seja Bem-Vindo Frank Zane, Mr. Olímpia" definitivamente, um abalo emocional para todos os que chegavam.

Se a sua personalidade é do tipo que prefere não se envolver com esse tipo de coisas, apenas saiba que você pode ser o alvo deste tipo de luta emocional algum dia. Saber disso é meio caminho para evitar que estas manobras o aborreçam e o tirem do seu caminho.

REPRESENTANDO O ESPORTE

Até agora, tenho abordado as coisas que permitem que um fisiculturista se apresente melhor no palco e fora dele – como posar, como se vestir, como se comportar e como conseguir publicidade. Agora, gostaria de abordar outro aspecto do fisiculturismo que tem estado ausente antes os competidores da atualidade – como representar o esporte.

Quando comecei no fisiculturismo, admirava campeões como John Grimek, Reg Park e Bill Pearl não apenas pelos seus físicos, mas também pelo tipo de homens que eles eram. Eles eram indivíduos para serem admirados. Fisiculturistas como eles, bem como outros como Steve Reeves e Larry Scott, eram importantes embaixadores do esporte do fisiculturismo. O modo como eles se vestiam, conversavam e se conduziam refletia muito bem no esporte.

Eles não apenas usufruíam do fisiculturismo, eles davam algo em troca. E isso é algo que sempre tentei fazer e que encorajo os outros a fazerem. Quando você chega a um certo nível, tudo que você faz reflete no âmbito do fisiculturismo. Você não é mais apenas um fisiculturista, treinando para você mesmo; você está em uma posição de promover o fisiculturismo ou o desacreditar, dependendo do que você faz ou diz. Quando vou para Atlanta para promover os Jogos Internos da Cidade, o prefeito sempre inclui Lee Haney entre os famosos atletas profissionais convidados para as cerimônias porque Lee tem sido um ativista de assuntos cívicos desde que se aposentou das competições. É muito bom para o esporte ter Lee lado a lado com jogadores profissionais de basquete ou futebol admirados nacionalmente, bem como atletas olímpicos e uma variedade de outros esportes.

Além de ter um grande impacto na percepção pública do fisiculturismo, você como campeão está em uma posição de influenciar o futuro do esporte – sendo um juiz ou um oficial, escrevendo artigos em revistas ou se tornando um promotor de eventos de fisiculturismo, como eu me tornei, usando a sua experiência para criar os melhores concursos possíveis com a melhor atmosfera. Você nunca deve esquecer que você está em uma posição que faz a diferença.

Parafraseando um parente de minha esposa, Maria, não pergunte o que o esporte pode fazer por você, mas às vezes pare e pense o que você pode fazer pelo esporte. Se você fizer isso, haverá inúmeros fisiculturistas jovens no futuro que ficarão agradecidos a você.

LIVRO CINCO

Saúde,
Nutrição
e Dieta

CAPÍTULO 1

Nutrição e Dieta

O treinamento estimula o crescimento muscular. Mas, para que o seu treinamento funcione, o seu corpo precisa de uma quantidade suficiente de energia e bastante matéria-prima para obter o benefício completo do seu programa de exercício. O fornecimento de energia e matéria-prima é o papel da *nutrição*.

A nutrição envolve o aprendizado de como manter-se magro, moderado e musculoso. Também significa saber quanto e que tipo de alimento ingerir para o melhor resultado possível. Significa aprender os nutrientes básicos e determinar o quanto você precisa de cada um. A boa nutrição também diz respeito a proteínas, vitaminas, sais minerais e outros suplementos. Ela não apenas o ajuda a ficar maior e mais forte, mas também o mantém saudável, além de auxiliar o seu sistema imunológico de modo que você não perca as sessões de treinamento por estar doente. Os benefícios de uma boa nutrição também incluem tudo, desde melhorar a sua recuperação de um treinamento pesado até lhe proporcionar uma boa pele e um bom funcionamento do fígado e outros órgãos internos.

Devido a isso, *os princípios básicos da nutrição são tão valiosos para um fisiculturista quanto os princípios básicos do treinamento*. A nutrição é tão necessária para a formação de um corpo forte, saudável e de boa aparência quanto o treinamento. O exercício cria uma demanda de nutrientes; a quantidade e o tipo de nutrientes que você precisa são fatores importantes na produção do resultado que você deseja.

No Arnold Classic a cada ano, eu entrevisto os competidores quando eles saem do palco. Uma das minhas perguntas favoritas é, "O que você acha que foi o fator mais importante para chegar a esta tremenda forma para este concurso?" Muito freqüentemente, campeões como Shawn Ray, Nasser El Sonbaty e Flex Wheeler (ou os vencedores do Ms. International ou Arnold Fitness Contest) não respondem essa pergunta dizendo que foi fazendo mais supinos ou adicionando mais dias de repouso ao programa ou trabalhando mais em movimentos de isolamento. Não, na maioria dos casos (especialmente em anos recentes) eles se referem a uma melhor nutrição, ao maior uso de suplementos ou a uma dieta mais eficaz que lhes permitiu ganhar músculo, perder gordura e ser capaz de treinar com mais energia até o concurso.

Eu acho que os avanços na nutrição e os suplementos alimentares são o principal motivo de nós vermos tantos competidores de primeira categoria no esporte hoje em dia. O treinamento melhorou ao longo dos anos, mas não foi revolucionado. Porém, o maior conhecimento sobre nutrição é o motivo pelo qual nós vemos mais e mais competidores de primeira classe entrando nos concursos nos dias de hoje. Desnecessário dizer que, uma melhor nutrição não vai criar campeões sem muito treinamento árduo e dedicação. Mas, juntamente ao treinamento árduo e uma boa atitude mental, o conhecimento e a excelência nutricional são o terceiro fator que mais determina o sucesso no fisiculturismo. No passado, os fisiculturistas abordavam a dieta e a nutrição com bases puramente instintivas. Então, no início, eles eram capazes de produzir massa, mas não de ficar realmente definidos. Quando apareceram fisiculturistas que eram capazes de ficar totalmente definidos – como Harold Poole ou o falecido Vince Gironda – eles tendiam a ser menores. Eles ainda não tinham aprendido o truque de permanecer grandes e ficar definidos ao mesmo tempo.

No meus primeiros anos, eu comia bem e cresci muito. Mas eu observei que unicamente volume não ia me levar aonde eu queria chegar. Então, quando eu vim para a Califórnia, comecei um sério estudo sobre dieta e nutrição na tentativa de desenvolver um físico que tivesse *tudo* – tamanho, forma e proporção – cortado em pedaços! Para ser um campeão, eu pensei, significa que você tem que levar o seu corpo ao limite. E o corpo não será capaz de responder ao máximo a não ser que ele tenha bastante nutrientes vitais disponíveis no lugar e hora certos.

Os fundamentos da nutrição são relativamente simples. Aprender a aplicá-los ao seu treinamento, compreender as necessidades individuais do seu próprio corpo, como ele responde aos vários tipos de dietas de perda ou ganho de peso, é outra coisa. Assim, como em muitos outros aspectos do treinamento, ao final você é forçado a utilizar os Princípios Instintivos.

Primeiro você precisa aprender os fundamentos, isolando as variáveis que têm um papel importante na produção de energia e na construção e manutenção de tecido muscular. Ir além dos fundamentos, compreender que a nutrição é mais do que apenas saber quais são os vários nutrientes e como o corpo os utiliza; você tem que aprender a aplicar essas informações às suas próprias necessidades e ao seu tipo corporal.

Neste capítulo, nós vamos ver exatamente quais são os vários nutrientes importantes, do que eles são compostos e o que eles fazem. Posteriormente, iremos ver como juntar um programa de nutrição para formação de músculos, controle de peso ou preparação para competição.

AS EXIGÊNCIAS ESPECIAIS DO FISICULTURISMO

Os fisiculturistas são virtualmente únicos nas demandas que eles colocam sobre seus corpos. Eles requerem simultaneamente massa muscular máxima e gordura corporal mínima, que é um estado extremamente difícil de obter. Atletas como ginastas, boxeadores e lutadores, que precisam manter-se muito magros, seguem um esquema de treinamento que queima tantas calorias que eles raramente têm que fazer dieta para reduzir a gordura corporal. Nem eles tentam, como fazem os fisiculturistas, baixar para um percentual de gordura corporal de cerca de 8 a 11% para homens e 7 a 9% para mulheres (muitos testes relatam percentagens muito menores do que estas, mas leituras extremamente baixas, na faixa de 3 a 5% provavelmente são erradas). A maioria dos atletas de força como jogadores de futebol trabalham para aumentar o tamanho e a força muscular com pouca atenção na redução da gordura corporal.

Os fisiculturistas têm uma pequena margem de erro. Eles têm que comer bastante para crescer, depois serem capazes de reduzir a gordura corporal sem sacrificar a massa muscular. Eles podem usar exercícios aeróbios para queimar as calorias extras, mas não ao ponto de o seu treinamento possa ser comprometido. Eles precisam controlar as calorias, mas obterem proteínas em quantidade suficiente para manter o tecido muscular. A nutrição é uma ciência complexa e em evolução contínua, e os nutricionistas estão nos trazendo novas informações quase diariamente. Contudo, certos princípios básicos da nutrição estão bem estabelecidos, e o domínio desses fundamentos é essencial para o fisiculturista que deseja atingir seu potencial genético total de crescimento e desenvolvimento físico.

OS NUTRIENTES BÁSICOS

Há três nutrientes básicos conhecidos como *macronutrientes:*
1. *As Proteínas*, compostas de vários aminoácidos, fornecem a matéria-prima para o tecido muscular. São também um componente de todos os órgãos e estão envolvidas na estrutura da pele, ossos e tendões, bem como em várias funções corporais (todas as enzimas são proteínas).
2. *Os carboidratos*, combustível energético, são compostos de uma variedade de açúcares mais complexos e menos complexos e moléculas de amido.
3. *As gorduras* (ou óleos), o nutriente que contém os depósitos de energia mais densamente acumulados.

A *água* também é um nutriente essencial. Ela constitui 72% do tecido muscular e a maioria dos fisiculturistas bebe vários litros de água por dia. Em adição, a suplementação nutricional pode incluir inúmeras outras substâncias como ervas e hormônios, sobre os quais falaremos com mais detalhes em outra seção.

Outros nutrientes, chamados de *micronutrientes*, incluem:

Vitaminas – substâncias químicas essenciais que facilitam várias reações bioquímicas

Minerais – essenciais para inúmeras funções vitais do organismo, incluindo a contração muscular

Aminoácidos essenciais – parte das proteínas que obtemos da alimentação

Ácidos graxos essenciais – obtidos de plantas ou óleos de peixe

PROTEÍNA

A proteína é usada pelo corpo para construir, reparar e manter o tecido muscular. Como veremos, nessa área os fisiculturistas estão muito à frente dos especialistas em nutrição ao reconhecer que a construção de músculos (na verdade, o treinamento pesado de qualquer natureza) requer uma ingesta de proteína *muito maior* do que se acreditava anteriormente.

O corpo não pode usar a proteína que você ingere para a produção de músculo a não ser que todos os aminoácidos necessários estejam presentes. Contudo, o próprio corpo pode produzir apenas alguns desses aminoácidos. Os outros, chamados *aminoácidos essenciais*, têm que ser obtidos a partir da alimentação.

A proteína é composta de carbono, hidrogênio e oxigênio (assim como os outros macronutrientes) e um outro elemento que nenhum outro nutriente tem – o nitrogênio. Se você ouvir alguém falando sobre ter um balanço nitrogenado positivo ou negativo estará se referindo a estar em estado anabólico (capaz de produzir músculo) ou em um estado catabólico (perdendo músculo).

Alguns alimentos contêm o que é chamado de *proteína completa* – isto é, elas fornecem *todos* os aminoácidos necessários para produzir a proteína utilizável. Exemplos desses alimentos são leite, ovos, carne, peixe e vários produtos vegetais, como a soja. Mas mesmo esses alimentos contêm quantidades diferentes de proteína utilizável por peso. Isto é, mesmo que um alimento contenha, por exemplo, 10 gramas de proteína, seu corpo pode usar apenas uma certa porcentagem dessa proteína, como 7 ou 8,5 gramas.

A seguir, apresentamos um gráfico que mostra, à esquerda, qual a porcentagem de proteína de vários alimentos usados comumente como fonte protéica e, à direita, a porcentagem de proteína que o seu corpo será capaz de usar para a produção muscular:

Alimento	% Proteína por Peso	% Líquido de Utilização da Proteína
Ovos	12	94
Leite	4	82
Peixe	18-25	80
Queijo	22-36	70
Arroz integral	8	70
Carne e aves	19-31	68
Farinha de soja	42	61

(O soro do leite, um derivado lácteo, que é um produto refinado, tem ainda mais proteína líquida do que os ovos)

Esse gráfico nos diz, por exemplo, que um ovo contém apenas 12% de proteína por peso. Ainda assim, devido ao balanço específico dos aminoácidos presentes naquela proteína, 94% dele pode ser usado pelo seu corpo. Em contraste, 42% da farinha de soja é proteína, mas a composição daquela proteína é do tipo que o seu corpo só pode usar 61% dela. Portanto, *há uma grande diferença entre quanta proteína um alimento contém e quanto dessa proteína você realmente utiliza para formar músculos.*

Os ovos são uma fonte tão boa de proteína de qualidade que são usados como base de comparação para classificação da qualidade protéica de outros alimentos, com os ovos recebendo um valor arbitrário de um 100 "perfeito".

Alimento	Índice Protéico
Ovos (inteiros)	100
Peixe	70
Carne magra	69
Leite de vaca	60
Arroz integral	57
Arroz branco	56
Soja	47
Trigo integral	44
Amendoim	43
Feijão	34
Batata inglesa	34

Incidentalmente, observe que eu lhe dei o valor do *ovo inteiro*. Hoje em dia, está na moda comer apenas a clara do ovo porque a gema contém alguma gordura e a clara não. Contudo, eu nunca faço isso. A gema na verdade contém tanta proteína quanto a clara, bem como a maioria das vitaminas e sais minerais. Se você sente a necessidade de limitar a gordura na sua alimentação, eu recomendo que você faça isso eliminando outros alimentos, não jogando fora o que de várias maneiras é a melhor parte do ovo. (A gema do ovo contém colesterol, portanto, se você tem problemas com o colesterol você deve consultar um médico a respeito da sua dieta.)

Voltando à lista, você pode ver que alimentos como arroz, batatas e feijão lhe dão consideravelmente menos proteína *utilizável* do que os ovos ou peixe.

O motivo é que eles têm muito pouco dos aminoácidos essenciais que são necessários para a proteína completa. Você pode, contudo, combinar duas ou mais fontes dessa proteína de baixa qualidade (incompleta) para obter proteína completa de alta qualidade. Isto é, um alimento não tem certos aminoácidos que são supridos por outro alimento, então combinados, eles lhe dão o que você precisa. Ter proteínas incompletas é como tentar jogar beisebol com 18 jogadores, 5 dos quais são arremessadores e 3 pegadores. Não importa que haja 18 jogadores porque os dois times estão incompletos.

Essa necessidade de reunir um "time" completo de aminoácidos significa que adicionando apenas uma pequena quantidade dos alimentos corretos ao seu plano alimentar pode fazer uma grande diferença. Para continuar a analogia com o beisebol, suponha que você tenha 72 jogadores prontos para jogar beisebol mas nenhum deles pode jogar na primeira base. Depois suponha que você recrute apenas 9 jogadores adicionais – todos da primeira base. Agora, em vez de 72 atletas sem nenhuma utilidade, você de repente tem 9 times de beisebol completos prontos para entrar em campo. Essa é a mesma coisa que acontece quando você tem vários conjuntos incompletos de aminoácidos e apenas adiciona aqueles que são necessários para permitir que o corpo produza a massa muscular adicional.

Combinar proteína incompleta desse modo é útil porque isso geralmente envolve comer alimentos que são relativamente pobres em gordura e assim contém menos calorias do que muitas fontes comuns de proteínas completas. Quando você está tentando construir massa muscular máxima com o mínimo de gordura possível, isto pode ser uma grande vantagem. (Você também pode obter proteína sem gordura usando suplementos protéicos, sobre o que falaremos com mais detalhes adiante.)

Como eu disse, como cada fonte de proteína incompleta é desprovida de um certo aminoácido essencial, você precisa ser muito *específico* na sua combinação alimentar de modo a ter uma proteína completa. No livro *Diet for a Small Planet* de Frances Moore Lappé (Ballantine Books, 1974), são recomendadas as seguintes combinações:

Grãos mais sementes

Refeições com pão adicionado de sementes
Pão com semente de gergelim ou girassol
Arroz com semente de gergelim

Grãos com laticínios

Cereais com leite (e agora você sabe porque isto geralmente é recomendado no desjejum)
Massa com leite ou queijo (Aha... espaguete com queijo parmesão)
Pão com leite ou queijo (um lanche tradicional em muitas partes da Europa)

Grãos com Legumes

Arroz e feijão (que é parte fundamental de dietas em todo o mundo, especialmente em países onde a proteína animal é escassa)
Pão de trigo com feijão
Pão de farinha de soja
Sopa de legumes com pão

Você pode consultar um guia nutricional para encontrar exatamente quais dos oito aminoácidos essenciais falta em um alimento em particular, mas isso na verdade é desnecessário. Se você simplesmente lembrar os grupos alimentares enumerados aqui, você será capaz de combinar seus alimentos corretamente para maximizar a proteína utilizável.

Obviamente, todo o conhecimento sobre a natureza das proteínas e quais alimentos ingerir para obter proteína significa muito pouco se você não sabe *quanta* proteína deve ingerir (e isso é algo que nós vamos discutir em detalhes no próximo capítulo).

Suplementos Protéicos

O treinamento para aumentar massa muscular requer mais do que apenas um trabalho árduo, ele requer proteína em cerca de 1 grama por cada 0,500 g de peso corporal por dia para alguns indivíduos, mas como você pode descobrir, obter proteína suficiente sem consumir muita gordura geralmente é um problema. Uma solução para esse problema vem na forma dos suplementos protéicos. Os suplementos protéicos são, não apenas um meio barato de aumentar a ingesta protéica sem aumentar significativamente a gordura da dieta, mas eles também são convenientes, o que é importante uma vez que a freqüência das refeições é um aspecto essencial da nutrição no fisiculturismo.

A variedade de suplementos protéicos disponível nas lojas de alimentos dietéticos é incrível, e ao contrário dos anos anteriores, os suplementos de hoje têm um sabor mais parecido com sobremesas do que de alimentos de alta proteína/baixa gordura para fisiculturistas. Porém, muitos dos suplementos protéicos de hoje são mais do que apenas proteínas enlatadas: eles são suplementos densos em nutrientes, contendo vitaminas e sais minerais, bem como macronutrientes como proteína e carboidratos. Encontrar suplementos que se adaptem às suas necessidades alimentares bem como ao seu paladar pode ser um auxílio valioso ao seu plano alimentar.

Considerando a enorme seleção de suplementos disponíveis atualmente, há vários fatores que podem ajudá-lo a escolher um deles. Em primeiro lugar, leia o rótulo. Alguns suplementos protéicos contêm várias quantidades de carboidratos e, embora o carboidrato aumente a conversão da proteína dietética em proteína muscular, seu excesso também adiciona mais calorias, tornando a queima da gordura mais difícil. Conseqüentemente, contar os carboidratos incluídos no seu suplemento protéico é importante se você precisa manter uma dosagem acurada da sua ingesta de macronutrientes.

Em segundo lugar, os suplementos de proteína pura que não são consumidos com uma refeição ou adicionados aos carboidratos não são metabolizados eficazmente. As pesquisas indicam que para a proteína ser utilizada mais como síntese protéica do que para produção de energia, ela deve ser consumida com calorias adicionais, especialmente aquelas oriundas dos carboidratos. Isso pode ser desprezível se você está em uma dieta pobre em carboidratos e espera que uma maior porção da sua proteína dietética seja usada para energia, mas se o seu objetivo é obter o maior impulso a partir da sua cota protéica, inclua carboidratos no seu suplemento protéico (se ele não contiver carboidratos) ou consuma o suplemento como parte de uma refeição.

Em terceiro lugar, há três tipos diferentes de proteína usadas tipicamente nos suplementos protéicos: as proteínas do leite (soro, concentrado de proteína do leite e caseinato), os ovos e a proteína da soja. Todos são considerados proteínas de alta qualidade e, embora haja pouca evidência científica que sugira que uma fonte de proteína seja melhor do que a outra para o crescimento muscular, os suplementos protéicos que são derivados do leite ou dos ovos tiveram maior aceitação entre os fisiculturistas. Mas a proteína da soja tem benefícios que as outras duas não tem. A proteína da soja recentemente recebeu atenção da comunidade médica devido a uma pesquisa que mostra que ela pode reduzir o colesterol em alguns indivíduos. Então, nos indivíduos que têm problemas com o colesterol, a proteína da soja pode ser a melhor escolha.

E, finalmente, lembre-se de que os suplementos protéicos não são projetados para ser a única fonte de proteína alimentar. Uma dieta balanceada é um aspecto importante de uma dieta saudável, bem como da dieta no fisiculturismo.

CARBOIDRATOS

Os carboidratos são a fonte primária e mais disponível de energia do corpo. Todos os carboidratos são açúcares, moléculas contendo carbono, hidrogênio e oxigênio sintetizado por plantas no processo de fotossíntese (usando energia solar) ou por animais por meio de um processo de síntese de glicogênio. Mas, quando eu falo açúcar, isso não significa o açúcar de mesa que você coloca no seu café, pela manhã. Há uma ampla variedade de carboidratos diferentes, como veremos. A seguir estão as categorias básicas dos carboidratos:

Monossacarídeos

Glicose (açúcar do sangue)
Frutose (açúcar das frutas)
Galactose (um tipo de açúcar do leite)

Oligossacarídeos

Sucrose (açúcar encontrado, em estado natural, em plantas terrestres)
Lactose (açúcar do leite)
Maltose (açúcar do malte)

Polissacarídeos

Polissacarídeos das plantas (amido e celulose)
Polissacarídeos animais (glicogênio)

A velocidade com a qual os carboidratos são metabolizados é medida por algo chamado de índice glicêmico. Um índice glicêmico elevado (grande aumento da glicose sérica) significa que os carboidratos são metabolizados rapidamente; um índice baixo (aumento relativamente pequeno da glicose sérica) significa que eles são metabolizados mais lentamente ou de modo diferente. O índice glicêmico substituiu os termos que eram usados quando eu competia – carboidratos simples e complexos. O que nós chamávamos de carboidratos simples hoje são chamados de carboidratos com alto índice glicêmico (frutas, açúcar processado) e os carboidratos complexos são chamados de carboidratos de baixo índice glicêmico (amidos e celulose). Os carboidratos com baixo índice glicêmico fornecem a sua energia durante algum tempo e, portanto, têm um efeito de liberação por tempo.

A propósito, você freqüentemente tem que olhar os alimentos em um guia para ter certeza do seu índice glicêmico. O sorvete, devido à gordura que ele contém, tem um índice glicêmico relativamente baixo. O tipo de arroz que você come em um restaurante chinês, o tipo de gruda, tem um índice glicêmico surpreendentemente elevado (ao contrário do arroz integral ou do arroz selvagem).

Como foi explicado, os carboidratos são a forma mais fácil de alimento para ser convertido em energia no corpo. Uma vez ingerido, eles são transformados em *glicose*, que circula na corrente sangüínea e fornece energia para a contração muscular, e *glicogênio*, que é armazenado nos músculos e no fígado para uso no futuro. O suprimento adequado de carboidratos é essencial ao fisiculturista sério por inúmeros motivos:

1. Os carboidratos são uma fonte primária de energia. O carboidrato armazenado nos músculos como glicogênio é o que permite que você faça um treinamento pesado e intenso com pesos.
2. O tamanho do músculo é aumentado quando o corpo armazena glicogênio e água na célula muscular.
3. Os carboidratos no corpo tem um efeito "poupador de proteína", evitando que o corpo queime proteína para ter energia. Falaremos mais sobre esse aspecto importante dos carboidratos mais adiante.
4. A glicose dos carboidratos é a principal fonte de energia que abastece o funcionamento do cérebro e a sua falta pode ter graves efeitos sobre o humor, a personalidade e a capacidade mental.

O motivo pelo qual os carboidratos são tão importantes como combustível para o treinamento intenso é que a maioria dos exercícios desse tipo é *anaeróbio* – isto é, ocorre em explosões curtas e intensas e ultrapassa a capacidade corporal de suprir oxigênio suficiente para manter o esforço. Mas, a estrutura dos carboidratos é de tal modo que eles podem continuar a abastecer o exercício por curtos períodos na ausência de oxigênio. Portanto, quando você fizer uma série pesada de treinamento de força ou correr rapidamente 100 metros rasos, a fonte de energia nesse esforço serão, primariamente, os carboidratos.

Suplementos de Carboidratos

O treinamento intenso cria uma demanda para reposição de glicogênio (carboidratos) no organismo, bem como de aminoácidos. É importante ter bastante carboidrato no seu sistema após o treinamento porque de outro modo o corpo pode começar a usar os aminoácidos para obter energia. A "janela" para renovação de carboidratos – isto é, o período no qual o corpo está em elevada demanda desse nutriente – é muito menor do que para as proteínas. De fato, os seus melhores resultados ocorrem quando você é capaz de ingerir os carboidratos necessários dentro de 20 minutos após o término do treino.

Essa necessidade de reposição imediata de carboidratos é o motivo pelo qual muitos fisiculturistas utilizam um suplemento de carboidratos após o treinamento, bem como um suplemento protéico. Isso é especialmente valioso se você fizer uma sessão de treinamento cardiovascular após o treinamento de força. Se você tentar andar na esteira, trabalhar no *stepper* ou na bicicleta logo após o treino, e o seu corpo estiver desprovido de carboidratos, você se sentirá sem energia e pode ter certeza de que seu corpo está metabolizando mais aminoácidos para fornecer energia do que seria necessário.

GORDURAS DIETÉTICAS

As gorduras são o tipo de macronutrientes mais densos em energia. As gorduras são feitas dos mesmos elementos dos carboidratos – carbono, hidrogênio e oxigênio – mas o modo de ligação dos átomos é diferente. (Os óleos, por sinal, são simplesmente gorduras líquidas na temperatura ambiente). As gorduras, que podem ser encontradas nas plantas e animais são insolúveis na água. Elas são agrupadas em 3 categorias: *gorduras simples* (triglicerídeos), *gorduras compostas* (fosfolipídios, glicolipídios, lipoproteínas) e *derivados das gorduras* (colesterol).

As gorduras corporais têm 3 funções básicas: (1) Elas fornecem a principal forma de energia *armazenada* (gordura corporal); (2) elas servem de enchimento e protegem os principais órgãos; e (3) elas agem como isolante térmico, preservando o calor corporal e protegendo contra o frio excessivo.

A gordura é o nutriente mais denso em calorias. 0,500 gramas de gordura contém cerca de 4.000 calorias, em contraste com as 1.800 calorias de 0,500 gramas dos carboidratos.

Quando você se exercita, assumindo que esteja dentro da sua capacidade aeróbia (não fique sem fôlego), o corpo utiliza as gorduras e carboidratos como fonte de energia em um índice 50 a 50. Mas quanto mais tempo você continuar o exercício, maior a porcentagem de gordura utilizada. Após trabalhar 3 horas ou mais, o corpo pode retirar até 80% da sua energia das gorduras.

As moléculas de gordura diferem bioquimicamente na sua composição, sendo *saturadas, insaturadas ou poliinsaturadas*. Esses termos simplesmente se referem ao número de átomos de hidrogênio que se ligam a cada molécula.

Usando uma analogia, considere um novelo de fios. A gordura saturada é como se o comprimento do fio estivesse todo cheio de nós. A insaturada é como se o fio tivesse apenas alguns nós. E a poliinsaturada é como se o fio estivesse enrolado direitinho, sem nenhum nó. Quanto mais saturada (com nós) a gordura, mais provável que a gordura permaneça no corpo e entupa as artérias, aumentando o risco de doenças cardíacas.

Além de outros fatores, as dietas ricas em gordura saturada tendem a elevar o nível de colesterol sangüíneo. Portanto, os especialistas em saúde recomendam que cerca de 2/3 da sua ingesta de gordura seja de gorduras poliinsaturadas.

As gorduras saturadas são encontradas em alimentos como:

Carne de gado
Carneiro
Porco
Frango
Crustáceos
Gema do ovo
Creme de leite
Leite
Queijo
Manteiga
Chocolate
Banha
Gordura vegetal

As gorduras insaturadas são encontradas em:

Abacate
Castanhas
Azeitonas e azeite de oliva
Amendoim, óleo e manteiga de amendoim

As gordura poliinsaturadas são encontradas em:

Amêndoas
Óleo de semente de algodão
Margarina (geralmente)
Noz pecan
Óleo de girassol
Óleo de milho
Peixe
Maionese
Óleo de açafrão
Óleo de soja
Nozes

Gorduras dos Alimentos

As gorduras são um nutriente absolutamente necessário em uma dieta saudável. Mas os fisiculturistas hoje em dia freqüentemente adotam uma dieta tão pobre em gorduras que eles desenvolvem deficiências dietéticas de gordura. Contudo, estão disponíveis alimentos e suplementos que suprem essas gorduras "boas" em quantidades necessárias. Alguns exemplos são:

Óleo de peixe. Em vez de peixe pobre em gordura, use salmão, truta ou cavala. As gorduras de peixe não podem ser prontamente produzidas no organismo, mas são necessárias a alguns órgãos (especialmente o cérebro). Você também pode ingerir óleo de peixe na forma de suplemento.

Óleos vegetais poliinsaturados. Dois óleos valiosos são os ácidos linoléico e o linolênico. Os óleos vendidos em supermercados como óleo de milho, girassol e açafrão não podem fornecer ácido linoléico. O óleo de soja é o único óleo vendido no supermercado que contém ácido linolênico. O óleo de semente de linho, que também pode ser encontrado em nozes e sementes de abóbora, é a fonte ideal de ácido linolênico.

TCMs (triglicerídeos de cadeia média). Obtido do óleo de coco, os TCM têm uma reputação injustificada no mundo do fisiculturismo. Acredita-se que os TCMs não podem depositar-se nas células de gordura, mas as pesquisas têm mostrado que isso está errado. Embora os TCMs estejam disponíveis rapidamente na corrente sangüínea, eles não dão mais força, tamanho, velocidade ou resistência a um atleta. Os TCMs são muito parecidos com as calorias de gordura, portanto eu não os recomendo.

Gorduras monoinsaturadas. Essas são as gorduras mais saudáveis porque elas não afetam o seu colesterol ou prostaglandinas (reguladores da ação hormonal) como algumas gorduras poliinsaturadas. As gorduras monoinsaturadas são encontradas no azeite de oliva e nozes macadamia.

Suplementos de ácidos graxos. Vários suplementos de lojas de alimentos contêm ácidos graxos essenciais derivados de óleo de peixe e outras fontes.

ÁGUA

A água, um componente principal do corpo, freqüentemente é negligenciada como um nutriente vital. Ela age no transporte de várias substâncias químicas no sistema e é o meio pelo qual ocorrem várias reações bioquímicas entre os nutrientes básicos.

O corpo é composto de 40 a 60% de água. Você pode lembrar-se que o músculo é composto de 72% de água por unidade de peso, enquanto a gordura contém apenas 20 a 25% de água. Isso significa que as dietas ou atividades que resultam em excessiva perda de líquidos têm um efeito significativo no tamanho muscular. Além disso, sem uma ingesta suficiente de água, você fica desidratado. O seu corpo começa a reter água para proteger-se, e grande parte dessa água é armazenada no tecido subcutâneo, que suaviza dramaticamente a definição muscular.

A água retida se torna contaminada porque os seus rins não podem filtrar os contaminantes adequadamente quando você está desidratado. O fígado, então, é chamado para ajudar a processar esses resíduos, que interferem com uma das suas principais funções, metabolizando as gorduras. Portanto, sem água suficiente no seu organismo você poderá ficar cheio de água, inchado e obeso, o que é desastroso para um fisiculturista que trabalha em busca de uma definição máxima.

Isso também leva a um problema com o sódio. Quando você está desidratado, o sódio não pode ser eliminado adequadamente do seu corpo, causando mais retenção de água e qualquer sódio adicional ingerido na sua dieta simplesmente agrava o problema.

Para qualquer um envolvido em exercício intenso, a necessidade de água é de pelo menos 8 copos de 300 ml por dia. Alguns fisiculturistas bebem ainda mais do que isso. E a água em solução não conta. Você precisa de água pura, não suco, refrigerante, café, chá ou outro substituto.

VITAMINAS

As vitaminas são substâncias orgânicas que o corpo precisa em pequenas quantidades e que nós ingerimos com os nossos alimentos. As vitaminas não suprem energia, nem contribuem substancialmente para a massa corporal; particularmente, elas agem como catalisadoras, substâncias que ajudam a desencadear outras reações no organismo.

Há duas categorias básicas de vitaminas: hidrossolúveis e lipossolúveis. As vitaminas hidrossolúveis não são armazenadas no organismo e qualquer excesso é eliminado pelo rim. As vitaminas lipossolúveis são dissolvidas e armazenadas nos tecidos gordurosos do corpo. É necessário ingerir vitaminas hidrossolúveis diariamente, mas as lipossolúveis podem ser ingeridas com menos freqüência.

Vitaminas hidrossolúveis

B_1 (tiamina)
B_2 (riboflavina)
B_3 (niacina, ácido nicotínico, nicotinamida)
B_5 (ácido pantotênico)
B_6 (piridoxina)
B_{12} (cianocobalamina)
Biotina
Folato (ácido fólico, folacina)
Vitamina C (ácido ascórbico)
Vitamina A (retinol)

Vitaminas lipossolúveis

Vitamina A
Vitamina D
Vitamina E
Vitamina K

Vitamina B₁ (Tiamina)

Função no Organismo: Ajuda a liberar energia dos carboidratos durante o metabolismo. Importante para a saúde dos nervos e músculos, incluindo o coração. Ajuda a prevenir fadiga e irritabilidade.

Fontes Dietéticas: Porco, grãos integrais, feijão e ervilha, semente de girassol, nozes.

SINTOMAS DE DEFICIÊNCIA: Beribéri (alterações nervosas, às vezes edema, insuficiência cardíaca)

SINTOMAS DE SUPERDOSAGEM: Nenhum conhecido.

RDA: 1,5 mg.

Vitamina B₂ (Riboflavina)

Função no Organismo: Ajuda o corpo a metabolizar carboidratos, gordura e proteína para liberar energia. Como antioxidante, a riboflavina protege as células de dano oxidativo. Favorece a boa visão e é necessária para um cabelo, pele e unhas saudáveis. Necessária ao crescimento celular normal.

Fontes dietéticas: Fígado e outras vísceras, frango, levedura, peixe, ervilha, feijão, nozes, semente de girassol, queijo, ovos, iogurte, leite, cereais integrais, vegetais folhosos verdes, algas marinhas.

Sintomas de Deficiência: Lesões cutâneas.

Sintomas de Superdosagem: Nenhum conhecido.

RDA: 1,7 mg

Vitamina B₃ (Niacina, Ácido Nicotínico, Nicotinamida)

Função no Organismo: Metabolismo energético. Importante para a saúde da pele e tecido do trato gastrintestinal. Estimula a circulação. (Cuidado: Se o ácido nicotínico for ingerido sozinho ele pode causar rubor facial).

Fontes dietéticas: Fígado e outras vísceras, vitela, porco, frango, peixe, nozes, levedura, feijão, frutas secas, vegetais folhosos, grãos integrais, leite e ovos.

Sintomas de Deficiência: Pelagra (sensibilidade à luz; fadiga; perda do apetite; erupções cutâneas; e língua vermelha, dolorida).

Sintomas de Superdosagem: Rubor da face, pescoço e mãos; dano hepático.

RDA: 19 mg.

Vitamina B₅ (Ácido Pantotênico)

Função no Organismo: O ácido pantotênico é uma parte ativa da coenzima A (CoA), importante na produção e utilização de energia. Ela ajuda as glândulas adrenais a aumentarem a produção de hormônios para contra-balançar o estresse.

Importante na saúde da pele e nervos.

Fontes dietéticas: Nozes, feijão, sementes, vegetais folhosos verde-escuros, frango, frutas secas, leite. Maior fonte: geléia real (das abelhas).

Sintomas de Deficiência: Fadiga, transtornos do sono, náusea.

Sintomas de Superdosagem: Nenhum conhecido.

RDA: 6 mg.

Vitamina B_6 (Piridoxina)

Função no Organismo: Ajuda a proteína corporal a produzir tecidos orgânicos e no metabolismo das gorduras. Facilita a liberação de glicogênio hepático e muscular. Ajuda na produção de células vermelhas e regulação de líquidos.

Fontes dietéticas: Semente de girassol, feijão, aves, fígado, ovos, nozes, vegetais folhosos, bananas, frutas secas.

Sintomas de Deficiência: Distúrbios nervosos e musculares.

Sintomas de Superdosagem: Marcha instável, pés dormentes, má coordenação motora, função cerebral anormal.

RDA: 2 mg.

Vitamina B_{12} (Cianocobalamina)

Função no Organismo: Importante na formação das células vermelhas sangüíneas e formação de material genético. Estimula o crescimento das crianças. Ajuda no funcionamento do sistema nervoso e na metabolização corporal das proteínas e gorduras.

Fontes dietéticas: Proteínas de origem animal, incluindo peixe, carne, crustáceos, aves, leite, iogurte e ovos.

Sintomas de Deficiência: Anemia perniciosa (perda de peso, fraqueza, palidez cutânea), confusão, depressão, perda de memória e alterações do humor.

Sintomas de Superdosagem: Nenhum conhecido.

RDA: 2 µg.

Biotina

Função no Organismo: Metabolismo energético.

Fontes dietéticas: Gema do ovo, fígado, sardinha, farinha de soja integral.

Sintomas de Deficiência: Dermatite, depressão, dor muscular.

Sintomas de Superdosagem: Nenhum conhecido.

RDA: 30 a 100 µg.

Folatos (Ácido Fólico, Folacina)

Função no Organismo: Ajuda na formação das células vermelhas sangüíneas. Ajuda na metabolização e utilização das proteínas. Essencial durante a gravidez por sua importância na divisão celular. Na sua forma ativa (chamada de forma contendo metil) o folato estabiliza as proteínas, ácidos nucléicos e membranas celulares, bem como suporta a função cerebral.

Fontes dietéticas: Vegetais folhosos verde-escuros, nozes, feijão, grãos integrais, frutas e sucos de frutas, fígado, gema do ovo.

Sintomas de Deficiência: Anemia, distúrbios gastrintestinais.

Sintomas de Superdosagem: Mascara a deficiência de vitamina B_{12}

RDA: 200 µg.

Vitamina C (Ácido Ascórbico)

Função no Organismo: Essencial ao tecido conjuntivo encontrado na pele, cartilagem, ossos e dentes. Ajuda a cicatrizar ferimentos. Antioxidante. Estimula o sistema imunológico. Ajuda na absorção do ferro.

Fontes dietéticas: Frutas cítricas, frutas silvestres, melão, vegetais verde-escuros, couve-flor, tomates, pimentão, repolho e batatas.

Sintomas de Deficiência: Escorbuto (sangramento gengival, fraqueza), retardo na coagulação, comprometimento da resposta imunológica.

Sintomas de Superdosagem: Desconforto gastrintestinal, erro no resultado de certos testes laboratoriais.

RDA: 60 mg.

Vitamina A (Retinol)

Função no Organismo: Manutenção tissular. Pele, cabelos e membranas mucosas saudáveis.

Fontes dietéticas: Fígado, vegetais e frutas verdes, amarelas e laranja (incluindo cenoura, brócolis, espinafre, melão, batata doce); queijo; leite; margarina.

Sintomas de Deficiência: Cegueira noturna; pele seca, descamativa; diminuição da resposta imunológica. Os valores séricos de vitamina A devem estar entre 0,15 e 0,6 µg/ml.

Sintomas de Superdosagem: Dano hepático, renal e ósseo; cefaléia; irritabilidade; vômitos; queda de cabelos; visão borrada; pele amarelada.

RDA: 1.000 µg (3.333 UI).

Vitamina D (Colecalciferol)

Função no Organismo: Ajuda a regular o metabolismo do cálcio e a calcificação óssea. Chamada de vitamina do sol porque é produzida pela pele humana quando em contato com a luz ultravioleta. O inverno, nuvens e a poluição do ar reduzem a sua produção no organismo.

FONTES DIETÉTICAS: Laticínios integrais e fortificados, atum, salmão, óleo de fígado de bacalhau.

SINTOMAS DE DEFICIÊNCIA: Raquitismo em crianças, amolecimento ósseo em adultos.

SINTOMAS DE SUPERDOSAGEM: Desconforto gastrintestinal; dano cerebral, cardiovascular e renal; letargia.

RDA: 10 µg.

VITAMINA E (D-ALFA-TOCOFEROL)

FUNÇÃO NO ORGANISMO: Antioxidante, evita o dano à membrana celular.

FONTES DIETÉTICAS: Óleos vegetais e seus produtos, nozes, sementes, peixe, germe de trigo, grãos integrais, vegetais folhosos verdes.

SINTOMAS DE DEFICIÊNCIA: Em humanos, doenças do pâncreas e fígado, bem como várias formas de diarréia crônica. Anemia.

SINTOMAS DE SUPERDOSAGEM: Talvez seja fatal em bebês prematuros que recebem solução venosa. Não há sintomas para a superdosagem oral.

RDA: 10 mg (equivalentes de d-alfa-tocoferol).

VITAMINA K (FILOQUINONA)

FUNÇÃO NO ORGANISMO: Necessária à coagulação normal do sangue.

FONTES DIETÉTICAS: Vegetais folhosos verde-escuros; repolho; fígado de urso polar (na verdade, quantidades fatais).

SINTOMAS DE DEFICIÊNCIA: Sangramentos intensos; hemorragia interna.

SINTOMAS DE SUPERDOSAGEM: Dano hepático, anemia (pelas formas sintéticas).

RDA: 80 µg.

MINERAIS

Os sais minerais são substâncias inorgânicas que contêm elementos que o organismo necessita em quantidades relativamente pequenas. Há 22 elementos metálicos no organismo, que compõem cerca de 4% do peso corporal total.

Os sais minerais são encontrados abundantemente no solo e na água do planeta e, eventualmente, são captados pelas raízes das plantas. Nós obtemos sais minerais comendo as plantas ou os animais que comem plantas. Se você ingere uma variedade de carnes e vegetais na sua dieta, você pode ingerir sais minerais em quantidades suficientes.

Os sais minerais atuam no organismo em uma variedade de processos metabólicos e contribuem para a síntese de compostos químicos como o glicogênio, proteínas e gordura. A seguir apresentamos um guia básico dos minerais mais importantes e as necessidades orgânicas de cada um:

CÁLCIO: Essencial para a força dos ossos e dentes. Encontrado no leite e seus derivados; vegetais como repolho, nabo e mostarda; tofu; e frutos do mar como sardinhas, mexilhões e ostras. A falta de cálcio pode causar cãibras musculares e, a longo prazo, osteoporose.
RDA: 1200 mg para homens do 11 aos 24 anos; 800 mg para homens com mais de 25 anos.

FÓSFORO: Um componente de todas as células, incluindo DNA, RNA e ATP. Encontrado em cereais integrais, gema de ovo, peixe, leite, carne, aves, legumes e nozes. Essencial na regulação do pH orgânico (acidez/alcalinidade).
RDA: 1.200 mg para homens dos 11 a 24 anos, 800 mg para homens com mais de 25 anos.

MAGNÉSIO: Presente em todo o organismo, é um ativador da enzimas envolvidas na maioria dos processos do corpo. Encontrado em vegetais verdes, legumes, cereais integrais, nozes, carne, leite, chocolate.
RDA: 400 mg para homens dos 15 a 18 anos, 350 mg para homens acima de 19 anos.

SÓDIO: Regula o nível de líquidos orgânicos, está envolvido na ativação da contração muscular. O sódio está disponível no sal de cozinha comum e na maioria dos alimentos exceto as frutas, particularmente em alimentos de origem animal, frutos do mar, leite e ovos. O excesso de sódio tende a aumentar a retenção de água e está associado com a elevação dos níveis de açúcar sangüíneo. A falta de sódio pode causar fraqueza muscular e cãibras.
RDA: 1.100 a 3.300 mg.

CLORO: Um componente dos líquidos digestivos e funciona em combinação com o sódio. Encontrado no sal de cozinha, carne, frutos do mar, leite e ovos.
RDA: 1.700 a 5.100 mg.

POTÁSSIO: Envolvido no metabolismo das proteínas e carboidratos, age dentro da célula (em combinação com o sódio no exterior) para controlar a osmose de líquidos. Encontrado na carne, leite, cereais, vegetais, frutas e legumes. O excesso de suplemento de potássio pode causar vômitos. A deficiência de potássio pode resultar em fraqueza muscular.
RDA: 1.875 a 5.625 mg.

ENXOFRE: Necessário para a síntese de metabólitos essenciais. Encontrado nos alimentos protéicos como carne, frutos do mar, leite, ovos, aves, queijo, legumes. Não há recomendações RDA.

Outros minerais são importantes ao organismo mas em níveis mínimos por dia. São eles:

        Ferro   Flúor
        Zinco   Molibdênio
        Cobre   Cobalto
        Iodo   Selênio
        Manganês   Cromo

Há outros minerais também considerados essenciais para os quais não foi determinada a RDA:

        Estanho
        Níquel
        Vanádio
        Silício

Obs.: RDA = *recomended daily amount* ou quantidade diária recomendada.

Suplementos Vitamínicos e Minerais

Muitos especialistas acham que nós não obtemos uma quantidade adequada de vitaminas e sais minerais na nossa ingesta alimentar diária. Eles citam inúmeras causas, incluindo o modo como o alimento é produzido, como é processado, os aditivos usados para ajudar a preservar e a complexidade do sistema de distribuição. Se isso é verdade ou não, é fato que o exercício intenso aumenta a nossa necessidade de *todos* os tipos de nutrientes. E a ingestão de suplementos vitamínicos e sais minerais é, de qualquer modo, uma forma fácil de evitar qualquer tipo de carência nutricional.

Em minha carreira, passei a depender cada vez de mais suplementos à medida que me tornei mais experiente no fisiculturismo. Eu nunca fui um especialista em suplementos e nos anos 60 e 70 não era fácil receber aconselhamento sobre suplementos como é hoje. Eu pedi a vários especialistas que conheci para me sugerirem tipos e quantidades de suplementos e depois experimentava para ver se o uso desses suplementos modificava a minha energia, força, resistência ou capacidade de me recuperar de um treinamento pesado. Assim como tudo mais, eu sempre estava menos interessado na teoria e mais no que eu observava em minha prática.

Hoje em dia as coisas são muito mais simples. Não apenas todos os suplementos estão disponíveis nas lojas especializadas, mas também você pode adquirir suplementos em doses diárias, com a quantidade exata de cada vitamina e mineral em equilíbrio (geralmente a eficácia dos suplementos depende da proporção com que cada um é tomado separadamente).

Deve-se ter cuidados com as megadoses. Em termos do seu papel no organismo, as vitaminas e sais minerais precisam estar presentes apenas em quantidades relativamente pequenas para cumprirem a sua função. As pesquisas indicam que os suplementos podem ser muito benéficos na prevenção de várias doenças, mas mesmo assim não precisam ser tomados em grande quantidades. Por exemplo, as afirmações sobre o uso de grandes quantidades de vitamina C na prevenção de gripes ou mesmo câncer – doses na faixa de 3 a 6 gramas – nunca foram comprovadas, embora tenha sido demonstrado que a vitamina C diminui a gravidade das gripes, o que é muito valioso.

De um modo geral, tomar grandes doses de vitaminas hidrossolúveis apenas torna a sua urina muito cara, mas grandes quantidades de vitaminas lipossolúveis são armazenadas no organismo e podem atingir níveis tóxicos. Contudo, a ingestão de certos medicamentos pode levar à deficiência de certas vitaminas e grandes doses de vitaminas também podem interferir com a ação de várias drogas. Por esse motivo, você deve ter muito cuidado com o uso de grandes doses de vitaminas ou sais minerais sem indicação médica. Mais uma vez, eu recomendo que você tente *quantidades básicas razoáveis em primeiro lugar* e depois experimente cuidadosamente para ver o que é melhor para você. Franco costumava adicionar certos suplementos ao seu programa a cada mês, descrevendo os efeitos que ele sentiu, depois trocava e experimentava outros diferentes no próximo mês, mantendo o registro dos resultados no seu diário nutricional. Isso leva tempo, mas ele eventualmente se tornou um especialista, não apenas sobre o que funcionava com ele, mas sobre suplementos de um modo geral. Franco acha, assim como eu, que o aconselhamento especializado é uma boa maneira de começar, mas para os melhores resultados você precisa de um teste de tentativa e erro metódico para descobrir o que é melhor para o seu corpo e seu metabolismo.

Incidentalmente, de acordo com o falecido Dr. Linus Pauling, bem como outros especialistas em nutrição, não faz diferença se os suplementos que você ingere são naturais ou sintéticos (desenvolvidos em laboratório). O seu corpo simplesmente não consegue saber a diferença.

O CONTEÚDO ENERGÉTICO DOS ALIMENTOS

A quantidade de energia contida em qualquer alimento é medida em calorias. Uma caloria é uma medida de calor, que faz sentido porque a produção de energia para a contração muscular na célula é uma forma de oxidação. É uma oxidação lenta, claro, mas simplesmente outra forma da oxidação rápida que conhecemos como *fogo*. As calorias, portanto, são uma medida da quantidade de calor produzida pela "queima lenta" de energia nas células musculares.

Todos os macronutrientes – proteínas, carboidratos e gordura – contêm energia e, portanto, calorias. Mas eles diferem na quantidade de calorias que contêm. Por exemplo:

- 1 grama de proteína ou 1 grama de carboidrato = 4 calorias
- 1 grama de gordura = 9 calorias

Isso deixa claro porque aqueles que estão tentando perder gordura corporal tentam minimizar a gordura nas suas dietas – e porque os mochileiros que caminham por dias nas montanhas carregam comidas gordurosas. A gordura é mais que duas vezes mais densa em calorias (e portanto "engordante") do que as proteínas e carboidratos.

Uma coisa que deve ser lembrada quando se fala de gordura e calorias é que todas as gorduras, independente do tipo, contêm a mesma quantidade de energia alimentar. Se você estiver falando de azeite de oliva, gordura animal, manteiga, banha ou gorduras e óleos em qualquer outra forma, eles todos contêm a mesma quantidade de energia – 9 calorias por grama.

ÍNDICE METABÓLICO

O seu corpo metaboliza (oxida) calorias de dois modos básicos: no metabolismo basal (a energia necessária para manter as funções básicas para viver) e na atividade física. Surpreendentemente, o tecido muscular determina as necessidades calóricas do corpo humano. Isso é significativo por dois motivos:

1. Quanto mais músculos você tem, mais calorias você consome em repouso.
2. Quanto mais esforço muscular você faz, mais calorias são consumidas nesse processo.

Na verdade, o seu índice metabólico de repouso (IMR) é calculado com base na sua massa magra, que é basicamente a quantidade de músculos que você tem, sem contar a massa de gordura. Quanto mais magra a sua massa corporal, maior ao seu IMR. Para aqueles que querem algo mais técnico, a fórmula de cálculo é:

IMR = massa corporal magra (libras) / $2.205 \times 30,4$

Por esse cálculo, uma pessoa com uma massa corporal magra de 150 libras teria uma IMR de cerca de 2.100 calorias e um indivíduo com 250 libras queimaria cerca de 3.500 calorias durante o dia (sem contar qualquer exercício adicional). Há outros fatores que influenciam o índice metabólico – idade, sexo, tipo corpóreo, função tireoidiana, para citar alguns – mas essencialmente quanto menor você for, menos você tem que comer para manter o seu peso corporal; quanto maior você for, mais você tem que comer para manter o seu peso corporal. Nós iremos falar mais sobre isso no próximo capítulo quando tratarmos de dieta e controle de peso.

EXERCÍCIO E CONSUMO DE ENERGIA

Qualquer atleta pode lhe dizer que a quantidade de calorias que você gasta quando se exercita depende do tipo de atividade que você faz. Quanto mais duro o exercício e mais trabalho você faz, mais calorias você gasta. Se você está movimentando seu próprio corpo (correndo) ou levantando um haltere, quanto mais você o fizer e quanto mais duro o seu treinamento, mais energia você gasta. A seguir damos alguns exemplos para você ter uma idéia grosseira de como isso funciona:

Atividade	Calorias Gastas por Hora
Dormir	72
Ficar sentado	72-84
Caminhar (5,6 km/h)	336-420
Calistênicos	300-360
Natação (básica)	360
Andar de bicicleta (16 km/h)	360-420
Correr (8 km/h)	600
Esquiar (moderado a íngreme)	480-720
Correr (12 km/h)	900

Incidentalmente, observe a relação entre andar, correr a 8 km/h e correr a 12 km/h. Quando você está a pé, queima cerca de 100 calorias para cada 1,6 km (dependendo do seu peso corporal e massa magra). Na verdade não importa se você corre ou anda. Você metaboliza a mesma quantidade de energia para a mesma distância porque você faz a mesma quantidade de trabalho. A diferença, é claro, é que você queima a energia muito mais *rápido* quando você corre.

O gasto energético no fisiculturismo é amplamente determinado pela intensidade do seu treinamento. Quando você levanta carga pesada com poucas repetições e faz longos períodos de repouso entre as séries, você queima relativamente poucas calorias. Quando você treina continuamente, indo de uma série a outra, um exercício a outro, com muito pouco repouso, você queima uma quantidade considerável de calorias nas 1h30min de exercício. Quando você treina em um horário dividido, com dois períodos de exercício por dia, você queima essa quantidade a mais de calorias, e é por isso que eu sempre treinei desse modo para ficar definido e pronto para um concurso. É difícil dizer exatamente quantas calorias são consumidas nesse tipo de trabalho. Mas um especialista estimou que Franco Columbu e eu queimávamos cerca de 2.000 calorias nas nossas duas sessões de exercício diárias – isto é, cerca de 500 calorias por hora, aproximadamente o mesmo que se estivéssemos correndo a uma boa velocidade durante aquele período.

ENERGIA "FALSA"

Fisiculturistas e outros atletas estão sempre buscando um impulso, algum meio de levar o seu desempenho além dos limites estabelecidos. Contudo, como eles dizem, nada é de graça. Quando você submete seu corpo a vários tipos de estímulos artificiais, pode obter resultados a curto prazo, mas há uma limitação e a sua capacidade global de desempenho é danificada a longo prazo. O Dr. Lawrence Golding reuniu uma lista parcial de drogas e hormônios que estão nessa categoria:

Adrenalina
Álcool
Álcalis
Anfetaminas

Cafeína
Cocaína
Coramina (niketamida)
Lecitina
Metrazol (pentilenetetrazol)
Noradrenalina
Sulfas

Obviamente, não há nada de errado em tomar algumas xícaras de café antes do treino, mas um punhado de pílulas de cafeína vai lhe fazer subir nas paredes e talvez se machucar nos treinos. A aspirina pode reduzir a dor, mas também parece interferir na estimulação nervosa dos músculos. Quanto aos outros, aqueles que acham que substâncias como álcool, anfetaminas, adrenalina, maconha ou cocaína irão ajudá-lo a desenvolver físicos impressionantes, e até tornar-se campeões, estão vivendo em um mundo de fantasia. Para desenvolver um físico ideal, você precisa de uma excelente saúde, e atingir aquele estágio de "apenas dizendo não às drogas" é absolutamente essencial.

QUANTIDADES NUTRICIONAIS MÍNIMAS

Certas necessidades nutricionais mínimas têm que ser atendidas ou o organismo vai sofrer algum tipo de privação. Obviamente, quanto mais você se exercita, mais estresse você sofre, e quanto mais duro o ambiente em que você vive, maiores as suas necessidades nutricionais serão.

Há alguma discordância a respeito do que realmente constitui as necessidades nutricionais mínimas para atletas e não-atletas, mas as seguintes diretrizes representam uma abordagem razoável. Em termos de macronutrientes, essas são:

Proteína. A quantidade recomendada geralmente de proteína na dieta normal é de *1 g/kg de peso corporal.* Alguns especialistas acreditam erroneamente que mesmo fisiculturistas que treinam pesado não precisam de mais proteína do que isso – na verdade, a necessidade de proteína na dieta é altamente superestimada. Contudo, a maioria dos fisiculturistas prefere ingerir maiores quantidades de proteína, recomendando pelo menos *1 grama por cada 0,500 g de peso corporal.*

Alguns fisiculturistas ingerem uma quantidade muito maior de proteína. Contudo, como veremos no próximo capítulo, o objetivo de um fisiculturista é produzir a maior quantidade de músculos enquanto mantém a gordura corporal mínima. E já que as proteínas, assim como todas as categorias de alimentos, contêm calorias, ingerir muita proteína pode indicar freqüentemente que você está ingerindo mais calorias do que possa digerir e, portanto, para ficar ou manter-se magro, isso deve ser levado em consideração quando se desenvolve um programa alimentar.

Carboidratos. A necessidade de carboidratos da dieta varia dependendo do nível de atividade que você tem. O organismo requer cerca de *60 gramas de carboidratos* simplesmente para executar os processos básicos do sistema nervoso (o cérebro, por exemplo, é alimentado quase totalmente por carboidratos).

Os carboidratos, como já discutimos, também são um combustível importante para a atividade muscular. Portanto, se sua dieta é muito pobre em carboidratos, seu treinamento será prejudicado, e isso também deve ser considerado quando se planeja o que e quanto ingerir de cada alimento.

Quando se trata de carboidratos, a quantidade que você escolhe para a sua dieta é amplamente determinada pelo fato de você querer ganhar, manter ou perder peso, como veremos no próximo capítulo, sobre controle de peso. Mas há um meio de garantir que você não está ingerindo muito pouco e, assim, colocando seu corpo em um estado de privação. Esse estado é chamado de cetose. O que é cetose e como evitá-la será discutido em detalhes na página 728.

Em termos nutricionais, sua melhor opção é incluir algum tipo de cada carboidrato na sua dieta. Como discutimos, alguns carboidratos podem ser metabolizados rapidamente. As frutas contêm carboidratos de alto índice glicêmico, sendo aconselhadas por fornecerem energia a curto prazo e também por apresentarem uma grande quantidade das vitaminas essenciais. Os carboidratos de baixo índice glicêmico, que demoram mais a ser processados pelo corpo, são transformados em energia e fornecem energia a longo prazo e nutrição com mínimas calorias. Os vegetais verdes e amarelos também são excelentes fontes de carboidratos.

Também é importante a velocidade de metabolização dos carboidratos devido à ação da insulina. A insulina é liberada pelo corpo para quebrar os carboidratos dos açúcares (o diabete é uma doença causada pela deficiência de insulina e, por isso, os diabéticos precisam tomar injeções desta). Quando se introduz grandes quantidades de carboidratos de alto índice glicêmico, o corpo tem que fornecer muita insulina para metabolizá-los. Isso é chamado de pico de insulina. Essa insulina processa rapidamente os carboidratos, o nível de açúcar sangüíneo cai rapidamente, os níveis de energia também caem, e você acaba sentindo fome muito rapidamente. Comer carboidratos com menor índice glicêmico, ou comer carboidratos de rápida absorção em menores quantidades ou em combinação com proteína, gordura ou carboidratos de baixo índice glicêmico, tende a suavizar estes processos: então, o organismo libera apenas pequenas quantidades de insulina, e seus níveis de açúcar no sangue tendem a permanecer mais constantes, significando que você não perde energia e não fica com fome tão rapidamente.

Obviamente, muitas pessoas que foram aconselhadas a evitar o excesso de carboidratos me perguntam porque eu elogio os carboidratos como uma excelente fonte de nutrição e energia. Em primeiro lugar, não estou recomendando nada em "excesso". Os carboidratos são parte essencial de um bom plano alimentar, mas apenas em equilíbrio e proporção com os outros alimentos básicos. Mas também é verdade que as pessoas freqüentemente confundem alimentos com carboidratos nutritivos com aqueles que contêm açúcar processado – bolos, doces, refrigerantes ou alimentos processados com adição de açúcar. O problema com esses *fast foods* é que fornecem virtualmente calorias vazias, aumentando tremendamente sua ingesta calórica sem uma melhora nutricional. Este não é o caso quando você ingere alimentos como frutas, vegetais, arroz ou batatas.

Gorduras. Ingerir uma quantidade suficiente de gordura raramente é um problema na dieta americana. Ovos, carnes vermelhas, laticínios e óleos são muito ricos em gordura. É comum ver dietas que contêm cerca de 50% em gordura. Por motivos de saúde, a recomendação normal é manter as gorduras abaixo de 30% e parece não haver nenhum benefício para a saúde (e resulta em alguns problemas) quando você reduz sua ingesta de gordura para abaixo de 20%. (Consulte a próxima seção, Dieta Balanceada.)

DIETA BALANCEADA

O organismo funciona melhor quando você ingere alimentos em certas combinações. O equilíbrio dietético necessário é mais ou menos igual para fisiculturistas ou não-fisiculturistas. As proporções recomendadas atualmente, de acordo com o McGovern Select Committee on Nutrition and Human Needs (Comitê Selecionado sobre Nutrição e Necessidades Humanas), são de aproximadamente: *proteínas, 12%; carboidratos, 58%; e gorduras, 30%.*

Em minha carreira, geralmente ingeria um balanço dietético bem diferente: proteína, 40%; carboidratos, 40% e gordura, 20%. É importante lembrar-se, contudo, de que eu pesava 109 kg e treinava arduamente. Os meus 40% de carboidratos representavam mais alimento real do que os 58% de uma pessoa normal, de modo que eu certamente estava ingerindo todos os nutrientes de que precisava.

Contudo, há fisiculturistas que vão muito mais além na sua busca por proteínas, ingerindo até 70% delas em sua dieta. Outros acreditam que as proteínas não são importantes, e comem apenas 10 a 12%. Acho que nenhuma dessas abordagens é válida.

Outros fisiculturistas comem apenas alguns alimentos durante meses – atum, frango, frutas e saladas, por exemplo. Isso pode ajudá-los a reduzir a gordura corpórea, mas também impede que recebam todos os nutrientes de que eles precisam para energia e crescimento máximos. A redução de qualquer grupo alimentar o deixa propenso a desenvolver deficiências de vitaminas e sais minerais. Ingerir uma quantidade desproporcional de frutas, como algumas dietas da moda recomendam, dificulta a obtenção de proteína em quantidade suficiente e também de uma grande variedade de vitaminas e sais minerais. As dietas vegetarianas e muito ricas em carboidratos podem não fornecer proteínas suficientes a um fisiculturista que está tentando aumentar a massa muscular. As dietas muito ricas em proteínas podem colocar muito estresse sobre os rins e o fígado, levar o seu corpo a perder sódio e engordá-lo.

Lembro-me de Ken Waller, que ingeria três porções ricas em proteína a cada refeição nos anos 70, porque ele acreditava que seu corpo podia usar tudo isso de uma vez. O resultado é que seu sistema estava sobrecarregado por toda essa proteína e transformava o que não podia usar em gordura corporal armazenada. Como resultado, Ken geralmente tinha que perder o excesso de peso antes de um concurso para ficar em forma.

A IMPORTÂNCIA DO GLICOGÊNIO

O glicogênio é a forma como os carboidratos são armazenados no fígado e nos músculos para serem usados como combustível no exercício. O músculo treinado aumenta sua capacidade de armazenar o glicogênio, e como o glicogênio é encontrado junto com água (2,7 gramas de água para cada grama de glicogênio), esse volume extra nos músculos irá causar inchação, fazendo-os parecer maiores. É por isso que os fisiculturistas ingerem muito carboidrato antes de entrar no palco, ao final de uma dieta pré-concurso. Os músculos cheios de glicogênio são grandes, redondos e cheios; os músculos deficientes em glicogênio são pequenos e achatados.

CETOSE

A cetose é o resultado da deficiência de glicogênio. Seu corpo requer quantidades adequadas de carboidratos para metabolizar corretamente a gordura corporal. Como diz o ditado, "a gordura é queimada na fornalha dos carboidratos". Quando não há carboidratos suficientes no organismo para que esse processo ocorra (geralmente como resultado de uma dieta hipocalórica muito estrita), o corpo tem que tomar medidas de emergência. O sintoma primário de cetose é cetonemia, o aparecimento de corpos cetônicos no sangue. Os corpos cetônicos são o produto da queima incompleta das gorduras. Essas cetonas podem ser usadas em lugar do glicogênio para produção de energia, e também podem ser usadas como energia para alimentar o cérebro e o funcionamento do sistema nervoso (que de outro modo depende totalmente do glicogênio).

O problema é que os corpos cetônicos não são tão eficientes para alimentar o exercício quanto o glicogênio. Em um estado prolongado de cetose, você tende a ficar preguiçoso e seu processo mental lento, e seu corpo torna-se gradualmente desidratado. Pior ainda: na ausência de carboidratos, seu corpo começa a metabolizar quantidades cada vez maiores de aminoácidos (proteína) para obter mais energia. Isto é, obviamente, contraproducente para qualquer um que está tentando aumentar e manter uma sólida base de massa muscular.

Há também outras desvantagens na dieta cetônica, que iremos examinar em mais detalhes no próximo capítulo. Por enquanto, aceite a minha palavra: qualquer tipo de privação é prejudicial à sua saúde, intensidade de treinamento e capacidade de produzir massa muscular máxima.

ALIMENTAÇÃO E TREINAMENTO

Muitos fisiculturistas jovens me pedem conselhos sobre o que e quando devem comer em relação ao programa de treinamento. Os músculos requerem um amplo suprimento de sangue durante o treinamento, já que muito do impulso que você experimenta vem do sangue que inunda os músculos. Mas, se o sistema gastrintestinal estiver usando quantidades excessivas de sangue para digerir uma grande refeição, não haverá sangue suficiente para distribuir, e seus músculos sofrerão com isso. Quando você come muito antes de um treino, você está colocando seu organismo em conflito: uma demanda de um maior fluxo de sangue em duas áreas ao mesmo tempo. É por isso que os pais estão certos quando dizem aos filhos para não ir nadar após uma refeição; a falta de um suprimento sangüíneo adequado aos músculos usados na natação pode levar a problemas como cãibras intensas.

O treinamento com estômago cheio pode ser uma experiência desagradável. Você se sente inchado, preguiçoso e lento, e uma série muito pesada pode desencadear náuseas.

O organismo metaboliza alimentos em velocidades diferentes. Ele leva de 2 a 6 horas para o estômago esvaziar seu conteúdo. Os alimentos ricos em carboidratos são digeridos em primeiro lugar, seguidos por proteínas e gorduras; os alimentos gordurosos são os últimos.

Quando você acorda pela manhã e não se alimenta há 8 ou 12 horas, seu organismo está deficiente em carboidratos. Como os carboidratos são necessários para a produção do glicogênio que os músculos precisam para contração intensa, faz sentido ingerir uma refeição rica em carboidratos antes de ir treinar pela manhã.

Uma refeição leve de frutas, sucos ou torradas pode ser ingerida antes do treino e lhe dará energia sem deixá-lo lento. Contudo, um desjejum que inclua ovos, carne ou queijo – todos ricos em proteína e gordura – levará mais tempo para ser digerido, portanto é melhor não ingerir esse tipo de alimento antes de ir treinar.

Também não é uma boa idéia ingerir alimentos pesados imediatamente após o treino. Você coloca muito estresse no seu corpo quando treina e precisa dar tempo ao seu organismo de voltar ao normal, para o sangue deixar os músculos e a reação de estresse diminuir. Uma bebida à base de proteína ou proteína/carboidratos após uma sessão de treinamento fornece a nutrição necessária para satisfazer a demanda criada pelo treinamento de um modo mais fácil para o seu sistema digestivo. Após você ter tomado banho, se vestido e saído da academia, seu sistema terá voltado a um estado mais normal, e você pode sentar-se para uma refeição nutritiva balanceada de "comida de verdade".

COM QUE FREQÜÊNCIA COMER

Há um mito de que o seu sistema digestivo precisa "repousar", que você não deve alimentar-se com muita freqüência porque isso, de certo modo, sobrecarrega sua capacidade de digestão alimentar. Na verdade, o oposto é verdadeiro. Nos primórdios da evolução humana, as pessoas freqüentemente "beliscavam" durante o dia – isto é, comiam periodicamente quando encontravam as plantas e frutas adequadas ou eram bem-sucedidas em conseguir alguma proteína animal.

Seu corpo manuseia várias refeições pequenas melhor do que poucas refeições grandes. Três refeições ao dia é bom. Quatro são ainda melhor. Os fisiculturistas freqüentemente se alimentam a cada 2 a 3 horas, o que quer dizer pelo menos 5 refeições ao dia (um pouco demais para a maioria das pessoas). Alimentar-se com freqüência é uma boa estratégia quando se trata de controle de peso, assumindo que a quantidade total diária de calorias permaneça sob controle, uma vez que você raramente irá ficar muito faminto alimentando-se dessa maneira, e o organismo tem poucos motivos para armazenar uma grande parte da sua ingesta como gordura corporal – o que veremos com mais detalhes no próximo capítulo.

CAPÍTULO 2

Controle de Peso: Ganhando Músculo, Perdendo Gordura

O objetivo da dieta no fisiculturismo é ajudá-lo a ganhar músculos e perder gordura. Várias dietas populares estão preocupadas com a perda global de peso corporal, mas muitas delas resultam na perda de uma quantidade substancial de tecido muscular bem como da gordura armazenada. Mesmo alguns fisiculturistas caem na tentação de se "matar" de fome na tentativa de atingir uma musculosidade máxima. Mas os fisiculturistas mais bem-sucedidos aprenderam as estratégias delineadas neste capítulo para produzir massa muscular, mantendo a gordura corporal em um nível mínimo e os níveis de energia durante o período no qual estão restringindo calorias.

Nas páginas seguintes, primeiro examinaremos quais são alguns objetivos e problemas das dietas de controle de peso, para depois passarmos aos programas específicos para atingir seus objetivos dietéticos pessoais.

COMPOSIÇÃO CORPORAL

A dieta no fisiculturismo é bem diferente de muitas dietas populares. Para os fisiculturistas, o que importa não é o peso e sim a *composição corporal* – isto é, a quantidade e proporção de:

1. massa muscular magra (músculo, osso e tecido conjuntivo)
2. gordura corporal
3. água

Quando fisiculturistas jovens iniciam no fisiculturismo, sua grande preocupação em geral é *aumentar de tamanho*. Mas, à medida que tornam-se mais experientes, compreendem que o objetivo deve ser *controlar* sua composição corporal, trocar um tipo de corpo por outro, em vez de apenas tentar ganhar (ou perder) peso, independentemente das alterações envolverem massa magra (músculo) ou não. Na minha opinião, quanto mais cedo você entender a importância da *produção de massa muscular* em vez de apenas adicionar volume, melhor será para você. Aumentar o volume apenas engordando somente lhe dá um excesso de peso que você terá que tirar mais tarde, além de promover alguns hábitos muito ruins que eventualmente terão que ser quebrados.

Neste capítulo estudaremos como conseguir o controle necessário de sua composição corporal observando o que comer, quanto comer e a eficácia do exercício no seu programa de dieta, bem como observaremos outras variáveis como tipo corporal e idade.

Para aqueles que estão no fisiculturismo por outros motivos que não a competição – seja para melhor desempenho atlético, saúde e força, ou qualquer outra razão – o tipo de dieta que os fisiculturistas desenvolveram ao longo dos tempos, por meio de tentativa e erro, mostrou-se a forma mais eficaz de controlar a composição corporal. O corpo não gosta de fazer duas coisas contraditórias simultaneamente, ou seja (1) ganhar músculos e (2) perder gordura. Conseguir isso é muito difícil. A maioria dos fisiculturistas em todo o mundo faz alterações rotineiramente em seu peso e em sua composição corporal que são inacreditáveis para os padrões normais. Como conseguem isso é o assunto deste capítulo e do próximo, que trata da dieta para competição.

INFLUÊNCIAS SOBRE A COMPOSIÇÃO CORPORAL

Qualquer que seja sua composição corporal em um determinado momento ela é o resultado de vários fatores:

Genético. Qual seu tipo corporal? Você é do tipo magro ectomórfico, um mesomórfico musculoso ou um endomórfico mais pesado?

Metabolismo. Você queima tudo que ingere ou o contrário? Este é outro fator genético. Algumas pessoas parecem não engordar, não importa o que elas façam, enquanto outras se queixam de que engordam apenas *olhando* para comida.

Consumo calórico. Você come muito? Quantas calorias você ingere durante o dia? Se você ingere mais calorias do que precisa (quer seja na forma de proteínas, carboidratos ou gordura), seu organismo tende a armazenar o excesso de gordura.

Qualidade da dieta. Você come uma "boa comida"? As calorias que você ingere vêm na forma de alimentos de boa qualidade, incluindo carnes magras e carboidratos ricos em nutrientes, como vegetais, frutas e amidos? Você ingere uma dieta pobre em gordura? Ou seus hábitos alimentares incluem muita *fast food*, alimentos industrializados, alimentos de alto teor calórico e densos em gordura e açúcar?

Tipo de exercício. Você está fazendo um treinamento sério de fisiculturismo, o tipo de trabalho com pesos que encoraja seu corpo a transformar a ingesta diária em tecido muscular magro? Se for assim, seu trabalho está intenso e consistente o suficiente?

Quantidade de exercício. Quantas calorias você gasta por dia no seu exercício? Você está fazendo bastante exercício aeróbio para ajudar a queimar o excesso de calorias e/ou forçar o seu corpo a transformar a gordura armazenada em combustível para o exercício?

DIETA E TIPOS CORPORAIS

Já falamos sobre as diferenças em tipos corporais (consulte a página 162). Quando se trata de comer para controlar a composição corporal:

Ectomorfos têm um metabolismo rápido e o organismo tende a transformar os alimentos em energia fácil e rapidamente. Eles precisam ingerir uma alimentação rica em proteínas e também aumentar a ingesta calórica global. Precisando de mais calorias, freqüentemente se beneficiam de ter mais gordura em suas dietas do que os outros dois tipos corporais.

Mesomorfos, cujos organismos transformam facilmente alimentos em músculos, também necessitam de uma dieta rica em proteína para a manutenção muscular, mas podem ingerir uma quantidade de calorias relativamente normal, ou apenas um pouco mais baixa, e queimar gordura eficazmente.

Endomorfos, com seus metabolismos mais lentos e seu maior número de células gordurosas, têm uma forte tendência a transformar o alimento ingerido em gordura armazenada. Eles têm que ingerir bastante proteína, mas manter sua ingesta calórica a um mínimo. Isso significa a certeza de ingerir não mais do que 20% de sua dieta em forma de gordura.

Cerca de 20% dos endomorfos têm uma função tireoideana abaixo do normal, o que agrava o problema. Contudo, embora sempre tenham que trabalhar duro para manter-se magros, eles tendem a produzir músculos de modo relativamente mais fácil do que os ectomorfos, e podem, eventualmente, perder o excesso de gordura corporal com dieta e exercício.

IDADE E GORDURA CORPORAL

Muitos adolescentes, especialmente os tipos ectomórficos e ectomesomórficos, têm um metabolismo tão rápido que podem, aparentemente, comer qualquer coisa, mesmo alimentos ricos em gordura e açúcar, sem engordar. Esses são os que se beneficiam de produtos para "aumentar o peso".

Contudo, mesmo esses indivíduos verão algumas alterações nos seus organismos quando ficam mais velhos. De fato, estudos têm demonstrado que o metabolismo adulto tende a ser mais lento em cerca de 10 calorias por dia por ano após os 30 anos de idade. Isso pode não parecer muito, mas é responsável por muitos indivíduos acima dos 40 anos ganharem peso mesmo não tendo feito nenhuma alteração em sua dieta e seus exercícios.

Esse alentecimento do metabolismo que ocorre com a idade não é um obstáculo insuperável. Apenas significa que você tem que cuidar mais da sua dieta e fazer alguns minutos a mais de exercícios aeróbios ao dia. Contudo, um fator que contribui para a redução do metabolismo com a idade é a perda lenta e gradual de tecido muscular. Portanto, se você continuar a treinar e manter os seus músculos grandes e fortes, essa tendência de engordar quando fica mais velho será um problema muito menor.

CONSUMO CALÓRICO

Não importa seu tipo corporal, você irá perder gordura se seu gasto calórico for consistentemente maior do que sua ingesta calórica – se você queima mais calorias do que você consome. Em outras palavras, considerando

(A) o seu IMR (índice metabólico de repouso) + calorias gastas em atividades = gasto calórico
(B) alimentos ingeridos durante o dia = consumo calórico

Portanto, quando A é consistentemente maior do que B, *você perde gordura corporal*. E quando B é consistentemente maior do que A, *você ganha gordura corporal*.

Um amigo meu, praticante de caminhadas *cross-country*, disse-me certa vez: "Quando vou caminhar em Sierras por vários dias, através de terreno irregular e com uma mochila de 35 kg nas costas, é *impossível* carregar bastante comida para manter meu peso corporal". É por isso que vários tipos de alimentos para caminhadas que você adquire em lojas de artigos esportivos têm tanta gordura (embora alguns ainda achem que esses alimentos são dietéticos). Em muitos casos, os caminhantes têm que ter depósitos de alimentos ao longo das trilhas para recompor suas provisões, tamanha é a demanda calórica deste tipo de exercício.

Quanto mais ativo você é – quanto mais anda, corre, anda de bicicleta, esquia, nada, joga bola – mais calorias você queima e mais facilmente será capaz de controlar o seu peso gordo. É por isso que a maioria dos fisiculturistas sérios aumenta seu nível global de atividade acima daquele de seu treinamento na academia fazendo algum tipo de exercício aeróbio, geralmente uma esteira, cicloergômetro, *stepper* ou outro aparelho.

QUALIDADE DA DIETA

Mas *o tipo de alimento que você ingere* também é importante, além da quantidade. Quanto mais você restringe as calorias, mais certeza tem que ter que você está ingerindo a maior densidade nutricional possível. Um fisiculturista que consome 3.000 calorias por dia, principalmente de fontes de proteína magra e vegetais, frutas e amidos, será capaz de treinar mais intensamente e produzir mais músculos do que alguém cuja ingesta de 3.000 calorias é composta principalmente de alimentos processados, ricos em gordura e açúcar, com muitas calorias vazias e pouco valor nutritivo.

"Comer bem" é o princípio da dieta do fisiculturismo. "Você é o que você come", é um ditado antigo. E se você comer porcaria o seu corpo vai virar – bem, você entende.

CRIANDO "DEMANDA"

Quando você come, você leva a energia dos alimentos para dentro de seu organismo. Todas aquelas calorias – quer sejam de proteínas, carboidratos ou gorduras – irão deixá-lo gordo se o seu corpo não usar essa energia com algum objetivo.

O que o seu corpo *faz* com os alimentos que você ingere depende muito do tipo de demanda que você cria pela quantidade e tipo de exercício que você faz. Por exemplo, o exercício aeróbio tende a queimar mais calorias e, portanto, depleta seu corpo de glicogênio – que é a fonte primária de energia para atividade física. Como conseqüência, quando você ingere carboidratos após uma sessão de exercício de resistência, o organismo transforma aquele carboidrato em reposição de glicogênio tão rapidamente quanto possível, e pouco daquele carboidrato será desviado para tornar-se depósito de gordura.

Por outro lado, o treinamento de força intenso – trabalho muscular com grande resistência – cria uma maior demanda para reposição de *proteína*. A proteína ingerida logo após o treinamento, ou no mesmo dia de uma sessão intensa de treino, será usada pelo organismo para reconstruir o tecido muscular com maior velocidade do que nos dias em que você não faz aquele tipo de treinamento. Mais uma vez, quando o corpo está em estado de demanda elevada, é improvável que quantidades não-excessivas de proteína ingerida sejam armazenadas como gordura corporal em qualquer grau.

Então, de um modo geral, *quando seu objetivo é direcionar as proteínas para os músculos, você precisa treinar com pesos. Quando o seu objetivo é queimar o excesso de calorias, você precisa aumentar a quantidade de exercício aeróbio.*

QUANTO DE AERÓBIO?

Todos devem fazer algum tipo de exercício cardiovascular porque é bom para o coração, pulmões e sistema cardiocirculatório. Faço algum tipo de exercício aeróbio por, *pelo menos, 30 minutos por dia, 4 a 5 vezes por semana.*

Pessoas que ganham peso lentamente, indivíduos ectomórficos, que são magros e têm dificuldade em ganhar peso não devem fazer mais do que isso. O exercício aeróbio queima energia, e os indivíduos que têm dificuldade em ganhar peso precisam conservar energia para atingir um crescimento muscular máximo.

Aqueles que estão tentando perder gordura corporal, especialmente quando tendem a ser endomórficos e têm dificuldade de emagrecer, podem se beneficiar de mais exercícios aeróbios – por exemplo, *45 minutos a 1 hora, 4 a 5 vezes por semana.*

Contudo, se você não está acostumado a fazer tanto exercício aeróbio, comece lentamente, dando ao seu corpo a chance de acostumar-se com isso, especialmente se você fizer algum tipo de exercício com suporte de peso, como correr ou usar uma esteira. Você não fará muito progresso se o seu programa for interrompido porque você ficou dolorido ou desenvolveu algum tipo de lesão por estresse.

Do mesmo modo, tente evitar fazer o seu treinamento logo antes do trabalho na academia. Algumas pessoas acham que fazer o exercício aeróbio antes é um bom aquecimento, mas esse tipo de exercício cansará o seu organismo e impedirá que você treine tão intensamente quanto é capaz.

ALIMENTANDO-SE PARA GANHAR MÚSCULO

Como já discutimos, muitos fisiculturistas, particularmente os mais jovens, iniciam com peso relativamente abaixo do normal, do tipo "Ei, magrelo, suas costelas estão aparecendo". Para eles, ganhar músculos vai envolver:

1. Estimular o crescimento muscular através de treinamento no fisiculturismo pesado, intenso e consistente.
2. Ingerir proteína em quantidade suficiente para preencher a demanda de aminoácidos criada pelo treinamento.
3. Aumentar a ingesta calórica total em grau suficiente para suportar as demandas do exercício intenso, mas não tanto que crie um ganho indesejado de gordura corporal.
4. Manter o exercício aeróbio a um mínimo saudável, não mais do que 30 minutos por dia, 4 a 5 vezes por semana, como discutido.

Para adiantar seu planejamento de dieta para ganho de peso, eu delineei um exemplo de plano alimentar que você pode seguir, ou usar como um guia para desenvolver o seu próprio. Como acredito que você não deve introduzir subitamente grandes quantidades de alimento, pois seu organismo pode não ser capaz de processá-lo, o programa é montado em 3 níveis, a serem seguidos nesta ordem:

1. Comece alimentando-se de acordo com o nível I, continue nesse nível até que você pare de ganhar peso e depois vá para o nível II.
2. Se após 3 semanas você não estiver ganhando peso com a dieta do nível I, vá para o nível II.
3. Uma vez em uso da dieta do nível II, continue enquanto estiver ganhando peso. Quando o ganho de peso parar, vá para o nível III.
4. Se após 3 semanas no nível II você não apresentar nenhum ganho de peso, vá para o nível III.

Suprir o seu corpo de calorias de uma só vez não é uma boa idéia, como vimos no capítulo anterior. O sistema digestivo simplesmente não pode manusear esse volume de alimento. Portanto, para comer muito mais, você tem que comer com mais freqüência. É por isto que eu recomendo ingerir mais de três refeições por dia, a fim de espalhar a ingesta calórica. Seria melhor fazer quatro refeições por dia e suplementar a ingesta alimentar com bebidas de alto valor protéico – bebidas que contêm grandes quantidades de aminoácidos de fácil digestão (que veremos com mais detalhes posteriormente). Isso é exatamente o que fiz quando tinha 15 anos de idade e estava desesperado para ganhar peso: descobri que ingerir bebidas de alto valor protéico não apenas satisfazia minha necessidade de mais calorias e aminoácidos como também custava muito menos do que outros alimentos protéicos.

CARDÁPIO PARA GANHAR MÚSCULO

Falamos sobre a necessidade de uma quantidade suficiente de proteína para apoiar o crescimento muscular e como os ganhadores lentos também precisavam aumentar as calorias para suportar suas taxas metabólicas muito rápidas. Contudo, enquanto esse tipo de plano alimentar é primariamente para aqueles com tendência ectomórfica, quero avisar mais uma vez que somente porque você tende a ser muito magro *não quer dizer que comer muita porcaria e calorias vazias é bom para você.* Treinar mais e comer mais, é bom. Mas tente comer bem, ingerir refeições nutritivas. Afinal, você não pode ganhar músculos se você não tem energia e não tem os nutrientes, que precisa no seu sistema.

Obviamente, aqueles que já comem muito podem ficar surpresos com as seguintes recomendações para ganho muscular, mas os ectomórficos geralmente são muito magros, não apenas porque muitos têm um metabolismo rápido, mas também porque *não tendem a comer muito.* Contudo, se você é do tipo ectomórfico e acha que a dieta do nível I ou mesmo do nível II é menos do que você costuma ingerir, obviamente você tem que aumentar ainda mais sua ingesta alimentar para o nível mais alto. Ajuste a ingestão calórica para cima ou para baixo para se adequar às suas necessidades individuais. Apenas observe que sua comida seja saudável e nutritiva.

Se você se alimentar de acordo com o plano alimentar detalhado aqui e suplementa as suas refeições com as bebidas protéicas recomendadas, você estará ingerindo mais proteína do que o suficiente e não deve pensar mais nisso. Para os ectomórficos, que têm dificuldade em ganhar peso, o essencial é o treinamento pesado e muito mais calorias, não a falta de proteína. Para demonstrar isso, incluí o conteúdo aproximado de proteína de cada refeição sugerida.

NÍVEL I

Desjejum

2 ovos, preferivelmente pochê, mas também pode ser de outro tipo
120 g de carne, peixe ou ave
240 ml de leite integral
1 fatia de pão integral com manteiga

(proteína = aproximadamente 52 g)

Almoço

120 g de carne, peixe, ave ou queijo
1 ou 2 fatias de pão integral
240 ml de leite integral ou suco fresco

(proteína = aproximadamente 43 g)

Jantar

240 g de carne, peixe ou ave
batata assada com manteiga ou creme azedo
salada crua grande
240 ml de leite integral

(proteína = aproximadamente 48 g)

NÍVEL II

Desjejum

3 ovos, preferivelmente pochê, mas também pode ser de outro tipo
120 g de carne, peixe ou ave
240 ml de leite integral
1 ou 2 fatias de pão integral com manteiga

(proteína = aproximadamente 61 g)

Almoço

120 g de carne, peixe, ave ou queijo (ou qualquer combinação)
2 fatias de pão integral com manteiga ou maionese
240 ml de leite integral ou suco fresco
1 fruta fresca

(proteína = aproximadamente 71 g)

Jantar

240 g de carne, peixe ou ave (ou qualquer combinação)
batata inglesa ou doce, assada ou cozida
salada crua grande

(proteína = aproximadamente 59 g)

NÍVEL III

Desjejum

4 ovos, preferivelmente pochê, mas também pode ser de outro tipo
240 ml de leite integral
1 ou 2 fatias de pão integral com manteiga
1 fruta fresca

Você pode substituir a fruta e o pão por cereal integral, mingau de aveia ou outro tipo de cereal, mas adoçar apenas com frutose. Use leite ou creme se quiser uma maior quantidade de calorias.

(proteína = aproximadamente 72 g)

Almoço

240 g de carne, peixe, ave ou queijo
1-2 fatias de pão integral com manteiga ou maionese
240-480 ml de leite integral ou suco fresco
1 fruta fresca (com queijo *cottage*, se quiser)

(proteína = aproximadamente 74 g)

Jantar

240-450 g de carne, peixe ou ave (ou qualquer combinação)
batata inglesa assada ou cozida, ou feijão cozido
vegetais frescos cozidos no vapor
salada crua grande
1 fruta fresca
240 ml de leite integral

(proteína = aproximadamente 112 g)

BEBIDAS HIPERPROTÉICAS HIPERCALÓRICAS

Discutimos os benefícios das bebidas de suplementação protéica no último capítulo (consulte a página 709). Na verdade, existem dois tipos diferentes de bebidas que podemos usar para obter mais proteína:

1. Bebidas protéicas que não têm calorias adicionais (ou têm muito pouco), exceto aquelas da própria proteína.
2. Bebidas para ganho de peso que são carregadas com muitas calorias adicionais, além das da própria proteína.

Quando você se dispõe a ler os rótulos desses dois produtos (que discutiremos com mais detalhes posteriormente, neste capítulo) você pode ver a diferença facilmente. Um suplemento protéico direto contendo 27 gramas de proteína, misturado com água e adoçado artificialmente, contém 108 calorias. Por outro lado, um produto para ganho de peso que conheço tem a mesma quantidade de proteína, mas também está cheio de carboidratos e contém um pouco de gordura: quando misturado com leite integral, como recomendado, contém cerca de 2.000 calorias por dose! Obviamente, você tem que saber a diferença quando usar esses produtos.

Na minha carreira, antes de serem comercializadas tantas bebidas protéicas (ou barras) como acontece hoje em dia, sempre preferi criar minhas próprias bebidas, já que assim eu sabia exatamente o que continham e que tipo de benefício nutricional eu estava obtendo.

Comecei misturando minhas próprias bebidas desde o começo, mas quando eu tinha 15 anos de idade eu não tinha acesso aos pós-protéicos que se pode adquirir hoje. Em vez disso, eu combinava ingredientes como leite em pó desnatado, ovos e mel, colocava em uma garrafa térmica e levava para a escola ou para o trabalho. Assim eu podia beber a metade às 10 horas, entre o desjejum e o almoço, e a outra metade às 15 horas. O hábito de carregar uma bebida protéica tornou-se ainda mais valioso quando eu estava no exército e não podia depender de receber três boas refeições por dia. Às vezes, meu vasilhame de bebida protéica era a única fonte de proteína para passar o dia.

À medida que aprendi mais sobre nutrição, desenvolvi fórmulas de bebidas protéicas que eram ainda mais nutritivas e eficazes do que as que eu fazia na Áustria. Mas o objetivo era o mesmo: saturar o organismo com proteína, disponibilizando os aminoácidos necessários para a maior produção muscular e suprir as calorias necessárias para o treinamento e crescimento.

As melhores proteínas em pó são aquelas derivadas do leite e ovo – o soro do leite em particular está tornando-se popular atualmente. A maioria dessas não se misturam facilmente com suco ou leite, devendo ser processadas em um liquidificador. Sempre verifique o rótulo de qualquer proteína em pó que você pensa em comprar. Por exemplo, um pó protéico típico com leite e ovos tem um conteúdo nutricional aproximadamente igual a:

Tamanho da dose: 30 g
Calorias: 110
Proteína por dose: 26 g
Carboidratos por dose: 0 g
Gordura por dose: 0 g

Cada bebida aqui é feita em quantidade suficiente para três doses ao dia, para serem ingeridas preferivelmente entre o desjejum e o almoço, entre o almoço e o jantar e uma hora antes de dormir. Contudo, como as proteínas demoram para ser digeridas, tome a bebida pelo menos 1h30min antes de ir para o treino.

NÍVEL I

(proteína = aproximadamente 50 g)

600 ml de leite ou suco
120 g de creme (ou 30 ml de óleo de açafrão e 90 ml de água)*
2 ovos
2 colheres chá de grânulos de lecitina
1/4 xícara de proteína em pó à base de leite e ovos
Aromatizante

Em um liquidificador, coloque o leite, o creme, os ovos e a lecitina; misture bem. Aguarde alguns minutos para a lecitina se dissolver, depois adicione a proteína em pó e misture. Para adicionar sabor use a sua imaginação: banana madura, extrato de baunilha, outra fruta ou um aromatizante. Para adoçar, adicione uma colher de sopa de frutose – não use alimentos ricos em sucrose, como sorvete ou calda de chocolate.

NÍVEL II

(proteína = aproximadamente 72 g)

480 ml de leite ou suco
180 g de creme (ou 60 ml de óleo de açafrão e 150 ml de água)
4 ovos
4 colheres chá de grânulos de lecitina
1/2 xícara de proteína em pó à base de leite e ovos
Aromatizante

---

* Para aqueles com um metabolismo mais lento, substitua o creme por água e óleo de açafrão. Se não há problemas com calorias adicionais, tente alternar creme em um dia e óleo e água no outro.

Em um liquidificador, coloque o leite, o creme, os ovos e a lecitina; misture bem. Aguarde alguns minutos para a lecitina se dissolver, depois adicione a proteína em pó e misture. Para adicionar sabor você pode fazer o mesmo que o nível I, exceto que para adoçar você pode usar até 2 colheres sopa de frutose.

NÍVEL III

(proteína = aproximadamente 98 g)

480 ml de leite ou suco
240 gramas de creme (ou 90 ml de óleo de açafrão e 180 ml de água)
6 ovos
6 colheres chá de grânulos de lecitina
3/4 xícara de proteína em pó à base de leite e ovos
Aromatizante

Em um liquidificador, coloque o leite, o creme, os ovos e a lecitina; misture bem. Aguarde alguns minutos para a lecitina se dissolver, depois adicione a proteína em pó e misture. Adicione sabor a gosto.

Se você acha que seu ganho de peso não corresponde ao que você espera, mesmo no nível III, aqui está uma bebida ainda mais potente que você pode adicionar à sua dieta (proteína = 96 g)

360 ml de suco ou leite
360 g de creme (ou 120 ml de óleo de açafrão e 240 ml de água)
6 ovos
6 colheres de chá de grânulos de lecitina
3/4 xícara de proteína em pó à base de leite e ovos
Aromatizante

Em um liquidificador, coloque o leite, o creme, os ovos e a lecitina; misture bem. Aguarde alguns minutos para a lecitina se dissolver, depois adicione a proteína em pó e misture. Adicione sabor a gosto.

Embora as vitaminas e os sais minerais não sejam especificamente fundamentais para ganhar peso, é importante que você não tenha nenhuma deficiência nutricional para que haja progresso no fisiculturismo, quer os seus objetivos a curto prazo sejam ganho ou perda de peso.

COMO PERDER GORDURA

O jejum parece ser o meio mais rápido de perder gordura. Mas, para cada 0,500 gramas que você perde, 60% é músculo e apenas 40% é gordura. Isso não é aceitável para alguém que está tentando construir uma estrutura sólida de massa muscular magra. Na verdade, você perde mais músculo do que gordura.

Em termos de fisiculturismo, perder peso de gordura envolve a manutenção de seus níveis de proteína enquanto reduz todas as outras ingestas calóricas. Você aumenta o déficit calórico adicionando mais exercícios aeróbios ao seu programa e, assim, queimando mais energia.

É difícil dizer quantas calorias você precisa ingerir para perder peso (devido a muitas variáveis, como tipo sangüíneo, peso corporal, nível de exercício e metabolismo natural), mas é possível afirmar que você precisa colocar seu corpo em déficit calórico, queimando mais energia do que ingere. Isso geralmente é mais uma questão de tentativa e erro. Por exemplo, se você escrever quais alimentos está ingerindo e descobrir que somam 3.000 calorias ao dia, e se você estiver mantendo o peso corpóreo com essa quantidade, tente reduzir para 2.500 ou 2.000 calorias por dia para criar um déficit calórico e perder gordura corpórea. Você também pode aumentar seu nível de atividade física para queimar energias adicionais. Se você tem um metabolismo muito lento, você pode ter que reduzir ainda mais para 1.600 ou 1.800 calorias. Como eu já disse, isso é assunto para experiência e experimentação. Mas a regra é simples: para perder gordura, você tem que reduzir as calorias, aumentar o exercício ou ambos.

Contudo, posso lhe dizer a quantidade *máxima* que você pode ingerir se está tentando perder *o máximo de gordura possível* sem sacrificar o tecido muscular. Esta é a fórmula:

1. Continue a ingerir uma quantidade suficiente de proteína (pelo menos 1 grama de proteína para cada 0,500 gramas de peso corpóreo) nos dias em que você tem treino – a demanda é um pouco menor nos dias de repouso.
2. Coma pouca gordura – cerca de 20% da sua ingesta calórica total. (Mas as pesquisas mostram que suplementar sua dieta com 6 gramas – 6 cápsulas de 1 grama – de óleo de peixe a cada dia reduz a gordura corporal e aumenta a massa muscular sem nenhuma alteração na dieta.)
3. Reduza ao máximo os carboidratos sem entrar em cetose (consulte a página 728).
4. Tente fazer de 45 minutos a 1 hora de exercício aeróbio, 4 a 5 vezes por semana, como discutido anteriormente.

Se você continuar a comer bastante proteína, não estiver em estado cetônico (e, portanto, não estiver usando uma excessiva quantidade de aminoácidos para energia), e sua ingesta de gordura for razoavelmente baixa, *você está fazendo uma dieta rígida sem sofrer de privação nutricional ou calórica*. Lembre-se de que a quantidade de carboidratos que você ingere para não entrar em cetose irá variar dependendo de quanto exercício você faz (com pesos e exercícios aeróbios). Portanto, se você está planejando uma dieta rígida, precisa estar preparado para verificar com freqüência se você está em cetose.

Incidentalmente, lembre-se de que os carboidratos não são ruins para você, nem são engordativos, desde que sejam nutritivos e não sejam ingeridos na forma de calorias vazias. O motivo pelo qual você tem que reduzir a ingestão de carboidratos quando está fazendo dieta é manter sua ingesta calórica global (exceto proteínas) em um mínimo.

CETOSE

A cetose é causada pela ingestão insuficiente de carboidratos. Embora essa condição deva ser evitada (consulte a página 728), muitos fisiculturistas gostam da dieta cetônica. Uma vez que ela permite que você coma muita proteína e gordura, estar em cetose tende a reduzir a sensação de fome. A privação de carboidratos também causa desidratação e é fácil confundir a perda de peso de água com a perda de gordura corporal.

Quando você está limitando à sua ingesta de carboidratos, você pode testar a presença de cetose usando Ketostix, disponível virtualmente em todas as farmácias. Quando essas tiras de exame são passadas em sua urina, tornam-se de vermelhas até roxas se você está em cetose; a cor indica a profundidade do estado cetogênico. Se as tiras não indicarem cetose, você não está sendo privado de carboidratos. Logo que você vir *qualquer* sinal de alteração na cor saberá que seu organismo está com falta do glicogênio de que precisa, e que você deve aumentar sua ingestão de carboidratos. Em resumo: *reduza os carboidratos o mais rápido possível desde que o exame não seja positivo para cetose. Quando isso acontecer, aumente os carboidratos.*

FONTES DE PROTÉINA RECOMENDADAS

Há muitas fontes possíveis de proteína de baixa caloria, mas a seguir está o que a maioria dos fisiculturistas utiliza:

Peixe (particularmente atum enlatado em água, não óleo). Alguns tipos de peixe são pobres em gordura mas ricos em colesterol. (A propósito, como vimos na último capítulo, peixes gordurosos como salmão e truta na verdade são benéficos, devido a seus óleos.)
Aves (frango, peru). Remova a pele, que é rica em gordura; algumas aves, como pato, são ricas em gordura.
Ovos. A clara de ovo tem poucas calorias, mas os ovos inteiros têm mais proteína e são muito mais nutritivos.
Leite desnatado. O leite desnatado tem 50% de carboidratos e 50% de proteína, enquanto o leite com 2% de gordura é gordo.
Proteína em pó à base de leite e ovos ou soro de leite.

As seguintes fontes protéicas têm uma maior quantidade de gordura, mas são uma fonte nutritiva de aminoácidos:

Carne de gado. Use cortes magros; um bife regular de 90 gramas lhe fornece cerca de 330 calorias, com 20 gramas de proteína, 27 gramas de gordura; comparativamente, um corte magro do mesmo tamanho contém 220 calorias, com 24 gramas de proteína e 13 gramas de gordura.
Porco. Apenas cortes magros; evite outros produtos à base de porco como lingüiça e bacon.
Carneiro. Bifes de carneiro são mais gordos do que os de porco.

Queijo. Alguns queijos são mais ricos em gordura do que outros; se você gosta muito de queijo, use um guia alimentar para ver os tipos mais magros.

Leite integral (e outros produtos derivados do leite, como manteiga, creme e creme azedo).

FONTES DE CARBOIDRATO RECOMENDADAS

Verduras (as verdes em especial – brócolis, aspargos, couve de Bruxelas, ervilhas etc.; sempre que possível, coma verduras cruas ou levemente cozidas).

Feijão (não-enlatado, muito rico em açúcar). O feijão não é uma proteína completa, portanto, precisa ser ingerido em combinação com carne, arroz ou outro alimento complementar.

Saladas. Tenha cuidado com os molhos.

Frutas. Frescas, não enlatadas.

Pão integral ou de centeio.

Batata assada. Uma batata média contém apenas 100 calorias; desista da manteiga ou creme azedo.

Arroz (não-processado ou semipronto).

Para manter uma baixa ingestão calórica, use alimentos relativamente simples. Evite usar manteiga, creme e condimentos oleosos como Ketchup e maionese. Asse, grelhe ou cozinhe no vapor os alimentos: não frite (que aumenta as calorias) nem cozinhe em água (que destrói os nutrientes). Tenha cuidado com os molhos de salada: 1 colher de sopa de óleo contém 100 calorias, o mesmo que uma raspa de manteiga. Reduza a ingestão de sal.

RESUMO DE REGRAS DE DIETA PARA PERDA DE GORDURA

1. Como recomendado, não tenha pressa em perder gordura – se você está perdendo mais de 1 kg por semana você provavelmente também está perdendo massa muscular além de gordura.

2. Reduza a ingesta calórica até que você comece a notar perda de peso. Fique nesse nível enquanto estiver perdendo peso. Se uma dieta faz efeito não precisa torná-la mais rígida.

3. Não faça uma dieta mais rígida do que o mínimo recomendado aqui: pelo menos 1 grama de proteína por kg de peso corporal, pobre em gordura e com redução de carboidratos, sem entrar em cetose.

4. Metabolize as calorias adicionais com exercícios aeróbios. Se você não está acostumado com isso, comece lentamente e vá aumentando progressivamente até 45 a 60 minutos, 4 a 5 vezes por semana de caminhada, caminhada rápida, corrida ou bicicleta, na academia ou ao ar livre. Isso vai fazer uma grande diferença para chegar ao seu objetivo.

5. Tome suplementos de vitaminas e sais minerais para garantir que você tenha uma nutrição adequada.

6. Coma alimentos frescos sempre que possível. Isso lhe dá a máxima nutrição com um mínimo de calorias. Alimentos enlatados, congelados ou processados são menos nutritivos e geralmente contêm muito açúcar, sal e aditivos químicos.

7. Aprenda a contar as calorias. De outro modo é fácil achar que você está ingerindo menos do que realmente está.

LEITURA DE RÓTULOS

Eu gostaria de recomendar a todos para que adquiriam o hábito de ler os rótulos. Uma olhada rápida a um produto pode ser enganadora. Há um esforço para padronizar o uso de termos como "pobre em gordura", "pobre em açúcar" e *light*, mas as propagandas usam esses termos sem um critério definido.

Os rótulos nutricionais hoje em dia são bastante específicos. Por exemplo, uma lata de atum preparado em água. Obviamente não quero o atum preparado em óleo que tem 100 calorias por colher de sopa, sendo tão calórico quanto o próprio atum. Eles dizem no rótulo que ele tem 0 carboidrato. Isso faz sentido se é proteína de peixe e não há carboidratos nela. Quanta proteína? 12 gramas por dose de 60 gramas. Muito bem, então quanta gordura? O conteúdo de gordura é de 2 gramas por dose. Não é mau, isto é apenas 18 calorias de origem de gordura e 80 calorias no total. O conteúdo de sódio é de 250 mg, que não nos interessa agora mas interessará no próximo capítulo, quando falarmos da dieta de competição.

Muito bem, suponha que eu decida comer massa com atum como variação do arroz. Vejamos um pacote de massa seca. Bom, ela tem 8 gramas de proteína por dose e 39 gramas de carboidratos. Bom, não é apenas carboidratos e tem proteína também. A gordura total é de 2,5 gramas, bem baixa. Se eu usar a dose preconizada (e o único meio de fazer isso é com uma balança!) a massa tem apenas 210 calorias, com apenas 25 calorias de gordura.

O que eu apresentei foi uma refeição de 290 calorias, com 20 gramas de proteína e com pouca gordura. Uma alimentação saudável. Obviamente, se eu colocar manteiga na massa, serão 100 a 200 calorias, quase toda de gordura. E molho? O rótulo diz que 1/2 xícara tem 80 calorias, com pouca gordura e 2 gramas de proteína. Então, 370 calorias e 22 gramas de gordura, carboidratos complexos da massa: essa é uma boa refeição para uma dieta de controle de peso.

Agora, eu tenho que ser um especialista em nutrição para fazer isso? Não. Apenas tenho que ler os rótulos. Assim como eu li o rótulo de uma massa semipronta, já com molho, só para pôr no forno e ela tinha apenas 8 gramas de proteína, e um total de 750 calorias com 40% de gordura! Com certeza, a maioria dos fisiculturistas evitariam esse tipo de alimento, mas outros produtos podem lhe enganar facilmente; eles parecem ter pouca calorias mas têm muita gordura. Eles podem dizer "pouca gordura" no rótulo, ou que são com "menos calorias" (menos do que o que?), mas verifique cuidadosamente o rótulo para ver o que eles contêm.

A propósito, muitos alimentos não têm rótulo. O cheeseburger com batatas fritas da lanchonete que fica sempre o tentando. A pizza de massa grossa crocante. Contudo, o conteúdo nutricional de muitos desses alimentos está disponível hoje em dia nos restaurantes onde são servidos, e também em livros e guias alimentares, vendidos em livrarias e na maioria das lojas de alimentos dietéticos, que lhe dão o valor calórico e nutricional dos alimentos mais populares. Recomendo que você adquira um desses e, se você o fizer, esteja preparado para um choque. Como as pessoas que pensam que as barras de alimentos concentrados são dietéticas, você pode surpreender-se com aqueles "saudáveis" cereais matinais que você gosta tanto, os bolinhos ricos em fibra que são tão gostosos ou o molho de salada de baixa caloria que você utiliza, que têm mais calorias do que você pensa ou são cheios do "trio básico" da indústria dos *fast foods* – açúcar, sal e gordura.

CAPÍTULO 3

Estratégias de Dieta para Competição

O fisiculturismo é o meio mais eficaz já desenvolvido de treinar, moldar, desenvolver e definir os músculos do corpo. E embora ele seja extremamente benéfico para quem quer ficar mais forte e saudável, ter uma aparência melhor e melhorar seu desempenho atlético desde o beisebol, passando por golfe e esqui até futebol: *ele também é um esporte* e, de fato, um dos mais exigentes, difíceis e disciplinados de todos os esportes que existem.

Discutimos aspectos da competição de fisiculturismo, como posar, extensamente no Livro Quatro. Contudo, para manter uma musculosidade máxima e um mínimo de gordura corporal, com pouco líquido subcutâneo obscurecendo a sua definição, quando você a atinge, uma estratégia nutricional e dietética adequada é absolutamente essencial para o sucesso na competição. A dieta de competição diz respeito ao *controle total* do seu físico e os métodos envolvidos são o assunto deste capítulo. Falaremos de assuntos como:

1. Controle do peso corporal fora do período de concursos para que a dieta para a competição funcione.
2. Medição da ingesta alimentar – proteína, carboidratos, gordura e calorias – para certificar-se de que a dieta seja o mais completa possível, e aprender a manter um registro cuidadoso dos progressos dietéticos em um diário.
3. Quando comer, com que freqüência e como evitar as armadilhas da privação nutricional e calórica, bem como a redução do metabolismo.
4. Como medir as alterações na sua composição corporal usando balança, compassos e métodos de teste dos percentuais de gordura corporal.

5. Como criar uma estratégia completa de dieta de 12 semanas antes do concurso e ingerir muitos carboidratos alguns dias antes, controlando os níveis de líquidos subcutâneos e o pico no dia do concurso.

ENTRANDO EM FORMA PARA FICAR EM FORMA

Quando você começa uma dieta para competição, você tem que partir de algum ponto. E o seu peso no início da dieta pode fazer uma enorme diferença em seu sucesso. Pode parecer óbvio, mas muitos fisiculturistas não compreendem esta simples idéia – quanto mais magro você conseguir manter-se fora dos concursos, mais fácil será a dieta para competição. Alguns fisiculturistas gostam de aumentar o peso entre os concursos. Eles chamam isso de ganhar volume, e acreditam que isso não apenas os deixa mais fortes – e podem treinar com mais peso e mais arduamente – como também acelera o processo de produção muscular. E, de um ponto de vista psicológico, muitos fisiculturistas apenas gostam de sentir-se grandes, e para andar por aí na academia, ou de camiseta pela cidade, quem se importa se você não está no ponto?

Certamente, você fica mais forte quando ganha volume, só pelo fato de que, ao aumentar o volume em seus braços e suas pernas, você obtém uma maior vantagem mecânica, tornando-os uma alavanca melhor. E você definitivamente quer ter certeza de que está recebendo proteínas e nutrientes suficientes para facilitar a produção muscular. Mas há um preço a ser pago por ter ganho peso entre os concursos – você tem que fazer dieta para perder esse excesso de peso antes de competir. E quanto mais gordura corporal você acumula, mais tempo você precisa para livrar-se dela, e mais músculo você talvez tenha que sacrificar enquanto faz isso.

Eu tive essa experiência muitas vezes. Nos anos 60, quando eu era mais jovem e apreciava a vantagem de sentir-me enorme, eu me permitia aumentar muito o peso entre os concursos. Olhando para minhas fotos naquela época, eu ficava mais suave após a dieta de competição do que alguns anos mais tarde, quando aprendi a controlar o peso entre as competições. Lembre-se, não é o seu tamanho fora das competições que conta, é *como você está no palco durante a competição*.

Obviamente, muitos competidores que entram em um concurso com 105 kg, mas andam fora dos concursos com 127 kg ou mais, vão dizer que não estão gordos, apenas mais lisos. Realmente, um homem carregando aquela quantidade de músculo sólido pode acumular muita gordura sem *parecer* estar gordo no sentido real da palavra. A firmeza de um corpo assim obscurece o excesso de peso. Mas, todavia, a gordura está lá e tem que sair para que você entre no concurso musculoso, firme e definido.

Adicionalmente, como já discutimos, quanto mais tempo você tem que fazer dieta e mais peso você tem que perder, maior a probabilidade de você perder músculo nesse processo. Não é impossível perder muito peso e ainda ficar em grande forma – obviamente, Dorian Yates tinha uma grande carreira mas também era famoso por ficar muito pesado fora dos concursos – mas é muito difícil. E, até onde me diz respeito, a competição de fisiculturismo já é muito difícil. A dieta de competição tem se tornado mais científica do que quando comecei no fisiculturismo. Nos meses anteriores aos concursos, eu observava que o corte nos doces e sobremesas, pão com manteiga e vinho no jantar, em combinação com o treinamento intenso duas vezes ao dia, deixava-me facilmente firme e definido. Mas o que eu considerava firme e definido 20 anos atrás provavelmente não seria adequado ao ambiente altamente competitivo do fisiculturismo de hoje.

De fato, o padrão de dieta de competição mudou consideravelmente do tempo em que comecei até quando me afastei do fisiculturismo. Quanto mais tempo eu permaneci no fisiculturismo, mais eu aprendi a respeito de ficar em forma para concursos, e mais aprendíamos sobre como chegar lá do modo mais eficaz possível. Obviamente, em um ponto o pêndulo foi muito longe. Enquanto os competidores dos anos 60 tendiam a estar muito suaves nos concursos, nos anos 70 muitos fisiculturistas apareciam tão desgastados e inchados que logo eram descritos como estando "à beira da morte". Lembro-me de fisiculturistas que andavam na academia enormes, mas não gordos, com 110 kg entrando no palco desgastados e fibrosos com 90 kg, parecendo com seus avós.

REGISTRANDO TUDO

A dieta de competição envolve uma versão de "alta potência" da dieta que falamos no último capítulo, incluindo a ingestão de muita proteína (às vezes em quantidades muito altas) para manter o máximo de massa muscular, reduzindo a gordura e as calorias de carboidratos o máximo possível, e a execução de bastante exercícios aeróbios para queimar o excesso de calorias.

Porém, manter um registro de tudo isso, verificando as quantidades corretas de cada nutriente, quer dizer:

1. Criar um plano alimentar específico, escrevê-lo e manter um registro cuidadoso de quanto você ingere a cada dia em um diário alimentar.
2. Usar uma balança de alimentos, medir xícaras e colheres para garantir a quantidade correta de calorias e as gramas de proteínas, carboidratos e gorduras em tudo que você ingere. (E ter muito cuidado ao ler rótulos.)
3. Comer a cada 2 ou 3 horas.
4. Preparar as refeições com antecedência, se necessário, e levá-las em um vasilhame, de modo que você coma nos horários regulares.
5. Tomar quantidades suficientes de *todos* os suplementos necessários sempre que for preciso, inclusive proteínas, vitaminas, sais minerais, ácidos graxos essenciais e alguns suplementos adicionais que iremos discutir.
6. Beber muita água, pelo menos 4 a 5 litros por dia.

Eu não consigo enfatizar suficientemente a importância de escrever o seu programa alimentar e registrar exatamente o que e quanto você ingere a cada dia. Em alguns estudos nos quais a ingesta individual foi monitorizada, os indivíduos não registravam o quanto estavam ingerindo. Ao final do dia, quando tinham que estimar sua ingestão calórica, era surpreendente o quanto tinham saído da dieta. Alguns achavam que tinham comido mais, e outros, menos.

Quando você tenta fazer dieta sem um programa escrito dos alimentos e calorias, a mesma coisa pode acontecer. Sensação de quanto você está ingerindo pode ser muito acima ou muito abaixo do esperado, e nenhuma dessas situações faz sentido se você está se preparando para um concurso. Pesar e medir seus alimentos, bem como controlar as porções, escrevendo tudo que você come e quantas calorias você ingere, é entediante e despende muito tempo? Pode apostar que sim. Mas é necessário para aumentar a eficácia da sua dieta de competição.

COMENDO, COMENDO E COMENDO

A freqüência com que você come pode ser tão importante quanto *o que você come*. No último capítulo, discutimos os benefícios de comer mais de três refeições por dia. Mas, na dieta de competição, você deve comer ainda mais vezes. De fato, muitos fisiculturistas de competição queixam-se da dificuldade de interromper constantemente suas atividades diárias para comer. Você acorda e come. Você vai para a academia e treina, depois come. Você vai a um estúdio fotográfico e, na metade do trabalho, você pára e come.

Antes da competição, os fisiculturistas viajam com vasilhames de comida. Sentem o cheiro de atum aonde vão. Sentam com amigos nos restaurantes, pedem água e comem atum, frango sem pele, arroz, batata assada ou batata doce. É claro que toda essa comida é pesada e medida cuidadosamente; os fisiculturistas freqüentemente preparam os vasilhames na noite anterior e rotulam quando eles devem ser ingeridos e o valor calórico total de todos os alimentos é levado em consideração.

Isso parece difícil? E é. Mas esse tipo de *controle* é básico para a capacidade dos fisiculturistas de hoje de ficar em forma em um tempo previsto, atingindo o pico no momento certo e parecendo maravilhosos no palco. Alguém já disse que o fisiculturismo não é uma ciência espacial, mas às vezes a gente sente como se fosse.

PRIVAÇÃO

Quando você faz uma dieta rígida prolongada, especialmente se está fazendo um treinamento rígido, é fácil privar seu organismo do nível correto de nutrientes. A razão pela qual aconselho não entrar em cetose é para evitar a privação de carboidratos. O motivo de ingerir quantidades generosas de suplementos é evitar a privação de carboidrato. A dieta hiperprotéica garante que seus músculos não ficarão privados dos aminoácidos de que precisam, mas você ainda precisa impulsionar esses músculos, e é por isso que você precisa continuar a fornecer carboidratos.

Muitos fisiculturistas fazem uma dieta tão rígida e restritiva em gordura que entram em privação dos ácidos graxos essenciais necessários ao organismo. Em primeiro lugar, você não precisa chegar a 10% de gordura para preparar-se para um concurso. Uma dieta com 20% de gordura é restrita o bastante. Em segundo lugar, você pode evitar ingerir tão pouco usando suplementos de ácidos graxos essenciais, como descrito no último capítulo.

DIMINUIÇÃO DO RITMO METABÓLICO

O corpo é um organismo homeostático. Ele tenta manter-se estável, com tudo em equilíbrio. Portanto, quando você diminui a ingestão calórica, seu metabolismo também irá eventualmente reduzir sua resposta, que é prejudicial aos esforços de dieta.

O treinamento árduo, na academia e nos exercícios aeróbios, ajuda a manter o índice metabólico estipulado. Outro meio é variar a ingesta calórica ao longo do tempo. Suponha que você normalmente coma 3.200 calorias e esteja em uma dieta de 2.000 calorias. Quando seu corpo começa a notar a restrição calórica, reduz o metabolismo de acordo. Mas você não precisa na verdade comer só 2.000 calorias todo dia – você pode usar uma *média* de 2.000 calorias. Você faz isso aumentando as calorias em um dia (2.600) e reduzindo no outro (1.600) e depois voltando a 2.000. Adicionalmente, a cada semana você pode ter um dia com a ingesta em seu nível anterior (3.200) para estimular ainda mais o índice metabólico (e recompensar seu trabalho com um pouco de prazer).

Você pode sentar com um lápis e papel e calcular exatamente como chegar aonde quer, mas fazer a dieta desse modo irá garantir que seu metabolismo esteja funcionando no maior nível possível e, portanto, *queimando mais calorias,* a despeito de sua dieta hipocalórica.

MEDINDO MUDANÇAS NO CORPO

Há inúmeros meios de manter um registro cuidadoso das alterações em sua composição corporal:

A balança. À medida que você perde gordura em quantidade considerável, mesmo que você ganhe massa muscular (que é menos provável à medida que sua dieta progride) você perderá peso.

A fita métrica. A sua cintura está diminuindo? Então a dieta está funcionando.

Medida da gordura corporal. Há vários meios de fazer isso: peso dentro da água, compasso, impedância elétrica. Se você fizer isso, lembre-se de que a porcentagem específica que você obtém não é necessariamente exata. Mas com múltiplas medidas (usando o mesmo método, com o mesmo equipamento) a *direção* das alterações é o que importa.

O espelho. Isto é, em resumo, o fisiculturismo: *o seu aspecto.*

Certamente, pesar-se regularmente é um meio fundamental de estimar como a dieta está funcionando. Mas, mesmo sendo duro, a melhor idéia é não se pesar com muita freqüência, não mais do que 1 a 2 vezes por semana. Como eu disse, o corpo não perde peso de modo regular e contínuo, portanto você deve verificar seu peso apenas em intervalos amplos, nos quais você vê o progresso real quando ele ocorre.

Além de usar a balança, eu sempre preferi olhar os *resultados.* Você mostra o seu físico aos juízes, não o seu peso. Portanto, o espelho é o avaliador primário de como você está indo ao seu objetivo. Para usar o espelho adequadamente, a melhor idéia é sempre olhar no mesmo espelho, com a mesma luz – um determinado espelho, em uma determinada área da academia, por exemplo. Isso reduz as variáveis envolvidas de modo que qualquer alteração que você observa provavelmente é devida à dieta, e não à luz ambiental.

Há outros meios de avaliar as mudanças de seu corpo. Por exemplo, quando estava me preparando para o concurso de Mr. Olímpia de 1980 na Austrália, pedi ao Franco para tirar fotos minhas uma vez por semana para que eu visse o efeito de meu treino e minha dieta.

As fotos me diziam o que eu precisava saber. Se achava que os resultados eram muito lentos, eu mudava o meu programa. Se eu gostava do que eu via, eu continuava fazendo a mesma coisa.

A dieta, assim como o treinamento, deve ser feita de modo inteligente. Verifique os resultados à medida que você progride e faça as alterações que considerar necessárias para aumentar seu progresso. Uma vez que seu metabolismo varia de uma época a outra, ano após ano, e já que um indivíduo é diferente do outro, nenhum número arbitrário será um guia suficiente para programar sua dieta.

INICIANDO: 12 SEMANAS COMPLETAS

A maioria dos fisiculturistas faz a dieta para a competição por 12 semanas. Esse tempo permite que o fisiculturista médio perca de 10 a 12 kg sem sacrificar uma quantidade apreciável de massa muscular. É *muito difícil* fazer uma dieta extrema sem perder massa muscular, portanto, sua melhor estratégia é ficar em um peso inicial que permita que, com a dieta, você entre em forma em 12 semanas, perdendo não mais do que 1 a 1,5 kg por semana.

Obviamente, alguns raros indivíduos, na verdade, *perdem* peso entre os concursos e têm que trabalhar para ganhar peso perto de um outro. Frank Zane era assim. Ele geralmente era mais leve entre os concursos do que o era no momento da competição. Franco sempre foi assim – enquanto eu estava procurando meios de eliminar gordura corporal, ele estava rindo de mim e comendo massa.

Contudo, mesmo fisiculturistas como Franco ainda têm que perder gordura corporal para ficar em forma para um concurso. Isso não é tão aparente porque eles também estão comendo bastante para ganhar músculos durante esse período pré-competição. Então, mesmo com esse tipo de físico, ainda é necessário fazer dieta para perder gordura.

TESTE DE CETOSE

Mesmo a cetose sendo um estado indesejável, pode ser usada em seu favor quando você estiver tentando estabelecer uma dieta para competição envolvendo quantidades mínimas de vários alimentos. Como mencionei anteriormente, você pode fazer o teste de cetose usando Ketostix, que está disponível na maioria das farmácias. Quando há corpos cetônicos no seu organismo, as tiras de teste se tornarão roxas quando em contato com a sua urina.

Para guiá-lo na determinação da quantidade mínima de carboidratos que você deve ter na sua dieta, reduza gradualmente os carboidratos e teste para cetose. Quando você vir um sinal positivo de cetose, aumente *imediatamente* a quantidade de carboidratos até que os corpos cetônicos desapareçam. Nesse ponto você estará perto de cetose, mas não com cetose. Você estará ingerindo carboidratos suficientes para evitar um estado de privação de carboidratos.

Repita os testes ocasionalmente para verificar se você não está desenvolvendo cetose. Lembre-se de que quanto mais forte você treina, mais carboidratos você precisa para não entrar em cetose. E não há outro meio de entrar em forma, não importa quanto a sua dieta é rígida, sem treinar muito forte.

EVITANDO MUITO EXERCÍCIO AERÓBIO

Durante minha carreira como competidor de fisiculturismo, fiz algum treino aeróbio, mas não tanto quanto os campeões da atualidade incluem em seus programas pré-competição. Contudo, alguns especialistas acham que a atividade aeróbia, de um modo geral, é contraproducente na manutenção de uma massa muscular máxima, e a melhor quantidade de exercício aeróbio para fisiculturistas é *nenhuma*. Mas os competidores modernos não acreditam nisso e adotam esses exercícios para ajudá-los a perder gordura corporal, portanto, a questão é como devem fazê-los.

Muito exercício aeróbio também encoraja o organismo a metabolizar massa corporal magra (músculos) para criar energia adicional. O corpo pode, na verdade, "canibalizar" o tecido muscular, especialmente as fibras musculares brancas de "força", para ter energia para o exercício aeróbio.

Finalmente, há o problema da fadiga sistêmica. Muito exercício aeróbio o deixa cansado. Quando está cansado, você não tem energia para fazer exercícios pesados e intensos. Você pode não se sentir cansado, mas os sistemas físicos que permitem a recuperação e a renovação dos músculos e da energia não conseguem atender a demanda quando você faz muito exercício cardiovascular.

Vimos os princípios básicos do treinamento aeróbio no último capítulo. Mas quando se trata de exercícios cardiovasculares para acompanhar a dieta pré-concurso, você tem que ser muito mais preciso e cuidadoso para que eles funcionem a seu favor, e não contra você. Por exemplo, recomendo que o exercício aeróbio seja:

1. Realizado por não mais do que 45 a 60 minutos ao dia (não necessariamente em uma só sessão – exercício aeróbio em duas ou mais sessões é excelente), 4 a 5 vezes por semana. Planeje sua dieta cuidadosamente, de modo que não seja preciso mais do que isso.
2. Não realizado imediatamente antes de treinamento de força. Isso irá fatigá-lo e diminuir a intensidade de seu trabalho.
3. Não realizado imediatamente após o treinamento. Seu corpo está depletado nesse momento e precisa repousar e recuperar-se, pelo menos algum tempo – embora o melhor seja fazê-lo em outra hora. De fato, recomendo fazer uma reposição de glicogênio (refeição à base de carboidratos, suplemento líquido) após o treino na academia e antes do treino aeróbio.

DROGAS

Um dos problemas da sociedade moderna é que todos estão sempre procurando respostas rápidas e fáceis. As empresas têm que mostrar lucro muito rápido ou suas ações caem, não importa o dano que isto possa trazer ao sucesso e crescimento a longo prazo. Se um programa de TV não tem uma boa audiência em poucas semanas, é retirado do ar. Os filmes são julgados pela bilheteria da estréia. Em um mundo sem paciência para esperar resultados, não é surpresa que os atletas sejam encorajados a tentar atalhos em vez de dedicar-se a esquemas longos de disciplina e trabalho árduo.

Por isso, qualquer discussão séria sobre atletismo hoje em dia tem que incluir uma menção às drogas que melhoram o desempenho. A mídia está cheia de histórias de vários atletas, de vários esportes, que falharam nos testes *antidoping*. A revista *Sports Illustrated* apresentou um artigo que afirmava que o uso de várias drogas, incluindo esteróides, hormônio do crescimento, diuréticos e outros estimulantes ilegais está desenfreado nos diferentes esportes. O uso de drogas, dentro e fora do esporte, é, infelizmente, um problema freqüente na sociedade moderna.

Certamente, como alguém que está em uma posição capaz de influenciar jovens, quero deixar clara minha postura: sou absolutamente contra o uso destas substâncias ilegais e perigosas. Todas as principais federações e organizações desportivas proibiram o uso dessas drogas, e a maioria instituiu testes para identificar atletas que estavam usando drogas. Aplaudo esses esforços de todo o coração. Eu gostaria que as revistas de fisiculturismo tomassem a mesma postura determinada. Alguns professam serem contra as drogas e escrevem artigos explicando o que são e como usá-las. Em minha opinião, isso é vergonhoso.

O uso de drogas é obviamente perigoso para a sua saúde. Sabemos que há efeitos colaterais terríveis dessas substâncias e, em alguns casos (sem exageros), o seu uso pode levar à morte. O uso de drogas também tem um efeito devastador para a imagem do esporte, com o público deixando de ver os atletas como representantes dos ideais de disciplina e dedicação promulgados pelo Comitê Olímpico Internacional. O uso de drogas coloca em discussão o tipo de mensagem que enviamos para nossos jovens, que tão freqüentemente vêem os atletas como modelos e heróis. Quando era jovem, aprendi que quanto mais árduo o seu trabalho nos esportes, e quanto mais você desenvolve disciplina e habilidade, maiores as suas chances de tornar-se um campeão. Será que queremos ensinar aos nossos jovens que o campeão é aquele com acesso à melhor química?

Contudo, se seguir os programas descritos neste livro, você pode construir um físico sem recorrer ao uso de drogas anabolizantes – dependendo de quanto você quer se dedicar a esse esforço. Para construir um físico de campeão você tem que ter um desejo de campeão, a vontade de treinar com intensidade e consistência e não deixar que nada interfira no seu caminho, e você tem que ter o trabalho de aprender como treinar com mais eficácia, não apenas tentar levantar uma carga pesada ou jogar os pesos para cima sem atenção à técnica. É preciso um tremendo poder de sustentação para construir seu corpo na sua capacidade genética máxima, e isso não é fácil. Sem vontade, desejo e visão, nada de vulto será conseguido. Mas se quer fazer o que é preciso, você conseguirá os melhores resultados que é capaz, e isso é tudo que qualquer um de nós pode esperar ou desejar.

DROGAS E ESPORTES

Como já mencionado, o uso de drogas tem sido disseminado em uma variedade de esportes há algum tempo. Os esteróides têm sido usados no fisiculturismo desde antes de serem considerados ilegais e antes de os fisiculturistas terem mais conhecimento, mas os competidores que falharam nos testes *antidoping* no Campeonato Mundial de Amadores da IFBB em um passado recente demonstraram que alguns deles estão querendo correr o risco de serem suspensos do esporte.

Nós todos conhecemos a história da desqualificação de Ben Johnson nos 100 metros rasos nas Olimpíadas da Coréia do Sul. As muitas suspensões e desqualificações de atletas olímpicos e outros esportistas tiveram menos publicidade, mas ainda assim foram numerosas.

Há uma limitação de testes *antidoping* nos times profissionais. Vários jogadores profissionais de futebol americano foram positivos para drogas anabolizantes (bem como substâncias "recreacionais") e foram suspensos. Três jogadores canadenses de futebol americano foram suspensos em 1997 por uso de esteróides. O futebol, ainda em seus primórdios, anunciou uma das mais estritas políticas antidrogas de todos os esportes organizados.

No ciclismo, o Tour de France foi manchete internacional em 1998, quando expulsou a equipe italiana Festina por uso de drogas, e o treinador foi preso. Na natação, uma nadadora chinesa foi detida por oficiais da alfândega australiana por estar portando hormônio de crescimento humano. Alguns meses antes, dois médicos foram indiciados por fornecerem esteróides para atletas menores de idade da Alemanha Oriental, e o treinador da equipe teve suas credenciais cassadas. De fato, em fevereiro de 1998, a BBC relatou que cerca de 10.000 atletas olímpicos, homens e mulheres, de até 10 anos de idade, haviam sido dopados sistematicamente na Alemanha Oriental nos anos 70 e 80. Nadadores russos também foram suspensos nos últimos anos pelo uso de esteróides.

Os esportes de inverno não estão livres dessa epidemia. Dois corredores de trenó australianos também não passaram no teste *antidoping* e foram banidos dos jogos. Em 1997, a Federação de Atletas da Romênia baniu uma equipe de esqui nórdico européia por dois anos devido ao uso de drogas.

Nos jogos da Boa Vontade de 1998, dois atletas – um corredor e um atirador americanos – foram suspensos das competições após terem tido teste positivo para substâncias proibidas. Os dados oficiais mostram que 0,9% dos atletas estudantes da NCAA testados foram inelegíveis, comparados com 0,1% em 1995. Surpreendentemente, embora os testes positivos tenham sido altos no futebol americano (2,2%), foram maiores no pólo aquático masculino (2,8%). Um arremessador de dardos da África do Sul foi suspenso em 1995 por uso de substâncias proibidas. Em 1996, um jogador inglês de críquete foi suspenso pela mesma razão.

No rúgbi, dois jogadores do time que ganhou a final australiana receberam suspensões após um teste positivo para o uso de anabolizantes, e um terceiro foi pego pelo uso de substância proibida: efedrina. Também houve acusações e/ou suspensões por testes positivos em esportes que variaram desde ciclismo até boxe. Em 1995, o peso pesado Oliver McCall foi suspenso pela WBC por recusar-se a fazer o teste *antidoping* após uma luta.

Eu poderia continuar com essa lista, mas acho que já expliquei o bastante. O uso de substâncias proibidas que melhoram o desempenho é epidêmico e não está restrito apenas ao fisiculturismo. Alguns atletas estão erroneamente buscando atalhos para uma vitória imediata e recorrem às drogas ilegais. Este é um problema que todos os esportes têm que encarar, e o modo como nós lidamos com essa prevalência de drogas no esporte terá um grande impacto no futuro das associações de atletas e a segurança dos atletas envolvidos.

EFEITOS COLATERAIS DO USO DE ESTERÓIDES

Os esteróides anabolizantes/androgênicos têm uma ampla faixa de efeitos em inúmeras funções orgânicas importantes. As possíveis complicações médicas associadas com o uso dos esteróides são:

Alteração da função hepática. Quando introduz esteróides em seu organismo, você coloca muito estresse sobre o fígado. Com o uso prolongado de altas doses, especialmente de esteróides orais, pode haver colestase e icterícia progressivas, hemorragias e até mesmo a possibilidade de câncer hepático. Há casos de mortes entre pacientes submetidos a esse tipo de terapia.

Alteração da função cardiovascular. O uso de esteróides pode levar a alterações no mecanismo de coagulação sangüíneo, no metabolismo da glicose e nos níveis de colesterol e triglicerídeos no sangue. O uso dos esteróides orais pode levar a hiperinsulinismo, à redução dos níveis de glicose e a uma redução na tolerância à glicose, oral e intravenosa, associada com uma acentuada resistência à insulina. Os esteróides elevam o risco de doença cardiovascular.

Aumento na tensão nervosa e/ou pressão arterial. Isso pode levar à hipertensão, bem como a alterações radicais no equilíbrio de líquidos e/ou eletrólitos sanguíneo.

Redução da produção normal de testosterona. O corpo tem mecanismos que monitorizam a quantidade de testosterona no sistema e alertam o sistema endócrino para aumentar ou diminuir a produção de hormônios. Quando são usados esteróides, o organismo registra o aumento como excessivo e tende a reduzir ou bloquear a produção de testosterona. Isso pode levar a alterações na libido e muitas outras funções fisiológicas e psicológicas relacionadas com os níveis hormonais, como aumento da agressividade, depressão ou aumento da gordura corporal.

Efeitos androgênicos. Alguns desses efeitos incluem aumento dos pêlos faciais e corporais; aumento das secreções sebáceas (pele oleosa), que pode causar acne; priapismo, redução dos cabelos; hipertrofia prostática; e fechamento prematuro das epífises (atrofia de crescimento).

Além dos efeitos acima, os seguintes efeitos a curto prazo são vistos com freqüência:

Espasmos musculares e cãibras
Aumento ou diminuição de sentimentos agressivos
Cefaléia
Sangramento nasal
Tontura, desmaios, torpor ou letargia
Erupções cutâneas ou reações locais no local da injeção
Dolorimento nos mamilos
Ginecomastia (desenvolvimento de tecido mamário em homens)
Alteração da função tireoidiana
Distúrbios gastrintestinais com o uso dos esteróides orais, incluindo perda de apetite, língua queimada, engasgos, vômitos, diarréia, constipação, irritação intestinal e uma sensação de inchação em 1 a 2% dos que tomam esteróides.

As contra-indicações absolutas ao uso de esteróides são a gravidez ou a presença de câncer de próstata ou de mama em homens.

Esteróides e Adolescentes

Os adolescentes nunca devem tomar esteróides para produzir tamanho e força em suas estruturas musculares. Durante a adolescência, os jovens do sexo masculino já estão em seu estado anabólico máximo, com testosterona inundando seus sistemas. A adição de anabolizantes sintéticos nesse ponto é totalmente desnecessária e perigosa.

Adicionalmente, os esteróides tendem a fechar as epífises ósseas (terminações ósseas de crescimento). Um adolescente que ainda não atingiu seu crescimento total pode observar que os esteróides impedem seu crescimento completo, e esse efeito é totalmente irreversível.

Esteróides e Mulheres

As mulheres têm apenas 1/100 da quantidade de testosterona em seu corpo em relação aos homens, portanto, mesmo pequenas quantidades de anabolizantes esteróides podem ter um feito androgênico significativo (masculinizante) sobre seus corpos. Estes incluem coisas como aparecimento de pêlos faciais, voz grossa, alteração das feições, redução do tecido mamário e aumento do clitóris. Essas alterações geralmente são permanentes e não desaparecem com a cessação do uso da droga.

Devido à sua sensibilidade aos hormônios masculinos, os efeitos colaterais de seu uso por mulheres tendem a ser relacionados às doses em vez de relacionados ao tempo, como ocorre com os homens.

DIURÉTICOS

Atingir a definição muscular máxima no palco envolve ter um mínimo de água depositado sob a pele. A água subcutânea suaviza o físico e geralmente custa pontos ao fisiculturista de competição.

A preparação adequada, a dieta e a ingestão de carboidratos antes de um concurso são eficazes para direcionar os líquidos do corpo para os músculos, em vez de deixá-los armazenados sob a pele. Mas, por algum tempo, alguns fisiculturistas recorreram ao uso de diuréticos, substâncias designadas para extrair o excesso de água do organismo.

Infelizmente, os diuréticos têm um efeito negativo na aparência física. A perda de muito líquido achata os músculos e reduz a musculosidade. Quando o corpo torna-se excessivamente desidratado, tende a reter água sob a pele em resposta, o que é o oposto do efeito desejado. Do mesmo modo, a perda líquida em excesso interfere no equilíbrio de eletrólitos do corpo, levando a fraqueza muscular e cãibras.

O uso de diuréticos pode ser debilitante e também perigoso – até mesmo letal. Alguns fisiculturistas tiveram que receber tratamento médico nos camarins em um concurso pelo uso de diuréticos. Alguns tiveram que ser internados para tratamento. Em um caso mais grave, um campeão profissional de fisiculturismo morreu pelo uso de diuréticos na tentativa de ficar muito firme e definido.

Devido aos riscos do uso de diuréticos, a IFBB e o NPC começaram a fazer o teste para diuréticos no Mr. Olímpia de 1996, e têm continuado desde então.

HORMÔNIO DO CRESCIMENTO

Alguns fisiculturistas também experimentaram o uso de hormônio de crescimento humano (GH), freqüentemente em combinação com insulina, para maximizar o tamanho muscular e reduzir a gordura corporal. Os efeitos colaterais do hormônio de crescimento podem incluir crescimento ósseo irregular, particularmente em torno da face, e grave dano cardíaco. Durante os anos 90, vários fisiculturistas começaram a surgir no palco com cinturas largas e abdome distendido, o que foi atribuído por muitos especialistas ao uso de GH.

Além de outras considerações médicas, há uma associação observada entre níveis elevados de hormônio de crescimento e câncer de próstata. Se há uma ligação causal definida nesse caso, veremos vários fisiculturistas sofrendo de câncer de próstata em um futuro próximo.

TESTE DE DROGAS E FISICULTURISMO

O uso de várias drogas anabolizantes tem sido, há muito tempo, contrário às regras da IFBB. E, como citei anteriormente, a IFBB começou a realizar o teste para diuréticos em 1996, mas não para esteróides. Como parte do reconhecimento do fisiculturismo pelo Comitê Olímpico Internacional, a IFBB comprometeu-se a seguir as regras olímpicas antidrogas a partir de 1999, pelo menos nas competições amadoras. Isso envolve o teste nos três finalistas de cada categoria, bem como outros concorrentes aleatoriamente. As várias federações nacionais filiadas à IFBB serão obrigadas a seguir as mesmas regras de teste *antidoping*.

Enquanto a IFBB não estabeleceu o teste para os fisiculturistas profissionais, um porta-voz da federação confirmou que há um planejamento para implementar os mesmos procedimentos de teste de drogas para os profissionais, talvez no ano 2000.

Pessoalmente, tenho tentado por mais de dez anos convencer a IFBB a usar a tecnologia de ponta para testar amadores e profissionais para agentes anabolizantes/androgênicos. Acredito que, no final, o teste para drogas não irá salvar apenas o fisiculturismo: irá salvar vidas. Simplesmente espero que meu sonho e desejo se torne realidade antes que seja muito tarde para o esporte que amo há muitos anos. Meu objetivo é reduzir o uso de drogas, a fim de que o esporte volte a ser de construção, e não de destruição do corpo.

SUPLEMENTAÇÃO EXCESSIVA

Atualmente, há vários suplementos legais limítrofes que não eram conhecidos ou disponíveis quando eu estava competindo no Mr. Olímpia. O uso desses suplementos é controverso, e há muito debate a respeito da real eficácia de alguns deles. A seguir, apresentamos uma lista de alguns dos mais importantes destes e o que sabemos sobre eles neste momento.

Precursores Hormonais

Estas drogas eram ilegais antes do Dietary Supplement Health and Education Act de 1994 (DSHEA) (Lei sobre suplementação alimentar em educação e saúde). São consideradas precursores hormonais, uma vez que o organismo as converte em hormônios masculinos (e, às vezes, femininos). Embora sejam considerados suplementos alimentares sob o DSHEA, esses produtos estão banidos por certas federações esportivas como a NFL e o COI. Deve-se ter muito cuidado quando se considera esses produtos, uma vez que após serem convertidos em hormônios masculinos podem ter os mesmos efeitos para a sua saúde e o seu bem-estar que os anabolizantes esteróides. Para ser explícito, se você está considerando o uso de algum deles, recomendo uma consulta médica antes de começar.

Os precursores hormonais não devem ser usados por homens na adolescência ou no início da terceira década; por mulheres, em nenhuma idade; e nem por adultos que sofrem de hipertensão ou doença cardíaca ou prostática. Lembre-se de que há pouca evidência científica disponível a respeito da segurança ou eficácia desses produtos. Os seguintes produtos são considerados precursores hormonais: DHEA, pregnenolona, 4-androstenediona, 4-norandrostenediona, 4-androstenediol, 4-norandrostenediol, 5-androstenediol, 5-norandrostenediol.

DHEA (deidroepiandrosterona), o primeiro hormônio esteróide adrenal legal (as glândulas adrenais estão ligadas ao topo de cada rim) a ser considerado suplemento dietético. Embora útil como antioxidante, seu uso como um reforço da testosterona é dúbio, já que a DHEA não é um precursor direto e gera vários compostos semelhantes ao estrogênio junto com a pequena quantidade de testosterona convertida ao final.

Androstenediona. Outro hormônio adrenal que é um precursor direto da testosterona. A androstenediona é mais eficaz em mulheres do que em homens, já que elas produzem mais enzimas hepáticas necessárias à conversão em testosterona.

Norandrostenediona. Este é o mesmo hormônio precursor que as mulheres grávidas secretam para produzir o anabolizante natural nandrolona, que é semelhante à testosterona, mas não é tão masculinizante.

4-AD (4-androstene-3 β, 17 β-diol). Outro hormônio adrenal que se converte diretamente em testosterona, mas usando uma enzima mais completa e eficiente: então, a conversão é melhor. Contudo, no seu estado não-convertido, 4-AD tem efeitos mais masculinizantes do que a testosterona.

Nor-4-AD. Esta é uma variante do 4-AD que mimetiza os efeitos da norandrostenediona, mas tem uma maior conversão em nandrolona devido à sua melhor via enzimática. De todos os hormônios adrenais, este é o mais anabolizante e menos masculinizante.

Substâncias Naturais

Embora suplementos de ervas e outras substâncias naturais sejam considerados mais seguros do que substâncias químicas, você ainda deve ter cuidado. Não exceda as doses recomendadas e não use combinações de suplementos não-testadas.

Boswellia serrata. Este extrato contém ácidos bosvélicos, que têm um efeito antiinflamatório comprovado e são eficazes no tratamento de lesões articulares. (Outro agente antiinflamatório natural é a capsaína, extraída de *Capsicum annum.*)

Citrus aurantium. Chamado comumente de laranja amarga, o *Citrus aurantium* é usado para regulação dos níveis lipídicos no sangue, redução do açúcar sangüíneo no diabete, purificação do sangue, distúrbios funcionais do fígado e da bexiga, estimulação do cérebro, do coração e da circulação. Pode ajudar em transtornos do sono, doenças renais e vesicais e desequilíbrios do metabolismo dos minerais. Também é útil para tratar neuralgia e dor muscular, dores reumáticas, machucados e flebite.

Echinacea purpurea. Este extrato de raiz extraído da rudbeckia roxa tem uma ação imuno-estimulante inespecífica. Melhora sua capacidade de resistir às infecções, incluindo infecções virais, e pode ajudá-lo a lidar com a época de gripes e resfriados.

Eleutherococcus senticosus (também chamado de ginseng siberiano). O ginseng siberiano tem fortes propriedades imunomoduladoras: melhora a capacidade do organismo de resistir às diferentes formas de estresse. Tem profundos efeitos positivos sobre os sistemas nervoso e cardiovascular.

Ephedra sinica. Comumente conhecida como Ma Huang. Ma Huang contém efedrina, que tem efeitos semelhantes à epinefrina (adrenalina), mas é mais suave e tem efeito mais duradouro. Age preferencialmente no sistema cardiovascular, estimula os vasos sangüíneos, aumenta a pressão arterial e relaxa os músculos lisos, prevenindo espasmos. Os efeitos colaterais relatados com o uso de derivados de *ephedra* (mesmo em baixas doses) são insônia, inquietação motora, irritabilidade, cefaléia, náuseas, vômitos, distúrbios urinários e taquicardia. Em doses mais altas, a *ephedra* pode causar aumento drástico da pressão arterial, arritmias cardíacas e desenvolvimento de dependência. Devido às possibilidades dos efeitos colaterais mencionados, as preparações de *ephedra* devem ser usadas com muito cuidado e apenas por curtos períodos.

Garcinia cambogea. Suas frutas contêm hidroxicitrato, que afeta o metabolismo dos carboidratos e lipídios. O hidroxicitrato inibe a biossíntese de ácidos graxos e colesterol e tem a capacidade de suprimir o apetite e reduzir o ganho de peso. É usado para prevenir e controlar a obesidade.

Gotu kola (Centella asiática). Gotu kola, também conhecida como umbigo-de-vênus indiana, melhora a atividade mental: memória, atenção e concentração: na verdade, é uma das poucas ervas medicinais com melhora comprovada da memória. Também fortalece o sistema cardiovascular e a circulação sangüínea.

Chá verde (*Camellia sinensis*, não-fermentada). O chá verde contém cafeína e antioxidantes, promove a digestão e a função renal, melhora a função respiratória, aumenta a circulação sangüínea e é um tônico do sistema cardiovascular.

Guaraná (*Paullinia cupana*). O guaraná tem propriedades estimulantes devido ao elevado conteúdo de cafeína e alcalóides relacionados, como a teofilina e a teobromina, e assim pode ajudar a aumentar a força para resistência física. Também tem uma ação depressora sobre o apetite. O uso freqüente pode resultar em dependência de cafeína, levar a disfunções do sistema nervoso central e causar desequilíbrios no açúcar sangüíneo, o que pode levar à hipoglicemia. Portanto, é recomendado o uso com moderação.

Kava (Piper methysticum). A kava é usada com freqüência para aliviar a ansiedade, o estresse e a inquietação. A kava contém kava-pironas, que pode potencializar o efeito de outras substâncias que agem sobre o sistema nervoso central, como o álcool, os barbitúricos e os agentes psicofarmacológicos. Portanto, os usuários de kava nunca devem usar essas substâncias em conjunto. Não há efeitos colaterais para o uso em baixas doses a curto prazo. Contudo, o uso prolongado pode resultar em graves distúrbios nervosos; uma descoloração amarelada temporária da pele, cabelos e unhas; e, em raros casos, reações alérgicas cutâneas.

Algas (Fucus vesiculosus, Laminaria). Esta é uma alga marinha marrom e uma fonte excelente de iodo. É usada para melhorar a função tireoidiana. Também é fonte de ácido algínico, que contém ingredientes que ajudam a reconstruir articulações e tendões.

Panax ginseng. Este extrato de raiz é usado tradicionalmente como tônico. Funciona como um adaptador, ou um "modificador da resposta biológica". Melhora a capacidade do organismo de se adaptar às mudanças internas e externas e aumenta resistência inespecífica ao estresse.

Erva-de-São-João (*Hypericum perforatum*). Esta erva é usada freqüentemente para acalmar transtornos psicológicos, depressão, ansiedade e inquietação. O uso externo inclui tratamento e terapia de lesões traumáticas agudas, mialgias e queimaduras de primeiro grau.

Tribulus terrestris. Esta substância é derivada de uma planta comumente conhecida como vinha de punção. O extrato de *Tribulus terrestris* é considerado por muitos como uma alternativa segura aos anabolizantes esteróides: estimula a resposta imunológica e a produção de vários hormônios. Originalmente, essa substância era usada para o tratamento da infertilidade e de outros distúrbios da reprodução.

Valeriana officinalis. Preparações da raiz da Valeriana são usadas em casos de inquietação e transtornos do sono com base em problemas nervosos.

Ioimbina *(Corynanthe yohimbe)*. A ioimbina é extraída da casca da árvore ioiminbé. É um estimulante que age aumentando sua noradrenalina natural e tem propriedades termogênicas e mobilizadora de gordura. Como aumenta a pressão arterial, deve ser usada com cuidado.

Metabólitos Ativos

Arginina. Este aminoácido e componente das proteínas é usado, às vezes, como um suplemento para aumentar os níveis de hormônio do crescimento.

Aminoácidos de cadeia ramificada (AACR). Leucina, isoleucina e valina são aminoácidos essenciais que são usados por fisiculturistas como fonte de energia para os músculos e como agentes anabolizantes.

Cafeína. Este estimulante, geralmente usado no café, ou como suplemento, melhora o desempenho atlético. A superdosagem causa muitos efeitos colaterais negativos; distúrbios do ritmo cardíaco, insônia e distúrbios gástricos são comuns. Grandes doses e estresse podem levar à disfunção do sistema nervoso central.

Crisina. Esta é uma flavona vegetal que tem atividade antiestrogênica. Ela inibe a transformação da androstenediona e testosterona em estrogênio e, portanto, pode alterar o metabolismo dos hormônios esteróides.

ALC (ácido linoléico conjugado). Uma versão modificada do ácido linoléico essencial, o ALC é conhecido por suas propriedades antioxidantes e anticarcinogênicas. Parece ser hipocolesterolêmico e antiaterogênico. Adicionalmente, pode agir como um anticatabólico, por interferir na produção de certas prostaglandinas e linfocinas. Acredita-se que reduza gordura corporal e aumente a massa magra. Assim, é visto como um potente regulador do acúmulo e da retenção de gordura corporal.

Monoidrato de creatina. Este derivado aminoácido participa da produção celular de energia. Mais de 90% da creatina do corpo humano está localizada no músculo, muito dela na forma de fosfato de creatina. Sua concentração é especialmente alta quando uma grande quantidade de energia química é convertida em energia mecânica. O fosfato de creatina serve como depósito de energia no músculo e fornece uma reserva de fosfato de alta energia que pode ser rapidamente mobilizada para manter o nível intracelular de ATP (a principal fonte de energia das células). O monoidrato de creatina é o suplemento dietético de maior economia em termos de ganho de força e tamanho muscular, mas também pode suportar a síntese de proteína. Como a suplementação de creatina afeta o equilíbrio de água e eletrólitos, deve-se ter muito cuidado em consumir uma dieta equilibrada com bastante sais minerais (especialmente o potássio), bem como beber muita água. Não há um suplemento de creatina preferido, mas acredita-se que a creatina age melhor quando consumida com carboidratos simples. Isso pode ser obtido misturando-se a creatina em pó com suco de uva. Alguns fisiculturistas usam à creatina misturada com água 30 minutos antes das refeições ou usam suplementos de creatina, que contêm carboidratos.

Ácidos graxos essenciais. Este grupo inclui ácido linolênico, ácido linoléico, ácido aracdônico, ácidos dos óleos de peixe e derivados. Essas substâncias são essenciais para o bom funcionamento das células orgânicas. Deficiências desses compostos afetam todas as funções corporais. Suprimentos de ácidos graxos essenciais melhoram o desempenho atlético, a recuperação pós-exercício, a resistência imunológica e a resistência física. Especificamente, entre esses compostos, o DHA e EPA são importantes para os fisiculturistas. O DHA, ou ácido docosaexaenóico, presente no óleo de peixe e em algumas algas marinhas, é essencial para o funcionamento do sistema nervoso, incluindo a visão. EPA, ou ácido eicosapentaenóico, também um componente do óleo de peixe, é necessário para o funcionamento do sistema cardiovascular.

Forskolin (Colforsina). Este é outro composto herbáceo (isolado do *Coelus forskohli*), um ativador da enzima adenil ciclase, que é parte importante do sistema regulador intracelular. Em particular, participa da adaptação das células musculares miocárdicas e esqueléticas para o exercício intenso.

Glucosamina e condroitina. Estes são nutrientes que melhoram a saúde articular. Como os fisiculturistas colocam muito esforço em suas articulações, esses produtos estão se tornando muito populares como medida preventiva ao dano articular.

Glutamina. A glutamina é um aminoácido importante para o metabolismo protéico muscular. Durante o esforço, a glutamina é liberada dos músculos esqueléticos para suportar as funções imunológicas. O fluxo de glutamina para fora dos músculos torna a síntese protéica mais difícil e pode levar à degradação da proteína muscular. Acredita-se que a suplementação com glutamina entre as refeições melhora o crescimento muscular e a saúde como um todo. A glutamina é mais eficaz quando consumida com o estômago vazio ou misturada com uma bebida protéica pobre em gordura.

Glicerol. Um álcool trivalente (não-intoxicante) que se fraciona em glicose e cetona no organismo. É usado por suas capacidades de mobilização de líquidos. Na corrente sangüínea, extrai o excesso de fluidos da pele, podendo ser usado como um diurético.

Goma guar. Esta fibra dietética é feita a partir do endosperma da semente de guar e mostrou-se eficaz para reduzir o colesterol sangüíneo e controlar impulsos alimentares.

HMB. β-hidróxi-β-metilbutirato é um metabólito da leucina. As pesquisas sugerem que esse nutriente reduz a quebra das proteínas associadas com o exercício intenso e o estresse. O HMB pode ser mais eficaz durante uma dieta. Pode ser usado sozinho ou junto com uma bebida protéica.

L-carnitina. Antes considerada uma vitamina e hoje um metabólito semiessencial, a carnitina é um componente normal do tecido muscular, embora, às vezes, seja produzida no corpo em quantidade inadequada. A sua função é transportar os ácidos graxos para dentro das mitocôndrias (partes da célula), onde ocorre a oxidação dos ácidos graxos. Para os fisiculturistas, a suplementação com L-carnitina pode ser necessária devido à intensidade de seus exercícios. Ela é benéfica ao músculo cardíaco: melhora o desempenho cardíaco e, portanto, o exercício. Outro efeito importante é a capacidade de melhorar o perfil lipídico do sangue e dos tecidos.

Ácido lipóico. Já considerado uma vitamina lipossolúvel, o ácido lipóico hoje é considerado um ácido graxo semi-essencial. Participa da síntese das prostaglandinas (assim relacionado com as reações inflamatórias e imunorreguladoras). Sua importância para os fisiculturistas está na melhora da produção de energia a partir dos alimentos e em sua forte atividade antioxidante.

Ornitina. Este é usado, como a arginina, para aumentar os níveis de hormônio de crescimento. A ornitina não é um componente das proteínas.

Pectina. Esta fibra dietética reduz o trânsito de carboidratos do estômago, evitando o aumento rápido da glicemia. Como uma fibra "macia", reduz a pressão das fezes sobre o cólon e estimula a expulsão das mesmas.

Polifenóis. As fontes mais comuns de polifenóis são os extratos de casca de pinho e extrato de semente de uva. Os polifenóis são um grupo de compostos químicos que ocorrem naturalmente nas plantas: verduras, frutas, flores, sementes, nozes e cascas. Os botânicos descreveram mais de 8.000 polifenóis diferentes. O grupo mais importante e amplamente distribuído dos polifenóis são os flavonóides, que incluem as flavonas, flavonóis, isoflavonóides, antocianidinas, etc. Os polifenóis dos alimentos exibem benefícios para a saúde como potentes antioxidantes. Suportam as funções cardiovasculares, melhoram o metabolismo e evitam o dano oxidativo ao organismo.

Ácido pirúvico. O piruvato melhora a produção de energia a partir dos alimentos e é uma fonte de energia. Também aumenta a resistência.

Vanádio (em forma de sulfato de vanadil). O vanádio é um oligoelemento necessário aos seres humanos, em pequenas quantidades. Participa de um amplo espectro de vias bioquímicas. Os produtos com vanádio tornaram-se populares como resultado de uma pesquisa que propôs seu uso para certas formas de resistência de insulina (diabete tipo II). Contudo, essa pesquisa nunca pretendeu promover o vanádio como um suplemento alimentar. A segurança desses suplementos ainda tem que ser determinada: portanto, deve-se ter muito cuidado com eles.

A ÚLTIMA SEMANA

Não importa se você fez a sua dieta de modo inteligente: é fato que se você faz uma dieta muito estrita fica desgastado, suas células musculares murcham, você perde glicogênio muscular, e os depósitos de energia se esvaziam. Ao final da dieta você realmente não parece grande, forte, energético e saudável, que é como você quer parecer no palco, em frente aos juízes. O meio de evitar isso é simplesmente parar de fazer dieta uma semana antes do concurso, dando a seu organismo a chance de repousar, recuperar-se e revigorar-se.

Contudo, a maioria dos fisiculturistas comete o erro de continuar em dieta até poucos dias antes da apresentação. Começam a comer no último minuto, particularmente tentando repor os carboidratos, forçando-os no seu organismo ao máximo. Mas geralmente é um caso de "muito pouco, muito tarde": simplesmente não há tempo suficiente para que o processo de recuperação física ocorra.

Este é um dos motivos pelo qual muitos fisiculturistas acham que ficam muito *melhor* 1 a 2 dias após a competição, especialmente após uma boa refeição rica em gordura e carboidratos. Seus físicos depauperados finalmente recebem a quantidade suficiente de matéria-prima para reparar e revigorar seus organismos!

Nunca fiz dieta assim. Quando estava me preparando para um concurso, terminava minha dieta uma semana (e às vezes mais) antes da competição, e depois aumentava gradualmente minha ingestão alimentar, dando bastante tempo para que meus músculos e depósitos de glicogênio se recuperassem do efeito depauperante das dietas. É possível obter esse efeito em menos tempo, mas não em um dia ou dois: o corpo não funciona assim. Esses processos precisam de algum tempo para ocorrer. Portanto, recomendo que os fisiculturistas pensem sobre terminar a dieta pré-concurso não mais do que 5 ou 6 dias antes, e certamente não menos do que 4 dias (que já é muito pouco).

"DEPLEÇÃO"

Alguns anos atrás, era moda os fisiculturistas ficarem em uma dieta com 0% de carboidratos por 1 a 2 dias antes de começar o processo de reposição de carboidratos logo antes do concurso. Isso geralmente não produz resultados benéficos e pode ser muito prejudicial. Quem não está extremamente depletado após 10 a 12 semanas de dieta? Qual o benefício de depletar ainda mais o organismo no momento em que você deveria estar ingerindo alimentos necessários para recuperá-lo?

A idéia dessa depleção pré-concurso é que o choque dessa privação adicional levará o organismo a aumentar a absorção de carboidratos durante o período de reposição de carboidratos. Mas (1) isso não é necessário e, (2) mesmo que funcionasse, não há tempo suficiente para que o organismo absorva todos os carboidratos que pode manusear.

AUMENTO DA INGESTÃO DE CARBOIDRATOS

O processo de aumento da ingestão de carboidratos dá-se imediatamente antes de uma competição, para suprir mais glicogênio aos músculos e torná-los maiores. Na verdade, ele envolve ingerir também mais gorduras. Após todo o período em que você fez dieta, o organismo dificilmente começará a produzir gordura corporal imediatamente quando passar a receber uma quantidade maior de alimentos. Esse processo é necessário porque o tamanho dos seus músculos é afetado, em grande parte, pela quantidade de glicogênio (carboidratos armazenados) e água que ele contém.

É preciso pelo menos três dias para que os músculos depletados de glicogênio reponham a quantidade de modo suficiente, mas um tempo um pouco maior faz com que o processo ocorra mais facilmente. E já que o organismo pode absorver apenas uma certa quantidade em um determinado momento, você precisa ingerir seus carboidratos em várias pequenas refeições – o que você já tem feito – em vez de poucas refeições grandes, para dar ao seu organismo tempo de converter os carboidratos em depósitos de glicogênio muscular. Portanto, para um concurso no sábado, você precisa garantir que seu organismo tenha uma quantidade adequada de carboidratos começando, no mínimo, na quarta-feira. Se esperar até o último minuto, você simplesmente sobrecarrega seu corpo com carboidratos que ele não poderá metabolizar. Isso fará com que sua glicemia suba muito rápido, o que leva seu corpo a reter água, e, ainda assim, seus músculos irão parecer planos.

No início de minha carreira, eu não sabia muito sobre esse mecanismo de depósito de glicogênio, mas, como já disse, descobri através de tentativa e erro que eu ficava muito melhor quando chegava ao peso para o concurso uma semana antes da competição e depois passava a última semana treinando, posando e me alimentando. O que eu estava fazendo era dar ao meu organismo os carboidratos de que ele precisava para criar novos suprimentos de glicogênio e o tempo necessário para que isso ocorresse. Contudo, mesmo tendo explicado isso muitas vezes em seminários e artigos, ainda vejo fisiculturistas fazendo dieta até o último dia e depois se "suprindo" em excesso de carboidratos na última hora.

PERDA DE ÁGUA

Outro problema com que os fisiculturistas estão sempre se preocupando é com a retenção de líquidos – quer dizer, líquido subcutâneo, que faz você parecer sem definição e inchado. Samir Bannout era conhecido por ser quase paranóico sobre seu organismo reter muita água. Uma solução que os fisiculturistas encontraram para lidar com isso foi o uso de diuréticos. Mas isso gera inúmeras dificuldades. Por exemplo, os músculos são compostos de mais de 75% de água, motivo pelo qual a perda de uma grande quantidade de água simplesmente faz os músculos encolherem. Outro motivo é que os diuréticos retiram eletrólitos do organismo: os sais minerais que são essenciais para a boa contração muscular. Após o uso de diuréticos, muitos fisiculturistas sentem-se muito fracos e parecem menores, e estão sujeitos a cãibras eventualmente graves, e, às vezes, quando estão no palco, tentando posar.

Em um caso, um conhecido fisiculturista profissional exagerou na dose de diuréticos, não foi diagnosticado e tratado adequadamente quando começou a apresentar dificuldades e acabou morrendo. Como resultado, desde então a IFBB está conduzindo testes para o uso de diuréticos na maioria dos campeonatos. Isso teve um efeito evidente porque muito poucos competidores falharam nesses testes.

O que você pode fazer sobre a retenção de líquidos? Para começar, veja o que o corpo faz com a água. Quanto mais você bebe, mais seu organismo elimina o excesso através da urina. Nesse processo, também elimina o excesso de minerais como o sódio. Se, por outro lado, você restringir sua ingestão de água, o corpo imediatamente começa a reter líquidos para proteger-se contra desidratação. Portanto, quanto mais você bebe, menos água você retém; quanto menos você ingere, mais você retém.

Portanto, a abordagem correta é continuar a beber água normalmente até a noite anterior ao concurso em vez de restringir líquidos dias antes. Na noite anterior, tente reduzir a ingestão de água pela metade, sem restringir totalmente. Seu organismo continuará a eliminar a água na mesma velocidade por várias horas, e, ingerindo menos, você garantirá que não haverá nenhum excesso de líquidos nos tecidos subcutâneos. Na manhã do concurso, continue a beber água moderadamente para evitar desidratação. Isso deve resolver qualquer problema.

A propósito, embora muitos dos profissionais (que deveriam saber disso) continuem a desidratar-se muito antes de um concurso, é quase cômico vê-los de pé no palco no pré-julgamento e bebendo litros e mais litros de água. Qual o princípio – não pode beber água antes de um concurso, mas quando entra no palco o corpo vai processar a água de modo diferente e não reter? Se esses fisiculturistas bebessem bastante água antes de um concurso, eles não precisariam de tanta água quando entrassem no palco.

Há mais água do que qualquer outro elemento em seu organismo. Os músculos são, em sua maior parte, compostos de água. A gordura, por outro lado, contém pouca água. Quando seu corpo transforma carboidratos em glicogênio, o glicogênio liga-se com a água – quase três vezes mais água do que glicogênio, o que representa uma quantidade grande de água. Portanto, livrar-se de água de forma errada simplesmente significa que você pode fazer com que seus músculos encolham, o que não é um bom meio de ganhar um campeonato.

Sódio

Alguns anos atrás, os fisiculturistas começaram a desenvolver um medo profundo de ingerir sódio antes de um concurso. É verdade que o excesso de sódio pode levar a aumento de retenção de água (que é o motivo pelo qual os indivíduos com hipertensão devem moderar a ingestão de água). Mas isso não acontece se você estiver totalmente hidratado e o organismo estiver eliminando o excesso de sódio de seu organismo junto com o excesso de água. Portanto, os fisiculturistas que apresentam problemas com o sódio estão evidentemente muito desidratados, em primeiro lugar, ou seja, o organismo estava retendo água e também o excesso de sódio.

Já ouvi algumas histórias estranhas a respeito do sódio. Sabe-se que os fisiculturistas restringem o sódio por *semanas* antes de um concurso. Eles tentam evitar alimentos que contêm mesmas quantidades normais e saudáveis de sódio. Eles bebem água destilada, que não é muito bom para você. E como resultado, eles terminam fracos, mais depletados do que o necessário, com um desequilíbrio químico no corpo e cãibras dolorosas e debilitantes.

Ao contrário, os fisiculturistas devem simplesmente evitar alimentos com quantidades excessivas de sódio (batatas, frango de *fast food*) e beber bastante líquidos para evitar desidratação. Nada mais é necessário quando se trata de "controlar" a ingestão de sódio.

Resumo sobre Retenção Hídrica

1. Evite alimentos que contêm quantidades excessivas de sódio.
2. Limite a sua ingesta de líquidos apenas a partir da noite anterior ao concurso. Você não tem que eliminar totalmente os líquidos; apenas reduzir um pouco a quantidade.
3. Mantenha o seu nível de açúcar estável. Não fique com muita fome; e não se "empanturre" de comida logo antes do concurso. Muita comida eleva a sua glicemia e faz o seu organismo reter água.
4. Deixe o seu corpo suar normalmente com o exercício. O treinamento elimina muita água. E também o exercício aeróbio como correr e andar de bicicleta. Posar é um meio muito bom de retirar a água para fora do seu corpo e enrijecê-lo.
5. Não desenvolva uma super confiança na sauna para perder água. Você pode perder líquido desse modo, mas também tende a depletar o seu corpo se exagerar. Lembre-se, suor não é só água; você também elimina muitos minerais. Tomar um suplemento multimineral após um exercício árduo deve ser parte do seu programa de suplementação.
6. Antes de tomar qualquer remédio ou substância química, verifique para ver quais os efeitos colaterais. Logo antes do concurso de Mr. Olímpia de 1980, eu tomei injeção de cortisona para uma lesão no ombro; eu não sabia que ela me faria reter água. Eu estava tão edemaciado que tive que posar o dia todo e à noite, antes do concurso, para ficar rígido de novo.
7. Inclua muitos exercícios ao ar livre para que o sol possa ajudar a retirar o excesso de água do seu organismo. Mas lembre-se de beber bastante líquidos para repor o que você suou.

TREINAMENTO, POSES E DIETA

Em parte, devido aos efeitos da dieta, alguns fisiculturistas começam a reduzir o treinamento com pesos nas semanas antes da apresentação, fazer mais trabalho de isolamento e exercícios aeróbicos. Mas seus músculos são grandes devido ao treinamento com carga pesada e se você não continuar a estimulá-los com um trabalho intenso de força eles não permanecerão grandes e firmes.

É verdade que a dieta estrita tende a tirar um pouco da sua força e resistência, mas eu recomendo que você continue a fazer pelo menos *algumas* pesadas séries para cada parte corporal até 4-5 dias antes do concurso. Algumas séries pesadas irão manter seus músculos sólidos e densos, e elas não farão uma demanda muito grande nos seus depósitos depletados de glicogênio.

Nos últimos 2 ou 3 dias antes da apresentação, quando você não está mais treinando com pesos, as poses e as contrações que eu recomendei anteriormente irão manter seus músculos firmes e definidos. Você pode praticar as suas rotinas de poses, mas deve também ficar na frente do espelho e apertar e contrair todos os principais músculos o mais forte possível. Isso mantém os músculos firmes e não vai queimar o glicogênio que você está colocando no seu organismo com o processo de reposição de carboidratos.

A NOITE ANTERIOR

Os fisiculturistas geralmente ficam muito ansiosos na noite anterior a um concurso. Como diz a piada, eles ficam tão desesperados que você poderia conseguir que eles fizessem qualquer coisa. (Contudo, a história de que um Mr. Universo foi convencido a usar uma caixa de M&M na noite anterior – como supositório – na esperança de que isso fosse salientar suas "veias", é uma lenda.)

Como o Presidente George Bush sempre dizia, às vezes você tem que "manter o curso". Você tem um plano, então fique com ele. Reduza a água como recomendado, ingira pequenas refeições e faça algumas poses, mas não entre em pânico ou faça algo estúpido. Esse é um momento no qual a concentração é importante. Faça o que você tem que fazer, depois deite-se e relaxe. Assista TV. Acalme-se. Lembre-se de que os outros competidores também estão preocupados, e que o estresse excessivo tende a fazer com que o organismo retenha fluidos subcutâneos.

A MANHÃ DA COMPETIÇÃO

Uma vez eu sentei para o desjejum na manhã de sábado com um fisiculturista profissional, algumas horas antes do pré-julgamento, e observei que ele estava ingerindo um prato cheio de comida, suficiente para três pessoas. Ele comeu três porções enormes de batata frita e explicou que isso era para repor o glicogênio. Ele também estava colocando muito sal na sua comida.

Mais tarde, no palco, este fisiculturista parecia liso e inchado, e ele estava suando em bicas sob os refletores. Eu fiquei pensando comigo mesmo: "Este cara é um profissional. Como ele chegou tão longe no fisiculturismo sabendo tão pouco sobre a alimentação?".

Na manhã da apresentação, você deve continuar a fazer o que já vem fazendo. Comer. Não refeições enormes, mas várias refeições pequenas (dependendo se o pré-julgamento for pela manhã ou à tarde). Beba água, embora você deva beber em torno da metade da sua quantidade "normal". Não coloque sal na sua comida, mas não evite alimentos que contenham sal em quantidades normais. E embora você possa praticar a sua rotina de poses, muitas contrações e poses irão apenas cansá-lo para o pré-julgamento, onde há muita demanda.

ENTRE O PRÉ-JULGAMENTO E A APRESENTAÇÃO DA NOITE

Em alguns concursos, a final noturna é apenas uma apresentação e em outros há o julgamento das poses, mas qualquer que seja o tipo de concurso você quer estar no seu melhor aspecto em frente à platéia. Portanto, após o pré-julgamento você precisa alimentar-se, não se empanturrar, continuar a ingerir líquidos e repousar para se recuperar após a demanda das poses do pré-julgamento.

Alguns fisiculturistas tendem a mimar-se em demasia após o pré-julgamento, quer seja devido ao estresse da competição ou, em alguns casos, porque eles estão desapontados com o seu desempenho, ficam desencorajados e começam a comer demais. Eu me lembro que Mike Mentzer, que estava fantástico no pré-julgamento do Mr. Olímpia de 1979, apareceu na final com um abdome obviamente saliente. Especulava-se que ele havia bebido muita Coca-Cola durante o intervalo e ficou inchado. Eu não sei ao certo se isso aconteceu, mas Mike fez *alguma coisa* entre as apresentações para ficar pior daquele jeito. E provavelmente isso lhe custou o título de Mr. Olímpia. Então, a lição a ser aprendida aqui é evitar *qualquer coisa* estranha ou extrema após o pré-julgamento que possa interferir com a sua aparência na final noturna.

APÓS A COMPETIÇÃO

Quem quer que tenha inventado a expressão "virar porcos" devia estar pensando no modo como alguns fisiculturistas reagem quando o concurso acaba e eles se sentem livres das restrições alimentares. Em alguns casos, o "frenesi alimentar" pode ser tão intenso que até mesmo os fisiculturistas que *não* competiram se envolvem nele, experimentando um tipo de "loucura" e começam a empurrar comida para dentro como se *eles* estivessem feito uma dieta extrema por 12 semanas.

Esse tipo de comportamento é compreensível, mas às vezes não é recomendável. Certamente, após tanta dieta, uma boa refeição não será prejudicial, além de provavelmente lhe fazer muito bem. O seu organismo pode absorver as calorias adicionais sem muita dificuldade, desde que você se mantenha em níveis razoáveis. Mas você deve sempre ter em mente que os próximos dias serão oportunos e ideais para fazer fotos do seu físico. Por isso, acabar a sua definição por uma alimentação indisciplinada pode ser um problema. Joe Weider sempre disse aos fisiculturistas, "O seu trabalho não acaba ao final do concurso. Sair-se bem em uma competição lhe dá a oportunidade de fazer fotos para revistas e isso significa que você deve tentar se manter em forma por mais uma semana."

Nem todos têm a oportunidade de fazer fotos para *Muscle & Fitness, Flex, Iron Man* ou *Muscle Mag International*, mas se você o fizer deve tirar vantagem disso. Se não o fizer, você certamente irá encontrar *alguém* para fazer algumas fotos – talvez externas em um parque ou piscina – que pelo menos irá lhe dar um bom registro do seu aspecto naquela competição. Mas há outro motivo para não exagerar na alimentação, você levou tanto tempo para deixar o seu corpo tão maravilhoso, porque então não manter a sua disciplina e aproveitar esse corpo mais um tempo? E não apenas isso, quanto mais você controlar o seu corpo entre os concursos, mais fácil será a sua próxima dieta.

CAPÍTULO 4

As Lesões e Como Tratá-las

Para tornar-se um fisiculturista bem-sucedido, você precisa constantemente tentar ir além dos seus limites físicos. Mas, há sempre a chance de que você irá exceder a capacidade da sua estrutura física de suportar o esforço. Isso pode resultar em lesão.

Algumas lesões são tão leves e tão comuns que nós quase não as notamos. Outras são mais graves e necessitam de atenção médica. O progresso de um fisiculturista depende de uma boa saúde e uma lesão pode ser um sério empecilho. Portanto, é importante compreender os tipos de lesão que podem ocorrer, como preveni-las, como trabalhar em torno delas e o que pode ser feito para tratá-las e reabilitá-las.

O corpo é um mecanismo físico e bioquímico altamente complexo que está sujeito a vários tipos de lesão, e cada indivíduo é mais suscetível a certos tipos de lesão. As lesões geralmente ocorrem nos pontos mais fracos de uma determinada estrutura: nos músculos, na junção músculo-tendinosa; nos tendões, na ligação ósseo-tendinosa; em um ligamento, na articulação; e por aí vai. Às vezes, as lesões ocorrem durante um período de tempo devido ao uso excessivo, às vezes devido a um episódio agudo, como o manuseio errado de uma carga pesada.

O autor gostaria de agradecer especialmente ao cirurgião ortopédico Barry L. Burton, M.D., de Los Angeles e Inglewood, Califórnia, por suas contribuições valiosas a este capítulo sobre as lesões e seu tratamento.

Ao lidar com as lesões, é importante ser acurado do ponto de vista técnico e médico. Os conceitos e vocabulário médico podem ser difíceis para os leigos compreenderem, mas é importante que o fisiculturista dedicado tenha acesso às informações que ele precisa para ajudar a prevenir, tratar e evitar a recorrência de lesões. Portanto, dividi esse capítulo em duas partes básicas:

Informações técnicas – um exame clínico de como as estruturas músculo-tendinosas e articular e ligamentar do corpo podem sofrer lesões, e o que pode ser feito para prevenir e reabilitar os vários tipos de estiramentos e torções que podem acompanhar o treinamento físico intenso.

Informações práticas – uma visão específica, de cada parte do corpo, das lesões mais prováveis de afetar o fisiculturista de competição e como lidar com elas.

Informações Técnicas

MÚSCULOS E TENDÕES

Os tendões ligam os músculos esqueléticos (voluntários) aos ossos. O tecido conjuntivo tendinoso é encontrado em ambas terminações de um músculo (tendão de origem e tendão de inserção).

As lesões nos músculos ou tendões podem ocorrer de vários modos. Um deles é o trauma direto, como uma pancada com um objeto grosso ou agudo, causando uma contusão (escoriação) ou uma laceração (corte).

Outro meio é decorrente do esforço causado pelo uso excessivo dessas estruturas ou por um único episódio violento, como uma força de estiramento súbito aplicada sobre um músculo que está executando uma contração vigorosa, quando a força aplicada é mais forte do que a capacidade da estrutura de resistir à ruptura. A ruptura pode ser completa ou parcial e pode ocorrer na ligação entre músculos e tendões, no tendão ou onde o tendão se liga ao osso.

Às vezes, um pequeno pedaço de osso é arrancado e fica conectado à ponta do tendão. Isso é conhecido como fratura por avulsão. De certo modo, o tendão ou músculo é vencido pela resistência contra a qual ele está trabalhando, e a área de menor resistência é o local da lesão. O grau de lesão, quer seja leve ou grave, depende da força de contração e da quantidade de resistência. Algumas fibras podem ser rompidas ou toda a estrutura pode se romper.

Na maioria dos casos o estiramento é leve – simplesmente um superestiramento dos músculos, sem uma ruptura apreciável. Isso resulta em dor e desconforto aos movimentos, e um espasmo muscular subseqüente. Em lesões mais graves, com ruptura de algumas fibras, os sintomas são mais fortes. A dor e o desconforto são mais intensos e há edema e limitação de movimentos.

Tratamento Inicial

O tratamento inicial de todas essas lesões é o repouso; a área lesada deve ser protegida contra mais trauma. O trabalho sobre a lesão pode agravá-la.

Para uma distensão leve, repousar e evitar a atividade que causou essa lesão. Esse pode ser o único tratamento necessário até que a extremidade esteja recuperada.

Em uma lesão mais grave na perna, por exemplo, pode ser necessário o uso de muletas para uma limitação completa ou parcial do peso sobre o membro lesado, ou repouso com elevação desta, compressão, curativo, colocação de tala ou aplicação de gelo. Se a lesão ocorrer em uma extremidade que não sofre peso, deve-se usar o mesmo pensamento lógico.

Nas lesões graves de músculos e tendões, com ruptura completa de qualquer um dos componentes, a integridade dos componentes deve ser restaurada e pode ser necessário o reparo cirúrgico. Mesmo em casos graves, os princípios de primeiros socorros são os mesmos já descritos: repouso (para promover a cicatrização), elevação (para ajudar a circulação sangüínea para fora da área traumatizada), compressa de gelo (para causar vasoconstricção – diminuição do diâmetro dos vasos – e reduzir hemorragias), compressão (para reduzir hemorragias e edema) e imobilização (para prevenir mais danos).

Espasmos e Cãibras

O espasmo muscular, uma contração violenta do músculo, é outro sinal de estiramento. É um reflexo protetor que, de certo modo, está protegendo aquela área contra movimentos até que tenha havido tempo para recuperação. O espasmo pode durar por um longo período de tempo, causando muita dor, ou pode ter uma curta duração, como as cãibras musculares que é o resultado de uso excessivo e fadiga. O repouso e a proteção contra mais traumatismo pode ser tudo que é necessário.

Tendinite

O excesso de uso pode resultar em tenossinovite, uma condição inflamatória do sinóvio que reveste a bainha tendinosa e recobre o tendão. Um dos exemplos mais comuns é a tenossinovite do bíceps, que envolve o tendão da cabeça longa do bíceps braquial, o sulco bicipital do ombro. O sintoma inicial é a dor no ombro, que pode estar presente apenas com o movimento quando o tendão passa para frente e para trás na sua bainha, ou pode ser constante e ocorrer mesmo em repouso.

Nos estágios iniciais, o tratamento é o mesmo da distensão muscular: repouso, calor úmido e proteção contra dano adicional. No estágio superagudo, pode ser preciso injeção de corticosteróides. Nos estágios avançados, as complicações são graves e pode ser preciso tratamento cirúrgico.

Dor

A dor quando você está treinando pode ser um sinal de que uma área foi lesada. Se você deixar a dor guiá-lo, você pode praticar medicina preventiva. Em primeiro lugar, evite a atividade que está causando dor e permita que a área envolvida se recupere. Após um período adequado de repouso, você pode gradualmente retornar à atividade.

Quando você tiver recuperado a completa amplitude de movimento da extremidade lesionada e não houver mais dor associada, você já cicatrizou o bastante para aumentar a resistência daquele movimento de modo progressivo e gradual.

Se você começar a sentir dor, você foi muito longe. A cicatrização ocorre gradualmente durante um período de tempo, e a dor é um indicador de até onde você foi. Andar muito rápido, muito cedo e não se ater aos limites descritos – ausência de dor – arrisca a ocorrência de nova lesão e a cronificação da lesão.

Os fisiculturistas geralmente ficam frustrados com períodos de recuperação prolongados ou até mesmo curtos devido à perda de condicionamento resultante, o atraso, o "encolhimento" (atrofia muscular e perda de volume muscular) e a angústia mental e emocional de ser incapaz de treinar. Contudo, a capacidade de lidar competentemente com a lesão e ter a disciplina de permitir que a cicatrização ocorra é essencial a uma carreira bem-sucedida no fisiculturismo. Fazer algo diferente disso pode retardar ainda mais seus objetivos ou evitar que você os atinja.

Terapia

Se não há sangramento ou edema, deve-se aplicar calor úmido em alguma forma de compressa quentes em vez de lâmpada de calor que apenas aquece a pele. Uma sauna a vapor, hidromassagem ou mesmo um banho quente são boas terapias. Não há nenhuma evidência de que ficar de molho com sais de Epson tenha efeitos benéficos, e as várias preparações comercializadas como tendo efeito para melhorar a dor muscular apenas estimulam a superfície cutânea e não têm valor terapêutico real.

Em casos em que a distensão muscular foi grave o bastante para causar ruptura das fibras, com sangramento e edema tissular, não deve ser usado calor, já que ele promove vasodilatação (um aumento do diâmetro vascular) que aumentaria o suprimento sangüíneo ao local envolvido e induz edema. Nesse caso, deve-se usar compressa de gelo para promover vasoconstricção, reduzindo o fluxo sangüíneo para esta área. Compressão, elevação e imobilização são tratamentos recomendados quando há edema.

O sangramento tissular pode ser localizado em uma mancha ou contusão, coletado em um local (hematoma) ou extravasar e, com infiltração, descolorir uma grande parte da extremidade distante do local da lesão (equimose).

A marca preto-azulada comum é uma hemorragia local para a pele e tecido subcutâneo pela ruptura de pequenos vasos (capilares), provavelmente o resultado de uma pancada. A maioria dos fisiculturistas geralmente admite apenas alguns machucados e inchações. Contudo, a compressa de gelo pode ser usada para reduzir o edema.

A gravidade pode trabalhar a seu favor e também contra você. A elevação da extremidade edemaciada permite que a gravidade faça o sangue retornar ao coração pelo sistema venoso e ajuda a reduzir o edema. Pense nisso como a água descendo e não subindo. A compressão na forma de faixas elásticas também são úteis para limitar a quantidade de sangramento para os tecidos de uma extremidade lesionada.

Do mesmo modo, saiba que a autoterapia para pequenos problemas é possível, mas para lesões mais graves você deve procurar atendimento médico. Uma lesão grave, se não for tratada, pode ficar pior e causar um atraso ainda maior. Contudo, nem todos os médicos têm experiência com medicina desportiva ou no tratamento das necessidades particulares de um atleta. Se você precisar de atendimento médico, procure os serviços de um médico ou, mais especificamente, de um ortopedista qualificado para ajudá-lo com esse problema.

Prevenção de Lesões

"Uma grama de prevenção é melhor do que um quilo de cura" deve ser a regra de cada fisiculturista. Há uma linha tênue entre o excesso de uso e a distensão crônica por exercícios muito pesados. O trabalho intenso pode levar a um dolorimento muscular residual ocasional ou a dor no complexo músculo-tendão. Esse tipo de excesso não é exatamente uma lesão, e a maioria dos fisiculturistas aceita como um sinal de que treinaram bastante. Contudo, se você está tão dolorido que quase não consegue se mover e a intensidade dos seus próximos exercício tem que ser diminuída, você provavelmente exagerou.

Músculos que estão contraídos, cansados e doloridos são mais vulneráveis à lesão. Se você insiste em exercitar-se mesmo nessas condições, há uma boa chance de que você irá estirar ou romper alguma parte do complexo músculo-tendinoso. A melhor prevenção nessas circunstâncias é o alongamento, gradual, aquecimento ou, quando a situação é grave, exercícios leves. O alongamento envolve todo o complexo músculo-tendão, alongando-o de modo que se reduza a chance de que um movimento do exercício estire subitamente essas estruturas além dos seus limites e cause dano. O aquecimento bombeia o sangue e oxigênio para a área e literalmente eleva a temperatura dos músculos envolvidos e permite que eles se contraiam com mais força.

O melhor meio de evitar lesões de treinamento é tendo o cuidado de alongar-se e aquecer-se antes do exercício e observar a técnica adequada quando usar cargas pesadas. Lembre-se, quanto mais forte você é, mais esforço você coloca sobre os seus músculos e tendões, mas freqüentemente o músculo ganha força mais rápido do que os tendões, criando assim um desequilíbrio que pode causar problemas. Você deve se permitir progredir com um ritmo razoável e não tentar treinar muito intensamente ou com muito peso sem uma preparação adequada.

ARTICULAÇÕES E LIGAMENTOS

Os movimentos ocorrem em uma articulação onde dois ossos se juntam. As partes articulares que entram em contato uma com a outra são compostas de cartilagem hialina, uma substância lisa, gelatinosa. Ela permite o movimento suave de deslizamento de uma superfície sobre a outra.

A condromalácia é uma condição envolvendo o amolecimento ou o desgaste desta superfície articular macia. Isso freqüentemente é o primeiro passo de uma longa cadeia de eventos que levam a uma artrite degenerativa – a degeneração do osso e da cartilagem articular – que é uma condição muito dolorosa e cronicamente incapacitante. A doença articular degenerativa também pode ser desencadeada por fraturas condrais (cartilaginosas) e osteocondral (óssea e cartilaginosa).

A cápsula articular, um envelope fibroso, espesso, que envolve a articulação, está intimamente associada com os ligamentos. Os ligamentos são bandas fibrosas duras que conectam dois ossos. Eles ajudam a estabilizar a articulação e evitar movimentos anormais da articulação, enquanto permitem que o movimento ocorra na direção funcional normal.

A cápsula articular e os ligamentos são os estabilizadores passivos da articulação, em oposição ao grupo músculo-tendão, que tem um efeito estabilizador ativo. Além de sua função motora, o grupo músculo-tendão de um lado da articulação pode estabilizar ativamente a articulação quando se combina com o grupo músculo-tendão do outro lado para evitar o movimento. Você pode pensar nisto como duas equipes de cabo-de-guerra com força tão igual que não importa o quanto elas tentam, elas não saem do lugar, como se estivessem coladas no chão.

Lesões em Cápsulas e Ligamentos

As lesões podem envolver a cápsula e os ligamentos, bem como as estruturas osteocartilaginosas (osso e cartilagem) da articulação. As lesões aos ligamentos podem ocorrer por uma pancada direta com um objeto contundente, levando a uma contusão, ou por um objeto agudo, levando a uma laceração (corte).

A lesão ligamentar também pode ocorrer por excesso de esforço, resultando em dano à substância ligamentar ou ao seu local de ligação. A lesão a um ligamento desse tipo é chamada comumente de torção. É uma lesão de estiramento de uma estrutura passiva, contida. Uma distensão, por outro lado, ocorre na estrutura ativa, o complexo músculo-tendão.

Freqüentemente, uma força externa violenta causa um movimento em uma direção anormal, forçando o ligamento além da sua capacidade de resistir à ruptura. A área de menor resistência torna-se o local da lesão.

Um ligamento muito estirado irá romper-se. A ruptura pode ser parcial ou completa. Ela pode ocorrer em qualquer local dentro do ligamento ou onde ele se liga ao osso, e nesse caso pode haver avulsão de um pequeno pedaço de osso, que fica conectado à ponta do ligamento. Há então uma fratura óssea por avulsão e o tratamento freqüentemente é o mesmo de entorse grave.

Se a lesão é leve ou grave depende da força aplicada e da força inerente das estruturas envolvidas. Apenas algumas fibras podem ser rompidas ou todo o ligamento pode romper-se parcial ou completamente. Geralmente, se você apresenta pouca dor e alguns sintomas, o dano é mínimo; se a dor, edema e desconforto são mais intensos, a lesão é mais grave.

Tratamento

Em casos de uma torção leve, em que apenas algumas fibras ligamentares foram rompidas, pode haver um pouco de sangramento e edema e apenas uma leve perda de função. Nesse caso, o tratamento depende do grau de dor e edema e muitos dos princípios gerais discutidos no tratamento da distensão se aplicam.

O tratamento pode incluir um ou mais de: repouso e limitação das atividades adequadas, elevação do membro lesado, compressão, aplicação de gelo e colocação de talas. Certamente, você deve evitar qualquer movimento de exercício que cause algum tipo de desconforto na área comprometida. Essa é outra situação onde tentar exercitar uma lesão irá simplesmente torná-la pior.

Em uma torção mais grave (ruptura parcial do ligamento), há um rompimento mais extenso das fibras, mais sangramento e edema, mais dor ao movimento e mais perda de função. Nesse caso, a articulação deve definitivamente ser protegida para permitir a cicatrização adequada.

Por exemplo, suponha que você sofreu uma torção de tornozelo moderadamente grave na qual houve sangramento significativo para os tecidos, edema do tornozelo e pé, dor pulsante quando o pé fica "pendurado" (abaixo do nível do coração, portanto, com a gravidade trabalhando contra você), dor ao movimento e quando apóia e limitação do movimento articular. Nesse caso, o tratamento médico está recomendado para verificar se não há fratura óssea e alguma instabilidade clinicamente detectável (ruptura completa dos ligamentos). Este geralmente é de difícil diagnóstico e o raio X de esforço (raio X obtido com a articulação submetida a um esforço específico) pode ser necessário para excluir a ruptura ligamentar completa.

A articulação do tornozelo deve ser protegida para permitir a cicatrização adequada. Lembre-se de que, estamos falando de ruptura parcial. Em outras palavras, parte do ligamento ainda permanece em continuidade e, portanto, não há uma retração ampla, ou pinçamento da porção rota. Coloque a área lesionada em repouso. Uma vez que o tornozelo é parte da extremidade que suporta peso, isto quer dizer, não andar com a perna envolvida.

Você pode usar muletas para andar, mas o seu uso deve ser mantido ao mínimo já que manter a perna elevada é parte do tratamento da área comprometida. Uma compressão volumosa ajuda a limitar a quantidade de sangramento e edema. A aplicação de gelo na área traumatizada por 48 horas é útil já que promove vasoconstricção, que diminui o fluxo sangüíneo na área. A imobilização com tala ou gesso fornece a maior proteção já que evita o movimento, diminui a dor e permite a cicatrização ideal. Quando o edema desaparecer você pode aplicar calor. Contudo, o calor aplicado imediatamente pode aumentar o edema, motivo pelo qual recomenda-se que o tratamento com calor e banhos mornos seja postergado até que a recuperação evolua bem e os exercícios de amplitude de movimento sejam iniciados. Do mesmo modo, tenha em mente que estes são apenas tratamentos de primeiros socorros, e em qualquer lesão mais grave, deve ser feito tratamento adicional com um cirurgião ortopédico.

Quando as pontas do ligamento não estiverem mais em boa aposição (tocando-se ou em contato) e houver um amplo intervalo entre elas, o reparo é importante. Isso permite que as pontas do ligamento cicatrizem juntas, em vez de ter uma formação cicatricial interposta entre elas, um ligamento frouxo e alongado, instabilidade crônica e finalmente doença articular degenerativa (artrite degenerativa).

Deslocamento da Articulação

O deslocamento da articulação e subluxação (deslocamento parcial) são condições nas quais as superfícies opostas ou terminações articulares dos ossos que constituem uma articulação não têm mais uma relação normal entre si. Em vez disso, elas estão deslocadas, em condição crônica devido a um ligamento ou cápsula articular frouxos (falta de tensão) e em condições agudas devido a uma ruptura.

Na torção grave com ruptura do ligamento, a articulação fica subluxada, isto é, move-se em direção anormal. Isso pode ser apenas momentâneo e a redução pode ocorrer espontaneamente. Se a força for muito violenta, toda a articulação pode romper-se e ocorrer um deslocamento completo.

Informações Práticas

Todos os esforços foram feitos no sentido de que o material apresentado acima seja acurado do ponto de vista médico e técnico. Contudo, uma vez que a educação médica não é um pré-requisito para uma carreira no fisiculturismo de competição, e como a anatomia das várias partes do corpo pode ser extremamente complexa, a próxima seção mostra como você pode aplicar esse conhecimento nas suas próprias lesões e objetivos de competição.

AS PANTURRILHAS

Os músculos das panturrilhas, especialmente quando você inclui exercícios muito pesados de flexão plantar, estão sujeitos a esforço e à ruptura. Com muito peso, a estrutura de músculo/tendão pode rasgar-se no seu ponto mais fraco – quer seja no ponto de inserção ou no ponto de origem do tendão, na junção músculo/tendão ou no corpo muscular propriamente dito.

Um meio muito bom de ajudar a evitar esse tipo de estiramento é por meio de alongamento completo das panturrilhas antes de fazer flexão plantar e entre cada série. Além disso, esteja certo de usar pesos mais leves para aquecer nas primeiras séries antes de trabalhar com pesos mais pesados.

A lesão da panturrilha também pode ocorrer por excesso de uso. O excesso constante de treinamento pode levar à dor progressivamente maior, que será aliviado apenas pelo repouso da área.

Essa dor pode ser localizada ou estender-se por toda a perna até o tendão de Aquiles. Em caso de uma torção menor, pare os exercícios de panturrilha imediatamente e repouse essa área até que a dor desapareça. Se houver edema, o tratamento básico é aquele descrito anteriormente, incluindo gelo, elevação e compressão. Nas lesões mais graves, recomenda-se que você consulte um médico.

OS JOELHOS

No fisiculturismo, as lesões do joelho geralmente ocorrem como resultado de exercícios como agachamento com carga pesada, em que o joelho é submetido a um esforço intenso em posição fletida. A lesão pode ser nas estruturas ligamentares, na patela (rótula), nas estruturas internas ou nos músculos e tendões ligados ao joelho.

A patela é recoberta por uma camada de material tendinoso que é parte da estrutura tendinosa pela qual o quadríceps se conecta abaixo do joelho e permite que a perna se estenda. Um esforço intenso no joelho pode resultar em algum grau de ruptura em alguma parte dessa área.

Nas torções de joelho, ocorre algum dano às estruturas ligamentares da articulação do joelho propriamente dita. Isso ocorre mais freqüentemente quando ele está no seu ângulo mais agudo, mais fraco, como em um agachamento completo. Do mesmo modo, qualquer movimento de torção, especialmente levantando uma carga pesada pode resultar em uma torção de joelho.

O menisco é a estrutura cartilaginosa dentro do joelho, e qualquer giro da articulação em um exercício como um agachamento completo pode resultar em ruptura do menisco, o que pode requerer cirurgia ortopédica.

Para evitar o esforço extremo do joelho é importante executar um aquecimento completo antes de fazer um exercício mais pesado. Você também deve estar consciente da necessidade de concentrar na técnica adequada do exercício – por exemplo, no agachamento, você deve descer em controle total, sem arremeter no final e parar quando você estiver logo abaixo de paralelo. Não há necessidade de ir até embaixo, mas o agachamento pela metade irá evitar que você fortaleça a parte inferior da amplitude de movimento.

Enfaixar os joelhos ou usar joelheiras elásticas ajuda a apoiar essa área nos exercícios pesados. O tratamento das lesões de joelho envolve a prescrição normal de repouso, gelo, etc., para a distensão ou torção leves e cuidados médicos para uma lesão mais grave. Exceto em outras condições que não são diretamente relacionadas à lesão, as infiltrações com cortisona não estão indicadas nas lesões de joelho.

Para fisiculturistas com problemas de joelhos que precisam trabalhar em torno da lesão antes de um concurso, às vezes é possível fazer agachamentos em um aparelho Smith, posicionando os pés bem para a frente para isolar o quadríceps e tirar o peso dos joelhos. Se os problemas forem muito graves para esse método, recomendo usar a extensão do joelho – amplitude parcial se necessário, ou movimentos com pouca carga e muitas repetições – mas não quando há muita dor.

A PARTE SUPERIOR DA COXA

O vasto medial é o músculo longo do quadríceps que se conecta à parte interna do joelho. Quando você estende completamente o joelho e fixa, o esforço é aplicado especificamente nessa ligação e pode ocorrer distensão. Isso pode ser sentido na área do joelho, mas na verdade é um problema da parte superior da perna.

As lesões na região posterior da coxa ocorrem geralmente porque o bíceps femural não foi alongado suficientemente. Junto com exercícios de alongamento para estirar a estrutura músculo/tendão você pode incluir o levantamento terra com as pernas estendidas na sua rotina, que tem um efeito alongador.

A VIRILHA

A distensão na virilha ocorre quando esta área é hiperestendida durante movimentos como afundo e está entre os problemas mais difíceis de serem superados porque a área está em uso constante, sempre sendo estendida todas as vezes em você está em atividade. O tratamento básico geralmente envolve repouso absoluto para permitir que a lesão cicatrize.

A PARTE INFERIOR DO ABDOME

Os homens têm uma fraqueza congênita na área abdominal inferior. Às vezes, quando a pressão intra-abdominal fica muito elevada, pode ocorrer uma ruptura na parede abdominal. Isso pode ocorrer durante o levantamento de peso com respiração bloqueada.

Uma ruptura na parede abdominal é chamada de hérnia e ela permite que parte das vísceras saiam através da abertura. Casos graves podem requerer cirurgia.

Um meio de evitar as hérnias é expirar gradualmente durante os levantamentos pesados. Isto mantém a pressão abdominal elevada o suficiente para ajudar a estabilização durante o movimento, mas não tão alta que possa lesar a parede abdominal.

Também é possível distender os músculos e tendões abdominais, assim como qualquer outra estrutura muscular ou tendinosa, e o tratamento das distensões nessa área é o mesmo que para qualquer outra distensão muscular.

A REGIÃO LOMBAR

É possível distender os eretores da coluna ou outro músculo da região lombar por excesso de esforço nessa área, especialmente quando você executa um movimento que hiperestende a região, como levantamento terra ou exercícios no banco, como supino ou elevação das pernas, em que a região lombar é levantada do banco e hiperestendida. Uma certa quantidade de curvatura da região lombar é normal, mas curvá-la demais com o esforço pode causar problemas.

Quando você força essa região, pode sentir dor que se irradia para baixo em direção aos quadris ou para cima, em direção ao meio das costas. Às vezes, esses músculos entram em espasmo para prevenir lesão.

Você também pode ter uma distensão na região lombar quando há uma lesão nos ligamentos nessa área. Com freqüência, pode ser difícil para você dizer se sofreu uma distensão ou uma torção, mas de qualquer modo, o tratamento é virtualmente o mesmo.

Outra lesão da região lombar que pode ocorrer é a ruptura de um disco. Os discos estão situados entre as vértebras e quando eles se rompem, o material da polpa pode ser expelido e pressionar os nervos adjacentes. Você pode sentir dor em qualquer parte ao longo das costas e até mesmo nas pernas, mas é esta pressão específica que causa a dor, e o tratamento envolve aliviar essa pressão.

Um tipo específico de problema nervoso é a dor ciática. O nervo ciático é o maior nervo do corpo, estendendo-se desde as costas até a perna, e quando há pressão sobre esse nervo a dor é intensa e incapacitante.

Os problemas da região lombar também podem ser causados pelo trabalho abdominal, como abdominais com joelhos estendidos e elevação das pernas estendidas, que colocam muito esforço na região lombar. Os fisiculturistas que são capazes de fazer levantamento terra e flexão/extensão do tronco com barra sem nenhuma dificuldade às vezes são surpreendidos com lesões nas costas quando fazem treinamento abdominal.

A REGIÃO DORSAL

Qualquer um dos músculos da região dorsal pode ser submetido a uma distensão – o trapézio, o elevador da escápula (o músculo que se origina dos quatro processos transversos cervicais e se insere no ângulo superior da escápula), o redondo maior (o músculo que se origina da superfície dorsal da escápula e se insere no úmero, ele aduz e gira o braço para dentro), o grande dorsal (um músculo grande, chato e triangular, que recobre a região lombar e parte inferior do peito; freqüentemente chamado "o maior das costas") e outros. A distensão no pescoço, por exemplo, é muito comum. Freqüentemente, é difícil dizer qual músculo foi distendido. Você pode sentir dor quando vira a cabeça, eleva o ombro ou se curva. Frank Zane, por exemplo, distendeu um músculo da região dorsal simplesmente tensionando a área para se estabilizar enquanto fazia rosca Scott.

Freqüentemente, você irá contrair e tracionar esses músculos ao mesmo tempo, o que pode levar a um excesso de esforço e algum grau de ruptura muscular. Se a lesão não for muito grave, não é necessário saber precisamente qual músculo foi afetado. Simplesmente repouse a área e use o tratamento adequado.

OS OMBROS

As lesões nos ombros são relativamente comuns entre fisiculturistas. Supino pesado, supino com halteres e desenvolvimento de ombros colocam muito esforço nos ombros.

O esforço intenso pode causar ruptura parcial do manguito rotador (os tendões dos músculos rotadores para os rotadores internos e externos). Também é possível forçar muito as três cabeças do deltóide e seus tendões de inserção ou de origem.

Outro problema possível na área dos ombros é a bursite subdeltóide. A bursa é uma cavidade fechada no tecido conjuntivo entre um tendão e um osso adjacente que se move em relação um ao outro. Ela fornece uma superfície lubrificada de modo que o tendão possa deslizar diretamente sobre o periósteo do osso. A bursite é uma condição inflamatória na qual a bursa não é capaz de fazer seu trabalho, e o movimento da área causa dor e dificuldade. Frank Zane sofria de bursite do ombro e era capaz de superá-la com suplementação vitamínica intensa, tratamento com um quiroprata e um treinamento leve até a cicatrização.

A tendinite bicipital é outro problema comum do ombro no qual o tendão do bíceps trabalhando para frente e para trás inflama-se devido ao esforço e à fricção. Medicações como cortisona são indicadas com freqüência no tratamento de lesões do ombro como estas.

No evento de uma lesão do ombro, às vezes é possível fazer exercícios de ombro com ângulos diferentes – elevação lateral inclinado em vez de supino, por exemplo, para trabalhar a cabeça posterior em vez da frontal – ou simplesmente usar o método de transbordamento e segurar halteres pesados ao lado, o que deixará os deltóides tonificados e firmes antes do concurso.

O PEITORAL

Distensões nos músculos do peito ocorrem mais freqüentemente onde o peitoral se insere no úmero – parte superior do braço. Como os fisiculturistas gostam de trabalhar o supino o mais pesado possível, essa distensão geralmente é associada ao estresse excessivo devido à carga muito pesada, bem como a falta de um aquecimento adequado.

A técnica errada também pode ser responsável por uma elevada proporção de lesões do peito. Deixar o peso descer muito rapidamente durante a execução do supino pode causar um movimento súbito e intenso em toda a estrutura peitoral. Do mesmo modo, deixar o peso cair muito rapidamente quando executa o voador com halteres também pode forçar muito o peitoral, em especial se o músculo estiver contraído e não tiver sido aquecido e alongado antes do treinamento.

OS BÍCEPS

Os bíceps podem romper-se nas terminações do músculo – na origem, na escápula ou na inserção no rádio – ou em qualquer local ao longo do músculo. O esforço nos bíceps pode ser agudo ou cumulativo.

Os bíceps, músculo relativamente pequeno, são forçados facilmente porque eles estão envolvidos em uma ampla variedade de exercícios. Além dos exercícios para bíceps e para as costas, qualquer tipo de movimento com puxada – desde a remada sentada até a barra fixa com pegada aberta – trabalha os bíceps. Isso torna difícil trabalhar em torno de uma lesão de bíceps, já que os músculos são necessários a muitos movimentos diferentes. Todavia, a única maneira de tratar essa lesão é por meio do repouso completo.

Em casos de lesão grave, em que há ruptura completa dos bíceps, a cirurgia pode ser necessária para reparar a estrutura.

OS TRÍCEPS

Os tríceps estão sujeitos ao mesmo tipo de esforço que os bíceps e outros músculos. Outra lesão comum dos tríceps é a bursite do olécrano (o olécrano é a ponta do cotovelo). Quando você faz movimentos como extensão do cotovelo, você puxa na inserção dos tríceps no cotovelo. Isso é apoiado na bursa, que se torna irritada quando é aplicado muito esforço sobre a área, o que produz uma sensação de queimação.

Os tríceps também podem ser forçados pelo excesso de treinamento ou pelo esforço súbito devido a uma técnica errada. Em casos de ruptura completa dos tríceps, a cirurgia seria necessária para reparar a estrutura.

OS COTOVELOS

Os cotovelos estão sujeitos a esforços constantes sempre que você faz movimentos de pressão. Além de problemas agudos que podem resultar do excesso de esforço na articulação com uso de carga pesada ou uma técnica errada, ocorre uma certa quantidade de dano cumulativo por meses e anos de treinamento pesado, levando, às vezes, à artrite degenerativa.

Esse tipo de problema degenerativo pode ocorrer em outras articulações como os ombros e joelhos e é difícil detectá-los nos estágios iniciais já que ocorre de forma muito lenta para ser notado imediatamente. Dor que aumenta gradualmente pode ser um dos sintomas; uma crescente limitação da amplitude de movimento é outro. Qualquer um desses sintomas indica algum dano nas estruturas internas do cotovelos que, se não for tratado, pode eventualmente tornar-se irreversível. Em caso de esforço súbito na área do cotovelo, aplicam-se os mesmo princípios de tratamento: repouso, gelo, elevação e compressão.

Para estabilizar a articulação do cotovelo nos levantamentos pesados você pode enfaixar a área ou usar uma cotoveleira elástica.

OS ANTEBRAÇOS

Uma vez que na maioria dos exercícios você utiliza os punhos e os antebraços para ajudar a segurar o peso, você está freqüentemente contraindo e alongando esses músculos ao mesmo tempo. Isso, com freqüência, pode levar à distensão dos músculos ou dos tendões.

Movimentos de puxar e de rosca com as palmas viradas para frente, como barra fixa, levantamento da barra ou rosca invertida colocam o antebraço em uma posição de desvantagem como alavanca, pois eles são mais fracos e podem facilmente ser distendidos. Geralmente, a lesão é na origem dos músculos extensores do antebraço, próximo ao cotovelo; isso também é chamado de cotovelo de tenista. Contudo, esse tipo de movimento pode levar à distensão muscular em qualquer parte ao longo do músculo no topo do antebraço.

Devido à freqüência de lesões do antebraço ao fazer rosca invertida, o Dr. Franco Columbu recomenda evitar esse movimento e em vez de usar a rosca de punho invertida para aumentar o topo dos antebraços.

As lesões de antebraços podem se tornar crônicas porque você precisa segurar firme em muitos exercícios diferentes. Portanto, é difícil repousar os músculos do antebraço uma vez lesionados.

Além do repouso para tratar a distensão do antebraço, descobri que a acupuntura pode ajudar a acelerar a cicatrização.

TREINANDO COM UMA LESÃO

Embora seja absolutamente necessário repousar uma área lesada para cicatrizá-la, um fisiculturista em treinamento para competição não pode simplesmente parar cada vez que ele apresenta uma distensão ou torção leve. Eles precisam descobrir um meio de continuar a treinar, evitando piorar a lesão.

Não há um modo específico de fazer isso. É preciso experiência para descobrir quais movimentos agravam um problema e quais não o fazem. Ao treinar para o Mr. Olímpia em 1980 eu lesionei meu ombro um pouco antes do concurso. Eu estava incapacitado de executar o supino convencional sem sentir dor. Contudo, eu descobri que eu podia fazer o supino com uma pegada fechada com as palmas de frente, e eu pude continuar treinando os ombros sem piorar a lesão. Também é possível fazer o exercício isométrico já mencionado com halteres.

Um fisiculturista que havia lesionado o antebraço e não podia fazer rosca com barra ou rosca no aparelho descobriu por tentativa e erro que ele podia fazer rosca martelo com halteres, com o antebraço em um ângulo determinado. Isso permitiu que ele continuasse treinando sem dor enquanto a lesão cicatrizava. Às vezes, pode trabalhar em torno de uma lesão do antebraço ou bíceps fazendo a rosca com barra W para modificar a posição das mãos.

As lesões de tríceps dificultam a maior parte dos supinos e rosca tríceps. Um exercício que freqüentemente ainda é possível, a despeito de uma distensão de tríceps, é o exercício com halteres porque há muito pouco esforço no tríceps até o final do movimento.

Freqüentemente, em caso de distensão leve, você ainda pode treinar a área lesionada se gastar bastante tempo aquecendo e alongando antes de trabalhar com uma resistência significativa.

Às vezes, é possível treinar em torno de uma lesão e outras não. Com certeza, no evento de uma lesão grave provavelmente é impossível continuar o treinamento como antes.

Apenas lembre-se, uma competição é apenas uma competição. Uma carreira é muito mais. E tentar treinar com uma lesão e piorá-la pode levar a problemas permanentes e incapacitantes que irão permanecer pelo resto da sua vida.

TREINAMENTO NO CLIMA FRIO

O treinamento em baixas temperaturas necessita de certos cuidados adicionais para evitar lesões. Nas temperaturas frias, o corpo leva mais tempo para se aquecer, portanto você precisa de mais tempo para aquecer e alongar antes do treino. Adicionalmente, é uma boa idéia usar roupas quentes na academia para que seus músculos não esfriem entre as séries.

Breve Resumo

A maior parte das lesões dos fisiculturistas são distensões que sobrecarregam ou superestiram músculos e tendões. O aquecimento adequado, pré-alongamento e a técnica correta de levantar pesos ajudam a prevenir as lesões. Uma vez ocorrida a lesão, você precisa repousar aquela área. Outros auxílios à cicatrização podem incluir o uso de gelo para reduzir o edema, elevação para promover o retorno venoso e compressão. Posteriormente no processo de cicatrização, pode-se usar calor, inclusive o ultra-som.

Nos casos de distensão leve a moderada, em geral é desnecessário determinar exatamente onde ocorreu a distensão em uma estrutura complexa. Você pode sentir qual área geral está envolvida, você pode dizer quais movimentos agravam o dano, e pode, portanto, evitar trabalhar aquela área.

A distensão pode ocorrer em áreas que você não está realmente trabalhando mas simplesmente contraindo para fazer alavanca.

A maioria das lesões articulares que ocorrem nos fisiculturistas são o resultado de anos de uso excessivo do corpo. Esses problemas acumulam-se lentamente. Fisiculturistas mais jovens treinam muito e não notam nenhum problema, mas mais adiante eles pagam o preço por esses abusos. Os fisiculturistas mais jovens têm um maior poder de recuperação e podem retornar de uma lesão mais rápido do que os mais velhos. À medida que você fica mais velho e continua a treinar, há coisas que como não pode evitar como métodos de treinamento que não causariam lesão na juventude mas, causam quando você fica mais velho e seu corpo já sofreu anos de esforço. Isso pode envolver uma mudança no treinamento, que pode funcionar muito bem, uma vez que você provavelmente já atingiu o tamanho que os jovens ainda querem atingir.

O velho ditado, "uma grama de prevenção vale um quilo de cura" não é bem verdade quando se trata de nutrição. Nesse ponto, às vezes a prevenção e a cura são quase a mesma coisa. Aqui estão cinco dos problemas mais comuns que os fisiculturistas têm que encarar e algumas medidas que podem ajudá-lo a evitar que esses problemas o atrapalhem.

RIGIDEZ, DOR OU LESÃO MUSCULAR

Os fisiculturistas farão quase tudo para conseguir massa muscular muito rapidamente. O que a maioria deles esquece é que o processo de aumento de massa muscular é o resultado de pequenos danos à fibra muscular. Portanto, o processo pode, se você tenta aumentar a massa muscular muito rápido, causar dor, lesões musculares ou mesmo causar mais dano a uma lesão caso você tente acelerar a recuperação muscular pós-trauma. Os suplementos nutricionais podem ajudar a prevenir e cicatrizar a dor e a lesão. A suplementação com proteínas, hidrolisados protéicos, peptídeos biologicamente ativos e aminoácidos podem contribuir para produção muscular. Os polifenóis podem melhorar a circulação para apressar a cura. Consulte, na página 764, as fontes destes suplementos nutricionais.

DOR OU PROBLEMAS COM AS ARTICULAÇÕES

As lesões articulares são muito comuns no fisiculturismo. Sob o estresse dos exercícios, as suas articulações – ombros, cotovelos, joelhos, tornozelos, etc. – podem não responder tão rapidamente, ou do mesmo modo que os músculos. Elas não podem se adaptar tão rápido às alterações que ocorrem nos tecidos adjacentes à medida que você aumenta a força e o volume. Vários suplementos nutricionais apareceram recentemente no mercado que são eficazes na proteção do tecido conjuntivo e podem acelerar a recuperação. Esses agentes incluem a glucosamina, acetil-glucosamina, condroitina, colágeno e ácidos graxos essenciais.

COMPLEMENTANDO SUA DIETA

Quer você esteja se preparando para uma competição ou simplesmente iniciando um esquema de treinamento mais rígido, o seu corpo tem que subitamente ajustar-se a um maior nível de exercício. Quando você começa a sentir que a sua dieta-padrão não é suficiente para ajudá-lo, há vários suplementos nutricionais que podem ajudá-lo a ajustar o seu organismo ao maior nível de exercício. O que você precisa é um tônico. Entre os tônicos mais usados estão a efedra, o ginseng siberiano (*Eleutherococcus*), ioimbina, EPA e ervas que contêm cafeína.

TOME CUIDADO COM A DESIDRATAÇÃO

No processo de treinamento intenso, os fisiculturistas correm o risco de desidratação grave. A qualquer momento que você altera dramaticamente o seu esquema de treinamento, o seu corpo pode ter dificuldade com o manuseio da água. Beba água com freqüência. Lembre-se de que a reidratação pode ser mais eficiente com a ajuda de suplementos nutricionais específicos para restaurar os sais minerais que você perdeu. Lembre-se também de que você precisa beber água o suficiente para eliminar os tecidos danificados para produzir novos tecidos.

O QUE ESTÁ ACONTECENDO COM MEU SISTEMA IMUNOLÓGICO?

O alimento primário do sistema imunológico é a glutamina. O treinamento intensivo coloca um nível elevado de estresse no organismo e logo que começa a treinar você começa a exaurir o seu corpo de glutamina. Um dos resultados naturais do aumento do nível de exercício é que você se acha mais suscetível às doenças. Várias substâncias naturais (principalmente de origem vegetal) irão ajudar o seu organismo a resistir às infecções ou pelo menos a lidar com elas de modo mais eficaz. Desnecessário dizer que a primeira coisa que você deve repor é a glutamina. Entre as substâncias e preparações que podem ajudá-lo estão a equinácea, o ginseng, a glutamina, vitamina C e os polifenóis.

O TOQUE FINAL

O corpo não é a única coisa que sofre estresse pelo exercício. A mente reage tão dramaticamente quanto o corpo ao estresse do exercício físico. Uma das mais importantes qualidades de um atleta – embora não seja facilmente medida – é a correta atitude mental em relação ao treinamento e à competição. Há vários suplementos que podem ajudar, incluindo *Ginko biloba,* polifenóis e fosfatidil serina (um ácido graxo essencial DHA). Eles o ajudam a manter a acuidade mental.

ÍNDICE

Abdominais, xxv, 176, 533-562, 784
  consulte também Abdominais parciais
  "contração" dos, 541, 561-562
  definição dos, 538
  em prancha inclinada, 539
  exercícios, 180, 182, 183, 206-209, 211, 222, 223, 539, 544-562
  exigências das competições para os, 216
  lesões dos, 783-784
  músculos, 533
  redução localizada e, 538
  treinamento de 535-541
  treinamento de pontos fracos dos, 542-543
  treinamento para competição de, 541-542
Abdominal parcial, 539, 545
  cadeira romana, 541, 544
  com cabo, 549
  com rotação, 541, 545
  em suspensão (serrátil), 343
  em um banco vertical, 548
  invertido, 539, 541, 546
  invertido, em suspensão, 547
  no aparelho, 550
Abdutores, 494
Abede, Brian, 595
Academia Powerhouse, 84-85
Academias, xxvi, 9-11, 38-40, 73, 84-91
  ambiente das, 85-86
  e treinamento em casa, 89-91
  o que procurar em, 85
  outros praticantes nas, 87-88
  para não-competidores, 89
  proliferação de, 40-43, 84-85
Ácido láctico, 53, 55, 71, 138, 146-147, 196
Ácido linoléico, 714, 765
Ácido linolênico, 714, 765
Ácido lipólico, 766
Ácido pirúvico, 766
Ácidos bosvélicos, 762
Ácidos graxos, 706, 769
  essenciais, 706, 714, 765
Adutores, 176, 185, 216, 494
Agachamento, 49, 53, 97, 99, 101, 104, 488, 489
  com a barra na frente do pescoço, 482, 483, 487, 490, 491, 493, 494, 498, 502-503
  lesões nos joelhos e, 782-783
  meio, 493, 498, 503
  meio, com a barra na frente do pescoço, 503
  método de carga regressiva e, 490-491
  na máquina, 491, 493, 499-500
  no aparelho, 487, 490, 491, 493, 494, 506
  pesados, 480, 491, 493, 498, 501
  Sissy, 494, 504
  técnica de, 496-497
Água, 714-715
  como nutriente, 705-706
  e ingestão durante competição, 688-689
  retenção de, 768-771
Aikman, Troy, 60
Albrecht, Achim, 606
Alexeev, Vasily (levantador de peso), 7
Alga marinha (tipo de), 763
Ali, Muhammad, 72, 694-695
Alongamento, 148-150, 350, 778
  das panturrilhas, 515, 517
  exercícios de, 151-161
  idade e, 142
Aminoácidos, xxvi, 706, 708, 737, 740-741, 751, 764
  de cadeia ramificada, 764
  essenciais, 706, 708-709
Amplitude de movimento, 140, 307, 379, 397
Anderson, Paul, 7
Androstenediona, 762, 764
Antebraços, 418-425
  exercícios para os, 181, 183, 207, 209, 211, 420-421, 424-425, 439, 446, 447, 469-477
  função básica dos, 384
  lesões nos, 787
  músculos dos, 384-385
  poses com os, 421-423, 424
  "saliência muscular" nos, 418-419
  treinamento de pontos fracos dos, 424-425
  treinamento dos, 418-421
Aparelho de Smith, 483, 499, 783
Aparelho para apoio parcial da Nautilus, 550
Aparelhos de exercícios, 40-41
  consulte também exercícios específicos
  pesos livres vs., 97-98
Apoio para os cotovelos, 396, 397, 404, 429, 441, 451
Apperson, Lee, 341
Aptidão física, treinamento de força e, 63-65
Aquecimento, 141-142
Arginina, 764
Associação Internacional de Ciências do Esporte (ISSA), 56-57
Associação Nacional de Fisiculturistas Amadores (NABBA), 15-17, 19, 21, 86, 87, 97, 212, 216, 218, 322, 538, 685, 686, 692
Atkins, Henry, 194

Atlas, Charles, xxx, 7-11
Atletas, xxvii-xxviii, 56-63
Attila, Louis, 7
Aykutlu, Hamdullah, 314

Baker, Aaron, 37, 616, 619
Balik, John, 492, 653, 654
Bandagens, 101
Bannout, Samir, 32-34, 87, 124, 256, 575, 576, 581, 604, 769
Barra E-Z, 421, 431-432
Barras com halteres, 40-41, 98, 100, 317
Batman e Robin (filme), 81
Beckles, Albert, 120, 394, 410, 412, 573, 581
Belushi, James, 237
Bennett, Wag, 692
Berg, Dave, 74
Bíceps braquial, 140, 146-149, 176, 184, 186, 190-191, 201, 253, 347, 355, 359, 388, 389, 392
  comprimento do, 397
  consulte também braços
  exercícios para o, 181, 183, 207, 209, 211, 404, 406-409, 426-449, 474, 475
  exigências das competições para o, 216
  função básica do, 384, 405
  lesões no, 786
  tendinite no, 776
  treinamento de pontos fracos do, 402-409
  treinamento do, 396-402
Bíceps da coxa, consulte bíceps femoral
Bíceps femoral, 478, 479, 783
  desenvolvimento do, 487-489
Bombeamento, 68-69, 214
Botas de gravidade, 100, 102
Bowe, Riddick, 42-43
Braços, 176, 201, 384-395
  consulte também bíceps braquial; antebraços; tríceps braquial
  desenvolvendo braços perfeitos, 392-395
  exercícios para os, 180, 183, 207, 209, 211, 223, 426-477
  exigências das competições para os, 215-216
  idealmente proporcionais, 392-395
  lesões nos, 786-787
  músculos dos, 384
  treinamento dos, 386-391
Braquial, 176, 407
Bridges, Jeff, 234
Bronzeamento artificial, 667-668
Bronzeamento, 664-668
Brooks, George, 63

Bryant, Kobe, 63
Bursite, 786
Busek, Albert, 84, 652-653
Bush, George, 35-38, 81, 240, 771
Butler, George, 32-34

Cafeína, 764
Calçados, 99
Callender, Roy, 32-34, 574
Calorias, 722-724, 732, 734
Camellia sinensis, 763
    consulte também chá verde
Campeonatos Mundiais de Fisiculturismo Amador, 25, 35-38, 96, 105, 226
Capsaicina, 764
Carboidratos, 705, 710-712
    cetose e, 728-729
    e índice glicêmico, 711, 726
    fontes recomendadas de, 745-746
    quantidades nutricionais mínimas de, 726-727
    simples, 711, 726, 765
Cardápios, 737-739
Carnitina, 766
Carter, Vincent, 74
Caruso, Jimmy, 650, 653, 658, 659
Centella asiática, 763
    consulte também erva-capitão da Índia
Cetose, 751
    nutrição e, 726, 728-728-729
    teste de, 744, 754
Chá verde, 763
    consulte também *Camellia sinesis*
Chamberlain, Wilt, 60
Charles, Darrem, 37, 467, 618
Chizevsky, Kim, 44-45
Christian, Mike, 680
Chute para a frente, 559
Chutes para trás, 414, 416, 788
    com haltere, 462-463
    sobre um banco, 559
Ciática, 784
Cintos, 100, 101
Citrus aurantium (limeira), 762
CLA (ácido linoléico conjugado), 764
Coe, Boyer, 23, 32-35, 353, 396, 537, 580
Colbert, Leroy, 386, 633
Coleman, Ronnie, 96, 105, 184, 185, 257, 349, 358, 392, 418, 581, 599, 605, 617, 676
Colesterol, 707-710, 712, 714, 766
Columbu, Franco, xxiii, 15-17, 19, 23, 24, 30, 25, 32-35, 38-39, 41, 50, 73, 74, 76, 77-78, 80, 87, 91, 97-99, 105-106, 117, 143, 144, 179, 196, 224, 226, 227, 230, 231, 232, 242-243, 249, 257, 258-259, 262, 266, 270, 284, 285, 293, 299, 302, 304-305, 311, 319, 325, 331, 336, 346, 350, 352, 353, 364, 365-369, 371, 380, 395, 482, 498, 540, 567, 590, 593, 595, 608, 624, 634, 637-641, 643, 646, 661, 665, 672, 676, 679, 682, 691, 692, 694, 694-695, 697, 722, 753, 787

Comitê Olímpico Internacional, 35-38
Commando (filme), 236, 671
Competição Arnold Classic, 34-35, 38-39, 44-45, 86, 105, 241, 565, 567, 671, 680, 703
Competição Arnold Fitness, 703
Competição de Miss Biquíni, 24
Competição de Miss Internacional, 38-39, 44-45, 96, 703
Competição de Miss Olímpia, 44-45
Competição de Mr. América, 11-13, 14-16, 15-17, 21, 29, 96, 225-226, 674, 683, 684
Competição de Mr. Europa, 212, 679
Competição de Mr. Itália, 679
Competição de Mr. Mundo, 21, 27, 29, 685-686
Competição de Mr. Olímpia, xxvii, 15-19, 21, 24, 26, 27-31, 25, 32-35, 37, 38-39, 41, 44-45, 50, 74, 87, 96, 102-103, 146, 168, 193, 220, 226, 258, 322, 416, 422, 480, 488, 513, 536, 540, 566, 567, 572, 580, 581, 589, 632-633, 634, 639, 643, 668-669, 672, 676-679, 688, 694, 753, 772, 787
Competição de Mr. Universo, 14-17, 18, 17-19, 23, 24, 25, 35-38, 86, 87, 97, 146, 212, 216, 218, 322, 538, 589, 685-686, 691, 692-693, 697
Competição Ironman, 680
Competições do Comitê Nacional sobre Físico (NPC), 582-588
Competições, 106-107, 565-699
    alimentação antes de, 645, 647
    avançadas, 678-680
    bombeamento antes de, 692-694
    bronzeado e, 664-668
    categorias de peso em, 572, 589
    controle emocional em, 647
    da IFBB, 572-582
    da NPC, 582-589
    decidindo quando e onde participar de, 679-680
    dieta e, consulte dieta para competições; dieta; nutrição
    elemento psicológico das, 694-695-698
    estilo de cabelo e, 669-671
    fadiga e, 638
    fator tédio e, 636
    freqüência de participação em, 677
    função da experiência e, 676-678
    grandes vencedores de, 589
    higiene básica e, 672-673
    iluminação do palco e, 690-691
    ingestão de água e, 688-689
    iniciando em, 677-678
    intenção de participar de, 691-692
    mulheres fisiculturistas em, 575
    música para, 633-636
    óleo e, 668-669
    parceiro de treinamento e, 593-594
    pêlos no corpo e, 671-672
    política, relações públicas e, 683-685
    pontuação das, 582
    poses em, *consulte* poses
    pré-julgamento em, 573-579, 582
    preparação por trás dos bastidores para, 691-694
    primeira rodada (de pé, relaxado) das, 573-574, 575, 597-598
    publicidade e, 680-681-683
    quarta rodada (poses) das, 580-582, 589, 636-644
    resistência e, 589-590
    ritmo e, 593, 640, 642
    segunda rodada (compulsória) das, 574-575, 598-601
    sungas para, 661-663
    terceira rodada (poses livres) das, 579-580, 607-633
    treinando ao máximo para, 685-688
Composição corporal
    dieta e, 733-734
    medição da, 752-753
    testes de, 171-172
    tipos de, 172
Conan, o Bárbaro (filme), 35-38, 60, 73, 192-193, 569, 659
Condroitina, 765
Conselho Federal de Aptidão Física, xxiii, xxviii, 35-38, 239
Contração de ombros, 271, 347
    com barra, 298
    com halteres, 264-265, 297
Contração do abdome, 541, 561-562
Contração, 194, 219
    consulte também poses, 565-659
    das costas, 360
    das coxas, 493
    do peito, 319-321
Cormier, Chris, 145, 351, 353, 456, 513, 534
Corney, Ed, 78, 87, 105, 150, 242, 590, 595, 627-631, 669
Costas, 146-147, 175, 201
    consulte também grande dorsal
    desenvolvimento completo das, 359
    exercícios para, 152, 156, 180, 182, 183, 206, 208, 210, 222, 345-383
    exigências das competições para as, 215-216
    músculos das, 345, 354, 359
    planejando um programa para as, 354-355
    treinamento das, 346-360
    treinamento de pontos fracos das, 355-359, 372
    utilização de cintos e, 101
Costas, parte central das, 359
    espessura da, 351-352
    exercícios para a, 359, 373
Costas, parte externa, exercícios para a, 356, 373
Costner, Kevin, 569
Cottrell, Porter, 283, 331, 336
Coxas, 139-140, 478-511
    consulte também quadríceps; pernas; isquiotibiais

exercícios para as, 154-155, 157, 159, 181, 182, 206, 208, 211, 222, 482-483, 497-511
   músculos das, 478-479
   treinamento das, 478-479
   treinamento de pontos fracos das, 490, 493-496
   treinamento para competição das, 489-493
Creatina, 764-765
Crisina, 764
Cruzamentos
   de cabos em um banco horizontal, 337
   de cabos, 311, 313, 316
   de cabos, de pé, 335
   de cabos, de pé, inclinado à frente, 336
Curso de tensão dinâmica, 7-11
Cutler, Jay, 403
Cyr, Louis, 9-11

Davis, Steve, 164
Dearth, David, 279
Dehaan, Ralph, 653
Delinger, Jack, 15-17
Deltóide anterior (porção anterior), 253-254
   exercícios para o, 266-267, 272, 273, 274-276, 287, 288-289, 324-325, 326
Deltóide médio (porção média), 253-254
   exercícios para o, 268, 280, 282, 285
Deltóide posterior (porção posterior), 253-254, 347
   exercícios para o, 270, 280, 282, 286, 290-294
Deltóides, 51, 140, 175, 184, 201, 253, 302, *consulte também* ombros
   desenvolvimento dos, 254, 258
   exigências das competições para os, 216
   função básica dos, 250, 260
   treinamento dos, 259-260
Desenvolvimento, 101, 259, 267, 307, 347, 787-788
   de Arnold, 266, 272
   militar, 275, 276
   por trás do pescoço, 253, 260, 273
   tríceps, de pé, 456
Desidratação, 102, 689, 694, 714, 744, 790
Devito, Danny, 237
DHA (ácido docosaexaenóico), 765
DHEA (desidroepiandrosterona), 761
"Dias Pesados", 146-147, 209-210, 318
Diário de treinamento, 94, 102-104, 226
Dickerson, Chris, 25, 32-34, 35, 123, 166, 416, 512, 513, 515, 520, 536, 578, 580, 581, 632-633, 634, 697
Diet for a Small Planet (Lappé), 708
Dieta para competição, 748-772-773
   aeróbio em excesso e, 754-755
   aumento da ingestão de carboidratos e, 768
   composição corporal e, 748
   "depleção" e, 766-768
   diário para, 750-751
   diminuição no ritmo metabólico e, 752
   diuréticos e, 759-760, 769
   drogas e, 755-759

   ervas e, 764-764
   escassez de nutrientes e, 751-752
   fora de estação e, 748, 749-750
   freqüência das refeições e, 748, 751
   medindo as mudanças no corpo e, 752-753
   metabolitos ativos e, 764-766-767
   na semana anterior à competição, 766-767
   nas 12 semanas antes da competição, 753-754
   no dia da competição, 772-773
   retenção de água e, 768-771
   sódio e, 770
Dieta, xxvi, 3, 45-46, 63, 172, 217, 219, 688, 703-747
   balanceada, 727-728
   cardápios para ganho muscular, 737-739
   composição corporal e, 731-732
   consulte também dieta para competição; nutrição
   consumo calórico e, 734
   conteúdo energético dos alimentos e, 722-723
   criando "demanda" e, 735
   definição das coxas e, 487
   diminuição do ritmo metabólico e, 752
   drogas, hormônios e, 724-725
   ervas e, 762-764
   exercício aeróbio e, 735-736
   exercício e, 733, 735-736
   fontes de carboidratos recomendadas para, 745-746
   fontes de proteína recomendadas para, 744-745
   freqüência das refeições e, 729-730
   gasto de energia e, 723-724
   índice metabólico e, 723
   leitura de rótulos e, 746-747
   metabolitos ativos e, 764-766-767
   para ganhar músculo, 736-737
   perda de gordura e, 742-743-744
   programação de treinamento e, 82
   qualidade da, 732-734
   suplementos de bebidas e, 740-742-743
   suplementos e, 40-41, 704, 709-710, 712, 714, 721-722
   tipo corporal e, 732-733
   treinamento abdominal e, 543
   treinamento e, 728-729
Dillett, Paul, 34-35, 37, 253, 335, 394, 536, 566, 674-676, 677
Diuréticos, 759-760, 769
Dobbins, Bill, 653
Don't Make Waves (filme), 17-19
Dor, sensibilidade *vs.*, 70-72
Dorsal, região, 347
   exercícios para a, 356, 364-372, 380-381
   lesões da, 784-785
Draper, Dave, xxiii, 17-19, 21, 41, 75, 77-79, 87, 88, 114, 165, 168, 173, 175, 195, 253, 254, 389, 410, 419, 422, 425
Drogas, 35-38-40, 40-41-43, 755-759
   dieta e, 724-725
   em esportes, 756-757

Dryer, Fred, 56-57

Echinacea purpurea, 762
Ectomorfos, 162-163, 168
   dieta e, 733, 737
   regime de treinamento para, 169-170
Efeitos androgênicos, 757-759
Eiferman, George, 15-17
Einstein, Albert, 7
El Sonbaty, Nasser, 34-35, 37, 87, 131, 165, 168, 185, 193, 230, 253, 273, 310, 353, 391, 393, 416, 480, 535, 594, 597, 599, 602, 603-606, 645, 660, 661, 703
Eleuterococcus senticosus, 762
   consulte também ginseng siberiano
Elevação lateral
   com cabo cruzado unilateral, 282-284
   com cabo lateral unilateral, 285
   com cabo unilateral, 260
   com cabo, 265, 268
   com cabo, curvado, 260, 270, 293
   com cabo, sentado de costas, 262, 270
   com cabo, sentado, 286
   com haltere acima da cabeça, sentado, 290
   com haltere, 260, 268
   com haltere, de pé e inclinado, 260, 270, 291-292
   deitado de lado, 270, 294
   deitado e inclinado, 262
   invertida com haltere acima da cabeça, 287
   invertida, 271
   "isométricos", 265
   no aparelho, 287
   obtendo melhores resultados dos, 265
Elevação, 259
   com as pernas estendidas, 784
   da panturrilha, unilateral, 517, 520, 531
   da perna lateralmente, 588
   das coxas até o peito, 539, 541
   das coxas até o peito, sentado, 551
   das panturrilhas no aparelho, 528-529
   das panturrilhas, sentado, 514, 515, 517, 518, 519, 520, 529
   das pernas com joelhos flexionados em um banco horizontal, 555
   das pernas com joelhos flexionados em um banco vertical, 556
   das pernas com joelhos flexionados, 558
   das pernas em um banco horizontal, 554
   das pernas, em suspensão, 557
   de perna, 539, 554, 557
   flexão plantar dunkey, 514, 517, 530
   flexão plantar, 101, 514, 516, 517-518, 519, 528, 781-782
   flexão plantar, uma de frente para a outra, 517, 520
   frontal com haltere, 266, 288
   frontal com halteres, sentado, 289
   invertida das panturrilhas, 532
   laterais com banco inclinado, 270
   laterais, de pé, 262, 268, 280
   laterais, sentado, 262, 268, 281
   lateral da perna com joelho flexionado, 558

plantar, de pé, 514-520, 526-526
Elevador da escápula, 784
Endomorfos, 162-163, 168
　dieta e, 733
　regime de treinamento para, 170-171
Endorfinas, 243
Envelhecimento, 102
　alongamento e, 142
　fisiculturismo e, 105-106
　gordura corporal e, 733-734
　metabolismo e, 733-734
　músculos e, 63-64, 105-106
EPA (ácido eicosapentaenóico), 765
Ephedra sinica, 763
　consulte também Ma Huang, 763
Equipamentos de exercícios, 97-99
　para residências, 90
Eretores da coluna, 175, 216, 383, 784
　função básica dos, 345
Erpelding, Mark, 378
Erva-capitão da Índia, 763
　consulte também Centella asiatica
Erva-de-São-João, 764
　consulte também Hypericum perforatum
Ervas, 762-764
Especificidade de treinamento, 55
Esportes
　drogas nos, 756-757
　sistema de exercícios *vs.*, 47-48
　treinamento de força e, 56-57-63
Estado anabólico, 706
Estado catabólico, 706
Esteróides anabólicos, 35-41, 755-761
　adolescentes e, 759
　efeitos colaterais dos, 757-759
　mulheres e, 759
Esteróides anabólicos, 757-758, 760-761
Esvaziando a prateleira, 194, 515
Everson, Cory, 44-45, 83
Exercício
　alongamento, 151-161
　amplitude de movimento no, 140, 225
　aquecimento e, 141-142
　consulte também regiões específicas do corpo e exercícios
　dieta e, 733, 735-736
　gasto de energia e, 723-724
　produção de testosterona e, 97
　repetições e, 49-50, 52
　respiração e, 148-148-149
Exercício aeróbio, 45-46, 53, 55-56, 138, 217
　definição muscular e, 55-56
　dieta e, 735-736
　equipamentos para, 55
　excessivo, 55-56, 754-755
Exercício anaeróbio, 706, 711
Exercise Physiology: Energy, Nutrition and Human Performance (McArdle, Katch e Katch), 58
Extensões, 421, 786, 788
　com haltere por trás do pescoço, 414
　com haltere, deitado, 413, 460
　do cotovelo na barra fixa, 468

　do cotovelo, deitado, 413, 457-458
　do cotovelo, deitado, virando o rosto, 461
　do cotovelo, unilateral, 413, 464-465
　do joelho, 487, 489, 490-491, 494, 508, 783
Exterminador do Futuro 2, O (filme), 237
Exterminador do Futuro, O (filme), 236

Fahey, Thomas, 63
Faixas, 101
Federação Internacional de Fisiculturismo (IFBB), 19, 21, 24, 32, 35-38, 44, 72, 172, 218, 534, 589, 677, 691, 697
　organização de competições promovidas pela, 572-582
　pontuação da, 582
　teste de drogas realizado pela, 756, 769
Ferrigno, Lou, 24, 29, 30, 31, 89, 121, 242, 396, 662, 668, 679
Fibra de contração lenta, 55
Fibras de contração rápida, 55
Fisiculturismo
　aprendendo com as falhas no, 233, 240
　atitude mental no, 229-245
　avaliação do progresso do, 138
　começando tarde no, 105
　como esporte olímpico, 35-38
　crescimento do, 35-39-40
　criança e, 104
　disciplina e, 230, 243
　especificidade de treinamento e, 48-49
　estratégia de treinamento para o, 230-232
　exigências especiais do, 705
　físico ideal para, 50-51
　história do, 3-46
　idosos e, 105-106
　impacto cultural do, 35-38, 38-39
　levantamento de peso *vs.*, 49-50
　motivação e, 230, 241-243
　mulheres e, 35-38, 44-45-46, 575
　treinamento moderno e, 40-41-43
　visualização e, 229-230
Fitness Products Council, xxxi
Flex, 39-40
Flexão de braços na barra fixa, 307-308, 323, 518, 787
　com pegada aberta, 311, 357, 364-366, 786
　com pegada fechada, 342, 350, 359, 367
　com pesos, 311
Flexão/extensão da coluna com a barra, 354, 359, 382, 488, 493, 784
Forskolin, 765
Fox, Bertil, 573
Fracois, Mike, 459, 534
Fratura de avulsão, 144, 775, 779-780
Frutose, 710
Fuller, Johnny, 573, 574
Fux, Jean-Pierre, 34-35, 393, 594

Gable, Denny, 595
Gaines, Charles, 9-11, 32-34, 44-45
Galactose, 710
Garcinia cambogea, 763

Gaspari, Rich, 293, 296
Gastrocnêmio, 176, 216, 512, 514, 518, 519
Gingseng siberiano, 762
　consulte também Eleuterococcus senticosus
Ginseng panax, 764
Gironda, Vince, 311, 536, 704
Giuliani, Eddie, 691
Glândula tireóide, 169
Glass, Charles, 550
Glicerol, 765-766
Glicogênio, xxvi, 54, 144, 146-147, 688, 689, 710-711, 728-729, 735, 744, 766-768
　importância do, 728
Glucosamina, 765
Glucose, 710-711
Glutamina, 765
Glúteos
　consulte quadríceps; coxas, pernas
Goerner, Hermann, 7-9
Gold, Joe, 40-41, 84, 87, 97
Gold's Gym, xxvii, 84-85, 87, 88, 101, 242
Golding, Lawrence, 48, 725
Gorduras, 705, 712-713
　insaturadas, 712-714
　poliinsaturadas, 712-714
　quantidade nutricional mínima de, 727
　saturadas, 712-713
Grande dorsal, 98, 139, 140, 150, 175, 184, 196, 201, 307, 347, 354, 357, 784-785
　consulte também costas
　exercícios para o, 359, 364-383
　exigências das competições para o, 216
　função básica do, 345, 354
　treinamento dos, 346-353
Great American Workout, 240
Great California Workout, 239
Grimek, John, 9-13, 15-17, 38-39, 40-41, 109, 142, 175, 302, 568, 672, 685, 699
Guar gum (pasta de uma planta) 766
Guaraná, 763
　consulte também Paullinia cupana

Hackenschmidt, George, 4-5, 7
Haislip, Jim, 608
Halteres, 40-41, 98, 317
Haney, Lee, xxiii, 32-34, 50, 52, 96, 125, 173, 224, 254, 276, 277, 348, 349, 414, 680, 685, 699
Hatfield, Frederick C., 56-57, 68
Hefner, Hugh, 89
Hérnia, 783
Hidroxicitrato, 763
Hilgenfeldt, Oscar, 7
Hiperextensão, 354, 359, 383, 542
Hipertermia, 102
Hipertrofia, 51-52, 144
Hipoglicemia, 763
Hipotrofia de fibras, 52
HMB (beta-hidróxi-beta-metilbutirato), 766
Hoban, T. J., 156, 158-159, 161, 545-550, 558-560
Hoffman, Bob, 683
Holyfield, Evander, 58-59

Hormônio do crescimento, 760, 764, 766
Howarth, Don, 253, 608
Hughes, David, 408
Hughes, Yolanda, 96
Hypericum perforatum, 764
    consulte também erva-de-São-João

Inclinação
    à frente, sentado, com os pés afastados, 156
    lateral, 151
    para trás, 152
Inclinação lateral, 151, 540
Índice glicêmico, 711, 726
Inner-City Games Foundation, 243, 699
Instituto Nacional de Performance, 62
Insulina, 726, 760
Intercostal, 176, 216, 533, 540
Irmãos Gêmeos (filme), 237
Isoleucina, 764
Isometria, 9-11
    princípio de isotensão e, 194
Isquiotibiais, 176, 201, 487-489
    consulte também coxas; pernas
    exercícios para os, 152-154, 156, 159, 181, 182, 206, 208, 210, 509-511
    exigências das competições para os, 215-216

Jayne Mansfield Story, The (filme), 651
Jenner, Bruce, 51, 56-58, 680
Joelhos, lesões nos, 782-783
Jogos Asiáticos, 48
Jogos da Boa Vontade, 757
Jogos Pan-Americanos, 48
Johnson, Ben, 756
Johnson, Magic, 59-60
Jokl, Ernst, 63-64
Journal of Strength and Conditioning Research, xxix, 97

Katch, Frank, 58
Katch, Victor, 58
Katz, Mike, 41, 106, 691, 697
Kava (tipo de planta), 763
    consulte também Piper methysticum
Kickinger, Roland, 35-38, 457
Klein, Sigmund, 9-12
Koszewski, Zabo, 541, 691

La Lanne, Jack, 144
Labrada, Lee, 337, 419
Lactose, 710
Langer, Anja, 83
Lappé, Frances Moore, 708
Lesões, 71-72, 73-74, 141, 142, 144, 774-790
    consulte também regiões específicas do corpo
    de articulações e ligamentos, 778-779-781
    de músculos e tendões, 775-776
    dor como sinal de alerta e, 71, 777, 789
    espasmos, cãibras e, 776
    prevenção de, 778-779
    sistema imunológico e, 790
    suplementos nutricionais e, 789-790
    tendinite, 776
    treinamento em clima frio e, 790
    treinando com, 787-788
Leucina, 764, 766
Levantamento da barra, 260, 264, 271, 276, 480
Levantamento de peso, 3, 56-57
    aptidão física e, 63-65
    como esporte, 63
    esforço das pernas no, 480
    fisiculturismo *vs.*, 49-50
    hipertrofia de fibras e, 52
Levantamento de potência, 49, 97, 99, 146
Levantamento terra, 49, 97, 99, 271, 353, 480, 784
    com as pernas estendidas, 354, 488, 493, 494, 511, 783
    execução do, 380-381
    pesado, 359
Levrone, Kevin, 34-35, 37, 129, 253, 274, 330, 357, 358, 385, 389, 411, 484, 505, 508, 513, 581, 597, 602, 603, 609, 617, 626, 644
Lewis, Joe, 42-43
Liederman, Earle, xxiii
"ligações", 185
Liston, Sonny, 694-695
Lombar, região, 353, 354
    exercícios para a, 359, 370-371, 380-381, 382, 383
    lesões da, 784
Long, Don, 594
Lorimer, Jim, 38-39, 684
Louis, Joe, 42-43
Lund, Chris, 653
Lundgren, Dolph, 56-57
Luvas, 99, 100
Lynn, Patrick, 37
Lyon, Lisa, 44-45

Ma Huang (tipo de erva), 763
    consulte também Ephedra sinica
Macfadden, Bernarr, 7, 9-12
Macronutrientes, 705-706, 709, 722, 725
Maddron, Aaron, 287
Maier, Hermann, 136, 229
Makkawy, Mohamed, 533
Maltose, 710
Manual of Physical Training (Exército dos Estados Unidos), xxiii
Maradona, Diego, 61
Marciano, Rocky, 42-43
Massa, 218-219, 732
    das coxas, 483, 487
    dos tríceps, 415, 416, 417
    nos bíceps, 404, 406, 409
Masters Mr. Olímpia, 105
Matarazzo, Mike, 391, 392, 452, 453, 626, 682-683
Maximum Performance (Morehouse), 62
McArdle, William, 58
McCall, Oliver, 757
McGovern Select Committee on Nutrition and Human Needs, 727
McGwire, Mark, xxvii, 60, 61
McLish, Rachel, 44-45, 83
Medo da pequenez, 218-219
"Melhores Competições do Mundo", 44-45
Men's Journal, 60
Mente no músculo, 232-233
Mentzer, Mike, 32-34, 168, 482, 536, 632, 676-677, 772
Mentzer, Ray, 226
Mergulho, 104
    invertido, 467
Mergulho, 307, 311, 313, 317, 414, 416, 466
    com peso, 415, 417
    nas barras paralelas, 331
    por trás das costas (ou em um banco), 415, 417, 467
Mesomorfos, 50, 162-163, 168-169
    dieta e, 733
    regime de treinamento para, 170
Metabolismo, 169, 723, 732
    diminuição no ritmo do, 752
    idade e, 733-734
Método "eu vou/você vai", 196
Método "uma e meia", 197
Método de carga regressiva, 39-40, 193-194, 259, 265, 266, 318, 402, 489, 490-491, 517
Método de inundação, 196, 788
Método de treinamento pesado, 191
Método roubado, 190-191
Micronutrientes, 706
Minerais, 706, 709, 719-720-722, 765
    cálcio, 719-720
    cloro, 719-720
    enxofre, 721
    fósforo, 719-720
    magnésio, 719-720
    potássio, 719-720, 765
    sódio, 719-720, 770
Monossacarídeos, 710
Moorer, Michael, 59
Morehouse, Laurence, 62
Movimento negativo, 190
Movimento positivo, 190
Mulheres
    esteróides e, 759
    fisiculturismo e, xxix, 35-38, 44-45-46, 575
    treinamento e, 82-83
Murray, Lenda, 44-45, 83
Muscle & Fitness, 39-40, 568, 680-681
Muscle Beach, 13-14, 88, 144, 568
Muscle Building (Liederman), xxiii
Músculo do iliopsoas, 539, 554
Músculos
    aeróbia e definição dos, 55-56
    almejando os, 140-141
    categorias básicas dos, 175-176
    consulte também regiões específicas do corpo e músculos
    contração dos, 140-141
    desenvolvimento máximo dos, 52-53
    desequilíbrio dos, 62
    diagramas dos, 177-178

envelhecimento e, 63-64, 105-106
força nos tendões e, 190
função dos, 51-52
lesões nos, 775-776
metabolismo e, 169
o bombeamento e os, 68-69
processo de oxidação nos, 138
rigidez, dor nos, 789
sinais inibitórios nos, 240-241
sobrecarga dos, 136-137
tipos de fibras nos, 55
treinamento de pequenos e grandes, 139-140

Neveux, Mike, 653
New York Evening Graphic, 7
Newman, Dennis, 72, 683
Nitrogênio, 706
Noite dos Campeões, 680, 682
Norandrostenediona, 762
Nubret, Serge, 21-24, 27, 28, 30-31, 268, 294, 304, 311, 312, 352, 386, 410, 542, 543, 642, 643, 662, 697
Nutrição, xvi, 703-731
carboidratos e, 705, 710-712
cetose e, 726, 728-728-729
consulte também dieta para competição; dieta
escassez de, 751-752
gorduras e, 705, 712-713
leitura de rótulos e, 746-747
minerais e, 719-720-722
nutrientes básicos e, 705-706
proteínas e, 705, 706-710
quantidades nutricionais mínimas para, 725-727
rigidez muscular e, dor e, 789
suplementos e, 704, 709-710, 712, 714, 721-722, 789-790
vitaminas e, 715-719, 721-722

Oblíquo externo (oblíquo externo do abdome), 151, 176, 216, 533
exercícios para o, 540, 545, 552-553, 557-559
treinamento do, 542-543
Oblíquo, *consulte* oblíquo externo
O'Hearn, Mike, 557
"O Homem Mais Perfeitamente Desenvolvido da América", 11-12
"O Homem Mais Perfeitamente Desenvolvido do Mundo", 7
Óleo de peixe, 714, 765
Óleo de semente de linho, 714
Oligossacarídeos, 710
Oliva, Sergio, xxiii, 15-19, 21, 26, 28, 32-34, 52, 80, 87, 115, 192, 216, 253, 285, 302, 311, 347, 353, 359, 389, 396, 397, 410, 419, 422-423, 480, 487, 607, 608, 633, 634, 642-643, 672, 678, 684, 685, 688, 693, 698
Ombros, 250-298
consulte também deltóides; trapézio

exercícios para os, 180, 183, 207, 210, 211, 222, 266-298
exigências das competições para os, 215-216
lesões nos, 785
músculos dos, 250
treinamento de áreas fracas dos, 265-271, 284
treinamento dos, 259-271
Origins of Life, The (Hackenschmidt), 7
Ornitina, 766
Ortiz, Freddy, 17-20, 410

Padilla, Danny, 353, 395
Panturrilhas, 140, 176, 185, 201, 512-532
alongamento das, 515, 517
exercícios para as, 182, 206-209, 211, 223, 514, 517, 519-520, 526-532
exigências das competições para as, 215-216
lesões nas, 781-782
músculos das, 512
poses com as, 524-525
superséries para as, 515, 518
treinamento das, 513-518
treinamento de pontos fracos das, 519-522
treinamento para competição das, 516-518
Paraolimpídas, 238, 243, 244
Parceiro de treinamento, 74-80, 83, 482
em competições, 593-595, 588
escolha do, 79-80
treinamento para competição e, 219-220
Park, Reg, xxi, xxiii, 14-17, 21, 32-34, 38-39, 52, 73, 79, 94, 111, 142, 144, 201, 202, 230, 253, 258-259, 302, 310, 386, 400, 443, 514, 568, 595, 634, 661, 663, 672, 685, 699
Parte superior do corpo, 137
alongamentos para a, 161
série típica para a, 138-139
Passada à frente, 154-155, 487, 488, 489-490, 494, 507
Paul, David, 101-102
Paul, Peter, 101-102
Pauling, Linus, 722
Paullinia cupana, 763
consulte também guaraná
Pearl, Bill, xxiii, 15-21, 24, 52, 80, 112, 179, 322, 323, 386, 389, 410, 413, 538, 607, 663, 672, 685, 699
Pectina, 766
Peito, 299-339
consulte também peitoral
desenvolvimento do, 299-306
exercícios para o, 180, 182, 206, 208, 210, 313, 317, 324-339
músculos do, 299
poses com o, contração do, 319
treinamento de pontos fracos do, 312-318
treinamento do, 307-318
Peitoral, 175-176, 185, 253, 254, 262, 302, 303
consulte também peito
descrito, 299

exercícios para o, 313, 317-318, 324-339, 378
exigências das competições para o, 215-216
lesões no, 785-786
Pernas, 137, 140, 185, 478-532
consulte também panturrilhas; isquiotibiais; quadríceps; coxas
exercícios para as, 154-155, 158, 181, 182, 222, 223, 496-511, 514, 517, 519-520, 526-532
lesões nas, 783
músculos das, 478-479, 512
Personal trainer, 43-44
Pesos de amarrar aos pés (sapatos de ferro), 100
Physical Culture, 7
Piper methysicum, 763
consulte também Kava
Platz, Tom, 32-34, 55-56, 122, 148-149, 167, 168, 249, 253, 396, 479, 480-481, 483, 484, 486, 487, 491-493, 495, 498, 499, 500, 502-504, 505, 507, 510, 512, 515, 520, 526, 528, 529, 531-532, 575, 578, 580, 581, 639, 671, 679
Polifenóis, 766
Polissacarídeos, 711
Poole, Harold, 17-20, 32-34, 704
Posar, 47, 565-659
a arte de, 568-569
aprendendo a, 569-572
as panturrilhas, 524-525
como exercício, 647-651
de forma "defensiva", 637, 644
entre séries, 150, 194, 219, 360, 424, 492, 493, 524-525, 591-592, 595
erros ao, 645-647
expressão facial ao, 566, 567
fazer dieta e, 771
habilidades requeridas para, 566-567
história de, 567-568
limite de tempo ao, 580
música para, 633-636
o peito, 319-321
observando como, 569-572
óleo para, 668-669
os antebraços, 421-423, 424
os bíceps da coxa, 487
para fotografias, 651-659
personalizando ao, 607
praticando, 589-607, 636-644
ritmo para, 632, 640-642
rotina de, 632-633
sungas para, 661-663
Poses abdominais, 578, 607
com as mãos acima da cabeça, 575, 606
Poses de bíceps, 613
de costas, com os dois bíceps, 575, 577, 603
de frente, com os dois bíceps, 575, 576, 598-600
girando o corpo, com os dois bíceps, 611, 612
girando o corpo, unilateral, 612
Poses de peito, de lado, 575, 577, 600-603
Poses do grande dorsal

exibido de costas, 575, 578, 603-604
exibido de frente, 575, 576, 602-603
Poses do tríceps, de lado, 575, 578, 605, 607
Poses, 580-582, 589, 636-644
    ajoelhado, 619-622
    com as mãos acima da cabeça, 575, 606
    com rotação, 614-615
    compulsórias, 574-579, 598-607
    de pé, relaxado, 573-574, 575, 596, 597-598
    do mais musculoso, 624-626
    em arremetida, 619-622
    livres, 579-580, 582, 607-633
    prática de, 636-644
    transição entre, 608, 610
Power Clean, 97, 480
Precursores do hormônio, 761-762
Predador, O (filme), 234, 671
Pressão de pernas, 482, 483, 490, 491, 493, 494, 505
    no aparelho, 260, 265, 266, 278, 332
Priest, Lee, 34-35, 93, 167, 291, 329, 374, 385, 393, 395, 408, 411, 444, 468, 470-472, 474-477, 481, 486, 506, 536, 588, 601, 622, 671, 674
Princípio da contração máxima, 39-40, 402, 406, 416
Princípio da pré-exaustão, 195-196
Princípio da prioridade, 39-40, 192-193, 213, 270, 310, 313, 387, 415, 424, 480, 493, 522-523
Princípio do choque, 188, 310, 318, 395, 402, 424, 489, 491, 493, 514-515, 517
Princípio instintivo, 39-40, 195, 704
Princípios de treinamento, 39-40
    avançado, 187-199
    básico, 135-161
Programa de exercícios de nível I, avançado, 206-207
Programa de exercícios de nível I, básico, 180-181
Programa de exercícios de nível II, avançado, 208-209
Programa de exercícios de nível II, básico, 182-183
Programas de treinamento
    avançado, 200-214
    básico, 173-186
    para competição, 215-228
Prostaglandinas, 714, 764, 766
Proteína, 705, 706-710
    completa, 706
    em suplementos de bebida, 740-742-743
    fontes recomendadas de, 744-745
    índice, 707
    quantidade nutricional mínima de, 725-726
Pullovers
    com cabo, unilateral, 323, 341
    com corda, 323, 340
Pullum, W. A., 7
Pumping Iron (filme), 68, 310, 595, 691, 697
Puxadas por trás, 348, 360
    com pegada aberta, 357

com pegada fechada, 350, 359, 369
no aparelho, 368

Quadríceps, 140, 176, 185, 201, 479, 783
    alongamentos do, 158
    consulte também coxas; pernas
    desenvolvendo o, 483, 487
    exercícios para o, 487, 497-508
    exigências das competições para o, 215-216
    função básica do, 478
Quinn, B. J., 556

Rafelson, Bob, 569
Rambo (filme), 35-38
Ray, Shawn, xxiii, 34-35, 37, 87, 93, 126, 168, 184, 193, 224, 230, 256, 295, 334, 353, 362, 417, 425, 513, 536, 537, 542, 543, 568, 581, 602, 605, 616, 620, 621, 645, 660, 661, 670, 680, 682, 703
Read Heat (filme), 237
Reagan, Ronald, 81, 238
Reeves, Steve, 12-17, 52, 110, 253, 258, 305, 322, 491, 568, 608, 609, 659, 663, 672-673, 685, 699
Rei George da Inglaterra, 4-5,7
Reitman, Ivan, 671
Remada
    alta pesada, 260, 264, 296
    alta, 260, 266, 271, 295, 347
    com cabo unilateral, 350, 352, 354, 359, 375
    com cabo, sentado, 271, 352, 359, 376-377, 786
    com haltere unilateral, 350, 352, 354, 356, 374
    com haltere, em suspensão, 344
    curvadas com barra, 270, 352, 353, 355, 356, 370-371, 380
    curvadas com halteres, 372
    na barra em "T", 271, 352, 356, 359, 373, 381
    no aparelho, 377
    para cima com cabo, 295
    sentado com pegada aberta, 356
Rendimentos decrescentes, lei dos, 70
Repetições (reps.), 55
    "negativas", 71, 190
    "positivas", 71, 90
    definição de, 137
    forçadas, 69, 139, 188-189, 191, 514-515, 517
    parciais, 69, 189, 514
    quantidade de peso e, 137-139
    treinamento até a falha e, 137-139
Resistência aeróbia, 53-55
Resistência cardiovascular, 53, 55-56, 148
    intensidade de treinamento e, 70
Resistência progressiva, 136-137
Respiração, 148-149
Reto abdominal, 533
Reto femoral, 478, 483
Rice, Jerry, 60
Robinson, Eddie, 280

Robinson, Robby, 25, 32, 87, 119, 349, 409, 433-434, 435, 443-446, 487, 590, 595, 599
Rodriguez, Carlos, 106
Rombóide, 140, 216
Rosca
    com apoio dos cotovelos, 451
    com cabo para tríceps, 414, 416, 450-451
    invertida com cabo, unilateral, 454
Rosca, 39-40, 98
    alternada com halteres, 401, 440-441
    alternada, de pé, 409
    com apoio dos cotovelos, 429, 441
    com barra E-Z, 788
    com barra, 396-398, 401, 408, 409, 419, 421, 426-428
    com barra, com carga pesada, 404, 469
    com barra, com pegada fechada, 406
    com cabo com as duas mãos, 444
    com cabo no banco Scott, 445
    com haltere, inclinado, 400, 401, 404, 409, 436-437
    com halteres, 397, 400, 401, 404, 405, 409
    com halteres, deitado, 443
    com halteres, sentado, 438
    compressões, 450-453
    concentrada, 400, 406, 442
    de flexão do joelho (perna), 487, 488, 489-491, 493, 509
    de perna, de pé, 494, 510
    de punho com barra, 419, 420, 424, 425, 469
    de punho com haltere unilateral, 470
    de punho invertida com barra no banco Scott, 472, 475
    de punho invertida com barra, 472
    de punho invertida com haltere, 424, 473, 787
    de punho invertida, 420, 424-425
    de punho por trás do pescoço, 421, 425, 471
    de punho, 424-425, 470
    em três partes (21s), 434-435
    falsa com barra, 399
    falsa, 399-400, 404, 421, 430
    invertida com cabo unilateral, 424, 425, 477
    invertida no aparelho, 476
    invertida no banco Scott, 421, 447
    invertida, 397, 409, 419, 421, 425, 446, 474, 787
    martelo, 397, 425, 439
    no aparelho, 447-449
    no banco Scott, com pegada fechada, 406
    pronada, 404
    Scott com barra, 409
    Scott, 431-433, 441
    unilateral, 400, 403
Ross, Clarence "Clancy", 12-17, 142, 175
Rotações, 540, 541
    curvado, 553
    da coluna, 160
    sentado, 552

Roupas de borracha, 102

Sandow, Eugen, xxiii, 4-7, 9-11, 52
Sarcev, Milos, 480, 535, 543, 550, 556, 479, 609
Sartório, 478-479
Saxon, Arthur, 7, 8
Schmidt, Sonny, 338
Schumacher, Michael, 61
Scott, Larry, 17-19, 32-34, 39-40, 113, 168, 258, 259, 389, 391, 396, 410, 422-423, 672, 685, 699
Seminário Arnold, 86
Sensibilidade muscular, 146-147
   dor *vs.*, 70-72
Sepe, Frank, 151-155, 157, 160
Séries, 55, 148
   alternadas, 191-192, 491, 514, 518
   áreas fracas e, 213
   com poses intercaladas, 150, 194, 219, 360, 424, 492, 493, 524-525, 591-592, 595
   de multiexercícios, 196-197
   definição de, 137
   esvaziando a prateleira e, 194
   gigantes, 69
   para a parte superior do corpo, 138-139
   quantidade de peso a ser utilizada em, 139-140
Serrátil, 176, 299, 302, 322-323
   exercícios para o, 340-344, 367, 378
   treinamento do, 323, 540
Shawn, George Bernard, 7
Sherman, John, 535
Shriver, Maria, 81, 699
Sipes, Chuck, 15-19, 39-40, 318, 679
Sistema de multicargas, 194
Sistema de pelotão (21s), 197
Sistema parcelado em dois, 39-40, 203-205, 213
Smolana, Reinhard, 308
Snyder, George, 44-45
Sódio, 770
Sóleo, 176, 512, 514, 517, 518, 519
Sports Illustrated, 35-38, 755
Stallings, Willie, 509
Stallone, Silvestre, 56-57
Stay Hungry (filme), 310, 569
Stern, 682
Stones, Dwight, 61
Stranahan, Frank, 60
Subclávio, 299
Sucrose, 710
Sungas, 661-663
Superséries, 69, 193, 260, 400-401, 415, 420
   no treinamento das pernas, 489-491
   no treinamento de bíceps/tríceps, 400-401, 415, 420
   para as panturrilhas, 515, 518
Supertreinamento, 55-56, 139, 516-517
   áreas fracas e, 213-214
   recuperação do, 146-147
   treinamento para competição e, 220

Supino, 49, 101, 104, 307, 310, 311, 313-318, 784, 786
   com barra em banco horizontal, 324-325, 329
   com barra em banco inclinado, 266, 317, 326-327
   com halteres em banco declinado, 310, 313, 317, 330
   com halteres em banco inclinado, 311, 329
   com halteres, 262, 274, 313, 328
   consulte também Desenvolvimento
Sydney Opera House, 32-34
System of Physical Training (Sandow), xxiii
Szkalak, Kal, 25

Tanny, Armand, 568
Tanny, Vic, 40-41
Taylor, Ernie, 186
Taylor, Vince, 127, 408, 535, 606, 635
Tendinite, 776
Tensor da fáscia lata, 478-479
Tesouras com as pernas, de costas, 560
Teste de dobra cutânea, 171
Teste de impedância elétrica, 171
Testosterona, xxix, 97, 757-758
Tibial anterior, 512, 517, 518, 520, 532
Time, 63-64
Tin Cup (filme), 569
Tinerino, Dennis, 15-17, 19, 249, 666, 679
Tipos corporais, 58, 162-172
   consulte também ectomorfos; endomorfos; mesomorfos
   dieta e, 732-733
Tira para a cabeça, 100, 101-102
Tiras para pescoço e cabeça e, 101-102
Tiras, 99-101
Trapézio, 175, 184, 201, 252, 253, 260, 347, 359, 784
   exercícios para o, 271, 287, 295-298, 347, 380-381
   exigências das competições para o, 216
   função básica do, 250, 345
   treinamento do, 262-265
Treinamento até a falha, 137-139
Treinamento balístico, 198
Treinamento de "séries altas", 202-203
Treinamento de descanso/pausa, 69, 189, 514-515
Treinamento de força, 48-49
Treinamento de força, xxv, xxix, 138, 735
   força nas pernas no, 480
   para atletas, 56-57-63
Treinamento de isolamento, 189-190
Treinamento de pontos fracos, 212-214
   nas costas, 355-359, 372
   nas coxas, 490, 493-496
   nas panturrilhas, 519-522
   no peito, 312-318
   nos abdominais, 542-543
   nos antebraços, 424-425
   nos bíceps, 402-409
   nos ombros, 265-271, 284

   nos tríceps, 415-417, 454
Treinamento de potência, 142-146, 180, 181, 182, 183,
   carga de trabalho progressiva e, 197
   método "uma e meia" e, 197
   método de carga regressiva e, 193-194
   método de inundação e, 196
   para o peito, 318
   para os deltóides, 259-260
   princípio da pré-exaustão e, 195-196
   princípio da prioridade e, 192-193
   princípio de isotensão e, 194
   princípio instintivo e, 195
   séries alternadas e, 191-192
   séries de multiexercícios e, 196-197
   sistema de pelotão (21s) e, 197
   superséries no, 193
   treinamento balístico e, 198
Treinamento de resistência, 142
Treinamento de sistema parcelado, 174-175
Treinamento para competição, 215-228
   ao ar livre, 227-228
   das coxas, 489-493
   das panturrilhas, 516-518
   definição muscular e, 225-226
   desenvolvendo o físico para, 215-217
   dieta e, 217, 219
   do peito, 311-312
   dos abdominais, 541-542
   dos antebraços, 421
   dos bíceps, 401-402
   dos ombros, 260, 262
   dos tríceps, 414
   elementos do, 219
   escolha de exercícios para, 220-221
   medo da pequenez e, 218-219
   parceiro de treinamento e, 219-220
   programa de exercícios para, 222-223
   programa individualizado de, 224
   separação muscular e, 224-225
   supertreinamento e, 220
   treinamento parcelado e, 221
   volume de, 220
Treinamento, 66-83, 135-161, 402
   alimentação e, 728-729
   ambienta para, 73
   ao ar livre, 227-228
   bombeamento e, 68-69
   categorias musculares básicas e, 175-176
   contratempos e, 72-74
   de "séries altas", 202-203
   de grupos musculares pequenos *vs.* grandes, 139-140
   de isolamento, 189-190
   de pontos fracos, *consulte* treinamento de pontos fracos
   desenvolvimentos rápido e lento e, 94-95-97
   determinação e, 66-67, 201-202
   dias pesados e, 146-146-147, 209-210
   dor *vs.* sensibilidade muscular no, 70-72
   e transição para competição, 106-106-107

em casa *vs.* na academia, 89-91
estabelecimento de metas para o, 92-93, 201-202
feedback e, 102-103
intensidade de, 69-70, 146-147, 187-188
lei de rendimentos decrescentes e, 70
método de treinamento pesado, 191
método roubado e, 190-191
modelo exemplar e, 93-94
músculos almejados e, 140-141
obstáculos ao, 72-74
organização do, 176
para competição, *consulte* treinamento para competição
para mulheres, 82-83
parceiro de, 74-80
parcelado, 203-205
pesos livres *vs.* aparelhos e, 97-98
potência, *consulte* treinamento de potência
programa avançado de, nível I, 206-207
programa avançado de, nível II, 208-209
programa básico de, nível I, 180-181
programa básico de, nível II, 182-183
programação de, 80-82
repetições e, 137-139
repouso e recuperação do, 176, 179
resistência progressiva e, 136-137
séries e, 139-140, 148
sistema imunológico e, 790
variando seu programa de, 210-211
Tribulis terrestris, 764
Tríceps braquial, 51, 140, 176, 184, 259, 331, 359, 389, 392
  consulte também braços
  exercícios para o, 145, 148-149, 181, 183, 207, 209, 211, 324-325, 413, 414-417, 450-465
  exigências das competições para o, 216
  função básica do, 384
  lesões no, 786, 788
  método "roubado" e, 413
  treinamento de pontos fracos do, 415-417
  treinamento do, 410-417
Trisséries, 193, 311, 401

União de Atletas Amadores (AAU), 9-12, 19, 225, 675
USA Today, xxxi, 35-38

Valeriana officinalis, 764
Valina, 764
Van Damme, Jean-Claude, 35-38
Vanádio, 766-767
Vandensteen, Pierre, 536
Vasto intermediário, 478, 483
Vasto lateral, 478-479, 483, 495
Vasto medial, 478, 483, 495, 783
Velasco, Roy, 19
Verstegen, Mark, 62
Viator, Casey, 77, 96, 168, 306, 410, 419, 422, 482, 575, 581, 674
Virilha, lesões na, 783
Vitaminas, 706, 709, 715-719
  A (retinol), 718
  ácido fólico, 718
  B1 (tiamina), 716
  B12 (cianocobalamina), 717
  B2 (riboflavina), 716
  B3 (niacina), 716
  B5 (ácido pantotênico), 717
  B6 (piridoxina), 717
  biotina, 717
  C (ácido ascórbico), 718, 722
  D3 (colecalciferol), 719
  E (D-alfa-tocoferol), 719
  K (filoquinona), 719
  solúvel em água, 715
  solúvel em gordura, 715
  suplementos de, 721-722
Voadores, 307
  com cabo, 313
  crucifixo com halteres, 310, 311, 313, 316, 317, 333, 334, 786
  declinado, 313, 317
  inclinado, 266, 313, 334
  no aparelho, 338

Walker, Roger, 32-34

Waller, Ken, 29, 32-34, 76, 87, 166, 253, 310, 362, 395, 518, 519, 590, 595, 697, 728
Warner, Russ, 658, 659
Wayne, Ricky, 17-20, 41
Weathers, Carl, 234
Weider, Ben, 31, 32, 35
Weider, Betty, 88
Weider, Joe, xxi, 18, 27, 29, 30, 39-41, 88, 89, 216, 218, 241, 249, 566, 648-651, 683, 772-773
Wheeler, Flex, xxiii, 34-35, 37, 87, 93, 130, 166, 168, 224, 241, 252, 254, 264, 273, 274, 351, 353, 383, 389, 392, 408, 423, 448, 449, 485, 486, 534, 536, 568, 594, 598, 599, 610, 619, 622, 634, 644, 682, 703
Whitney Museum, 32-34
Wieland, Bob, 243-244
Wilkosz, Jusup, 78, 87, 249, 384, 410, 450, 466, 574
Wilson, Pete, 239
Woods, Tiger, 63-64, 96, 136, 229, 679
Woodward, Joanne, 610
World Gym, 40-43, 60, 87-88, 90, 97, 220, 665, 697

Yates, Dorian, 32-35, 37, 44-45, 50, 87, 93, 128, 144, 164, 167, 168, 173, 185, 186, 224, 230, 253, 254, 259, 282, 306, 309, 316, 351, 353, 257, 362, 415, 513, 536, 568, 581, 597, 602, 603, 633, 634, 644, 645, 647, 660, 661, 680-681, 682, 749
Yohimbe, 764
Yorton, Chet, 17-19, 216

Zane, Christine, 24, 54, 688
Zane, Frank, xxiii, 15-19, 23-25, 32-35, 50, 54, 79, 81, 91, 96, 118, 165, 168, 216, 218, 230, 253, 311, 322, 323, 339, 350, 353, 389, 410, 536-537, 581, 607-610, 618, 632, 647, 676-677, 682, 685, 688, 694, 696-698, 753-754, 785
Ziegfeld, Florenz, 4

CRÉDITOS DAS FOTOGRAFIAS

Al Bello/All Sport: 59, 61

Charles Atlas Ltd.: 10

John Balik: 35, 36, 77, 120, 166 em cima à direita 251, 263, 268 à direita 269, 270 à esquerda, 286 em cima à esquerda, embaixo à esquerda 320, 321 à direita, 375 em cima, 404 em cima, 430, 433, 434, 435, 443, 445, 446, 479, 492, 495, 498 embaixo, 499, 500, 502, 503, 504, 505 embaixo, 507, 510, 512 em cima, 520 no meio e à direita, 526, 528, 529, 531, 532, 533, 536, 555 em cima, 575, 576 embaixo, 578, 580, 581, 581 embaixo, 600 à direita, 604 à esquerda e embaixo, 613 em cima, 614 à direita, 618 à esquerda, 627-631, 646, 648, 654, 686

J. Bester: 345

Raheo Blair: 164 à direita

Albert Busek: 28 embaixo, 30 embaixo, 78, 79, 80, 112, 231 embaixo, 255 à esquerda, 290, 297, 319 em cima, 327, 332, 333, 342 em cima, 363 embaixo, 376 embaixo, 377, 379, 384 embaixo, 390 à esquerda, 391 em cima à direita, 392 embaixo, 407 em cima, 423 em cima à esquerda e à direita, 431 embaixo, 432, 437 embaixo, 450, 466, 488, 491, 501, 521, 523, 524 à direita, 525, 527 à direita, 530, 544, 591 embaixo, 592 embaixo, 596 à esquerda, 614 à esquerda, 641, 642, 652, 653, 655, 656 em cima e embaixo à direita, 657, 666

© 1991 Carolco: 237 embaixo à direita

Jimmy Caruso: 1, 18 embaixo, 19 à direita, 20 à esquerda, 20 em cima à direita, 26, 31, 32 à direita, 33 à esquerda, 41, 118, 166 embaixo à direita, 250, 255 à direita, 257 em cima, 261, 268 à esquerda, 299, 315, 323, 347, 362 em cima, 388 no meio, 389, 391 embaixo, 407 embaixo, 410, 412 embaixo, 483, 519, 524 à esquerda, 534 embaixo, 538, 543 à direita, 576 em cima, 577, 596 à direita, 597 em cima, 600 à esquerda, 601 embaixo à direita, 615, 623, 624 à direita 638, 639, 640, 650, 658 à direita, 662

Anita Columbu: 346

Cortesia de Franco Columbu: 593

Benno Dahman: 18 em cima, 27 à esquerda, 28 em cima, 95, 320, 356

Ralph DeHaan: 257 embaixo à direita, 279, 283, 296, 336, 403, 419, 448, 449, 509

Magda De Velasco: 21 embaixo

Bill Dobbins: 151, 152, 153, 154, 155, 156, 157, 158, 159, 160, 161, 266, 319 embaixo, 331, 364, 365, 366, 367, 368, 417, 456, 468, 470, 471, 472, 474, 475, 476, 477, 485, 486 à direita, 508, 545, 546, 547, 548, 549, 550, 558, 559, 560

Robert Gardner: 123, 126, 128, 129, 130, 131, 267 embaixo, 275, 281, 289, 324, 328, 357, 358, 370, 372, 382, 405, 409, 426, 438, 439, 441 embaixo, 442, 455, 460, 461, 462, 463, 464, 465, 469, 473, 478, 493, 511, 551, 553, 554, 555 embaixo, 562, 610

Irv Gelb: 287, 341, 408 em cima, 467, 556 em cima à esquerda e à direita

George Greenwood: 21 em cima, 22, 23, 24, 25 embaixo

Ed Hankey: 690

Kevin Horton: 316

Robert Kennedy: 16 à direita, 514

Tony Lanza: 110, 253

Lon: 16 à esquerda

Chris Lund: 37, 125, 145, 165 em cima à esquerda, 166 à esquerda, 167 em cima à esquerda, à direita, 184, 185, 186, 252, 256 à esquerda, 264, 273, 274, 280, 282, 291, 293, 295, 306 à direita, 314, 329, 330, 334, 335, 349 em cima, 351, 353, 362 embaixo à esquerda e à direita, 385, 391 em cima à esquerda, 392 em cima, 393, 394, 395, 408 no meio, embaixo à esquerda, embaixo à direita, 411, 414, 415, 416 à esquerda, 418, 425 embaixo, 444, 452, 453, 459, 480, 481, 484, 486 à esquerda, 505 em cima e no meio, 513, 534 em cima, 535, 542 à direita, 543 à direita, 579, 581 em cima, 594, 597 embaixo, 598, 599, 601 em cima à direita, 602, 603, 604 em cima à direita, 605, 606, 609, 616, 617, 619 à esquerda, 622, 626 à esquerda e embaixo à direita, 644, 645, 660, 670

Samantha Lund: 537, 542 à direita, 618 à direita, 619 à direita, 620, 621, 626 em cima à direita

Robert Nailon: 613 embaixo

Michael Neveux: 254 à direita, 276, 277, 339, 419, 556 no meio e embaixo, 557, 573, 661 em cima

Nordlinger: 304 à esquerda, 350 à esquerda, 563, 692, 695, 696

Cortesia da Oak Productions: 239 em cima e embaixo, 240, 570, 571

© 1984 Orion Pictures: 236 à direita

Robert Reiff: 241, 309, 337, 374, 378, 383, 457, 506

Stephen Renz: 574

Bob Ringham: 238 à esquerda

Cortesia da Biblioteca Ronald Reagan: 238 à direita

© 1988 TriStar Pictures: 237 em cima

© 1985 20th Century Fox: 236 à esquerda

© 1987 20th Century Fox: 234 embaixo

© 1976 United Artists: 234 em cima

© 1982 Universal City Studios: 235

© 1988 Universal City Studios: 237 embaixo à esquerda

Russ Warner: 322, 658 à esquerda, 661 embaixo

Arquivos de Joseph Weider: 4, 5, 6, 7, 8, 9, 11, 12, 13, 14, 15, 19 embaixo à esquerda, 20 embaixo à direita, 25 em cima à direita, 27 à direita, 33 à direita, 54, 111, 165 embaixo à esquerda, à direita, 167 embaixo à esquerda, 175, 247, 254 à esquerda, 256 à direita, 257 embaixo à esquerda, 267 em cima, 298, 302 à esquerda, 304 à direita, 305, 306 à esquerda, 321 à esquerda, 349 embaixo, 359, 386, 394, 412 em cima, 413, 422, 423, 425 em cima, 440, 454, 512 embaixo, 520 à esquerda, 552, 591 em cima, 607, 608, 624 à esquerda, 637, 639, 675, 681

Douglas White: 109, 113, 259

Art Zeller: 29, 30 em cima, 32 à esquerda, 75, 76, 114, 115, 116, 117, 119, 121, 133, 143, 145, 227, 231 em cima, 232, 258, 270 à direita, 271, 272, 278, 284, 285, 286 à direita, 288, 294, 300, 301, 302 à direita, 303, 312, 325, 326, 340, 342 embaixo, 343, 344, 350 à direita, 352, 361, 363 em cima, 369, 971, 373, 375 embaixo, 376 em cima, 380, 384 em cima, 387, 388 em cima e embaixo, 390 à direita, 404 embaixo, 406, 423 embaixo à esquerda, 429, 431 em cima, 436, 437 em cima, 441 em cima, 447, 451, 498 em cima, 527 à esquerda, 540, 542 à esquerda, 561, 588, 590, 592 em cima, 595, 601 à esquerda, 611, 612, 625, 643, 649, 656 à esquerda, 664

Os desenhos da página 100 foram feitos por Lynn Marks e Ellen Cipriano; os desenhos das páginas 252 e 385, por Stuart Weiss; todos os outros desenhos foram feitos por Bruce Algra.